西安秦腔剧院
老艺术家剧本选编

丁金龙 冀福记 苏芸芝 著

西安出版社

图书在版编目（CIP）数据

西安秦腔剧院老艺术家剧本选编/ 丁金龙，苏芸芝，冀福记著. -- 西安：西安出版社，2019.10
ISBN 978-7-5541-4334-6

Ⅰ.①西… Ⅱ.①丁… ②苏… ③冀… Ⅲ.①秦腔—剧本—作品集—中国—当代Ⅳ.①I236.41

中国版本图书馆CIP数据核字(2019)第236481号

西安秦腔剧院
老艺术家剧本选编

丁金龙　冀福记　苏芸芝　著

出 版 人：	屈炳耀
封面题字：	雍　涛
稿件统筹：	雷婉誉
责任编辑：	何　岸
出版发行：	西安出版社
社　　址：	西安市曲江新区雁南五路1868号影视演艺大厦11层
电　　话：	（029）85210377
邮政编码：	710061
印　　刷：	陕西汇丰印务有限公司
开　　本：	787mm×1092mm　1/16
印　　张：	60
字　　数：	400千
版　　次：	2019年10月第1版 2019年11月第1次印刷
书　　号：	ISBN 978-7-5541-4334-6
定　　价：	158.00元

△本书如有缺页、误装，请寄回另换

序

戏剧,是人类传播文明的载体,而中国戏曲更是传承、弘扬民族精神的瑰宝。亘古至今一方水土养一方人,一方人唱一方戏,几千年来中国脊梁——秦岭哺育了醒世的"蓝田猿人",吸水嬉音的"半坡先民","黄陵始祖"盟誓之腔,"盛唐梨园"舞乐之韵,无不源于这块神奇土地所赋予秦人的精神基因。历史文脉的积淀造就了一代代文人学士与演艺家,创立了以歌舞演故事的中国戏曲,形成了独特的演艺体系。有着中国梆子戏鼻祖的秦腔对中国戏曲发展的巨大贡献,不仅是优美的音乐声腔和表演,尤其是剧本的创作,更是集十三朝古都长安之文脉的传承。中华人民共和国成立后,民族文化艺术尤似枯木逢春,中国戏曲艺术进入了一个全新繁荣的局面,70年的文化沃土,培养了众多剧作家,他们在传承弘扬秦腔艺术的实践中,以古为今用,洋为中用的求索精神,孜孜不倦、勤奋笔耕,为秦腔、眉户等地方戏曲和歌剧、话剧、电视剧等创作了众多讴歌人民、讴歌时代、讴歌英雄的艺术作品,他们虽然年事已高,但他们的作品仍保持着旺盛的艺术感染力。

新时代要求我们在艺术实践中不仅要创作出符合发展需求的新剧目,打造秦腔艺术高峰作品,也要挖掘老一辈剧作家的优秀剧本,作为承上启下的艺术资源,启迪新一代创作者,同时为兄弟戏剧团体提供排练、移植的原创本。多年的院团管理和艺术实践,让我们深信秦腔艺术的传承发展,不仅要传承表演艺术,剧本的传承更为重要,学习借鉴优秀剧目的创作经验是必经之路。

  为认真贯彻落实习近平新时代中国特色社会主义文艺思想和"举旗帜,聚民心,育新人,兴文化,展形象"的指示精神,在曲江新区管委会的支持下,我们甄选了丁金龙、苏芸芝、冀福记三位老艺术家的优秀剧作编辑出版。此次编辑出版过程中,几位老艺术家反复校对,这种严谨的艺术态度值得新一代文艺工作者学习,在此向他们致以崇高的敬意,同时也向为此次编辑出版付出辛勤劳动的工作人员表示衷心的感谢。

西安秦腔剧院党委书记、执行董事兼总经理 雍涛

丁金龙

1. 白鹿原 / 003
2. 基石赋 / 045
3. 市井民风 / 097
4. 小巷总理 / 141
5. 名媛情殇 / 187
6. 十五贯 / 233
7. 探阴山 / 279
8. 长安丽人行 / 313
9. 钱家风波 / 357
10. 走出大山 / 401

冀福记

1. 本草纲目 / 445
2. 盐池魂 / 499
3. 郭秀明 / 525
4. 香包 / 573
5. 娘啊娘 / 623
6. 梦回陇西堂 / 659
7. 秦俑魂 / 701
8. 双面人生 / 749
9. 秦嘉·徐淑 / 791
10. 杨贵妃 / 845

苏芸芝

1. 一夜浮沉 / 891
2. 中条山战歌 / 923

丁金龙简介

丁金龙，男，中共党员，一级编剧，原西安市秦腔一团书记、团长。第十届市政协委员、全国文化系统先进个人（省部级劳模）、中国剧协会员，西安市剧协副主席，原省剧协理事、市文联委员、中国人口文化促进会理事、省秦腔研究会副会长。

数十年来，多部作品发表、上演，并荣获全国、省、市大奖。其中豫剧《钱家风波》、秦腔《市井民风》、数字电影《十五贯》在西北首获"中国人口文化奖""中国戏剧节曹禺戏剧奖"和"第二十八届电影金鸡奖"最佳戏曲片提名奖，率先改编陈忠实小说《白鹿原》并首次把当代名著搬上秦腔舞台，荣获"中国首届秦腔艺术节"优秀剧目奖和编剧奖，并获"曹禺戏剧文学奖"提名奖，秦腔《市井民风》再获"中国人口文化奖"和第三届"金三角戏曲文化交流演出奖"并首获西安市委宣传部基金奖励，秦腔《白鹿原》再获此奖励，《钱家风波》两次获省文化厅资金奖励，电影《十五贯》还荣获中国出版总署"中国政府奖"提名奖和中国出版工作者协会颁发的"第三届中华优秀出版物音像奖"。

退休后被授予"西安市百名艺术骨干"纪念杯以资奖励。

作者和部分作品简介被收录在20卷《中国文化丛书》第2卷《秦腔剧作家》中，该卷从1468年王九思起至1963陈彦止共收录45位剧作家。

白鹿原

根据陈忠实同名小说改编

编剧 丁金龙

剧情简介

小说《白鹿原》写的是清朝覆灭前后半个多世纪,陕西渭河平原大动荡、大变革形势下农民生存命运的变迁史。根据小说改编的剧本以白、鹿两家因风水宝地引发的恩怨仇妒到亲和友善为戏剧主线,以白嘉轩、鹿子霖和黑娃、小娥三家的矛盾展开戏剧冲突,提示在社会秩序、封建宗法变化过程中人物性格的嬗变,反映自耕农依附土地,耕读传家"学为好人""学而优则仕"两种发家思想在封建主义神权、族权、政权互相倾轧中的升迁沉浮乃至破灭,歌颂了年轻一代艰难抗争、呼唤新生的勇气,从而启迪观众认识过去、感悟人生、崇尚光明。

场 目

序　幕
第一场
第二场
第三场
第四场
第五场
第六场

人物表

白嘉轩　白鹿村族长,出场时近50岁

鹿子霖　白鹿原第一保障所乡约,比白嘉轩小两岁

田小娥　黑娃的媳妇,出场时20多岁

黑　娃　官名鹿兆谦,鹿三的儿子,后为县保安团炮营营长,
　　　　出场时20多岁

仙　草　白嘉轩的媳妇,比白嘉轩小7岁

鹿贺氏　鹿子霖的媳妇,比鹿子霖大4岁

鹿　三　白嘉轩家长工,出场时50多岁

鹿兆鹏　鹿子霖的长子,白鹿镇学校校长,出场时20多岁

白孝文　白嘉轩的长子,后为保安团营长,出场时20多岁

白孝武　白嘉轩的次子,出场时20多岁

白　灵　白嘉轩的小女儿,出场时10多岁

鹿　鸣　鹿兆鹏的儿子,13岁

敲锣人、男女村民若干

序　幕

〔幕前,一束追光投向敲锣人。
敲锣人 （念）　敲锣开篇,
　　　　　　　我先介绍白鹿原。
　　　　　　　白鹿原———
　　　　　　　南屏秦岭,北临渭南,
　　　　　　　西去长安,东依华山。
　　　　　　　话说清末年间,
　　　　　　　白鹿村族长白嘉轩,
　　　　　　　七娶六亡厄运不断。
　　　　　　　鹿子霖仰仗祖德。
　　　　　　　如日中天。
　　　　　　　白嘉轩为转厄运使手段,
　　　　　　　用二亩水地换旱原。
　　　　　　　从此,白鹿两家就为一块风水宝地,
　　　　　　　明争暗斗几十年。
　　　　　　　欲知如何,请听乱弹。

第一场

〔20世纪20年代初。
〔白家大门外。白嘉轩欣喜地上。

白嘉轩　（唱）　白嘉轩厄运过心中暗喜，
　　　　　　　　三十年乾坤转河东河西。
　　　　　　　　自那年白鹿两家换了地，
　　　　　　　　假迁坟抢风水转眼发迹。
　　　　　　　　鹿子霖自以为占我便宜，
　　　　　　　　岂知我已将他蒙在鼓里。
　　　　　　　　风水转青砖门楼拔地起，
　　　　　　　　风水转人勤仓满逢大吉。
　　　　　　　　风水转三儿一女堵住非议，
　　　　　　　　掌宗祠握族权打牢根基。
　　　　　　　　这几天黑娃他令人生气，
　　　　　　　　领个女人要成亲坏了规矩。
　　　　　　　　我已让鹿三哥去到原籍，
　　　　　　　　摸清楚那女人来路行迹。
　　　〔白灵、仙草由院内上。
白　灵　妈，我走了。爸，你回来了。我找兆鹏哥去，一会儿就回来。
白嘉轩　你找兆鹏干啥？
白　灵　我们商量大事哩。（下）
白嘉轩　这个女子也太任性了！
仙　草　都是你惯的。俩娃子从小没见你抱过、哄过，就灵灵娃叫你惯上天了。哎，三哥从渭北打探消息回来了。
白嘉轩　他咋说？
仙　草　刚进门，我还没问哩。
　　　〔白嘉轩、仙草进院门下。
　　　〔远处传来祠堂的锣声，田小娥上。
田小娥　（唱）　暑热退尽秋意浓，
　　　　　　　　寒鸦低飞雨招风。
　　　　　　　　祠堂铜锣声声紧，
　　　　　　　　撕肝裂肺揪心痛。
　　　　　　　　逃婚私奔寻真爱，

　　　　随夫归家背骂名。
　　　　公婆不认族人拒，
　　　　不准入祠拜祖宗。
　　　　凉腔白眼满村道，
　　　　低眉咽声背人行。
　　　　再催黑娃求族长，
　　　　盼他允诺把婚成。
　〔黑娃肩扛夯具和鹿兆鹏说笑着上。

黑　　娃　小娥,你咋来咧?这是兆鹏哥。
田小娥　兆鹏哥。
鹿兆鹏　小娥,你俩的事我都听说了,你们太勇敢了。
黑　　娃　勇敢个啥嘛,不入祠祭祖,我俩算啥夫妻吗?
鹿兆鹏　你俩这叫自由恋爱,这是一种革命行动!
田小娥　黑　　娃　(互视)革命行动?
鹿兆鹏　对!革世俗偏见的命,革封建婚姻的命。黑娃,明天到学校来找我,我有话给你说。
黑　　娃　好。
　〔鹿兆鹏欲下,鹿子霖上。
鹿子霖　兆鹏,你回原上这长时候,也该回家看看!
鹿兆鹏　爸,学校事情太忙。
鹿子霖　再忙也得回家去看看,咋能让你媳妇总守空房?
鹿兆鹏　那是包办婚姻,我不承认。爸,我有事先走了。(下)
鹿子霖　你……这个孽子。黑娃。
黑　　娃　子霖叔。
鹿子霖　(对黑娃)让你去镇上找我,为啥没去呀?
黑　　娃　我想在下雪前多打些糊砌(陕西方言,即土坯),攒钱过冬,也好养老婆。
鹿子霖　啊!(看了看田小娥)黑娃,你小子真有艳福。(拿出一纸证明)给,这是叔为你俩办的成家立户文约。(交田小娥)

黑　娃　立户文约?

鹿子霖　对,单立门户,按人头地亩纳税,这不等于结婚了吗?

黑　娃　子霖叔,这管用吗?

鹿子霖　笑话!我乡约说话就是政府说话,哪个敢说不管用。

黑　娃　我爸说,不进祠祭祖,他就不认这个媳妇。

鹿子霖　你拿着文约去找嘉轩,他能不让你进祠堂?

黑　娃　嘉轩叔硬是不让进嘛。

〔白嘉轩和鹿三从院内上,闻言止步。

鹿子霖　这祠堂是白、鹿两姓人的祠堂,他不让进你不会自己进?

黑　娃　可门锁着哩。

鹿子霖　哼……这锁能把你黑娃挡住?

黑　娃　砸锁?

鹿子霖　对嘛。

〔鹿三欲上前被白嘉轩阻拦。

白嘉轩　(走上前冷冷地)子霖。

鹿子霖　(尴尬地)嘉轩……哦,你们谈。(欲下)

白嘉轩　你先别走,有件事你也一块儿听听。黑娃,你爸刚从渭北打听消息回来,田小娥是郭举人的二房太太,你咋能把她领回家来呢?

鹿　三　郭家正在四处找人哩。

黑　娃　找人我也不怕,郭举人早都把她休了。

〔鹿三欲打黑娃,被白嘉轩阻开。

黑　娃　嘉轩叔,我求求你,你就叫我和小娥到祠堂烧个香吧!

白嘉轩　黑娃。

　　　　(唱)　将军寨郭财东名声远震,
　　　　　　　善骑射精武艺前清举人。
　　　　　　　家富有地千顷骡马成群,
　　　　　　　她怎能弃郭家和你成婚?

黑　娃　(唱)　名分上郭举人娶她为妾,

实际上遭蹂躏不如仆人。

白嘉轩 （唱） 无媒妁无父命违背祖训，
咋让你入祠堂认祖成亲。

黑　娃 （唱） 兆鹏说这就叫自由恋爱，
现如今革命党革旧倡新。

鹿　三 （唱） 讲啥革命倡啥新，
办瞎事你就不怕羞死先人。
黑娃，你赶快把这女人送走，不然，你就休想进门。

黑　娃 （从田小娥手中拿过文约）嘉轩叔，这是子霖叔在保障所给俺办的立户文约。

鹿　三 （一把夺过）还不给我滚！你给我滚！

黑　娃 （气愤地）都啥年代了，还是一群老顽固。老顽固！老顽固！（领田小娥下）
〔鹿贺氏肩挎赶庙会敬佛的香火布袋风尘仆仆上。
〔白嘉轩从鹿三手中拿过文约，当着鹿子霖撕碎扔掉。

鹿子霖 （被激怒）白嘉轩，你，你欺人太甚！

白嘉轩 （冷冷地）鹿子霖。
（唱） 村有规家有法族权为先，

鹿子霖 （唱） 保障所我也是一级政权。

白嘉轩 （唱） 你为何售奸计挑起事端，

鹿子霖 （唱） 行文书立户纳税何谓售奸？

白嘉轩 （唱） 劝你做官莫揽权，

鹿子霖 （唱） 你也莫要管得宽。

白嘉轩 （唱） 我掌宗祠护村规，

鹿子霖 （唱） 大话欺人难欺天。

白嘉轩 （唱） 我劝你莫违祖训犯众怒，

鹿子霖 （唱） 本乡约办公事你少找麻烦。

白嘉轩 哼！（愤然进院下）
〔鹿三随下。

鹿子霖 呸！当个小族长，有啥了不起。

鹿贺氏　　呸！他爸，甭生气，生这气划不着。哎，自从那年他将咱的风水宝地骗了去，你看他娶妻生子好运就不断。

鹿子霖　　哼！这事我和他就没完，总有一天我非让他把那块风水宝地给咱还回来。

鹿贺氏　　算咧算咧，你看他那老大白孝文，知书达理，将来肯定接替族长掌握族权，这莫非还真应了龙生龙、凤生凤那句老话了。

鹿子霖　　哼！我就不信。

（唱）　　龙生龙凤生凤未必可信，
　　　　　晚辈中论才学敢和他拼。
　　　　　我老大国共两党是红人，
　　　　　在新学当校长谁人不尊。

鹿贺氏（唱）咱老二上军校文武兼备，
　　　　　到来日疆场上叱咤风云。

鹿子霖（唱）他老大扶犁牛后闻牛粪，

鹿贺氏（唱）充其量当族长老死乡村。

鹿子霖（唱）他老二贩草药进出山林，

鹿贺氏（唱）也不过挣小钱辱没斯文。

鹿子霖（唱）他与我论高下未到时辰，
　　　　　待看我倒乾坤转风水变幻风云。

鹿贺氏　　对，俗话说人生路遥走着瞧。

鹿子霖　　出水才见两腿泥。

〔切光。

第二场

〔1926年，冬。

〔白嘉轩厅屋内外。这是一个中兴的上等家庭。

〔舞台正中是厅屋，供奉着先祖牌位，左右通内室。
〔一束追光投在敲锣人身上。

敲锣人　（念）　说怪还真怪，
　　　　　　　　世事倒过来。
　　　　　　　　如今敲锣，
　　　　　　　　黑娃安排。
　　　　　　　　农协会一场风，
　　　　　　　　好像又换了朝代。
　　　　　　　　白鹿两家，
　　　　　　　　都不自在。
　　　　　　　　火从屋里起，
　　　　　　　　自家先遭灾。

　　　　（喊）农协会通告，明晌午开会都要到。东家官人敢不到，一律游街戴高帽。（隐去）

〔升光。门外传来游街的喊声和敲锣声。
〔白嘉轩吃着水烟，仙草心神不定地在屋里转着。

仙　草　你没看这原上乱成啥了，你还是去躲躲吧。

〔白孝文急急匆匆地上。

白孝文　爸，爸。
白嘉轩　你咋没轧花？
白孝文　我三伯正干着哩，我回来给你说件事。
白嘉轩　啥事？
白孝文　爸，听说明儿个要斗争总乡约田福贤哩，还要把我子霖叔拉去陪斗。
白嘉轩　我知道了。
白孝文　爸，你还是去躲躲吧。
仙　草　对，你还是去躲躲吧。
白嘉轩　（把水烟壶重重地放到桌上）我才不躲。
　　　　（唱）　我不是田福贤并非子霖，
　　　　　　　不贪赃不枉法谨言慎行。
　　　　　　　我白家耕读传家重名望，

　　　　　　教子女学为好人不慕虚荣。
　　　　　　白家人不偷不抢不嫖赌,
　　　　　　面朝黄土背朝天处世何惊?
　　　　　　入冬来轧花机转个不停,
　　　　　　家里省外头挣手中宽松。
　　　　　　只要我一踏上轧花机板,
　　　　　　唏唏的机器声悦耳动听。
　　　　　　管他们风搅雪刮啥旋风,
　　　　　　千古不变黄土地照样月落日升。
　　　　　　我不担心这世事,我只担心你。
白孝文　爸,你担心我啥?
白嘉轩　你看你那脸色,自打结婚以后,你这身体一天不如一天了。
仙　草　年轻轻的正长身体哩,炕上那事甭太贪,小心短命。
白嘉轩　你是长子,连炕上那点豪狠都没有,我断定你成不了大事。
仙　草　记住你爸的话,啊?快到轧花房把你三伯换回来歇歇。(把白孝文推下)
　　　　　　〔鹿子霖精神有些紧张地上。
鹿子霖　嘉轩,还没歇下?
白嘉轩　还早哩。你有事?
仙　草　子霖兄弟,坐,快坐。
鹿子霖　嘉轩,听说黑娃要借祠堂?
白嘉轩　你老大和黑娃刚派人来过了。
鹿子霖　这祠堂你千万不要借呀!
仙　草　他咋能挡得住嘛?
鹿子霖　哎呀,你是族长,不交钥匙他能把你咋?
白嘉轩　那门上不就是一把锁嘛。
鹿子霖　有锁他就进不去。
白嘉轩　他不会砸?
鹿子霖　(醒悟地)嘉轩,你咋还记住我那句话呢。

白嘉轩　他要真砸我还真挡不住,你看原上都乱成了啥样子嘛。

鹿子霖　唉,完了,完了,咱原上要出大事了。(唉声叹气地下)

仙　草　鹿子霖这是咋咧?

白鹿轩　咋咧? 尻子松了,明天戏楼上有好戏哩。

仙　草　兆鹏会让他爸陪法场?

白嘉轩　唉,现如今父子反目、夫妻成仇的事还少吗? 哎,灵灵呢?

仙　草　找兆鹏去了。

白嘉轩　刚回来又走了。

仙　草　都是你惯下的,你怨谁呀。(猜测地)她去找兆鹏,他俩会不会……

白嘉轩　什么会不会? 兆鹏是有媳妇的人,胡说啥哩!

仙　草　(估摸不透地)兆鹏这娃到底是个啥样的人吗?

白嘉轩　啥人? 朱先生说那是骑双头马的人。

仙　草　兆鹏又入国民党又入共产党……把我都搞糊涂了。

白嘉轩　你拐码那么清楚有啥用。

〔白灵、黑娃、鹿兆鹏热烈地议论着上。

白　灵　爸,兆鹏哥、黑娃哥找你哩。

白嘉轩　你看你疯得都没样子了,哼!

鹿兆鹏　嘉轩伯。

白嘉轩　嗯,(拿起水烟壶)你们找我?

黑　娃　对,我代表农民协会筹备处再次通知你,我们明天要借用祠堂。

白嘉轩　(点烟)你们不是派人说过了吗?

黑　娃　现在就让你把钥匙交出来。

白嘉轩　现在?

黑　娃　对! 快把祠堂钥匙交出来。

白嘉轩　(故意吐了一口烟云)祠堂乃族人的祠堂,那是供奉祖先、族人议事的地方。要借,也没那么容易。

黑　娃　白嘉轩。

（唱）	农协会就像那钢铸火铳，
	似天神似雷公呼雨唤风。
	农协会就似那威风锣鼓，
	九十八村风搅雪石破天惊。

鹿兆鹏　（唱）　就是咱白鹿村死水未动，
　　　　　　　　明日里借祠堂要刮旋风。

黑　娃　（唱）　总乡约田福贤甭想活命，
　　　　　　　　鹿子霖陪法场也要斗争。

仙　草　为啥？

白　灵　（唱）　这些人摆阔气胡吃乱整，
　　　　　　　　刮民脂吸民血鱼肉百姓。

鹿兆鹏　（唱）　多收地丁一千四坐地分红，
　　　　　　　　金书手已交代全部罪行。

白　灵　（唱）　黑娃哥借祠堂发动民众，
　　　　　　　　这钥匙交不交你要掂清。

黑　娃　（唱）　别看你腰板直干板硬挣，
　　　　　　　　对着干就叫你背驼腰躬。
　　　　　　　　（对鹿兆鹏）走。（欲下）

白嘉轩　（放下水烟壶）回来。

白　灵　爸，你答应借祠堂了？

白嘉轩　少插话。惩恶扬善乃村规乡约之范畴，但不允许超越祖制坏了规矩。

黑　娃　你哪有那么多规矩，快把钥匙交出来。

白嘉轩　现在不行。明日上午在祠堂当着大家的面，我再交。

黑　娃　不交你就小心着。（对鹿兆鹏）走。（与鹿兆鹏下）

灵　灵　（欲随下）兆鹏哥……

仙　草　灵灵。

白嘉轩　（严厉地）站住！你又要到哪里去？

白　灵　我找兆鹏哥商量事嘛，明天我还要走哩。

仙　草　明天就走？

白　灵　妈，革命形势紧迫，同志们约定明晚开会，我必须

　　　　　参加。
仙　草　你就不能回来陪妈多住几个月？
白　灵　妈,现在确实不行……
白嘉轩　(冷静地)你这书还念不念？
白　灵　念呀。
白嘉轩　我看甭念了,该回来跟你妈学学纺线织布了。
白　灵　不行不行不行！爸,我没想到,在现在这种形势下你还能说出这话！
白嘉轩　现在啥形势,和咱老百姓有啥关系？
白　灵　爸。
　　(唱)　北伐军举战旗栉风沐雨,
　　　　　攻必克战必胜所向披靡。
　　　　　神州地欢声动迎接胜利,
　　　　　省城内滋水人同归故里。
　　　　　当相公的做饭的,
　　　　　拾破烂的念书的,
　　　　　推车的挑担的,
　　　　　打工卖菜当佣的,
　　　　　齐集县城闹革命,
　　　　　游行示威风雷激。
　　　　　冲进县府抓县长,
　　　　　反动派成了落汤鸡。
　　　　　这时节我若是逃回家里,
　　　　　岂不是背叛革命搞投机。
　　　　　待等到阴霾散霞光满地,
　　　　　女儿归洗征尘笑语膝前长相依。
　　(亲热地)妈,等革命胜利了,我一定回来陪你住一个月……两个月,好不好？
仙　草　好、好、好。
白　灵　妈,我把这白鹿玉坠带走了。
仙　草　(嗔怪地)都是大姑娘了,还玩玉坠哩。

白　灵　我要像白鹿一样,神驰山川,降福人民,走遍祖国大地。

白嘉轩　(变色地)我看你疯得没向了,从今日起你哪也不准去。王村你婆家已经托媒人订下日子了,下月初三花轿娶亲。

白　灵　(气愤地)包办婚姻我坚决不同意,王家要抬,就来抬我的尸首。

白嘉轩　(冷峻地)就是尸首也要让王家抬走。

白　灵　爸,我告诉你,谁要敢作阻碍革命的绊脚石,我就会一脚把它踢开。

白嘉轩　(发怒地)你敢?我打断你的腿!

仙　草　(制止地)嘉轩……

白　灵　你看敢不敢?打断腿我还有嘴,我还要辩理,我还要抗争!

仙　草　灵灵,你越说越张狂了。

白　灵　妈,皇帝老子都垮台了,县长也下台了,我不信封建势力打不倒!不让找兆鹏就算了,说这些话逼谁哩。妈,我睡去啦,明天还要赶路哩。(下)

〔稍后,白嘉轩跟下,复上。

〔屋内白灵声:"爸,你咋把门给我锁住了?"

仙　草　(不解地)他爸,你这是……

白嘉轩　你睡去,出啥事你都甭管。

(白灵敲门大喊:"爸,我求求你,快开门,快开门!")

〔鹿三、白孝文、白孝武闻声陆续上。

仙　草　灵灵,你甭喊了,甭喊了!

〔白灵内声:"妈,我求求你,快开门,快开门!"

仙　草　灵灵,你少喊两句行不行吗?

〔白灵内喊:"爸,我告诉你,你就是锁住我的人,也锁不住我的心。我还要辩理,我还要抗争。打倒封建势力!打倒军阀!"

白嘉轩　让她喊让她喊,都回屋睡觉去。三哥,你去睡觉。

〔鹿三答应没动,继续蹲在地上抽旱烟。

白嘉轩 (对仙草)你也去睡。

〔屋内传来"噗通"的一声,众人皆惊。

仙　草 (担心地)孝武,快到你妹屋里看一下。

〔白孝武下。

〔白嘉轩处惊不乱,撑持着一家之长的尊严。

〔后台传来白孝武的喊声:"妈,我妹屋里没人!"

仙　草 没人?把钥匙给我,给我。

〔白嘉轩从腰里拿出钥匙交给仙草。

〔仙草下,除白嘉轩其余人皆跟下。少刻,众人慌慌上,鹿三把门锁扔在白嘉轩面前。

鹿　三 灵灵跑了!

白孝武 爸,我妹跳窗子跑了。

仙　草 (惊呼)你们还站在这干啥吗?黑天瞎火的出了事可咋办吗?三哥,你带孝武和孝文赶快去追!快!

〔鹿三等欲下。

白嘉轩 (冷峻而严厉地)慢,你们谁也不准去追!从今向后全当她死了!(众人愕然)

仙　草 我的灵灵娃呀……(失声痛哭,跌倒在地)

〔白嘉轩冷若泥塑,纹丝不动。

第三场

〔1927年,夏。

〔鹿家院内。这是白鹿村建筑最漂亮也是最古老的一座四合院。院中一棵椿树遮住半个院子,树下精心雕刻的石桌石凳均镶嵌着玉石台面。

〔鹿子霖神清气爽地上。

鹿子霖 (唱) 一场革命似一场风啥都没变,

　　　　　　田总他回马枪杀返白鹿原。
　　　　　　众乡约弹冠相庆重聚首,
　　　　　　一个个拜谒晋见车马喧。
　　　　　　想去年被批斗戏台上站,
　　　　　　当众人儿辱父羞了祖先。
　　　　　　鹿子霖没沾儿福反蒙冤,
　　　　　　差一点就背上了通共之嫌。
　　　　　　多亏了田总他极力保荐,
　　　　　　复原职当乡约重新掌权。
　　　　　　可笑他白嘉轩想把我下看,
　　　　　　没成想鹿子霖照样当官。
　　　　〔田小娥神色黯然地上。
田小娥　（怯怯地）大。
鹿子霖　你咋找到我屋里来了？
田小娥　我刚见你去送田总乡约回来。大,我想问问,昨日我求你的事咋办呢？
鹿子霖　你还急得不行。
田小娥　大呀！
　　（唱）移栽的树苗根子浅,
　　　　　风狂雨暴腰就弯。
　　　　　外来的媳妇缺人缘,
　　　　　公婆不认更可怜。
　　　　　有家难回路太远,
　　　　　有夫躲命在外边。
　　　　　孤身弱女是非多,
　　　　　崖畔青枝怕人攀。
　　　　　狐哭狼嚎夜惊胆,
　　　　　窑院无门心不安。
　　　　　家中无男日月亏,
　　　　　生计无着塌了天。
　　　　　黑娃是回还是躲？

人命关天盼直言。
大,除了黑娃我再没有一个亲人咧,大,我求你咧!
(哭跪在鹿子霖面前)

鹿子霖　起来起来,大我都问过了。
田小娥　(疑虑地站起)总乡约咋说呢?
鹿子霖　(看着田小娥秀美的长相,不觉一阵躁动)啊,快擦擦泪,叫外人看见笑话。
田小娥　那屋里说。
鹿子霖　(轻轻一阵淫笑)嘿嘿,还得……
田小娥　(已有觉察)还得啥?
鹿子霖　走……到屋里再说。

〔田小娥不愿意,但又身不由已被鹿子霖逼进厅屋,下。
〔少刻,白孝文上。

白孝文　(见院里没人,向屋里喊)子霖叔,子霖叔。
〔鹿子霖听见喊声从厅屋上。
鹿子霖　(脸上不悦地)孝文,找我有啥事?
白孝文　我爸说,请子霖叔到祠堂去清对一下账目,一会儿要召集全村人到祠堂公布哩。
鹿子霖　那好,我一会就去。
白孝文　我走咧,叔。(下)
〔田小娥从厅屋探头看了一下,上。
〔白孝文复上。
白孝文　叔……(猛然发现田小娥,愣了一下)
我爸叮咛我,叫你快去。
鹿子霖　(不耐烦地)我马上就去。
〔白孝文下。
田小娥　大……
鹿子霖　今后再不要叫大了,再叫大,大就不好意思了。
田小娥　你刚才慌着弄那事……那要紧的话你还没说哩!
鹿子霖　(悄悄地)黑娃万万不可回来。

田小娥　（似未听清）你说啥？

鹿子霖　（加重语气地）黑娃万万不可回来！

田小娥　你……你哄人……（哭）

鹿子霖　（冷笑一声）哼哼。我问你，刚才田总乡约他来干啥呢？

田小娥　干啥？

鹿子霖　来找白嘉轩借祠堂。

田小娥　借祠堂干啥？

鹿子霖　他要报仇！

田小娥　报仇？

鹿子霖　对。去年农协会在祠堂戏楼上整了他，他能不报仇吗？给……（给钱）

田小娥　我不要，我成了啥人了吗？

〔白孝文暗上，偷听。

鹿子霖　你成了啥人了？你成了大的亲蛋蛋了。今后逢五逢十的晚上，大到你的窑里去……（发现白孝文）孝文，你……

白孝文　子霖叔，我爸让你快去。（下）

鹿子霖　（计上心来）刚才来的那个人他是谁？

田小娥　白孝文嘛。

鹿子霖　他是谁的儿子？

田小娥　老族长白嘉轩的儿子。

鹿子霖　对。是白家逼黑娃外出，是白家不让你们进祠堂拜祖，是白家逼你沦落独守破窑，这仇你想报不想报？

田小娥　报仇……

鹿子霖　（狠狠地）只要你把白孝文的裤子抹下来，就等于尿他白嘉轩一脸，这仇不就报了吗？（逼视着发呆的田小娥，发出一阵冷笑）

〔切光。

第四场

〔前场一年后,秋。
〔村外,黑娃窑院内外,虽是破窑残院,却收拾得干净利索。
〔田小娥由窑内上。

田小娥　（唱）　夜风吹更露寒无精打采,
　　　　　　　　思亲人盼亲人愁满心怀。
　　　　　　　　想当初欠人债被逼无奈,
　　　　　　　　含屈辱作小妾泪流满腮。
　　　　　　　　遇黑娃才知晓人间真爱,
　　　　　　　　逢甘露交知心情窦初开。
　　　　　　　　谁料想好梦不长被发现,
　　　　　　　　黑娃哥为了我险遭祸灾。
　　　　　　　　我二人结同心逃跑回家,
　　　　　　　　谁料想祭宗祖祠堂难开。
　　　　　　　　农协会一场风时世更改,
　　　　　　　　刚伸腰眉未展横祸飞来。
　　　　　　　　救黑娃求乡约一步走错,
　　　　　　　　为报仇上贼船更是不该。
　　　　　　　　白孝文夜夜见花夜夜败,
　　　　　　　　贪花人夜夜偷情还要来。
　　　　　　　　鹿子霖计连环又设陷阱,
　　　　　　　　诱孝文吸大烟骨瘦如柴。
　　　　　　　　扪心问我不该为虎作伥,
　　　　　　　　扪心问背叛黑娃更不该。
　　　　　　　　既明理就不该再害孝文,
　　　　　　　　今夜里拒他门外绝不徘徊。
　　　　　（进窑内下）
〔白孝文、白嘉轩、鹿子霖三人相继上,走圆场。
白孝文　（唱）　云遮月夜潜行脚下不稳,

白嘉轩	（唱）	孝文他说假话溜出家门。
白孝文	（唱）	会小娥似做贼胆战心惊，
鹿子霖	（唱）	鸡觅野食狐欲擒后有猎人。
白孝文	（唱）	自那日戏楼下小娥调情，
		连日来神不守舍像丢魂。
白嘉轩	（唱）	风言风语有耳闻，
		但不知是假还是真。
鹿子霖	（唱）	父捉子奸射双雕，
		我看你族长咋做人。
白孝文	（唱）	避开大路走小径，
白嘉轩	（唱）	老眼昏花路难分。
鹿子霖	（唱）	崴了我的脚脖筋，
		一瘸一拐还要跟。

白孝文　小娥，小娥，快开门……窑外冷得很，荒郊漆黑，我害怕得很。

〔田小娥突然开门，白孝文一头钻进窑洞，窑门复关。

白嘉轩　啊……（栽倒在窑院内）

| 鹿子霖 | （唱） | 一不做二不休将他唤醒， |
| | | 伤口上撒把盐让他心疼。 |

（呼唤）嘉轩、嘉轩醒醒。

白嘉轩　（唱）　这一棍打得我心痛难忍……

（醒来一惊）你是谁？

鹿子霖　我是子霖呀。

白嘉轩　你、你怎么在这里？

鹿子霖　你先甭问。（欲背白嘉轩，身体不支）

白嘉轩　你把我放下。

鹿子霖　（扶白嘉轩靠于石磙）我回村叫人抬你。（下）

白嘉轩　子霖，不要……〔欲起又跌，昏迷（醒来，扶磙站起，举步艰难）

　　　　（唱）　五雷震轰绝顶闷气攻心。
　　　　　　　两腿沉四野不辨，

浑身无力我冷汗淋淋。
莫非是他酿祸水，
莫非诱我害孝文？
更深夜半人迹尽，
为何窑前见子霖？
人言天意尚可晓，
世上难测是人心。
清白半世丧儿手，
族长我明天咋见人。
家门不幸出孽子，
天意难违任人评。
做下的坏事随风走，
做下的好事不出村。
子霖回村去叫人，
霎时巫山起风云。
莫怨子霖行不义，
此事只能恨孝文。
白嘉轩不惊主意定，
祠堂内敲山震虎扭乾坤。

〔鹿子霖率几个村民上。

鹿子霖 来，把族长背回去。
白嘉轩 慢！砸开窑门，把那两个狗男女给我绑了。

〔几个村民进窑绑白孝文、田小娥上。

鹿子霖 慢着。嘉轩，孝文今后接替族长，主祭祠堂，岂能绑他哩！（欲松绑）
白嘉轩 （威严地）住口！（冷视鹿子霖，语意双关地）人斜影子歪，自身不正焉能正人。绑了！
白孝文 （跪倒）爸……

〔暗转。
〔锣声过后，传来刺刷抽打声和白孝文、田小娥的惨叫声。

〔第二年,初春。

〔田小娥蜷缩在窑门前晒太阳。鹿子霖不悦地上。

鹿子霖　小娥,你找我有啥事?

田小娥　咋,兴你找我,就不兴我找你?

鹿子霖　你看这大白天的……

田小娥　大白天又没让你上炕,我找乡约办事谁能咋?

鹿子霖　(自觉理亏,亲热地)亲蛋蛋,你身上的伤好些了吗?

田小娥　多谢你的钱,多谢冷先生的药,身上脸上全都好了。

鹿子霖　找大啥事?

田小娥　借钱。

鹿子霖　我才给了你大洋,咋又要钱?

田小娥　我给孝文借钱。你没看他都成了啥样子了……(难过语塞)

鹿子霖　(醋意地)咦!我叫你跟孝文那是做戏,现在该收场了。

田小娥　收屁的场,戏台搭上从来都没开过锣!

　　　　　(唱)　白孝文贪花柳皮薄面软,
　　　　　　　　善良辈不似你油猾猴尖。
　　　　　　　　你不该买他的耕地房产,
　　　　　　　　天大旱你把他推向深渊。
　　　　　　　　你不该暗示他爸去捉奸,
　　　　　　　　更不该回村叫人背嘉轩。
　　　　　　　　我和他被绑在祠堂树干,
　　　　　　　　他老子刺刷抽打丢脸面。

鹿子霖　(唱)　白嘉轩挥泪杀鸡给猴看,
　　　　　　　　我只得跪着没动弹。

田小娥　(唱)　都是你口蜜腹剑笑藏刀,
　　　　　　　　害得我遭毒刑难立人前。
　　　　　　　　编谎言帮我报仇全是假,
　　　　　　　　借刀杀人我终生难安。

鹿子霖　算了算了,不要提这败家子咧。(欲亲热)

田小娥　（躲避）败家子也是你逼的。

鹿子霖　（不以为然）反正他已抽上大烟，不死也差不多了。（看看四周）走，进窑上炕，你想咋就咋。你想骑马，大就驮上你游，你要大当王八，大就给你爬下旋磨。

田小娥　你说我想咋就咋？

鹿子霖　对，你想咋就咋。

田小娥　哈哈……我想咋就咋？叫你咋你就咋？这才是亲蛋蛋，亲蛋蛋。（拧住鹿子霖耳朵）牵驴回马号，进门钻驴槽，再喂亲亲两口料，喂饱了驴儿翘个尿骚。哈哈……

鹿子霖　（变脸发怒）婊子，你……

田小娥　咦，你不是说我想咋就咋吗？（感情爆发地）你叫我给白嘉轩尿了一脸，我再给你唾一脸！（连续在鹿子霖脸上唾几口）你也不是个好东西！

鹿子霖　（猛扇田小娥一耳光）臭婊子！给你个笑脸，你就不知道姓啥为老几了！（擦脸）臭婊子，跟我说话弄事看向着，我跟你不在一根秤杆上排着！

田小娥　（不甘示弱地）哈……哈……对着哩，鹿子霖。

（唱）　你塑金身供佛殿，
　　　　我是泥胎土里钻。
　　　　你身贵名显天上飞，
　　　　我身卑人贱涝池淹。
　　　　你人五人六做大官，
　　　　我开窑子落骂言。
　　　　你是佛爷享烟火，
　　　　为何食色到人间？
　　　　你是乡约你是官，
　　　　咋往我的窑里钻？
　　　　你是名人天上飞，
　　　　咋和婊子闹得欢？
　　　　当君子甭逛窑子院，

　　　　　　想害人甭怕人弹闲。
　　　　　　你不信咱到镇上评评理，
　　　　　　看众人唾谁脸骂谁奸。
　　　　　　谁个阴险谁良善，
　　　　　　骂谁王八挨黑砖。
鹿子霖　（气得手足无措）你再喊我杀了你！
田小娥　你杀，你杀！
　　　　〔后台传来白孝武的喊声："哥，孝文……"
　　　　〔田小娥、鹿子霖一惊。田小娥急进窑门下。
　　　　〔白孝文跟跄上，白孝武跟上。
白孝武　哥，咱爸叫你回去。
白孝文　我不回，知道我要卖门楼和那二亩坡地，他急咧？没用了！大旱绝收分了家，当初我找他借粮他咋不借呢？
白孝武　给你分家分少了？谁叫你抽大烟，把地把粮都卖光了，说这话你还顾脸不顾？
白孝文　哼！我的脸早叫你在祠堂用刺刷给撕破了，我哪还有脸呢？
白孝武　你要不是俺哥，我真想叠（陕西方言，即打的意思）你一顿。
白孝文　你敢！
白孝武　（欲打）你看我敢不敢……
　　　　〔白嘉轩上。
白嘉轩　（制止地）孝武！
鹿子霖　嘉轩，你来得正好，快劝劝他们兄弟俩。
白嘉轩　（没理鹿子霖）孝文，咱回。
白孝文　我不回。
白嘉轩　（强忍着）听说你要把门楼和那二亩坡地卖了？
白孝文　卖了。
白嘉轩　（指鹿子霖）卖给你子霖叔了？
白孝文　（强忍着哈欠）子霖叔有钱有粮，旁人买不起嘛。

白嘉轩　那坡地上有你爷的老坟,不能卖!
白孝文　眼下分给我就是我的,我想活命就得换一把粮食。
白嘉轩　你卖多少钱?
白孝文　正说着哩!(忍不住打个哈欠)
白嘉轩　(厌恶地)卖给我,我给你双价。
白孝文　(哈欠连天)大丈夫出言驷马难追,你给钱再多也不能收……收回我的话了。子霖叔,子霖叔……(把契约硬塞给鹿子霖,从鹿子霖手中接过一封银圆,喜滋滋地对白嘉轩)你准备迁坟吧。(又一个哈欠)
白嘉轩　(怒火难捺,一个巴掌扇在白孝文脸上)败家子!
白孝文　打得好……(又一个哈欠)你打得好。(下)
鹿子霖　(阴阳怪气地)嘉轩,大旱欠收,孝文分家底子薄,卖房卖地老缠着我,叫我实在为难。
白嘉轩　你不是早想把你那块坡地买回去吗?他卖你买正合你意,何必掩耳盗铃。
鹿子霖　那好,你就迁坟吧,给你五天时间。
白嘉轩　不用五天,三天都够了。
鹿子霖　好,三天后我犁垄、拔桩、平地,你不要刁难。(得意地下)
白孝武　爸。那地不能卖!人家都说那是块风水宝地,那上边还有我爷的老坟哩。
白嘉轩　你明天叫人在咱地里挖坑箍墓,我自有安排。(下)
白孝武　爸……(追下)
　　〔天慢慢转暗。田小娥由窑洞上,欲出院门。鹿三突然从墙外站起,田小娥吓了一跳。鹿三步步紧逼田小娥,田小娥惊惧倒地。
田小娥　大,你……你……要干啥?
　　〔切光。

第五场

〔前场第二年,夏。
〔白嘉轩厅屋内外。夜。
〔幕后独唱:
　　　　白鹿原上天大旱,
　　　　榆树死绝柿树干。
　　　　夏秋无收闹春荒,
　　　　多少人家断炊烟。
〔后台传来"噗通"地跳墙声,一个黑影窜上。
〔白嘉轩披衣上,发现黑影。黑影已把枪顶到他脑袋上,他没有惊慌,但已知发生什么事。
〔仙草端灯上。

仙　草　出了啥事情了吗?
黑　娃　不要声张,我是黑娃。
仙　草　黑娃,你要啥拿啥,钱在炕头,粮在楼上……(慌乱地)你先把枪放下。
黑　娃　你给我闪开。
白嘉轩　(冷笑地)哼哼!黑娃这次回来不要钱,也不要粮,是专门提我的人头来咧!
黑　娃　明白就好。你说,是你还是你指派谁,杀了我女人田小娥?
白嘉轩　(坦然地)我没杀她,也没有指派人杀她。我一生没做过偷偷摸摸的事。
黑　娃　白鹿村没人下这样的毒手,只有你!
白嘉轩　你为啥断定只有我哩?
黑　娃　刚才我问过鹿子霖,他叫我来找你。我就断定是你杀的。
白嘉轩　你怎么就没问他?
黑　娃　他说他不但没杀小娥,而且还经常周济一些钱粮给她。

白嘉轩　你若信他,那就开枪吧,你开枪呀!

〔黑娃猛然一脚踹在白嘉轩的腰上,白嘉轩"哎哟"一声倒地,仙草急忙搀扶丈夫。

白嘉轩　(艰难地站起来,双手扶腰依然挺直)你……你……

仙　草　黑娃,你凭什么这样恨你叔,他对你家……

白嘉轩　别跟他啰嗦。黑娃,你开枪吧!

仙　草　黑娃,不要……

〔白孝武闻声拿把铁锨上。他抡起铁锨向黑娃打去,被黑娃挡开。

黑　娃　(对白孝武)你要是不想当族长了,你就来。

仙　草　(一把抱住白孝武)孝武……

白孝武　你把我爸放了,有话跟我说!

黑　娃　(冷笑地)哼哼,这事还轮不到你哩,你闪开。

〔鹿三上。

鹿　三　(黑沉着脸,声音平稳地)住手,把他放开,你女人是我杀的。

黑　娃　(诧异地)爸……你不要掺和了。

鹿　三　是我,你把嘉轩放开。杀哩剐哩枪崩哩,全都由你。

白嘉轩　三哥,你甭故意把事往身上揽,屎擦不净反倒让你抹匀了。

仙　草　黑娃,他们谁都不是。上个月,全村人都闻到一股臭味。人们顺着味道找到你窑门口,打开窑门一看,才发现你媳妇已被人杀死,那苍蝇蛆虫一堆一堆的……

黑　娃　(暴怒地)甭说了!(斥问白嘉轩)说!到底是谁杀的?谁杀的?

鹿　三　是我!(把一个布包打开,将里面包着的梭镖钢刃,扔到黑娃面前)这是赃证。

　　　　(唱)　这梭镖是赃证血污钢刃,
　　　　　　　留着它为的是官府查询。
　　　　　　　这女人害了你害了孝文,

　　　　　　要报仇你就来杀了父亲。
黑　娃　(看着鹿三,怒火中烧,欲言无语,双手捧起钢刃,突然跪地,痛哭失声地)为什么,为什么呀?
　(唱)　天衔冤地含恨情薄义冷,
　　　　亲生父杀儿妻五内俱焚。
　　　　小娥妻死得惨令人心寒,
　　　　想报仇想雪恨怎杀父亲?
　　　　为自由抛弃那罪恶婚姻,
　　　　寻真情破窑风冷更艰辛。
　　　　本该是荷锄桑梓迎日出,
　　　　本该是子绕膝前笑黄昏。
　　　　谁曾想无媒妁祠堂难进,
　　　　谁曾想违父命众议纷纭。
　　　　祈苍天求大地唤妻亡灵,
　　妻呀,原谅我——
　　　　不仁不义不知热冷不顾家的有罪人。
　　妻呀!(下)
仙　草　(扑通跪倒在鹿三脚下)三哥,救命的三哥呀!
　(唱)　夜半霹雳梦惊醒,
　　　　血灾飞祸降白门。
　　　　今日多亏你搭救。
　　　　仙草叩拜救命人。
　　　　几十年在我家扶犁耕耘,
　　　　几十年和我们风雨同行。
　　　　几十年一个锅里搅勺把,
　　　　几十年今日方显菩萨心。
　　　　仁义千秋铭功德,
　　　　忠烈万古谢大恩!
　　　　祠堂百年祭香火,
　　　　白门后代做子孙。(对白孝武)
　　　　从今后三伯和咱是一家,

　　　　　　死后打幡你是戴孝的人。
　　　　　孝武,快与你三伯磕头。
鹿　三　快起来,你们这是干啥吗……
　　　　（唱）树有高低人有品,
　　　　　　　草知冬春人知恩。
　　　　　　　滴水之恩涌泉报,
　　　　　　　是人怎能无良心。
　　　　　　　只恨黑娃娶小娥,
　　　　　　　害了自己害孝文。
　　　　　　　未报知遇反成仇,
　　　　　　　羞辱愧疚难见人。
　　　　　　　打碎门牙肚里咽,
　　　　　　　血染钢刀她命归阴。
白嘉轩　（唱）小娥作孽实可恨,
　　　　　　　你不该血刃起杀心。
　　　　（对仙草）你去弄两个菜,我和三哥喝两杯。
　　　　〔仙草应声下。
白嘉轩　三哥,我有些话还想给你说说……
　　　　〔突然,刷啦一声,院子和瓦屋上骤然响起蓬蓬剥剥的大雨声。
　　　　〔鹿三跑到院中,哭喊着跪下。
白孝武　下雨了,下雨了,下雨了!（欢叫着跑下）
　　　　〔白嘉轩也惊喜地站起,猛然觉得腰间剧痛,走了两步跌倒在地,但仍爬到院子里,跪在雨中仰脸朝天,任冰凉的雨点打在脸上。
白嘉轩　老天爷呀!你还记得世上还有一批没旱死、没饿死的黎民百姓呀……
　　　　〔暗转。
　　　　〔一束追光投向敲锣人。
敲锣人　（念）生死哀怨,
　　　　　　　情变理乱。

　　　　　　死的去了，
　　　　　　活的瞀乱。
　　　　　　世间万物，
　　　　　　做人最难。
　　　　　　一晃又是十几年。
　　（喊）喝了汤，甭上炕，全村老少上祠堂。（隐下）
　〔升光。
　〔十余年后，夏。
　〔鹿贺氏悲凄地上。

鹿贺氏　（唱）　一生念经信天命，
　　　　　　焚香拜佛卦不灵。
　　　　　　诚信风水争宝地。
　　　　　　还是倒霉运不通。
　　　　　　子霖突然被抓走，
　　　　　　只有来找嘉轩兄。
　　　嘉轩哥，嘉轩哥。
　〔仙草从内室上。

仙　草　他婶你来了，嘉轩不在，你坐。子霖的事打听到消息没有？
鹿贺氏　没有嘛。子霖为啥被抓，人关在哪儿，啥啥都问不着。
仙　草　嘉轩已经叫孝武到县上找孝文去了。
鹿贺氏　嫂子，我知道嘉轩哥这人心长，在原上我也只能求他了。
仙　草　一个祠堂上香的人，心长心短都不能不管。
鹿贺氏　嫂子，你说句话，无论如何得让族长哥帮我呀。
仙　草　他一定会尽力的。
鹿贺氏　我就是卖房卖地，砸锅卖铁也得把子霖保回来。（自言自语嘟囔着下）
仙　草　（感慨万端地）唉！人哪，不知哪一天走到哪一步啊！

（唱）　这人生就像那过面箩箩，
　　　　咣当来咣当去祸福难说。
〔白嘉轩高兴地上。

白嘉轩　哈……
仙　草　哟，啥事把你高兴成这个样子？
白嘉轩　孝武把孝文从县上接回来了。
仙　草　看把你高兴的，你不是不认这个抢舍饭给你丢人的儿子了吗？
白嘉轩　他不是后来遇见田总乡约，把他介绍到县保安团当文秘书手了嘛。
仙　草　（挖苦地）哦，当了官了，你就认了。
白嘉轩　（自嘲地）嗨……浪子回头金不换嘛。
〔白孝文上。他已四十多岁，一身戎装，精神十足。白孝武随上。

白孝文　（礼貌地）爸。
仙　草　孝文回来了。
白孝文　妈，这是我给你买的水晶饼。
仙　草　放下，放下，你看咱孝文多孝顺的嘛！
白嘉轩　在县上见到你子霖叔没有？
白孝文　他关在县监狱，我去看过咧……
仙　草　快说说你子霖叔在大牢里到底咋样？
白孝文　头两天子霖叔闹不清为啥抓他，不吃不喝狂喊乱叫，审过一堂后他再也不闹了。
白嘉轩　为啥把你子霖叔抓去下大牢呢？
白孝文　抓不住兆鹏，岳书记在省上挨了头子，回县上大发脾气，亲自叫抓的子霖叔。
白嘉轩　那抓人家爸弄啥吗？
白孝文　兆鹏鬼着哩，几次都让他跑了。
仙　草　兆鹏还在闹共产？
白孝文　他不但在原上闹还在省城闹，而且把事越闹越大了。
白嘉轩　还真让你妈说着了，逮不住雀儿掏蛋，摘不下瓜来拔蔓,哈……
白孝文　爸,黑娃说后天要回祠堂祭祖。
仙　草　(惊疑地)黑娃要回祠堂祭祖?
白孝武　嗯,他亲自对我和我哥说的。
白嘉轩　可以。(对白孝武)你明天把祠堂清扫一下,后日你去县上迎接黑……迎接鹿兆谦。去把你三伯叫来。
白孝武　嗯。(下)
白孝文　爸,这几天事多,我先回县上去了。妈,我走了。(下)
白嘉轩　黑娃东闯西撞,最后还是走上正道了。
仙　草　(又是一番感叹)人哪! 不知哪一天走到哪一步! 说不来说不来!
〔鹿三随白孝武上。鹿三神情飘忽,行动迟缓,语言更加木讷。
白嘉轩　三哥,黑娃后个要回原上祭祖哩。
鹿　三　唉,迟了,迟了……
白嘉轩　不迟。黑娃后个带媳妇回来,还要到屋里去看你哩。
鹿　三　他要回屋他回去,我不见他。
仙　草　三哥,黑娃如今是保安团炮营营长了,你还不认?
鹿　三　他是营长我是乡棒,我俩不粘。(欲下)
白嘉轩　(恳切地)三哥。
　　(唱)　草知秋,月望圆,
　　　　　人老就盼膝前欢。
　　　　　如今黑娃干保安,
　　　　　另娶贤媳品貌端。
　　　　　回家省亲祭先祠,
　　　　　给他妈上坟烧纸钱。
　　　　　原上盛传乡人赞,
　　　　　后辈出息咱心安。
鹿　三　他回来给他妈上坟?
白嘉轩　给他妈上坟!

鹿　三　　给他妈烧纸？
白嘉轩　　给他妈烧纸！
鹿　三　　（满眼含泪痴痴地）给他妈上坟烧纸？
白嘉轩　　（肯定地点点头）你认不认？
仙　草　　（也伤心落泪地）三哥，如今娃学好了，你就认了吧！
鹿　三　　我认，我认。（踉跄地走出厅屋，神情恍惚地）黑娃他妈，黑娃学好了，出息了，他要回来给你上坟烧纸了，他要……（忽然单腿跪地，慢慢地跌扑在地）
白嘉轩　　（发觉意外，急至鹿三身边）三哥、三哥……（把鹿三揽在怀中）三哥、三哥……（用手试鼻息）
仙　草　　孝武，赶快去叫冷先生。
白嘉轩　　（用手止住白孝武，缓缓而沉痛地）不用了，人走了……
仙　草　　（悲怆地）……白鹿原上最好的长工走了。三哥……
白嘉轩　　老三……（紧紧地将鹿三揽在怀中）
白孝武　　三伯……
　　　　　〔切光。

第六场

〔距前场两年多，秋。
〔鹿家院内一派衰败景象，门窗油漆剥落，门柱楹联字迹模糊，石凳歪斜倒地。
〔一束追光投向敲锣人。

敲锣人　　（念）　没有不落的日头，
　　　　　　　　　没有不变的山川。
　　　　　　　　　风水宝地没有封妻荫子，
　　　　　　　　　然麻摊稀几十年。

　　　　　　恩爱情仇，
　　　　　　忧忧怨怨。
　　　　　　磕磕碰碰，
　　　　　　丝绞麻缠。
　　　　　　全应了一句老话，
　　　　　　人算不如天算。
　　　（喊）每户一人，后晌清扫祠堂。明日祭祖，族人甭忘上香。唉！兵荒马乱的，哪还有人进祠堂嘛。没有了，没有了。（隐去）
　　　〔升光。
　　　〔鹿子霖站在院中看着废墟发痴。少刻，转身一声长叹，感慨万千。

鹿子霖　（唱）　两年监禁半世悔，
　　　　　　一世功名被风吹。
　　　　　　兆鹏革命走天涯，
　　　　　　音讯渺渺家不归。
　　　　　　兆海抗日死疆场，
　　　　　　蒿草疯长掩残碑。
　　　　　　无家有国一掬泪，
　　　　　　忠心报国满腔悲。
　　　　　　看今日残垣陋室人亡散，
　　　　　　不堪往事心如灰。
　　　〔鹿贺氏上。
鹿贺氏　他爸，甭难受咧，前院的门楼门房是我为救你卖的。
鹿子霖　（痴痴地）你卖得好，卖得好。这房嘛，不就是买来卖去的一桩小事嘛。
鹿贺氏　（给鹿子霖递烟点火，缓缓地）你和他爷过去埋在树下、牛槽底下和墙缝里的黄货、白货，我全送给县上那些乌龟王八蛋了。
鹿子霖　唉！银钱是个屁，放了也就轻松了。
鹿贺氏　（如释重负地）哎，对了。房是招牌地是累，攒下银钱被鬼催。身边无儿又无你,我留着钱干啥吗?

鹿子霖　(淡淡地)你把门楼和地都卖给谁了?

鹿贺氏　还能有谁买得起?白家孝文在保安团干阔了,想光宗耀祖,正好……

鹿子霖　(放下茶,嗤地笑了)哼哼……

鹿贺氏　他爸,你笑啥?

鹿子霖　你想想,想当年咱买孝文房子地的时候,不是半斤对八两,现在谁也不欠谁的,扯平了,扯平了……

〔白嘉轩拄着拐杖上。

白嘉轩　子霖。

鹿贺氏　哟,嘉轩哥,你来了。(急忙扶起石凳)
他爸,嘉轩哥来了。

鹿子霖　嘉轩,你坐。

白嘉轩　我向你赔情谢罪来了,我不该乘人之危……

鹿贺氏　嘉轩哥,你再甭说了,门楼地是我寻你卖的,咋能怪罪你哩。

鹿子霖　对。你买了门楼买了地,她得了钱救了我,我还得谢你的恩哩。

白嘉轩　(难于启齿地)有件事,我一直想找你说说,可就是……

〔化了妆的鹿兆鹏领着鹿鸣和全副武装的黑娃上。

黑　娃　子霖叔,婶子,你看谁回来了。

鹿兆鹏　(摘去伪装)爸、妈。

鹿子霖　(惊疑地)兆鹏……

鹿兆鹏　妈,我一直都没有离开咱白鹿原。嘉轩伯,你身体还好?

白嘉轩　(淡淡地)还好。子霖,多保重身体,我走了。

黑　娃　嘉轩叔,你先别走,还有些事要让你知道。

鹿贺氏　兆鹏,现在原上到处抓人抓丁,闹得鸡飞狗跳墙,你不躲着还跑回来干啥?

鹿兆鹏　(坦然地)妈,怕啥吗?我有保安团三营长鹿兆谦保驾,我怕谁嘛。

黑　娃　子霖叔,婶子,我兆鹏哥今日给你们送孙子来了。
鹿子霖　(下意识地看着鹿鸣)孙子,谁的孙子?
鹿兆鹏　爸,这是我的儿子,叫鹿鸣。(对孩子)快叫爷爷,奶奶。
鹿　鸣　爷爷,奶奶。
鹿子霖　(惊喜地)我的孙子?你是我的孙子,你是爷爷的亲孙孙呀……他妈,这是你的亲孙子呀……
鹿　鸣　奶奶……
鹿贺氏　你是奶奶的亲孙孙,叫奶奶看看。我娃真乖!
鹿子霖　(拭去兴奋的泪水)兆鹏,娃他妈呢?娃他妈是谁?
鹿兆鹏　(神色黯然)爸,你看这娃像谁?
鹿贺氏　呃,他爸,你看这娃咋看着面熟熟的……你看这鼻子、额楼,特别是这双眼睛……(指指白嘉轩)像不像?
鹿子霖　像,像!就像咱嘉轩哥那个灵灵娃嘛。
〔白嘉轩闻听一惊。
黑　娃　对,这就是白灵和我兆鹏哥的儿子。
白嘉轩　(痴痴地走近鹿鸣)你是灵灵的儿子?你真是我灵灵娃的儿子……
鹿兆鹏　小鸣,叫外爷。
鹿　鸣　(从怀里拿出白鹿玉坠)外爷,你看……
白嘉轩　孙孙……(泪水盈眶,把鹿鸣揽入怀中)
鹿贺氏　兆鹏,你和白灵啥时候结的婚?
鹿兆鹏　十几年了。

(唱)　大革命失败后潜行隐踪,
　　　与敌人巧周旋如影随形。
　　　战斗中我们俩忧患与共,
　　　为革命结夫妻同斗顽凶。
　　　小鹿鸣出生后农家哺育,
　　　今日里托父母送回家中。

白嘉轩　白灵呢？
鹿兆鹏　（唱）　三六年赴陕北参加红军，
　　　　　　　　消息断音讯阻关山万重。
　　　　　　　　她也许驰骋在平川峻岭，
　　　　　　　　她也许为革命走完征程。
　　　　　　　　我多想百灵鸟飞回身旁，
　　　　　　　　白鹿原盼百灵再鸣春风。
白嘉轩　白灵她……
鹿兆鹏　白灵她……（不忍明说，强忍悲痛）
黑　娃　白灵她……在一次战斗中牺牲了。
白嘉轩　（撕肝裂肺地）灵灵———
　　　　〔众人悲泣。
鹿　鸣　不，你胡说，你胡说！我妈她没有死，爷爷……
鹿兆鹏　（安慰白嘉轩）爸，不要哭了，要斗争就会有牺牲。（转向鹿子霖夫妇）爸、妈，你们也要保重身体，我相信太阳很快就会照亮白鹿原的。鸣鸣，爸走了，好好听爷爷、奶奶的话。
鹿　鸣　（两眼含泪地）嗯，你走吧……
　　　　〔鹿兆鹏戴好伪装毅然和黑娃下。鹿鸣追了几步，突然停住，良久地注视着走远的父亲。
鹿　鸣　奶奶，我爸他还能回来吗？他还能回来吗？
鹿贺氏　你爸从来没有离开过白鹿原。
鹿子霖　娃她奶，你去给我准备些香蜡纸表，我要带孙子去上坟。
　　　　〔鹿贺氏应声下，复拿竹篮上。篮内装有香蜡纸表。
白嘉轩　子霖呀，这几十年，压在我心头的话一直没有说，今天我看是非说不可了。
鹿子霖　嘉轩，咱现在都是亲家了，还有啥不好意思的。
白嘉轩　子霖啊！
　　　　（唱）　这一生恩恩怨怨风风雨雨，
　　　　　　　　多少事疙疙瘩瘩弯弯曲曲。

　　　　　　最难忘七娶六亡悲悲喜喜，
　　　　　　笃信了神神鬼鬼忽智忽愚。
　　　　　　那一年鹅毛雪铺天盖地，
　　　　　　莽原上我发现一株刺蓟。
　　　　　　那小草绿茵茵充满生气，
　　　　　　嫩乎乎似白鹿形神可掬。
　　　　　　我断定那面坡是风水宝地，
　　　　　　白鹿仙指迷津让我发迹。
　　　　　　编谎言假迁坟哄骗与你，
　　　　　　将水地换旱地在所不惜。
　　　　　　谁料想白孝文典房卖地，
　　　　　　子霖你将宝地又买回去。
　　　　　　岂知我再次迁坟假作戏，

鹿贺氏　你不是装棺箍墓重新入殓了吗？
白嘉轩　（唱）　新棺木装青砖尸骨未移。
鹿贺氏　咋？你爸的坟在那块坡地上原本就没动？
白嘉轩　（点头）惭愧呀，惭愧！搁在心里几十年，一辈子都不舒服呀。
鹿子霖　（突然发笑）哈……
　　　　（唱）　这才是人算不如天算计，
　　　　　　　　到头来我还是斗败的鸡。
　　　　（狂笑）哈哈，哈哈，哈……换地、签约，谁都没占便宜，去他妈的风水宝地。上坟，上坟。（带鹿鸣下）
　　　〔村民甲、乙上。
鹿贺氏　老秀才，子衡兄，你们都来了。
村民甲　子霖在家吗？我们来看看子霖。
村民乙　子霖到哪去了？
鹿贺氏　子霖刚带着孙子上坟烧纸去了。
村民甲　这一回可把子霖害苦了。
鹿贺氏　谁说不是嘛，都是兆鹏闹共产给牵连的。
村民乙　话不能这么说，如今共产党把事情给闹大了，看来老蒋要完蛋了。

〔鹿鸣喊着跑上。

鹿　鸣　奶奶———

鹿贺氏　呜呜,我娃咋咧?

鹿　鸣　爷爷他……他疯了。

〔鹿子霖头发蓬乱、衣服不整地跑上。

鹿子霖　哈哈……白孝文,就你小子上当了。哈……你小子抽的大烟是我给的,田小娥的热炕是我让的……

鹿贺氏　他爸,你说啥疯话哩,你说啥疯话哩?呜呜,你爷这到底是咋咧吗?

鹿　鸣　我和爷爷去上坟,刚走到坟地,看见一个女人在咱家坟头上拉屎,她看见我们拔腿就跑。我爷吓得倒在地上喊道:田小娥,你不要跑,我不杀你。奶奶,我害怕……(躲到白嘉轩身后)

鹿贺氏　他爸———

鹿子霖　嘘———

〔场上人皆惊。数村民围观上,众人议论。

鹿子霖　(推开鹿贺氏)鹿三,你过来,我问你,(悄声地)田小娥到底是谁杀的?……不是你杀的!……是我乡约杀的!(指着众人)你杀的……是你杀的……告诉你们,是咱这祠堂不容人,是咱的风土不容人!田小娥是白嘉轩杀的,也是本乡约杀的,也是你们大家杀的。哈哈,哈……(倒地)

鹿贺氏　娃他爸……

〔众人搀扶鹿子霖下,鹿贺氏哭喊着随下。

鹿　鸣　外爷,起风了……

白嘉轩　起风了……树叶落了。

鹿　鸣　外爷,我想妈妈,我想我妈……

白嘉轩　我也想啊。你妈她离家二十一年了,我也想她呀……

鹿　鸣　外爷,我妈她还能回来吗?

白嘉轩 会回来的……当太阳升起白鹿出世的时候……

鹿　鸣 （看着手中白鹿玉坠深思地）当太阳升起白鹿出世的时候……当太阳升起白鹿出世的时候。

〔灯光渐升，满台红光。

〔音乐骤起，鸟鸣春风。鹿鸣呼唤妈妈的喊声在空中回荡。

〔幕落。

——剧　终

（西安秦腔一团首演，剧本发表在《剧本》《当代戏剧》《西安艺术》期刊，剧本荣获"曹禺戏剧文学奖"提名奖，剧目荣获省优秀剧目展演优秀剧目奖、优秀编剧奖和"首届秦腔艺术节"优秀剧目奖编剧奖。剧本收录在《西安春腔剧本精编》第60卷中）

基石赋

编剧 丁金龙

剧情简介

20世纪60年代末,一个夜黑风高、秋雨萧萧的夜晚,支左军代表不顾红卫兵的追赶、威逼,放走了一个小"保皇派"。这个小"保皇派"就是日后成为"全国拥军模范""爱国民族团结进步模范"的石志光。该剧艺术地再现了老石20年为部队放电影、顶住各种困难和误解,不顾冷嘲热讽,以实际行动感动一群、带动一片的动人故事。热情讴歌了他痴心不改、矢志不移、忠心向党、铁心拥军、热心为民的先进事迹。该剧时代感强,生活气息浓,语言幽默,人物形象鲜活、感人,具有较强的思想内涵和较强的艺术感染力。

场 目

序　幕

第一场

第二场

第三场

第四场

第五场

第六场

尾　声

人物表

老　石（年轻时称石头）

月　兰

钱串串

孙书记

岳科长

教导员

赵雪花

小　范

一排长

张军医

四姐妹

二女工

焦队长

乞　丐

小　黄

护士甲乙

男工人

部队首长

民委主任

部队战士

回民群众

序　幕

〔20世纪60年代后期，秋夜。
〔风雨古城。
〔幕在歌声中疾起。
〔独唱、合唱：

　　夜黑风高，
　　秋冷雨潇。
　　长街静静，
　　泥路迢迢。
　　心急切，似火烧，
　　逃路人，怕天晓。
　　留住青山护幼苗，
　　风雨过后秀木高。

〔歌声中，焦队长和石头在风雨中跌扑奔上，一把纸伞互让，共撑，艰难跋涉中情深意长。
〔红卫兵甲乙冒雨追上，气喘吁吁，坚持不懈顶风前行。
〔红卫兵即将追上，焦队长急将石头推进一条小巷，自己迎面挡住红卫兵。

红卫兵乙　（擦去脸上雨水，惊异地）焦队长，咋是你？
红卫兵甲　好个支左军代表，竟敢放走保皇派！
焦队长　他不是保皇派，我们要爱护少数民族同志。
红卫兵甲　少数民族也有坏分子。
焦队长　他祖宗三代都是坊上贫民，无产阶级。
红卫兵甲　革命队伍里也会出现叛徒。
焦队长　他既不是坏分子，更不是叛徒。

红卫兵甲 他为什么把走资派书记、厂长都藏在他家里?

红卫兵乙 明天要开批斗会,你放跑了姓石的,我们怎么向无产阶级革命派交代?

焦队长 我会向群众解释的。

红卫兵甲 谁干扰革命大方向,我们革命造反派一千个不答应,一万个不答应!

红卫兵甲 (无奈劝解地)十万个不答应又能咋?跑都跑咧,走吧,赶快回去向造反司令部汇报,看明天批斗会咋安排。

红卫兵甲 走!(欲下)姓焦的,我看你明天咋向革命群众交代。(随乙下)

〔石头暗上。

石 头 (担心地)焦队长……

焦队长 小石头,你咋还没走?

石 头 我走了,他们会对你进行无情斗争的。

焦队长 我不怕。你快走吧,到石化厂找我的战友,他会保护你,还会给你安排工作的。

石 头 (依依不舍地)那……我走了。(欲下)

焦队长 回来。把这把伞带上,人生路长,遮风挡雨用得着。

石 头 (激动地)焦队长,救命之恩我该如何感谢你呀!

焦队长 我不图你感谢,希望你这辈子不要忘了人民解放军!

石 头 我一定。(热泪盈眶,深深一躬)

〔幕后独唱、合唱:

啊———
解放军,鱼水情,
解放军,雨露恩。
战时负命蹈烈火,
动乱扶危救黎民。
一把纸伞撑风雨,
历经坎坷走人生。

〔焦队长,石头在歌声中相送,握别,依依不舍,定格。

〔切光。

第一场

〔20世纪70年代末,春日。
〔石头家,墙上明显位置挂着那把纸伞。
〔幕启:四姐妹中的三人正在布置新房,甲兴冲冲地跑上。

甲　　姐妹们,月兰姐来了。
乙　　逗逗她,怎么样?
众姐妹　好,咱们躲起来。(四人躲藏)
〔月兰欣喜地上。
月　兰　(唱)　春风丽日精神爽,
　　　　　　　绿荫枝头喜鹊唱。
　　　　　　　周末就要做新娘,
　　　　　　　今日偷来看新房。
〔月兰怯怯推门而入,四姐妹一哄而上。
甲　　(蒙住月兰双眼)
乙　　贼娃子窃入洞房,捆起来,送到派出所去!
月　兰　姐妹们,我是月兰,我是月兰呀。
甲　　(放手)哟,原来是月兰姐呀,还没发海棠就上门来了,真不害臊。
四姐妹　羞、羞、羞!
〔月兰羞臊,四姐妹围着月兰起舞。
四姐妹　(唱)　白固固遮不住羞涩的少女,
　　　　　　　绿袷袢掩不住青春的活力。
　　　　　　　春潭秋池企盼着朝露夜雨,
　　　　　　　俏眉眼闪秋波芳心迷离。
　　　　　　　只盼着银河鹊桥天河配,

	牛郎织女两相会甜甜蜜蜜。
甲	月兰姐,你说你现在甜蜜不甜蜜?
四姐妹	说!不说收拾你。
	〔月兰羞于启齿。
乙	月兰姐呀,现在是霜打的柿子,吐鲁番的葡萄,甘蔗蘸蜂糖……
四姐妹	甜到心底底,甜蜜透咧!
甲	你想不想石头哥?
月 兰	(违心地)不想。
乙	你做梦抱枕头,乐得都笑醒咧,还说不想?
甲	不想你来干啥?
月 兰	来看看新房咋样。
乙	哦———原来是县老爷坐轿下乡———
四姐妹	视察来了。
甲	你看看这新房咋样?
月 兰	(唱) 新糊的顶棚新刷的墙———
四姐妹	(唱) 新刷的墙呀新刷的墙。
月 兰	(唱) 新油的家具漆飘香———
四姐妹	(唱) 漆飘香呀么漆飘香。
月 兰	(唱) 朴素简洁家清爽———
四姐妹	(唱) 家呀么家清爽。
月 兰	(唱) 清雅温馨显大方———
四姐妹	(唱) 显呀么显大方。
月 兰	(唱) 心灵手巧四姐妹,
	感谢你们来帮忙。
四姐妹	草原上的百灵鸟,不要光耍嘴皮子巧,你说咋谢。
月 兰	每人一份礼,结婚那天送给你们。
甲	先说出来我们听听。
四姐妹	对,说来听听。
月 兰	好,你们听着。
	(唱) 送块手帕表心意,

　　　　　　杭纺丝绣针儿密。
　　　　　　先绣绿荷并蒂莲,
　　　　　　再绣碧波双游鱼。
　　　　　　蒂落结籽育莲藕,
　　　　　　游鱼摆尾带小鱼。
四姐妹　月兰姐,你真坏……(追打月兰)
　　　　〔石头提着褐色方箱上。
石　头　姑娘们,以众欺寡,不嫌丢人吗?
四姐妹　哟哟哟,还没进门,先护上媳妇了。
甲　　　问问你媳妇,我们为啥欺侮她。
乙　　　我们帮了你的忙,她就送给我们一条花手帕。
甲　　　啬皮还不算,还说让我们生儿育女带娃娃。
四姐妹　你说该打不该打?
石　头　好事嘛,难道你们能永远待字闺中,变个老姑娘吗?
四姐妹　哎呀,你比月兰姐还坏。(捶打石头)
甲　　　(指方箱)你这买的是啥?
石　头　你们猜。
乙　　　现在时兴四大件,手表、收音机、自行车、缝纫机,(猜测地)看这像收音机。
四姐妹　太扁太重,不像收音机。
甲　　　一定装的是手表!
四姐妹　他不做生意,一箱手表买不起。
乙　　　缝纫机。
四姐妹　四四方方,不成比例。
甲　　　自行车?
四姐妹　两个轮子那么大,装不进去。老实交代,这是啥新式武器?
石　头　天机不可泄漏,现在保密。
甲　　　保密咱不看,有啥了不起。
乙　　　走,咱们不要当电灯泡,让人家亲密亲密。
甲　　　后天就结婚,着的啥急嘛。

乙　　　　　婚前两相会，心比猫娃子挠痒痒还急呢。

四姐妹　　（诡秘地）慢慢来。不要学猫挠痒痒心太急。

〔月兰含羞，石头举拳，四姐妹嬉笑着跑下。

石　头　　结婚那天不要忘了来拿花手帕……

〔幕后四姐妹：留给你娃擦涎水吧。

〔石头、月兰相视，突然感到尴尬。

石　头　　月兰……

月　兰　　石头……

石　头　　月兰，我有话要给你说。

月　兰　　（头也不抬地）想说啥，你就说嘛。

石　头　　（决心地）我说啦！

月　兰　　看你，大男人还扭捏。

石　头　　月兰。

（唱）　为结婚我白天上班夜不闲，
　　　　打工揽活居然攒下上千元。
　　　　我多想换上一张代金券，
　　　　华侨商店时髦洋装任你选。

月　兰　（唱）　时髦洋装太扎眼穿着不自然，
　　　　坊上女崇尚节俭不爱穿。

石　头　（唱）　想托人给你买辆自行车，

月　兰　（唱）　路不远道不宽骑车不安全。

石　头　（唱）　弄张票给你买块上海表，

月　兰　（唱）　豆腐坊尽是水戴表太麻烦。

石　头　（唱）　贴心人知心话解我慌乱，
　　　　月兰妻不见怪我就直言。
　　　　我花了上千元买了一件宝，
　　　　但愿你我的妻一定喜欢。

（把方箱提到月兰面前）

月　兰　　你到底买的啥？

石　头　　我说你猜。

（唱）　箱不大能装下千军万马，

　　　　　　　百鸟鸣龙虎斗彩蝶飞花。
　　　　　　　观时事晓古今千变万化,
　　　　　　　想旅游静坐不动走天涯。
月　兰　（唱）一定是小金鱼给渔夫送的宝瓶,
石　头　不是。
月　兰　（唱）那准是里布里斯使魔法。
石　头　（唱）我说你开明豁达有文化,
　　　　　　　你却是愚昧落后说胡话。
　　　　　　　火箭升空卫星绕着地球转,
　　　　　　　七十年代科技发展变化大。
　　　　　　　现如今电视电话进了常人家,
　　　　　　　你还是固固遮面掩羞花。
月　兰　(假装生气地)你把我数落完了没有？
石　头　对不起,敬个礼。(逗趣地敬个少先队礼)
月　兰　(扑哧一笑)你真坏！那箱子到底装的啥嘛？
石　头　(一字一顿地)电影放映机。
月　兰　你真把里不里斯弄到家来了。
石　头　(欲指责)你……
月　兰　(自知地)愚昧落后对不对？你花那么多钱买电影放映机干啥？
石　头　(指墙上的伞)你还记得它吗？
月　兰　雨伞……你想为解放军放电影？
石　头　我一直想为解放军做点事,可时代进步了,生活提高了,现在拥军总不能还是"鸡呀羊呀送到哪里去,送给咱亲人解呀放军"。
月　兰　那也太落后、太俗套了。
石　头　所以呀,我想文化拥军,把优秀的文化、最新的知识、先进的军事科学和党中央的声音送进军营,送给官兵,活跃部队的文化生活。
月　兰　哎,你会放电影吗？
石　头　我在延安民众剧团的时候,跟电影队的老师学过,多年没动手了,今晚上我就试试。

月　兰　我给你当学徒,学会了我帮你,挣了钱也有我一份功劳。

石　头　(意外地)你说啥?

月　兰　(怯怯地)我说……我说,我说电影院一张票一块钱,咱每人收他两毛、三毛不行吗?

石　头　咱们是拥军还是为赚钱?

月　兰　那……搞活经济也是对的嘛。

石　头　那也不能挣解放军的钱。

月　兰　(高兴地)对对对,咱拥军不收钱。那咱给坊上乡亲、厂里工人、乡里农民放总可以收点吧。

石　头　谁的都不收,纯粹尽义务,不吃、不喝、不拿、不要,连片租都不收。

月　兰　(泄气地)那……旱地里长苗,我看你能抗多久。

〔钱串串手挎提篮,肩背马扎吆喝着上。

钱串串　哎———来咧来咧,寸金麻片牛筋糖,磨牙板板分外香,给新媳妇称一斤?

月　兰　做生意吆喝到人家屋来咧。

钱串串　嗨嗨,弟妹,跟你开个玩笑,石头,听说你买咧个电影放映机?(放下马扎,搁上提篮)你小子行呀!一颗骰子掷七点,出人预料。邓小平刚提出经济改革,你就开放搞活,一部片子租金十几块,一场电影成百上千人看,乖乖,那钱可挣海咧!

石　头　你就知道钱!

钱串串　不为钱,我起早贪黑提篮小卖为啥?还是你脑子活,这可是小老鼠拉线砣,大转头在后面哩。(指放映机)弄这,要不了一年你就成万元户咧。

石　头　咱俩呀,就像城门楼上放鸽子———

钱串串　咋说?

石　头　双飞不同路。我买放映机完全是为了拥军不挣钱。

钱串串　(不相信地看看月兰)不要钱?

月　兰　嗯……(看看石头)不要钱。

石　头　(高兴地靠近月兰)我俩刚商量的。

钱串串　你俩没感冒吧？

月　兰　好好的。

钱串串　没发烧吧？

石　头　你才发烧哩。

钱串串　不感冒没发烧,那就是肚脐眼上点眼药,你心里头有病。哎哎哎,现在哪有你这种笨蛋,闷尿,傻老帽,歪把葫芦不开瓢,瓜得不透气的人嘛！搭上精神挣吆喝,你图啥哩！现在拥军都是逢场作戏,走个形式,谁像你们那么实心眼。

月　兰　(生气地)钱串串,我看你现在是吃粘面吃白馍把你撑糊涂了。你忘了你达达在西门洞甜水井摇橹橹把给你挣黑窝窝头的年头咧。

钱串串　说远咧,说远咧。

月　兰　你也是黄连熬稀饭,从苦水里泡过来的人么,才过上几天好日子就嫌远咧,就把那苦水水给忘咧？

石　头　说得好。钱串串,我告诉你,老修在北边,老蒋在南边,老美在西边,小日本在东边,你好好想想。

钱串串　你说得太悬了,难道说中国八亿人能让他们给包了饺子？

石　头　没有强大的国防,那很难说。

月　兰　让人家原子弹、导弹一炸,断水断电,就轮上你去摇橹橹把咧,恐怕连窝窝头都啃不上哩。

钱串串　说不过,说不过,你们有理,还是卖我的糖去。(拎提篮捎马扎,边走边吆喝)寸金片牛筋糖,磨牙板板一窝酥,哎———来咧！大人小娃快来尝,外带冰糖葫芦。(下)

石　头　(笑送钱串串走后,激动地握住月兰双手)月兰,你说得真好。

月　兰　总不能像钱串串那么糊涂吧。

石　头　月兰！（一把将月兰拉进怀里，欲吻）

　　　　〔四姐妹悄悄上，偷窥。

四姐妹　（学猫叫）喵————

石　头　（急和月兰分开）鬼丫头！

四姐妹　哈哈……

　　　　〔切光。

第二场

〔20世纪80年代末，秋夜。

〔军营宿舍。

〔幕启：风雨雷电，教导员和张军医、护士匆匆穿场而过。稍刻，教导员上。

教导员　（看看窗外风雨，关窗）

　　　　（唱）　雷电鸣，天无义，
　　　　　　　秋风狂，暴雨袭。
　　　　　　　一场电影三次换场地，
　　　　　　　老石淋成落汤鸡。
　　　　　　　他下班未归来部队，
　　　　　　　迎风骑车几十里。
　　　　　　　跨进军营脸未洗，
　　　　　　　卷起袖子架影机。
　　　　　　　钢筋铁骨也会疲，
　　　　　　　何况老石身体虚。
　　　　　　　电影放完人昏迷，
　　　　　　　一头栽倒水泥地。
　　　　　　　全营官兵未入睡，
　　　　　　　牵挂老石心中急。

　　　　〔幕后男声合唱：

> 老石啊———
> 亲兄弟!
> 十年风雨拥军路,
> 一部"永久"走单骑。

教导员　（唱）　晴天一身土,
　　　　　　　　雨天一身泥,
　　　　　　　　汗洗五星红,
　　　　　　　　情洒军营绿。
　　　　　　　　越爱越深军民情,
　　　　　　　　越爱越真心难离,

〔幕后合唱:
　　　文化教育送军营,
　　　拥军谱新曲。

〔张军医上。

教导员　张军医,老石怎么样?
张军区　他肠胃不好,又感冒发烧,血糖偏低,流汗虚脱,浅度昏迷,现在已经醒过来了,我叫护士正在给他输液。
教导员　谢谢张医生。
张军医　让老石好好休息,有啥情况通知我。
教导员　通讯员。

〔幕后应:到!

教导员　送送张医生。

〔幕后应:是!

张军医　好,明天见。(下)

〔一排长披雨衣急上。

一排长　教导员……
教导员　一排长,小范找到了吗?
一排长　我和几个班长找遍了营区每个角落,都没见人。
教导员　看电影时他在不在?
一排长　在,电影一完,老石昏倒,部队一乱,他就不见了。
教导员　会不会到复员转业集训大队去了。

一排长　　不会,他床上的东西全在。何况他这几天正闹情绪,不吃不睡,整天发牢骚。

教导员　　(警觉地)不好!迅速派人到后山川道里去看看,今晚山洪暴发,他会不会想不通……

一排长　　不会,小范不是那种人。

教导员　　快去。

一排长　　是!

〔后台喊声:小范回来了。

〔小范披雨衣提食盒急上。

小　范　　教导员……

一排长　　(严厉地)范雨同志!

小　范　　到!

教导员　　(制止一排长,和悦地)小范,你到哪去了?

小　范　　教导员,我到你家去了。

一排长　　乱弹琴!半夜三更你跑教导员家干什么?

小　范　　(亮出食盒)我让嫂子熬了一碗姜汤。我看石老师被雨淋透了,我担心他感冒,所以……

教导员　　(瞪一排长一眼)一排长。

一排长　　到!

教导员　　还不把姜汤给老石送去。

一排长　　是!(接姜汤下)

教导员　　小范,你想得真周到。

小　范　　教导员,石老师不光是来放电影的,他用自己的行动给我上了一堂生动的政治课,教导员———

　　　　　(唱)　这几天———

　　　　　　　　宣布复员我恼火,

　　　　　　　　满腹牢骚意见多。

　　　　　　　　当兵三年未入党,

　　　　　　　　吃饭不香睡不着。

　　　　　　　　回乡怕见父母面,

　　　　　　　　又怕乡亲背后说。

最怕见到未婚妻，
　　　这张脸皮没处搁。
　　　老石他——
　　　一场电影一堂课，
　　　模范行动教育我。
　　　普通工人未入党，
　　　默默奉献不自薄。
　　　范雨决心学老石，
　　　不入党照样为党做工作。
　　　明天我打起背包去集训，
　　　回乡后定为军旗增色作楷模。
　　〔一排长在小范唱中上。

教导员　小范，看到你的进步，我非常高兴，快进去看看老石吧。少说话，让他好好休息。
小　范　是！（下）
一排长　教导员，你通知老石家里了吗？
教导员　他家没电话，厂里没人接，我在他衣兜里发现了一张名片，上面有电话。
一排长　（接过名片看）伊兰糖果厂厂长钱全全。你打过电话了？
教导员　打过了。钱厂长说是老石的朋友，他马上就到。你招呼同志们休息去吧。
一排长　我说过了，大家担心老石，都不睡。
教导员　告诉大家，老石好多了。
一排长　是。（下）
　　〔小范上。
小　范　教导员，老石他拔掉针头坚决要走。
教导员　走！去看看。（欲下）
　　〔一排长领着手拿手机的钱串串上。
一排长　教导员，钱厂长来了。
教导员　（握手）钱厂长，你好。

钱串串　　你好你好，老石呢？

〔老石披着衣裳打着吊针，护士举着吊瓶急步跟上，小范劝阻欲拔针头的老石，两人拉扯着上。

钱串串　　（埋怨地）石头呀石头，你这是何苦哩，把人弄成这尿相了。

老　石　　（突然拔掉针头）我好好的，你喊啥嘛。教导员，真不好意思，给部队添麻烦了。我好了，我要赶回工厂上班。

教导员　　现在是夜里三点，你……

老　石　　五点半我就要清炉渣，给锅炉上水，七点钟就有人要用开水了。

钱串串　　你不要命了？

教导员　　不行，你一定要打完针再走。

老　石　　教导员，不能耽误全厂几百号工人、干部喝开水呀，上午烧完锅炉，我自己到医院去。

教导员　　（感动地）那好。一排长，派辆车送送老石。

一排长　　是！

老　石　　（急阻）不用不用，不能再给部队添麻烦了。

钱串串　　算咧算咧，我是打的来的，车就在营房外等着哩。

教导员　　那好，钱厂长送老石我们更放心，老石，你义务放电影我们情领了，可是这一千元片租费不能让你再掏了。（递钱）

钱串串　　拿上拿上，这客气啥嘛。（欲接钱）

老　石　　（阻止地）你干啥！教导员，你爱民的心我领了，可是我拥军的情你总不能拒绝吧？收了钱，我老石成啥人了？

教导员　　你放电影自带干粮，没吃过我们一顿饭，没抽过一根烟，逢年过节，你把自家过节的粽子、元宵、花生、瓜子都给我们送来……你不收这片租，我怕全营官兵不同意。

〔窗外战士声音：我们坚决不同意。

〔教导员拉开窗帘,推开窗子,战士们齐聚窗外。

众战士 石老师,敬礼!
老　石 (惶恐地)同志们,谢谢,谢谢!快放下,快放下……
小　范 (激动得热泪盈眶)石老师……请接受复员战士的最后一个军礼吧!(敬礼)
老　石 (激动地)教导员,同志们……
　　　　(唱)　一声老师让我激动,
　　　　　　　一个军礼令我吃惊。
　　　　　　　这军礼———
　　　　　　　标记着南昌城的激烈枪声,
　　　　　　　浸润着井冈山的革命友情。
　　　　　　　这军礼———
　　　　　　　记录着长征苦旅情义重,
　　　　　　　伴随着抗日解放的激烈战争。
　　　　　　　这军礼———
　　　　　　　接受过三代领导人的检阅,
　　　　　　　标示着军人对党和人民的忠诚。
　　　　　　　多少战士敬罢军礼托起炸药包,
　　　　　　　粉身碎骨未留名。
　　　　　　　多少战士敬罢军礼举红旗,
　　　　　　　前仆后继血染军旗红。
　　　　　　　多少战士敬罢军礼奔灾区,
　　　　　　　赴汤蹈火献青春气贯长虹。
　　　　　　　老石我何德何能几两重,
　　　　　　　谢军礼还一个深深的鞠躬。
　　　　　　　谢你们保国保民情义重,
　　　　　　　请接受一个穆斯林虔诚的感情。
钱串串 (嘟囔地)唉,瓜实咧!(对老石)还啰嗦啥哩,快走快走。
老　石 教导员、同志们,再见!(和钱下)
众战士 石老师,一路顺风!(行注目礼)

第三场

〔20世纪90年代后期。秋日。
〔工厂锅炉房,澡堂外。
〔幕启:科长拿着一张空白表格上。

科　长　（唱）　雪山雄鹰树枝上的鸟,
　　　　　　　　森林老虎家里养的猫。
　　　　　　　　虽说都能飞来都能跑,
　　　　　　　　能耐没法可比相差遥。
　　　　　　　　选老石当模范让我给填表,
　　　　　　　　烧锅炉的进北京真是蹊跷。
　　　　　　　　爱管闲事爱逞能不靠近领导,
　　　　　　　　岂能让他猴上旗杆爬得高。
　　　　　　　老石,老石。
　　　　　〔一男工人上。
工　人　科长,老石在那卸煤哩,都快卸完了。走,洗个澡。
科　长　我中午洗过了。
工　人　反正你要等老石,再冲一下。
科　长　我没带毛巾。
工　人　巧了,我刚买条新的,你用,我还用旧的。
科　长　那走。（二人进男澡堂下）
　　　　〔稍刻,老石推煤车上。
老　石　（唱）　伴着星光早起床,
　　　　　　　　踏着月色晚下班。
　　　　　　　　烧锅炉、运煤炭,
　　　　　　　　管理澡堂带值班。
　　　　　　　　脏累不嫌我情愿,
　　　　　　　　忙碌反觉心舒坦。
　　　　　　　　隔三岔五放电影,

与兵同乐天地宽。

春风秋雨年复年，

愉人悦已活得挺自然。

〔科长擦着头由男澡堂上。

科　长　（话中带刺地）老石，闲着哩。

老　石　科长真会说笑话，身兼四职我能闲着？

科　长　咋，有意见？这是精简裁员，优化组合。老鼠上秤盘，自己也掂量掂量自己，你没下岗就是本科长对你的最大照顾，告诉你，你不过是南山顶上的一棵草，有你不多无你不少。

老　石　我知道，我就像那秤盘子底下的糠皮，没多大分量，九牛身上一根毛，无足轻重，谢谢科长照顾。

科　长　知道就好，可我发现你咋老是耳朵眼里炒芝麻，总爱小捣鼓哩。你跑到财务科去查账想干啥？

老　石　查账？（醒悟地）哦，你是说我找会计问那堆废钢铁的事，是吧？

科　长　脚丫子挠痒痒，你算几把手？你问卖了多少吨，多少钱是什么意思？

老　石　科长，你误会了。我是想问问那堆废品到底值多少钱。

科　长　那是鸡骨头熬油，老鼠尾巴炖汤，没多大油水，你问它干啥？

老　石　我想把这个数字报告给厂里，号召节约，降耗增值呀。我在捡那堆废钢铁的时候，就发现很多能用的，风剥雨蚀都浪费了。还有几根废管子，我想买下，焊个银幕架子，以后演电影方便么。

科　长　才吃了三天斋饭就想主持大庙里的事了，功底还浅着哩。告诉你，你捡的那堆废品是我卖的，钱我没交财务科，放到咱们科的储蓄本上了，我给厂领导打过招呼。科里和外界打交道买条烟、打个的，请个客吃个饭不要钱吗？

老　　石　豇豆一行，茄子一行，你该咋办就咋办，不是我管的事。(拿铁锨欲下)

科　　长　你干啥去？

老　　石　我筛煤核去。(下)

　　　　　〔孙书记上。

孙书记　岳科长。

科　　长　孙书记，你咋来了？

孙书记　我找老石。

科　　长　(警觉地)他找你？

孙书记　不是他找我，是我找他。昨天驻军领导来了，今天《人民军队报》和驻陕各报的记者也来了。我想和老石先谈谈，了解一下他的拥军历程和思想体会，好好帮他总结一下。这可是咱厂的一笔精神财富哟，哎，给你的那张表填好了吗？

科　　长　(掏出表)还没填。

孙书记　抓紧填。

科　　长　孙书记，我们科这蚂蚱笼里也能蹦跶出个人物来？

孙书记　不要谦虚了，填好交宣传科。(发现老石)哦，老石又在那筛煤渣检煤核哩。我去找他。(下)

　　　　　〔科长看看走去的书记，又看看手中的表，心情极度矛盾。

　　　　　〔赵雪花和女工甲乙上。

赵雪花　(热情地)哟，科长，看啥哩，那么认真的。

科　　长　(心烦地)与你无关，少管闲事。

赵雪花　哎哟哎哟，老公鸡戴眼镜———官(冠)不大，架子不小。

科　　长　避避避，我烦着哩。

赵雪花　有啥可烦的嘛，让我看看这是啥？(一把从科长手中夺过申报表)"全国拥军模范申报表"，哎呀，这么好的事可烦啥哩？来来来，给我填上，我去年到部队看娃就是拥军去咧。

科　　长　　给你填？那是孙书记叫给老石填的。

女工甲　　谁？老石,哎呀。老鼠钻油坊,这下老石可吃香咧。

女工乙　　裹脚布做帽子———高升到顶咧,他都有啥事迹吗？

科　　长　　听说他坚持给部队放了二十年的电影……

赵雪花　　妈呀！这老石可是酵面团子放苏打,发的大咧。一场电影挣上两三千,二十年要挣多少？这下老石可是三九天穿汗衫———抖起来咧。

科　　长　　人家说他是义务放电影。

赵雪花　　义务？现如今哪有不偷油的老鼠、不吃荤腥的猫。

甲、乙　　就是,少说一场收个千儿八百,二十年起码也是几十万。

科　　长　　冰棍掉进醋缸里,就老石那寒酸劲,他有几十万？

女工甲　　人不可貌相,海水不可斗量。

女工乙　　乌龟有肉在肚子里头哩。

赵雪花　　他挣不挣钱咱管不着,现在这社会谁有能耐谁挣去,可他又没给咱厂创造经济效益,咱凭啥选他？

科　　长　　（正中下怀）哎呀,看不出来,赵雪花说话还真是飞机上挂暖壶,水平高着哩嘛。你这条意见很有分量。

赵雪花　　（得意地）唱戏的穿龙袍,还真想当皇帝呀？拿杆子在全厂抡一百圈也抡不到他老石的头上。

甲、乙　　就是。

三女人　　这才真是个怪怪怪咧！

　　　　　（唱）　墙内开的喇叭花墙外咋看见？
　　　　　　　　　窗户眼里打喷嚏也能吹上天。
　　　　　　　　　鸡窝里飞麻雀竟也有人赞,
　　　　　　　　　吃家饭拉野屎肥的外人田。
　　　　　　　　　锅炉工蹬着鼻子要上脸,
　　　　　　　　　回回娃不自量也想上天。

科　　长　　什么回回娃,请尊重少数民族。

赵雪花　　哟哟哟,打嘴打嘴,科长夫人就是回民,不能胡说。科长,你说咋办？

科　长　（唱）　我让他舌头舔鼻尖够着难，
　　　　　　　　老母猪爬楼梯甭想高攀。
　　　　　　　　没有技术没贡献实在一般，
　　　　　　　　普普通通太平凡咋能当模范。

赵雪花　那咱就给他闹黄。

三女人　闹黄！
　　　（咱）　咱让他夜半歌声高兴甭太早，
　　　　　　　唱戏的当皇帝白把龙袍穿。
　　　　　　　三个女人一台戏，

科　长　（唱）　你们能把戏编圆？

三女人　（唱）　婆旦媒旦加彩旦，
　　　　　　　看咱唱出计连环。

科　长　（激将地）我就怕你们是癞蛤蟆打呵欠。

三女人　啥意思？

科　长　口气大不办事。

赵雪花　放心吧，科长。

科　长　那好，我等消息。（下）

女工甲　你对岳科长可真是两肋插刀。

女工乙　别人精简下岗，她却换岗升官，能不报恩。

赵雪花　滚滚滚，当个烂尿仓库保管员那也算当官？

女工甲　那也是公鸡头顶上的肉疙瘩，大小是个官（冠）吧。

女工乙　（诡秘地）哎，你俩是不是有点那个？

赵雪花　再胡说，小心我把你那两片子小嘴撕烂，看你还能不能胡失翻。走走走，洗澡洗澡。

〔三女人进女澡堂下。

〔孙书记拿铁锨上。

孙书记　（唱）　和老石边干边谈启发大，
　　　　　　　平常心平常事精神实可嘉。

〔老石也拿把铁锨上。

孙书记　老石啊，你讲得太好了。

　　　（唱）　新时期千变万变拥军不能变，

老　石	（唱）	越开放越搞活国防教育越要抓。
孙书记	（唱）	奔小康决不能各顾各家，
老　石	（唱）	埋头致富不顾集体国家成散沙。
孙书记	（唱）	图大业固长城放眼看天下，
老　石	（唱）	军民携手建国防意气风发。
孙、石	（唱）	说打就打必胜军威护华夏，
		国富民强天下安有国才有家。

孙书记　老石，你把刚才谈的写个心得体会交给宣传科。

老　石　孙书记，我那两把刷子……

孙书记　硬着哩。不是军区领导和民委同志讲，我还真不知道你笔墨丹青还能来两下哩。

老　石　（憨厚地笑笑）嘿嘿，孙书记，我那是娃们家游泳———狗刨，胡扑腾哩。

孙书记　你甭谦虚了，我走了。你也该下班了吧？

老　石　我收拾收拾就回。

孙书记　好，尽快把心得写出来。（下）

〔一男工人从男澡堂上。

老　石　老王，男澡堂还有人没有？

男工人　没有了，我是最后一个。（下）

老　石　（敲门）女澡堂还有人没有？没人我就关水闸了。（稍候，下）

〔稍刻，幕后赵雪花喊：老娘正在洗澡，谁这么缺德把水给关了。

〔老石拿着个坏拖把上。

老　石　谁在女澡堂？

〔幕后赵雪花：你姑奶奶和你两个姨奶奶。

老　石　我刚才问，你们咋不回话哩？

〔幕后赵雪花：想回话就回话，不想回话就不回话。

老　石　都超过一个小时咧。

〔幕后赵雪花：公家的煤，公家的水。我想洗多长时间就洗多长时间。

老　　石　（放下坏拖把）你们抓紧时间,我给你们放水去。

〔幕后赵雪花:姑奶奶我不洗了。

〔幕后传来砸水管和砸玻璃的声音。

老　　石　赵雪花,你干啥你干啥,你们干啥哩?不要破坏国家财产。

〔幕后赵雪花:我想破坏。咋?有本事你进来,你进来呀。

〔与此同时传来女工甲乙的笑声、附和声。

〔科长闻声上。

科　　长　老石,出啥事咧,谁在里边干啥呢?

老　　石　（生气地坐下修拖把）甭理她,简直是个疯子!

〔赵雪花和女工甲乙上。

赵雪花　你说谁是疯子?你说谁是疯子?科长,你可听见啦,他骂人哩,茅坑里捡铜板,挣了几个臭钱就不知道姓啥为老几了。

老　　石　谁挣啥钱咧?

赵雪花　工厂培养了你,工资发给了你,你却上班时间跑出去挣外快……

老　　石　赵雪花,你说话可要有证据。

赵雪花　老娘就是证据,（故意惹事地）你想咋?你想咋?老娘今天跟你没完。

科　　长　喊啥喊啥,有理不在声高,有啥话慢慢说行不行。

赵雪花　哎哟,科长呀,我们三个人今天可把脸给丢扎咧。

〔女工甲乙偷笑,赵雪花急止,示意她们说。

甲、乙　科长。

　　　　　（唱）　我们三人正洗澡——

赵雪花　（唱）　这水有点冰,

甲、乙　（唱）　一会突然停了水——

赵雪花　（唱）　老石进了门。

甲、乙　（唱）　这事我俩没看见——

赵雪花　（唱）　你俩背着身,

三女人　（唱）　这下可真丢死人。
赵雪花　（唱）　他看了我的大腿我的腚,
　　　　　　　　还看了我的胸脯和青春。
　　　　　　　　明天全厂风吹遍,
　　　　〔逼甲乙同说〕
三女人　（唱）　我们今后咋做人。
　　　　〔甲乙边唱边窃笑,分别被赵雪花拧了一下。
甲、乙　（痛地大叫）哎哟———
赵雪花　（掩饰地）哎哟———我的好科长,你可要为我们做主啊！
　　　　〔老石不屑一顾地扎修拖把,不时轻轻哼两声。
科　长　好了好了,事情到我这就算完了,回去吧。
赵雪花　这就算完咧？不行,我要写材料上告。
科　长　你想写你就写,但必须交给我,声张出去对你们也不好。
赵雪花　那不行,我找孙书记去。（欲下）
科　长　回来！赵雪花,你还有完没完？
赵雪花　我跟他姓石的没完！
科　长　完不了你还能咋？不就看了你一眼吗？你们回去,把这事交给我,我一定处理好。（示意）回去吧！
赵雪花　走走走,咱先回。（欲下）科长,你要处理不好,我可跟你没完。
　　　　〔三个女人下。
老　石　科长,赵雪花那女人分明是无事生非……
科　长　（耐心地）老石呀,人嘛,难免一时糊涂犯点错误……
老　石　（欲解释）科长……
科　长　（阻止地）只要认识了就是好同志。你虽然为部队放电影,挣钱不挣钱我们不管……
老　石　你们咋都这样认为……
科　长　挣钱也是应该的,市场经济嘛！但是,决不能骄傲自满,影响工作,放松了思想改造。

老　石　哎,科长,这和放电影八不沾、九不连,锅打说锅,盆打说盆,今天这事……

科　长　我知道我知道,你看今天这事咱们咋解决?

老　石　啥事咋解决?

科　长　咦?三个女人刚才吵吵的事呀!

老　石　你信她们三个人的鬼话?

科　长　我不信也没有办法呀!俩人为证,三人为众,她们要闹起来,对你可是非常不利呀。

老　石　真的假不了,假的真不了。

科　长　你一张嘴能说过三张嘴?我给你出个主意吧!你看是公了还是私了?

老　石　公了?私了?

科　长　对。公了,我不管,赵雪花愿意咋闹由她去。

老　石　这私了呢?

科　长　请个客吃个饭啦,赔个礼道个歉啦,写个检讨认个错,让人家消消气啦,这办法多了。目的就是不要让她们再咋呼了。(看看沉思中的老石)请客吃饭要花钱,赔礼道歉人家不一定见你,我看还是写个检讨,让我出面撮合撮合就算了。

老　石　我没做那些事,检讨啥呢?

科　长　那你看着办。(亲切地)老石,我这完全是出于对你的爱护,出于对咱们科名声的考虑,给你两天换休假,在家好好考虑考虑,写好检讨交给我就算完事。

〔老石疑惑地看着科长那张慈祥的面庞和那双咄咄逼人的眼神……

〔切光。

第四场

〔距前场两天。傍晚。
〔老石家。家具依旧,漆皮剥落。
〔幕启:月兰正在缝补衣裳。

月　兰　(唱)　支持他拥军路一走二十年,
　　　　　　　这个家再困难我也不嫌。
　　　　　　　只是他为片租又抠又攒,
　　　　　　　星期天下班后加班挣钱。
　　　　　　　打工洗碗扛包挂坡捡破烂,
　　　　　　　肩磨烂衣磨破让人心寒。
　　　　　　　甭看他日里干活总欢颜,
　　　　　　　到夜晚咳嗽气喘腰腿酸。
　　　　　　　娃不管家不顾终日不闲,
　　　　　　　骂也是爱恨也是爱———
　　　　　　　咋骂咋恨他都不改变。
　　　　　　　说得多了怕他烦,
　　　　　　　不说不管我不安。
　　　　　　　全家他是顶梁柱,
　　　　　　　柱倾房塌全家怎么办?

〔老石上。

老　石　月兰,老婆子。(月兰不理)哟。嘴噘得能挂油瓶子,脸长的能当梯子上房子……
月　兰　(忍俊不禁地)你呀,累死累活还穷开心。
老　石　告诉你,今天揽的活不错,我挣大钱咧。
月　兰　挣多少我也花不着,都进了你的小金库。
老　石　(憨笑地)最近有几部好片子,等我把钱攒够了,租来给部队和坊上的乡亲们放几场。

月　兰　看把你张的,今天得是拾钱包咧?

老　石　钱包倒没拾着,可我五个人扛了60吨的水泥、装了一个车皮、每人分了50元。

月　兰　二百五十元装了60吨水泥,一个人12吨240包。唉！你们五个真是些二百五。

老　石　水泥就在站台上,离车门五六米,不远,你能不叫包工头挣几个?

月　兰　饿了吧?

老　石　也不太饿,只是光想喝水。

月　兰　这两天你快成仙咧,走,我给你下碗鸡蛋柿子面去。

　　　　(起身一闪)

老　石　(忙扶)你咋咧?

月　兰　秋天雨多,关节炎又犯了。

老　石　你咋不去看哩。

月　兰　现在药贵得吃不起,我贴了两张风湿膏。

老　石　(掏钱)给,你拿去看病吧。

月　兰　你有这个心就行了,还是留着租片子吧。这点钱连医院门都进不去,马嫂给我说了一个偏方,我先试试。走,下面去。(二人下)

　　　　〔乞丐瘸腿拄棍上。

乞　丐　(念)　巧要饭,要饭巧,
　　　　　　　要饭挣钱有门道。
　　　　　　　胸前挂个牌,
　　　　　　　地上写广告。
　　　　　　　求学无钱请关照,
　　　　　　　出差遇贼包被掏。
　　　　　　　爹死娘嫁瞎胡编,
　　　　　　　房倒屋塌被火烧。
　　　　　　　雇个残童来当托,
　　　　　　　骗了钱财装腰包。

　　　　　　　日出上班站马路，
　　　　　　　日落桑拿去泡澡———
　　　　　　　比你活得好。
　　　　　老板，行行好，帮个忙吧。
　　　　〔老石端碗吃着面上。
老　石　（见状，喊）月兰，拿两馍来。
乞　丐　（急阻）老板老板，我不要馍。
　　　　〔月兰拿馍上。
老　石　你不是要饭的吗？
乞　丐　（悲凄地）老板，我是身上背筛子，窗纱做衣裳，那穷窟窿多得补都补不起来了。我娘卧病在床，我老婆下岗，我娃没钱把学上，我是瘸腿一走三晃荡，我家真是黄连树上挂苦胆，苦到一块了，想给我妈抓药都没钱。
老　石　（被感动，对月兰）还是个孝子哩。
月　兰　可怜是个残疾人。
　　　　〔老石示意给钱，月兰点头。
老　石　大兄弟，你来巧咧，今天我扛包刚挣了50块钱，你拿去……
乞　丐　啥？50块钱。
月　兰　（解释地）对，我家也不宽余，不要客气，你就拿上吧。（从老石手中拿过钱塞给乞丐）
乞　丐　老板娘，你不要哭穷了。老石给当兵的放电影发咧，谁不知道？你挣了几十万，起码也得给弟兄们花个千儿八百吧，拥军、扶贫都是一个道理嘛。
老　石　（哭笑不得，指着手中碗）老弟，你看看我像有几十万吗？
乞　丐　（看看碗，看看室内）就吃这？看你这家当也不像个发了财的。我告诉你，挣了钱甭装孙子，有钱不花丢了白搭。（抡起手中棍子欲下）
月　兰　哎，你咋不瘸咧？

乞　丐	要上钱就瘸,要不上钱我瘸给谁看呀!(下)
老　石	(气恼地)唉!今天这水泥算是白扛了……
月　兰	算咧算咧,财去人安,你还吃不吃?
老　石	坑蒙拐骗,真假难辨,黑白混淆,是非颠倒,这该咋整治呀!
月　兰	操闲心,费脑筋,你想那么多干啥?你是市长还是省长?还吃不吃?
老　石	不吃了,不吃了。
月　兰	累了一天,不吃就休息。(拿碗拿馍下)

〔老石展纸提笔,写了几个字,心绪烦乱,停笔……
〔月兰上,老石急捂纸。

月　兰	你甭遮遮掩掩了,厂里的事我都知道了。
老　石	你咋知道的?
月　兰	你从来没有换休过,这两天你心烦意乱没上班,虽然出去找活干,但饭量却减了一半,我能不操心。
老　石	你甭瞎胡猜。
月　兰	我打听过了,你科长叫你在家写检讨哩。
老　石	你相信?
月　兰	我跟了你二十年,还不知道你是啥人?
老　石	那你说这检讨写不写?
月　兰	岳科长还能不了解赵雪花?万一是为了堵堵她的嘴,写个检讨走个过场也不是不可能。
老　石	可我根本没看她们洗澡嘛,只是骂了一句疯子,这样写岳科长和那女人能通过吗?
月　兰	肯定通不过。你就写干了不该干的事,含糊过去。
老　石	那更糟。不该干的事多得很,杀人、放火、偷盗、抢劫……那我不成了白布掉进染缸,元宵掉进炉灰,抖不净也洗不清了。
月　兰	要是他们合伙整你,那就等于把脏布袋撑开口子,让人家随便装了。
老　石	哎——

（唱）　真亦假时假亦真，
　　　　真假难分是非浑。
　　　　再脏再累我不怕，
　　　　受苦吃亏我能忍。
　　　　只是冤屈难承受，
　　　　压断脊梁扯断筋。
　　　　世上做人难，
　　　　最难做好人。
　　　　风吹背后冷，
　　　　嫉妒祸伤神。
　　　　冷眼周身寒，
　　　　热讽心如焚。
　　　　检讨写不写？
　　　　进退两难愁煞人。

月　兰　老石呀，算了吧！
（唱）　放下担子一身轻，
　　　　闲事不管养精神，
　　　　吹拉弹唱绘丹青，
　　　　哪样都能把钱挣。
　　　　醪糟甜饭饦饦馍，
　　　　白糖粽子柿子饼。
　　　　不论大小做点啥，
　　　　都能跨进小康门。

〔幕后合唱：
　　　　老石呀放下闲事少操心，
　　　　早挣钱早翻身早跨小康门。
〔老石取下墙上雨伞抚摸，心潮起伏。
〔幕后女声独唱，合唱：
　　　　这把伞还留着当年风雨情，
　　　　这把伞还记得当年救命恩。
　　　　焦队长一席话犹在耳边鸣，

　　　　　　　　这辈子别忘了人民解放军。
老　石　（唱）　新时期观世界无处不战争，
　　　　　　　　弱肉强食反恐怖全球乱纷纷。
　　　　　　　　想过去八国联军进北京，
　　　　　　　　弹丸小国也想把咱吞。
　　　　　　　　都只为———
　　〔幕后合唱：
　　　　　　　　国不强大政府太无能，
　　　　　　　　军队落后打不赢咋能不受贫。
老　石　（唱）　月兰啊———
　　　　　　　　改革开放离不开亲人解放军，
　　　　　　　　经济建设更需要亲人解放军。
　　　　　　　　抗洪抢险第一线有咱解放军。
　　　　　　　　扑灭大火救山林是咱解放军，
　　　　　　　　古城河清淤护堤靠的解放军，
　　　　　　　　修路架桥还是咱亲人解放军。
　　　　　　　　月兰啊———
　　　　　　　　任凭风云起，
月　兰　（唱）　何惧是非浑。
老　石　（唱）　真的假不了，
月　兰　（唱）　假的不会真。
石、兰　（唱）　矢志不移拥军路，
　　　　　　　　刚刚正正作个人。
　　〔以上两句同时幕后合唱。
　　〔钱串串上。
钱串串　哎呀哎呀，又在看你那把破伞哩！扔了扔了。我给你换把杭州天堂伞，还防紫外线。
老　石　你胡说啥哩。
钱串串　我胡说？都是这把破伞把你害的咧，你在厂里那事我都知道了。
老　石　你知道啥？

钱串串　好事不出门,坏事传千里,坊上都传遍咧。说你是假拥军、假爱兵,要荣誉、捞资本,矮子爬墙头,想出人头地,老太太坐电梯,想一步到顶,半夜三更放炮,想一鸣惊人,还说你道德败坏,偷看……

月　兰　(制止地)钱串串!

〔老石一阵眩晕,月兰急扶。

月　兰　老石,娃他爸……

老　石　我没事,让他说,你说呀。

钱串串　人家还说……

月　兰　(对钱)甭说咧!你咋成了鹦鹉学舌,跟着人家胡说啥哩!老石和你一起长大,难道你还不了解他。

钱串串　我了解他有啥用?我能堵住那么多人的嘴。老妹子,唾沫星子能淹死人呀!

月　兰　(难过地)他捞资本、要荣誉……二十年,二十年呀!多少个春秋,多少个寒暑,他挂坡、扛包、蹬三轮,磨破了肩,扎破过脚,血一路、汗一路,风知、雨知、天知、地知,他流血流汗捞到了什么资本?战士们喊声老师,敬个军礼,老石会激动得彻夜不眠,他认为这是他得到的最大荣誉。他热爱部队,他热爱那些弃家参军的战士。他们那么年轻就离开了父母,他们那么稚嫩就承受了繁重的国防重任。是他们用年轻的生命为我们护蓝天,守国门,巡海疆,为他们作点奉献难道不应该吗?我曾恨过老石,埋怨过老石,当他深更半夜放完电影喜滋滋回来敲门的时候,我曾不止一次地骂过他。可是,当他今天遭受委屈的时候,我却要为我们老石说两句公道话,老石他尽管平时爱说爱笑,嘻嘻哈哈,但他活得真实,活得自然,活得正派,他才是两笔写在蓝天大地间的一个人字,真正的"人"。

钱串串　老妹子,你甭激动。这人字不就是一撇一捺吗?有血有肉有口气的都是人。可人跟人不一样,有权的是大人,有钱的是富人,有本事的是能人,有胆量的是强人,没权、没钱、没本事、没胆量就是挨整、挨戳、挨骗、挨割的穷人。

月　兰　照你这么一说,世上就没有真人咧?

钱串串　哎呀,我的老妹子,你咋也成了沙锅里煮石头,油盐不进咧。我看你和老石是一盆糨糊,糨糊一盆。什么真人假人?有权有钱就有势,就是巴巴。啥是真的?钱才是真的。

月　兰　钱串串,你甭说咧,你那嘴里啥时候吐过象牙。

钱串串　今天我既说了就给你俩点透。石头兄弟,你也该灵醒灵醒了。现如今,连卖镜糕的、打饦饦馍的都发咧,哎,这么小一块镜糕,一勺勺江米粉,两三根青红丝,碎蒸笼一蒸,竹签签一插,咖,五毛。过去两分钱,足足涨了25倍!哎哎哎,谁像你吗,简直是吃了石头拉硬屎,顽固不化。

（唱）　石头肝,石头肺,
　　　　石头脑袋石头心。
　　　　瓜得实,瓜得瓷,
　　　　瓜成犟尿瓜得昏。
　　　　盖房十年没封顶,
　　　　全家破烂值几分。
　　　　你看我扔掉提篮当厂长,
　　　　一桌席够你全家吃一春。
　　　　老石你人缘本事比我强,
　　　　挣点钱去拥军花给别人。
　　　　你真是一块顽石不开窍,
　　　　老婆娃跟着你茹苦含辛。

石头呀石头,我看你是越老越成精,一个小石头都变成一块顽石咧。

老　石　顽石?多美的比喻,硕大无比,坚挺结实。钱厂长,我要真成为一块顽石该多好。

钱串串　还好哩,你看,你看,是不是瓜实咧!
老　石　(诗意地)
　　　　(唱)　小石头变顽石增添神力,
　　　　　　　粉碎我投身国防打地基。
　　　　　　　让飞机从我背上飞起,
　　　　　　　让军舰从我怀里驶离。
　　　　　　　让导弹在我肩上耸立,
　　　　　　　让战车在我胸膛驰驱。
　　　　　　　我情愿粉身碎骨成基石,
　　　　　　　用身躯托举长城打牢万世根基。
　　　　〔孙书记上。
老　石　(诧异地)孙书记?
孙书记　老石,我是专门来看你的。
老　石　(激动地握住孙的手,热泪盈眶)孙书记!
　　　　〔切光。

第五场

　　　　〔前场第二天。晴日。
　　　　〔岳科长办公室。
　　　　〔幕启:科长和小黄正在搬移桌椅,赵雪花匆匆上。
赵雪花　岳科长,岳科长……
科　长　喊啥哩,办公室没个规矩。
赵雪花　书记要找我谈话哩。
科　长　小黄,你去叫老石吧。
　　　　〔小黄答应后下。
科　长　孙书记找你干啥?
赵雪花　可能是为前两天澡堂那事。
科　长　那天你咋给我说的,今天你给书记还咋说。那两人

　　　　　的嘴焊死了没有？
赵雪花　都是老姐妹了，没问题。
科　长　那就好，快去。
赵雪花　（多情地）我去了啊！
科　长　去吧去吧。（赵雪花下。电话铃响，接电话）喂，哪里？……哦，宣传科张科长啊……那张表啊？还没填……张科长，这人选是厂里定还是让我们科里定？……要是让我们填，我们就填赵雪花。……她是仓库保管……表现当然不错。张科长，你听我说。
（唱）　行政仓库事不少，
　　　　不分早晚有人找。
　　　　针头线脑、开关水表，
　　　　笔墨纸张、电线灯泡，
　　　　扫帚簸箕、财会报表。
　　　　样样归她管，
　　　　事事她操劳。
啥？有有有。
　　　　拥军事迹她也有，
　　　　而且水平还挺高。
　　　　部队探亲带的真不少，
　　　　负重千里不辞劳。
　　　　茅台酒两瓶，
　　　　中华烟两条。
　　　　南山核桃北山枣，
　　　　带了满满两大包。
　　　　他哪儿能吃得了，
　　　　全部拥军作慰劳。
谁？老石？张科长……
　　　　他的情况不大好，
　　　　群众反映很糟糕。
　　　　我们正在搞调查，

马上给厂里写报告。(挂断电话)

〔小黄上。

科　　长　通知了?

小　　黄　老石给锅炉加点煤就来。

科　　长　那光线好,你坐那记录口供,我坐在这问。

小　　黄　科长!我咋感觉这像私设公堂。

科　　长　胡说啥哩!一不铐二不绑,只问问情况,咋叫私设公堂?这样严肃一点嘛。

〔电话铃响,小黄接电话。

小　　黄　喂,哦,嫂子,你等会。科长,嫂夫人电话。

科　　长　(接电话,不耐烦地)有啥事快说,我忙着哩。……你姨殁咧,你送埋去就行了么,你们穆斯林亲戚朋友多得很,也不缺我一个外甥女婿,再说,我是汉民,又不懂你们的规矩……就这就这,我还忙着哩。(挂断电话)

〔老石上。

科　　长　(热情迎上,拉到设定在舞台中央的椅子边)老石同志,你好,请坐,请坐。

〔老石坐下,看看四周和自己的位置。

科　　长　(坐到桌后)老石,你知道叫你来干啥?

老　　石　小黄说了。

科　　长　那好,老石。

　　　　　(唱)　我问你啥你说啥———

老　　石　(唱)　如实回答。

科　　长　(唱)　不准隐瞒要说实话———

老　　石　(唱)　决不掺假。

科　　长　(唱)　大前天你都干了啥?

老　　石　(唱)　烧锅炉运煤清炉渣。

科　　长　(唱)　仔细想想还有啥?

老　　石　(唱)　看门传达扎拖把。

科　　长　(唱)　进没进过女澡堂?

基石赋

老　　石	进过。
科　　长	（暗示小黄记）进去干啥？
老　　石	（唱）　打扫卫生把地板擦。
科　　长	（唱）　见没见过女同志？
老　　石	女同志？见过。
科　　长	（暗喜，急示小黄记）
	（唱）　是否抛锚有想法？
老　　石	（唱）　当传达女同志一天见几百，
	每见一个就抛锚那是脑子有麻达。
科　　长	（唱）　我劝你端正态度说实话，
	澡堂里是否偷看了赵雪花？
老　　石	（唱）　老石我素面朝天心坦荡，
	绝不敢欺骗领导哄大家。
科　　长	（惺惺一笑）哼……老石呀，我是为了你好，绝没别的意思。
老　　石	我知道。
科　　长	你现在是窗户眼里吹喇叭，名（鸣）声在外，墙内开花墙外红，影响很大，稍不谨慎就会毁了自己的前程。
老　　石	一个烧锅炉、看门、管澡堂、打扫卫生的工人能有啥前程。
科　　长	现在我正准备推荐你出席全国拥军模范大会，我怕这事传出去对你不好。大前天我已经说了，你看咱是公了还是私了。
老　　石	公了咋办？私了咋办？
科　　长	公了，我把赵雪花写的材料送公安局，由他们办。私了，写个检讨道个歉，咱就算完。
老　　石	写个检讨？
科　　长	就写个检讨！
老　　石	按赵雪花那天说的写？
科　　长	对，越具体越好。

老　石	写完以后交给你？（边说边在裤兜里掏东西）
科　长	（欣喜地离桌来到老石前伸出手）对，交给我。
老　石	（掏出手绢擦擦汗）嗯———那就公了吧。
科　长	（失望地）公了可是要把你送公安局。
老　石	行。送公安局说得清白。
科　长	（怒）老石同志！你不要背着牛头不认赃。人在事在不怕你抵赖。
老　石	煤洗不白，玉磨不黑，你有精神愿意咋办就咋办。（起身）
科　长	你站住！
老　石	我就没走。
科　长	坐下！
老　石	锅炉要加煤，澡堂要开门，我坐下你干？
科　长	（拍桌）我停止你的工作！

〔孙书记上。

孙书记	停止工作那倒没必要，再待一会可是很有必要。
老　石	孙书记，锅炉正在烧水，我怕气压太高会出事。
孙书记	我已经派人去了。要真是锅炉爆炸，那可就成大案了，岳科长。
科　长	孙书记。
孙书记	我要借你的地方调查点情况可以吗？
科　长	可以可以，小黄，咱们走。
孙书记	不，都留下。（对门外）你们都进来吧。

〔赵雪花和女工甲乙上，赵雪花得意地给科长递了眼色。

孙书记	凳子不够，咱们都站着说吧。（对女工甲乙）小江、小常，赵雪花说老石偷看了你们三人洗澡，有这事吗？
女工甲	孙书记，我昨天不是给你说了吗？我背着脸没看见。
女工乙	我昨天也说过了，我脸朝里就没注意。
赵雪花	（气急地）哎，你俩咋变卦咧？

女工甲　我没变卦呀,俺也没说老石没进澡堂。
女工乙　就是,俺只说没盯见嘛。
孙书记　(指甲)你肚子上有块刀疤疤。(对乙)你胸脯上有个黑痂痂,老石把你们都看得清清的。
女工甲　老石,你咋满嘴胡说哩。我没开过刀,也没做过剖宫产,肚子上哪来的刀疤疤。
女工乙　你得是挂吊瓶打酒精,把你灌晕咧。我身上没有胎记没长疥子,哪来的黑痂痂?
甲、乙　哎,老石,你咋胡编乱说哩嘛!
孙书记　我可没说这话是老石说的,你们千万别冤枉了他。
甲、乙　谁说的?把他揪出来,揪出来,糟蹋人哩么。
孙书记　(指赵雪花)她刚给我说的。她说老石看见了你肚子上的疤疤,你胸脯上的痂痂,还看见了她的大腿和青春……
女工甲　(急对赵)哎哎,你咋胡说俺哩!
女工乙　你都老的成了枯粗皮咧,还青春哩!
赵雪花　(慌乱地)书记书记,这可都是她俩大前天和我一块说的。(对甲乙)哎哎,你俩咋是苞谷杆当门闩,经不住推也搁不住拉哩!
女工甲　你拿俺胡糟蹋,俺咋能背那黑锅!
女工乙　要是传到俺男人耳朵里,那二尻把我失塌了。
女工甲　走走走,上班上班,完不成指标还要扣工资哩。
女工乙　书记,俺走咧,有啥你问赵雪花。
〔女工甲乙下。
赵雪花　哎哎,你俩走啥哩,等等我。(欲下)
孙书记　(严厉地)赵雪花!
赵雪花　书记,我……
孙书记　你还有啥要说的?
赵雪花　书记,我错了,我错了。
孙书记　你编排老石对不对?
赵雪花　不对不对。

孙书记　你散布谣言好不好？

赵雪花　不好不好。

孙书记　你损坏公物知错不知错？

赵雪花　知错知错。

孙书记　你侮辱人格触犯法律你懂不懂？

赵雪花　我懂我懂……啊？！不不，我不懂不懂。

孙书记　不懂法律要学。回去写个书面检查，什么动机，什么目的，受何人指使都写清楚。然后向老石同志道歉认错。……

老　石　孙书记，雪花认了错就算咧。

孙书记　还有，损坏澡堂的东西照价赔偿。

老　石　不用不用，那天晚上我都修好咧。

赵雪花　老石哥，我……我……

科　长　走吧走吧，明天不要来上班了，在家好好写检讨。

〔赵雪花下。

小　黄　科长，刚才这些对话我都记下来了。（递记录本）

科　长　（不满地）谁叫你记的！

小　黄　你不是让我坐在光线好的地方做记录嘛！

孙书记　（接过记录）记了也不多余，给我。小黄，你和老石先走吧。

〔老石、小黄下。

孙书记　岳科长，我听说你刚才在审老石同志？

科　长　没有没有。

孙书记　（指布置）你看看这阵势，还有这口供记录本。

科　长　（狡辩地）我是想还老石一个清白。

孙书记　如果老石要真是按你说的私了，怕就清白不了了吧。

科　长　就是有那事，我也不会把他咋办。

孙书记　你还认为有那事？

科　长　我是打个比方、打个比方。

孙书记　你还不如赵雪花，你现在还不认错，广合同志。

（唱）　赵雪花造谣把人损，

你不调查竟然信。
　　私设公堂把案审,
　　打击报复藏私心。
　　你卖废品不入账,
　　分明是有意想私吞。
　　老石查账有何错,
　　工人当家有责任。
　　老石拥军二十载,
　　这种精神实感人。
　　他为咱石化厂争了光,
　　默默奉献情意真。
　　他家贫屋陋四壁空,
　　节衣缩食为了兵。
　　他率先举起民族拥军旗,
　　弘扬了穆斯林爱国精神。
　　金银有价秤能称,
　　这感情这颗心这种精神多少斤?
　广合呀———
　　你要好好想一想,
　　可不能寒了老石拥军爱国这颗心。
科　　长　孙书记……
孙书记　你那张表给我吧。
科　　长　不,书记,这张表让我给老石填吧!

第六场

〔前场第二天。午后。
〔部队医院走廊,靠后是抢救室和护士办公室。
〔启幕前,传来救护车的嚣叫声、刹车声和急迫的脚步声。

〔幕启:一切声音隐去。静静的走廊条椅上坐着头部包扎的钱串串。张军医叮嘱护士后急进抢救室,两名护士配完药后,护士甲用托盘端药进抢救室,护士乙用托盘端药下。老石臂缠绑带上。

钱串串　(看见医护人员,条件反射地呻唤)哎哟……哎哟……

老　石　钱厂长,你咋咧?

钱串串　(指指头)我这脑子里面可能有问题,咋这么痛的。

老　石　可能是伤口痛,医生说只是划破了些皮嘛。

钱串串　(惊诧地)哎哟,不要动!我这肋子咋也痛开咧,哎哟,这医生怪咧,咋不管我哩?连个病床也不给躺一下,我给钱嘛!

老　石　我刚才看了看,重伤员多,病床都满咧,这是部队的卫生所,病床少。

钱串串　这抢救的是谁?

老　石　我们岳科长的老婆陈春花。

钱串串　都着了她老汉的活咧!老汉心瞎,婆娘遭罪。

老　石　胡说啥哩,你今天不也来送春花她姨嘛。

钱串串　我是看春花和她姨的面子。你那岳科长也够缺德的,春花是她姨养大的,就他这一个外甥女婿都不来。

〔张军医从抢救室上。

张军医　(问老石)陈春花的家属来了没有?

老　石　还没来。刚才我们民委主任打过电话,他不在厂也不在家,不知到哪去了。

〔民委主任和政委(二幕时的教导员)上。

主　任　张医生,我和袁政委刚又打电话到他女儿学校,让他女儿去找了。

政　委　张医生,病人情况怎么样?

张军医　如不及时手术,可能有生命危险。

钱串串 医生,我这头里面痛得很,我这胸部、我这肋子、我这肚子好像都痛。

张军医 袁政委,你带他找一下王军医,我这里很紧张。

政　委 好,你忙去吧。

〔张军医进抢救室下。

政　委 钱厂长,走。老石,你不要紧吧?

老　石 没事没事。袁政委,这次可给部队找了大麻烦了。

政　委 看你说哪去了。马主任,咱们一起过去看看。

主　任 好。老石,你在这等你们岳科长,春花有什么情况随时找我。

老　石 哎。(政委、主任、钱串串下)

　　　　(在抢救室门前看看,焦躁感慨地)

　　　　(唱)　旦夕祸福难预计,

　　　　　　　不测风云难顾及。

　　　　　　　送埋车队遇小雨,

　　　　　　　山陡路滑刹车急。

　　　　　　　谁知制动出故障,

　　　　　　　车翻沟底命在旦夕。

　　　　　　　哀号声声动天地,

　　　　　　　汽车燃爆藏危机。

　　　　　　　多亏来了解放军,

　　　　　　　狂奔沟底救人急。

　　　　　　　背抬伤员离险境,

　　　　　　　急送医院险化夷。

　　　　　　　还有几名重伤员,

　　　　　　　生命垂危令人急。

〔钱串串手拿X光片和检查报告上。护士甲从抢救室上,急下。

老　石 钱厂长,咋样?

钱串串 拍了片子,作了透视检查,医生说没啥问题。

老　石 还痛不?

钱串串　（到处摸摸）这还给怪咧，X光这么一照，咋哪都不痛咧。

老　石　你那是条件反射病。看见人家动嘴，你就觉得肚子饿。

〔政委、主任随护士甲急上，张军医由抢救室上，护士甲复急下。

政　委　张医生……

张军医　袁政委，病人如果不马上动手术，可能有生命危险。

主　任　可是她爱人还没来。

张军医　他还有其他亲属吗？

钱串串　她从小就是孤儿，就一个姨是亲的，今天就是……

老　石　张医生，手术非要家属签字吗？

张军医　这是规定。

老　石　张军医，救人要紧，我签。

张军医　你？

老　石　我们穆斯林兄弟姐妹，打断骨头连着筋，我们都有民族的血缘关系。

钱串串　石头，你疯啦！这责任你担得起吗？

主　任　老石，你和岳科长……

张军医　签字责任重大，你要好好考虑，万一手术出现……

老　石　袁政委、张军医、马主任、钱厂长，现在手术春花还有生还的希望，如果不马上手术，春花就会失去百分之百生还的机会。为了抢救生命，什么都可以抛开。张医生，这风险我担定了！字，我签！

（从张医生手中拿过来手术单签字）

张军医　政委，我们马上手术。

政　委　好吧。

〔护士甲、乙急跑上。

护士甲　张医生，血库血浆告急，O型血已经没有了。从市里调运血浆，最快也得五十分钟。（众人皆惊）

老　石　张医生。我是O型血，抽我的。

张军医　你臂膀受伤,已经流了不少血。
政　委　张医生,抽我的,我也是O型血。
张医生　你……明天部队就要开赴靶场实弹演习……
政　委　演习是为了打仗,打仗就要流血,流血为的是祖国和人民,现在人民需要我,我能退缩吗?
老　石　有强壮的身体才能更好地保国卫民。张医生,不要犹豫了,抽我的。
政　委　时间就是生命,抽我的。
老　石　抽我的。(二人争执)
张军医　(无奈地)好吧,每人抽200CC。
政、石　我同意。
张军医　(对护士甲)小周,你把病人从左边门直送手术室。
　　　　(对护士乙)小刘,你就抽血吧。
　　　　〔护士甲从抢救室下,护士乙分别为挽起袖子的政委、老石消毒,抽血……
　　　　〔灯渐灭,暗转。
　　　　〔幕后歌声起:
　　　　　　啊——
　　　　　　军民的鲜血流在了一起,
　　　　　　复苏生命焕发生机。
　　　　　　鲜血写成豪迈的词语,
　　　　　　情爱谱写雄壮的旋律。
　　　　　　唱响时代崇高的友谊,
　　　　　　奏响拥军爱民新的乐曲。
　　　　〔歌声中抢救室灯渐亮,窗上映出病人输液的剪影。
　　　　〔歌完前台灯亮,岳科长、老石从抢救室上,张军医跟上,钱串串、民委主任、护士陆续由两侧上。
科　长　(惭愧地)老石哥,谢谢你,谢谢你。
　　　　(唱)　山高遮不住我的羞愧,
　　　　　　　水长洗不尽我的卑微。
　　　　　　　你像幽谷深藏着娟丽秀美,

　　　　　　你像碧水辉映着日月光辉，
　　　　　　我却是心胸狭窄藏污秽，
　　　　　　小肚鸡肠恣意妄为悔难追。
　　　　老石哥———
　　　　　　今后向你来学习，
　　　　　　加入拥军大部队。
　　　　　　甘作基石献生命，
　　　　　　维护长城扬国威。（众人拍手）
钱串串　嗨嗨，先不要拍手。我俩是磁石遇铁砣……
二护士　啥意思？
钱串串　不谋而合。我也要作为一块基石，投身国防建设打地基。
　　　　（朗诵）啊———
　　　　　　让飞机从我背上飞起，
　　　　　　让军舰从我怀里驶离。
　　　　　　让导弹在我肩上耸立，
　　　　　　让战车在我胸膛驰驱。
　　　　　　啊———（作一个亮相造型）
众　　　（拍手）好诗，好诗。
钱串串　（自得地）怎么样？好诗吧！
张军医　气势磅礴，意境深远。
钱串串　（表演地）谢谢，谢谢，谢谢大家鼓励。
　　　　〔众笑。
钱串串　不过我要诚恳地告诉大家，这首诗是我抄袭俺石头兄弟的。（众大笑）
　　　　〔政委上。
政　委　同志们，告诉大家一个好消息。
　　　　（唱）　三阳院回民兄弟建公墓，
　　　　　　　上坟路险常把车祸出。
　　　　　　　穆斯林人生最后一程路，
　　　　　　　怎能让祭奠人再遇险阻。

　　　　　　部队党委做决定，
　　　　　　誓将崎岖陡坡变坦途。
主　　任　好。我们民委和民政部门也将投入资金和技术，共同修好这条路。
众　　　（唱）军民齐修同心路，
　　　　　　誓将险路变通途。

尾　声

〔20世纪末。秋日。
〔军营。
〔幕启：鲜花、彩旗，威风锣鼓响声震天。两个气球挂起大红条幅：民族团结奔小康，拥军爱民固国防。民委主任率民政干部和回民群众，政委陪部队首长和几名军官上，握手相庆。"热烈祝贺三阳公路胜利完工"的大条幅由两名青年高举穿场而过。一队艳丽的回民姑娘舞上。
〔一队身着迷彩的青年战士舞上。
〔欢腾歌舞。
众　　　（唱）威风锣鼓震天地
　　　　　　穆斯林举起拥军旗。
女　　　（唱）山河壮丽山水秀，
　　　　　　丛山碧水染军绿。
　　　　　　军绿葱茏唤春雨，
　　　　　　春绿江山更壮丽。
男　　　（唱）江山壮丽军旗红，
　　　　　　火红青春护国旗。
　　　　　　国威浩荡神州喜，
　　　　　　富国强军民心齐。

众　　　（唱）　军民团结如一人，
　　　　　　　　试看天下谁能敌？
　　　　　〔孙书记、岳科长上。
孙书记　同志们，老石从北京观礼回来了。
　　　　　〔钱串串、月兰陪着肩披"全国民族团结进步先进个人"绶带、胸戴红花的老石上。众人鼓掌，锣鼓齐鸣。
首　长　老石同志，你这次参加建国五十周年庆典，有什么感受啊？
老　石　首长，有，有啊，我的感受太多了。首长，同志们，我站在天安门观礼台上，当我看到战鹰飞过天安门上空，当我看到整齐威武的军阵豪迈地行进在我的眼前，我哭了……我激动地哭了……同志们，让我以穆斯林的虔诚祝我们的军队繁荣，强大，昌盛。
　　　　　〔老石、月兰深深地鞠躬，久久地默礼。
　　　　　〔稍刻。
群　众　（爆发地齐呼）祝我军繁荣、祝我军强大！祝我军昌盛！
　　　　　〔锣鼓喧天。
　　　　　〔在欢乐气氛中大幕徐徐落下。

——剧　终

（西安秦腔一团演出，剧本收录在《西安秦腔剧本精编》第60卷，广东惠州音像出版社出版发行影碟。）

市井民风

编剧 丁金龙

剧情简介

天有三宝日月星,
人有三宝精气神。
世有三宝江山稳,
民风民情和民心。

《市井民风》是一台散点式结构的戏,它通过一群不同身世、不同遭遇的雇工和钱老板等人,在古都秦菜馆里演出了一幕幕喜怒悲欢的故事。云娇姑娘聪明伶俐、干脆利落、义胆热肠,谁知她竟是从黄土高原北端逃婚而来的"媳妇";小宋是一个携子进城打工的寡妇,她勤朴善良、温良恭俭,然而在人生的道路上又遇到了崎岖坎坷,险些丧失了生活的勇气和信心;石头年轻气盛,侠肝义胆,他喜爱小宋,但对她的遭遇又束手无策;皇甫是钱老板雇用的炉头,他酷爱自己的事业且无私心,然而老婆封封催逼回家的书信却使他陷入茫然……一个小饭馆,一群小百姓,反映出一个小社会,展现出一片纯情爱心。

场 目

第一场
第二场
第三场
第四场
第五场

人物表

钱老板　40 岁　　　　古都秦菜馆经理,个体户
云　娇　22 岁　　　　古都秦菜馆女服务员
石　头　28 岁　　　　古都秦菜馆二厨
小　宋　28 岁　　　　寡妇,古都秦菜馆服务员
皇　甫　30 岁　　　　古都秦菜馆厨师
喜　荣　36 岁　　　　钱老板的妻子
小　花　20 岁　　　　古都秦菜馆女服务员
韩老板　40 多岁　　　川菜馆经理,个体户
王光珠　50 出头　　　农村暴发户
陌生人　30 多岁　　　王光珠的司机兼打手

第一场

〔20世纪末。
〔古都秦菜馆餐厅,有酒柜、吧台,一侧通后院,一侧通厨房。
〔主题歌谣:
　　　天有三宝日月星,
　　　人有三宝精气神。
　　　世有三宝江山稳,
　　　民风民情和民心。
〔幕启:市场嘈杂,钱老板上。

钱老板　（唱）　市井敞敞商贾满,
　　　　　　　　市肆煌煌不夜天。
　　　　　　　看商海,
　　　　　　　　人家挣钱像喝水,
　　　　　　　　微薄小本竟扬帆。
　　　　　　　谁曾想,
　　　　　　　　下海才知风浪险,
　　　　　　　　呛水方知海水咸。
　　　　　　　　市侩荡荡行情乱,
　　　　　　　　市场嚣嚣少客源。
　　　　　　　　钱把心操碎,
　　　　　　　　泪把心泡酸。
　　　　　　　　汗珠落地摔八瓣,
　　　　　　　　方知钞票苦涩五味全。
　　　　　　　　停薪留职快三年,
　　　　　　　一年瘦一圈——

　　　　　　个体老板谁可怜。
　　　　〔上官云娇提旅行包上。
钱老板　你找谁？
云　娇　（扫视一眼）老板，我就找你。
钱老板　（好奇地）你咋知道我是老板？
云　娇　（含笑地）一双鞋亮半截，贫富悬殊有区别。
钱老板　好眼力，找我啥事？
云　娇　给你打工，咋样？（递介绍信）
钱老板　（看罢退还）云娇姑娘，饭馆干活又脏又累，你这身体怕吃不消。
云　娇　出门打工挣钱，还能怕出力。
钱老板　咱这可不是卖荞面饸饹、米面皮的，本店专营关中秦菜，煎炸烹炒，你都会啥手艺？
云　娇　老板。
　　（唱）　敢揽细瓷自有金刚钻，
　　　　　　既是裁缝必然会量衣。
　　　　　　陕西菜未入国菜八大系，
　　　　　　它却是博采众长名不虚。
　　　　　　慈禧吃过西安八珍宴，
　　　　　　御笔亲封香酥葫芦鸡。
　　　　　　小女子初出茅庐资虽浅，
　　　　　　抡起炒瓢敢做席。
　　　　　　鱼香肉丝爆羊肚，
　　　　　　绣球干贝糖醋鱼。
　　　　　　龙井虾仁烧牛筋，
　　　　　　宫保肉丁炸里脊。
　　　　　　会蒸馍，会淘米，
　　　　　　会剖鱼，会宰鸡。
　　　　　　会包饺子会擀面，
　　　　　　会酿醪糟做酒曲。
　　　　　　如果老板看不上，

　　　　淘米择菜洗碗扫地都可以，
　　　　———决不说委屈。

钱老板　（欣然大笑）石二麦炸根麻花———你还要得个大呀。你真会抢炒瓢？

云　娇　（粲然一笑）我想学着抢炒瓢。

钱老板　那么说你啥啥都不会？

云　娇　（腼腆地）刚买了两本书，来应聘之前背了几句。

钱老板　（欣然地）你很机灵。

云　娇　老板夸奖。

钱老板　我喜欢机灵，可不喜欢狡猾。到底读过高中，你很会说话。

云　娇　女孩子出门，总得学点外包装嘛。

钱老板　看你人活泛，先留下端盘子、洗碗，试工三天再说。

云　娇　谢谢老板。

钱老板　（喊）石头。

〔石头应声由厨房上。

石　头　来了。啥事，老板？

钱老板　这是新来的上官云娇，你把她带去见见老板娘，然后再给她安排点活干。

石　头　没麻达。走。（提云娇旅行包下）

〔云娇跟下。

〔小宋衣饰不整地跟皇甫由外上。

小　宋　（犹豫地）皇甫，我怕……

皇　甫　（憨直地）怕啥嘛？今后你得学着点，"恶的怕硬的，硬的怕愣的，愣的怕不要命的"。咱农村人也不能光叫城里人欺负。

钱老板　皇甫，你又胡说啥呢？

皇　甫　老板……

钱老板　小宋，三轮车和菜呢？

小　宋　（怯怯地）车……

皇　甫　车和菜都叫市容办的给扣了。

钱老板　（发火地）啥？你咋不叫人家把你扣了呢？这扣了车扣了菜,今天咋营业？

皇　甫　老板……

钱老板　到底出了啥事？

小　宋　老板。

（唱）　清晨起床去采购,
　　　　菜市场买了肉和油。
　　　　谁知碰上两条癞皮狗,
　　　　恶言秽语把人羞。
　　　　这个要拿鱼和肉,
　　　　那个要拿菜和油。
　　　　拉拉扯扯动了手,
　　　　阻断交通闹不休。
　　　　赶来市容联防办,
　　　　扣车罚款也不问情由。
　　　　都怪我胆小怕事没能耐,
　　　　拙嘴笨舌把人丢。

〔石头、云娇上。

钱老板　拙嘴笨舌没能耐就完咧,那车和东西咋办呢？

皇　甫　（唱）　市容办责令老板交罚款,
　　　　　　　　否则要把营业执照收。

钱老板　罚多少？

小　宋　……五十。

钱老板　快拿钱交去吧。

石　头　老板,小宋哪有钱呀？再说……（讪笑地）嘿嘿,人家是罚老板嘛。

钱老板　老板又没和人家打架。

皇　甫　人家说你管教不严。

钱老板　胡然！雇工打架罚老板,雇工要是杀了人呢？岂不要老板去偿命。

〔喜荣从后院上。

石　头　（讪笑地）老板,就算咱花钱买个教训。
钱老板　（斥责地）我的钱也不是大水漂来的。
小　宋　老板,先借我五十,工资里扣吧。
石　头　（偷偷拉小宋一下）老板,咱可不能逼着小宋去跳城河呀。
钱老板　她就是去卧轨,碍我啥事?
喜　荣　（解围地）铭维,玩笑不能开得太过火了。（掏钱）小宋,快去把车和东西要回来。
石　头　（讪笑地）嘿嘿,还是老板娘会疼人。
云　娇　小宋,我跟你去要车。
小　宋　你是……
云　娇　我叫上官云娇,刚来的。
石　头　你去行吗?
云　娇　这事我见多了,老板,让我去试试。
喜　荣　把钱带上。
云　娇　不用。
钱老板　带包烟。
云　娇　（接过烟）走。（拉小宋下）
钱老板　你俩愣着干啥?还不赶快去干活。
〔皇甫、石头进厨房下。
喜　荣　我去上班了。（欲下）哎,我兄弟今天在咱这请客,你别忘了。
钱老板　哪能忘了?"女婿发财孝敬丈人爸,姐夫挣钱小舅子花。如今女子千金价,养个儿子算白搭。"
喜　荣　我兄弟要分房子,请他们科长和厂长吃顿饭,你别那么抠门。
钱老板　放心走你的吧,慢待不了。
〔喜荣下。
〔小花外上。
小　花　表舅,梁科长那说定了,今天下午包四桌,每桌五百,回扣他要三百。

钱老板　（无奈地）三百就三百,给他。

小　花　按百分之十回扣也才二百,我没答应。

钱老板　你咋不答应呢?咱在菜上做文章嘛。

小　花　梁科长说了,"鸡鸭鱼肉别下锅,蛇蟹王八爬上桌。"

钱老板　生猛海鲜全上,五百一桌整不成。

小　花　我让他每桌掏八百,水酒在内。

钱老板　你刀子也太馋火咧,他让你宰?

　　　　（唱）"一顿吃掉一头牛,
　　　　　　　屁股坐着一栋楼。"
　　　　　　一掷千金手不抖,
　　　　　　企业亏损没人愁。
　　　　　　如今狠煞吃喝风,
　　　　　　廉政建设断客源。

小　花　（唱）表舅精明善谋略,
　　　　　　　生意萧条照赚钱。

　　　　〔二人哈哈大笑。

　　　　表舅,看把你高兴的,这真是吃穷了国库,吃肥了个体户。

钱老板　这都是过去的事了,如今这生意越来越难做了。

　　　　〔小宋推三轮车上,云娇跟上。

小　宋　老板,车和菜都要回来了。

　　　　〔石头、皇甫闻声上。

石　头　（关心地）罚款没有?

小　宋　没有。云娇可有办法了。

石　头　"男人办事,磕头捣蒜,女人办事,就凭脸蛋。"

皇　甫　小姐搞公关,啥事都好办嘛。

云　娇　胡然啥哩。是老板那烟威力大。

石　头　对。"混得臭,抽红豆,混得大,抽中华,混得不如人,抽的哈德门,抽的红塔山,不是老板就是官。"肯定人家把你当成老板娘了。

钱老板　舌头得是让面黏住咧,胡呜拉啥哩。

皇　甫　云娇你咋样把车要回来的?
钱老板　云娇,说给他们听听,也好长长见识。
云　娇　很简单。
　　　　（唱）　会炒菜,先放盐,
　　　　　　　　会打官司先输钱。
　　　　　　　　有理无理先带笑,
　　　　　　　　递烟点火忙道歉。
　　　　　　　　柿子任他捏,
　　　　　　　　训斥别嫌冤。
　　　　　　　　顺嘴戴高帽,
　　　　　　　　随便许诺言。
　　　　　　　　好话成筐送,
　　　　　　　　就是不给钱。
皇　甫　高,以邪治邪,办法想绝。
钱老板　好了,快把东西拿进厨房,分头快干,抓紧时间,准备开席。（拢油进厨房下）
　　　　〔众人分头拿肉、菜等下。
石　头　（看看没人）小宋,张妈刚来找过你。
小　宋　（心头一震）她来说啥?
石　头　也没说啥,就让你赶快去一趟,看来样子挺急。
小　宋　（犹豫地）现在正忙,万一叫老板知道……
石　头　你去,我给你打掩护。
小　宋　那……我去了。（匆匆下）
　　　　〔钱老板上。
钱老板　石头,小宋呢?
石　头　她……（讪笑）嘿嘿,去厕所了。
钱老板　去厕所都跟你汇报,看来你俩的事有门。
石　头　窗子都没有,哪来的门哩? 这小寡妇是油盐不进。
钱老板　工夫不到家,火候到了,油盐姜葱啥味都进得去。
石　头　老板经验丰富,今后请多指教。
钱老板　臭小子,花搅我是不是? 看我不揍扁你。

〔石头拿东西笑着跑下。

〔切光。

〔幕落。

〔主题歌谣：

　　　天有三宝日月星，

　　　人有三宝精气神。

　　　世有三宝江山稳，

　　　民风民情和民心。

第二场

〔前场月余后的一个傍晚。

〔钱家小院，正面是住房，两侧分别通餐厅和雇工住的跨院。院内有桌椅供人休息。

〔幕启：钱老板拿菜单由房内上。

钱老板　云娇。

〔云娇应声由餐厅上。

钱老板　这是调价后的菜单，你拿去贴在门口显眼的地方。

云　娇　（接过菜单）诚招天下客，情从古都来。老板，你把办法真想绝了。

钱老板　这都是逼出来的。

〔云娇欲下。

钱老板　哎，快餐饭盒不多了，你到市场去批一些回来。

云　娇　没麻达。（下）

〔韩老板上。

钱老板　哟，韩老板，你咋有空过来？

韩老板　汉中那个米贩子来了。

钱老板　我正想找他弄些大米和菜油呢。

韩老板　走，过去喝酒，咱俩把他撂倒好压价。

钱老板　叫他过来,我招待。

韩老板　人家爱吃川菜,我都摆上了。你要客气就带瓶五粮液。

钱老板　你真是山西人卖川菜,辣了前门抠后门,两头算计人,你不怕我吃亏?就喝他汉中名酒城固特曲。走,我拿两瓶,撂不翻他也得打个平手。

韩老板　哎,你那小跨院到底卖不卖?

钱老板　快把你那贼心给收拾下,说不卖就不卖,别再打鬼主意。

韩老板　我那厨房实在挤得很,你帮帮忙,我给你十万……十万零五……十一万……

钱老板　二十万也不卖。

韩老板　租给我。

钱老板　我的伙计住哪?仓库放哪?走吧。

〔二人欲下,小宋上。

钱老板　小宋,咱店的规定你懂不懂?

小　宋　我……

钱老板　你把顾客的剩饭剩菜收起来干啥?

小　宋　没,没有……

〔石头上。

钱老板　有人给我说了,还想抵赖?

小　宋　有……有个老乡怪可怜,我就……

钱老板　咱店规定不准吃顾客的剩饭剩菜,你不知道?下次再犯,罚款二十。

石　头　老板,你咋光认钱?

钱老板　不认钱治不了你的毛病。

韩老板　走吧走吧,划不来跟雇工生气。

〔钱、韩二人下。

石　头　(看看没人)小宋,你等会。(下)

〔石头复拿塑料袋装的饭菜上。

石　头　给。

小　宋　这是……

石　头　这是我给你留的饭菜。

小　宋　(惧怕地)石头,咱不,不能偷啊……

石　头　你胡说啥呢?小花那朋友穷大方,买那么多菜,有的就没动,我全给你收起来了。

小　宋　老板刚说过,这要再叫他知道了……

石　头　嗨,他是刀子嘴,豆腐心,没关系。你今后若有啥难事告诉我,我一定会想法帮你。

小　宋　我没啥……

石　头　你别瞒我了,我知道你有个儿子。

小　宋　(急阻)石头,你别胡说。

石　头　这怕啥吗?孩子我都见了,怪心疼的。

小　宋　怎么,你跟踪我?

石　头　不不,你晚上回去我怕你有危险,远远跟着保护你。

小　宋　(哭笑不得)你呀,今后不准再跟着我了。

石　头　保证不跟了。

小　宋　孩子的事,你千万不要跟别人说。

石　头　这怕啥吗?自己的儿子又不是偷的。

小　宋　石头,我求你了……

石　头　好好好,我不说,趁老板不在,你快把这东西拿走吧。

〔小宋感激地看一看石头,急下。石头进跨院下。

〔稍刻,皇甫端茶缸,夹烟笑上,云娇生气跟上;石头掂面从跨院上。

云　娇　人家出洋相,你还笑。

石　头　老皇甫,啥事这么开心?

〔皇甫笑而不答。

云娇,是不是他欺负你了?

云　娇　他有意失弄人。

(唱)　小花的朋友把菜点,
　　　要吃咱店名菜熘肝尖。
　　　皇甫叫我抡炒瓢,

　　　　　　　他却跑到一边去抽烟。
　　　　　　　油辣火大心中急，
　　　　　　　晕头转向乱了弦。
　　　　　　　该放料酒倒上醋，
　　　　　　　该撒味精放成盐。
　　　　　　　为补过错加点糖，
　　　　　　　忙乱抓成辣子面。
皇　甫　（唱）古都秦菜新发展，
　　　　　　　麻辣糖醋炒猪肝。
云　娇　（唱）刚想偷着把河下，
　　　　　　　还未举桨先翻船。
　　　　　　　一旦小花告老板，
　　　　　　　今后再想学艺难。
皇　甫　把它家的,这算啥吗？老板罚款我赔。
云　娇　今天右眼老跳,把人木乱的,干啥啥出错。
石　头　左眼跳财右眼跳崖,看来今天要出麻达。
皇　甫　迷信。（对云娇）你去把餐厅收拾收拾,该关门了。
　　　〔云娇下。
石　头　刚才小花送的那人,好像是她在康复路傍的大款。
皇　甫　就那大款？从猪头吃到猪屁眼,没一道正经菜,我一看那家伙就是个杂碎。
石　头　萝卜白菜各有所爱,人家兴许吃不惯生猛海鲜那腥味。小花可是个有眼水的姑娘。
皇　甫　她那眼水黑黄不清,浑着哩。
　　　〔小花由餐厅一侧上。
小　花　谁黑黄不清,说话别损人。（炫耀地）瞧瞧,这戒指九点八克,这项链十三克,俺熊哥刚送的。
皇　甫　不用看,都是水货假的。
小　花　24K,四个九,叫你开开眼。
皇　甫　八个九都有假,别说四个。
石　头　现如今除了妈是真的,连爹都有假的。

小　　花　你个坎头子，嘴里就没好话。

石　　头　来，叫哥看看。（看项链故意亲近小花）

小　　花　（推石头）滚，占便宜找小宋去。给老板说一声，我出去一趟，今晚上不回来了。

石　　头　你违犯店规，小心老板炒你的鱿鱼。

小　　花　俺熊哥说了，挣这俩钱没劲，让我跟他到海南去，说不定明天咱们就拜拜了。（下）

石　　头　天沾上云变，人沾上钱变，小花变得也太快了。

皇　　甫　我看这再一去海南岛，就快变得不认她爹了。

〔喜荣由餐厅一侧上。

喜　　荣　咋还不关门呢？

皇　　甫　还没收拾完哩。

喜　　荣　赶快收拾收拾该关门了。

〔石头和皇甫下。

〔稍刻，云娇慌张地跑上，石头跟上。

喜　　荣　云娇，出啥事了？

云　　娇　老板娘，有人来找我，不管他说是我啥人，都别说我在这。（焦急，不知欲藏何处）

喜　　荣　跟我来。（带云娇进房门下）

〔王光珠上，钱老板跟上。

钱老板　哎哎，你找啥呢？

〔王光珠不理睬，在院内睃寻。

石　　头　（不客气地）喂，你找谁呢？

王光珠　（陕北普通话）我找上官云娇。

石　　头　（打岔）如今当官谁坐轿？官大桑塔纳，官低坐奥迪。现在没人坐轿了。

王光珠　小兄弟，别给我打麻缠，这一套我见多了。（改陕北话）我找上官云娇。

石　　头　没这个人，走吧，走吧。

王光珠　推个甚，她是我婆姨，我是她男人。

石　　头　你就是她爹也没这个人呀。

王光珠　（抻抻领带）我找你老板。
钱老板　我就是老板。
王光珠　哦,老板。鄙人是靖边民运有限责任公司总经理王光珠,我向你打听个人。
钱老板　上官云娇?
王光珠　对对对,她在哪?
　　　　〔石头摇手暗示。
钱老板　他不是说了,没这个人。
王光珠　我刚才看见一个女人,好像是……
石　头　那是老板娘。
王光珠　我想看看老板娘。
石　头　你得是皮松了,想挨揍哩。
　　　　〔喜荣由屋门上,她换了云娇的上衣。
喜　荣　我也不是大闺女,有啥好看?看吧。
石　头　还不滚?
王光珠　对不起,对不起。（谦恭地退下）
钱老板　去把店门关了。
　　　　〔石头下,复上,皇甫、小宋随上。
　　　　〔云娇站在门前窥视。
喜　荣　出来吧,人走了。
钱老板　你们搞的什么鬼?
喜　荣　云娇,你不是说没结过婚吗?
云　娇　我真没结过婚。
钱老板　那个男的咋说是你男人呢?
云　娇　你们不能相信他。
钱老板　（发火）那我们相信谁?明天人家要告我们拐骗良家妇女,我们担待得起吗?
喜　荣　好好问,别发火。
钱老板　不火行吗?这个店要叫人家踢腾了咋办?你立马给我走人。
皇　甫　天都黑了,叫她一个女子到哪去呀?

喜　荣　铭维,你看……
钱老板　今晚结账,天一亮走人。(欲下)
云　娇　(倔强地)合同没到期,我不走。
钱老板　嗬,你还把我箍住了,出事咋办?
云　娇　一人做事一人当,我绝不牵连老板。
小　宋　老板,云娇肯定有难处,那人年龄那么大,能是她男人吗?
石　头　老板,你就给个面子吧。
喜　荣　云娇,这到底是咋回事?
皇　甫　这女子,你快说吧。
云　娇　老板娘……(触动伤痛,悲愤填膺)
　　　　(唱)　提往事不由人满面羞辱,
　　　　　　　恨难平气难咽罄竹难书。
　　　　　　　他是俺村暴发户,
　　　　　　　吃喝嫖赌心歹毒。
　　　　　　　慕我姿色生淫欲,
　　　　　　　骗父买车跑运输。
　　　　　　　老天无眼翻了车,
　　　　　　　黄土葬父对天哭。
　　　　　　　投资反成欠债户,
　　　　　　　死无对证官司输。
　　　　　　　强迫我弟还父债,
　　　　　　　实为逼我当媳妇。
　　　　　　　我妈为保独根苗,
　　　　　　　劝我嫁给王光珠。
　　　　　　　老贼他满心欢喜备婚礼,
　　　　　　　云娇我偷偷乘车把山出。
　　　　　　　求老板别逼弱女走绝路,
　　　　　　　帮帮我出力挣钱把身赎。
小　宋　老板娘,云娇也是个苦命人,你得帮她拿个主意。
喜　荣　你们休息去吧,让我和老板商量商量。

云　娇　谢谢老板娘。
小　宋　走吧。
　　　　〔小宋、云娇、石头、皇甫下。
喜　荣　人呀,只要沾上吃喝嫖赌,就算完了。……咱总不能看着云娇跟这种人过一辈子吧。……哎,你咋不说话呢?
钱老板　你当了好人,叫我说啥呢、
喜　荣　哎,这女子挺精灵,让她跟皇甫学掌勺,别进餐厅,遇着可疑的人躲着点。
钱老板　瓜货些,吃饭的都是人生面不熟,你怀疑谁?
喜　荣　那你说咋办?
钱老板　(胸有成竹)咋办? 走一步看一步,车到山前必有路。
　　　　〔切光。
　　　　〔幕落。
　　　　〔主题歌谣:
　　　　　　　天有三宝日月星,
　　　　　　　人有三宝精气神。
　　　　　　　世有三宝江山稳,
　　　　　　　民风民情和民心。

第三场

　　　　〔前场数日后的一个晚上。
　　　　〔景同一场。
　　　　〔幕启,餐厅无人,小宋由外上。
伴　唱　(唱)　愁眉紧锁心不畅,
　　　　　　　两腿发软无主张。
　　　　　　　儿患重病烧不退,

急得人两腿发软心发慌。

小　宋　（唱）　孤枝弱苗遇霜降，
　　　　　　　　苦命寡妇何人帮？
　　　　　　　　别人是人生苦短盼增寿，
　　　　　　　　我却是含辛茹苦嫌路长。
　　　　　　　　别人是想家盼归常入梦，
　　　　　　　　我却是想起家事更心伤。
　　　　　　　　为什么走一步步步摇晃？
　　　　　　　　为什么走一路路路凄凉？
　　　　　　　　本打算出门打工争自强，
　　　　　　　　谁知道命运不济天不帮。

〔石头由后院上。

石　头　小宋。

小　宋　啊，石头。

石　头　这两天我看你神色不对，人也瘦了一圈，到底出了啥事？

小　宋　没，没出啥事。

石　头　（恳切地）小宋。
　　　　（唱）　一个篱笆三个桩，
　　　　　　　　一个好汉三个帮。
　　　　　　　　有啥难处你明讲，
　　　　　　　　天大事情好商量。
　　　　　　　　你我相处快半年，
　　　　　　　　难道不知我心肠？

小　宋　（唱）　你别说，你别讲，
石　头　（唱）　话不说透憋得慌。
小　宋　（唱）　你的心事我知晓，
石　头　（唱）　窗纸不揭不亮堂。
小　宋　（唱）　我母子拖累负担重，
石　头　（唱）　携手相处更好帮。
小　宋　（唱）　我寡居三年心已冷，

石　头　（唱）　我鳏夫至今心未凉。
　　　　　　　小宋啊……
　　　　　　　　　　一个苦瓜两人吃，
　　　　　　　　　　苦味变淡味也香。
　　　　　　　　　　一副担子两人挑，
　　　　　　　　　　轻松不会嫌路长。
　　　　　　　　　　一条小船两只桨，
　　　　　　　　　　敢闯江河心不慌。
　　　　　　　　　　一间小屋两人住，
　　　　　　　　　　冬天不冷夏天凉。
　　　　　　　小宋啊，
　　　　　　　　　　肺腑之言全掏尽，
　　　　　　　　　　莫让我一片真情付汪洋。
小　宋　（激动地）石头……
石　头　（期盼地）小宋……
小　宋　（强忍地）
　　　　（唱）　一席话说得我心潮激荡，
　　　　　　　　一席话道出他火热心肠。
　　　　　　　　我多像霜落叶随风轻扬，
　　　　　　　　我多像雨残花失去色香。
　　　　　　　　多少年想觅知音今相遇，
　　　　　　　　我多想投他怀诉诉衷肠。
　　　　〔幕后合唱：
　　　　　　　小宋啊，
　　　　　　　　要冷静，莫莽撞，
　　　　　　　　心潮平，先别慌。
　　　　　　　　一步迈出难回头，
　　　　　　　　你要细思量。
小　宋　（唱）　石头啊！
　　　　　　　　苦命苦瓜味同样，
　　　　　　　　福浅之人穷路长。

　　　　同船过渡负担重,
　　　　木舟怎经风和浪。
　　　　愿你找个好姑娘,
　　　　携手人生度时光。
石　头　我谁也不找,我就喜欢你这好脾气,好心眼。小宋……(欲拉小宋的手)
小　宋　(避开)石头,我有难处,你应该体谅。
石　头　你不就是有个儿子吗,这算……
小　宋　(阻止地)石头!……石头,你别逼我好吗?(犹豫地)你若真心想帮我,能不能借给我五百块钱?
石　头　行,现钱不够,明天我到银行给你取。
小　宋　明天怕……
石　头　别急,我去找皇甫借。
　　　　〔石头、小宋欲下,皇甫拿衣服、端脸盆由后院上,小宋避下。
皇　甫　(诡谲地)是不是躲在这吃豆腐呢?
石　头　吃屁的豆腐,连手都摸不着。
皇　甫　小心骚情过火把事给瞎了。
石　头　多操闲心着活老得快。
皇　甫　(炫耀地)看看我这身警服咋样?
石　头　嫽着哩,多少钱?
皇　甫　二十五。
石　头　叫你小子捡个便宜。
　　　　〔刚擦过澡的云娇端脸盆由厨房上。
皇　甫　云娇,去给我买包烟。
云　娇　行,让我梳梳头再去。(接钱进后院下)
石　头　皇甫,给兄弟借五百块钱。
皇　甫　准备办喜事?
石　头　别胡然,明天上午还你。
皇　甫　对不起,没那么多。
石　头　有多少?

皇　甫　就三百。(掏出钱)
石　头　三百也行。(接过钱)你先欠我二百。
皇　甫　明天取了还你。
〔石头窃笑欲下。
皇　甫　(醒悟)回来！你个坎头子，想把我当瓜尿呀？是你欠我三百，不是我欠你二百。
石　头　反正都一样。
皇　甫　一样个辣子。(扇石头)
〔石头闪身跑下，皇甫进厨房下。
〔王光珠和陌生人外上。王光珠向餐厅内窥视。云娇上，王光珠闪身躲避。云娇开门欲出，王光珠乘机挤进门里。
王光珠　云娇。
〔云娇吓一跳，欲逃进后院，已被王光珠抢先挡住。
〔云娇欲逃出店门，陌生人已堵住去路。
云　娇　王光珠，你想干啥？(举起椅子)
王光珠　汽车就在对门停着，请立马跟我回。你跑了两年，我四处派人寻了两年。上！
〔陌生人猛然夺过椅子，扭住云娇，石头和小宋上。
石　头　(怒喝)你们想干啥？
王光珠　请你别管闲事，要把我逗躁了，我就先失塌了你。
石　头　哈哈！我看你是秃子打伞———无法无天。今天，我正想管管闲事哩。
王光珠　少废话！(对陌生人)拉走！
〔王光珠、陌生人、石头、云娇拉扯厮打，小宋急进后院下。
〔稍刻，小宋和钱老板上，钱老板开亮餐厅大灯，室内骤亮。
钱老板　(厉声地)住手！
石　头　(仍举着椅子)他们抢人！
钱老板　(扶起狼狈的王光珠)王经理，有话好说嘛，这要闹出人命咋办？石头，拿几听饮料过来。

〔石头由酒柜拿饮料放桌上。

钱老板　老王，坐，喝听饮料消消火。

王光珠　你上次为甚骗我？

钱老板　是你没把话说清楚，我总得问问情况吧。

王光珠　现在问吧。

云　娇　问也不是你婆姨。

王光珠　你硬个甚，这回我带着结婚证哩。

云　娇　老板，那是假的！

钱老板　（诧异）结婚证也有假的？

石　头　嘴是两张皮，放屁都掺假，现在啥没假的。

王光珠　笑话。（翻开证给钱老板看）乡政府的大红印难道有假？这结婚照片，咱俩肩并肩难道也有假？

云　娇　那照片是我和我妈的照片，他把底片骗去，移花接木修底版，重新翻拍的。

王光珠　（冷笑）哼哼，证据在，我不怕你铁嘴钢牙。（对陌生人）带走！

云　娇　（拿起把水果刀横在颈上）你敢！

石　头
小　宋　（制止，夺刀）云娇！

钱老板　云娇！（劝解地）王经理。

　　　　　（唱）　常言说强扭瓜不甜，
　　　　　　　　　捆绑夫妻怎共眠？

王光珠　（唱）　刚烈任性是手腕，
　　　　　　　　　女人的眼泪不值钱。
　　　　　　　　　一入洞房一上炕，
　　　　　　　　　本事再大天难翻。

钱老板　（唱）　如此吵闹年复年，
　　　　　　　　　日子难过家难安。

王光珠　（唱）　吃喝玩乐随她便，
　　　　　　　　　老子有房有车又有钱。

只要她晚上陪睡觉,
这种日子有何难?

云　娇　流氓!
王光珠　本人不是文盲,小学上了八年。
石　头　(灵机一动)老板,我看给派出所打个电话吧。
钱老板　也好。
〔石头叫小宋到吧台前叮咛几句后,小宋进厨房下,稍刻复上。

王光珠　你们想做甚?
钱老板　让派出所来帮咱解决问题。
石　头　喂,派出所黄所长吗?我是古都秦菜馆的石头,有件事想请你来解决一下……(声音逐渐压低)
王光珠　别拿派出所吓人,公安局我也不怕。
钱老板　不是我吓你,是你们在吓我。一个拿刀,一个带保镖,叫我咋办?
石　头　老板,电话打了,派出所马上来人。
王光珠　(对云娇)快去收拾东西,派出所来人也得让你跟我走。
云　娇　做梦!谁来说我也不会跟你走。
〔皇甫穿警便服由外上,石头迎上。

石　头　黄所长,你来得可真快。
皇　甫　(故作严肃地醋溜普通话)刚才是你打的电话?
石　头　对。
〔钱老板、云娇均疑。

钱老板　皇甫……
石　头　对,黄副所长,调来时间不长。哎,老板,你们不是认识吗?
钱老板　(瞪石头一眼)唔……
皇　甫　不管认识不认识,都要秉公办事。
石　头　(暗跷拇指)对对对,这就是我刚才电话上说的那个土财主……

皇　甫　（训斥地）胡然,现在哪达来的土财主?那叫农村暴发户。

王光珠　（心虚陪笑地）对对,暴发户,暴发户,不不,万元户,富余户。嘿……见笑见笑,所长抽烟。

皇　甫　（欲接）戒,戒了。她是你婆姨?

王光珠　是是。

皇　甫　你有啥证据?

王光珠　我有……结,结婚证。（欲递又止）

皇　甫　怎么?连我们警……官都不相信?有理走……遍天下嘛!（夺过结婚证）

〔石头又暗跷拇指,并指指云娇。

皇　甫　人家有证,你咋说不是人家婆姨呢?

云　娇　那是假的。

皇　甫　他妈怎么现在啥都有假!有假烟、假酒、假海参、假海蜇,就连松花蛋也有假,土豆用泥一包……

石　头　（急忙打断）黄所长,真的假的你把云娇带走一问不就清楚了。

皇　甫　对,你跟我到后院说说清楚。（欲下）

石　头　黄所长,是不是叫他俩等着?（暗示吓唬吓唬王光珠）

皇　甫　（严厉地）谁也不能走,一会都跟我到派出所蹲着去。炖熟的鸭子不怕它嘴硬,烧不熟的水牛肉我焖也得把它焖烂。走。（和云娇走进后院下）

〔陌生人有些胆怯,扯扯王的衣服。

陌生人　（对王）我去马路对面看看车。

王光珠　等等,我的钱包还在车里。（欲下）

石　头　王经理,汽车丢不了。

王光珠　不能大意,听说城里小偷除了火车偷不动,啥车都敢偷。（随陌生人下）

石　头　（大声地）看罢车回来品麻,咱这有饮料有茶,进了派出所,可得自己掏嘎。

〔传来汽车驶走的声音。

小　宋　跑了跑了,那俩货开车跑了。
　　　　〔皇甫、云娇上。
石　头　乡里的地头蛇,进城可就变成泥鳅了。
皇　甫　你小子这馊主意,把我整出一身汗。
石　头　看你那尿包样,差点把蒸螃蟹、烧鱿鱼都要端出来了。
　　　　〔众笑。
皇　甫　(炫耀地)亏得咱那厨房有窗子,小宋给我一说,我穿着这身警服就从窗子里跳出去了。嘿嘿,没想到我这二十五块钱的旧货倒把他给吓跑了。
　　　　〔众笑。
钱老板　(沉默后的爆发)别笑了!
　　　　〔笑声戛然而止,良久的寂静。
钱老板　(掏出一沓钱放在桌上)云娇,这是二百块钱,你走吧。
云　娇　老板。
众　人　老板,你不能撵云娇走。
钱老板　云娇。
　　(唱)　树挪死人挪活眼光放远,
　　　　　到外省谋生路海阔天宽。
云　娇　老板。
　　(唱)　山不会转水会转,
　　　　　地没有弯路有弯。
　　　　　冤家对头总碰面,
　　　　　天大地大路不宽。
石　头　(唱)　万一再遇那坏蛋,
　　　　　孤女陌路谁救援?
皇　甫　(唱)　同是谋生天涯打工仔,
　　　　　她若遭难众人心怎安?
小　宋　(唱)　谁人帮她养老母?

谁给她父烧纸钱?
年幼小弟谁资助?
谁帮她家把债还?

钱老板 （唱） 句句追问情真切,
如芒在背刺心寒。
都与云娇抱不平,
谁与老板解忧烦?
不是我狠心要把云娇撵,
怕老王无法无天再纠缠。
万一惹出麻烦事,
饭馆把门关。
大家砸饭碗,
谁都不能安。

皇　甫 有我在,看他谁敢?

石　头 从今个起我就住在餐厅。

钱老板 行了,你们还嫌事惹得不大!

皇　甫 咱又没干啥过头事。

钱老板 假冒公安是犯法行为,你们懂不懂?（欲下）

石　头 老板,你干啥去?

钱老板 我到派出所自首去。（下）

石　头 你们知道老板干啥去?我看八成给云娇报案去了。

云　娇 师傅,那我得赶快去帮着把事情说清楚。

皇　甫 对,咱们一起去。

〔云娇拿起钱随皇甫下,小宋欲下。

石　头 小宋,你那事咋办?

小　宋 呀,我差点忘了。

石　头 （递钱）钱拿上,这的事你就别管了。

小　宋 （感激地）石头哥,谢谢你。（跑下）

石　头 （回味地）石头哥……嗨,有门。

〔切光。

〔落幕。

〔主题歌谣：
　　　　天有三宝日月星，
　　　　人有三宝精气神。
　　　　世有三宝江山稳，
　　　　民风民情和民心。

第四场

〔前场两个月后。
〔景同二场。
〔幕启。餐厅传来阵阵猜拳行令的欢语笑声。云娇满心喜悦地上。

云　娇　（唱）　逢双节生意好眉开眼笑，
　　　　　　　　钱老板搞聚餐犒赏辛劳。
　　　　　　　　我的事报了案公安去外调，
　　　　　　　　谢苍天施雨露恩泽云娇。
　　　　　　　　谢老板不辞云娇多关照，
　　　　　　　　谢皇甫大智大勇真英豪。
　　　　　　　　谢石头出点子谋略有道，
　　　　　　　　谢大家真心帮我把灾消。
　　　　　　　　从今后尊师敬业勤操练，
　　　　　　　　花铺路马奋蹄永不辞劳。

〔餐厅传来喊声：云娇，快来。

云　娇　来了。（进餐厅下）
〔喜荣拉小花由跨院上。
小　花　（精神委顿地）舅妈，我真不想吃。
喜　荣　你从昨天回来就躲在屋里，不吃饭咋行？
小　花　真没想到姓熊的那么瞎，他把我骗到海南竟然是去做三陪女郎，晚上还要让我卖……

喜　荣　吃一堑长一智,今后可不能再贪小便宜了。

小　花　要不是公安局抄了他们的黑窝,我可能就被他们折磨死了。

喜　荣　别再想那些事了,今天你表舅高兴,你去敬上一杯酒就没事了。

〔二人欲下,皇甫掂酒瓶拿酒杯追钱老板上。云娇、石头随上。

皇　甫　(已醉)你别跑,老板,我……再敬你一、一杯。

钱老板　咱俩已经喝过,我不能再喝了。

皇　甫　你……瞧不起人。这是我在你这儿最后一次喝酒,你别舍、舍不得。

钱老板　喝酒的日子还多着哩。

皇　甫　不……多了,我老婆要和我……离婚。

钱老板　别胡说八道,你今天喝醉了。(夺酒瓶)

皇　甫　我没……醉,你们看,这都是她给我来……的信。
　　　　(拿出几封信扔给众人)
　　　　(唱)　穷山乡,变了样,
　　　　　　　背靠大山沾了光。
　　　　　　　娃他舅如今当厂长,
　　　　　　　催我回家把他帮。
　　　　　　　老婆来信把我逼,
　　　　　　　否则离婚没商量。
　　　　　　　左也思,右也想,
　　　　　　　难舍厨师这一行。

石　头　(讪笑地)嘿嘿,想不到老皇甫也遇上了事业和爱情的矛盾。

皇　甫　你小……子说,我该咋……办?

石　头　(调侃地)为了事业,立马离婚。

皇　甫　说得好,干。(举瓶饮酒)立马就离。

云　娇　师傅,别喝了,你醉了。

皇　甫　我没……醉。(对石头)你小子让我离……婚,是挑

　　　　　拨离间……你找小寡妇,人家小……宋看不上你
　　　　　……对不对?哈哈……
钱老板　(夺过酒瓶)石头,把他扶屋里去。
皇　甫　给……我,我没……醉……
石　头　都成醉虾了,还说没醉。(架起皇甫胳膊连拖带拉进
　　　　　跨院下)
　　　　〔云娇拉小花下。
喜　荣　皇甫真要回家咋办?
钱老板　那还真让人家离婚?
喜　荣　那饭馆咋办?
钱老板　云娇今天炒的菜我看挺不错,让她给石头做二厨,撑
　　　　　住门面没问题。
喜　荣　抽空再让她到西安饭庄实习一段时间。
钱老板　行,这女子灵得很,啥东西一看就会。哎,小宋还没
　　　　　回来?
喜　荣　没见人。
钱老板　这个小宋,越来越不像话了。
喜　荣　这些天也不知道她有啥事,总是请假往外跑。昨天
　　　　　说请两小时假,这一天一夜了还没见人哩。
钱老板　(生气地)不能迁就了,叫她走人。
喜　荣　回来问问再说吧。
钱老板　问什么?人家石头对她那么好,她就是不表态,整天
　　　　　往外跑,万一弄出个大肚子可就坏了咱店的名声了。
喜　荣　这人看来挺老实,少言寡语的。
钱老板　老实人迭实活,哑巴蚊子咬死人。(欲下)
喜　荣　哎,我兄弟借钱那事咋办?
钱老板　他癞蛤蟆打哈欠——口气不小,一张嘴就要两万。
喜　荣　他不是要装修房子吗。
钱老板　两室一厅,装修费也太贵了吧?
喜　荣　这还算贵?房子是人生一件大事,你没听人家是咋
　　　　　说的?

（唱）　人活世上一辈子，
　　　　代代相传老样子。
　　　　挖坑搭窝造房子，
　　　　刨食顾嘴挣票子；
　　　　挣了票子讨妻子，
　　　　讨了妻子生儿子；
　　　　生了儿子想孙子，
　　　　繁衍生息过日子。
　　　　你起早贪黑劳身子，
　　　　还不是为了挣票子？
　　　　我兄弟借钱装房子，
　　　　无论如何你得给我留面子。

钱老板　你知道我盖了房子，扩了铺子，哪还有钱？
喜　荣　瘦死的骆驼比马大，你别给我装穷。咱还有几千块国债券，再把营业款拿些，咋也凑个万把块。再说，我兄弟是借钱，不是要钱。
钱老板　那是肉包子打狗———有去无回。
喜　荣　话别说得那么难听，借不借给句话。
钱老板　把营业款给他，咱的生意还做不做？
喜　荣　你别动气，待会我兄弟我妈来了，你给他们说去。
〔小宋由餐厅上。石头稍后由跨院上。
小　宋　（怯怯地）老板，我回来了。
钱老板　（生气地）你还知道回来？家有家法，店有店规，哪有像你这种不守规矩的女人！昼夜不归，出了事咋办？
小　宋　（嗫嚅地）我不会出事。
钱老板　谁敢担保？小花就是例子，让人弄到海南……
喜　荣　（阻止地）铭维。
石　头　小花咋能和小宋比？再说小花也是被骗的，何况小宋……
钱老板　小宋就不是女人啦？她也二十七八正年轻嘛。小宋，你是过来人，啥都懂，现如今有本生意能干，无本生意也有人敢干，你有能耐我决不阻拦，但不能在我店里丢人现眼。

石　头　（难以控制地）钱铭维，你不要仗着财大气粗就可以胡说八道冤枉好人！

〔云娇、小花闻声上。

钱老板　（讥讽地）嗬，还真有打抱不平的。我自信还从来没有看错过人，你不服气，也给我走人。

石　头　别拿走人吓唬人。

小　宋　老板，这不关石头的事，全都怪我，要罚就罚我吧！

喜　荣　小宋，你到底是咋回事？

石　头　我告诉你们……

小　宋　（阻止地）石头。

石　头　怕什么？小宋她儿子得了重病！

众　人　（惊异）什么，儿子……

喜　荣　你还带着孩子？那为什么要瞒着我们呢？

石　头　（伤心地）她说实话你们还能雇她吗？她儿子发烧不退，打针吃药好长时间了，昨天昏迷不醒才送到医院去。

小　宋　老板、老板娘。

（唱）　宋瑛我无意把人哄，
　　　　讲实话只恐怕断了营生。
　　　　我夫丧命家贫穷，
　　　　携子进城来打工。
　　　　举目四顾无亲友，
　　　　谋事无门路不通。
　　　　几次打工被辞退，
　　　　都嫌拖累怕误工。
　　　　母子流落在街头，
　　　　夜宿屋檐守路灯。
　　　　难得那日遇张妈，

　　　　　　帮我看儿得轻松。
　　　　　　多谢老板将我雇，
　　　　　　孤儿寡母又逢生。
　　　　　　有谁知———
　　　　　　屋漏偏遭连夜雨，
　　　　　　船破又遇顶头风。
　　　　　　儿患重病烧不退，
　　　　　　吃药打针不见轻。
　　　　　　昨日昏迷人不醒，
　　　　　　至今病因未查明。
　　　　　　住院需要三千块，
　　　　　　愁得我一天一夜水米未沾唇。
　　　　　　老板啊———
　　　　　　苦命人不能再丢这碗饭，
　　　　　　孤寡人不能再次失亲人。
　　　　　　求老板宽情面别下逐客令，
　　　　　　留生路感恩德铭记终生。
　　　　〔小宋突然跪地磕头，众人皆惊。
众　人　小宋！
　　　　〔幕后合唱：
　　　　　　啊———
　　　　　　蒙冤人跪当面悲怨涕零，
　　　　　　诉衷肠苦哀求触目惊心。
钱老板　（唱）　这一跪她把铭维我跪醒，
　　　　　　这一跪跪得我汗如雨淋。
　　　　　　这一跪我成主子她成仆，
　　　　　　这一跪跪出了两个阶层。
　　　　　　这一跪人生坐标错了位，
　　　　　　这一跪多少往事涌上心。
　　　　　　想当初，父亲蒙冤遭凶信，
　　　　　　风云突变祸临门。

孤儿寡母苦受尽，
无奈被逼回榆林。
虽是故乡土，
举目无亲人。
老屋徒四壁，
风沙掩柴门。
多亏乡邻送米面，
母子才安然度冬春。
老钱今日这风流，
全靠当年众乡亲。

宋瑛啊———
　　难为你丧夫人苦难受尽，
　　难为你养遗孤茹苦含辛。
　　原谅我少关怀近利忘义，
　　原谅我恶言冷语太绝情。
　　感谢你梦中将我重唤醒，
　　感谢你启我心扉拨亮灯。
　　摆正良心细思问，
　　有钱之后怎做人？
〔幕后合唱：
　　且不能铜臭熏心忘根本，
　　且不能丧失道义薄人情。
　　且不能为富不仁双目昏，
　　且不能财迷心窍成小人。

钱老板　喜荣，把营业款拿三千来。（交钥匙）
　　〔喜荣进内室拿钱复上。
钱老板　（接过钱）小宋，这是三千块钱，给孩子办住院手续去吧。
小　宋　（接过钱激动不已，面向苍天）儿呀，你有救了……
　　〔切光。
　　〔幕落。

〔主题歌谣：
　　　　天有三宝日月星，
　　　　人有三宝精气神。
　　　　世有三宝江山稳，
　　　　民风民情和民心。

第五场

〔前场一月后。
〔景同一场。
〔幕启：餐厅零乱，喜荣正在拖地板。

喜　荣　（唱）鬼吹火，人瞀乱，
　　　　　　　饭馆险些把门关。
　　　　　　　小宋儿子住了院，
　　　　　　　皇甫辞职回蓝田。
　　　　　　　老板娘成了清洁工，
　　　　　　　累得腰疼胳膊酸。
　　　　　　　更恨云娇把槽跳，
　　　　　　　恩将仇报人心寒。

〔钱老板戴摩托头盔匆匆上。

喜　荣　医院怎么说？
钱老板　大夫说，不能再拖了，必须马上手术，我看也只有把跨院那房卖了。（欲下）
喜　荣　站住。你真要卖房？
钱老板　我已经给韩老板说了，马上签合同。眼下不卖房，你说咋办？
喜　荣　现如今人人都是挣票子买房子，谁像你。
　　　（唱）下海经商已三年，
　　　　　　麻烦不断苦难言。

　　　　　　　如今管上这件事，
　　　　　　　淡了生意赔上钱。
　　　　　　　小宋她儿患的是血癌，
　　　　　　　骨髓移植就得十几万。
　　　　　　　你有多少房子卖？
　　　　　　　这事管到哪一天？
钱老板　（唱）几日来茶饭不思人消瘦，
　　　　　　　为筹款日夜难眠总犯愁。
　　　　　　　咱怎能看着孤寡不搭救？
　　　　　　　咱怎能帮到半途把手丢？

　　　　　喜荣啊———
　　　　　　　钱有多少算富有？
　　　　　　　有钱是否无忧愁？
　　　　　　　生不带来死也带不走，
　　　　　　　何必为钱受累当马牛。
　　　　　　　谁敢保一生不遭难，
　　　　　　　大难临头谁不把人求？
　　　　　　　就算咱先奔小康不忘旧，
　　　　　　　捐资扶贫带个头。

　　　　〔云娇上。

喜　荣　任你说千道万，我就是不同意卖房。我也不知道你图个啥？
钱老板　图个良心，天地良心。
喜　荣　良心？现在有几个人讲良心？上官云娇，你救了她，帮了她，现在你有困难，她却要跳槽，跑到韩老板那儿签合同去了……
云　娇　荣姐……
喜　荣　合同签得咋样？我们啥时候送你到韩老板那儿上任啊？
云　娇　荣姐，接替我的人不来，我是不会走的。老板，这是韩老板给我的一万元预付款……

钱老板　一万？

喜　荣

云　娇　我给他签了五年合同。这钱你交给宋姐给孩子做医疗费吧,你家跨院那房千万不能卖呀。(放钱欲下)

钱老板　站住。把合同拿给我看看。

云　娇　老板,这是我自己的事,你就别管了。

钱老板　我能不管吗？韩老八是啥人？雁过都要拔毛哩,他能平白给你一万元？把合同给我。

喜　荣　云娇,合同让老板看看吧,小心上当。

云　娇　老板,我……

钱老板　拿出来。

〔云娇无奈,拿出合同。

钱老板　(看合同)立约人上官云娇、韩经理,合同五年一万元,到期再续,甲方管吃管住,一包到底,生活条件好坏,乙方不得挑剔,工作不分钟点,有客就不准休息,不准私谈对象,不准结婚生育,不准外泄机密,不准议论生意,不准闲聊,不准嬉戏,不准外出,不准外宿,老板决定,不准非议,无节无假,没有星期,违反规定,扣罚奖励……(越念越气,将合同掷于桌上)这哪里是合同,简直是卖身契。(对云娇)你知道炉头的行情吗？一般水平五六百,会炒个川粤大菜的,起码八百一千。这五年一万元,一个月还不到二百块钱的工资呢。

喜　荣　云娇,你一个聪明女子咋能办这蠢事呢？

云　娇　(唱)　云娇我上过学知书达理,
　　　　　　　　岂不知这合同暗藏凶机。
　　　　　　　　明知他设陷阱我也敢跳,
　　　　　　　　为老板分忧愁无所顾惜。
　　　　　　　　劝老板且莫要卖房卖地,
　　　　　　　　创业难毁业易后悔莫及。
　　　　　　　　云娇我遭不幸老板相救,

　　　　　知遇恩不报答枉披人皮。
　　　　　我也曾签过一份卖身契,
　　　　　这一次签合同非人所逼。
　　　　　五年青春虽易逝,
　　　　　五年合同终有期。
　　　　　五年之后重相聚,
　　　　　报大恩出大力再表心迹。
喜　荣　云娇,我的好妹子……
云　娇　荣姐……
喜　荣　云娇……
钱老板　糊涂!(打电话)韩老八吗?我是老钱。你过来一趟,我有话给你说。(挂断电话)
云　娇　钱老板,这事你就别管了。(欲下)
钱老板　站住!我不能看着你刚跳出火坑又掉进狼窝。
　〔韩老板外上。
韩老板　钱老板,你真是卖房心切呀。我可给你说清楚,我只掏六万,多一分钱都不要。
喜　荣　你原来不是说十万吗?
韩老板　此一时彼一时,做生意要看行情嘛!
钱老板　(亮出合同)先别说房的事,你看看这是啥?
韩老板　(看看云娇)这是我和她订的合同。
钱老板　这是合同吗?
韩老板　她签了字,我盖了戳,怎么不是合同?
钱老板　这是卖身契!你小子也太过分了吧!
韩老板　(不屑地)公安不抓,法院不判,我俩情愿,你能咋办?
钱老板　我看你是缺德少才十分坏,发家致富九分赖。云娇不能和你这种人打交道,把那份合同拿来。
韩老板　这由不得你吧。
云　娇　钱老板,这是我的事,你就别管了。
韩老板　(讪笑)咋样?人家姑娘可是巾帼侠骨,君子风度,一言既出,说话算数。

钱老板　那好,我的房不卖了。

云　娇　韩老板,咱们走。

韩老板　钱老大,你怎么出尔反尔?

钱老板　咱也没订合同,卖不卖由我不由你。

韩老板　(狠心掏出合同)算你有本事,这份合同还没暖热就他娘的作废了。

云　娇　韩老板,你不能单方撕毁合同。

韩老板　(小声地)姑娘,炉头哪都能雇来,这便宜房到哪去买呀?钱老大,你可不能食言。

钱老板　没问题。(欲接合同)

云　娇　(阻止地)钱老板,现在西安可是寸土寸金呀!

喜　荣　可寸金难买寸光阴呀。那合同要耽误你五年光阴,少挣多少钱呀!(从韩老板手中夺过合同)那是你的一万块钱,拿走吧。

钱老板　奸商,真是奸商。

韩老板　(拿起钱)嘿嘿,无利谁起五更?我回去拿钱,咱立马写字据,不许反悔。

喜　荣　决不反悔。那房挡在我的后院,堵在你家房后,卖给别人还没法开门呢。

韩老板　行,有这句话我就放心了。(下)

云　娇　老板娘,你们不应该卖房啊!

喜　荣　不卖房咋办?就算落实政策少还了几间。

云　娇　我替宋姐和孩子谢谢你们了。(深深一躬)

喜　荣　有这句话,你荣姐就满足了。

云　娇　(热泪盈眶扑到喜荣怀里)荣姐……

〔稍刻,小花兴冲冲上。

钱老板　小花,怎么样?

小　花　好消息。(端起凉茶喝干)渴死我了。我去个体协会反映了情况,个协领导非常重视。服装批发市场的个体户听到消息,马上就募捐筹集了近万元,他们准备派人送往医院。个协领导还派老杨去电视台，请他们发个消息，呼吁社会救助小宋。

钱老板　太好了，个体协会出面，电视台发消息，小宋的孩子有救了。

云　娇　小花，你真有办法。

喜　荣　小花，谢谢你。

小　花　（不好意思地）这都是我表舅的主意，我只是跑了个腿。

〔皇甫上。他身着西装革履，仍透着憨厚的土气。

皇　甫　女士、先生们好。

众　人　（惊讶）哈，皇甫！

云　娇　师傅，你可真抖起来了。

喜　荣　皇甫，你小舅子给你封个啥官？

皇　甫　（散名片）这是鄙人名片，请笑纳。

众　人　（分读名片）副总经理、副厂长、供销部副主任、保卫科副科长。

云　娇　师傅，你身兼数职忙得过来吗？

皇　甫　小菜一碟，轻轻松松。不过这名片只印了前半句，后半句没印上。

小　花　后半句是啥？

皇　甫　副总经理，是蒙人的，副厂长，是挂名的，副主任，是摆样的，副科长，是看门的。

众　人　哈……全是假的。

皇　甫　谁说是假的？总公司、玉石加工厂都是真的，就我这些头衔全是不管事的。

小　花　那保卫科长咋是看门的呢？

皇　甫　保卫科两人，我是副科长，我丈人爸是正科长，一个白班、一个夜班，专看大门。

〔众人哄笑。

钱老板　今天是哪阵风把你吹进城来了？

皇　甫　都把我憋死了。我正不想干呢，云娇拍来了电报，写来了信,她说了小宋的事,让我赶回来帮忙。这不,我辞掉副科长那看门的职务,就回来了。

云　娇　师傅,走,下厨房,还干你的老本行。

皇　甫　走。(欲下)

〔石头神色慌张地上。

石　头　老板……

钱老板　石头,别愁,咱现在有办法了。

石　头　啥办法也不行了,小宋带着孩子走了。

众　人　(诧异)到哪去了?

石　头　不知道,我到医院去换她休息,只见病床已经空了,就留下这封信。

〔钱老板接信拆看,看罢交喜荣,众人围看书信。

钱老板　(沉重地)小宋,你为什么走啊!

〔切光。

〔一束追光投到小宋身上。

小　宋　老板、老板娘,谢谢你们了。

(唱)　人盼夏凉冬暖,
　　　　地怕雨涝旱天。
　　　　我是冬寒夏炎,
　　　　旱涝绝收逢灾年。
　　　　儿患绝症已知晓,
　　　　怎能让老板全家受牵连。
　　　　深情厚谊我心领,
　　　　不能再花冤枉钱。
　　　　来生母子变牛马,
　　　　滴水之恩还涌泉。
　　　　云娇花妹多保重,
　　　　石头皇甫别惦念。
　　　　宋瑛叩首拜别去,
　　　　愿来生再相见重述前缘。

〔收光,小宋隐去。

〔灯亮。

众　　人　　小宋……宋姐……(小花、云娇抱头痛哭)
　　　　　　〔场上停顿,只有哭声。
钱老板　　(猛醒地)你们哭什么?还不快去把小宋找回来!
喜　　荣　　(情急地)对,咱们分头到火车站、汽车站去找,兴许小宋母子还没走远。走。
　　　　　　〔众人急下。
　　　　　　〔钱老板茫然,跌坐沙发里。
　　　　　　〔电话铃声骤响。
　　　　　　〔钱老板从沙发上弹起,急忙抓起听筒,听筒里传来忙音。
钱老板　　(急切而焦躁地)喂,喂,喂喂……
　　　　　　〔钱老板挂断电话,情思万千。
　　　　　　〔女高音情真意切地呼唤:
(唱)　　小宋你在哪?
　　　　　救救孩子回来吧!
　　　　　救救孩子回来吧!
　　　　　　〔主题歌谣:
　　　　　　　　天有三宝日月星,
　　　　　　　　人有三宝精气神。
　　　　　　　　世有三宝江山稳,
　　　　　　　　民风民情和民心。
　　　　　　〔幕徐落。

————剧　　终

（西安秦腔一团首演,剧本发展在《当代戏剧》《西安艺术》期刊、在西北首获"曹禺戏剧奖"剧目奖,广州俏佳人文化传播公司制作,北影录音录像公司出版发行。剧本收录在《西安秦腔剧本精编》第60卷中。）

小巷总理

编剧
丁金龙
江巍

剧情简介

该剧以优秀社区主任邓菊梅的感人事迹为素材,艺术地再现了发生在我们身边的一些小故事:民营企业厂长邓大姐刚从国外考察回来,就得知被群众推举为社区主任。面对社区脏乱差、停水断电、下水道堵塞、解除劳教人员滋事生非的现状,她不顾家人反对,毅然挑起社区主任的重担。她带领干部群众扶贫帮困、捐资垫款、清污疏路、美化环境,却遭到部分落后群众的责难和阻挠,引发家庭矛盾,但邓大姐毫不退缩,硬是凭着一腔热血,扭转了社区面貌,为精神文明建设作出了贡献。

场 目

第一场
第二场
第三场
第四场
第五场
第六场
尾 声

人物表

邓大姐	40多岁	社区主任
小 赵	30岁左右	社区副主任
小 倩	16岁	邓大姐之女
邓 父	70多岁	邓大姐之父
老 张	40多岁	邓大姐之夫
梁大妈	60多岁	社区居民
巧 丽	20多岁	梁大妈之女
如 海	近30岁	梁大妈之子
新 颖	近30岁	社区居民
智 余	20多岁	哑巴，社区居民
温宝宝	40多岁	社区居民
小 李	30多岁	司 机

老教授、贺老板、管理员、社区群众、刘院长、工人群众等

第一场

〔长街小巷,远处高楼林立,近处杂乱无章。

〔合唱: 小巷长啊小巷深,

小巷里住着寻常人。

油盐柴米酱醋茶,

衣食住行牵动万人心。

大树生长靠树根,

花繁叶茂雨露恩。

小巷里芸芸众生望北京,

它需要铺路架桥的连心人。

〔幕在合唱声中启。

〔三四个群众提桶端盆过场,一老婆婆艰难地放下水桶,跌坐在石阶上。温宝宝急匆匆地上,一见坐在石阶上的老婆婆,气火火地冲了上去。

温宝宝 你不看看啥时候了?磨磨蹭蹭坐这儿歇晌咧,你得是要把午饭当晚饭吃呀?(看看水桶)哎,哎哎,你提这么点水是喂鸡还是喂雀呀?我这儿等水淘米洗菜,烧水煮饭,你一晌午就提了这半桶水。(提起水桶嘟囔地)嗯,你倒活在世上有啥用吗?

〔温宝宝提桶欲下,正好碰见走上的小赵。

小 赵 温宝宝,咋给你婆婆这样说话哩!你把钱准备好,下午物业办就要到你家收水电费去哩。

温宝宝 到我家收水电费?得是我一交,大家都交?(放下水桶)

小 赵 各家各户都要交。

〔新颖上。

〔老婆婆在他们说话时,把水桶提下。

温宝宝　你能收得齐?收不齐人家水司、供电局都不会给你送水送电,你问问新颖,看他交不交。

新　颖　我给他交个辣子!我没工作我没钱,看他能把我咋办?反正,咱是一个人吃饱全家不饿,一盆水早上洗脸,睡觉洗脚,晚上留着冲厕所,我管你停不停。

〔如海两手提着水桶上。

如　海　新颖,站那弄啥呢?帮老兄提桶水。

新　颖　弄啥呢?人家刚上台的小赵主任要咱交水电费哩。

如　海　弄啥弄啥弄啥,交水电费?哈哈,新官上任三把火,这第一把火先烧到老百姓头上来咧,你还真有本事。

小　赵　可群众反映最强烈的问题就是供水、供电呀?

如　海　那你去找自来水公司和供电局呀,找咱群众干啥?

〔几个群众上。

小　赵　有些群众用水用电不交钱,找人家也不管用。

如　海　我还没告他哩。下水不通,道路不平,电线乱拉,建筑垃圾堆了一两年没人管。

小　赵　茄子一行豇豆一行,这下水不通、道路不平,是楼房承包老板的事,咋能搅合到一起呢?

如　海　管他老板不老板,反正都归政府管。

温宝宝　对对对,水电、老板都归政府管,政府不管,我们尻管。

〔部分群众讪笑应和。

小　赵　同志们,同志们,大家先把水电费交了,这事等社区邓主任回来以后,我们研究研究一定管。

新　颖　邓主任?你等着吧!人家放着厂长不干来干这?除非她有病。

如　海　就是,人家出国考察是弄啥呢?不就是为了发展人家的私营企业吗?人家弄这尻事哩。

〔几个群众哄笑。

〔巧丽急上。

巧　丽　哥,你真把人急死了,咱妈等着水做饭哩。

如　海　走走走,做饭、做饭。

〔群众起哄跟下。

小　赵　大家别走,大家别走听我说……

〔小赵看着走下的群众,心情烦躁而无奈。

老教授　(亲切地走到小赵身边)小赵主任。

小　赵　老教授。

老教授　群众的事,人多嘴杂,先别急。

小　赵　咱社区刚建立,千头万绪,你说让我……

老教授　邓主任她啥时候回来?

小　赵　听说是今天回来。

老教授　她有热情、有能力,你年轻有文化,只要你们团结协作好,我想咱社区的工作会干好的。

小　赵　可她出国考察,回来了干不干还不一定哩。

老教授　走,我帮你想办法,咱今天一定要让她走马上任。

〔小赵和老教授议论着下。

〔小倩兴高采烈地上,邓大姐和丈夫老张随上。

小　倩　(唱)　乘飞机跨越异国山川,

邓大姐　(唱)　赴欧洲去考察天外有天。

老　张　(唱)　学习先进经验,

邓大姐

老　张　(唱)　让咱厂经济效益再加番。

〔小赵上。

小　赵　(欣喜地)邓大姐,你们回来了?(转身向后招手)乡亲们,邓大姐回来了。

〔群众上,分别涌向邓、张、倩。

群　众　邓大姐,你可回来了……

温宝宝　邓大姐,我们早就盼着你回来……

群　众　老张,这趟出国考察收获不小吧……小倩,外国美不美?……

邓大姐　(不解地)小赵,这是咋回事?

小　　赵　大家静一静。邓大姐,这几年你勤劳致富过上了好日子,我们真心佩服,可现在乡亲们有了困难,不知你愿不愿意帮助?

邓大姐　瞧你搞得这热闹劲,我还当出了啥事呢?大伙儿有了困难我能不帮?

小　　赵　说话算数?(伸出巴掌)

邓大姐　(也伸出巴掌相击,紧握)板上钉钉,人格担保。

小　　赵　好,群众有眼力。邓大姐,就在你全家赴欧洲考察之际,乡亲们民主选举你为咱社区主任了。

邓大姐　选我当主任?

小　　赵　群众信任,领导批准,只等你表态了。

群　　众　我们相信你。

小　　赵　邓大姐,你看。

〔随着小赵招手,群众展开横幅:热烈欢迎社区邓主任。

邓大姐　(心潮澎湃地)

　　　　(唱)　见横幅不由我热泪上涌,
　　　　　　　千两金难换这信任之情。
　　　　　　　心激动我只想满口答应,

老　　张　(阻止地)小倩妈……

　　　　(唱)　得与失利与弊你要权衡。

小　　倩　(亦阻止地)妈妈……

〔邓父已暗上。

邓　　父　(出面解围)小赵主任……

邓大姐　小　张　爸。

小　　倩　爷爷。

邓　　父　小赵主任,你看他们刚刚回家,让他们喝口水歇一会,然后再说好不好。

小　　赵　大伯,群众的信任、领导的委托……

邓　　父　小赵,这么大的事,也得让我们商量商量吧。

邓大姐　小赵,那就……

小　赵		邓大姐。
	（唱）	我知道你的厂如日中天，
		离了你经营管理有困难。
		可是你抬眼看看———
群　众	（唱）	抬眼看看咱社区，
小　赵	（唱）	多少事———
群　众	（唱）	无人管丝绞麻缠。
		街巷垃圾堆如山，
		苍蝇遍地臭气熏天。
男群众	（唱）	下水堵塞没人捅。
女群众	（唱）	墙裂屋漏没人管，
男群众	（唱）	停水停电无人问，
女群众	（唱）	欠费三月收费难。
小　赵	（唱）	孩子秉烛写作业，
		老人吃水没人担。
		大家说你能耐大，
		才选你当这国家的末位官。
		千家万户把你选，
		希望你把这重任担。

老　张　谢谢大家，谢谢大家。俺小倩妈身体不太好，再说我们那个厂……

邓大姐　（制止地）老张。

老　张　咱爸不是让咱回去商量商量吗？咱回去再说。（推邓大姐下）

邓　父　对不起，对不起，请大家多包涵。（和小倩下）

如　海　（对新颖）伙计，咋样，人家会来收拾这烂摊子？

新　颖　人家生意那么红火，放下能挣的钱不挣，傻咧。

温宝宝　现在的人就是自私，别看平时说得多好，等到给大家出力办事的时候，一个个就像那缩头乌龟了。

小　赵　好了好了，这么大的事也应该让邓大姐一家商量商量嘛。大家都回去吧。

〔众人议论着下。

群　众　小赵主任,这欢迎的横幅咋办?

小　赵　先拿走。

〔一群众拖着横幅下。小赵无奈地下。

〔邓大姐冲上,欲呼小赵,又止。

邓大姐　(唱)　群众的期盼让我心动,
　　　　　　　　社情民怨是实情。
　　　　　　　　我真想顺民意即刻答应……

〔邓父匆匆上,老张、小倩随上。

邓　父　女儿。

邓大姐　爸。

邓　父　(唱)　莫冲动需冷静三思而行。
　　　　　　　　社情复杂矛盾大,
　　　　　　　　一碗清水难端平。

老　张　(唱)　管的是婆婆妈妈琐碎事,
　　　　　　　　干的是角角落落环境卫生。

邓　父　(唱)　你别看杂乱纷呈事虽小,
　　　　　　　　却系着大政方针国计民生。

老　张　(唱)　我怕你一步迈出难收回,
　　　　　　　　误大家亏小家落下骂名。

邓　父　(唱)　你的厂有今日关山重重,
　　　　　　　　经历了多少个苦雨凄风。

邓大姐　(唱)　忆往事就好像一场噩梦,
　　　　　　　　忆往事满腹苦阵阵心疼。
　　　　　　　　那一年工厂倒闭下了岗,
　　　　　　　　一时间天塌陷如履薄冰。
　　　　　　　　一日三餐囊中空,
　　　　　　　　日夜相守两袖风。
　　　　　　　　捡过破烂、摆过摊,
　　　　　　　　炸过油条、当过焊工,
　　　　　　　　凌晨不闻鸡叫起,

　　　　　　　　夜归已是满天星。
　　　　　　　　积小钱节衣缩食办起厂，
　　　　　　　　苦日子慢慢好转才挺起胸。
老　张（唱）　为帮你辞去厂长下了海，
　　　　　　　　搞设计跑营销夫随妻行。
　　　　　　　　守信誉重质量产品出省，
　　　　　　　　才换来朝霞满天日当空。
小　倩　妈。
　　　（唱）　不能够再为学费遭白眼，
　　　　　　　　不能够再遇病灾求人情。
　　　　　　　　不能够好了疮疤忘了痛，
　　　　　　　　不能够为了别人咱受穷。
邓大姐（唱）　他三人苦相劝语轻言重，
　　　　　　　　乡情亲情左右难无所适从。
　　　　　　　　事至此究竟该怎样决定？
老　张（唱）　甭犯傻甭头痛孰轻孰重你要分清。
　　　〔幕后传来嘈杂的喊声：揍他，揍他，揍这小子。
　　　〔新颖拽住贺老板领口上，群众随上。
贺老板　新颖大兄弟，有话好讲，有话好讲。
新　颖　没啥话好讲，你跟我去好好看看你盖的楼，下水道一开始就堵塞不畅，找你多少次你就是躲着不见，今天好容易逮住，你说咋办？
贺老板　这还不好办？我马上叫人疏通不就行了。你松开手，我马上打电话叫人来。
新　颖　（松开）好，你打，你马上就打。
贺老板　（打手机）喂，朱科长吗？你马上带十几个弟兄过来，把家具都带上，我这儿有急事。对，对，快来。
温宝宝　光用竹皮捅两下不行，得彻底检查下水道。
群　众　对，捅了还堵，得彻底检查。
温宝宝　还有变压器问题，电容小、负荷低，得增容更换变压器。

群　　众　（七嘴八舌地）我家墙皮都掉完咧,得给我修……我家门框变了形,你得给换……我家窗子都关不严,你看咋办……

贺老板　干啥干啥?得寸进尺,成了没王的蜂咧。都住两年了,想讹人呀?告诉你们,这是经济适用房,成本高,售价低,我还嫌吃亏哩,想住好房,买花园别墅去。

温宝宝　咋,你想耍赖?

贺老板　我可没耍赖,我盖楼有预算,设计有方案,领导签过字,验收有清单,空口白牙说了不算,现如今可是法制社会有法院。

新　　颖　这么说你是不管了?

贺老板　管可以,得有个说法,现在是市场经济,总不能白管吧?叫你们社区领导出来跟我面谈。

新　　颖　那你刚才打电话干啥?

贺老板　电话是打给我们保卫科的,你们聚众闹事,我们的保安马上就到。

新　　颖　你敢耍老子?今天我非揍你小子不成?（欲打）
〔一部分群众拉新颖,一部分人喊打。
〔小赵急跑上。

邓、赵　新颖,不要打人!

邓大姐　同志们,请大家冷静,不要胡来。贺老板,我来和你面谈可以吧?

老　　张　（阻止地）小倩妈……

贺老板　你,你是谁?

邓大姐　我是大家民主选举、上级任命的社区主任。

小　　赵　（激动地）邓大姐!

群　　众　（欣喜地）邓主任!
〔贺老板在群众和邓大姐说话时窜下。

温宝宝　新颖,那小子跑了。

群　　众　抓住他……揍他……甭让他跑了……

邓大姐　（制止地）新颖。同志们,他跑了和尚跑不了庙,跑

新　　颖	那这事就算完了？
邓大姐	这楼咱们住了两年了，群众一直反映，但为什么一直没有解决，问题不知出在哪？等我和小赵主任找有关部门咨询一下，由我们社区出面解决。
群　　众	好！

〔物业管理员上。

物管员	（对邓大姐）你就是新上任的社区邓主任？
邓大姐	对，你是……
物管员	我是物业办的小曹。咱们这个小区停水停电已经好多天了，群众很有意见，可水电费欠得太多收不上来，我们也没有办法，请邓主任……
邓大姐	一共欠了多少？
物管员	水电费总计欠费贰万玖仟捌佰捌拾捌块陆毛整。
邓大姐	小曹，停水停电给群众生活带来诸多不便，你看是不是先送水送电？
物管员	可这钱？
邓大姐	我先垫上，一会就去给你交钱。
物管员	你一交钱，我立即给水司、供电局通知送水送电。
邓大姐	好，一言为定。
物管员	一言为定。
群　　众	（一些人慨叹、一些人唏嘘、一些人惭愧，但共同发出一个声音）邓大姐……

〔切光。

〔合唱：小巷长啊小巷深，
　　　　小巷里住着寻常人。
　　　　油盐柴米酱醋茶，
　　　　衣食住行牵动万人心。
　　　　大树生长靠树根，
　　　　花繁叶茂雨露恩。
　　　　小巷里芸芸众生望北京，

它需要铺路架桥的连心人。

第二场

〔居民小区,乱搭乱建,垃圾成堆,道路不畅。
〔幕启:合唱声中,邓主任带领群众车推肩挑清运垃圾。舞台一角,如海、新颖、智余在玩"挖坑"赌钱。
〔合唱:齐上阵,同心干,
　　　　清除垃圾战犹酣。
　　　　欢声笑语沧桑变,
　　　　定让社区换新颜。(众舞下)
〔邓主任、小赵分上。

小　赵　邓大姐,那边的垃圾用汽车全部拉走了,群众正在清理环境。

邓主任　好,等清理完毕后,我们在那儿栽花种树、装上彩灯,为社区建一个群众健身锻炼、休憩、游玩的花园。

小　赵　(激动地)邓大姐,咱们想到一块去了……(犹豫地)可钱呢?

邓主任　我估计了一下,大约要五万左右,我先垫上。

小　赵　可咱社区拿啥还呀?不能再叫你掏钱。

邓主任　(玩笑地)无息贷款,还贷不计时间,这行了吧?

小　赵　要不是居民乱搭乱建阻塞了交通,汽车开进来早就拉光了。

邓主任　对。这就是咱们下一步要干的工作。它可不像清理垃圾花钱雇几辆汽车,动员些群众帮着装一下,这个工作阻力可大得很呢。好了,回头我们再仔细商量一下,我去那边看看。(下)

小　赵　邓大姐,你的腰不好,要注意身体……
　　　　(看着走去的邓主任,无限感慨地)

(唱)　　实佩服邓大姐说到做到，
　　　　水电费三万元自掏腰包。
　　　　小区内别黑暗明灯高照，
　　　　居民们再不用为水煎熬。
　　　　美化社区建广场，
　　　　五万元又由她垫资先交。
　　　　现如今———
　　　　有些人挥霍财富充阔佬，
　　　　有些人贪污公款装腰包。
　　　　邓大姐富而思源不忘本，
　　　　用爱心支配财富品格高。
　　　　我和她协作配合志同道，
　　　　真佩服群众选举眼头高。

〔温宝宝提着大包小包的垃圾窃上，突然发现小赵，急将垃圾扔掉欲下。

小　赵　温宝宝！
温宝宝　（尴尬地）哦，小赵妹子。
小　赵　你扔的这是啥？
温宝宝　（讪笑地）嗨嗨，没啥。
小　赵　这全是垃圾还说没啥。你也好意思，大家肩扛车拉正在清理，你不来帮忙还往这儿偷扔，也太不像话了。
温宝宝　我上有老下有小，几张嘴等着吃饭，老的病恹恹还要我伺候，实在抽不开身来帮忙。
小　赵　对了吧，听说你昨天打你婆子了。
温宝宝　这是哪个没肝没肺的瘸腿瞎驴，又在背后说我的坏话哩！
〔打牌的三人已停止打牌。
新　颖　还用别人说，我亲眼所见。
智　余　（哑语）对，对，我也看见了。
新　颖　你不给你婆子吃饭，你婆子饿得不行，拿了两个馍，

　　　　你就说她是贼,又拽又打,把你婆子的头发都拽掉这么大一撮。

温宝宝　大妹子,你可别听这些闲皮给你胡说。

新　颖　你骂谁是闲皮?

如　海　跟这些女人嚷啥呢。挖坑挖坑。

小　赵　不怪新颖说你,好多群众都反映了,我正准备找你哩。

温宝宝　找我能咋?哼,狗逮老鼠多管闲事。(欲下)

小　赵　回来,把你的垃圾提走。

温宝宝　提走就提走。(提垃圾下)

〔智余欲走。

如　海　别走,输了就想溜呀。

智　余　(哑语)我已输光了,没钱。

新　颖　他输光了,没钱。

如　海　掏钱掏钱,不清账我揍你小子。

智　余　(哑语)对不起,以后有钱一定还。

新　颖　他说以后有钱一定还。

如　海　以后还?看你小子这穷酸劲,我等到猴年马月去呀?(抓住智余)给不给?

小　赵　住手。大家黑水汗流地在清运垃圾,你们倒好,躲在这赌博。

智　余　(哑语)是他硬拉我来的。

新　颖　对,是他硬拉我们来的。

小　赵　拉?你们不会不来。

如　海　妈的,霉气。(欲走)

小　赵　别走。你们睁眼看看,过去咱们社区脏乱差,缺水断电无人管,现在邓主任自掏腰包,解决了咱们的困难,你们也应该讲点良心吧!

如　海　良心?良心早在三年自然灾害时让狗吃了。

新　颖　为人不当官,当官都一般,眼下掏腰包垫钱,哼,种芝麻收西瓜。

如　海　　人家是干啥的？私营企业老板，做生意的，没利可图给弄这事呢？

小　赵　　你们简直是冤枉好人！

如　海　　好人？好人早在"文革"时死光了。

小　赵　　你……

如　海　　我咋？闪远闪远，甭在这督乱。不看你是个女人，嗯……（抬手欲打）

小　赵　　咋，你还敢动手打人？

如　海　　嗯———我权当练手呢！

　　　　　〔新颖和智余拉如海，梁大妈急上。

梁大妈　　如海，你个孽种，又在给我捅乱子，敢跟干部吵架？

如　海　　干部？红皮白萝卜，我见得多了！凭几个婆娘还想管我呢？

梁大妈　　赵主任，对不起对不起。如海这孩子打小没爹缺家教，我的小祖宗，你给我回去！

如　海　　我不回，看她能把我咋？闪远！（将劝他的智余一把推倒在地）

小　赵　　（见状气极）梁如海！你劳改刚释放，我劝你老实点。

新　颖　　哎，赵主任，劳改犯咋咧？劳改犯不是人嘛？

如　海　　劳改犯咋咧？劳改犯也没亏你先人么！今天不给你点厉害你还不知道马王爷是三只眼！（欲打小赵，智余急挡，被如海推倒在地）

梁大妈　　（急拉）如海！如海！（如海还欲前扑）

小　赵　　梁如海！你敢动一下，我就打110报警。

　　　　　〔邓主任上。

如　海　　报警？我今天先废了你！（拿起铁锨向小赵砸去，被邓主任架住）

邓主任　　这是怎么了？剑拔弩张的，拉开架势唱戏呀？

小　赵　　邓大姐……（欲诉说，被邓制止）

邓主任　　（幽默地）一只小母鸡勇斗三只大公鸡，有胆量。

梁大妈　　邓主任,对不起对不起。小祖宗,你还不给我滚回去。

如　海　　咱走着瞧!咱走着瞧……

〔梁大妈连推带搡地将如海拉下。新颖欲拉智余下。

邓主任　　新颖,你等等。新颖……

新　颖　　邓主任,今天这事可跟我没关系。

智　余　　(哑语)对,对,是如海惹的事不怨他。

邓主任　　新颖,你看咱小区摩托车、自行车、三轮车到处乱停乱放,既影响市容交通,又不时被人偷盗,我想建个车棚集中管理,这工作不知你愿不愿干?

新　颖　　(难以置信地)我?

邓主任　　对,就是你。

新　颖　　(难于启齿地)可我……我……

邓主任　　我知道你曾经进过监狱。

新　颖　　唉!(羞愧地欲走)

邓主任　　大兄弟。

（唱）　人在世谁无有五彩美梦?
　　　　谁不愿有一个美好的前程?
　　　　但莫忘人生路上坎坷多,
　　　　且莫要自掘陷阱掉深坑。
　　　　你虽然做过错事判过刑,
　　　　希望你总结教训挺起胸。
　　　　兄弟啊———
　　　　天上不会掉馅饼,
　　　　生财有道无捷径。
　　　　沉舟侧畔千帆过,
　　　　病树前头万木春。
　　　　自暴自弃是绝路,
　　　　发奋图强重铸美好人生。

〔幕内女声独唱:惊雷响,天地动。

　　　　　　　愧对大姐一片情。

新　　颖　（激动地）邓大姐———

　　　　　（唱）　自判刑便被人百般唾弃，
　　　　　　　　　受尽了人世间眉高眼低。
　　　　　　　　　找人说话无人理，
　　　　　　　　　想找工作被人疑。
　　　　　　　　　想死没勇气，
　　　　　　　　　活着被人欺。
　　　　　　　　　醉生梦死瞎胡混，
　　　　　　　　　打架骂人把烟吸。
　　　　　　　　　今日大姐一席话，
　　　　　　　　　心扉敞开迎春雨。
　　　　　　　　　誓将社区当成家，
　　　　　　　　　尽职尽责尽心力。
　　　　　　　　　今后再做亏心事，
　　　　　　　　　五黄六月被雷击。

　　　　　邓大姐，你就看我的行动吧！赵主任，刚才是我不对，我向你认错。

小　　赵　新颖，刚才我说话伤了你，我向你道歉。

智　　余　啊，啊……（不高兴地哑语）我有意见，我对你有意见，光管他，为啥不管我？

新　　颖　（对疑惑不解的邓解释）邓大姐，智余他会修车配钥匙。

邓大姐　好，就在车棚外给你盖一间修理部，专门修车配钥匙好不好？

智　　余　（高兴地哑语）好，好，太好了。

新　　颖　太好了，太好了。智余，我看车棚你修车、配钥匙，咱俩还能互相照应搭个伴。

邓大姐
小　　赵　（质疑地互视）智余咋又不高兴了？

智　　余　（哑语）我没有资金，办不起修理部。

新　　颖　他说他没资金，办不起修理部。

邓主任　资金你不用管,设备我给你置,你就等着开张吧。
智　余　(哑语)可这钱我啥时候才能还你呢?
新　颖　他说他啥时候才能还完你的钱。
邓大姐　不用还,这是大姐支持你创业的一点心意。
新　颖　智余,还不谢谢邓大姐。
智　余　(哑语)邓大姐,你是个大好人、好干部、活菩萨……
　　　　(欲跪)
邓主任　(急阻)智余!
　　〔小倩跑上。
小　倩　(急切地)妈——妈,我爷他,他……
邓主任　小倩,别急,慢慢说。
小　倩　我爷他,他的心脏病又犯了。
邓主任　你爷他现在在哪儿?
小　倩　我爸已经把我爷送医院了。
小　赵　邓大姐,你赶快去看看吧。
邓主任　那这里的事?
小　赵　这里有我,你就放心吧。
邓主任　那好。我去医院,你多操点心。
新　颖　邓大姐,我跟你一块去吧。
智　余　(哑语)我也去。
邓主任　不用了,谢谢你们。小倩,快走。
　　〔合唱:小巷长啊小巷深,
　　　　　小巷里住着寻常人。
　　　　　油盐柴米酱醋茶,
　　　　　衣食住行牵动万人心。
　　　　　大树生长靠树根,
　　　　　花繁叶茂雨露恩。
　　　　　小巷里芸芸众生望北京,
　　　　　它需要铺路架桥的连心人。

第三场

〔梁大妈家,清贫简洁。
〔幕启:梁大妈提菜篮上。

梁大妈 （叹气）唉———

（唱） 我的家原也是和好美满,
谁人见谁人夸谁都眼馋。
娃他爸手艺好精明强干,
生一双儿和女膝前承欢。
实可叹老头子早把命断,
如海他不学好染上大烟。
越是抽越是穷越走越远,
又是偷又是骗被判坐监。
刑满后待在家无有事干,
整日里在街巷招惹事端。
女儿她又下岗愁眉难展,
我好比沧海行舟浪打翻。

〔巧丽内上。

巧　丽　妈,你又去捡菜叶子去了?
梁大妈　唉。
巧　丽　妈,你就让我去找找邓大姐吧。
梁大妈　唉,你真傻。人常说:"穷在闹市无人问,富在深山有远亲。"咱家目前这光景谁管得起？加上你哥把干部得罪完了,人家邓主任能理咱?
巧　丽　妈,邓主任一上任就为群众做了那么多好事,不像那种一辈子当官十辈子挨砖的人,你就让我去找找吧。
梁大妈　娃呀,官场上那渠渠道道深得很。做些面面上的事轰轰烈烈,既能显示功绩,又能笼络人心,上头满意下面高兴谁不愿做？人家给咱办事倒能图个啥？更何况你哥……唉！恐怕咱还是人家政府的监控对象呢！

巧　丽　我听人说,邓大姐她人好心好,谁家越穷她越帮,啥事越难她越办。

梁大妈　真像人家说得那样,咋没见她登过咱家门。(把菜篮交给巧丽)做饭去吧。

巧　丽　就这青菜叶子下面条,我哥他肯定不吃。

梁大妈　唉,他只要有钱,哪儿好叫他到哪儿吃去。走,做饭去。

〔母女二人下。

〔邓主任、小赵、司机小李分别提粮油食品上。

邓主任　小李,你先坐在车里等着,我和赵主任进去就行了。

小　李　你们可要快点,张厂长还让我去进货呢。(将东西交给小赵)

邓主任　好,我们尽量抓紧时间。

〔小李下,邓主任敲门。巧丽上。

巧　丽　谁呀?(开门,惊喜地)邓大姐,赵主任,快进屋。

小　赵　巧丽,你也太不够意思了。见了邓主任叫大姐,那么亲热。见了我小赵叫主任,你不是嚷我哩吗。

巧　丽　好好好,赵姐。

小　赵　(大声地答应)哎! 这还差不多。

巧　丽　妈,邓大姐和赵姐来了。

〔梁大妈慌忙上。

梁大妈　哟,二位主任来啦!

邓主任　大妈,我们来晚啦。

梁大妈　不晚不晚,(手忙脚乱地用袖子擦椅子)来,来,快坐下快坐下。巧丽,倒茶。

邓主任　不用。(偎坐在大妈身旁)大妈,本应该早来的,因为有些事没办完就来迟了。

梁大妈　社区的事多,能来就不错了。

小　赵　是邓主任为了给你在区上办最低生活标准补助证,拖了几天。今天一办好就给你送来了。(递证)

梁大妈　(激动地看着证)最低生活标准补助证……

邓主任　今后你老人家每月可以从政府领一笔生活补助费，这可是赵主任亲自替你申请办来的。

梁大妈　谢谢,谢谢二位主任。

小　赵　我起初根本不知道你家的情况,是邓主任专门安排我去办的,要谢还得谢邓主任。

梁大妈　（感动地）邓主任,好闺女！

（唱）　街坊们说你好我却不信，
　　　　今才知你是百姓知心人。
　　　　我一家就如同路边小草，
　　　　你就像春风雨润暖人心。

邓大姐　大妈,你再这么说我就不好意思了。（手机响,接听）喂……啥,工厂有急事？你等等。大妈,我先接个电话。（对手机）你说,你说,……（接着电话下）

梁大妈　（唱）　你看她里里外外忙不停，
　　　　　　　日夜操劳为百姓。

巧　丽　（唱）　谁家的孩子上学有困难，
　　　　　　　谁家的老人要出殡；
　　　　　　　谁家有人下了岗，
　　　　　　　谁家两口闹离婚；
　　　　　　　她的心里有本账，
　　　　　　　群众的苦乐记在心。

梁大妈　（唱）　她为啥和有些干部不一样？
　　　　　　　她为啥和咱群众最贴心？

小　赵　（唱）　因为她心里装着党，
　　　　　　　装着情，
　　　　　　　装着爱，
　　　　　　　心里装着老百姓。
　　　　　　　时时关心群众苦，
　　　　　　　处处倾听群众呼声。
〔邓主任接完电话复上。

梁大妈　（唱）　你为大家办实事，

　　　　　　秉公无私心赤诚。
　　　　　　过去我只看缺点理不明，
　　　　　　干部中还有你这样的实心人。
邓主任　　大妈！
（唱）　　你的话让我惭愧让我惊，
　　　　　　共产党的干部当然应该为人民。
　　　　　　这表扬是批评让我心痛，
　　　　　　当不好那是缺乏责任和认真。
　　　　　　从今后有事你就找社区，
　　　　　　我一定当好人民的好后勤。
小　赵　　大妈，今后有啥困难就找我们。
梁大妈　　一定一定，我相信政府，相信社区干部……
小　赵　　哟，大妈，你这屋里哪来的水呀？
梁大妈　　巧丽，你陪着二位大姐说话，我到后面看看去。
　　　　　　（下）
邓主任　　巧丽，找工作有希望了吗？
巧　丽　　还没有。
邓主任　　要不然这样吧，你要不嫌脏累，就先到大姐那厂干吧。
巧　丽　　（惊喜地）太好了。（拥住邓）邓大姐，你真好。
邓主任　　（亲昵地）大姐也是下过岗的人，知道你的心，也知道你家的难处。你别急，慢慢来，有党的政策，有政府的帮助，凭着你的文化水平和智力，将来一定比大姐我干得好。
　　　　　　〔幕后传来梁大妈"哎哟"一声惨叫。
邓主任　　大妈出事了，快去看看。
　　　　　　〔三人急下。稍刻，邓主任、小赵复上。
邓主任　　你快把小李叫来。等等，看来大妈的腿可能骨折，你借张钢丝床。
小　赵　　知道了。（急下）
　　　　　　〔小李上。小赵领新颖、智余带着钢丝床上，跑进内室下。

小　李　邓大姐……
邓主任　小李,快把你身上带的五千块钱给我。
小　李　这可是张厂长让我进货的钱。(犹豫地掏出钱)
邓主任　(抓过钱)我知道,你马上开车将梁大妈送往骨科医院。
小　李　这不行。张厂长一再交代,你这儿的事办完就叫我马上去进货,然后还要给咸阳机场送货。
邓主任　是进货送货重要,还是治病救人重要?快去把车头调过来!
小　李　(无奈地欲下,又回头)那你给张厂长打个电话。
邓主任　我一会打,快去。
〔小李犹豫地下。
〔新颖、智余用铺着被子的钢丝床抬着梁大妈上。巧丽、小赵随上。
梁大妈　(在钢丝床上喊着)我不去医院,我不去医院。邓主任你让他们把我放下,我不去医院。
邓主任　大妈,你别说了,今天非去医院不可。
梁大妈　年纪大了,摔一跤扭伤了筋骨,搽点烧酒躺两天就好了,快叫他们把我放下。
小　赵　(悄声地对邓)大妈肯定是拿不出医疗费。
邓主任　(恍然,急从兜里拿出钱)哎呀,我咋给忘了。大妈,这是五千块钱你先拿着去交住院费。
梁大妈　不要,不要。
邓主任　(把钱交给小赵)小赵,你陪大妈一块去。
梁大妈　赵主任,你可别接邓主任的钱。
邓主任　(安抚地)大妈,你得是对娃有意见?
梁大妈　(真诚地)还有意见,我感谢都来不及呢!
邓主任　(宽慰地)大妈,等你出院了,就给娃包顿羊肉饺子吃吧。(对小赵和新颖、智余)快抬走。
〔如海上。

如　海　妈,你这是咋咧?

邓主任　快送医院。

〔众人欲下。

如　海　慢着!巧丽,咱妈这到底是咋咧?

巧　丽　(生气地)咋咧?昨天就让你捅下水道你不捅,今天又堵了,咱妈去捅就给摔倒了。

邓主任　快送医院。

〔众人抬梁大妈下。

如　海　姓邓的,你别走!

巧　丽　哥,这倒和邓主任有啥关系呢?

如　海　这儿没你的事,给我滚!

邓主任　巧丽,咱们快去医院。(欲和巧丽下)

如　海　姓邓的,你给我站住!

〔邓主任无奈推巧丽下。

如　海　你只知道当官,你看看这楼!

　　　　(唱)　你常说要为群众办实事,
　　　　　　　如今是问题成堆无人提。
　　　　　　　官商勾结把民欺,
　　　　　　　质量低劣四处藏危机。
　　　　　　　门框变形难开启,
　　　　　　　墙面开裂掉泥皮。
　　　　　　　下水堵塞污水流,
　　　　　　　电线短路负荷低。
　　　　　　　常年反映无人理,
　　　　　　　官商推诿尽扯皮。
　　　　　　　今日摔了我的娘,
　　　　　　　你说这责任算谁的?
　　　　　　　你爱当官爱管事,
　　　　　　　请你先解决这问题。

邓主任　如海……

如　海　哼!(生气地下)

邓主任　（唱）　他态度蛮横令人气，
　　　　　　　　愤怒之言有道理。
　　　　　　　　严重腐败失民意，
　　　　　　　　官商勾结把民欺。
　　　　　　　　用真诚化解他胸中怨气，
　　　　　　　　解民忧安民心何惧委屈。
　　　　〔如海拿着捅下水道的长竹皮和铁钩铁棍等上，"嗵"地扔在地上，把刚上场的小倩吓了一跳。
如　海　给，这是捅下水道的工具，你看着办吧！
邓主任　如海，你帮着大姐，咱们一起捅。
如　海　我没空！今天你不给我捅开，我跟你没完！（下）
小　倩　妈。
邓主任　小倩，你来干啥？
小　倩　我爸说厂里有急事，刚才给你打电话，你咋还不回去？
邓主任　有事你爸自己可以解决嘛。这下水道不捅开，你梁奶奶家可要唱《水淹泗州》了。
小　倩　你看我如海叔那态度，我才不给他捅呢！
邓主任　（边挽衣袖拿工具边说）态度不好，意见是对的。看来这堵塞还不在家里，走，跟妈到外边去看看。
小　倩　我才不干呢。
邓主任　你不去？妈要跳到污水井里清淤，你就不怕妈出事？
小　倩　妈，你……
邓主任　走！
　　　　〔合唱：小巷长啊小巷深，
　　　　　　　　小巷里住着寻常人。
　　　　　　　　油盐柴米酱醋茶，
　　　　　　　　衣食住行牵动万人心。
　　　　　　　　大树生长靠树根，
　　　　　　　　花繁叶茂雨露恩。
　　　　　　　　小巷里芸芸众生望北京，

它需要铺路架桥的连心人。

第四场

〔邓家客厅,装潢陈旧,东西凌乱。

〔幕启,老张生气地在接电话。

老　张　什么?又退货了。唉!

（唱）　胸中憋闷气不畅,

　　　　两眼冒火气断肠。

　　　　调车用钱不商量,

　　　　经济损失厂遭殃。

　　　　急需的材料没拉回,

　　　　预订的产品被退光。

　　　　回家与她把理讲,

　　　　劝她击鼓快退堂。

〔心急口干,拿起暖水瓶没水,点火抽闷烟。

〔邓主任和小倩上。

小　倩　爸,我妈回来了。

老　张　(生气地讥讽)你还知道回家呀?得是把门给走错了。

邓主任　(脱掉脏衣递给小倩)小倩,看来你爸今日火气还不小啊。

〔小倩接衣下。

老　张　(燥气地)火气不小?咱爹有病你不管,孩子上学你不管,家里的事情你不管,厂里的事情你也不管,你还要这个家吗?

邓主任　你知道我忙,多管点不行吗?

老　张　我没有三头六臂,我要都能管,还要你这女人熬着吃呀!

邓主任　别生气,过两天忙完了我就回厂里帮你。

老　张　过两天?就是现在回厂也迟了!那批货都让人家退了,你回来还顶个屁用?!

邓主任　(吃惊地)货退了?你整天守在厂里竟然让人家把货退了?嗯,你能有啥用?

老　张　(气极)我没用,你有用?我让小李去买材料你把钱用了,我叫小李去送货你把车扣了,人家订的货不能按时做,到期的货不能给人家按时送,你是他爹呀还是他妈,人家听你的?

邓主任　你说话能不能文明点?梁大妈摔成骨折,不赶快送医院能行吗?

老　张　我文明个屁!咱爸有病住院你不管,我有病好与不好你不问,你今天一个梁大妈,明天一个梁大爹,你把这屋里谁还当人看?我看这日子是没法过了。
　　　　(气极将茶杯摔于地上)
　　　　〔小倩上,惊。

邓主任　我跟你过了十几年,今天才知道你这么没水平。你会摔我就不会摔吗?(举起热水瓶欲摔)

小　倩　妈!(夺过热水瓶)

老　张　你摔,你摔,你要不摔咱今天就离婚!

邓主任　你吓唬谁?离就离!(夺过热水瓶"砰"地摔在地上,欲下)

小　倩　(痛苦地大呼)妈———你真的忍心走啊?你不知道我爸脑溢血刚出院吗?你看我爸都瘦成啥样了,你难道忍心累死他吗?
　　　　〔邓主任搂住女儿掉下了伤心的眼泪。

小　倩　爸,你也该体谅体谅我妈,她当这个主任容易吗?刚才她还挨着骂受着气跳到污水井里去捅下水道,她脚上一脚屎,身上一身泥,脸上溅污水,两手擦破皮,难道你都不心疼吗?

老　张　(余怒未息地)那是她自找的!放着钱不挣,放着轻松日子不过,我不知道她图了个啥?一个月三百块钱补贴,可她光手机费每月就得一千多。不算借的、垫的,光在厂里用车、用人、加工干活、明送的暗花的就是几万,几万哪!我能不心疼?可你妈她心疼吗?
(过于激动、头昏跌坐椅中)

邓主任　（唱）　一番话说得我思绪如麻,
　　　　　　　　看着他日消瘦心似刀扎。
　　　　　　　　十多年相扶相依度日月,
　　　　　　　　同甘苦相濡以沫两鬓花。
　　　　　　　　十多年从未高声说过话,
　　　　　　　　更无有怒目相向弩张剑拔。
　　　　　　　　自从我当了这社区主任,
　　　　　　　　厂里事家务活全推给他。
　　　　　　　　扪心问,
　　　　　　　　扪心问……
　　　　　　　　愧疚难当我有差,
　　　　　　　　不应该只顾工作不顾他。
　　　　　　　　老张啊———
　　　　　　　　原谅我急躁任性脾气大,
　　　　　　　　也劝你冷静三思别把火发。
　　　　　　　　老张啊———
　　　　　　　　我的好当家。
　　　　　　　　咱们挣钱为了啥?
　　　　　　　　挣钱就是为了花。
　　　　　　　　哪个人不是光着身子来世上,
　　　　　　　　临走时浑身衣服还要烧掉它。
　　　　　　　　争来争去啥也带不走,
　　　　　　　　何必要私欲太重自戴枷?
〔小倩在对唱中下。

老　张　（唱）　为了别人忘自家,
　　　　　　　　忙死忙活你图啥?

邓主任 （唱） 图的是贫富差距别拉大，
　　　　　　　为党分忧甘愿走千家。
老　张 （唱） 下岗人多困难大，
　　　　　　　看你能够帮几家？
邓主任 （唱） 能帮一个是一个，
　　　　　　　能帮一家算一家。
老　张 （唱） 你若还要这个家，
　　　　　　　趁早退堂卸乌纱。
邓主任 （唱） 你忘了入党宣誓说的话，
老　张 （唱） 你休用大帽子将我来压。
邓主任 （唱） 你真是盲人骑瞎马，
老　张 （唱） 你执迷不悟难自拔。
邓主任 （唱） 想不到咱们分歧这么大，
老　张 （唱） 想不通你就离开家。
　　　　〔小倩引邓父上。
小　倩　爸、妈，我爷从医院回来了。
老　张　爸。
邓主任　爸。（小声地）小倩，你咋把你爷从医院叫来了？
邓　父　本事大得很嘛！杯子砸了，热水瓶也摔了……
邓、张　爸……
邓　父　你们也太不像话了！
　　（唱） 十几年同甘苦忧患与共，
　　　　　十几年经风雨浪里同行。
　　　　　锅碗瓢碰一碰难免有声，
　　　　　且莫要为事业伤了感情。
　　　　　你看看咱社区杂事纷呈，
　　　　　多少事需要她身体力行。
　　　　　当干部就应该肩膀挺硬，
　　　　　当干部就应该不图虚名，
　　　　　为梁家排水跳进污水井，
　　　　　我听说老泪纵横也心痛。

		我的女你的妻如此勤政，
		难道说你和我不觉光荣？
老　张	（唱）	老泰山一席话让我觉醒，
		我不该提离婚让她心痛。
		这个家曾经风雨靠她撑，
		办工厂岁月峥嵘她头功。
		生意场亏与盈经常发生，
		都怪我安排差不善变通。
		小倩妈原谅我过于冲动，
		一时气出言不逊伤感情。
邓主任	（唱）	也怪我遭遇危急不冷静，
		忙乱中少沟通对你不敬。
邓、张	（唱）	从今后咱夫妻休戚与共，
		为民办事为党争荣携手同行。
小　倩	（念）	搬山填平分水岭，
		还是爷爷有水平。
		〔众笑。突然传来敲门声。
小　倩		谁呀？
		〔幕后如海声："是我，梁如海。"
小　倩		（惊惧地）妈，是如海叔……
邓主任		别怕，让他进来。
老　张		去，开门。
		〔小倩开门，如海上。
如　海		（憨直二愣地）邓主任……
		〔小倩急忙护住母亲。
老　张		如海，你不要胡来！
		〔小赵急上，见状立于门前。
如　海		我是头猪，我是只狗，我糊涂，我胡咬，我向你赔罪来了。（声泪俱下，跪在邓主任面前）
邓主任		（急扶如海）大兄弟，快起来，有话慢慢说。
小　赵		邓大姐，如海他偷偷地看着你跳进污水井，为他家疏

|||通了下水道,还到医院看了他妈,如今他啥都明白了。

如　海　邓大姐,我服了你了。共产党有你这样的好干部,咱社区还有啥干不了的事。

邓主任　大兄弟,社区的事是大家的事,光靠大姐和赵主任几个干部是不行的。我想在咱社区成立一个青年志愿者服务队,让更多的人参与,把咱社区的事做好。

如　海　太好了。邓大姐,那青年志愿者服务队我能参加吗?

邓主任　你不但能参加,还准备让你当志愿者服务队的队长呢。

如　海　邓大姐,你不要开玩笑了,我,我还能当队长?就我这犯过法坐过牢、又臭又硬的茅坑石头谁能服我?

邓主任　不要那么说,大兄弟,你能知错认罪,戒掉毒瘾,证明你有坚毅的自控能力,这是非常难能可贵的。你的坏脾气一旦找到正确的人生目标,就会变成一种不服输、干好各项工作的顽强骨气。

邓　父　浪子回头金不换,知错能改乃好汉嘛。

邓主任　我和赵主任早就商量过了,由她担任青年志愿者服务队的正队长,你就是副队长。是不是小赵?

小　赵　是真的。(握住如海的手)梁如海同志,咱们俩一起干吧!

如　海　(泪流满面地扑向邓主任)邓大姐——

　　〔合唱:哎嗨嗨——
　　　　　小巷长啊小巷深,
　　　　　小巷里住着寻常人。
　　　　　油盐柴米酱醋茶,
　　　　　衣食住行牵动万人心。
　　　　　大树生长靠树根,
　　　　　花繁叶茂雨露恩。
　　　　　小巷里芸芸众生望北京,
　　　　　它需要铺路架桥的连心人。

第五场

〔邓主任家临街搭建的厨房兼餐厅,虽然简易,但炉台、水池、墙面均是瓷砖装砌,煤气灶、油烟机已拆除,灶台和餐桌上凌乱堆放着几件杂物。
〔幕启:小赵带头,邓父、小倩、新颖、如海、智余、巧丽、小李、教授、艺术家等手提肩扛撬杠、铁锤、铁锨、铁镐等物随上。

小　赵　（唱）　社区环境要变化,
　　　　　　　　彻底消灭脏乱差。
　　　　　　　　违章建筑要拆除,
　　　　　　　　扒房队集结就出发。
新颖等　（唱）　我帮老弱康大爷,
如海等　（唱）　我帮孤寡田大妈。
小倩等　（唱）　我们负责收破烂,
小李等　（唱）　我们负责把杂物拉。
教授等　（唱）　我们帮助装卸车,
　　　　　　　　不用雇人把钱花。
众　　　（唱）　精神文明做贡献,
　　　　　　　　建社区美化咱的家。

〔邓主任腰系围裙头扎纱巾闻声上。

邓主任　哟,同志们都准备好啦?
众　　　准备好啦!
邓主任　好。咱们清除违章建筑是为了整顿市容,美化环境,建设精神文明。请大家多宣传、多解释,不要与人争吵。搬运家具要轻拿轻放,乡亲们置办点家当不容易。
如　海　请主任放心,我们一定耐心细致做好大家的工作。
众　　　对,请主任放心。

邓主任	哟！老教授、艺术家,这青年志愿志服务队也让你们披挂上阵了？
教　授 艺术家	社区就是咱的家,大家都应该出力嘛！
邓主任	你们可要注意身体呀！
教　授 艺术家	没关系。
小　赵	邓大姐,是不是留几个人帮你拆厨房？
邓主任	不用了,你大哥一会就回来。

〔部分群众下。

邓主任	新颖,你过来。
新　颖	邓大姐,啥事？
小　赵	（神秘地）好事。
邓主任	把你和巧丽分在一起,你知道啥意思吗？
新　颖	（不好意思地看看巧丽）我……
邓主任	增加接触,好好表现,放主动点。
智　余	（看看巧丽和新颖哑语）好啊,邓主任要给你们做媒呀！
新　颖	滚！
邓主任	智余说啥？
新　颖	他说你给我和巧丽做媒呢。

〔众笑。

智　余	（哑语）我不干,你为啥不给我找一个呢？
新　颖	他说你为啥不给他找一个。
小　赵	人家两个谈对象,你倒瞎掺和些啥？
邓主任	等大姐物色到合适的,一定给你介绍。

〔智余高兴。

新　颖	别傻高兴了。巧丽,咱们走。（与智余、巧丽同下）
小　赵	邓大姐,建社区办公楼的事上级已经批下来了,可这选点和经费咋办？
邓主任	经费上级答应给咱拨款。

小　赵　可啥时候才能到位呀?

〔邓父、小倩上。

邓主任　我和小倩他爸商量过了,先拿出七万。再发动群众垫一些,估计问题不大。

小　赵　可这选点就成了大问题了。

邓主任　是啊。咱们这儿现在是寸土寸金,况且还找不到一块可以盖楼的地方。不过有一个地方我看还是挺不错的。只是……算了,我还没想好。

小　赵　你说的这个地方在哪儿?

邓主任　你看咱巷口两栋楼之间的地方咋样?

小　赵　可那是街巷的通道啊!

邓主任　咱们能不能在下面打上钢架支撑,在上面建办公楼。

小　赵　空中楼阁?

邓　父　好主意,我看行。

邓主任　这事还得和两栋大厦的领导商量一下。另外,还得请专家论证论证。

小　赵　好,说干咱就干。

邓主任　把违章建筑这事搞完,咱就全力投入到盖办公楼的事上来。

小　赵　好,那我招呼干活去了。(下)

邓主任　爸,你刚出院,可要注意身体呀?

邓　父　我和小倩收破烂,这点活累不着。

小　倩　妈!我们把收购点设在新颖叔车子棚那儿。(展开手中的一张纸)你看,明码标价。

邓主任　好。妈再给你点钱。(掏钱)

小　倩　不用。你昨天已给了两千,不够我再来找你要。

邓主任　收入要记账,挣下的交给赵主任。

小　倩　明白。

邓　父　(关心地)你这厨房今天也拆?

邓主任　东西搬完了,马上拆。

邓　父　你这厨房虽说也属违章建筑,但这个地方是死角,况且城建部门也做了罚款,也算是合法了。

邓主任 爸,理虽是这个理,但咱这究竟也属违章建筑。如果咱们当干部的把自己捋不清,群众能服吗?

邓　父 嗯。可这房连盖带罚超过了两万,小倩他爸能没意见?

邓主任 没有。我们都说好了,他一会就从厂里回来帮我一块拆。

邓　父 那我就放心啦。小倩,吆喝起来。

小　倩 收破烂啦!有那废铜烂铁、酒瓶书报、破布烂衣、不用的破纸箱都拿来卖啦!

邓　父 (逗趣地和小倩一起喊)收破烂啦!

〔二人笑着下。邓主任高兴地转进厨房搬杂物下。

〔远处传来温宝宝和如海的吵闹声。

如　海 温宝宝,你讲理不讲理?

温宝宝 梁如海,是你不讲理还是我不讲理?你凭啥拆我的房子。

〔二人边吵边上,新颖、巧丽等随上。

如　海 你把话说清楚,我是在动员你拆,我可没动手拆。

温宝宝 你凭啥动员我拆?你算老几?

如　海 温宝宝,你嘴巴放干净点。

温宝宝 老娘今天没刷牙,嫌臭你滚远点。

如　海 你骂谁?

温宝宝 骂你,骂劳改犯不犯法。

如　海 你把我惹火了,小心我揍你。

温宝宝 给,你打你打,你不打不是你娘养的。

如　海 呸,老子豁出去了。

新　颖 (制止地)如海,别跟她一般见识,你是队长。

温宝宝 (讥讽地)劳改队长。

如　海 我看你是皮松了,今天我就给你紧紧皮。

新　颖 (劝阻地)如海。

巧　丽 温宝宝,清除违章建筑,美化环境是件好事,你不要蛮不讲理。
新　颖　左邻右舍都拆了,就你这一间堵住巷口不拆能行吗?
温宝宝　我不跟你们说,我找她姓邓的去。
〔邓主任由厨房上。
邓主任　温宝宝,啥事?
温宝宝　我还以为你装聋卖哑不敢出来呢。
邓主任　乡亲们,大家干活去吧。
巧　丽　(担心地)温宝宝可是个……
温宝宝　是个什么?是个泼妇是不是?我吃不了她姓邓的。
邓主任　大家去吧。
〔如海、新颖、巧丽等下。
邓主任　温宝宝消消气,有啥话你慢慢说。
温宝宝　姓邓的!
（唱）你莫要猫哭老鼠假良善,
　　　缺德事莫过于倒灶拆椽。
　　　如今你又扒房子又推墙,
　　　简直是花花肠子瞎心肝。
邓主任　大妹子!
（唱）穿西服戴个草帽圈,
　　　你说让人多难堪。
　　　大楼下面搭茅庵,
　　　影响市容不美观。
温宝宝（唱）美不美观我不管,
　　　难堪与我何相干。
　　　我家房小不够住,
　　　想要拆除难上难。
邓主任（唱）城市正在大发展,
　　　住房困难会改观。
　　　不经规划乱搭建,
　　　社会将成啥局面。
　　　人行路不畅,

		车行不够宽。
		万一出火情，
		人员不安全。
温宝宝	（唱）	道路不宽人能过，
		汽车难进少尘烟。
		别把问题说恁悬，
		咱这地方最安全。
		几任领导都没管，
		就你积极想高攀。
邓主任	（唱）	当主任你也把我选，
		为何食言把脸翻。
温宝宝	（唱）	你能干领咱多挣钱，
		当选后尽打小算盘。
邓主任	（唱）	如果光为自己打算盘，
		这两万多元谁给还？
温宝宝	（唱）	你带头拆房是手段，
		逼得大家更难堪。
		你这一招最损人，
		搅得小区不得安。

姓邓的，你不要把事情做绝了。你不过就是当了个芝麻官么，给你个麦秸秆还当拐棍给拄呢！难怪你断子绝孙，抱养个野娃！

〔小倩已上多时，听到此心头一震。

邓主任　（气得语塞）你……

温宝宝　我咋？我说得不对？（顺口溜地）不会生不会养，拾个娃装亲娘，有啥本事耍张狂？你看咱的儿，挺着肚子生，含在嘴里养，将来挣钱买大房，看谁到老受恓惶。哈哈……（以胜利者的姿态下）

小　倩　（冲到门口，担心地）妈！

邓主任　（回头一惊）小倩？（跌坐在餐桌旁）

小　倩　（撕心地悲呼）妈妈———（扑到邓主任怀里）

邓主任　（唱）　一声唤撕心肺山摇地动，
　　　　　　　　年幼儿怎经这石破天惊？
　　　　　　　　儿好比温室花朵遭霜冻，
　　　　　　　　儿好比乳燕展翅遇狂风。
　　　　　　　　原打算掩实情将她瞒哄，
　　　　　　　　温宝宝她将这窗纸戳通。
　　　　　　　　那是血泪凝成的痂，
　　　　　　　　那是汗水浇注的情。
　　　　　　　　怕的是今日一旦说出口，
　　　　　　　　对她的心灵留伤痕。
　　　　　　　　如果今日隐真情，
　　　　　　　　将会影响她一生。
　　　　　　　　我该怎么办？
　　　　　　　　我该怎么办？

〔画外音：不会生不会养，拾个娃当亲娘。

邓主任　（唱）　花朵迎春会解冻，
　　　　　　　　乳燕终究要腾空。
　　　　　　　　今日里将实情说给她听，
　　　　　　　　也让她初经风雨识人生。

　　　　小倩啊，你站起来，妈有话要给你讲。小倩，你温阿姨骂妈妈的话是恶了点，但她的话是真的，你不是我的亲女儿，你是妈在路边捡来的。

小　倩　（痛苦地）不！不！这不是真的！

邓主任　（深沉地叙述）妈我生长在"大跃进"年代，成长时又遇上三年自然灾害，十年浩劫，你爷爷受到冲击，你奶急得一病起不来。八岁的我挑起生活重担，要闯过这人祸天灾，我拾过煤渣、当过乞丐，牵绳挂坡，挖过野菜，雨里来风里去，受尽了人间苦难。结婚后几次怀孕几次流产，经医院多次诊断，才知道艰苦奔波留下祸害，医生告知我不能生育后代。可是，你却被有生养能力的母亲扔在郊外。当时，你嘴发紫，脸发白,哭无声,气已衰,我心酸泪流地将你抱进怀里,谁知你竟笑了起来,从那一刻起,我就知咱娘俩前世有缘,今生再也分不开。

小　倩　妈妈———(扑到母亲怀里)我永远不和你分开。
邓主任　不。孩子,今天这事,虽然让妈吃惊,也让妈心头一亮。小倩!
　　　(唱)　自从妈当上这社区主任,
　　　　　　多少事从来急忧心如焚。
　　　　　　一件事办不好就遭人恨,
　　　　　　办好事也难称万人之心。
　　　　　　大千世界复杂纷纭啥事都会发生,
　　　　　　跟着我受委屈担惊伤神。
　　　　　　如果你愿意找你亲生母,
　　　　　　即就是大海捞针,
　　　　　　也要帮你找到亲人。
小　倩　妈妈,不要说了,我就是你的亲生女儿。
　　　(唱)　妈妈你拾弃婴心地善良,
　　　　　　一口饭一勺汤育儿成长。
　　　　　　十几年未曾打儿一巴掌,
　　　　　　十几年夜夜伴读在灯旁,
　　　　　　十几年节衣缩食把儿养,
　　　　　　逢年节总要为儿添新装。
　　　　　　我的妈妈呀———
　　　　　　养育恩比山高似水长,
　　　　　　女儿我一辈子牢记心上。
　　　　　　我就是你的亲生女,
　　　　　　你就是我的亲生娘。
　　　　　　我的妈妈呀———
　　　　　　我的好妈妈。
　　　　　　儿我不怕受委屈,
　　　　　　儿我不惧恶语伤。

　　　　　　你的儿已长大，
　　　　　　真假善恶能端详。
　　　　　　学习你的好品质，
　　　　　　永远以你做榜样。
　　　　　　从今后与妈妈相依相傍，
　　　　　　报答你养育恩地久天长。
　　　　　　妈妈———（扑向母亲怀里）
邓主任　　小倩———
　　　　　〔二人相抱。
　　　　　〔合唱：小巷长啊小巷深，
　　　　　　　　　小巷里住着寻常人。
　　　　　　　　　油盐柴米酱醋茶，
　　　　　　　　　衣食住行牵动万人心。
　　　　　　　　　大树生长靠树根，
　　　　　　　　　花繁叶茂雨露恩。
　　　　　　　　　小巷里芸芸众生望北京，
　　　　　　　　　它需要铺路架桥的连心人。

第六场

　　　　　〔社区街巷，雷鸣电闪，风狂雨暴。
邓主任　　（内唱）雷鸣电闪风雨狂，
　　　　　〔邓与小赵等打伞探水舞蹈上。
邓主任　　（唱）　这情景不由我焦虑心慌。
　　　　　　　　　抬头举目四下望，
　　　　　　　　　万物难辨水茫茫。
众　　　　（唱）　手挽手、肩并肩，
　　　　　　　　　顶风冒雨往前方。
　　　　　〔邓主任率众人舞蹈下。

〔后台传来婴儿哭声和老人的呼救声。

〔温宝宝冲上,巧丽和两个女群众追随而上,阻拦强拉着发疯似的温宝宝。

温宝宝　（发疯似地）孩子……我的孩子……
巧　丽　温宝宝,巷子里的水已有一米多深,你去一定非常危险。
　　　　〔邓主任上。
邓主任　巧丽,啥事?
巧　丽　温宝宝家厨房没拆,杂物堵住了通道,水全部聚在巷子里,那一排房子很危险。
一群众　可温宝宝的婆子和孩子还在屋里。
温宝宝　（又冲）娃呀……
　　　　〔巧丽和群众拉住温宝宝,邓主任毅然跳进水里,搏水前行。
群　众　邓主任,危险……
　　　　〔新颖、智余上,见状亦跳入水中,与邓主任搏水下。
温宝宝　（发疯地）儿呀……
　　　　〔邓主任托举着婴儿,新颖、智余背扶着温宝宝的婆子上。
温宝宝　（接过孩子）儿子,我的儿子……
　　　　〔后台传来房屋倒塌的"呼嗵"声。
群　众　房塌了……妈呀,好险呀!
温宝宝　（万分感动地）邓主任,你真是好人呀!活菩萨,我不知该咋样谢你呀……
邓主任　快把孩子和你婆子送到我家。
温宝宝　邓大姐,我也要和大家一块参加抢险。
邓主任　你先把孩子和老人安排好再来。
　　　　〔温宝宝点头抱孩子携婆子下。
　　　　〔小赵等群众急上。
小　赵　邓大姐!邓大姐!那边几十户都进水了,有的地方水深已两米多,情况十分危险。

邓主任　小赵，你赶快带新颖、智余几个强壮人员前去清除淤堵，打开井盖，让水顺利排走。

小　赵　是。(招呼新颖、智余等人急下)

〔如海率群众上。

如　海　(内喊)邓大姐！邓大姐，风狂雨大，电线被刮断了，抽水机不能使用，这可如何得了！

邓主任　这……

老　张　(内喊)小倩妈！

〔老张、刘院长等急上。

邓主任　老张，你们怎么来了？

老　张　我看风狂雨暴，估计电路要出问题，就让小李把厂里的发电机拉来了。

邓主任　太好了。

刘院长　邓主任，我们也带来两台抽水泵和一台发电机，请你指挥调用。

邓主任　刘院长，你们可真是雪中送炭啊。谢谢！谢谢！同志们……

小　倩　(内喊)妈———

〔小倩急上。

邓主任　小倩，你不在医院伺候爷爷，跑到这儿干啥来了？

小　倩　妈，我爷他、他、他去世了！

〔众皆大惊。

〔女声独唱：噩耗传，惊雷响，

　　　　　　长空电闪撕断肠。

　　　　　　慈父灵魂且慢走，

　　　　　　救罢灾民再治丧。

邓主任　(泪流满面地跪倒在地)爸———爸……

〔小倩与老张相拥悲伤，众人无不唏嘘。

群　众　邓大姐，你先回家料理伯父的丧事吧。

众　　是啊，你先回去吧。

邓主任　(回望企盼的群众，毅然地)同志们，我们遇到了五十年罕见的特大暴雨,数百间民房被淹,成千名群众被困,同志们,让我们团结起来,众志成城,排险自救,战胜困难。

众　对,团结起来,众志成城,排险自救,战胜困难。

〔众人在音乐声中做抢险救灾舞蹈,最后定格亮相。

尾　声

〔彩虹霞光,楼亮街畅,花团锦簇,鸟语花香。
〔幕后:人们正在街心花园中晨练。
〔独唱、合唱:小巷长小巷深勃勃生机,
　　　　　　草长青树长绿花红遍地。
　　　　　　党风正民心顺春风喜雨,
　　　　　　国富强百业兴万事如意。
　　　　　　小巷总理双手托起彩虹,
　　　　　　北京城就连着咱们社区。
〔歌声中,邓主任、小赵、小倩、邓父、老张上,群众围上,簇拥他们走向前台向观众谢幕。

——剧　终

（西安秦腔一团演出,剧本发表在《当代戏剧》增刊,选录在《西安秦腔剧本精编》第60卷。）

名媛情殇

编剧 丁金龙

人物表

鱼玄机　字蕙兰,唐宣宗、懿宗年间长安名妓,后入咸宜观为道,色艺倾城,才绝仕林,性情豪放洒脱,死于咸通六年,时年26岁。

李　亿　字子安,京师补缺官,后调任洛阳,风流情种,但惧乎泰山之势,贻误玄机终身。

绿　翘　鱼玄机亲如姊妹的丫鬟,美貌乖巧、活泼伶俐、可怜命短。

温　璋　新举进士,后为长安府尹,追慕玄机丽质,好色之徒。

陈　桐　江南琴师,被玄机带到长安,他的不义断送玄机终身。

小　钟　李亿的家郎,势利之徒,被逐出李家后,摇尾乞怜于温璋门下为隶。

李夫人　李亿的老婆,一个恶似夜叉的女人,其父是当朝重臣。

蔡　玫　一个颇具同情心的女监掌司,是鱼玄机的仰慕者。

众诗友、四丫鬟、四校卫。

第一场

〔枫林亭。
〔楼依山峦,层林尽染。
〔室内,玉炉薰香,红烛吐蕊,洞房绣榻粉帘低垂。
〔喜乐欢奏,幕后合唱:
青楼女,
红鸾禧,
鹊桥渡七夕。
施粉黛,
描蛾眉,
名媛更新衣。
草薰风暖知人意,
才女投情著新曲。
〔幕启,绿翘正在收拾洞房。

绿　翘　（唱）喜上眉,
笑在心,
小姐婚配李大人。
老爷他——
京城补缺官五品,
长安首富耀三秦。
不惜重金筑暖阁,
雕梁画栋造林亭。
碧波荷池建水榭,
金屋藏娇讨欢心。
今日张灯结秦晋,
红毡铺地喜成婚。

〔小钟跑上。

绿　翘　小钟,老爷小姐可曾拜完天地?
小　钟　已经拜过,众仕林诗友已经簇拥着他们来了。
　　　　〔笑闹声中,李亿、鱼玄机被温璋等众诗友拥上。
诗友甲　诸位,诸位,我等虽是诗坛好友,送至洞房门口足矣,我看还是退去如何?
温　璋　他二人结为秦晋,乃我等促成,玄机如不赋诗一首,定让她今夕花好月难圆。
诗友乙　对对对,如此喜庆,岂能无诗助兴。
李　亿　诸位仁兄就不要刁难于她了。
温　璋　玄机乃长安青楼才女,何难之有。
鱼玄机　(羞报地)那,玄机献丑了。
温　璋　且慢,此诗莫抒情言志,就谈你和李亿是如何勾搭成……婚的。
诗友丙　对,据实招来。
鱼玄机　(吟)自幼沦落在娼家,
　　　　红颜薄命作墙花'。
　　　　娱人乐。
　　　　抱琵琶。
　　　　风月场中叹晚霞,
　　　　结交仕林作诗画。
　　　　知遇李郎惜芳华。
　　　　赎妾身。
　　　　千金价。
　　　　翰墨姻缘情无瑕。
　　　　〔玄机吟完即含羞逃进洞房,绿翘急忙将房门掩上。
诗友甲　妙,妙,一曲《天仙子》道尽青楼红颜哀怨苦乐,真乃才女!
诗友乙　李大人怜香惜玉,仗义施财,搭救丽质才女,确有侠士风度!
诗友丙　侠士才女今日婚配,真可谓天赐良缘也!

温　璋　否也！象鱼玄机这等青楼丽人,谁不垂涎三尺,李大人捷足先登独占花魁,可就折了我等艳福了。
〔众诗友哄笑。

温　璋　(醋意地)小弟不才,赋诗一首,李兄品之。
(吟)鸥鹭鸳鸯怎同池,
须知羽翼不相宜。
春雨飞花风共舞,
恐难终生连理枝。
〔众诗友哑然,李亿一时语塞,鱼玄机开门而出。

鱼玄机　(坦然地)温大人不愧当今魁斗,小女也有一诗奉上。
(吟)梨花粉白桃花红,
色彩各异性相通。
宁可抱香枝上老,
不随黄叶舞秋风。

众诗友　好诗,好诗……
〔鱼玄机在赞扬声中笑隐洞房,绿翘竖指夸赞,玄机喜爱地点了绿翘一下。

温　璋　佩服,佩服。
李　亿　(得意地)哈……
诗友乙　此诗直抒情怀,意蕴深涵,反唇相讥,不露声色,好诗,好诗。
诗友甲　诸兄,洞房一刻值千金,咱们还是告辞吧！
李　亿　明日枫林水榭再设酒宴,答谢诸位仁兄好友。
众诗友　告辞,告辞。
〔李亿送众诗友下,小钟随下。
〔绿翘开门觑瞧。

鱼玄机　众位好友可曾走了?
绿　翘　都走了。小姐今日鲜花插鬓,面似红云,真是俊美无比,绿翘真为小姐高兴。
鱼玄机　苍天不负红颜,你我姐妹总算终身有靠了。待你长大,姐姐一定与你择门好亲。
绿　　翘　（不好意思地）我和姐姐终生相伴,哪也不去。
鱼玄机　（喜爱地）傻丫头,哪有终身不嫁之理。
绿　　翘　不给你说了,俺去给你和老爷拿酒去。（欢悦跑下）
〔鱼玄机看着红烛、香炉、绣榻、粉帘,激动、幸福于一身,她莲步轻盈,霓裳飞舞,情难自禁。
鱼玄机　（唱）烛花结,
温馨良宵夜。
炉薰香,
缭绕香烟斜。
乐滋滋,
洗尽铅华离风月。
羞怯怯,
薄施脂粉为君妾。
佳酿美酒知多少,
七夕鹊桥花恋蝶。
花恋蝶,
香蕊永不谢。
七夕会,
鹊桥长相接。
青春常驻月不老,
生死白头永相偕。
〔李亿神采飞扬地上。
李　亿　玄机。
鱼玄机　李郎。客人都走了?
李　亿　都走了。（良久地注视、欣赏、心满志得地）娇妻。
鱼玄机　（甜蜜地）李郎,你看些什么?
李　亿　我观你眉横远山,眼含秋水,面如满月,乌发如云,西施见亦愧色,貂蝉恐也无颜了。
鱼玄机　（娇嗔地）李郎又在羞臊奴家了。
李　亿　句句肺腑,岂有羞臊之意。如此纯情女子沦落烟花,真乃天之不公啊！

鱼玄机 自从知遇恩公，一见如故。玄机慕你人品，敬为师尊，本想与君交为文友，游戏笔墨，聊寄青楼寂寞，亦解愁颜。不料，李郎柔肠侠骨，重金赎我跳出火坑结为伉俪，真该恩谢翰墨之功啊！

李　亿 哈哈……绿翘，拿酒来。

〔绿翘端酒上。

绿　翘 奴婢恭贺老爷、小姐姻缘美满，白头偕老，早生贵子，喜乐逍遥。

李　亿 哈……好个乖巧的绿翘，明日老爷重重有赏。

绿　翘 谢老爷，（出门，关门，偷觑，乐滋滋地跑下）

李　亿 （举杯）娘子，干。

鱼玄机 李郎，干。

李　亿 娘子。

（唱）交杯酒，酒香醇，
　　　醇浆玉液敬佳人。
　　　人生难得几回醉，
　　　醉入爱河天不明。

鱼玄机 （唱）明知青楼一红粉，
　　　粉红偏遇怜香人。
　　　人生姻缘天作定，
　　　定将来生作今生。

李　亿 （唱）愿你我，
　　　花间彩蝶追倩影。

鱼玄机 （唱）追倩影，
　　　菊圃桃林，
　　　嬉戏花芯。

李　亿 （唱）愿你我，
　　　碧波鸳鸯恋水深。

鱼玄机 （唱）恋水深，
　　　荷池花溪，

　　　　　　逐波弄影。
李、鱼　（唱）月已沉，
　　　　　　夜已深，
　　　　　　良宵美景情难尽。
　　　　　　郎可敬，
　　　　　　妾可亲，
　　　　　　洞房春宵值万金。
　　　　　　绣榻理衾枕，
　　　　　　相爱情更深。
　　　　〔歌唱中，二人歌舞翩跹。
　　　　〔小钟匆匆上。
小　钟　（神情紧张地敲门）老爷，老爷。
李　亿　（开门）何事惊慌？
小　钟　（悄声地）夫、夫人来了。
李　亿　她如何知晓这枫林别墅？
小　钟　奴才不知。夫人现已堵住花厅，小的急忙赶来禀报。
　　　　〔李亿欲下。
鱼玄机　李郎，何事如此惊慌？
李　亿　这……花厅惹出事端，我去看看即来。（急下）
鱼玄机　（抓住欲下的小钟）小钟，出了何事，老爷如此焦急？
小　钟　（慌乱地）这……嗨，我也说不清。（欲下）
　　　　〔李夫人率四丫鬟逼李亿上。
李夫人　滚进去！（一脚将李亿踢翻在地）
鱼玄机　李郎！（欲扑向前，被四丫鬟挡住）
李夫人　这里没有狼，只有老绵羊。
鱼玄机　你是何人，竟敢……
李夫人　贱人，敢问我是何人！告诉你，老娘是权倾当朝皇帝老儿殿前监察御史的千金，京都补缺官李亿的夫人，认识吗？
鱼玄机　（无奈改变口气）玄机不知，请大姐恕罪。
李夫人　呸！烟花妓女，竟敢和我攀亲，与我打！

〔四丫鬟用棒槌轮番击打,玄机翻滚招架。

鱼玄机 李郎救我!

李　亿 玄机……(扑向前用身体遮挡玄机)

李夫人 哼!(一跺脚吓退李亿)

鱼玄机 李郎……

李　亿 玄机……(再次猛扑,护住玄机,愤怒地)你,你,好你个泼妇,竟敢如此欺辱本官,我,我…

李夫人 (大笑)哈……你竟敢在我面前口称本官,不怕吓破你的贼胆?你且记住,你的荣华富贵,你的锦绣仕途,你的官职五品,你的俸禄官银,哪一点不依仗我那权倾当朝的父亲?丫头们!

四丫鬟 在。

李夫人 将你家老爷带到御史大人府去,让他去跟俺爹辩理喊冤!

四丫鬟 是!

〔李夫人再次将李亿踢个跟头,四丫鬟举棒槌逼李亿下。

鱼玄机 (扑向李亿)李郎……

李夫人 (一耳光扇倒鱼玄机)贱人!

〔小钟欲下。

李夫人 站住!你个喂不熟的狗,唆使老爷在外拈花惹草,坏我家风,今日滚出李府,再让老娘见你,打断你的狗腿!(下)

小　钟 呸!我还不伺候你个母老虎呢!(欲下)

鱼玄机 小钟……

小　钟 小姐,我看老爷也顾不上你了,大难临头各自飞,咱就各顾各吧!(下)

〔绿翘衣裳不整,脸带伤痕上。

绿　翘 小姐……你受委屈了。

鱼玄机 (见绿翘伤,心痛地)绿翘,你……

绿　翘 那个母老虎堵住花厅,狠狠将我痛打一顿。

鱼玄机　李郎呢?

绿　翘　他被强行拉走了。

鱼玄机　李郎可曾留下话来?

绿　翘　没……没有。(欲藏手中之物)

鱼玄机　手中何物?

绿　翘　小姐……

鱼玄机　拿来。

绿　翘　(无奈,递给玄机)小姐……这是那个母老虎写好的,强逼老爷捺了手印。(转身暗啼)

鱼玄机　休书?休书……

绿　翘　(急忙抱住晕眩欲倒的玄机)小姐,小姐……

鱼玄机　天哪!

(唱)一霎时,

严霜败落叶。

人憔悴,

悲泪洒寒阶。

刚还是,

觥筹情正浓。

转眼间,

生离成死诀。

度良宵,

雄鸡未啼就遭劫。

七夕会,

鹊噪银河花纷谢。

劝世人,

攀龙莫为枝上雪,

投情莫羡波中月。

风摇枯枝落飞雪,

波涌水急碎银月。

夜夜空落惆怅泪,

薄命鸳鸯难相携。

（痛不欲生地）天哪！苍天！你，你，你为什么如此不公啊？为什么？为什么……
（唱）为什么，
　　　风袭花月夜？
　　为什么，
　　　棍棒驱恋蝶？
　　为什么，
　　　哀鸿声声无人解？
　　为什么，
　　　血泪情殇命不绝？
　　为什么，
　　　上苍恣意布情种，
　　　花间断肠总离别？
　　为什么，
　　　天公偏降无情剑？
　　善恶不辨，
　　偏将恩爱绝！
　　（神痴情狂的歌唱中，推座椅，拂香烛，推倒花瓶等物。歌罢，跌坐绣榻，呆滞无言）

绿　翘　（害怕地）小姐，小姐…
鱼玄机　（情狂后的静思，突然神来，在音乐声中缓缓地）
　　（吟）暮空飘云雨，
　　　岁寒秋风疾。
　　　绣榻枕空红烛熄，
　　　悲在极乐里。
　　　良宵恨无期，
　　　哀鸿鸣天际。
　　　声声断肠唤比翼，
　　　今夜将谁依。
　　〔切光。
　　〔幕落。

第二场

〔咸宜观。
〔观外,道柏劲松;观内,青帐点翠。
〔幕启,小钟上。

小　　钟　（念）闲散。
　　　　　　乱转。
　　　　　　来到咸宜道观。
　　　　　　自从离开李府,
　　　　　　沦落市井混饭。
　　　　　　混饭,
　　　　　　混饭,
　　　　　　到处摇尾乞怜。
　　　　　　绿翘,绿翘!
〔绿翘上。
绿　　翘　小钟,你咋又来道观?
小　　钟　不忘绿翘妹妹,顺便看看小姐。
绿　　翘　说得好听,准是赶来混饭。
小　　钟　彼此,彼此,你主仆寄居道观,岂不也是混碗斋饭。
绿　　翘　胡说。我家小姐主意已定,准备入观为道了。
小　　钟　糟了。
绿　　翘　怎么?
小　　钟　我沦落市井闲散,你整日闭锁道观,咱俩今后再难相见。
绿　　翘　（羞恼）你再胡说,就让你滚蛋。
小　　钟　不说不笑,穷困潦倒。说说笑笑,忘了肚儿咕咕叫。
绿　　翘　走,我带你吃饭去。
〔绿翘引小钟下。
〔鱼玄机上。她愁眉紧锁,病体恹恹。

鱼玄机　（唱）斜风细雨天亦愁，
　　　　菊黄荷残草知秋。
　　　　风尘花谢香飘散，
　　　　懒对菱花倦梳头。
　　　　想李郎，
　　　　气咽喉，
　　　　晨钟暮鼓泪长流。
　　　　再难携手作春赋，
　　　　曲江唱晚荡轻舟。
　　　　想李郎，
　　　　人消瘦，
　　　　以诗代哭情难酬。
　　　　泰山势重可遭罪？
　　　　妒妇吵闹可曾休？
　　　　望君多保重，
　　　　割断相思愁。
　　　　劳燕分飞关山远，
　　　　命中无有别强求。
　　　　莫让韶光负青春，
　　　　覆水已难收，
　　　　日月再从头。
　　　　〔绿翘上。
绿　翘　小姐，温大人来了。
鱼玄机　（一愣）温璋？…
绿　翘　就是那个洞房之夜作歪诗嘲讽于你的新科进士。
鱼玄机　这个玩狎挟妓的纨绔子弟我岂能不知。就说我身体不爽，来客一律不见。
　　　　〔温璋上。
温　璋　鱼小姐，难道连我也不想见吗？
鱼玄机　（应酬地）哦，原来是温大人光临，小女不知，请大人恕罪。

温　璋　　小姐心境不好,不愿见客乃情理之中,何罪之有。
〔绿翘下。
鱼玄机　　请坐。
温　璋　　谢坐。
鱼玄机　　不知温大人来此何事?
温璋洞　　洞房婚变之事,我已知晓,特前来抚慰小姐。
鱼玄机　　感谢温大人挂念。"鸥鹭鸳鸯怎共池,须知羽翼不相宜",正中了大人杰作之先验了。
温　璋　　见笑,见笑。其实,李夫人如此一闹并非坏事。
鱼玄机　　此话怎讲?
温璋想　　那李亿已近不惑,小姐却是含苞年华,被那李亿聘为小妾,紧锁深闺,岂不辜负了春光一片。
鱼玄机　　大人差矣。青楼红粉终难长久,许配终身才是久远之计。
温　璋　　此话固然不错,但李亿如此软弱惧内,也太无情无义了。
鱼玄机　　他那岳丈谁不惧他三分? 如若为了小妾毁了前程,岂不遗憾!
温　璋　　话虽如此,可小姐落到如此境地,难道不悔不恨吗?
鱼玄机　　虽不同衾枕,情爱在心,何悔何恨?
温　璋　　可敬,可敬。闻言小姐准备遁入道门,脱俗为冠?
鱼玄机　　人道为冠,权且渡生罢了。
温　璋　　非也。我朝多少名媛仕女,皇室公主,达官妻妾都曾遁人道门,其实有几个皈依宗教? 大多是为了逃脱凡俗羁绊,寻一清净之地放浪形骸。其间,不乏风流韵事,奇趣佚闻那!
鱼玄机　　想此下策,令大人见笑了。
温　璋　　哪里,哪里。此事虽我始料不及,然是高兴之至啊!
鱼玄机　　却是为何?
温　璋　　小生在江南早闻芳名,不料进京只谋一面便三魂出窍六神无主,小姐果然天姿国色,倾城倾国。本想求小姐一夜之欢,销受玉体香色,不料却被李亿抢先纳妾,如今婚变,正好圆我一夕春梦,何不高兴之至呢?

鱼玄机　(不悦)温大人,小女身体不适,谢不奉陪了。(欲下)

温　璋　(扯住玄机衣袖)玄机……

鱼玄机　大人自重,恕不远送。(拂袖而下)

温　璋　(欲怒,隐忍)哼!
(唱)青楼女,
心中仍然有李亿,
假矫情,
强装贞洁想居奇。
消消气,
暂压欲火莫相逼,
强弓待发等时机。
财路断,
孤芳自赏能几日,
我看你,
竭泽之鱼怎生息?
食美色,
好似檐前采秋菊,
玩女人,
举手之劳何须急,
——迟早网中鱼。
〔小钟已悄然上。

小　钟　(诡谲地)大人,环佩声已远去,麝兰香已飘散,何以痴迷流连?

温　璋　你是何人?

小　钟　大人好忘性,我乃李亿家郎小钟。

温　璋　你怎在此?

小　　钟　实不相瞒,夫人恨我知情不报,将我赶出李府,故而到处闲转。

温　　璋　你常来咸宜观?

小　　钟　为求一碗舍饭,常来道观。

温　　璋　(计上心来,阴笑)哼哼……

小　　钟　(不解地)大人……

温　　璋　小钟,你可想要钱?

小　　钟　如今这社会,哪个不想钱?(指头)除非这进水是个傻瓜蛋。

温　　璋　可愿跟我办事?

小　　钟　跟着进士爷,一步登了天,谁要不想干。乌龟王八蛋。

温　　璋　哈……好,帮我办事,必有你的好处,走。(下)

〔小钟跟下。

〔绿翘跑上。

绿　　翘　小姐,小姐。

〔鱼玄机上。

绿　　翘　小姐,老爷来了!

鱼玄机　老爷?

绿　　翘　李亿大人来了。

鱼玄机　(惊)什么?他来了?

绿　　翘　我见老爷在观外系马,就急急跑来告诉小姐。

鱼玄机　(喜)绿翘,快拿菱花镜,待我梳理云鬓。

绿　　翘　是。(递镜)

鱼玄机　(慌乱地)绿翘,快,快把我的红帔绣裙拿来。

绿　　翘　是。(欣喜地跑下,复拿衣裙上)

鱼玄机　(喜不自禁地梳妆、穿衣)

(唱)听说李郎来,

　　玄机喜心怀。

花落又花开，
春去又春来。
描眉施粉黛，
淡抹胭脂遮苍白。
穿我昔日衣，
绣帔团花映红腮。
系我昔日裙，
凤裙迎风彩屏开。
呀……
绣帔泪痕在，
凤裙血未揩。
泪痕在，
血未揩。
今日非昨日，
喜从何处来？
关房门，
泪满腮。
相思苦，
心里埋。
一朝功名十年罪，
岂能为奴遭祸灾。
李郎啊！
愿你仕途展英才，
且莫将奴怪。
爱恋永远在心中，
相会梦里来。

〔玄机眩晕欲跌，绿翘急扶。玄机强拖病体而下，绿翘追下。

〔李亿上。

李 亿　（唱）愧愧愧。

妒妇泼醋发虎威。

发虎威。

惧内理亏，

鸳鸯飞分。

日思书房暗自悲，

夜思怕见红绣帏。

红绣帏，

多少红颜泪，

春梦化成灰。

（敲门）玄机，玄机……绿翘开门……

玄机，我是李亿呀！

〔绿翘悄然上，看看内室，欲开门。

〔温璋上。

温　璋　（明知故问）咦！李大人为何来到咸宜观？

李　亿　（语塞）我……

温　璋　可为探视玄机而来？

李　亿　温大人已知此事？

温　璋　（渲染地）长安仕林，街衢酒肆，早已传遍，愚弟岂有不知之理。不过，我劝大人自珍，倘若你来探视玄机之事传到御史大人那里，可就要闹出乱子来了。

李　亿　我总不能看着玄机流落道观不问不管吧？

温　璋　你不问不管，她倒落得自在清闲，你若多问多管，她命休矣！

李　亿　此话怎讲？

温　璋　你那岳丈手握生杀大权，他若知你和鱼玄机旧情未断，只须一句话，可就要了她的命了。

李　亿　（惊惧）这个……

温　璋　老兄，你若真爱玄机，应该顾及她的性命，远她而去才是呀！

李　亿　顾及她的性命……顾及她的性命……唉！离肠百结，愁怀难解，真让我左右为难啊！

温　璋　（阴鸷地）李大人。

　　　　（唱）聚散已悲雁飞走，
　　　　　　　离肠百结无缘由。
　　　　　　　鸥鹭鸳鸯本不同，
　　　　　　　雉鸟岂能居官楼。
　　　　　　　君依泰山权势重，
　　　　　　　仕途通达铺锦绣。
　　　　　　　何必恋青楼，
　　　　　　　风月不到头，
　　　　走走走，鸿宾楼老弟做东。
　　　　（唱）酒醉千杯自消愁。
　　　　〔李亿被温璋强拉下。
　　　　〔绿翘开门，人已远去。

绿　翘　（无奈，惋惜，埋怨，欲哭地）李大人……李亿……
　　　　〔切光。
　　　　〔幕落。

第三场

〔咸宜观。
〔草薰风暖丛篁滴翠，道柏劲松古树参天，观外清净幽深。
〔青帐点翠花映朱阑，金瓶菊黄画帘高悬、观内女冠仍作谢娘。
〔幕启，绿翘抱束新菊上。

绿　翘　（唱）小姐江南访名医，
　　　　　　顺便游杭州。
　　　　　　西湖美景佳天下，
　　　　　　双眸看不够。
　　　　　　晨钟朝霞山风晓，
　　　　　　暮鼓秋水月如钩。
　　　　　　湖中画船听雨声，
　　　　　　钱塘岸边看潮头。
　　　　　　求药参拜灵隐寺，
　　　　　　吟诗会友望江楼。
　　　　　　水洗颜面霜，
　　　　　　风拂额前愁。
　　　　　　心宽病自愈，
　　　　　　绿翘喜心头，
　　　　　　——何日再重游？
　　　　　〔置换瓶中残菊。
　　　　　〔小钟上。
小　钟（念）皮厚。
　　　　　脸厚，
　　　　　皮厚脸厚吃个够。
　　　　　跟着长安府尹，
　　　　　有权有势不愁。
　　　　　不愁，
　　　　　不愁，
　　　　　为主子搭梯上楼。
　　　　　搭梯，
　　　　　上楼，
　　　　　看你玄机咋应酬。
　　　　　欠下银子七百两，
　　　　　主子让我把网收。

　　　　　把网收，
　　　　　倒插柳。
　　　　　巫山行云雨，
　　　　　一夜尽风流。
绿　翘　（拿残菊欲下，见小钟，不悦地）小姐江南回来不久，你三番来催，也太心急了。
小　钟　催账不急，来日扯皮。如今本利相加，已欠人家七百两了，你不急，我还急呢！（欲进内室）
绿　翘　你干什么？
小　钟　我要面见小姐讨账。
绿　翘　不行。小姐正在研习新曲，不准别人打扰。
小　钟　（轻蔑地）是不是和那个从江南带来的乐师在一起？
绿　翘　他不但是个乐师，而且还是江南名医之后。他为小姐采药熬药，治好了小姐的病弱之躯，你休要小瞧于他。
小　钟　哼！不过是些雕虫小技，也竟然会博得你家小姐欢心。她放着有权有势的不陪，整日和个贫生混在一起，又有何益。
绿　翘　你管得着吗？到外边等着去。
小　钟　等着就等着，今日不还钱，别怪我翻脸。（下）
　　〔绿翘拿残菊下。
　　〔稍刻，鱼玄机上。她著黄冠，着素帔，清新淡雅，姿色如故。
鱼玄机　（唱）几度夕阳芳草，
　　　　　多少月残花凋。
　　　　　时光荏苒人未老，
　　　　　黄冠遮我娇俏。
　　　　　闲云野鹤身无主，
　　　　　吟诗作画把友交。
　　　　　虽然超凡脱俗入道，

　　　　　　并未远离市井尘嚣。
　　　　　　素装红颜常应酬,
　　　　　　乐得自在逍遥。
　　　　〔陈桐拿乐谱上。

陈　桐　鱼炼师,我将这两句乐谱重新改过,你看如何?
鱼玄机　(接过乐谱哼唱)
　　　　　　红桃处处春色,
　　　　　　碧柳家家月明。
　　　　　　楼上新妆待夜,
　　　　　　闺中独坐含情。
　　　　　　……
　　　　(夸赞地)好!陈师傅不愧江南名师
　　　　高手,如此一改,乐曲不但首尾和谐
　　　　统一,而且流畅优美易于传唱了。
陈　桐　(谦恭地)此乃炼师指点而改,我不过用工尺记谱而已。再说,词美曲生辉,曲由词而生也。
鱼玄机　陈师傅太过谦了。人言曲乃词之双翼,词因曲美才能远播传唱呢。
　　　　〔小钟闯上,绿翘追上。
绿　翘　小钟……
小　钟　鱼小姐,鱼炼师。
鱼玄机　小钟,你又来了?
小　钟　是,炼师。
鱼玄机　绿翘,你带陈师傅歇息用膳去吧!
绿　翘　是。陈师傅,请。
陈　桐　(叮嘱地)炼师,你又该服药了。
鱼玄机　谢谢关照,我待会用药便是。
　　　　〔陈桐随绿翘下。
鱼玄机　小钟,可是又来讨账?
小　钟　实不相瞒,债主催逼甚紧,小钟几番打扰,也是被逼无奈。

鱼玄机　小钟,告诉我债主他是何人,待我亲自与他相商,再宽限些时日。

小　钟　不是小的不说,债主叮咛不让我讲。

鱼玄机　却是为何?

小　钟　你就别问了。别说宽限几日,就是宽限几月又当如何?你此次江南寻医治病,金银首饰业已当尽,出卖字画又不解燃眉之急,靠你那些穷朋友帮助,杯水车薪又无济于事,我看……(欲言又止)

鱼玄机　怎样?

小　钟　小姐虽著道冠,花容未减,放着无本生意不做,岂不……

鱼玄机　住口!

小　钟　……鱼炼师,话虽难听,却是实言。谁不知青春易逝,容颜易老,你整日吟诗作画,以文会友又有何用?正像你诗中所言,"茫茫九陌无知己,暮去朝来典绣衣"。你这种清贫生活,何日是头呢?

鱼玄机　吟诗作画,乃我平生志向所好,与你何干,休再啰唆。

小　钟　好,我不啰唆。(嘲讽地)你病也治好了,江南也玩了,现在也该还钱了。拿来吧,本利相加,一共七百两。

鱼玄机　说好年底还账,到时还你就是。

小　钟　嘿嘿,别说年底,就是明年,你又以何还账?(再次试探地)鱼小姐,有个贵人对你垂涎已久,他愿帮忙,你何不答应与他……

鱼玄机　小钟,你我也有一日主仆之缘,竟然说出此种话来,可知世间还有羞耻二字?

小　钟　嗨!现如今还说什么羞耻不羞耻,有钱便是爷,没钱就是孙子。

鱼玄机　你与我滚出去。

小　　钟　（无赖地）滚？还钱来我便滚，还不了钱，我便让你滚与我看！

〔温璋暗上。

鱼玄机　难道你想要无赖不成？

小　　钟　耍无赖又将怎样？

鱼玄机　我即刻报官。

小　　钟　（冷笑地）报官？好啊！鱼玄机，小钟我可不是从前李府的家郎，更不是街前闲转的混混，现如今我可是响当当、硬邦邦，京畿首府里的……

鱼玄机　（讥讽地）一名皂隶。

小　　钟　不错。你可知道我的名气？

鱼玄机　迎风臭十里的一介泼皮。

小　　钟　知面知里，知根知底，不愧长安才女。鱼玄机，告诉你，今天如不还账，我可就不客气了。（欲上前非礼）

温　　璋　住手！

小　　钟　嘿嘿，温大人何时到此？

温　　璋　你想如何？

小　　钟　（谄笑地）大人在此，小人岂敢怎样？吓唬吓唬，全为讨账。

温　　璋　（故作惊讶地）讨账？难道炼师会欠你的银两不成？

小　　钟　大人见笑，是鱼炼师让我帮她向别人借的，本利相加，如今已欠七百余两，可她想赖账不还。

鱼玄机　让你宽延几日，哪个与你赖账不还？

小　　钟　我无所谓，可是人家……

温　　璋　可有借据？

小　　钟　（掏出借据）大人过目。

温　　璋　（收起借据）放在这里，来日找我便是。

小　　钟　如此，小的谢过大人。鱼玄机，还不快来谢过大人。

温　　璋　你去吧！

小　　钟　是。(下)

鱼玄机　(看在眼里,不露声色,故意地)大人,让你还账恐有不妥吧!

温　　璋　区区小数,有何不妥。

鱼玄机　大人请坐。

温　　璋　(调侃地)我观鱼小姐,哦,鱼炼师,头著道冠,身着素帔,更加清雅高洁,妩媚动人了。

鱼玄机　温大人见笑了。

温　　璋　(环顾地)这观内青帐点翠花映朱阑,金瓶菊黄画帘高悬,配以如此丽质佳人,真乃天上人间哪!

鱼玄机　大人好雅致。

温　　璋　自你寻医问药远去江南,确实令我操心惦念,今日见你依然如故,自然高兴。

鱼玄机　多谢大人挂牵,小道感念不及。

温　　璋　玄机。

(唱)自你江南游,
　　　勾起多少愁。
　　　七魂六魄随伊去,
　　　柔肠寸断整日忧。
　　　怕你旱路遇暴雨,
　　　怕你水路风掀舟。
　　　怕你病情再加重,
　　　客居他乡将谁求?
　　　夜夜盼你康复还,
　　　早圆春梦把愿酬。
　　　今日观中睹芳容,
　　　姿色不减人依旧。
　　　玄机啊!
　　　只求一夕合欢梦,
　　　销魂千杯醉玉楼。

玄机……（情欲难抑，欲上前）

鱼玄机　大人珍重。

温　璋　玄机，想我今科进士，五品府尹，求你一夜合欢，你竟然冥顽不化，实在令人不解。

鱼玄机　大人可曾记得自己的诗作？"鸥鹭鸳鸯怎同池，须知羽翼不相同"。小女子出身娼门，不怕辱了大人的清白官声？

温　璋　那是逢场戏耍之作，何能当真。

鱼玄机　大人虽是逢场戏作，小道却是刻骨铭心。况今日入观为道，更难从命了。

温　璋　你虽为道冠，但凡心未净，经常交游仕林，追慕寻情，这也是真哪！

鱼玄机　交游仕林，乃游戏笔墨，追慕寻情，仍想觅一如意郎君，不枉一生。

温　璋　想你贫贱出身，又有李亿婚变在前，谁还会真心恋一烟花女子。

鱼玄机　大人差矣，烟花之中也有纯情之人。

温　璋　（轻蔑地）哼！烟花巷中何谈纯情。想你鱼玄机乃是一枝出墙红杏，讨得些许春风，不趁此时得意几日，还待何时？来日红颜故去，不过一介红粉骷髅，抛却荒郊，谁再堪怜！

鱼玄机　（品味地）来日红颜故去，不过一介红粉骷髅，抛却荒郊，谁再堪怜……哈哈……温大人，说得好！

温　璋　（自得地）人生真谛，不过如此。

鱼玄机　言之有理。（反讥地）想大人今日官居五品，荣耀一时，来日魂归黄泉，不过黄土一丘，风蚀骨朽，谁人再识君侯？哈……彼此，彼此。

温　璋　（恼怒地）你……

鱼玄机　温大人，请坐，请坐。绿翘，上酒。

〔绿翘端酒上，欲斟酒，被玄机挥手退下。

鱼玄机　　大人。(斟酒)

　　　　　(唱)听君一席话,
　　　　　　　冷水猛浇头.'
　　　　　　　醍醐灌顶今方醒,
　　　　　　　倩女何须忧。
　　　　　　　红杏早该闹春风,
　　　　　　　香溢百花洲。
　　　　　　　莫让红颜成遗恨,
　　　　　　　香魂空飘游。
　　　　　　　敬君一杯酒,(举杯)
　　　　　　　从今再不愁。

温　璋　　玄机真乃灵犀聪慧,一点即透。"人生几何,对酒当歌"。(举杯)请。

鱼玄机　　请。(一饮而尽,再斟酒)

　　　　　(唱)禅机今参透,
　　　　　　　大人可效尤。
　　　　　　　富贵荣华终有头,
　　　　　　　且莫付东流。
　　　　　　　一朝令在手,
　　　　　　　以权把私谋。
　　　　　　　时光易逝魂空去,
　　　　　　　一丘黄土谁人识君侯。
　　　　　　　敬君二杯酒,
　　　　　　　莫把权柄丢。

温　璋　　鱼玄机,你想嘲讽本官?

鱼玄机　　大人官居京畿要职,如此看重于我,玄机岂有嘲讽之理。(举杯)大人请。

温　璋　　量尔也不敢。喝,(二人同饮)

〔玄机斟酒,故作踉跄欲跌,温借机搀扶。

温　璋　　玄机,你醉了。

鱼玄机 （醉意蒙蒙）我醉了？

温　璋 （亲昵地）你醉了。

鱼玄机 （轻轻推开温璋）我不会醉的。（继续斟酒）温大人，来，喝呀！（一人独饮，再斟）

　　　　（唱）酒醉心明白，

　　　　　　真言在酒后。

　　　　　　大人幕后耍木偶

　　　　　　技胜人一筹。

　　　　　　你让小钟放债银，

　　　　　　坐等渔利收。

　　　　　　张开大网投下饵，

　　　　　　钦佩好计谋。

　　　　　　举杯敬大人，

　　　　　　果真是魁斗。

温　璋 （尴尬地）玄机，你可冤枉本官了。

鱼玄机 大人不必违言，小钟一介波皮，既无官亲，又无钱友，岂能借到如此多的银两？再者，你堂堂长安府尹如无不可告人之目的，何故收留一只弃犬充当府隶？大人，窗纸已然捅破，何须再藏羞颜。来来来，快将这杯酒喝下才是。

温　璋 （掩饰地）哈……玄机果然名媛才女，非但文采不凡，且眼光犀利，能交如此红颜，三生有幸。请。（二人同饮）

鱼玄机 （醉态地）大人，今日话已说透，要钱还是要人，就依大人一句话。

温　璋 （意料之外，欣喜若狂）嗯……要钱……

鱼玄机 要钱，容我岁末如数还清。

温　璋 哎，不不，要钱，要人……

鱼玄机 世上哪有人财两得之理。（醉眼蒙眬，摇摇欲走）

温　璋 （心旌摇动，拉住玄机）要人，要人。

鱼玄机　要人可以,欠债一笔勾销……(踉跄欲倒)

温　璋　(扶住玄机)玄机,你确实醉了。

鱼玄机　(挣开,退到远处,醉眼朦胧地)隔雾看花花更艳,酒醉欢情情更浓。大人,且莫误了春风。

温　璋　(欲火升腾,扑到玄机面前,玄机躲避,再扑,仍没扑着,突然跪倒)玄机,我羡你美貌,非一日之想,你就让我消受一夜国色天香吧……玄机,只求一夕之欢,难道你就如此狠心?

鱼玄机　拿来。

温　璋　什么?

鱼玄机　借据。

〔温璋掏出借据,递给玄机,乘机抓住纤手站起,继而触摸玉臂,双手揽腰,欲吻玄机被其推开。

鱼玄机　够了。

温　璋　什么够了,我还没……(欲扑)

鱼玄机　别急,我算与你听。目睹芳容一百两,牵摸玉手一百两,抚肩擦臂二百两,揽腰搂抱三百两,所欠五百两纹银本利相加七百两全部抵清。

温　璋　什么?这么贵?

鱼玄机　现在什么不长价。

温　璋　你也太狠了。

鱼玄机　五百两纹银借了三月就成了七百两,你不也是太狠了吗?(举起借据欲撕)

温　璋　玄机,不可!

鱼玄机　怎么,说话不算了吗?

温　璋　那,那可是七百两银子啊!

鱼玄机　哈……七百两,七百两啊!哈……
　　　　(将借据一撕两半)

温　璋　(欲抢)鱼玄机,你敢!

鱼玄机　(斥责地)温璋!

（唱）花不逢春叶不秀，
　　　水上无木怎为舟？
　　　无情无爱怎合欢？
　　　岂非畜牲共马牛！
　　　可笑你，
　　　锦衣之内藏污垢，
　　　羞辱斯文颜面丢。
　　　别以为，
　　　红颜弱女任人欺，
　　　有钱就可醉玉楼。
　　　我让你，
　　　偷鸡不着蚀把米，
　　　不义之财付东流。

（将借据撕碎抛撒）

温　璋　（怒不可遏地）好你个鱼玄机、女道冠，敬酒不吃吃罚酒，今天我饶不了你！（扑向鱼玄机）

〔正在鱼玄机挣扎之时，陈桐上。

陈　桐　（怒喝）住手！

〔小钟闻声而上。

温　璋　你是何人？
陈　桐　江南乐师陈桐。
小　钟　哼！小小一个江南吹鼓手，也敢在长安逞能！你可知我家老爷是谁？
陈　桐　长安府尹温璋。
小　钟　既然知道，就少管闲事。
陈　桐　路见不平有人铲，事见不公有人管。今天，我管定了。
小　钟　我看你是活得不耐烦了。（出拳打陈）

〔陈桐接招，二人开打，陈桐扭住小钟。

陈　桐　（义正词严）尔等狐假虎威，可知上有天子王法？

温　璋　（词屈）你……小钟，走！（欲下，恶狠狠地）鱼玄机，你记住，峰回路转，月亏能圆，只要手中有权，总能相见。（怒下）

〔小钟随下。

陈　桐　（安慰地）鱼炼师，你受惊了。

鱼玄机　（感激地扑到陈桐面前，抓住双手不知如何地）陈师傅……

陈　桐　（乘势把玄机揽入怀中）玄机。

鱼玄机　陈桐……

〔二人依偎到一起。

〔切光。

〔幕落。

第四场

〔三年后。

〔景同前场。

〔幕启，传来鱼玄机银铃般的笑声。她彩袖飘舞，脚步轻盈，漫舞旋上。陈桐追上。

陈　桐　玄机，玄机……

鱼玄机　（跌坐绣榻，喜不自禁地）哎呀，累死我了！

陈　桐　（喘息地）我也累得半死。

鱼玄机　哈……（看着陈桐嬉笑，然后）这下阕舞不甚好，总想多练几遍，以免今夜出丑。

陈　桐　（缓过气来，指教地）诗言志，舞传情，且不可图解诗词，此乃舞之大忌也。

鱼玄机　（起身）如此，再与我指点可好？

陈　桐　累了,累了,还是歇息歇息吧!

鱼玄机　(娇嗔固执地)如不练好,今晚郑员外家献舞,定遭仕林好友耻笑了!

陈　桐　(嗔怪地)你呀!真是拗不过你。(指点地)一定切记,言不足歌,歌不足舞,舞乃情之宣泻,准确到位即可。你再舞一遍。

鱼玄机　(取琴放于几上,顽皮地一恭)师傅请。

陈　桐　(喜爱地)仍像孩童一样顽皮。

〔陈抚琴,音乐起,玄机歌舞,稍后,陈起身纠之,随即二人同舞。

(歌词)红桃处处春色,
　　　　碧柳家家月明。
　　　　楼上新妆待夜,
　　　　闺中独坐含情。
　　　　芙蓉月下鱼戏,
　　　　彩虹天边鹤声。
　　　　人生悲欢一梦,
　　　　如何得作双成。

〔绿翘上,欣喜观舞。

绿　翘　(舞毕)陈师傅舞得真好!

陈　桐　不,乃是你家小姐舞得好。

鱼玄机　你又耍笑于我了。

陈　桐　确似瑶池飞天一般,怎是耍笑。

鱼玄机　让你一说,我真要飘飘欲仙了。

绿　翘　陈师傅,擦擦汗。(递过香帕)

陈　桐　(擦毕递还,轻瞟一眼绿翘)谢谢姑娘。

〔玄机看在眼中,略显不悦。

绿　翘　小姐,黄员外家的车轿已在门外等候多时,问你几时启程?

鱼玄机　告诉他们,即刻动身。

绿　　翘　　是。(下)

鱼玄机　　(对陈)你可一同前往？

陈　　桐　　我晚上再去如何？

鱼玄机　　也好。今乃郑员外六秩大寿,切记准时前往,不可扫了众人雅兴。

陈　　桐　　你放心去吧！

鱼玄机　　(欲下)莫忘将琴带上。

陈　　桐　　(近前将顺玄机一绺鬓发,深情地点点头)放心去吧！

〔玄机下。陈桐欲下,绿翘上。

陈　　桐　　她走了？

绿　　翘　　走了。师傅劳累半日,此时小姐不在,你也歇息歇息去吧！

陈　　桐　　一曲歌舞,何能累我？

绿　　翘　　(突然想起什么)呀！

陈　　桐　　出了何事？

绿　　翘　　小姐忘了带走斗篷。

陈　　桐　　哦,不带也罢。

绿　　翘　　春夜露寒,晚上归来小姐会受风的。

陈　　桐　　车轿已经去远,你已赶不上了。(亲近地)绿翘,你整日辛劳也太苦自己了。

绿　　翘　　丫鬟应做之事,何谈劳苦。

陈　　桐　　照料你家小姐乃是本分,可你对我百般殷勤,实在于心不忍,真该谢你才是。

绿　　翘　　那是小姐悉心安排,绿翘尽心而为,何须谢我。

陈　　桐　　绿翘,难道你就安心在此苦守一生吗？

绿　　翘　　我乃小姐所买奴婢,自当守在小姐身边。

陈　　桐　　不,她命运多舛,红颜福浅,可你不应该像笼中之鸟终生被她所困。(亲热地)绿翘,你天资聪慧,姿色艳丽,越长越美,岂能……

绿　翘　陈师傅,快别说了,羞死人了。

陈　桐　我观你两耳如轮,印堂生辉,命中注定福相。绿妹,我喜欢你。

绿　翘　(躲闪地)陈师傅,别……

陈　桐　绿妹,陈桐爱你已非一日……

绿　翘　不不,你爱小姐,小姐也真心爱你。自她和李大人婚变之后,多少男人追她,她都未以身相许。自从小姐江南寻医相遇,你二人便一见如故,志趣相投,你百般呵护于她,她千般痴情与你,你你……你千万不可伤了小姐一片真情啊!

陈　桐　(厌烦地)三年来,我终日陪她交友仕林之中,会客豪门府内,不是歌舞于花前月下,便是醉酒吟诗于厅堂之前,这种逢场作戏的生活,我腻烦透了。(拉住绿翘)绿妹,跟我走吧!

〔鱼玄机上。

绿　翘　(挣扎)不,不……

陈　桐　(死死抓住绿翘)绿妹,我爱你。我爱你丽质乖巧,我爱你活泼伶俐。绿妹,走吧!咱们重回江南,歌舞为伴,终生相爱……

鱼玄机　(怒火升腾,头晕目眩,强自镇定,断然怒喝)陈桐!

〔陈桐、绿翘均被惊住,绿翘挣脱陈桐跑下。

鱼玄机　(步步逼近陈桐,轻声而切齿地)陈桐,陈桐……(突然大声)陈桐!(挥手重重扇到陈桐脸上)好你个忘恩负义的贼子!区区无名之辈,我将你带到京城,把你介绍给长安仕林,结交于官宦豪门,为你谋生扬名,也为了我的落叶晚年。没想到,你包藏祸心,反恩为仇,无情无义,无心无肝,竟然是个不辨菽麦、不识好歹、不分良莠、不近人情、不三不四、不惜一切、不恤人言、不自量力、不可救药、不可理喻、不识抬举的小人!(怒不可遏地数落完胸中怨愤,举琴摔去)

你给我滚！滚！

〔陈桐无地自容，负气而下。

鱼玄机 （一种失落感突然而生，空虚、茫然、不知所措，喃喃地）陈桐……陈桐……（狂呼）陈桐——你给我回来——天哪！难道世上男人都是酒色之徒吗？难道都是这样无情无义吗？我恨，我恨！我好恨哪！！

（唱）心欲疯，

情欲狂，

痴女痛断肠。

觅挚情，

桃李僵，

遗恨愿未偿。

寻爱为何总遭灾？

痴情为何总愁怅？

温璋权钱被拒挡，

李亿纯情却早殇。

心系乐师寄晚年，

企盼秋池雁成双。

谁知他，

欺红妆，

夜枕眠色狼。

真假人间谁能辨，

春华未果遭寒霜，

红颜空悲伤。

〔温璋和小钟在唱近尾声时已暗上。

〔绿翘拿斗篷上，温璋、小钟隐退。

绿 翘 小姐……（递斗篷）

〔玄机赌气地将斗篷摔在桌上。

绿 翘 （将琴拾起，拂去灰尘，递给玄机）小姐……

鱼玄机 （接琴，心绪翻滚，音乐中悲愤成诗）

（吟）七弦琴。

　　　　欢乐未绝起哀声。

　　　　起哀声，

　　　　寒彻周身，

　　　　五内俱焚。

　　　　世上多少薄幸人，

　　　　瞬间恩爱成仇恨。

　　　　成仇恨，

　　　　丝弦铮铮，

　　　　多少悲愤。

（追忆往昔，不堪回首，痛心地）老天哪！你为什么如此不公？你为什么如此不公啊！！

〔玄机用力将琴摔出，绿翘急躲，不慎摔倒，头撞桌角，"啊"的一声。

鱼玄机　（惊）绿翘……（扑到桌旁，抱起绿翘）绿翘，绿翘……（毫无反映，手拭鼻息，大惊，猛摇，狂呼）绿翘，绿翘，绿翘！我的好妹妹，我的好妹妹呀……

〔温璋隐上。

温　璋　（冷笑）哼哼……

鱼玄机　（惊惧地）谁？

温　璋　情债难偿对头人！（阴鸷地奸笑）哈哈……

〔切光。

〔一束追光投在温璋身上。

温　璋　（念）机遇、良缘，

　　　　鄙人艳福不浅。

　　　　今日把柄在手，

　　　　能叫她入地升天。

　　　　入地、升天，

　　　　叫她铁案难翻。

〔小钟上。

小　钟　老爷,何事吩咐?
温　璋　(扔一锭银子给小钟)可敢上大堂,证死小道冠?
小　钟　(掂掂手中银锭)
　　　　(念)老爷口谕是令箭,
　　　　　　京都府衙作证见。
　　　　　　红口白牙舌头卷,
　　　　　　管她入地升天!
温　璋　胡说! 如果她能遂吾愿……
小　钟　(谄媚地)绿翘失足阳寿短。
温　璋　如果她敢不就范……
小　钟　(凶煞地)鱼玄机打死小丫鬟!
温　璋　静候班头传。(下)
小　钟　是。
　　　　(念)有权敢翻天,
　　　　　　有钱天敢翻。
　　　　　　有人把腰撑,
　　　　　　啥事都敢干。
　　　　　　管它黑白红绿蓝,
　　　　　　拍马逢迎高攀。
　　　　〔切光。
　　　　〔幕落。

第五场

〔女监。

〔犍狞狰狞,木栅森严。星月惨淡,烛光摇曳。

〔秋风骤起,呼哨而过。更鼓三响,闷锣几声。

〔蔡玫手提灯笼、食盒上。

蔡　玫　哎!人因于我,我因人何?世间多少冤枉事,谁人是非说?女牢为监司,心中知冷热。(举起灯笼,烛照四壁,然后将灯笼挂好,从食盒中取出酒菜,欲唤牢中之人,又止。在桌上摆好两副杯筷,斟酒自饮,不见栅内动静,故将酒洒向囚栅)

〔鱼玄机上。她洁癖依旧,秀发披肩,一身缟素,风姿不减。

鱼玄机　何处飘酒香,牢中无端思杜康。

蔡　玫　秋风萧瑟因衣单,杯酒驱风寒。(打开栅门)玄机,来喝一杯。

鱼玄机　(犹豫地)玫姐,这……,

蔡　玫　无妨。咱虽非姊妹,也称生死之交,出来吧。

鱼玄机　(看着桌上酒菜)明日刑台身首异地,感谢玫姐送行宴席。

蔡　玫　饮酒暖身,休要胡乱猜疑。(举杯)来。鱼玄机(举杯注视良久,感慨地)人生难得几回醉,今夜就喝它个不醉无……归!(心悸,强自镇定地)玄机……喝!

鱼玄机　喝……(举杯欲饮,传来更鼓四响,静静聆听,似又不

　　　　　信)玫姐,四更了?
蔡　玫　　四更了。(悄然拭泪)
鱼玄机　　五更天明即是绿翘百天祭日,玫姐,我想以此酒祭奠
　　　　　绿妹,不知可否?
蔡　玫　　姐妹情长,随你便是。
鱼玄机　　(举杯向天,酹酒于地)绿妹,鱼姐祭你来了。
　　　　　(唱)狱中薄命人,
　　　　　　　酹酒祭亡灵。
　　　　　　　情殇失手玉石焚,
　　　　　　　千古遗恨泪纷纷。
　　　　　　　相扶相伴七年整,
　　　　　　　玄机怎不思故人。
　　　　　　　你我虽非一日生,
　　　　　　　情同手足一家人。
　　　　　　　青楼伴我伤心泪,
　　　　　　　道观陪我守孤灯。
　　　　　　　炎夏为我遮阳伞,
　　　　　　　严冬同床暖寒衾。
　　　　　　　我怒你气愤,
　　　　　　　我愁你蹙颦。
　　　　　　　我欢你笑主仆情,
　　　　　　　我哭你悲姊妹心。
　　　　　　　现如今—
　　　　　　　不闻欢语声,
　　　　　　　不见笑脸亲,
　　　　　　　不闻倩影歌,
　　　　　　　不见绿粉裙。
　　　　　　　绿翘妹……
　　　　　　　失你如同失手足,
　　　　　　　失你好似丢了魂。

　　　　　孤舟折风帆,
　　　　　哀鸿离雁群。
　　　　　夜夜噩梦醒,
　　　　　痛煞断肠人。
　　　　　绿翘妹……
　　　　　黄泉路上且稍等,
　　　　　玄机午时就启程。
　　　　　挽手同过奈河桥,.
　　　　　举步同上望乡亭。
　　　　　再不回首人间事,
　　　　　休顾尘世冷暖情。
　　　　　红粉游魂长相伴,
　　　　　永远不离分。

蔡　玫　玄机,来,喝酒。

鱼玄机　喝!(一饮而尽)

蔡　玫　(斟酒,探询地)玄机,京城之中,许多达官贵人,文人墨客为你写了许多求情书束,京都府尹温璋大人也有意重审重断,可是你却……

鱼玄机　温璋居心叵测,岂能让他诡计得逞。

蔡　玫　何不答应于他,以求…….

鱼玄机　(打断地)玫姐,你我虽是女人,但也是有血有肉之躯,倘若成为男人寻欢作乐之玩物,岂不可悲、可叹、可怜!

蔡　玫　(感慨地)哎,世道不变,苍天尽欺红颜,生死爱情难两全,做人不易,女人更难。

鱼玄机　(不解地)玫姐,你……

蔡　玫　玄机,喝酒。(二人对饮)我虽非丽质红颜,可也曾有过感情波澜,正是读了你那首《道怀》的诗,才使我冲出感情的羁绊。玄机,你我早就有缘,只恨想见太晚。来,喝。

鱼玄机　（异常兴奋）玫姐,我那首诗真有如此之功力吗?

蔡　玫　确实如此,你诗中那无拘无束的境界解决了我的人生烦恼,否则,我也早就魂归仙乡了。

鱼玄机　狱中遇知音,真是庆幸。来,我们再饮一杯。(豪饮之后,陷入诗情之中,音乐起)

　　　　（吟）闲散身无事,
　　　　　　　风光独自游。
　　　　　　　断云江上月,
　　　　　　　解缆海中舟。
　　　　　　　琴弄萧梁寺,
　　　　　　　诗吟庾亮楼。

蔡　玫　（被诗情感染,接着吟诵）

　　　　（吟）丛篁堪作伴,
　　　　　　　片石好为俦。
　　　　　　　燕雀徒为费,
　　　　　　　金银志不求。
　　　　　　　满杯春酒绿,
　　　　　　　对月夜窗幽。

鱼玄机　（吟）绕砌澄清沼,
　　　　　　　抽簪映细流。
　　　　　　　卧床书册遍,
　　　　　　　半醉起梳头。
　　　　（伤感地）半醉起梳头……（淡然一笑,举杯爽饮）即使明日含冤上刑台,也要半醉起梳头。玫姐……

蔡　玫　（早有准备,将镜交玄机,伤情地）玄机,就让玫姐与你梳妆吧!

鱼玄机　谢谢玫姐。（举镜端坐）

　　　　〔蔡玫为玄机梳头,玄机对镜自赏。

鱼玄机　玫姐,我美吗?

蔡　玫　美……(暗暗拭泪)

鱼玄机　感谢上苍的造诣和赏赐,可惜午时三刻就要魂断香殒了。(端起酒杯,感慨地)人生酷似这杯中美酒,虽苦虽涩,却又难舍难离啊!玫姐,来,喝!

蔡　玫　喝……(喉阻难咽)

鱼玄机　(举杯豪饮,释然地)玫姐,该是曲终人散之时了,这餐筵席是永远的,也是最后的……

蔡　玫　(悲痛难禁,终于抱住玄机放声痛哭)

玄机,蕙兰,你好冤哪……

〔玄机平静安详,傲然玉立,任蔡玫在自己怀中痛哭。
〔李亿便装急上。

李　亿　开门,开门!

蔡　玫　谁?

李　亿　下官李亿。

蔡　玫　(愕)李大人?

鱼玄机　(惊喜)子安兄!(慌乱地)玫姐,快开门。

蔡　玫　(开门)李大人,你来得太迟了。

李　亿　(急扑进门)玄机!

鱼玄机　李亿!(扑到李亿怀中).

李　亿　蕙兰妹……

鱼玄机　子安兄……

李　亿　玄机。

　　　　(唱)林亭别,

　　　　　　太羞惭,

　　　　　　惧内遗香悔恨晚。

　　　　　　李亿如欠三生债,

　　　　　　竟让秋风残荷莲。

　　　　　　山路遥,

　　　　　　驰来慢,

　　　　　　险失良机恨无限。

　　　　　　斗胆离任来探监，
　　　　　　洗却红颜怨。
鱼玄机　（唱）见君面，
　　　　　　眉舒展，
　　　　　　芳草复苏春又还。
　　　　　　喜得世上有真情，
　　　　　　无怨在人间。
　　　　　　望君清明一吊纸，
　　　　　　游魂野鬼盼人怜。
　　　　　　坟头小花颔首笑，
　　　　　　谢君祭蕙兰。
　　　　〔温璋着官衣持上方剑带四校尉上。
李　亿　玄机，不要胡思乱想，我已求告温璋，他已答应赦你不死了。
鱼玄机　（大感）赦我不死？
李　亿　此案重审重断。
蔡　玫　（高兴地）谢天谢地，这就好了。
鱼玄机　……你可允诺他些什么？
李　亿　（难于启齿）我……
鱼玄机　（急迫地）说呀，你快说呀！
温　璋　（挥退校卫和蔡玫）他已允诺劝你就范，如能了却本官一夕之欢的夙愿，便可放你出监。
鱼玄机　（不信地）李郎，此话当真？
李　亿　（痛苦地）玄机，你，你就答应了吧！
鱼玄机　与他一夕之欢？
李　亿　（不敢正视）逢场作戏，为求生还。
温　璋　遂吾心愿，死罪可免。
鱼玄机　（问李）为求生还？
李　亿　（违心地）留得青山。
鱼玄机　（对温）死罪可免？

温　璋　　本官说了就算。

鱼玄机　　（问李）人间可有纯情真爱？

李　亿　　（支吾地）人……人若故去，一切皆完。

鱼玄机　　（惨笑）哈……哈……

李　亿　　（惊惧地）玄机，玄机…，

鱼玄机　　（逼视李亿）好你个七尺儿男，竟然如此寡断，你知书达礼，领骚文坛，你我也曾相思相恋，也曾结过翰墨姻缘，你竟然不知我心，错认蕙兰，可悲呀，可叹！苍天呀，苍天，你怎么不给我聪睿双眼，竟让我错把人爱，误将庸才当英贤。

李　亿　　（愧悔交加，扑跪于玄机面前）玄机，你风华正茂，才华横溢，我不忍因我无德无能而毁了你的一生。此乃下策，实出无奈，也违我心愿，但我不能见死不救，眼睁睁让你含恨而去。玄机，玄机，为你求生，我一片真心可对苍天！

鱼玄机　　（唱）花草春自生，
　　　　　　　　无意也飘香。
　　　　　　　　引来蜂蝶花间忙，
　　　　　　　　却未识芬芳。
　　　　　　　　我慕你，
　　　　　　　　学识广，
　　　　　　　　翰墨投缘许才郎。
　　　　　　　　我为你，
　　　　　　　　仕途畅，
　　　　　　　　含泪吞血将爱藏。
　　　　　　　　谁知你，
　　　　　　　　并未识红妆。
　　　　　　　　竟让我，
　　　　　　　　寻欢伴色狼。
　　　　　　　　如此屈膝求偷生，

谈什么
恩爱纯情贞操美德和善良?
让我以色作交易,
岂不是
人格丧尽颜面丢光怎把头扬?
(怒指温璋)
　　可恨你,
　　官居五品人模样,
　　无奈枉披皮一张。
　　淫威祸名媛,
　　欲火池鱼殃,
　　恶霜欺残荷,
　　势逼良为娼。
　　难道说,
　　有钱有权就有势,
　　公理王法怕强梁?
　　难道说,
　　尘世皆昏我独醒,
　　玄机浅薄不自量?
　　难道说,
　　裙钗本为春闺生,
　　空怀才智难逞强?
　　难道说,
　　男女根本无纯情,
　　世间男子皆荒唐?
　　难道说,
　　女人活该居人下,
　　人格独立是痴狂?
　　世态炎良情难测,
　　哀叹人心太无常。

奈何今日花落去，
无心尘世留芬芳。
血泪千秋成苦雨，
遗恨风月情早殇，
空留恨满腔。

〔鱼玄机突然夺过温璋手中宝剑，自刎身亡。
〔温璋等皆惊。李亿跪扑……
〔无字哀歌骤起。
〔天幕上鲜血淋漓，染红天际。
〔幕落。

（本剧取材于台湾地区邹律先生《名媛轶事》一书，剧本发表在《当代戏剧》2008，第五期）

十五贯

（根据秦腔剧本改编）

编剧 丁金龙

片头　赌场、街道　夜、外

〔赌场内、灯光昏暗,烟雾弥漫,几张赌桌被人围满,下注的,押宝的,摇骰子的,吆五喝六,人声鼎沸。

〔一张赌桌上,娄阿鼠掷骰子于桌上被一赌徒一把抓起骰子掂了掂,又给一旁的赌徒一看,众人气愤将娄阿鼠推出门外。

〔娄阿鼠走在空旷的路上,远处传来更夫"小心灯火"的喊声和梆声。

〔出剧名:十五贯

〔演职员表划过片头。

第一场　法场　日　外

法场上。斩首台上刽子手手捧钢刀立于监斩台上。

中　军　"监斩官况大人到!"

四衙役站立两厢,况钟稳步来到监斩台上。

况　钟　"带囚犯"

中　军　"带囚犯"

第二场　监狱院中　日　外

　　　　一声接一声"带囚犯"的喊声,令人发瘆。
　　　〔熊友兰、苏戌娟分别被男女狱卒从狱门中带出。
熊友兰　(外唱)熊友兰遭奇冤悲愤伤痛,
　　　　　　　　恨狗官无天理乱定罪名。
苏戌娟　(外唱)但愿得苏州大堂悬明镜,
　　　　　　　　况太爷查冤情起死回生。
　　　〔院中四名狱卒,分别推熊友兰和苏戌娟。
狱　卒　快走!

第三场　法场　日　外

况　钟　堂下囚犯报上名来。
熊友兰　小人熊友兰,老爷冤枉啊!
苏戌娟　小女苏戌娟。青天大老爷,小女子冤枉啊!
况　钟　哇!劫财害命,通奸私奔,杀人偿命,何冤之有?
兰、娟　小的不敢杀人啊,请大人明鉴。
况　钟　胡说!
　　　　(唱)国法律条重如山,
　　　　　　岂容尔等逞凶顽。
　　　　　　贪色刀下死,
　　　　　　劫财命难全。
　　　　　　临刑想翻供,
　　　　　　喊冤也枉然。

来呀,与我绑了。

众皂隶 啊!

〔皂隶将熊友兰、苏戌娟五花大绑。

况　钟（唱）对恶人就应该依法从严,
　　　　　　　明法理决不能姑息养奸。

熊友兰 大人,小民冤比天高,死不瞑目啊!

苏戌娟 老爷,小女冤比海深,苍天无眼啊!

况钟拍下惊堂木 此案人证物证俱在,岂能冤枉你们?刽子手!

刽子手 有!

况　钟 斩具呈上。

〔刽子手将写有熊友兰、苏戌娟的标旗呈上。
〔况钟提起朱笔,正要在标旗上圈斩。

熊友兰 人人都说苏州府况钟大人爱民如子,包公再世,难道你也不分青红皂白,看着小人含冤而死吗?

苏戌娟 太爷呀太爷,你要是屈斩良民,还算得什么清官,算得什么爱民如子?

况　钟 你爹尤葫芦被杀,十五贯钱被盗,熊友兰携你私奔,此案经过无锡县初审,常州府复审,都爷的朝审,三审六问,已经定案,你二人口口声声喊冤叫屈,怎让本府取信于你们?

兰、娟 小人罪证不实。

况　钟 怎见得罪证不实?

熊友兰 太爷!

（唱）他无锡我淮安家居两地,
　　　我本是陶复朱店中伙计。
　　　常州府去办货中途相遇,
　　　怎知她杀人越货太离奇。

苏戌娟（唱）只因我赴皋桥路途走迷,
　　　　　求客官指路径去投亲戚。
　　　　　若说是我与他投情私奔,

　　　　　　死在了九泉下也要呼屈。
况　钟　那十五贯钱又是哪里来的？
熊友兰　（唱）十五贯本是我办货钱币，
　　　　　　怎能够钱数相同就将我疑？
苏戌娟　（唱）无锡县不详查无证无据，
　　　　　　那口供尽都是大刑威逼。
熊友兰　（唱）大老爷人称你包公再世，
苏戌娟　（唱）大老爷人称你爱民如玉。
熊、苏　（唱）你不能见冤情置之不理，
　　　　　　你不能让小民死得冤屈。
况　钟　（问熊友兰）你主人陶复朱现在何处？
熊友兰　我动身时，他住在本城玄妙观前悦来客栈，等我办货回来同往福建。
　　　〔况钟审视熊友兰、苏戌娟陷入思虑后果决地。
况　钟　来呀！
众皂隶　啊！
况　钟　将熊友兰、苏戌娟二犯带到府衙候斩。
众皂隶　是。
　　　〔皂隶甲将熊、苏带走。
况　钟　（对门子）你速到玄妙观前悦来客栈查问熊友兰的东家陶复朱。
门　子　是。

第四场　苏州府后堂　夜

　　　〔况钟翻阅案卷，疑窦丛生。
况　钟　（唱）看案卷不由人疑窦丛生，
　　　　　　男淮安女无锡怎结私情！
　　　　　　苏戌娟去皋桥把亲省，

熊友兰奔常州陌路同行。
判他们是通奸无有赃证，
这命案来龙去脉尚不清。
熊友兰十五贯货款未定，
尤葫芦被谁杀也未查明。
听人言凭判断依据不准，
岂能够行刑逼供判死刑。

〔门子走进后堂。

门　子　回禀老爷，小的前去查问明白。据客栈主人讲，熊友兰就是陶复朱的伙计，陶复朱确实付于他十五贯钱，前往常州办货，陶复朱因等他不及已前往福建经商去了。这是悦来客栈的循环薄，老爷请看。（呈循环簿）
〔况钟在旅客循环簿上查到陶复朱、熊友兰的名字和住店日期。

况　钟　取我素服印信，挑起灯笼，随我督府面见都爷。

第五场　街道　夜　外

（一组况钟夜走的镜头）

第六场　都府客厅　夜

况　钟　参见老大人。
周　忱　（冷冷地摆摆手，示意况钟坐下）况大人奉旨决囚，忙碌一日，甚是辛苦。深夜至此，却是为何呀？

况　钟　只因两个罪犯罪证不实,深夜禀见,欲求老大人准缓行刑,查明真相。

周　忱　怎见得罪证不实?无锡县、常州府都是朝廷命官,见多识广,阅历颇深,审理此案不会有什么差错,况且本院朝审已过,贵府就不必多事了。

况　钟　老大人既然朝审,可知熊友兰是陶复朱家伙计吗?十五贯钱的真实来历可曾查明?二犯一住淮安,一住常州,不知他们如何相识?二人私通又有何人为证?据卑职派人前往玄妙观前悦来客栈查实……

周　忱　(不耐烦地打断)本院巡抚江南,所辖州县甚多,国事尚且无暇,如此小案也须本院详查吗?有无锡、常州案卷可查,岂能有假不成?

况　钟　大人,人命关天,非同儿戏。我不敢说案卷有假,但此案必须重新审理,证物要真,凭据要实,不可空论黑白。

周　忱　况知府,这监斩官的职责你可知否?

况　钟　验明正身,准时斩首回报。

周　忱　本府既要贵府监斩,就该谨守职责,为何擅离职守,越俎代庖?

况　钟　老大人,那律典上载:凡是死囚临刑呼冤者,允许下情陈奏。如今只求大人做主,给下官些许时日,我便可查清此案。

周　忱　如今都文已下,本院我实在不敢违抗。

况　钟　大人,此事责任我愿一人承担,决不连累大人。卑职蒙圣上钦赐印玺,当为者决不推诿,既然百姓喊冤,下官便可便宜行事。

周　忱　嘿嘿……
　　　　(唱)你既然奉印玺当为者为,
　　　　　　又何必来求我屈尊自卑。
　　　　　　本院我从来是谨慎行事,
　　　　　　绝不会违背都令坏成规。

况　钟　老大人息怒!如果大人执意不准,卑职也不敢勉强,今日，我这颗印玺押在这里，请老大人宽限数日，让卑职亲往无锡、常州查明此案回报，望乞允准。

周　忱　（冷笑）好一个怜民的知府，却也难得。好吧，印玺还请收回，本院准你便是。

况　钟　多谢大人，还要请赐令箭一枝。

周　忱　要令箭何用？

况　钟　常州、无锡非卑职所属，有了令箭便可方便行事。

周　忱　中军，取令箭交给况大人。

况　钟　（接过令箭）多谢老大人。（欲下）

周　忱　贵府此去查案，半月为限。

况　钟　是，是。

周　忱　倘半月之内不能查个水落石出，这私自延误斩期之罪……况大人，你可要自己承担哪！

况　钟　如此多谢大人。

第七场　尤葫芦家门前　日

〔地方麦大叔领着况钟、过于执前行，门子、皂隶紧随。

〔邻居秦古心、娄阿鼠等好奇地尾随在后。

邻居甲　那前边走的是不是苏州府的况钟况大人？

秦古心　正是。

娄阿鼠　那后边走的我认识，那是咱们无锡县令过于执大人。

女邻居　他苏州府的老爷，怎么管起咱常州的案子来了呢？

秦古心　况大人是个清官，他说这案子冤枉了好人。

娄阿鼠　……哦

〔地方麦大叔带领况钟等人来到尤葫芦家门前。

麦大叔　这就是死者尤葫芦的家。

况　钟　把门打开。

麦大叔　是！（揭下门上封条,将门打开）
况　钟　（向过于执）过知县请。
过于执　况大人请。
　　　　〔况钟、过于执走进门里。
　　　　〔门子将群众拦在门外。

第八场　尤葫芦屋内　日

　　　　〔况钟四处观看,过于执若无其事地站在一旁。
况　钟　地方,尤葫芦死在何处？
麦大叔　（指地上）死在这里。
况　钟　几时验尸埋葬的？
麦大叔　死后第三天。
况　钟　凶器呢？
麦大叔　已被差役带去存案了。
况　钟　（看看若无其事的过于执）贵县,当时你可曾亲自察看？
过于执　（不屑地）真凶实犯俱已拿住,何必多此一举呢！
　　　　〔况钟仔细查看大门内外、墙壁、床铺等。
　　　　〔过于执有些讥讽地看着况钟,画外心声："官场最怕这种迂阔之人,无事找事。"
　　　　〔况钟查看大门内外,画外心声："门闩无撬痕,门环无锁具,看来当时门是开着的。"
　　　　〔况钟查看墙壁,用手拭墙上灰尘。画外心声："墙上无血迹、无擦痕,看来并未发生大的打斗。"
　　　　〔况钟看看零乱的床铺,发现床单上的污渍,俯身闻闻。画外心声："这定是死者生前醉酒呕吐的秽物。"
　　　　〔况钟又俯身看地上的血迹。
过于执　（讽刺地笑看况钟所作一切,然后大惊小怪地）

啊！这是血迹吗？

况　钟　是血迹。

过于执　只怕是被害者的血迹吧！

况　钟　自然不会是凶手的血迹。

过于执　(蹲下夸张地)血迹与凶手密切相关,倒要仔细查看查看。哎呀！这血迹看来看去,也看不出来凶手是哪一个呀！

况　钟　依贵县之见呢？

过于执　依卑职之见吗……

况　钟　是哪个？

过于执　(讪笑地)不过……况大人说他们是冤枉的,下官也就不好妄论了。(再次讪笑)嗨……

〔况钟也嗨嗨一笑。

况　钟　(问麦大叔)苏戌娟住在哪里？

麦大叔　(指侧室)就住在这里面。

况　钟　平日为人如何？

麦大叔　为人端庄稳重。

过于执　未嫁之人,与人私通自然假装稳重,掩人耳目嘛！

〔况钟看看过于执,并未搭理,走进侧室,麦大叔跟进。

过于执　(讥讽地)哼哼！

　　　　(唱)有人证有物证偏要察访,
　　　　　　情有真罪有据硬说冤枉。
　　　　　　作知府无常识荒唐万状,
　　　　　　可笑他把凶手当作善良。

〔况钟从侧室走出,众人随出。

过于执　大人是否发现什么可疑之处？

况　钟　贵县你呢？

过于执　(故意夸大地)啊！我看处处可疑。

况　钟　(也故意地)哪里可疑,何处可疑呀？

过于执　若无可疑之处,况大人何必前来勘查呢？

况　钟　（反讥地）如此说来,是我多管闲事了?
过于执　哪里哪里,况大人乃是为民请命吗?
况　钟　贵县你呢?
过于执　卑职才疏学浅,老大人阅历广博,说卑职审理有差错,想必一定能查出端详。
况　钟　好,我们继续查,(在地上发现一枚铜钱,捡起)这地上有一枚铜钱。
皂隶乙　这里也有一枚铜钱。(捡起交给况钟)
过于执　这一两枚铜钱,难道也与此案有关不成?
况　钟　（看看手中的铜钱未回答）再寻!
皂隶甲　太爷,床后还有半贯多铜钱。
〔况钟急往床后查看,几百枚铜钱散落一地,甚觉奇怪。
过于执　（站在床边）尤葫芦卖肉为生,误将铜钱抛落地下,不足为怪。
况　钟　（从床后走出,看到门外众多百姓,便走出门外）

第九场　尤葫芦家院内　日　外

况　钟　（向围在门外观看的众邻居）请众位乡邻院内一叙。
〔秦古心等邻居先后进院,其中已没有了娄阿鼠。
众邻居　参见老爷。
况　钟　众位乡邻,不必多礼。本官意在惩凶救善。有些事想了解一二。秦先生,请问尤葫芦平时家境如何?
秦古心　尤葫芦平日以杀猪为业,生意折本后,生活无着,靠借当为生。
众邻居　家无隔宿之粮。
况　钟　（思索反问地）
　　　　（唱）尤葫芦家无有隔宿之粮,

　　　　　　哪有这许多钱抛在地上。
过于执　（唱）尤葫芦总是酒醉人糊涂，
　　　　　　可能是停业之前被遗忘。
况　钟　（唱）三五枚零散钱尚有可能，
　　　　　　数百枚被遗忘绝非寻常。
　　　　〔众邻居看钱议论。
过于执　依大人之见，这半贯钱又是从何而来呢？
　　　　〔况钟思索未答。
秦古心　依小人之见，这半贯钱也许是被偷的那钱中散落的。
邻居甲　怎么会掉半贯之多呢？
女邻乙　也许是凶手杀人之后，手忙脚乱，把钱散落了。
邻居乙　可是熊友兰身上带的十五贯钱并无分文短少啊？
女邻乙　也许那抓到的凶手不是真凶。
　　　　〔过于执瞪了女邻乙一眼。
秦古心　那熊友兰只怕是……
过于执　那熊友兰只怕是不知道床后有钱，若是知道也就顺手拿走了。
况　钟　（对皂隶甲）将钱拾起存案。
皂隶甲　是（拾钱，发现床角有一小木盒，拾起）太爷，小人又发现一个小木盒。
况　钟　（接过打开，是一对骰子，拿出在手中掂掂）这骰子分量为何这样重呢？
皂隶甲　也许是灌铅的。
况　钟　嗯！好像是灌铅的。
　　　　〔众邻居窃窃私议。
过于执　本县民风不正，赌风颇盛，这骰子家家户户都有不足为奇。
邻居甲　过大人，我们家就没有这玩意。
女邻乙　就是，我们家也没人赌博。
况　钟　这是赌棍常用之骗人的勾当。
过于执　尤葫芦既喜吃酒，必爱赌博，这骰子肯定是他的

　　　　　赌具。
秦古心　大人,尤葫芦经常吃酒,可从不赌博。
过于执　或是他的朋友遗落在这里的呢?
况　钟　他可有好赌的朋友经常来往?
众邻居　(互问地)他的亲友中,好像没有一个好赌钱的,对吧?
况　钟　请众位乡邻暂且门外回避一下。
　　　〔众邻居自觉退出院去。
况　钟　(对麦大叔)地方,这些邻居中可有好赌之人吗?
麦大叔　这几位邻居中没有一个好赌之人……噢,还真有一个。
况　钟　叫什么名字?
麦大叔　(麦大叔与况钟耳语并向门外张望)咦,刚才还在,这会怎么不见了呢?
况　钟　他与尤葫芦可常来往?
麦大叔　他们不常来往,他时常赊欠尤葫芦的猪肉不给铜钱,因此,二人素不往来。
况　钟　尤葫芦被害,是谁最先发现的?
麦大叔　是他的邻居秦古心老汉。

第十场　大堂　日

〔秦古心和麦大叔坐在偏堂。有人给二位上茶

况　钟　二位老人家用茶,(向秦古心)秦老伯,你平日很早起床吗?
秦古心　并不太早。
况　钟　四月十五那天,你为什么起得那么早去到尤葫芦家呢?
秦古心　是他头天晚上约的我……

〔闪出。

第十一场　秦古心　　家门内外　夜

〔尤葫芦醉态地敲门。
尤葫芦　（学女人声）秦老伯可在家吗？秦老伯。
秦古心　（边穿衣服从内室走出）外边是谁叫门？
尤葫芦　（捏着鼻子答话）是我。
秦古心　（开门）原来是尤二叔，你真是爱开玩笑，黑天半夜，你叫我有什么事？
尤葫芦　（边进门边指指自己肩上的钱袋）老伯请看。
秦古心　这么多的钱，你是哪里弄来的？
尤葫芦　（醉酒玩笑地）在路上拾来的
秦古心　唉！你就不要开玩笑了
尤葫芦　不瞒你说，我做生意折了本，我皋桥那大姨姐，看我度日困难，借给我十五贯作本钱，让我重操旧业。
秦古心　好，好，有了本钱你那肉铺就可重新开张，吃用不愁了。
尤葫芦　明日买猪还要请秦老伯你一同前往。
秦古心　好，明日我一定同你前去。
尤葫芦　多谢老伯，明早我来叫你。
秦古心　我怕你酒醉误事，明日还是我来叫你吧！
尤葫芦　多谢老伯。（边说边走出屋门）

第十二场　大堂　日

〔闪回。
〔秦古心在继续讲述。
况　钟　尤葫芦买猪为何要叫你同往呢？
秦古心　过去他买猪就经常叫我同往,我也乐意帮忙。因为我家开了个卖酒、卖油的杂货铺子,他的生意好我的生意也沾光。亲帮亲,邻帮邻,富帮富,贫帮贫嘛！
况　钟　那第二天你是怎么发现他被害了呢？
秦古心　第二天一大早我就起床去到他家,当时房门敞开,我还以为他起来了呢！
〔闪出。

第十三场　尤葫芦家　晨

〔尤家屋门敞开,秦古心边喊边走进屋内。
秦古心　尤二叔,尤二叔,哎呀……(被绊倒,边爬起边自语)什么东西绊我一跤。哦！原来是尤二叔。喂！醒来,醒来。好好的床上不睡,为何要睡在地下呢？肯定是喝多了。(掀尤不动)哎呀杀人啦！大姐娃,大姐娃呀！(〔秦古心见无人答话急忙跑出门外)

第十四场　尤葫芦家院外　晨

秦古心　（从屋里跑出）出人命啦！杀人啦！东邻西舍快来呀，不好了，尤二叔家出事了。

〔邻居数人及娄阿鼠前后来到尤葫芦家门前。

邻居甲　秦老伯，出什么事了？

秦古心　尤葫芦被人杀了。

众邻居　怎么会有这事？

娄阿鼠　我不相信，谁能有这么大的胆子。

秦古心　不信，大家进去看看。

〔众人拥进屋内，见状有的害怕，有的不忍目睹。

娄阿鼠　鲜血淋淋，太可怕了。

邻居甲　秦老伯，你是怎么知道的？

秦古心　昨日，他在皋桥亲戚家里借了十五贯钱，约我一同去买猪，今早我来喊他，不料他已被人杀死了。

邻居乙　那十五贯钱呢？

秦古心　那十五贯钱好大一堆呢，怎么会不见了？找找看。

〔众人在屋内翻看，均未发现。

女邻居　那大姐娃呢？

秦古心　大姐娃也不见了。

娄阿鼠　好奇怪呀，怎么大姐娃也不见了。

女　邻　父亲被杀，女儿突然又不在家中，恐怕……

男　邻　难道她是杀父盗财？

娄阿鼠　哎，女大不中留，苏戌娟肯定是有了相好。

秦古心　我等切莫乱讲，不如一边赶快寻找，一边前去报官。

众　　　好，赶快报官。

第十五场　大堂　日

〔闪回。

〔**秦古心**　仍在堂上回禀。

秦古心　是贼也罢,是她女儿也罢,事不宜迟,我想凶手也许不会走远,我便叫人去叫地方麦大叔赶快去报官,一面派人前去追赶。

况　钟　好,老人家,你先到耳房歇息,待会我还有事问你。

秦古心　谢大人。

〔秦古心随皂隶甲走出厅堂。

况　钟　带苏戌娟上堂。

衙　役　带苏戌娟上堂。

〔苏戌娟被带上大堂,跪在堂下。

苏戌娟　见过大人。

况　钟　苏戌娟,你父当晚回来可曾喝酒?

苏戌娟　不但喝了,而且醉眼蒙眬。

况　钟　他可给你讲了钱的来历?

苏戌娟　讲了……

〔闪出。

第十六场　尤葫芦家　夜

苏戌娟　(开门)爹爹回来了

尤葫芦　(进门,将钱放在案上)回来了。

苏戌娟　哪来的这许多铜钱?

尤葫芦　你猜是哪里来的?

苏戌娟　又是借来的。

尤葫芦　哪里有这样的好人,肯把这许多的钱借给咱呢!
苏戌娟　那是哪里来的呢?
尤葫芦　(又开玩笑地)先与我儿恭喜了。
苏戌娟　爹爹,我们少吃缺穿,还有什么喜事呢?
尤葫芦　唉!事到如今,为父与你实说了吧!我今早出门正遇见张媒婆,她说于员外的女儿出嫁缺个陪嫁丫头,我就要了他十五贯钱,把你卖给人家作陪嫁丫头了。
苏戌娟　此话当真?
尤葫芦　明天一早就过去,你快点收拾收拾吧!
苏戌娟　哎呀,我早死的娘呀……(趴在桌上啼哭)
尤葫芦　(醉眼蒙眬地笑笑)哈哈……说了一句笑话,娃就信以为真了,有趣有趣,把钱放好,痛快睡上一觉。
　　　　(边说边把钱放到床上枕边,然后上床睡觉)
　　　　〔苏戌娟走到床前,摇摇酣睡中的尤葫芦……
苏戌娟　爹爹,爹爹醒来!唉!
　　　　(唱)叹亲父去世早家境变,
　　　　　　我母亲孤苦再嫁男。
　　　　　　继父他待我虽不错,
　　　　　　总不如亲生更挂牵。
　　　　　　求他看在亡母面。
　　　　　　改变主意退回钱。
　　　　〔苏戌娟再次来到床边,欲推醒尤葫芦。
苏戌娟　爹爹,你醒醒呀!
尤葫芦　(梦呓地)干什么?有事明天再说!(翻个身又鼾声大作)
苏戌娟　唉!
　　　　(唱)我非他亲生女彼此疏远,
　　　　　　能卖我他怎会把我可怜。
　　　　　　怕只怕难劝他回心意转,
　　　　　　戌娟女哭亲娘又哭苍天。

第十七场　大堂　日

〔闪回。
〔苏戌娟跪在堂下,突然发现身边跪着的熊友兰,正在愣愣地听着她的诉说。

苏戌娟　……我哭天无助,猛见案上有一肉斧,顿时萌生自杀的念头。这时,我突然想起皋桥姨母,曾对我说,若有难事,可去找她。如今我命处危机之时,何不前去找她。我便放弃了自杀的念头,决定前往皋桥找姨母。

况　钟　熊友兰,苏戌娟途中又是如何与你相遇,如何被抓住的呢?

熊友兰　大人容禀!
（唱）家贫穷缺衣食难养双亲,
　　　我与人当佣工苦度光阴。
　　　我主人陶复朱家财豪富,
　　　跟着他跑买卖受尽苦辛。
　　　走遍了苏杭湖广与浙闽,
　　　为主人苦操劳四海忙奔。
　　　那一日去常州买布夜行,
　　　忽听得身后边似有来人。

〔闪出。

第十八场　荒郊　日

〔苏戌娟疲惫地急行在夜路上。

苏戌娟　（唱）跑的我两腿酸实难行走,
　　　　急得我口儿干汗水淋淋。

山树叶乱飘零只身影孤,
眼目前一线路皋桥投亲。
见姨母我要把苦处说尽,
她必然怜甥女救儿脱身。

〔苏戍娟发现前边有人。

苏戍娟　前面客官缓行。
熊友兰　啊!(停步回身)不知大姐喊我何事?
苏戍娟　平日居家很少外出,今日迷了路,请问客官到皋桥由哪条路走?
熊友兰　大姐如此匆忙赶路,为何没有亲人相伴?
苏戍娟　父母忙于家务,让我一人前往皋桥探亲。
熊友兰　原来如此,大姐往皋桥正好与我同道。我在前走,你在身后随行便是。

第十九场　　大堂　　日

〔闪回。
〔熊友兰、苏戍娟仍跪在堂下给况钟回话。

熊友兰　我就在前面默默行走。
苏戍娟　我就在后面紧紧跟随。
况　钟　你们陌路同行,就没有问对方的姓名吗?
熊友兰　男女授受不亲,怎好问一个姑娘名讳。
苏戍娟　我心急投亲,根本就没想起问这位客官姓甚名谁。
况　钟　(微微点头)也在情理之中。那后来你们是怎么被带到县衙去的呢?
熊友兰　我们正行之间,忽听后边有人喊着追了上来。

〔闪出。

第二十场 荒郊 日

众邻居　站住！站住！
秦古心　前边二人慢走。
　　　　〔熊友兰、苏戌娟停下，众邻居追来，发现苏戌娟跟一陌生男子同行，均感惊异。
秦古心　大姐娃，你干的好事！
苏戌娟　秦老伯，我想念姨母，前去探望有什么不好？
众邻居　你父亲被人杀死了？
苏戌娟　（大惊）什么？我爹爹死了？
　　　　〔苏戌娟返身欲回，被众人挡住。
娄阿鼠　你要到哪里去？
苏戌娟　我回家看看到底出了什么事？
娄阿鼠　你不要装模作样了，谁肯信你。
苏戌娟　我父被杀，为何不让我回去看望？
熊友兰　怪不得你这样匆忙，原来你是这样之人，此事与我无关系，我走了。
众邻居　唉，你不能走！
熊友兰　我为何不能走呢？
娄阿鼠　你走了，叫谁替你去顶案呀？难道叫我娄阿鼠替你去抵罪不成？
熊友兰　这才奇了，这事与我有何相干呢？
邻居甲　不要多说，先看看他带的钱袋！
　　　　〔众人去拿熊的钱，熊不肯，与众人争抢。
熊友兰　这钱是我的，你们为什么要抢？
娄阿鼠　谁抢你的钱！（突然从熊手中抢过钱袋）……你先说，这袋子里是多少银两？
熊友兰　十五贯整啊！（众惊）
众邻居　数数看，数数看。
秦古心　我来数。（从娄阿鼠手中接过钱袋数钱）哎呀，一贯不多,半贯不少,刚刚十五贯,(向熊友兰)你还想抵赖。

众邻居　(七嘴八舌)谋财害命,狼心狗肺。
娄阿鼠　你心也太狠了,为了拐骗私奔,胆大妄为,竟敢杀,杀人!
熊友兰　我怎么会杀人呢?诸位,诸位,请听我说。
　　　　(唱)这十五贯铜钱是主人给,
　　　　　　让我去到常州做生意。
　　　　　　刚才路行到此地,
　　　　　　见这姑娘把路迷。
　　　　　　要我与她把路引,
　　　　　　去到皋桥探亲戚。
　　　　　　陌路人不曾知根底,
　　　　　　请不要栽赃陷害将我屈。
苏戌娟　我与这位客官素不相识,不要冤枉好人!
邻居甲　你们这话是真是假,谁人能信?
熊友兰　我那主人陶复朱在苏州玄妙观前悦来客栈居住,诸位不信,请派人前往一查便知。
　　　　〔众邻居彼此互视,疑信参半
娄阿鼠　人在赃在,尤葫芦不是你杀的,难道还是我娄阿鼠杀的?大家不要相信他们的鬼话!
　　　　〔二差役在地方麦大叔和几个邻居的带领下急急走来。
娄阿鼠　二位大人,凶手就在这里,快带上走吧!
　　　　〔二差役锁熊与苏
熊、苏　二位差官,你们抓错人了。
二差役　谁杀人,谁偿命,自引火,自烧身!走吧!
秦古心　慢来,慢来!这事还有些疑惑,问清楚再走不迟。
邻居家　不管是也不是,到了衙门自然明白。
邻居乙　我们也都一同前去!
众邻居　是!

〔娄阿鼠看着众人走远，自己却向别处溜走。

第二十一场　大堂　日

〔闪回。
况　钟　熊友兰，他们拿走你身上的钱可是整整十五贯。
熊友兰　分文不少。
况　钟　分文不少？……
〔闪出。

第二十二场　尤葫芦屋内　日

〔闪回。
〔皂隶甲在床后发现许多铜钱。
皂隶甲　太爷，床后面还有半贯多铜钱。
〔况钟急往床后察看，几百枚铜钱散落一地，甚觉奇怪
秦古心　依小人之见，这半贯钱也许是被偷的那钱中散落的。
邻居甲　怎么会掉半贯之多呢？
女邻乙　也许是凶手杀人之后，手忙脚乱，把钱散落了。
邻居乙　可是熊友兰身上带的十五贯钱并无分文短少啊？
女邻乙　也许那抓到的凶手不是真凶。

第二十三场　大堂　日

〔闪回。
况　钟　苏戌捐,你家平日可有存钱?
苏戌娟　家无隔夜之粮,分文无存,肉铺停业半年多来,全靠借当生活。
况　钟　……好了,你们下去吧。
熊、苏　谢太爷。

第二十四场　空镜头　外　夜

府衙夜景

第二十五场　后堂　夜

〔况钟手里拿着两枚骰子,头脑在不停地思索,画外传来况钟的心声:"熊友兰所带十五贯分文不少……尤葫芦家靠借当生活,床下怎么会散落半贯多铜钱呢?
〔况钟下意识地看看骰子,在手中掂了掂……
〔闪出。

第二十六场　尤葫芦家屋内　日

〔众邻居自觉退出屋内。
况　钟　（对麦大叔）地方,这些邻居中可有好赌之人吗?
麦大叔　这附近的邻居中没有什么好赌之人呀!……噢,还真有一个。
况　钟　叫什么名字?
麦大叔　（向况钟耳语并向门外张望）咦,刚才还在,这会怎么不见了呢?

第二十七场　后堂　夜

〔夜深人静,烛光摇曳,况钟看着眼前案卷陷入沉思……下意识地盯住桌案上的两颗骰子,突然伸手抓起……
况　钟　来呀!
〔门子应声走进屋内。
门　子　太爷,有何吩咐?
况　钟　带上这副骰子去到赌场查问,看看可有人认识这副骰子。
门　子　是!
〔门子出画

第三十场　赌场门口　日　外

门子带着几个皂隶走进赌场。娄阿鼠远处窥视着

第三十一场　赌场门口　赌场　日

〔赌场内,灯光昏暗,烟雾弥漫,几张赌桌被人围满,下注的,押宝的,摇骰子的吆五喝六,人声鼎沸。

〔门子带着几个皂隶,走到一张赌桌前,伸出手中的骰子让人辨认,几个赌徒传看后摇摇头。

〔门子他们又走到一张赌台前让人辨认,几个赌徒显出不耐烦地情绪摇摇头。

〔另张赌台前,一个赌徒大笑着往怀里揽钱,门子走到他跟前拍拍他的肩膀,这个赌徒收住笑脸,惊诧地看着门子和身后的皂隶。

门　子　别怕!(伸出手中的骰子)我让你看看这副骰子。
赌徒甲　看看这副骰子?(接过观看)他妈的,这是罐了铅的吗?
门　子　认识吗?
　　　〔众赌徒伸长脖子观看。
赌徒甲　(细看)……见过……这好像是娄阿鼠的?你看看。
赌徒乙　(接过,看后)没错,是娄阿鼠的。你看,这骰子有个角缺了一块。
赌徒甲　(接过)没错。那天晚上他输急了眼,就拿这副骰子作弊,被我们当场发现,还把他狠狠揍了一顿。
门　子　你没认错?
甲、乙　没错,没错……

第三十二场　苏州府后堂　日

〔况钟正在阅卷,门子走进后堂。

门　子　太爷,据地方麦大叔讲,娄阿鼠近日一直没见回家。

况　钟　你速带几名差人化妆四乡寻访,让秦老伯跟随你们一路同行,我率人随后跟来。

门　子　是!

〔门子走出后堂,随即一名家人进门。

家　人　太爷,无锡县过于执大人求见。

况　钟　有请。

家　人　是!（走出后堂）

第三十三场　苏州府门口　日

〔过于执兴冲冲地走进门来。况钟迎出。

过于执　况大人,案子已胸有成竹了吧?今天可是第十天了。

况　钟　多谢过大人挂心!不知过大人到此有何公干?

过于执　非公非干,眼看半月已到,怕况大人太过辛苦,特来看望。

况　钟　既非公事,我二人何不去至后花园品茶赏花呀?

过于执　看来况大人真是胸有成竹啦!竟有心情品茶赏花。下官必当奉陪。

况　钟　请。

第三十四场　后花园内　日　外

　　　　二人边聊边向石桌走来。
况　钟　有劳大人提醒。你来得正好，我还有些问题想要请教。
过于执　大人定有神机妙算，下官七品县令，何能之有，哪敢承受大人请教二字。
况　钟　我来问你，你怎么断定苏戌娟一定是谋财私奔呢？
过于执　（得意地）那苏戌娟我观她面色艳如桃李，岂能无人勾引？她正值青春，怎肯孤守闺房？她与奸夫情投意合，自然要生比翼双飞之心。因父亲阻拦而杀其父，盗其财产。此乃人之常情，这案就是不问，也能明白十之八九了。
况　钟　哦？靠人之常情推断就能判案？
过于执　（自信地）按常情推断，乃是智慧和经验。
况　钟　那苏戌娟之父为何姓尤，你可曾问过？
过于执　（冷笑地）那是起码的常识，岂能不问？
〔闪出。

第三十五场　无锡大堂　日

〔无锡县令正在审案，桌上堆放着十五贯铜钱。
过于执　我再问你，你父姓尤，你为何姓苏呢？
苏戌娟　生父早死，我母改嫁，带我来到尤家，故而姓苏。
过于执　这就对了，要问岔儿，就出在这儿，若问根儿，这就是筋儿。你们既然非亲生父女，他见你招蜂引蝶伤风败俗，自然要来管你，此事你就怀恨在心，起了杀父之意，是也不是？

苏戌娟　小女子并无此事。

过于执　岂有此理,俗话说,捉贼捉赃,捉奸捉双,如今你与奸夫双双被捉,十五贯在此,又有你的邻人为证,这人证物证俱在,难道本县还会冤枉你不成?

苏戌娟　老爷再查再访,小女子实在冤枉啊!
　　　　(唱)我爹爹贪财把我卖,
　　　　　　我不愿为奴逃出来。
　　　　　　皋桥去把姨母拜,
　　　　　　请她出面救裙钗。
　　　　　　谁料中途迷方向,
　　　　　　巧遇客官把路带。
　　　　　　忽闻身后有人喊,
　　　　　　原是乡邻追过来。
　　　　　　说我通奸把父害,
　　　　　　偷钱私奔跑出来。
　　　　　　这真是大祸来天外,
　　　　　　一祸未了又遭灾。
　　　　　　大老爷详情细推敲,
　　　　　　查明了真相把恩开。

过于执　一派胡言,方才邻人言讲,这十五贯钱乃是你父从亲戚家中借来的,你却与他扣上卖你做丫头的罪名,分明是血口喷人。本县把这无头疑案也不知审过多少,何况你这赃证俱全的杀人案件,不管你如何诡辩,还能瞒过我老爷不成? 快快与我招来。

苏戌娟　无有此事,不知该招何事?

过于执　来呀! 把她用栲子给我枷起来。

众衙役　啊!
　　　　〔衙役给苏戌娟上刑,苏疼痛难忍。

苏戌娟　(唱)受毒刑肝肠裂断,
　　　　　　无故遭劫蒙屈冤。
　　　　　　老爷昏庸不容辩,

　　　　　我只得先招认再作周旋。
衙役甲　这女子受刑不过愿招！
过于执　叫她画供。
衙役甲　画供。
　　　〔苏戌娟双手被楼,疼痛流血不能握笔,衙役甲强拉其手摁下手印。

第三十六场　苏州府后堂　日

　　　〔闪回。
况　钟　那苏戌娟在重刑下招认,供词可靠吗?
过于执　这些泼妇刁民不上重刑,他能招供吗?这是断案的一种手段!
况　钟　那熊友兰你可当堂问过?
过于执　当然问过了!(不解地)况大人,你不是在怀疑下官的办案能力吧?
况　钟　不是不是,我只是了解一下当天审问的情况。
过于执　况大人,我在官场摸爬滚打十几年了,虽无长进,但这点常识还是懂的。审了淫妇能不审奸夫吗?
况　钟　那熊友兰招了吗?
过于执　(自夸地)那熊友兰伶牙俐齿,强词夺理,他能骗过我吗?
况　钟　哦?他怎么骗你呢?
过于执　他说他从苏州来,往常州去,为何迟不来早不来,偏偏就与苏戌娟相遇一起来?他说他与她素昧平生,她为何不与别人同行,偏偏与他熊友兰同行呢?他说十五贯钱本是货款,为何与尤葫芦丢失钱数分文不差?我把他问得哑口无言,只是喊冤并不答话,你说这不是想蒙混过关吗?

况　钟　你去玄妙观悦来客栈查问过他的东家陶复朱吗？
过于执　那根本就不用查！这纯是熊友兰编的托词，想骗我？没那么容易。
况　钟　那他招了吗？
过于执　心中有鬼，大刑一上，他就招了。（讥讽地）况大人！
（唱）天下做官的都是人，
　　　　能力大小有区分。
　　　　断案若无旷世才，
　　　　奔波操劳白费心。
哈哈！况大人，你就慢慢查吧！可是时间所剩不多，我真替大人的前程担心呐！
况　钟　（冷笑地）前程不过是一顶乌纱帽，错斩可是两颗人头呀！孰重孰轻，过大人不会不清楚吧？
过于执　好好好，望大人成功！告辞！
况　钟　不送！

第三十七场　　河面上　日

〔一湾碧波，两岸青葱，一叶扁舟，顺水顺风而下。
〔况钟一身便服，站立船头，凝眉深思，翘首远盼。

第三十八场　　东岳庙附近　黄昏

〔化妆成货郎的门子和**秦古心**在树丛后窥探，**秦古心**指指远处一间茅屋。
〔门子会意，挑担走出树丛向茅屋走去。

〔娄阿鼠推开柴门,四顾无人,正欲出门,一声货郎鼓响,惊吓地急忙退回屋里。
〔门子摇着货郎鼓大方地向远处走去。

第三十九场　茅屋内　日

〔娄阿鼠掀开一点门缝,看看远去的货郎……

娄阿鼠　（唱）乡下躲藏,
　　　　　　　烦闷难当。
　　　　　　　况钟查案,
　　　　　　　胆战心慌。
　　　　　　　抽签问祸福,
　　　　　　　东岳庙中去烧香。

第四十场　空镜 - 东岳庙外　夜

东岳庙外夜景

第四十一场　东岳庙外　夜

〔娄阿鼠登上庙前石阶,四顾无人后潜进庙内。
〔远处,皂隶甲乙拿出绳索正要向庙内冲去,被门子阻挡。

门　子　娄阿鼠虽然嫌疑重大,尚无证据,很难确定为凶手。

(指皂隶乙)我和他留此盯守,你快到船上向太爷禀报。

皂隶甲　是。

第四十二场　山间小路　日　外

皂隶甲急走在小路上。不小心与对面一个算卦先生(况钟扮)撞到一起。

皂隶甲　对不起老先生,我只顾走路……
况　钟　只顾走路也要看路啊!
皂隶甲　老先生,我真的有急事呀……
况　钟　怎么?撞伤了我你不管?这是要溜啊……
皂隶甲　(拿出些银子)……老先生,我真是有急事。这钱你拿去看病,实在不行,我办完事到这来找你?
况　钟　你去办什么事我知道。
皂隶甲　……
况　钟　(况钟指指手中的幌子)你们一行三人,到这有公事。你要去山下的船上找一个人。
皂隶甲　……你到底是什么人!
况　钟　你要找的人。姓况名钟。
皂隶甲　……况大人?……真是您……
况　钟　门子可在山上?
皂隶甲　是
况　钟　带路!

第四十三场　督府　夜　外

督府外全景。过于执进入督府

第四十四场　督府客厅　日

〔过于执献媚而立，正在听周忱问话。

周　忱　前几日,听说你和苏州府况大人一同前往现场勘查了?

过于执　纯粹是多余,况大人他捕风捉影,危言诡辩,空造凭证,颠倒是非。

周　忱　(不悦地)这半月期限即满,看他怎么交代。

过于执　我看他难于交代。

周　忱　怎讲?

过于执　我看他近来反添闲情逸趣,借用府库官银游山玩水,每日早出晚归,分明是拖延斩期,包庇死囚。

周　忱　(气恼地)岂有此理!中军。

中　军　有。

周　忱　明日前往苏州府催办,让那况钟来见我。

第四十五场　东岳庙内　日

〔夕阳西斜,庙堂昏暗,娄阿鼠上香叩头。

〔娄阿鼠正待摇动签筒,扮作算卦人的况钟来到他身后,轻拍其肩。

娄阿鼠 （一惊）谁？什么事？

况　钟 你要算卦吗？

娄阿鼠 我在求签……算卦吗？不要,不要。

况　钟 求签不如算卦好。

娄阿鼠 你说啥,求签不如算卦好？

况　钟 对,心中疑难事,流年问祸福,只要算卦便可清清楚楚,明明白白。找人能算方向,谋事能算成败,赌钱能算输赢,算卦可给你指明逢凶化吉、遇难呈祥之出路。

娄阿鼠 你算卦真有那么大能耐？

况　钟 （唱）我观枚测字是内行,
　　　　　　吉凶祸福与你讲。

娄阿鼠 （唱）测字只怕办不成,
　　　　　　我不识字是文盲。

〔况钟暗暗一笑,画外心声:"文盲更好蒙"。

况　钟 （唱）只要你随意说个字,
　　　　　　我便与你说端详。

娄阿鼠 我随口说个字就行？

况　钟 就行。

娄阿鼠 先生,小弟贱名娄阿鼠,这个鼠字你可测得出？

况　钟 （明知故问地）可是老鼠的鼠？

娄阿鼠 正是老鼠的鼠。

况　钟 测得出,测得出。

娄阿鼠 待我给你找个凳子来。你坐下慢慢算。（走向庙堂殿门）

况　钟 （唱）借测字慢慢探真相,
　　　　　　但愿今夜定短长。

第四十六场　庙外　夜

娄阿鼠到庙门口搬一条凳进门

第四十七场　庙外　夜

又来了几个衙役。门子示意大家别出声。示意让几人埋伏在门口

第四十八场　东岳庙内　夜

娄阿鼠　先生请坐……我想问事……
况　钟　（故意打岔）噢！你问官司？
娄阿鼠　（一愣，急忙四顾，小声地）我正是想问官司。
况　钟　哦！官司！
　　　　〔娄阿鼠急掩况钟之口，示意不要大声。
况　钟　明白、明白。（两手掐指算卦，口中念念有词）鼠字乃十四画，数目成双乃是福，鼠又属阳，乃幽晦之象，若占官司，眼下恐不能明断。
娄阿鼠　那不知日后可有是非牵连？
况　钟　不知老兄是自测呢？还是代测？
娄阿鼠　啊！啊？啊……代别人测的，代测，代测！
况　钟　依字看来，恐怕不会是代测的吧？
　　　　〔娄阿鼠闻言吃惊。
况　钟　（故作吃惊状）噢！还是为祸之首呢！
娄阿鼠　什么，咬人之狗？

况　钟　不是咬人之狗,是罪魁祸首。

〔娄阿鼠闻之大惊。

况　钟　鼠乃十二相之首,岂不是个造祸之端吗?依字理来解释,一定是偷了人家的东西。老兄,是也不是?

娄阿鼠　先生,你在江湖上跑跑,我在赌场上混混,都是自家人,别用江湖语言蒙人,莫用江湖套话骗我,……人家偷东西你怎么测得出呢?

况　钟　这鼠善于偷盗,所以我才这样判断,另外,所偷那个人家姓尤可对?

〔况钟由凳子上起身,娄阿鼠一惊,跌坐在地。

况　钟　哎呀!老兄当心!

娄阿鼠　嗨!叫你不要用江湖语言蒙人,你怎么又用起江湖上那套话了?我就不信,你把别人姓啥都算出来。

况　钟　我所言乃是有道理的。

娄阿鼠　什么道理?

况　钟　那老鼠不是喜欢偷油吗?

娄阿鼠　对,有道理(做老鼠偷油状)老鼠偷油。先生,不管他偷油也罢,偷盐也罢,你看今后可有什么连累没有?

况　钟　不但有连累,而且马上就要败露了。

娄阿鼠　这是为何?

况　钟　你问这鼠字,目前正交子月,恐怕这官司很快就要明断了。

娄阿鼠　(惊慌失措地)明断!……唔呀!明断恐怕他难于明断吧!

况　钟　老兄,你要对我实讲,你是自测还是代测,你要实说,我才可以给你测算。

娄阿鼠　先生,你稍等。……

第四十九场　东岳　庙外　夜

门子示意两个衙役去庙后埋伏。两人一左一右过去

第五十场　东岳庙外　夜

娄阿鼠　（走过来）代测……自测……先生,我是代人……
况　钟　老兄,四海之内皆朋友,你有何为难之事,说出来或许我可以与你分忧!
娄阿鼠　不瞒你说,我是自测!
况　钟　啊,你是自测!
娄阿鼠　先生（暗示他不要高声）先生,你看这灾祸可能躲得过去?
况　钟　哦!你若是自测,那就不落空了。
娄阿鼠　此话怎讲?
况　钟　空字头下加一鼠字,岂不是窜字吗?
娄阿鼠　什么字?
况　钟　逃窜的窜字。
娄阿鼠　先生,那能窜得出去吗?
况　钟　要窜,一定能窜得出去,只是老鼠多疑,若是东想西想,疑神疑鬼,只怕弄得上下无路,进退两难,到那时就窜不出去了。
娄阿鼠　先生,果然灵验,我一向疑神疑鬼,依先生神断,我何时动身最好?
况　钟　若是走,今日动身,到了明日就走不了啦!
娄阿鼠　唔呀!现在天色已晚,可我怎么走呢?
况　钟　鼠乃昼伏夜出之物,连夜方可逃脱。
娄阿鼠　先生费心算算,看往哪方走,才得平安。

况　钟　（掐指算卦，嘴中念念有词）鼠属巽，巽属东南，往东南方去最好。

娄阿鼠　东南方？请先生再费心算算，是走水路太平呢？还是走陆路无事？

况　钟　鼠属子，子属水，水路去者最好。

娄阿鼠　东南方，水路去，无锡、望亭、关上、苏州……

况　钟　嘉兴、杭州，哎！杭州是一个好地方。

娄阿鼠　要是有只便船往东南去就好了，我扑通一跳，上船就走，那有多好。

况　钟　我老汉有只便船，正好今晚就驶往杭州一带，去赶新阜的生意，只是……

娄阿鼠　求先生行个方便，我一定多付船资。

况　钟　银钱如粪土，仁义值千金，老兄若不嫌弃，同舟便是，还说什么船资。

娄阿鼠　（突然地）先生，你不是个测字的？

况　钟　（心中一惊）怎么说我不是测字的呢？

娄阿鼠　你是我娄阿鼠的活菩萨，我就把这条命交给你了！

况　钟　你放心！

娄阿鼠　好哇！
　　　　（唱）我好比鱼儿漏了网，
　　　　　　　急忙脱身入海洋。

况　钟　（唱）乌篷小船江上行，
　　　　　　　你我都把心宽放。

娄阿鼠　（唱）感谢先生帮我忙，
　　　　　　　放心高飞去远方。
　　　　请问先生，你的船在何处？

况　钟　（和娄阿鼠共同走向庙门）就在前面河下。

娄阿鼠　（指远方）我就在那边茅屋居住，我去拿些衣服银钱就来。

况　钟　快去快来，我在船上等你。

〔门子、皂隶甲、乙都从庙后走出。

况　钟　（对皂隶甲、乙）快快跟上前去,莫叫他走脱。
　　　　〔皂隶甲、乙应声而去。
况　钟　（对门子）你速回城中,带领差役,邀约众邻人,速到娄阿鼠家中搜查,若有可疑之物,连夜带回,不得有误。
门　子　是。

第五十一场　娄阿鼠家　夜

　　　　〔门子带几名皂隶正在搜查,并没有发现什么可疑之物。秦古心,地方麦大叔及几个邻居举灯帮忙。
　　　　〔门子发现床下异常,命众人抬开床,掀起一个盖子,底下露出一个地洞,众人惊异。
　　　　〔门子和两个皂隶下到地洞中,不一会拿出各种不同的开锁工具、骗人的赌具及一个钱袋。
　　　　〔秦古心细心地翻看钱袋,点点头。

第五十二场　堂门口廊檐下　日

　　　　〔苏州大堂内传出三声梆响。
　　　　〔门子站在堂口廊檐下。
门　子　伙计们,发三梆了,大门上调卷,二门上解人,太爷即刻就要坐堂,快点伺候。（走进堂内）
　　　　〔传来呼应声:"大门上调卷,二门上解人,太爷即刻就要坐堂了!"
　　　　〔喊声中,两队衙役手执水火棍从院中跑进大堂。

第五十三场　苏州大堂　日

况　　钟　（威严地）升堂！
众衙役　　威——
况　　钟　带苏戌娟上堂。
　　　　　〔苏戌娟被带上堂。
　　　　　〔况钟示意门子将钱袋递给苏戌娟。
况　　钟　苏戌娟，你认得这个钱袋吗？
苏戌娟　　（看袋后）这钱袋是我爹爹的。
况　　钟　你爹爹的钱袋可有什么凭证，记号？
苏戌娟　　爹爹年前把钱袋烧了一个窟窿，是我用线缝补的，并再缝补的地方织上了一朵花，太爷请看。（指认钱袋上的织花）
况　　钟　暂且下去。
苏戌娟　　是。
　　　　　〔苏戌娟被带下大堂。
　　　　　〔皂隶甲走进大堂。
皂隶甲　　启禀老爷，都爷派人前来要面见督爷。
况　　钟　请他堂上来见。
皂隶甲　　是。
　　　　　〔已站在堂外廊下的中军走进大堂。
中　　军　太爷在上，下官拜见。
况　　钟　不知中军大人前来，有何贵干？
中　　军　太爷前往无锡查勘案情，都爷言明半月期限，今日已经期满，未见回禀，不知何故？
况　　钟　半月虽满，并未逾期，稍停片刻，即当回禀。
中　　军　都爷近日听了许多闲言，说你拖延斩期，包庇死囚，十分愤怒，命你立刻进见。

况　　钟　请稍等（向门子）看坐。
　　　　　〔门子取椅，中军就座公案一旁）
况　　钟　带娄阿鼠！
众衙役　带娄阿鼠！
　　　　　〔皂隶甲押娄阿鼠走进大堂，跪于堂下。
况　　钟　娄阿鼠。
娄阿鼠　老太爷。
况　　钟　把你做的坏事，从实招来。
娄阿鼠　小人不曾做过什么坏事。
况　　钟　你杀了尤葫芦，盗走十五贯钱，还嫁祸于人……
娄阿鼠　小人冤枉。
况　　钟　你还冤枉？（指骰子，让门子拿给鼠看）拿去叫他认来。
门　　子　（拿骰子给鼠看）这可是你的，掉于何处？
娄阿鼠　不是我的，我怎知掉于何处。
况　　钟　抬起头来，你可认得我吗？
　　　　　〔娄阿鼠抬头看况钟大惊失色，画外心声："这不是东岳庙里那个算卦先生吗？"
况　　钟　还不快快招来！
娄阿鼠　（狡赖地）一无人证，二无凭证，大老爷不能冤枉良民。
况　　钟　（指钱袋，对门子）拿去叫他看来，（对鼠）你可认得这个钱袋？
　　　　　〔娄阿鼠全身发抖。
况　　钟　这是你家地窖中的东西，怎么就不认识了？
娄阿鼠　这是小人自家的东西。
况　　钟　既然是你自家的东西，可有什么记号为凭吗？
娄阿鼠　记号吗？……小人记不清啦。
况　　钟　传秦古心上堂。
门　　子　秦古心上堂。
　　　　　〔**秦古心**　走进大堂。
秦古心　（跪）参见老太爷。
况　　钟　起来回话，秦古心，娄阿鼠说这钱袋是他自家的东西，你看如何？
秦古心　娄阿鼠，你胡说八道，这钱袋是尤葫芦的，因我常常同他去买猪，对这钱袋甚是熟悉。去年他醉酒之后把钱袋烧了一个小窟窿，他女儿在缝补的圆洞上织了一朵花，大老爷请看。
况　钟　娄阿鼠，你还有何话可讲？
娄阿鼠　老太爷饶命！（连连叩头）
况　钟　还不从实招来！
娄阿鼠　那夜小人把钱输光，用骰子作弊又被赶出赌场，街上闲游饥饿难当，不甘贫穷心里还揣着梦想……
　　　　〔闪出。

第五十四场　街上　夜

〔娄阿鼠街上闲转，嘴中不住嘟囔。听见打更声，回头望望。
娄阿鼠　……发财遂我心，挖出一窖金，窖宽方四十，坑深尽管深，白天取四两，晚上长半斤，走到赌博场，都叫我活财神……呸！梦想难成真。
〔娄阿鼠走到尤葫芦家门口，发现门未关，灯未熄。
娄阿鼠　尤葫芦想必正在杀猪，待我进去赊他几斤肉，饱吃一顿再说。

第五十五场　尤葫芦家院内　夜　外

娄阿鼠进了院门。抬头看见房门没关。"尤二叔……大姐娃……"向尤葫芦房里走去。

第五十六场　　尤葫芦家夜　内

娄阿鼠进屋内。

娄阿鼠　尤二叔……大姐娃……（发现熟睡的尤葫芦），准是又喝醉睡着了。

〔娄阿鼠走到床边，发现床头许多铜钱，大惊，看看四周无人，大喜，伸手去拉钱袋，钱袋牵动枕头，尤葫芦醒。

尤葫芦　谁？好贼娃子，敢偷我的钱。

〔尤葫芦抓住娄阿鼠，二人厮打、夺钱，娄阿鼠发现案上肉斧，抓起向尤葫芦砍去。

〔娄阿鼠杀死尤葫芦，自己也大吃一惊。

娄阿鼠　（稍做镇定）一不做二不休，绊倒葫芦泼了油，拿着钱赶快溜！

〔娄阿鼠正待出门，听见打更人打更从门前经过的声音，急回吹灯，躲于床后，一部分铜钱散落在地，急急抓起一些装入钱袋，因室内黑暗加之心慌，钱未拾完，听听打更声远，急忙起身，又将身上的骰子掉落在床后。他走到门边，偷看门外无人，急忙逃出门去。消失在黑暗中

第五十七场　　苏州大堂　日

〔闪回。

况　钟　你这狗奴才，因赌为盗，因盗杀人，犯下了不可饶恕的大罪，来呀！

众衙役　啊！

况　钟　钉上枷锁，押入死牢！

〔皂隶钉枷锁，带走娄阿鼠。

况　钟　中军大人，熊友兰、苏戌娟一案，虽经三审定案，可直到今天，方才人赃俱获。

中　军　这……

况　钟　带熊友兰、苏戌娟上堂。

〔皂隶甲带熊、苏二人上堂。

况　钟　（对苏戌娟和熊友兰）真凶娄阿鼠已被定罪，你二人的冤情已经平反了。将他二人刑具打开。

〔熊、苏惊喜交加。皂隶甲为二人打开刑具。

况　钟　熊友兰，本府与你十五贯铜钱，拿回去吧！

〔门子将钱交给熊友兰，熊友兰感激泪下。

苏戌娟　苏戌娟，本府与你十两纹银，皋桥探亲去吧！

〔门子将银子交于苏戌娟，苏悲泪满腮。

熊、苏　（互视之后）多谢大老爷救命之恩。

况　钟　回去吧！

〔熊、苏二人欲走。

中　军　慢着！未曾禀报都爷，不得私自放人。

况　钟　（坦荡一笑）放走两个假凶手，还他一名真案犯，怕什么？（向熊、苏）你们去吧！

中　军　你这样的知府真是少见。

况　钟　少见多怪，见多也就不怪了。

中　军　（讽刺他）太爷高才，才智在都爷之上，如今平了这冤情，功劳不小。

况　钟　拖延斩期，包庇死囚，罪名不小，功难抵过。后果并不可知。

中　军　太爷爱民如子，必定升官晋级。

况　钟　（卸下乌纱帽）看看这顶纱帽，是否能保全还在两可，请！

门　子　来呀！带上娄阿鼠，随太爷督府面见都爷！

〔传来："带上娄阿鼠，随太爷督府面见都爷！"的喊声。

第五十八场　城门口　日　外

众官员到门口送况钟等。拱手上路

第五十九场　大路上　日　外

况钟一行人走在路上。上山，众百姓熊、苏二人招手

苏　唱　堂上悬明镜，
　　　　心中一盏灯。
熊　唱　乌纱几两重，
　　　　人命重千斤。
合　唱　公心为百姓，
　　　　千古留美名。

〔片尾字幕,在歌声中划过。
〔剧终

二〇〇八年四月一日

（该剧被定为十一五国家重点音像出版规划项目,省音像新闻出版局精品工程,由省文化厅文化音像出版社拍摄制作,全国发行,获第二十八届全国电影金鸡奖最佳戏曲片提名奖,中国新闻署第二届中国政府奖提名奖,中国新闻出版工作者协会优秀出版物音像奖,《西安艺术》期刊发表。）

探阴山

(根据京剧剧本改编)

编剧 丁金龙

人 物

包　拯　　柳金蝉　　张　洪　　秦广辉
颇查散　　李　保　　县　令　　油流鬼
雨　墨　　柳　洪　　柳　福　　梅　香
王　朝　　马　汉　　张　龙　　赵　虎
玩灯人　　众百姓　　二更夫　　二家丁
众衙役　　四小鬼　　记录鬼　　众鬼魅
众鬼魅造型

第一幕　游魂诉冤

〔幕前合唱：
冤海沉沉遍地狱，
幽愤累累鬼入戏，
世间本无阴曹事，
权借虚幻醒顽愚。
〔幕启：冥冥地狱门，茫茫黄泉路。
〔判官张洪上。"跳判"。
〔四小鬼分别从嶙峋山石中钻出，翻上，舞蹈下。

张　洪　（念）明暗交替阴与阳，
　　　　　　　善恶明辨须胆量。
　　　　　　　冥冥地狱知多少，
　　　　　　　茫茫黄泉路漫长。
　　　　　云吞江河，雾罩千嶂。有请五殿阎君起驾。〔音乐声中，众鬼魅仪仗威严地族拥五殿阎君秦广辉上．

秦广辉　（唱）黄幡宝盖飘飘展，
　　　　　　　旌舞龙蛇遮满天。
　　　　　　　神驹咆哮冲霄汉，
　　　　　　　风驰电掣快如烟。
　　　　　　　朝贺冥王赴御宴，
　　　　　　　孤委张洪掌五殿。

张　洪　（唱）阎君尽管逍遥去，
　　　　　　　公正无私赏罚严。

秦广辉　如此，我便放心去了！哈……
　　　　　〔众鬼魅引秦广辉下。
　　　　　〔张洪和四小鬼送下。

柳金蝉　（内唱）幽幽黄泉路漫漫，
　　　　〔柳金蝉由空中飘然而下，上。
柳金蝉　（唱）飘飘冤魂孤单单。
　　　　　　　望乡台前泪泉涌，
　　　　　　　奈何桥畔苦盘桓。
　　　　　　　可叹花好待放时，
　　　　　　　偏遭霜欺月不圆。
　　　　　　　堂堂阳间遗恨死。
　　　　　　　冥冥阴曹诉屈冤。
　　　　冤枉！
　　　　〔四小鬼引张洪上。
张　洪　何处孤魂喊冤？鬼卒们，带她来见！
小　鬼　喳！
　　　　〔四小鬼托柳金蝉至张洪前。
柳金蝉　（跪）叩见阎君天子。
张　洪　哈……错了！错了！俺乃掌案的判官。
柳金蝉　不知判爷可能与小女伸冤？
张　洪　此话怎讲！十殿阎君今日朝贺冥王，阴曹之事统统交我掌管。你有何冤屈只管讲来！
柳金蝉　如此，判爷能与冤女作主？
张　洪　哈……阴曹地府公正无私，判爷执政，赏罚分明。你与我告！你与我讲！
　　　　〔张洪边说边舞，欺柳金蝉绕圆场。
柳金蝉　判爷容禀……
　　　　〔合唱声中，柳金蝉以舞叙事。
　　　　〔合唱：
　　　　　　　何故幽灵诉冤情？
　　　　　　　皆为佳节闹花灯。
　　　　　　　缘由攀龙悔婚事，
　　　　　　　才演人间月夜魂。
　　　　〔收光。

〔暗转。

第二幕　观灯惊散

〔二幕前：柳洪、柳金蝉父女上。丫鬟梅香、家院.柳洪随上。

柳　洪　（唱）正月十五玉蟾明，
柳金蝉　（唱）闷闷忧忧观花灯。
柳　洪　（唱）父为娇儿心操碎，
柳金蝉　（唱）反将弱女推火坑。
　　　　　　　颜查散人贫志不短.
　　　　　　　鸿鹄展翅定惊人。
　　　　　　　许婚悔婚落笑柄，
　　　　　　　反复无常怎为人？
柳　洪　（唱）覆水难收成泡影，
　　　　　　　枯木怎能重生根？
柳金蝉　（唱）竹老叶黄根生笋，
　　　　　　　枯木逢春柳色新。
　　　　　　　事在人为非天定，
　　　　　　　劝父莫作固执人。
柳　洪　（唱）李保倜傥有人品，
　　　　　　　他父伴驾在龙庭。
　　　　　　　痴女知书应通理，
　　　　　　　夫贵妻荣享天伦。
柳金蝉　（唱）自幼婚配颜查散.
　　　　　　　决不嫌贫另配婚。
柳　洪　（唱）贫富难配是古训，
　　　　　　　乌鸦凤凰怎合群？
　　　　　　　老夫心决选豪门，

　　　　　劝女莫伤父女情。
　　　　　〔柳洪怒。柳金蝉伤心。
梅　香　员外爷。在家说好,观灯散心,不谈此事,怎么又说
　　　　起来了?
柳　洪　好了,好了.不再讲了。儿也不必悲戚,快随为
　　　　父观灯去吧!
　　　　　〔柳洪强拉柳金蝉下,柳福、梅香随下。
　　　　　〔二幕启:
　　　　元宵佳节夜如昼,
　　　　游龙戏凤灯火明。
　　　　　〔锣鼓声中,龙腾狮舞。
　　　　　〔二家丁引李保上。
李　保　(念)月明星稀夜迷人.
　　　　　　　龙腾狮舞乱纷纷。
　　　　　　　只为寻花访柳来,
　　　　　　　哪有闲心观花灯。
家丁甲　(念)灯如皓月照汴梁,
　　　　　　　笙歌嘹亮夜如狂。
　　　　公子你看!(指花灯)这边是:
　　　　　　　玄奘取经离大唐,
　　　　　　　三个徒弟护三藏。
家丁乙　(念)悟空三打白骨精,
　　　　　　　八戒招亲高老庄。
　　　　　　　沙僧大败通天河,
　　　　　　　白龙马救主四蹄扬。
　　　　　〔李保左顾右盼.无心观灯。突然发现什么,追
　　　　　踪而下。
家　丁　哎j公子!公子!(追下)
　　　　　〔柳洪、柳金蝉、梅香、柳福观灯上。
梅　香　小姐,游龙戏凤,彩灯如潮,真热闹呀!(悄声)
　　　　小姐。观灯留神,说不定还会遇见颜姑老爷呢!

柳　福　员外爷,你看!
　　　　（念）大街小巷亮堂堂。
　　　　　　闹市花灯不寻常。
　　　　　　这边是,才高八斗石崇福,
　　　　　　那边画,范丹穷困口无粮。
柳　洪　（接念）这就叫
　　　　　　贫贱富贵难相比,
　　　　　　一山树木有短长。
梅　香　员外爷。你快看!
　　　　（念）薛礼拂袖离柳庄,
　　　　　　柳家千金追夫郎。
　　　　　　可叹嫌贫爱富柳员外,
　　　　　　怎知小将作了平辽王。
柳　洪　哼!（愤然下）
　　　　〔柳福跟下。
　　　　〔梅香暗笑,柳金蝉嗔怪,二人会心地笑下。
　　　　〔颜查散,雨墨观灯上。
颜查散　（唱）嫦娥女居蟾宫把人间向往,
　　　　　　她怎知神州地世态炎凉。
　　　　　　休看这眼前景气派堂皇,
　　　　　　难免有丑与恶暗中潜藏。
　　　　　　柳洪他可算是书香宦门,
　　　　　　也竟然毁婚约信口雌黄。
雨　墨　（唱）劝相公展愁眉立志向上,
　　　　　　登龙虎换朝靴再作新郎。
　　　　相公。小童陪你观灯解闷,就别再胡思乱想了。明年金榜占高魁,气死他个老乌龟。
颜查散　不得无礼。
雨　墨　嘿嘿!到底是姑爷向着老丈人。哎,公子。细心留神,说不定还能碰上柳小姐呢!
　　　　〔颜查散、雨墨观灯。

〔李保寻人上。

李　保　（念）万绿丛中一点红，
　　　　　　　岂能放纵？
　　　　　　　观灯人潮断我路，
　　　　　　　难到手中。
　　　〔二家丁气喘跑上。
家丁甲　公子．你这哪是观灯，简直像奔丧。
李　保　混账！与我滚回去！
家丁乙　哎，公子。快看走马灯．四大金刚！
　　　〔内喊，灯棚失火了！
　　　〔颜查散、雨墨大惊。
　　　〔众百姓、玩灯人乱冲上，惊逃。
　　　〔柳洪、柳金蝉、梅香、柳福逃上，被人群冲散。
　　　〔李保突然发现柳金蝉，正待调戏，被人群冲开。
　　　柳金蝉逃下，李保追下。
　　　〔合唱：
　　　　　　　灯棚失火人皆惊，
　　　　　　　情人不遇冤家逢。
　　　　　　　世间若无奇巧事．
　　　　　　　怎编魂赴酆都城？
　　　〔幕落。

第三幕　鹊桥遇害

　　　〔二幕前。
柳金蝉　（内唱）灯市乱人惊散祸从天降．
　　　〔柳金蝉踉跄上。
柳金蝉　爹爹！梅香！
　　　　（唱）寻爹爹找梅香泪眼汪汪。

　　　　　　闺阁女怎经起狂风巨浪，
　　　　　　魂飞散恰似那迷途羔羊。
　　　　　　虽然是月如昼不辨方向，
　　　　　　朔风吹周身冷心中悲伤。
　　　　　　腹中饥双足疼精神惚恍，
　　　　　　懵懂懂昏沉沉知向何方。
　　　　（微弱地）爹爹！梅香！（行走艰难地下）
　　　　〔二幕启。
　　　　水中倒映金玉盘。
　　　　夜静风冷鹊桥畔。
　　　　〔柳金蝉昏卧桥前。
　　　　〔李保追上。
李　保　（唱）哈哈，运气真好！
　　　　　　嘻嘻，吉星高照！
　　　　　　这场大火烧得好，
　　　　　　那女子恰似惊弓鸟。
　　　　　　东西不辨只管逃，
　　　　　　李保今夜要暗渡鹊桥。
　　　　蹊跷，蹊跷！转眼倩影不见了？（被柳金蝉绊了一跤，正待发作）哈哈……真乃桃花运，此处清幽僻静，正是行欢之处。（扶起柳金蝉，脱去绣披）
柳金蝉　（渐渐苏醒）爹爹……梅香……
李　保　不好！（放手）
柳金蝉　呀！衣裳哪里去了？
李　保　（掩饰）小姐。绣披在此。
柳金蝉　你……你是何人？意欲何为？
李　保　小姐不必惊慌！适才从此经过，见一强盗剥你衣裳，是我将他打跑了。
柳金蝉　多亏公子相救，这厢有礼了！
李　保　路见不平，见义勇为，人之常理，算不得什么！
柳金蝉　公子侠骨义胆，请报尊姓大名，也好日后相报。

李　保　小生汴梁人氏,姓李名保。

柳金蝉　怎么,你是李府大公子?

李　保　小姐认识?

柳金蝉　(背白)看来,父亲所言不差。观李保确实倜傥风流,人品高尚。

李　保　请问小姐芳名高姓?

柳金蝉　我么……(羞报)

李　保　不说也罢。小姐可是观灯失散,流落到此?

柳金蝉　仓皇逃奔,昏倒此地.巧遇公子相救。

李　保　此处荒郊风冷.请小姐到我府暂住一宿,明晨送你归家,你意如何?

柳金蝉　夜静更深.男女有别,使不得。

李　保　如此良辰,无须拘此小节。来来来.还是跟我回府去吧!

柳金蝉　哎——请公子放尊重些。

李　保　小姐。你知道我……小姐。何必害羞,快快跟我走吧!(拉柳金蝉)

柳金蝉　(挣脱)如此轻薄,你定非好人!

李　保　小姐,此话欠妥!我若不是好人怎会救你?受人滴水之恩,就当涌泉相报,即使以身相许有何不可?况这荒郊野外,讲什么男女有别,轻薄狂荡!(强拉)来来来! 你跟我走吧!

柳金蝉　(挣脱.给李保一记耳光)好个贼子!

　　　　(唱)轻薄贼子太猖狂,
　　　　　　假仁假义骗红妆。
　　　　　　谢天有灵巧安排,
　　　　　　黉夜桥畔识豺狼。

李　保　休得啰嗦! 今夜良辰美景,由不得你了!(动手)

柳金蝉　救人哪!(逃跑)

〔李保追赶.抓住柳金蝉。柳金蝉呼喊厮打,李保堵嘴,掐喉。

李　保　我叫你喊！我叫你打！打呀……喊呀……（放开柳金蝉，发现不对，急试鼻息．惊吓）

颜查散　（内喊）雨墨！

〔李保急躲桥后。

〔颜查散寻人上。

颜查散　雨墨！雨墨！（被路上衣服绊了一下，捡起）这是何人绣披……方才听到呼叫，难道……（四处寻找，发现柳金蝉尸体，惊惧中失落头巾）救人．救人哪！

〔隐于桥后的李保跑下。

〔二更夫闻声上。

二更夫　何事喊嚷？

颜查散　有强盗！

二更夫　强盗在哪儿？

颜查散　桥边有人被害。（扔下手中绣披．领二更夫到桥头）

更夫甲　哎呀！是个女尸。身上未凉．刚刚死去。（打量颜查散）

更夫乙　伙计。尸旁有顶男人头巾。

更夫甲　（发现颜查散未戴头巾）这头巾是谁的？

颜查散　（发觉头巾失落）这乃小生的头巾。

更夫甲　刚才你手中拿的衣裳是谁的？

颜查散　是我路上拾的。

更夫乙　（拾来绣披）头巾失落尸旁，女尸又未穿衣裳，真是蹊跷。

〔柳金蝉魂出七窍，一道青烟，女尸脱壳而起。

〔二更夫一旁商量。

更夫甲　（对颜查散）此人是你所害。

柳金蝉　大哥。不可冤枉好人。

颜查散　（事出突然，无言以对）这……

更夫甲　（对金蝉所言无反应）你不要装好人了，现有衣裳、头巾为证。

柳金蝉　小女子被李保所害，贼子刚刚逃走，请二位大哥速拿真凶。

更夫乙　伙计。把他看起来,别叫人跑了。

〔柳福急上。

柳　福　(喊)小姐！小姐！哎,出什么事啦?

更夫乙　害死人啦！

柳　福　人在哪儿?

柳金蝉　柳福！

柳　福　(对金蝉无反应,见尸)呀！这不是我家小姐吗?

颜查散　柳福哥。这是你家小姐吗?

柳　福　怎么不是?

更夫甲　你家小姐就是他害死的。

柳　福　好哇！颜查散……

柳金蝉　颜查散?表哥！

颜查散　(对金蝉无反应,对尸体)表妹?

柳金蝉　(误以查散问己)颜郎！

颜查散　表妹呀！(扑向尸体)

柳金蝉　(绝望地悲呼)表哥！颜郎呀！

〔切光。

〔合唱:

　　　情难通,
　　　话难言,
　　　恨不相逢在阳间。
　　　一对情人活拆散.
　　　孤鸿哀鸣恨绵绵。

第四幕　阴阳问案

〔二幕前,衙役上。

衙　役　有请太爷！

〔县令上。

县　令　（念）马无夜草不上膘,
　　　　　　　　人无外财富不了。
　　　　　　　　只盼县令当三年,
　　　　　　　　剔骨刮油成富豪。
　　　　　　老爷正做好梦,何事大喊大叫?
衙　役　启禀太爷,有人告状。
县　令　告状? 何人告状。
衙　役　柳员外。
县　令　（惊）谁?
衙　役　告老还乡的柳洪柳员外。
县　令　（喜）我的妈呀!
　　　　　（念）这真是——
　　　　　　　　祖上积德风水好。
　　　　　　　　喝口凉水都长膘。
　　　　　　　　三更作梦到五更,
　　　　　　　　鸡还未叫财就到。
　　　　　　柳员外现在何处?
衙　役：　正在前庭待茶。
县　令　可有状子?
衙　役：　状子在此。（呈状）
县　令　（看状）好哇! 状子理由足,告状人腰杆粗,老爷今天要吞个大肥猪。（喜不自禁.欲跑下）
衙　役：　哎,太爷,怎么办?
县　令　哦! 我去穿官衣,你赶快击鼓升堂。（跑下）
衙　役　是! 升——堂——（下）
　　　　　〔堂鼓大鸣。
　　　　　〔二幕启。"公正无私"匾悬阎罗殿,油灯飘忽地狱蓝光暗。

(1)
　　　　　〔张洪一足踩椅,一足蹬案,鬼卒分站两厢.柳金蝉正在诉冤。

柳金蝉　（唱）人间事说一遍肝肠寸断，
　　　　　　　求判爷为孤魂报仇雪冤。
　　　　　　　杀人犯是李保绝非颜查散。
　　　　　　　但愿这阎罗殿明镜高悬。

张　洪　哇呀……（离案到柳金蝉身边）所讲属实？
柳金蝉　句句属实！
张　洪　言之无假？
柳金蝉　有假愿罚！
张　洪　喳、喳、喳！哇呀……（至记录鬼身边）你可记下了？
油流鬼　一字不漏。
张　洪　你与我走！你与我走！
　　〔记录鬼被轰下。
张　洪　（对两厢鬼卒）统统滚蛋！统统与我滚了出去！
　　〔众鬼卒被赶下。
张　洪　柳金蝉！你告的可是李保？
柳金蝉　正是李保。
张　洪　他父当朝为官？
柳金蝉　转本御史伴驾龙颜，他子今年廿三。
张　洪　你怎知底细？
柳金蝉　我父赖婚颜查散，将我许婚李保。
张　洪　你们可曾见过面？
柳金蝉　鹊桥遇害前.方识真颜。
张　洪　柳金蝉。我来问你.进了地狱门,可曾向谁诉过冤状？
柳金蝉　未曾诉过。
张　洪　你的事情判爷尽知,自有我来作主,不得再向别处诉冤。殿外等候去吧！
柳金蝉　小女遵命。
张　洪　你与我走！你与我走哇！
　　〔张洪逼视金蝉走圆场。柳金蝉莫明其妙地慢慢

　　　　　　退下。

张　洪　（暴躁）李保哇！甥儿！
　　　　（唱）阳世间仗权势不走正道，
　　　　　　　整日里采花沾草淫荡轻佻。
　　　　　　　怪妹丈宠甥儿放纵管教，
　　　　　　　才导致今日祸在劫难逃.'
　　　　　　　我怎样了此案心似火燎……
　　　　〔油流鬼提灯、拿油壶上。

张　洪　唉！（顿足）李保啊，李保！你这个该死的小鬼！
　　　　〔油流鬼被吓止步。

张　洪　（急躁不安.猛然发现堂上匾额）公正无私.公正无私！
　　　　（接唱）公正无私岂容他法外逍遥！
　　　　　　善恶分明森罗殿，如此大案，岂能不管！李保啊，李保！你自作自受，休怪舅父不念骨血之情了！
　　　　〔油流鬼暗钦，欲迈步进殿，又止。

张　洪　唉！张洪我堂堂五殿判官，难道就见死不救吗？（暗思）
　　　　（念）虽说是，
　　　　　　自作自受现世报，
　　　　　　岂能够，
　　　　　　舅将甥儿拘阴曹。
　　　　　　能不能，
　　　　　　桃代李僵移花木。
　　　　　　搅乱泾渭水混淆，水混淆！
　　　　哈哈！有了……
　　　　（念）阎君贺冥上九霄，
　　　　　　赐权与我掌阴曹。
　　　　　　头戴钦封乌纱帽，
　　　　　　手握君授杀人刀。
　　　　　　权柄焉能不生效？

想方设法救李保,救李保!

〔音乐声中,张洪心虚,蹲身探头两眼望殿外。油流鬼走矮子跟张洪身后进殿,钻入公案内。张洪搓手苦思。油流鬼探身案外,见记录簿,偷拿翻看。张洪转身,油流鬼放簿,复藏案内。张洪见簿,转向公案内拿簿,油流鬼由案内隐于案外。

张洪取簿后走出公案,油流鬼又隐于案后。张洪坐于桌上看簿、苦思,油流鬼案后探头偷看。张洪心生一计,意欲撕簿,偷改口供,三思后决断。

张洪撕下一页扔于地下,放簿时误打油流鬼。油流鬼在公案侧揉脸时,发现地上一纸,欲取不能,复隐案后。

张洪欲用笔更改口供,恐怕人来,出殿查看。油流鬼乘机捡起那页纸,复藏案下。张洪走到案后,提笔欲写。

(音乐止。

张 洪 我写哪个?改成何人呢?(思)颜查散在现场,改他理通情顺。(决断)颜查散哪,颜查散!休怪我笔下无情了!

〔油流鬼在张洪身后椅上拿顶偷看。张洪写毕,突见地下那页纸不见,出案寻找,油流鬼急从案下将纸递出。张洪气急,顿足,正踏在油流鬼手上,油流鬼疼痛难忍。

张洪发现那页纸,心喜拾起,坐于公案上,将纸撕开搓成捻,重新装订记录簿。

张 洪 (离位念簿)颜查散谋害柳金蝉,颜查散谋害柳金蝉!哈哈……

〔油流鬼尾随张洪身后偷看。
〔切光。

(2)

〔合唱:

　　　　　　哈哈！

　　　　　　嘿嘿！

　　　　　　景不变，场地换，

　　　　　　阴阳转化一瞬间。

　　　〔升光堂下鬼卒变衙役，堂上改坐祥符县。

　　　〔暖阁屏风图案变，油灯暗被纱灯换。

　　　〔县令手举惊堂木，站于公案后，怒目而视堂下的颜查散和雨墨。衙役高举水火棍，狐假虎威。二更夫、柳福立于一旁。

县　　令　（猛击惊堂木）讲！

衙　　役　讲！（放下水火棍）

颜查散　（唱）灯棚失火游人散．

　　　　　　寻找雨墨鹊桥前。

　　　　　　无意发现被害人，

　　　　　　何证定我杀金蝉？

县　　令　（唱）人证更夫堂下站，

　　　　　　物证衣巾摆堂前。

　　　　　　挟仇杀人颜查散，

　　　　　　铁板钉钉案难翻。

雨　　墨　（立起）太爷冤枉好人，雨墨不服！

县　　令　将他轰了出去！

衙　　役　啊！

雨　　墨　相公不可屈招．待我另找府衙替你喊冤。哼！

　　　　　（倔强地下）

县　　令　颜查散。你招是不招？

颜查散　小生冤枉！

县　　令　铁证如山，还敢抵赖，与我大刑伺候！

衙　　役　喳！

　　　　　〔二衙役给颜查散上夹棍。

县　　令　招是不招？

颜查散　冤枉——

县　　令　　与我收!

〔二衙役用刑。

颜查散　　啊——(昏晕)

〔切光。

〔合唱:

官府衙门名利场,
正不压邪邪更狂。
什么王法什么理,
谁执权柄谁是王。

(3)

〔升光。衙役瞬间变鬼卒,大堂复为阎罗殿。
〔张洪案前念簿,油流鬼尾随其后偷看。

张　　洪　　(念簿)颜查散谋害柳金蝉,颜查散谋害柳金蝉!哈……

〔油流鬼溜出殿外.提灯、拿壶进门。

油流鬼　　判爷!

〔张洪猛惊,急掩饰,将记录簿放于公案。油流鬼欲走,张洪猛然转身。

张　　洪　　油流鬼!
油流鬼　　伺候判爷!
张　　洪　　你来殿中何事?
油流鬼　　给灯添油。
张　　洪　　何时进殿?
油流鬼　　(强笑)嘿嘿!刚刚跨过门槛。
张　　洪　　为何来而复转?
油流鬼　　我见判爷料理公文案卷,故而回返。
张　　洪　　唉……我看你倒是很有眼色。
油流鬼　　多蒙判爷夸赞。
张　　洪　　出殿去吧!
油流鬼　　是,判爷!(欲走)
张　　洪　　回来!

油流鬼　我还没动,判爷。

张　洪　油流鬼。方才判爷料理案卷,你可曾看见?

油流鬼　判爷所为,小鬼焉能得见。(强笑)嘿嘿!我什么也没看见。

张　洪　嗯……我看你聪明伶俐,判爷我想提拔于你。

油流鬼　多谢判爷。

张　洪　女鬼柳金蝉初到阴间,命你将她看管,可能干好?

油流鬼　判爷差遣,不敢怠慢。

张　洪　好!遇到机会,判爷定然提拔于你。随我殿后,有事相告。

油流鬼　是!

〔张洪下。

油流鬼　(念)上命下从要遵奉,
　　　　　　顺风驶船见机行。

〔殿门外探头两看.返回案前,拿起记录簿欲看。

张　洪　(内喊)油流鬼。快来!

油流鬼　(急掩簿.放于案上)来啦!(翻出殿外,提灯拿壶下)

〔切光。

〔合唱.

什么阴间,

什么阳间,

哪里没屈冤?

何不盼青天。

(4)

〔升光:复转阳间.鬼卒退班。

〔包拯端坐案后,包兴伫立案边,张龙、赵虎、王朝、马汉站立两旁。

颜查散、雨墨、二更夫、县令、柳洪分别跪立堂下。

包　拯　二更夫!

二更夫　(忙跪)叩见包大人!

包　拯　怎见得颜查散是杀人凶手呢?

更夫甲　他手拿死人的衣裳,死人身旁有他的头巾。

更夫乙　神色慌张,四处别无他人。大人想想凶手不是他,又是谁呢?

包　拯　行凶之时可有人见?

二更夫　这倒没有。

包　拯　倘若颜查散走去,你二人走来,也立于尸首旁边,又当做何解释呢?

二更夫　嗯……大人,我们可不是凶手呀!

包　拯　起过一旁。样符县!

县　令　(跪)大人!

包　拯　贵县。柳金蝉被陷害之时,必定挣扎相抗,你查颜查散身上可有伤损痕迹?

县　令　无有伤损痕迹。

包　拯　既无伤损痕迹,又无他人见其行凶,怎定他是杀人要犯呢?

县　令　这个……

包　拯　哼!玩忽职守,草菅人命,定是收人贿赂,受人指使,讲!

县　令　(惊,跌坐)哎呀!大人!此案刚断,我还没敢要人家一文钱哪!

包　拯　哼哼,如敢贪赃枉法,定斩不饶!限你七日,捉拿真凶归案。

县　令　大人哪!恕卑职庸才无能,难以胜任,望求大人开恩。

雨　墨　大人!恕小人冒昧。就凭他这浆子一盆,慢说七天,就是七年,谅他也难破案。

颜查散　望求大人早日破案,以解小生蒙冤之苦!

柳　洪　还请大人与我女儿报仇雪恨!

包　拯　也罢!本府受理此案,颜查散暂押开封府,一概人等,随时听传。退堂!

〔张龙、赵虎带颜查散下。其余人分别下。包拯坐

　　　　　　于案后.静思未动。

王、马　请大人退堂！（包无反应）请大人退堂！

包　拯　哦！你们歇息去吧！

　　　　〔王朝、马汉悄悄退下。

包　拯　（唱）颜查散虽可疑未必是凶犯，
　　　　　　　柳员外却告他挟仇害金蝉。
　　　　　　　灯市上鱼龙混杂游人乱，
　　　　　　　破此案确实要费些周旋。

　　　　（踱步沉思）

包　兴　大人。不可劳思过度,歇息去吧！

包　拯　包兴。与我打杯茶来。

包　兴　是！（下）

包　拯　（唱）杀人真凶现在何处逃窜？
　　　　　　　今日里我为何惴踹不安？

　　　　（归坐案后）

　　　　　　　恨不能会金蝉亲审此案，
　　　　　　　怎奈是人死灯灭无法答言。
　　　　　　　心所思神困乏梦魇纠缠，

　　　　〔包兴端茶上,见状悄然退下。
　　　　〔合唱,虚幻缥缈梦游阴间。
　　　　〔烟雾缭绕,包拯座椅缓缓升起。
　　　　〔收光。

(5)

　　　　〔升光,复转阴间。
　　　　五殿阎君秦广辉高坐案后,张洪伫立案边。包拯堂
　　　　下就座,张龙、赵虎、王朝、马汉列后。

秦广辉　（狂笑）哈……

张　洪　（阴笑）嘿……（向包拯）包大人。柳金蝉乃黄花幼
　　　　女,身轻体弱,来到地府,阴气侵袭,已然三魂俱散,
　　　　七魄皆消了。

包　拯　（唱）说什么黄花女身轻体弱，

　　　　　　案未断岂能够散魂消魄？
　　　　　　其中事难免有以讹传讹，
　　　　　　望阎君细查问谨防大错。
秦广辉　张洪．此案可是你亲自审问？
张　洪　正是下官亲审．魂魄飘散是我亲眼所见。
秦广辉　这就对了。张洪掌案多年，定然不会有错。
包　拯　望阎君深究，人命关天，不可轻率行事。
秦广辉　包大人。想我森罗殿，每日发落多少案件，有的笔下超生，有的打入地狱，善恶分明．从未发现过误判错断之事。你若不信．现有口供记录在案，请包大人查看。
包　拯　（喜）如此甚好。借簿一观。
张　洪　（恭敬呈簿）大人过目。
包　拯　（念簿）"冤女柳金蝉，状告表兄颜查散，因父悔婚。挟仇害命"。（惊）因父悔婚，挟仇害命！（接看）"冤女魂归地府，哀求阎君拘拿凶手，为我报仇雪恨"。（惊疑地倒吸一口冷气）呀！
　　　　（唱）实指望探阴府冤案能辨，
　　　　　　观口供反使我难解疑团。
　　　　　　原以为祥符县乱断乱判．
　　　　　　谁知道阴阳相符怎把颜生怜。
　　　　　　难道说地狱中也有冤案？
　　　　　　也有那贪官污吏一手遮天？
　　　　阎君！
　　　　　　说什么三魂七魄皆消散．
　　　　　　我非要当面质对柳金蝉。
秦广辉　哼！
　　　　（唱）人称你包青天我也是铁面，
　　　　　　生死簿记录在案铁证如山。
包　拯　（唱）无人证皂白难辨．
张　洪　（唱）魂魄飘散难复原。

包　　拯　（唱）包拯我要四处查看，
秦广辉　（唱）秦广辉我决不阻拦。
包　　拯　（唱）查到金蝉？
秦广辉　（唱）我退让五殿。
包　　拯　（唱）如有私弊？
秦广辉　（唱）你法莫容宽。
张　　洪　（唱）地府阴风冷，
包　　拯　（唱）血热岂畏寒。
张　　洪　（唱）地狱深莫测。
包　　拯　（唱）心诚就有边。
张　　洪　（唱）油锅炼骨血飞溅，
　　　　　　　　石磨研魂声凄惨。
包　　拯　（唱）阳间惩恶未尽善，
　　　　　　　　再到阴间斥凶顽。
秦广辉　我怕大人徒劳往返！
包　　拯　（唱）为黎民下地狱探阴山，
　　　　　　　　一身正气何惧艰险。
秦广辉　请！
包　　拯　告辞！（欲下）
张　　洪　且慢！大人，如果无有金蝉怎么办？
包　　拯　俺包拯认罪五殿！
秦广辉　如此你我击掌！
包　　拯　好！好！好！包拯得罪了！
　　　　〔包拯、秦广辉三击掌。
　　　　〔切光。
　　　　〔暗转。

第五幕 查勘阴山

〔二幕前。张洪上。

张　洪　（唱）怒满胸腔恨老包,

　　　　　　　竟然伸手到阴曹。

　　　　　　　如果查到柳金蝉,

　　　　　　　甥儿李保命难逃。

　　　　　　　油流鬼来见。

〔油流鬼上。

油流鬼　判爷！何事吩咐？

张　洪　柳金蝉背地可与你讲些什么？

油流鬼　她求判爷给她申冤报仇。

张　洪　唔。油流鬼！

油流鬼　在！判爷！

张　洪　金蝉一案,你一一尽知。如今阎君朝贺冥王归来,恐他追查。现在命你将金蝉藏于阴山石桥之下,躲过一时,将来由我发落。事情办妥,判爷日后提拔于你。你若泄露机密,将你打入十八层地狱,压在阴山之下,永世不得出头！

油流鬼　判爷放心,小鬼岂敢乱了判爷的大事。

张　洪　好！柳金蝉无有我的口谕,不可放出。你要牢牢谨记,处处与我小心！（下）

油流鬼　（左右窥视后）

　　　　　（念）不怕张洪计谋多,

　　　　　　　恐他纸里难包火。

　　　　　但等时机成熟时，
　　　　　　看准风向再转舵。（下）
　　〔二幕启：巉岩突兀露狰狞，
　　　　　　危危石桥阴山下。
　　〔无字合唱：悲怆低沉，委婉呼号。
　　　　　　领唱凄厉，哀怨跌宕。
　　〔一群身着深色紧身衣裤的鬼魅造型，在合唱声中缓缓蠕动。鬼魅造型，作负重、受刑、呼号、祈盼等形体变换。
　　动作忽而狂放，忽而沉稳，神态各异，变幻莫测。
　　〔柳金蝉从石桥后上，鬼魅造型慢慢隐去。

柳金蝉　（唱）阵阵哭声撕裂肝胆，
　　　　　悲怆凄厉毛骨悚然。
　　　　　阴阳之隔似天壤，
　　　　　竟然都有不白冤。
　　　　　金蝉之仇未见报，
　　　　　反将吾身押阴山。
　　　　　不知判爷怎断案？
　　　　　不知何时返阳间？
　　　　　心中焦躁暗埋怨，
　　　　油流鬼啊，油流鬼！
　　〔油流鬼暗上。

油流鬼　金蝉，唤我何事？
柳金蝉　（接唱）何时带我见判官？
油流鬼　唉！你虽是心急如火，我却是火上加油啊！
柳金蝉　此话怎讲？
油流鬼　你还被蒙在鼓里，那李保他……
柳金蝉　他怎样？
油流鬼　他，他，他的死期还没到呢！
柳金蝉　常言善恶分明，还论什么死期？

油流鬼　这……我实说了吧！那李保是我们判爷的外甥！
柳金蝉　此话当真？
油流鬼　千真万确。你想舅舅焉有不向着外甥的？恐怕你的仇报不成了。
柳金蝉　鬼哥。你要替我拿个主意才是呀！
油流鬼　唉！上有天,下有地,小鬼哪有登天梯。上头隔着好几层,心有余而力不足哇！
柳金蝉　喂呀！（哭）
油流鬼　有啦！且等阎君查看阴山之时,我引你亲向阎君申冤,你看如何？
柳金蝉　不知阎君何时前来？
油流鬼　说不定。你就等机会吧！
柳金蝉　喂呀！（哭）
油流鬼　（侧耳）有响动。你快桥下回避。
　　　〔柳金蝉止住哭声,由石桥后下。油流鬼也避于山石后。
　　　〔张龙、赵虎、王朝、马汉引包拯上。
包　拯　（唱）森罗殿三击掌查看阴间。
　　　　　笑阎君性情傲口吐狂言。
　　　　　即就是刀山磨砺地狱熬炼.
　　　　　我也要查清案情再回阳间。
　　　　　我也曾断乌盆定远小县,
　　　　　我也曾审过那无头奇冤。
　　　　　为断案得罪过皇亲国戚,
　　　　　就不信阴曹平冤反比阳间难！
　　　　　十殿查过均不见柳金蝉,
　　　　　难道说她真是魂飞魄散？
　　　　　来至在阴山下细细查看,
　　　〔油流鬼上。
油流鬼　呔！何方游魂,休再向前。

包　拯　（接唱）何方小鬼竟将我阻拦？
油流鬼　嘿嘿！我叫油流鬼。
包　拯　可是阎罗殿内外添灯油的小鬼？
油流鬼　正是。
包　拯　此处可是阴山？
油流鬼　对啦！凡是那些永不超生的鬼魂，都打在这里受罪。
包　拯　你既是添油小鬼，来此作什？
油流鬼　判爷将我调换，在此看守冤魂。你是何人，到此何事呀？
包　拯　老夫乃大宋天子驾前龙图阁大学士兼理开封府尹包拯。
油流鬼　呀！原是阳世间包大人在此，小鬼不知，请大人恕罪！
包　拯　不知者无过。我来问你，此处可有一个叫柳金蝉的冤魂？
油流鬼　柳金蝉！回禀大人，小鬼在此看守的正是柳金蝉。
包　拯　怎么讲？
油流鬼　我看守的正是柳金蝉。
包　拯　哈哈，哈哈，哈……
油流鬼　嘿嘿，嘿嘿，嘿……
包　拯　油流鬼！快带柳金蝉与老夫见上一面。
油流鬼　恐判爷怪罪，小鬼吃罪不起。
包　拯　天塌之祸老夫承担。
油流鬼　谢包大人！此处顽石，相爷请坐。（至石桥前）金蝉来见。
　　　　〔柳金蝉从石桥后上。
柳金蝉　（唱）冤沉海底遭磨难，
油流鬼　柳金蝉。包大人为你的案情专程来至阴间。有何冤屈，你就快说吧！
柳金蝉　呀！多谢鬼哥！

（唱）今日里终于拨雾见青天。
　　　　含悲泪走向前把大人叩见，
大人。申冤哪！

包　拯　呀！

（唱）孤魂女休悲戚详情细谈。
　　　　我问你名和姓家住哪县？

柳金蝉　（唱）家住汴梁姓柳名金蝉。

包　拯　（唱）是何人谋害你身遭大难？

柳金蝉　（唱）是李保下毒手命丧黄泉。

包　拯　（唱）入阴曹见阎君可存案卷？

柳金蝉　（唱）到五殿见过那掌案的判官。
　　　　却不料李保判官是亲眷，
　　　　准诉状反将我押至阴山。
　　　　似这等齐天冤枉谁怜念？
望大人开宏恩你……你与我申冤。

包　拯　（唱）说什么阴间和阳间，
　　　　都有那营私舞弊贪赃枉法的猪狗官！
起来。老夫查过五殿生死簿，簿上口供乃是颜查散，为何又说是李保所为呢？

柳金蝉　是那判官顾念甥舅之情，篡改了口供。

包　拯　你怎知晓？

柳金蝉　这……

〔油流鬼急阻止。

包　拯　嗯？欲言又止，莫非谎告？

油流鬼　（一怔．挺身而出）包大人。柳金蝉非谎告。若问此事，小鬼一概尽知。

包　拯　既知详情。如实快讲！

〔合唱中，油流鬼以舞叙事。

〔合唱：
　　　　莫自负，

　　　　　莫张狂。
　　　　　聪明反被聪明误。
　　　　　祸心终久难包藏。

〔着深色紧身衣裤的鬼魅造型冲出。在合唱声中狂舞。形体急速变换。

〔音乐激越……

〔收光。

〔幕落。

第六幕　闹殿平冤

〔二幕前：王朝、马汉引包拯上。

包　拯　（唱）包拯再登森罗殿，
　　　　　颜生有望把案翻。
　　　　　但盼阎君明大理，
　　　　　公正无私惩判官。

〔张洪上。

张　洪　啊，包大人！查看金蝉之事如何？

包　拯　尚无下落。俺有要事面见阎君。

张　洪　阎君无暇，有事小官可办。

包　拯　判爷你么，难胜此任。（欲进殿）

张　洪　（阻）阴阳一理，岂容擅闯森罗！

包　拯　包拯今日一定要见。（夺路）

张　洪　（力阻）你敢扰闹五殿！

包　拯　哼哼！哼哼！哼……（拂袖。见鼓，拿槌欲敲）

张　洪　大人你要怎样？

包　拯　击鼓升殿，要会阎君面。

张　洪　张洪在此,要见难上难。
包　拯　你与我闪开!
张　洪　你休想进殿!(两拦)
包　拯　王朝击鼓!
　　　　〔王朝用刀背击鼓。
　　　　〔二幕启,众鬼卒,秦广辉急上,升堂。
秦广辉　何人击鼓?
包　拯　包拯!
秦广辉　(惊)啊?(生气地)请。
鬼　卒　请!
　　　　〔金钟撞响。
　　　　〔音乐声中包拯视张洪,得意地进殿。张洪气恨地尾随而入。
包　拯　(恭敬地)阎君。
秦广辉　包大人。
　　　　(唱)查金蝉你可遂心愿?
包　拯　(唱)查不清无颜再返森罗殿。
秦广辉　(唱)生死簿记录可是证见?
包　拯　(唱)生死簿恰似废纸一篇。
秦广辉　(唱)休要把我阴司小看,
包　拯　(唱)我还要将此案推翻。
秦广辉　(唱)你插手森罗管的宽,
包　拯　(唱)铁证在握何惧闲言。
秦广辉　(唱)无私无弊不劳你管,
包　拯　(唱)霎时叫你哑口无言。
　　　　　速将冤女带上殿,
秦广辉　(惊,视张洪)柳金蝉?
　　　　〔张龙带柳金蝉上。
柳金蝉　(唱)海底沉冤今日见青天。
　　　　〔张洪惊恐不安。

包　拯　见过阎君。

柳金蝉　叩见阎君。

秦广辉　你是鹊桥被害的柳金蝉？

柳金蝉　正是冤鬼。

秦广辉　凶手可是颜查散？

柳金蝉　纯属诬陷。凶手名叫李保。

张　洪　柳金蝉！你若翻供，叫你吃罪不起。

包　拯　让她自己往下讲！

秦广辉　（见包拯站立）来，与包大人看坐。

〔小鬼搬椅，包拯坐。

秦广辉　柳金蝉。不可谎言，照实讲来。

柳金蝉　阎君啊！

（唱）张洪徇私是奸判，
　　　花言巧语将你瞒。
　　　凶手是他外甥叫李保，
　　　栽赃诬陷颜查散。
　　　瞒天过海用毒计，
　　　将我看押在阴山。
　　　多亏包大人将我救，
　　　望阎君查是非与我申冤！

秦广辉　（怒视张洪，离位，让柳金蝉起．向包拯）

（唱）冤女诉屈面羞惭，
　　　望求大人多包涵。

包　拯　（唱）但盼阎君持公正，
　　　铁面无私重新判。

张　洪　大人。判我何罪？有何为证？

包　拯　张洪！你要见证？

张　洪　要见证！

包　拯　要质对？

张　洪　要质对！

包　拯　哼哼！带油流鬼！

〔张洪震惊。

王、马　　带油流鬼！

〔赵虎带油流鬼上.与张洪相遇。张洪摆手,油流鬼点头。

油流鬼　叩见阎君。（跪拜）

秦广辉　油流鬼。判官偷改生死簿.可是你亲眼所见？

油流鬼　是我亲眼所见。

秦广辉　在什么地方？

油流鬼　就在森罗殿。

秦广辉　什么时间？

油流鬼　正月十六那天。

秦广辉　你怎发现？

油流鬼　我……望阎君恕小鬼无罪,方敢直言。

秦广辉　恕你无罪,讲！

油流鬼　（念）小鬼添油到五殿

　　　　　　　只见判爷怒火燃。

　　　　　　　暴跳谩骂暗叨念,

　　　　　　　不知我在他身后边。

秦广辉　他谩骂何人？叨念那个？

油流鬼（念）骂他外甥叫李保,

　　　　　　不该害死柳金蝉。

　　　　　　不看僧面看佛面,

　　　　　　甥舅之情能不管？

　　　　　　只见他,

　　　　　　提笔改冤状,

　　　　　　偷梁把柱换。

　　　　　　撕下原笔录.

　　　　　　慢慢搓纸捻。

秦广辉　他搓纸捻咋甚？

油流鬼　　重新装订生死簿呀！
秦广辉　　后来呢？
油流鬼　　（念）可怜柳金蝉，
　　　　　　　　被押在阴山。
　　　　　　　　含冤何人管.
　　　　　　　　幸遇包青天。
　　　　　　　　小鬼作证见，
　　　　　　　　句句是实言。
秦广辉　　张洪啊！张洪！（气极）
　　　　　（唱）怒满胸膛气炸胆，
　　　　　　　　竟然身边戴奸判。
　　　　　　　　败坏阴司诬良善，
　　　　　　　　怎容你执掌生死在五殿。
包　拯　　（唱）生死簿呈上待我验看.
　　　　〔王朝从公案上拿生死簿,欲交包拯,被张洪抢走。
　　　　　张洪欲毁赃证。又被油流鬼夺去,呈包拯。
　　　　〔包拯、秦广辉同看,秦广辉怒。
柳金蝉　　（接唱）求阎君为我报仇雪冤！
秦广辉　　来呀！速速与我阳间捉拿李保。
二　鬼　　是！（下）
秦广辉　　包大人。请你升堂理事。
包　拯　　如此.包拯不恭了！
　　　　〔击鼓升堂。张洪惧怕。包拯、秦广辉同入座。
秦广辉　　油流鬼不阿权势,心地公正,我升你为判官。
油流鬼　　谢阎君。
　　　　〔油流鬼突然摘去张洪纱帽。
张　洪　　（恨）好你个小鬼！
油流鬼　　嘿嘿！判爷。是你许愿提拔我的呀？
　　　　〔油流鬼欲入座,张洪两次阻挡。油流鬼翻入座内。
包　拯　　将张洪绑了！

〔王朝等绑张洪。

〔二鬼卒带李保上。

包　拯　（唱）善恶不分阴阳乱，

执法不严人妖颠。

为何纨绔子弟代代有？

皆因朝朝有赃官！

〔包拯、秦广辉离座。众鬼魅造型冲上。

包、秦　（同唱）将二贼压在阴山下，

镇邪恶让光华永固人间！

〔张洪、李保瑟瑟倒地，鬼魅群体造型。

〔剧终

一九八六年十月于民乐园

（由西安市豫剧团首演，《西安艺术》2002年2、3期合刊发表）

长安丽人行

编剧 丁金龙

当代戏剧在抨击声中歌颂光明,在光明辉映下鞭挞丑恶,艺术家时时寻找着夹缝,在夹缝的沃土中得到永生。

——题记一

不知道这是悲剧还是喜剧,也许是含着悲喜的正剧,因为人们习惯正统,在正统中悲喜一生。

——题记二

〔20世纪90年代。
〔西北古城。
〔田梦,慕荣,尚芹,乔侃,钱宏,田母,钱母,陶军,方青,职员,青年甲、乙.几对舞伴,舞厅侍役

序幕

〔流火的季节。
〔校园外。
〔欢悦的音乐声中,田梦手拿通知书跑上。

田　梦　（唱）青春的烈焰随着光环升起,
　　　　　　　我爱这流火燃烧的夏季。
　　　　　　　勤奋努力出智慧大展才气,
　　　　　　　通知书报喜讯心旷神怡。
　　　　　　　我就像春笋出土润无声.
　　　　　　　节节高寻觅蓝天盼苍翠。
　　　　　　　待来日书海羽丰展双翼,
　　　　　　　激风雷搏云雨海天长驱。
〔慕荣、尚芹跑上。

慕、尚　田梦。
田　梦　慕荣、尚芹,看你俩蛾眉高扬,定有喜事一桩。
慕　荣　看你凤眼霞光,肯定荣登金榜。
三　人　一、二、三。（不约而同亮出通知书）录取通知书。
田　梦　（自报）西北大学文学院。
慕　荣　（自报）西安交大医学院。
尚　芹　（自报）西安建筑科技大学。
田　梦　（分指慕、尚）未来的医学博士.跨世纪的科学家。
慕、尚　新时代的文学大师。

三　人　（挽臂大笑）哈……

　　　　（唱）十二年同班同学同沐风雨，
　　　　　　　十二年同心同力同步同趋。
　　　　　　　今日起同步走向未知领域，
　　　　　　　人分开心不离同垦处女地。
　　　　　　　新女性泼墨蓝天书自强，
　　　　　　　为理想同开辟金色秋季。

　　　　〔乔侃喊着跑上。

乔　侃　慕荣——哇，田梦、尚芹小姐也在这。（示手中通知书）慕荣，你看。
慕　荣　（接看）西北师范大学艺术系。
乔　侃　未来古城西安的星空将会出现一颗璀璨的新星。
田　梦　那就是鼎鼎大名的艺术大师乔侃。
乔　侃　不才，还望田梦小姐提携。
慕　荣　骄傲什么。（示意田、尚拿出通知书）
三　人　你来看。
乔　侃　哇！好酷。我早就观星象、卜八卦，预知尔等三人……
田　梦　算了吧。你曾打赌说，你们俩人中第为上，一人上榜为中，三人名落孙山，也未必失去佳人丽姿。
尚　芹　口出狂言．赌输请客。
乔　侃　好好，我请客，我请客。慕荣．走，跟我去买吃的。

　　　　〔乔、幕二人牵手下。
　　　　〔钱宏推着游动服装售货车上。

钱　宏　（吆喝）走一走瞧一瞧，肥瘦大小任你挑啦！新款式新花样，领导潮流新时尚。跳楼放血一律八折，童叟无欺买一送一啦。小姐，你看……
尚　芹　钱宏．是你？生意怎么样？
钱　宏　见笑，刚奔小康。
田　梦　半年不见，你可出息多了。
钱　宏　哎呀，田梦，你还是那样青春靓丽，就像出水芙蓉．清纯秀美,更加迷人了。
田　梦　学业不成嘴倒能行。还是不长进。
钱　宏　我是稀屎牛粪糊不上墙,你别哪壶不开提哪壶好不好。
　　　　〔乔、慕提着饮料和水果上。
乔　侃　(分饮料)来,一人一听,清凉解渴。
钱　宏　乔侃、慕荣,你们好。
乔　侃　哟,小钱老板,你怎么把生意做到这来了?来,为我们四个考上大学干杯。你就拿苹果代杯吧。(拿一个苹果给钱宏)来,干杯,为青春靓丽。
田　梦　干杯,为鹏程万里。
尚　芹　钱宏。(和其苹果碰)干杯,为了今天的欢聚明天的友谊。
众人干　(喝饮料)
钱　宏　(咬了一口苹果)哇!又酸又涩……
　　　　〔切光。
　　　　〔幕间。

　　　　〔一束定点光投在舞台右侧台口一个常设的电话桌上。电话铃响,田母上,接电话。
田　母　喂,喂喂,哎哟,我都忙晕了,连电话都拿颠倒了。喂,谁呀?说话嘛。
　　　　〔一束定点光投在舞台左侧台口,钱宏拿着手机正打电话。
钱　宏　田阿姨,我是钱宏。
田　母　钱宏啊,啥事?
钱　宏　阿姨,今天家里有人吗?我来给田梦还书。
田　母　(背白)这孩子,没人谁接电话哩。(对话筒)有有,今天田梦回家,她约了几个同学聚餐。
钱　宏　(高兴地)阿姨。那我一定来,你就不要买菜了,我一会给你送来。

（挂断电话隐去）

田　母　有菜有菜．不用你买了。喂喂，这孩子。（挂断电话隐去）

第一幕

〔三年后，田梦家。

〔幕启、田梦手提装满食品的塑料袋上。

田　梦　（唱）学府三年才华露，
　　　　　　　学贯东西誓方休。
　　　　　　　广记博览识良莠，
　　　　　　　不让年华付东流。
　　　　　　　诗词散文常见报，
　　　　　　　渐入文苑百花洲。
　　　　　　　今日同学重相聚．
　　　　　　　魂牵梦萦情意稠。
　　　　　妈，我回来了。

〔田母由厨房上。

田　梦　妈，你看我买的鱼．还是活的哩。
田　母　哟，钱宏他也买的鱼．买的虾，还买了一只大王八。
田　梦　他咋来咧？
田　母　他是来给你还书的。听说你们同学聚会，可高兴了，正在厨房给我帮忙哩。
田　梦　我们是大学同学聚会．你怎么把他留下呀。
田　母　大学同学中学同学还不都是同学。哦，他还给你送来一束鲜花。（从桌上捧起一束鲜花）
田　梦　（接花观赏，诗兴地）男人手捧鲜花，是为了衬托自己高雅！女人如果变成鲜花，比草更凄凉可怕，我愿变作大树，摇曳枝干，戏舞年华。

〔钱宏用围裙擦着手上,听着田梦的朗诵痴迷发呆。

钱　宏　（蹩脚地）如果你是大树,我就是树上的花,如果你是树上的鲜花,我就是花上的露水,如果你是露水,我就是照耀露水的阳光。

〔尚芹上,驻足聆听。

尚　芹　（赞许地）好诗好诗,钱宏这两年追逐田梦学诗,长进不小。

田　梦　好个歪诗。我是露水他是阳光,不把我给蒸发啦!

〔尚芹、田母大笑,钱宏尴尬。

田　母　（解围地）蒸发就蒸发,有啥了不起?我看钱宏大有长进。（对钱宏）走,跟阿姨下厨烧菜去。（提起田梦放在桌上的食品和钱宏下。）

田　梦　慕荣和乔侃怎么还没来?

尚　芹　他们俩闹别扭了。

田　梦　听说慕荣想退学,到一家广告公司上班。

尚　芹　我劝过她,她不听。

田　梦　他们爱得死去活来,一旦慕荣飞了,乔侃会伤心死的。

尚　芹　乔侃?才不会哩!他少年花心,情场老将,见了慕荣心呀肝呀宝贝呀,一分手又不知和谁花去了。

田　梦　慕荣对他可是一片真心。

〔乔侃上。

乔　侃　二位小姐好。半年不见,如隔三秋,真是想死二位可爱的小妹了。

田、尚　嗯——

乔　侃　哦.二位可敬的小学妹。

田　梦　油嘴滑舌。

乔　侃　油嘴吐不出美丽的诗笺.滑舌弹不响优美的琴弦。谁像你,红唇皓齿喷薄出多少优美的诗篇。

尚　芹　别卖弄了,我的大艺术家。

乔　侃　大艺术家也比不过大诗人呀。说真的,你发表在晚

　　　　　报副刊上的那首诗我读过了,写得真好。
尚　芹　我怎么没看到。
田　梦　豆腐块大的一首小诗,你听他张扬。
乔　侃　我背给你听。(朗诵地)你牵着我的手,两颗心在交流,像电流穿过,悄悄把灵魂牵走。你看着我的眼,两颗心在微微颤抖,像飓风刮过,魂魄飞上云头……
田　梦　(渐入诗境)两双手把日月搓成长绳,拉起理想的风帆畅游。两双眼放飞报春的布谷,期盼着秋后的丰收。
尚　芹　(拍手)太棒了。
乔　侃　绝妙精彩,把一个纯情少女初恋的神秘和对未来的憧憬抒发得淋漓尽致。我敢说赛过李白,气煞杜甫。
田　梦　行了,让你一吹,我成了李白再世,杜甫显灵,我都成了诗圣的鬼魂了。
乔　侃　这可是你说的,诗人总爱联想。
尚　芹　乔侃.你给慕荣打电话了吗?
乔　侃　打了,她说她到田梦学校找她一起来。
田　梦　告诉她直接到我家就行了吗。(猛然感觉腿痛.险些跌倒)
尚　芹　(急扶)咋咧?
田　梦　昨天下雨,可能关节炎又犯了。
尚　芹　去医院了吗?
田　梦　最近刚做了检查,没关系。
　　　　〔慕荣提着礼品上。
乔　侃　慕荣,我们大家正想你哩。
慕　荣　(娇嗔地瞪乔一眼)田梦,这是我给阿姨买的滋补品。
田　梦　(接过)不好意思,让你破费。
尚　芹　慕荣。你俩好长时间没见了,聊一聊,我和田梦帮阿姨做饭去。
　　　　(田、尚进厨房下。

慕　荣　乔,我已经给学校递了退学报告。

乔　侃　荣,你不觉得太草率了吗?

慕　荣　自从上次选美大赛,那台湾方老板就把我盯上了,让我在西安的分公司上班,先到深圳作份广告。

乔　侃　你不觉得那方老板有什么企图吗?

慕　荣　几次单独接触,我看他……

乔　侃　(惊讶地)啥?你都和他单独接触了?

慕　荣　大惊小怪。我们只是见见面说说话嘛。我看他谈吐风雅,举止端庄,人挺好的。(看乔不悦)乔,我不论和谁接触,你都永远在我心里,谁也不能占据心房这狭小的领域。

乔　侃　不,舍我而去就意味着背叛。

慕　荣　乔,你替我想想,月薪两千,第一次上镜作广告就给五万,我家几代人见过吗?我就是学成毕业,几年才能挣到五万啊!

乔　侃　荣,我们有知识,我们有青春,大学毕业,凭着咱俩的智慧,我们可以挣很多很多的钱。亲爱的荣,我舍不得你。

　　　　(唱)你就像一只蝴蝶在身边飞翔,
　　　　　　万花丛舞翩跹迷住我的目光。
　　　　　　我多想把你做成爱的标本,
　　　　　　就夹在心扉里永远收藏。

慕　荣　(唱)穷日子就像那细水流长,
　　　　　　是蝴蝶无羽衣难遮窘相。
　　　　　　毕业路车水马龙人拥挤,
　　　　　　分配难难分配何谈理想。
　　　　　　即就是有工作整日奔忙,
　　　　　　汗水淌星空下哪还有儿女情长?
　　　　　　现如今月薪两千公关部长,
　　　　　　首次上镜作广告五万稿偿。

乔　侃　(唱)分明是酿酒之前加蜂糖,

　　　　　这诱惑就藏在甜蜜的酒缸。
慕　荣　（唱）任凭它日月懵懂星辰醉，
　　　　　　　即就是睡卧酒缸我不迷茫。
　　　　　　　愿我们长风万里传相思，
　　　　　　　对明月叙衷肠情系月光。
　　　　〔田梦和尚芹上。
田　梦　真会抓紧时间。甜言蜜语，儿女情长，如胶似漆，小心拽不开，准备吃饭。（和尚芹收拾桌上杂物）
　　　　〔田母和钱宏端菜上。
慕　荣　田梦，刚才我到学校找你，你班同学让我把你的体检报告赶快给你。
　　　　〔田梦接报告不经意地扫了一眼，觉得不对，细看，惊，跌坐椅中，扶膝站起又跌坐。
田　母　怎么了，小梦。
　　　　〔电话铃响。大家惊视电话。
尚　芹　（迟疑地拿起话筒）喂，是，田梦家，什么？什么？好，我马上陪她来。
田　母　谁的电话？
尚　芹　田梦学校医务室打来的电话。
众　人　说什么？
尚　芹　田梦患了骨结核，因久拖未治，可能向骨癌转化，学校叫田梦赶快去复查。
田　母　不，这不是真的。小梦，这一定是误诊，一定是误诊。小梦，妈带你去复查，妈带你去复查……
　　　　〔田梦被飞来的横祸惊呆了，田母看着痛苦的田梦沉寂了。众人揪心地看着田梦。
田　梦　（唱）风无语鸟不啼空寂渺茫，
　　　　　　　为什么这世界静得发慌？
　　　　　　　响雷吧，闪电吧！
　　　　　　　折我双翅为何不声不响？
　　　　　　　风来吧，雨来吧！

　　　　　湿我羽翼为何将我暗伤？
　　　　　红地毯刚铺就事业有望，
　　　　　又谁知鬼打墙断我辉煌。
　　　　　多少次梦里登坛作演讲，
　　　　　梦醒来言犹未尽血气刚。
　　　　　多少次梦里写书正上网，
　　　　　梦醒来情丝绵绵续华章。
　　　　　我多想异化梦境变理想，
　　　　　桃花源再现人间美天堂。
　　　　　我多想文坛追星访巨匠，
　　　　　学先贤激扬文字慨而慷。
　　　　　谁曾想命运不济天不帮，
　　　　　一颗星将陨落坠入北冰洋。

乔　侃　田梦，不要悲观，在科学发达的今天，病会治好的。
钱　宏　就是。不就是花几个钱吗？钱算个啥。
幕　荣　田梦，广告公司约我作广告，预付五千定金，你先拿去用。
尚　芹　走，我陪你去复查。
钱　宏　(拿下围裙)我去叫的士。
田　梦　(由大声转向冷静，最后爆发地)不！我不要同情，我不要怜悯，我要健康的生命！
　　　　(切光。
　　　　〔众人隐去，一束追光投在田母和钱宏身上。
钱　宏　阿姨，我追慕田梦三年，你都看在眼里，我无能我无才，可是我爱田梦，请给我一次机会，让我帮帮她吧！只要她病好以后答应跟我……
田　母　钱宏，好孩子，我知道你的心思。
钱　宏　阿姨，不说了，让我为她花钱治病，我若有半点含糊，我他妈就是孙子。
　　　　〔田母掩泪而下，钱宏追下。
　　　　〔暗转。

〔三月后,夜晚。

〔田梦怏怏窗前。

田　梦　(唱)夜静鸟去枝头空,
　　　　　　天衣撕裂雨漏声。
　　　　　　谁家婴儿啼不住,
　　　　　　邻里又传天伦情。
　　　　　　多盼明日朝阳好,
　　　　　　我已无望夕阳红。
　　　　　　寻医问药三月整,
　　　　　　慈母为我囊洗空。
　　　　　　亲朋好友都借遍,
　　　　　　薄柴难燃生命灯。

〔田母由内室上。

田　母　梦儿,该吃药了。(欲倒水取药)
田　梦　妈,我来。

〔钱宏手提食罐上。

钱　宏　阿姨,这是我妈炖的乌鸡人参汤,让我送来给田梦补补身体。
田　母　让你妈操心,真不好意思。
钱　宏　没关系。田梦,我刚才处理了一批货,来晚了,汤凉了,让我去给你热热。(提食罐进厨房下)
田　母　梦儿,钱宏虽是个生意人,文化低,可他对你是实心实意,这三个月来,他起码花了万把块,你该作个决断了。
田　梦　命运女神随时都在摆弄着人的灵魂,想得到的她不让你得到,不想得到的又来得这样早。妈,我心里有数。(吃药)

〔尚芹打着伞上。

尚　芹　阿姨,田梦。
田　母　小芹,这么晚你还冒雨来看梦儿。
尚　芹　(亲热地抚着田梦)一个星期不见,还真想她。

田　母　你姊妹俩好好聊聊，我去给你们准备点夜宵。
　　　　（下）
尚　芹　（抱着田梦端详）梦妹，我看你今天精神不错，是不是寻到灵丹妙药了？
田　梦　世上真要有灵丹妙药，那这个世界就要挤爆炸了。
尚　芹　不对，爱就是灵丹妙药。
田　梦　你听到了什么了？
尚　芹　为了治病用钱，听说你要嫁给钱宏？
田　梦　难道不行吗？我有病没钱。他有钱没病，劫富济贫吗。
尚　芹　可是你们之间没有感情。
田　梦　感情可以培养。
尚　芹　培养需要时间。
田　梦　感情也可以速成。它就像吃快餐，虽然营养不良，但可以满足某种需要。
尚　芹　你这不是需要，而是报答感恩。
田　梦　岂不知恩情恩情，感恩也可以出情，其实并不矛盾。
尚　芹　田梦。
　　　　（唱）爱情不是快餐不能速成，
　　　　　　　爱情是心与心的默契和依存。
　　　　　　　爱情绝不是补偿和奉送，
　　　　　　　爱情更不是索取和感恩。
　　　　　　　爱情和婚姻是一对矛盾，
　　　　　　　处理不好悔恨终生误自身。
田　梦　（唱）现代文明光华天下，
　　　　　　　辐射污染也惠顾大家。
　　　　　　　文明和愚昧是青梅竹马，
　　　　　　　人类就在矛盾中苦苦挣扎。
　　　　　　　是人们创造了现代繁华，
　　　　　　　却又羡田园风光美景奇葩。
　　　　　　　是人们求科技养颜护发，

却又喜素面朝天自然风华。
爱情和爱欲织成绞索,
婚姻和家庭拧成麻花。
谁能说爱情中不会掺假?
谁能说无爱婚姻不会升华?
矛盾中人们总会自行消化,
心与心灵与肉经常是自欺自答。
我虽然生性傲孤芳自大,
终难逃现实生活无情地惩罚。
钱宏他闯商海不失油滑,
但是他危崖伸手真情可嘉。
但愿得成家后万事如意,
病痊愈完成学业求发达。
〔钱宏和田母早已上,伫立静听。

钱　宏　（激动地上前拉住田梦）田梦……
田　梦　真应了我那首小诗了。你牵我手,两颗心在交流,……你望我眼,两颗心在颤抖……两双手把日月搓成长绳,在苦海中慢慢游走!两双眼放飞报春的布谷,我是否能盼到丰收的金秋。
钱　宏　能,一定能。我刚才处理了一批货,明天我就去给你办住院手续。我决定卖掉一个铺面,咱们找最棒的大夫,打最贵的针,吃最好的药,我定要把你治好。
田　梦　谢谢你,钱宏。
钱　宏　不,谢谢你,田梦。是你的高贵屈尊于我,是你将艳福赏赐于我,我有何德,我有何能,我要报答你一辈子。老天呀!这可真是鲜花插在了牛粪上,这辈子我值啦!
〔切光。

〔幕间。

〔黑暗中电话铃响,一个人接电话:喂,找谁?你等着。(喊)五楼上的乔侃,电话。乔侃回声:来啦!台右定位光投向电话桌。乔侃急上拿起桌上的听筒。台左定位光投向慕荣。

乔 侃　喂,慕荣,你从深圳回来了?
慕 荣　回来了。想我吗?乔。
乔 侃　当然想。这次作的什么广告?
慕 荣　法国香水广告,30秒,出镜费十万。
乔 侃　你又发了,荣。
慕 荣　发什么,我弟我妹都正在上大学,我一人给他们两万,高兴地蹦着跳着喊大姐万岁哩!
乔 侃　哪儿是大姐万岁呀?那是钞票万岁!
慕 荣　你当我是傻瓜?
乔 侃　不过话也得说回来,现如今没钱是寸步难行,我都想下海办公司了。
慕 荣　办什么公司?
乔 侃　办个电脑公司。
慕 荣　得多少钱?
乔 侃　几十万,我已筹了一些,还差十几万。
慕 荣　你来吧,我帮你。
乔 侃　太好了,荣。当初我要是有钱,你也不会离我而去了。
慕 荣　我哪儿离你而去了?我一下飞机不就急着给你打电话嘛。
乔 侃　你那位方老板没来?
慕 荣　他回台湾了,你赶快打的来吧,我在雅航花园家里等你。

〔两束灯同时灭。

第二幕

〔前幕1年多后,钱宏、田梦新家。
〔钱宏在屋外扫除,兴高采烈!田梦在室内拭尘,文静认真。

钱　宏　(唱)晨扫庭除把水洒,
　　　　　　神清气爽容光发。
田　梦　(唱)窗明几净居室雅,
　　　　　　勤勉致力靓丽家。
钱　宏　(唱)自从结婚遂心愿,
　　　　　　忙里忙外乐开花。
田　梦　(唱)自从病体渐痊愈,
　　　　　　感恩戴德求报答。
钱　宏　(唱)一心置业求发展,
　　　　　　牛粪育花花更发。
田　梦　(唱)一心相夫还情债,
　　　　　　助他商海显才华。

〔二人歌舞到一起。

钱　宏　(唱)我本是草芥菜籽小芝麻。
田　梦　(唱)我本是清荷秋池遭霜杀。
钱　宏　(唱)我本是商海泛舟一小贩,
田　梦　(唱)我本是昔日凤凰落了架。
钱　宏　(唱)感谢你高贵屈尊肯下嫁,
田　梦　(唱)感谢你惜香怜玉护残花。
钱、田　(唱)知足甘愿效犬马,
　　　　　　知恩图报共天涯。
钱　宏　(发现手中的抹布一把夺过)怎么,你在打扫室内卫生?
田　梦　你不也在院内打扫卫生吗?
钱　宏　田梦,凭你的学识,凭你的长相,本是夫人太太的高贵身躯,今天下嫁于我,就该让我好好伺候你一辈

子。(边说边敏捷地擦拭着家具等物)

田　梦　你这样谦谦风度使我汗颜,总不能让我每日端坐家里,形似泥胎吧?(边说边清理散乱物品)

钱　宏　(夺过田梦手中物品擦拭放好)不是泥胎是菩萨,我不但要供着你,还要一日三炷高香答谢神灵哩。(不留神撞掉柜上花瓶,瓷裂声清脆而响亮,惶惑地捡起碎片拼接,无望,碎片从手中滑落,又传来一声清脆的瓷裂声)

田　梦　钱宏,你的手指流血了。(从抽屉里拿出纱布药棉及时给钱宏包扎)钱宏,痛吗?

钱　宏　心痛。

田　梦　心痛?(不解地抬头)钱宏,你哭了?不就是一只花瓶吗?再买一只就行了。

钱　宏　不,田梦。

　　　　(唱)有作家将婚姻比作瓷器,
　　　　　　夫妻间要珍重倍加爱惜。
　　　　　　这瓷器做起来艰难不易,
　　　　　　日月永婚路长包装仔细,
　　　　　　轻拿轻放才能够化险为夷。
　　　　　　岂能让爱的瓷器遭破碎,
　　　　　　怎忍见婚姻家庭受撞击。

田　梦　(唱)这婚姻岂能和瓷器相比,
　　　　　　爱的破碎岂能够那么容易。
　　　　　　即就是两情有隙会分离,
　　　　　　还会有胶合剂黏合凝聚。

钱　宏　(激动地)对,要有个粘合剂就好了……

田　梦　什么黏合剂?

钱　宏　田梦……(难言)我妈妈想抱孙子……田梦。为我生个儿子吧,让爱的结晶永远把我们黏合在一起。

田　梦　虽然我的身体日见康愈,但是……

钱　宏　我已经问过医生,他说不会有什么问题。

田　梦　那……我就为你生个孩子吧!
钱　宏　谢谢你,田梦。让我来收拾这打碎的瓷器。
田　梦　我来吧,你不是还有急事吗?
钱　宏　(看表)对,今天上午要进货,还要谈笔生意,中午等我回来。

〔田梦从衣架上取下钱宏的外衣抖开,钱宏伸臂穿上外衣,田梦为其扣扣。钱宏在田梦额前亲吻,田梦默默接受,一切都是套路,田梦并没有热情,但做得非常到位。钱宏招手下。田梦捡拾花瓶碎片。

〔稍刻,尚芹上。

尚　芹　田梦。
田　梦　尚芹。
尚　芹　怎么,打碎了花瓶?这可不是好兆头。
田　梦　你也相信那个作家的鬼话?
尚　芹　(背诵地)婚姻就像易碎的瓷器,
　　　　　　　一旦破碎修复就非常不易。
田　梦　现代科技能够复制远古的青铜玉器,别说复制一个现代花瓶。
尚　芹　科学不是伦理,复制不是原造。我不是爱情问题专家,也不相信什么爱情定义,我相信一切感情都可以通向爱情,唯独感恩很难走进爱的大门。
田　梦　行了。你啥时候也变成饶舌妇了。
尚　芹　(亲热而关切地)田梦,结婚一年多了,他爱你吗?
田　梦　真爱,有时爱得让我战栗。
尚　芹　他认为讨了个仙女,所以愿为你奉献一切。
田　梦　他那爱的重压,有时简直使我喘不过气来。
尚　芹　你说老实话,假若没有他花重金为你治病这个因素,你会爱他吗?
田　梦　你说呢?
尚　芹　鬼精灵,反问起我来了。我早就感觉钱宏暗恋着你,可你从来没理会过。

田　梦　我又不是石女、瓜瓜,能没有七情六欲吗?虽然过去来往甚多,但从没想到我会嫁给他。

尚　芹　你现在正处在爱雨的沐浴和感恩难为的折磨中,你应该调整心理思路,启封尘掩的心扉,走出家门,体现精神的平等,才会在婚后生活中寻到真正的爱情。

田　梦　我想复学,他怕我精神吃不消,我想工作,他怕我身体受不了!我想帮他经商,他说用不着,我只有在家给他生孩子。

尚　芹　那他就不怕你精神身体受不了吗?

田　梦　我也有这个意思。

尚　芹　相夫生子,延续香火,知恩图报,好一个新时代的女性。

田　梦　芹姐,你又在挖苦我了。

尚　芹　我是来拯救你的。我们公司招聘管理人员,这是招聘简章和申报表,你愿意就填了给我。(把简章和表格递给田梦)

〔乔侃上。

乔　侃　田梦。

田　梦　乔侃,什么风把你吹到我这来了。

乔　侃　(热情地握着田梦双手不放)老同学,这不是梦吧?你还是那样清纯靓丽,还是那样青春美奂,我真不相信我的眼睛。

尚　芹　行了,你真能疯。

乔　侃　难道你嫉妒了?我是出于艺术家审美的良心说这番话的。

田　梦　真的,别疯了,小心让我婆婆看见。

乔　侃　什么,婆婆?简直是笑话。(渲染得)你怎么会嫁人?一个大诗人会变成被动寻爱的俗人?要知道没有爱情的婚姻嫁娶,那就等于逼良为娼啊!我记得你曾经发表过的一首诗。

　　　　(唱)爱是两情相悦,

爱是两心相撞,
爱是千里寻觅,
爱是百年守望,
爱是暮雨洒向月牙,
爱是晨风迎着朝阳,
爱是蓝天哺育的雄鹰,
双双比翼展翅翱翔。
爱是泥土滋润的鲜花,
深深扎根在肥沃的土壤。

〔此段唱用秦声谱成圆舞曲。开始田梦、尚芹小声和之,最后同歌同舞。

乔　侃　多美的诗句,多么贴切的比喻。我不相信一颗文坛巨星就这样堕落了,一个圣洁的女性就这样被无爱的婚姻给吞噬了。

〔乔侃的表演说得尚、田大笑。

田　梦　大活宝,你今天到底干什么来了?

乔　侃　我来给二位小姐介绍产品。

尚　芹　介绍产品?你不是分配在话剧院了吗?听说你还演了几个戏哩。

乔　侃　那叫演戏?不是分个战士甲,就是演个群众乙。整天跑龙套。好不容易分个有名有姓的吧,更气人。

田、尚　为什么?

乔　侃　演个小战士甲,起码还有句台词。(表演地)同志们,为班长报仇!(吹号)嘀嘀嘀嘀嘀嘀——冲啊

〔田梦、尚芹拍手。

乔　侃　就这还拍手啊,别寒碜人啦。

田　梦　那有名有姓的叫什么?

乔　侃　张哑巴,你说气人不气人,还不如小战士甲哩,从头到尾没一句话。

田　梦　怎么不分个主角给你演呢?

尚　芹　就是,你挺有表演天赋的嘛。

乔　侃　主演能轮到我吗？上至演毛主席的,演周总理的,下至演卖鸡蛋的卖大米的,都是明星都是腕,轮到我猴年马月去了。我辞职下海了。

田　梦　下海干什么？

乔　侃　鄙人如今是鸿运电脑公司总经理。

田、尚　嚯,当大老板了。

乔　侃　我准备给二位奉送两台电脑。

田、尚　奉送？

乔　侃　只收些许手续费和运费。

尚　芹　多少钱？

乔　侃　八千八。怎么样？

尚　芹　(大笑)这叫奉送啊？这叫宰人。

田　梦　还面带笑容,吃了你连骨头都不吐。

乔　侃　二位全当是爱心奉献,支持日益蓬勃的市场经济。

尚　芹　对不起,我有了。

田　梦　等我爱人回来商量一下。

乔　侃　爱人？别提他,不就是钱宏那个小商贩嘛,我诅咒他。一朵艳丽的花蕾被他的魔爪触摸,就变成一朵被侮辱被损害的残花了。买台电脑还要他作主,我真替你们女人可怜。

田　梦　(似有触动)我们女人没你想象的那么可怜。

乔　侃　不,女人可怜,可怜的女人。在人生的赌场上,男人押上的是身外之物,如金钱和权力,而女人押上去的是肉体自身,而输掉自己的女人,至少有一半是怀着感激心情被男人领走的。

尚　芹　(看着深被触动的田梦,制止地)乔侃,不要再卖弄你的歪理邪说了。

乔　侃　这不是歪理邪说,我是在为被损害被污辱的女性大声疾呼,抱打不平。

尚　芹　别替人家抱打不平了,快说说你和慕荣的关系吧。

乔　侃　我俩现在根本谈不上关系,亲密的交往只为弥补她的寂寞和空虚。只是他台湾方老板不在的时候我们才有短暂的约会。

尚　芹　我听说你做生意的钱还是慕荣给的。

乔　侃　她贪图富贵移情别恋,我青春损失收回补偿,也在情理之中,不说她了。走,二位老同学,今天中午我请客,西安饭庄三楼包间。

尚　芹　我中午有事去不了。

乔　侃　田梦,你一人在家就不要推辞了,吃完饭我陪你卡拉OK轻松一下。

尚　芹　别勉强她。

乔　侃　田梦,走出去,走出这封闭的桎梏,去享受爱的雨露。

田　梦　我今天身体不好,你们走吧。

尚　芹　走吧,田梦累了,让她休息。(推乔侃下)

〔强烈的音乐,田梦思绪万千。

田　梦　(唱)一席话说得我面红耳热,
　　　　　　一时间思绪乱感想颇多。
　　　　　　一个是让我自主找工作,
　　　　　　一个让我重寻自我淌爱河。
　　　　　　爱在那里我是否曾经有过?
　　　　　　情是何物我是否曾经触摸?
　　　　　　没有爱的人生单调枯燥,
　　　　　　没有情感宣泄是把生命剥夺。
　　　　　　论年龄如今我才二十多,
　　　　　　青春还在眉宇间容颜未脱。
　　　　　　难道我就这样耗损生命?
　　　　　　难道我就这样把青春消磨?
　　　　　　老天啊——
　　　　　　为什么给我披上这靓丽外壳?
　　　　　　为什么又让我历经坎坷?
　　　　　　这真是——
　　　　　　人生春秋云横锁!

蓦然回头万顷波，
　　——如何将这日月消磨？
〔钱宏肩挎手提滋补营养品上。

钱　宏　田梦,你看。我妈听说你要怀胎生子,让我买了这么多营养滋补品给你补身体。

田　梦　八字还没一撇,就开始给我追肥加膘,我不生了。

钱　宏　(一愣)不生？不生也好,也好。留得青山在,不愁没柴烧,养好身体以后再说。

田　梦　(愤怒无奈地)钱宏,你为什么要对我这么好呀？
　　(扑在钱宏怀里)

钱　宏　一会电闪雷鸣,一会和风细雨,我都要晕了。
　　(切光。

第三幕

〔距前场月余,歌舞厅。
〔几对舞伴正在漫舞,乔侃慕荣也陶醉在轻柔的音乐中。稍时,舞曲添入秦声,乔侃、慕荣在唱腔中舞姿变异,其他舞伴随之。

乔　侃　(唱)一夜良宵一夜情,
慕　荣　(唱)一夜绸缪巫山云。
乔　侃　(唱)两情依依情难尽,
慕　荣　(唱)两情别离情难分。
乔　侃　(唱)晶莹盛开的泪花,
　　禁不住坠落飘零。
〔乔侃停舞,步出舞池,慕荣拿出绢帕为乔拭泪！其余舞伴在音乐中缓慢舞下。

慕　荣　(唱)心在颤抖话难明,
　　红唇留下一排齿痕。

乔　侃　（唱）我早说蜂糖掺酒迷人醉，
　　　　　　　你怎能纸醉金迷变俗人。

慕　荣　（唱）难以说破不尽的懊悔，
　　　　　　　别再揉搓破碎的心。
　　　　　　　让思念牵挂随着秋叶，
　　　　　　　慢慢飘零化作泥尘。

乔　侃　（唱）发生过的怎能说从未发生？
　　　　　　　像蓝天飞过的雁痕。
　　　　　　　写下带不走的思念，
　　　　　　　留下阵阵酸楚心痛。

慕　荣　乔，这是暂时别离，我总还会回到古城，何必如此伤心。

乔　侃　不，你已经成为姓方的人，即就是回来，也不过是探望你的双亲。

慕　荣　可我们的精血已经有了结晶，我腹中正在孕育一个幼小的生命。

乔　侃　是我的？难道不会是那姓方的野种？

慕　荣　他到新加坡已经两个多月，从未和我亲近。

乔　侃　（紧紧拉住慕的双手）荣，我们结婚吧。

慕　荣　（抽出双手叹息地）不可能，弟妹要钱上大学，奶奶和爸爸要钱治病，小屋雨漏等着拆迁改造，谁把钱挣，靠你？靠我？

乔　侃　靠那点工资当然不行，可是你资助我那鸿运电脑公司目前还行。

慕　荣　我听说你的公司目前也是萧条冷清。

乔　侃　那是我经营不善急于求成……（一口喝尽杯中红酒）你走吧！什么爱情，爱情在人生天平上能有几斤？

　　　　〔乔打个响指，侍役托着两杯红酒放于桌上，收起空杯下。

慕　荣　（从手袋内拿出一沓钱）这是两万，帮不了大忙，也许有用。
乔　侃　（作态地）……亲爱的荣,我收下,全当你入的股份。
慕　荣　乔,我用爱和心入股,为的是补偿你对我的深情。
乔　侃　不管是补情还是入股,鸿运电脑公司都有你一份。来,干杯。
慕　荣　你走吧,方总已经下了飞机马上就到。我约了同学,他们来给我送行。
乔　侃　干了就走。
　　　　〔方青上。
方　青　走什么？等慕荣同学到齐了,大家一块聚聚。
慕　荣　（一惊,稍候镇定）哦……方总,这是我表哥。
方　青　（大度地握手）认识你很高兴。
慕　荣　我姨妈身体不好,让表哥来给我送送行。
方　青　好好,既来了就不要走了,一会大家热闹热闹。
乔　侃　（拿起手机包）好,我去趟卫生间。
方　青　不许溜号哟。
乔　侃　（放下手机包）绝对不走。（下）
慕　荣　（柔情地）方青,你真狠心,一走就是两个月,是不是新加坡的靓妞把你缠住了。
方　青　有了你,什么靓妞我也不会动情。
慕　荣　你尽骗人,你为什么不和你原来的女人离婚？
方　青　我说过,只要你为我生个儿子,我就和你结婚。
慕　荣　我已经有了。
方　青　胡说,我离开你已经两个月了。
慕　荣　医生检查说都三个月了。
方　青　真的？（高兴地）来,为我们未出世的宝宝干杯!
慕　荣　干杯!
　　　　〔田梦、尚芹、陶军上。
田、尚　慕荣。
慕　荣　你们好。
　　　　〔三人欢跃地相握相拥。

尚　芹　这是我先生,陶军工程师。
慕　荣　陶工你好。
陶　军　(握手)你好。
慕　荣　这是我们台湾公司的方总经理。这是我的同学田梦、尚芹。
方　青　(一一握手)欢迎欢迎。这次慕荣女士升迁到我们深圳总公司另有高就,欢迎你们来参加她的送行舞会。
　　　　〔乔侃上,见同学欲打招呼。
慕　荣　(急阻)乔侃,这些都是我的同学。田梦、尚芹,这是我表哥。
田　梦　哦。(握手)表哥你好。(故意地)我怎么看着你有点眼熟。
方　青　你们认识?
田　梦　哦,话剧团的名演员,大众情人。
　　　　〔众笑,慕荣和乔侃解脱地笑了。
田　梦　他怎么会认识我们哩?他在台上,万人瞩目一枝独秀。我们在台下,在他的眼中却是砖头瓦块,即就是万人攒动的台下偶有一枝出墙红杏,他也未必寻得芳踪。
乔　侃　领教领教。你这位同学肯定是位大作家。
尚　芹　田梦,我发现你情绪特别好,话又多起来了。
慕　荣　你怎么没带钱宏来?
田　梦　我要冲破藩篱和他离婚。
慕　荣　你胡说什么。
田　梦　我还没尝到青春浪漫的滋味,就要变成抱娃娃的婆姨了,我再不觉醒将会后悔一生。
慕　荣　那钱宏他呢?
田　梦　他把我当成花瓶观赏,当成菩萨上香,当成他的顾客礼貌谦让,我在家里憋得发慌,吵架都找不到对象。
尚　芹　田梦,咱今天干啥来了,把主人都晾到一边了。

方　青　（解围地）跳舞跳舞，一会我请大家凯悦饭店宵夜。
　　　　〔又有几个同学、朋友到来,握手寒暄。
方　青　先生们、女士们,大家请。
　　　　〔音乐起,尚芹陶军、慕荣方青等结伴步入舞池。
田　梦　我的大艺术家！你俩真会演戏,我插科打诨是不是给你救了场。
乔　侃　闭住你的嘴,不然我会撕碎你的心。
田　梦　（示意舞池中的慕、方）我的心没撕碎,只怕你的心已经在滴血了。
慕　荣　（招呼地）田梦,跟我表哥跳一曲吧。
田　梦　亲爱的表哥。请。
　　　　〔田梦乔侃旋入舞池,音乐热烈。
　　　　〔切光。
　　　　〔暗转。
　　　　〔钱宏上。
钱　宏　（唱）抓来的山雀改不了野性。
　　　　　　　网络的美人收不住花心。
　　　　　　　爱田梦我钱宏情之难尽,
　　　　　　　爱田梦我钱宏一掷万金。
　　　　　　　含嘴里怕化了冰洁玉身,
　　　　　　　捧手上怕碎了稀世奇珍。
　　　　　　　结婚来她待我形同路人,
　　　　　　　只干活言语寡缺少温馨。
　　　　　　　听人说她和乔侃常接触,
　　　　　　　下饭店进舞厅形影不分。
　　　　　　　近日来伤神费心寻踪影,
　　　　　　　但愿得风言风语不是真。
　　　　〔青年甲乙挂着照相机上。
青年甲　钱哥,我们四处查看,好像不在这个舞厅。
钱　宏　你们到其他舞厅看看,我在这里坐等。
青年乙　一旦看见,我俩就给他们拍照留影,咱们有凭有证。

我们走了。（欲下）

钱　宏　有事手机联系，不准胡来。

两青年　是。（下）

〔钱宏向后台招手，在不引人注意的角落坐下，侍役手托果碟和饮料放在钱宏桌上后下。

〔乔侃上，手机响。

乔　侃　（接电话）喂……是我……谁找？你告诉他我不在……干什么去了？出差……到哪儿出差？你不会瞎编，天津、长春、香港、澳门，真笨。……对，就这样给他说。（挂断，手机又响，接听）喂……傅老板，你还没死哩……钱没挣够，我能死吗……哈哈……那批货绝对没问题，你先付款，到账三天后我交货。君子一言，驷马难追。我可告诉你，这是没有关税的水货，绝对原装，过了这个村可没这个店啦。……好好好，你把钱先打过来。（关机）

〔职员上。

职　员　乔老板，吴老板的那批货到了。

乔　侃　叫他送过来嘛。

职　员　人家说要先付款后交货。

乔　侃　这分明是对我乔侃不信任嘛，告诉他，货到三天后付款。

职　员　吴经理的秘书朱小姐在那边包厢等你。

乔　侃　我正在等一个客户，还有笔生意要谈，你去给她说，货到付款。

职　员　朱小姐非要见你。

乔　侃　走走走，真笨。（和职员下）

〔钱宏悄悄观察着眼前一切。

〔田梦上。

田　梦　（唱）平淡婚姻流过年轻的记忆，

　　　　　　卿卿我我却似釜底游鱼。

　　　　　　不死不活大汗淋漓，

　　　　每在爱中却无情欲。
　　　　梳理日月抽出情丝，
　　　　顺着爱河把热恋寻觅。
　　　　在这不该结果的季节，
　　　　偏又迎来收获的秋季。
　　　　多想插翅远远逃离，
　　　　总在徘徊难舍难去。
　　　　就让他在心中辟出一条小路，
　　　　重新开垦爱的处女地。
　　〔乔侃匆匆上，见田梦精神突振。

乔　侃　啊，梦，你就像格林威治的钟表，绝对准时。
田　梦　让你久等了，渴盼春雨的禾苗。
乔　侃　不是春雨，是渴盼爱雨的禾苗。（将田梦揽入怀中，审视地）梦，你真是秀色可餐，令人馋涎欲滴呀。一日不见寝食难安。
田　梦　（温柔地）我不信。
乔　侃　有诗为证：
　　　　我是一条任性的小鱼，
　　　　不经意游进了你的水域，
　　　　正好被你爱心网住，
　　　　再也无法逃离。
田　梦　这是谁写的诗？
乔　侃　虽是一个小诗人写的诗，却代表了我的心。
田　梦　你们男人就是嘴甜。
乔　侃　你们女人就是耳顺。
　　　　（唱）男人靠嘴巴获得爱情，
田　梦　（唱）女人靠耳朵获得爱情。
乔　侃　（唱）男人说我为你敢上九天揽星，
田　梦　（唱）女人听出这是男人强悍的精神。
乔　侃　（唱）男人说我爱你可剜心明证，
田　梦　（唱）女人愿意听到这滴血的真诚。

乔　侃　（唱）男人信誓旦旦许诺撒谎，
　　　　　　女人却似听仙乐飘飘出神。
田　梦　（唱）别把女人看得太傻，
　　　　　　她内心明白清亮似镜。
　　　　　　只是不愿把它捅破，
　　　　　　默默地品味着谎言的温馨。
乔　侃　（唱）男人嘴笨找不到女人，
田　梦　（唱）女人耳背得不到爱情。
乔　侃　（唱）人们总在谎言中度日。
田　梦　（唱）本是自欺又在欺人。
乔　侃　哈……你活得太清醒，
　　　　永远得不到真的爱情。
田　梦　你简直是个骚公鸡，
　　　　总在母鸡群里勾魂。
　　　〔这一切都在钱宏视线中，他变换着坐姿，以防乔、田发现。
乔　侃　（一把将田梦拉到面前）嫁给我吧，梦。
田　梦　我还没离婚，这不可能。
乔　侃　（丧气地放开田梦）你怎么还不离婚呢？
田　梦　我已经给钱宏说明，准备协议离婚。
乔　侃　什么，协议离婚？
田　梦　是呀，不吵不闹不打不争，达成共识协议离婚。
乔　侃　我说你是白痴还是法盲？协议离婚？协议离婚就等于拱手奉送。
田　梦　奉送什么？
乔　侃　奉送了爱情，奉送了青春。你记住，你再找人就是二婚女人。
田　梦　（心头一震）二婚女人！我再找谁？
乔　侃　不管你找谁。
田　梦　（懵了）我还找谁？你不是一条小鱼，游进了我的水域，被我网住，再也无法逃离了吗？

乔　　侃　找我那是当然,但不能便宜了钱宏那小子。
〔钱宏闻声立起,但又冷静地坐下。
田　　梦　协议离婚怎么就便宜了钱宏呢?
乔　　侃　你知道钱宏现在有多少钱吗?
田　　梦　我从不打听,从来也不知道。
乔　　侃　他经商已经十几年,那头十年生意最火,是造就成千上万暴发户的十年,你知道吗?他现在有两个商店,不算存货,少说手中也有四五十万,多说恐怕七八十万挡不住。
田　　梦　那又怎么样呢?
乔　　侃　打官司离婚呀,财产起码也得对半分。
田　　梦　好主意。
乔　　侃　对不对?
田　　梦　好办法。
乔　　侃　你同意?
田　　梦　分来的钱我交给你?
乔　　侃　不是交给我,是投入到咱们的鸿运电脑公司,你是大股东,钱多货源广,咱不就发了。
田　　梦　卑鄙无耻的小人!(重重地给乔一记耳光)
乔　　侃　(捂住脸)我是为咱俩的爱情着想。
田　　梦　你不是为了爱情.你是一个偷情的小人,你既偷人还要偷钱,亏你还受过高等教育,感谢你提前说了实话,否则把我卖了,还会帮你数钱哩。你给我滚!滚!
乔　　侃　(手机响)喂喂,打什么打?我正在谈一笔生意。
田　　梦　(大声地)一笔肮脏的生意。
乔　　侃　(急忙给对方解件)不是肮脏生意,是一笔可观的生意……你慢点说,慢点说……我就来我就来……(听着电话下)
田　　梦　(冷笑自嘲地)哼哼!一笔生意?一笔可观的生意,拿女人作筹码,不需要本钱,不需要出力,就可立马见到效益。

（唱）天下竟有这样的生意，
　　　　拿女人作交易奇货可居。
　　　　荒唐的笑话出在世纪末，
　　　　不可思议令人痛惜。
　　　　田梦啊田梦——
　　　　大话梦游在理想天地，
　　　　嬉戏玩笑间中人诡计。
　　　　听惯阿谀奉承的诗词佳句，
　　　　乐此不疲险成盘中鱼。
　　　　听着秀色可餐的温馨赞誉，
　　　　被人啖吃还沾沾自喜。
　　　　田梦啊田梦——
　　　　别总在梦中游弋，
　　　　寻找驿站找到归宿，
　　　　走出乌托邦的领域。

〔钱宏走出角落轻咳一声。

田　梦　谁？
钱　宏　我，牛粪。
田　梦　钱宏？（委屈羞愧地哭着跑下）
钱　宏　鲜花插翅飞了，空留下一摊风干了的牛粪。
　　　　〔切光。
　　　　〔幕间。
　　　　〔两柱定位光分别投在舞台两侧。
慕　荣　（焦急地打电话）喂，鸿运电脑公司吗？
职　员　（旁白）鸿运没好命。（对电话）我是鸿运电脑公司。
慕　荣　我找你们老总。
职　员　（旁白）脑袋不肿嘴肿，骗人话说多了。（对电话）老总不在。
慕　荣　我打几次电话总是不在，打手机也不开，你帮我找找好吗？

职　员　公安局都找不着,我到哪找去?
慕　荣　等他回来,让他给我打个电话。
职　员　我看他是回不来了。
慕　荣　为什么?
职　员　公安局的汽车都停在门口了,马上就要封门啦。(挂断电话)
慕　荣　喂,喂,喂喂……
职　员　别喂了,我也该卷铺盖滚蛋了。
　　　　〔灯灭,两人隐去。

第四幕

　　　　〔前场两月后,钱宏家。
　　　　〔钱宏上。
钱　宏　(唱)田梦羞惭回了家,
　　　　　　　身心受伤压力大。
　　　　　　　听说近日犯了病,
　　　　　　　又到医院去检查。
　　　　　　　我已叫人做手脚,
　　　　　　　化验报告我先拿。
　　　　　　　再投诱饵为钓鱼,
　　　　　　　重布罗网把雀抓。
　　　　　　　不能人财两头空,
　　　　　　　让人说我是傻瓜。
　　　　　　　我已叫人接田梦,
　　　　　　　看她是否有变化,
　　　　　　　商海游刃本事大,
　　　　　　　治服女人有的是办法。
　　　　〔青年甲上。

青年甲　钱哥。

钱　宏　拿到了？

青年甲　小菜一碟,不就是一张假化验单吗？

钱　宏　多少钱？

青年甲　五百块。

钱　宏　你真有本事。

青年甲　这算个屁,如今办事钱就是爷,别说一张假化验报告单,就是开一张假死亡证明书也是手到擒来。

钱　宏　废话。

青年甲　开个玩笑。

钱　宏　你现在去接田梦她妈和尚芹两口子。

青年甲　刚才为啥不让小徐把他们一次接来呢？

钱　宏　叫你办事少多嘴,快去。

青年甲　是。(下)

〔田梦面容憔悴随青年乙上。

青年乙　大哥,我把嫂子接回来了。

钱　宏　你去把打印的那份东西拿回来。

青年乙　嗯。(下)

钱　宏　(客气地)田梦,这是你的体检报告单。

田　梦　你怎么知道我去医院了？

钱　宏　一日夫妻百日恩,我能不关心你吗？我怕累着你,就叫人把化验报告单拿回来了。我也看不懂ABC,只听医生说,你这病有复发的可能。

〔田梦接过化验单,失神跌坐椅中。

钱　宏　(和颜悦色地)我知道,我这摊牛粪也养不活你这枝鲜花,过不成咱就离,我心甘情愿退出,让你去找乔侃,他是电脑公司大老板,有钱,帮你治病没问题。

田　梦　(像触电式地弹起)钱宏,不,我们……(又跌坐椅中)

钱　宏　我们什么？(等待地)我们离婚还是我们不离婚？

田　梦　(委屈地痛哭,猛然地)钱宏,我们不要提这事了,我们永远别再提这事了。

钱　宏　（冷笑地扳住田梦双肩盯视着）哼哼，你以为我会同意和你离婚吗？不可能！我为你花了那么多钱，我会轻易把你送到别人的怀里吗？（突然推开田梦，爆发地）不可能！我不会便宜了乔侃那小子，我不会把你双手拱送给乔侃那个爱情大骗子的！有人说慕荣离开了他，倒不如说是他把慕荣送给了台湾老板。他既骗了慕荣的肉体，又骗了慕荣以色相挣来的血汗钱。没有慕荣明给暗送的那些钱，他小子能办起电脑公司吗？他挑拨你和我离婚，那是看上了我的财产，想占有你所得的那一半，没门！离婚不可能，拖我也要把你拖死。

田　梦　别说了，钱宏。他是小人，我已经看清楚了。

钱　宏　田梦，不是我小看你，你喝的那点墨水是化工厂制造的，少得可怜。我喝的墨水是用蓝天白云在社会这个大染缸里酿造的，我眼睛都喝蓝了，我早把他的大肠腰花都看穿了。

田　梦　（烦乱地）别再说了，钱宏，我跟你，永远跟你，永不离开你了，好不好？

钱　宏　跟我可以，但永远也不可能和过去一样了，现在咱们得谈点条件。

田　梦　什么条件？

钱　宏　我已叫人去接你妈和尚芹两口了，等他们来了再说。
〔青年乙拿着几页纸交给钱宏。随后田母、尚芹、陶军随青年甲上。

母、尚　小梦，出啥事了？

钱　宏　没啥事，我是请大家来作个见证。

田　母　作什么见证？

钱　宏　田梦已经答应不再离婚，为了确保今后日子平静，我拟了一纸条文需双方签字认可，你们作个见证，以后有什么事情，也好分清责任。（对青年甲乙）把我母亲请出来。

甲、乙　有请钱老太太。（迎下）

〔甲乙搀着手拿烟袋，着中式对襟大褂，梳旧时发髻、老态龙钟的钱母上。

钱　母　亲，亲家母，你来了？

田　母　你好，老嫂子？

钱　母　好，好，吃得好，睡得好，日子富裕不觉老。（普通话）吃么么香，你看我这身子骨多棒……（身体一闪，差点跌倒，甲乙忙扶）坐，坐，大家坐。

〔田母、尚芹两口坐下。

钱　母　亲家母，抽烟。哦，你不会。（对甲乙）小子，给老娘点烟。（甲乙争点）一个就行了，拍马屁都不拣时候。（吐出一口烟雾）田梦。你回来了？

田　梦　回来了，妈。

田　母　不离婚了。

田　梦　妈……

田　母　孩子小不懂事。

钱　母　（生气地）还小哩？我像她这么大都生仨娃咧，可是……都没活。

钱　宏　妈，没活说他弄啥呀？

钱　母　说他弄啥？我是说那时候女人不容易。从小就读四书念百家姓，早晚还背女儿经。衲鞋底绣花裙，裁剪做饭样样精，现在她们会吗？在家孝父母，出嫁从夫君，晚上给公婆铺床捶背，早上请安还得倒尿盆，一天三顿围着锅台转不停，稍有差错用家法，不是打就是拧，急了还用锥子钉。现如今倒好，男女不分，无卑无尊，砖头瓦块都成了精，要搁过去，非把她……（扭着腰）哎哟哎哟……

〔青年甲乙急捶背。

钱　母　是腰捶背干啥？这，这……田梦，还不给我捶腰。

〔田梦急忙为钱母捶腰。

尚　芹　（看着听着，心绪难以平静）
　　　　（唱）戏未开演锣先响，
　　　　　　　寒气袭来满天霜。
　　　　　　　婆婆说话太刻薄，
　　　　　　　绣花钢针棉内藏。
　　　　　　　丈夫一旁欲撒网，
　　　　　　　剑拔弩张待时光。
　　　　　　　田梦愁容眉不展，
　　　　　　　怒海木舟难经浪。
　　　　　　　不知钱宏葫芦装啥药，
　　　　　　　尚芹我绝对要把田梦帮。

钱　母　好了，站一边去。
田　母　老嫂子，你要多养养神，孩子们的事你少操点心。
钱　母　我死不了就不可能少操心。（对钱宏）那东西打印好了没有？
钱　宏　打好了。妈，你看。（递一份给母亲）
钱　母　（不看）没有改动吧？
钱　宏　没有。
钱　母　好，那就照本宣科，一字不许漏掉。
钱　宏　好。二位老人，尚芹夫妇，今天我要宣布一纸家规，请你们作个见证，如果田梦认同，我们还是夫妻；田梦否决，我们就离婚。
钱　母　过得成就过，过不成就散伙，快念，别啰嗦。
钱　宏　现在我宣布。
　　　　（唱）田梦她失检点行为不轨，
　　　　　　　示警戒特宣布如下家规。
　　　　　　　第一条孝敬公婆要周到
钱　母　（唱）——不许顶嘴。
钱　宏　（唱）端茶送饭知冷热，
钱　母　（唱）——常把腰捶。
钱　宏　（唱）第二条丈夫一言赛九鼎，

钱　母　（唱）——不许阳奉阴违，
钱　宏　（唱）丈夫在外寻欢娱，
钱　母　（唱）——那是正当消费。
钱　宏　（唱）第三条养子教子是责任，
钱　母　（唱）——日奉夜陪，
钱　宏　（唱）传宗接代为人媳，
钱　母　（唱）——祖传法规。
钱　宏　（唱）第四条亲朋来访要热情，
钱　母　（唱）——端茶送水，
钱　宏　（唱）左邻右舍闲杂事，
钱　母　（唱）——不准是非。
钱　宏　（唱）第五条日后家务你全包，
钱　母　（唱）——不得推诿，
钱　宏　（唱）脚不出户守妇道，
钱　母　（唱）——晚出早归。
钱　宏　（唱）忠贞节烈女儿经，
钱　母　（唱）——熟读能背，
钱　宏　（唱）礼义廉耻遵闺训，
钱　母　（唱）——要痛改前非。

〔钱母甩腔，唱完大喘气，险些跌倒闪腰，被甲乙急忙扶住。

钱　宏　（将家规交田梦）你仔细看看，不要来日后悔。
田　梦　（无所适从地欲征得支持或同情）芹姐，这……
〔尚芹、陶军示意不签。
田　梦　（乞求母亲支持）妈……
〔田母难过拭泪。
钱　母　你签不签？
钱　宏　签不签？
青年甲　快签！
青年乙　签！
田　梦　（痛苦地）我……签！

尚　芹　慢！
　　　　　（唱）田梦啊——
　　　　　　　　这哪是姓钱的一纸家规，
　　　　　　　　分明是历史镜头又闪回。
　　　　　　　　道德复古伦理倒退，
　　　　　　　　情操失贞理想无辉。
　　　　　　　　心灵遭辐射品质变味，
　　　　　　　　精神受污染思想蒙灰。
　　　　　　　　古老征服了现实，
　　　　　　　　文明让位给愚昧。
　　　　　　　　今天和远古牵手，
　　　　　　　　现代人难道不觉可悲？
　　　　　　　　田梦啊——
　　　　　　　　你虽然春花勃发遭霜凛，
　　　　　　　　繁枝未枯来年又春归。
　　　　　　　　你有知识有理想，
　　　　　　　　即就是寸草也争晖。
　　　　　　　　田梦啊——
　　　　　　　　这字绝对不能签，
　　　　　　　　再听芹姐这一回。
　　　　　　　　挺起腰干做女人，
　　　　　　　　后半生还可以激扬文字舒展心扉。
田　梦　芹姐，我还行吗？
尚　芹　你一定行。
陶　军　我们相信你，田梦。生活挫折丰富了你的人生阅历，爱情羁绊提高了你的审美情趣，好诗就产生在艰苦磨砺和情感炼狱之中。
田　梦　谢谢你俩的鼓励。
　　　　〔慕荣精神沮丧、衣容不整，怀抱婴儿上。
慕　荣　田梦……
田、尚　（惊诧地）慕荣？！

慕　荣　田梦,这是我的儿子,无名无姓已经三个月了,今天我将他交给你,望你夫妇将他养大成人。(将婴儿交给田梦,给钱宏深躬)钱宏,拜托你了。(跑下)

田、尚　慕荣!

〔婴儿大声啼哭,田梦哄婴儿,突然发现怀中一纸。

田　梦　(大惊)遗书!芹姐,不好,这是慕荣的遗书。

尚　芹　(命陶军)快追!(和陶军追下)

〔田梦将婴儿交给母亲追下。

〔钱宏示意青年甲乙去追,甲乙下。

〔婴儿啼哭不止,田母哄着婴儿。

钱　母　来,叫我抱抱。(从田母手中接过婴儿,颤颤巍巍地走动哄着婴儿)

(田母和钱宏护卫着钱母。稍刻,婴儿不哭了。

钱　母　咋向咋向?绵羊怕老狼,碎娃怕老娘。你看我一哄,这碎雏就不哭了。

〔众人拖着哭喊的慕荣上。

慕　荣　你们放开我,放开我,让我去死,让我去死……

田　梦　慕荣,别哭了。

尚　芹　你真能忍心扔下孩子吗?

慕　荣　我没脸再活在这个世上了,我对不起孩子,他一出世就是一个没爹的孩子,我对不起他呀!

田　梦　你再寻短见,孩子不更可怜吗?

田　母　孩子,啥事也不能寻死呀,这样做,既对不起孩子,也对不起你父母呀!

慕　荣　我没有父母,没有姊妹,我什么人也没有了……(更伤心)

尚　芹　慕荣,到底出了什么事?

田　梦　说清楚,我们也许能帮你。

慕　荣　芹姐、梦妹,我……

(唱)不知是爱情负我我负爱情,

傍大款偷情人误我一生。

　　　　我曾向俩男人同时伸手,
　　　　乞金钱求欢爱玩世不恭。
　　　　谁知道老天毁我黄粱梦,
　　　　竟让我生下这苦涩的结晶。
　　　　方青他在深圳亲子鉴定,
　　　　DNA否定了是他亲生。
　　　　回古城找乔侃为儿正名,
　　　　谁知道乔侃他人去楼空。
　　　　为了他办公司倾囊相助,
　　　　为情爱投巨资成为股东。
　　　　谁知他坑蒙拐骗欺民众,
　　　　携巨款化名外逃无影踪。
　　　　无奈回家讲隐情父母不容,
　　　　寻弟妹春风得意早忘情。
　　　　前途暗后路堵人生路尽,
　　　　空留这苦果累身留骂名。
　　　　今日里托孤梦妹寻归路,
　　　　但愿得来生再报养育情。
　　〔慕荣说罢又欲冲下,被众人拉住。

慕　荣　(扑到尚芹怀里痛哭)芹姐……
　　〔强烈的音乐使田梦心潮起伏,她从母亲手中抱过婴
　　　儿,细看、亲吻、爱抚、悲伤……

田　梦　(唱)慕荣姐托孤田梦情痛伤,
　　　　她怎知我比她心更悲怆。
　　　　可叹我车到山前正寻路,
　　　　进与退荒野待援也彷徨。
　　　(将婴儿交给母亲)
　　　　平日里报纸电视经常看,
　　　　多少姐妹遭情殇未多思量。
　　　　今日里我和荣姐遭劫难,
　　　　看社会想自己心潮激荡。

为什么——
有些人甘愿堕落失去理想？
为什么——
有些人奴颜卑膝交易肮脏？
为什么——
有些人陪吃陪喝陪酒陪唱？
为什么——
有些人稍被勾引就上床？
为什么——
有些人甘当笼鸟被观赏？
为什么——
有些人宁愿包养作二房？
为什么——
有些人借酒浇愁更张狂？
为什么——
有些人情爱崩裂血刃刀光？

尚　芹　（唱）田梦啊——
你问得好问得对，
挫折磨砺你心已明亮。
慕荣啊——
看透人生明事理，
记取教训你要多思量。
几代穷人盼翻身，
几代妇女求解放。
如今跨入新时代，
为什么有些女人又彷徨？
都只为好梦缺理想，
性格柔弱志不刚。
都只为好慕虚荣不设防，
过分依赖不自强。
田梦慕荣好姊妹——

让我们携手驱雾障，
明志明理胸有朝阳。
不为钱所累，
不进权势网，
学习女豪杰，
人生图自强。
敢爱敢恨挺起胸膛，
敢笑敢怒直起脊梁，
敢说敢当胸怀广，
敢想敢干慨而慷。

〔被情所动的田梦撕碎家规，慕荣抱过婴儿和尚芹歌舞同行。

〔幕后合唱融入三女性合唱之中。

三女性 （唱）决裂旧传统，
追求新思想。
打破虚荣梦，
树立新风尚。
丽人携手跨世纪，
再造人生新辉煌。

〔合唱声中幕徐落。

〔全剧终。

2001年6月28日于龙首村

（《西安艺术》期刊2002年出版）

钱家风波

编剧 丁金龙

人　物：(以出场先后为序)

老钱头　60岁，个体户，钱家烧鸡店老板

小　丽　12岁，孪生姐姐

小　凤　12岁，孪生妹妹

炳　兰　35岁，钱家大媳妇，棉纺厂工人，小丽、小凤的母亲

老　二　32岁，老钱头二儿子

巧　珍　28岁，钱家二媳妇，棉纺厂工人，团支部书记

尤富美　45岁，棉纺厂工人

任凡之　30岁，尤富美家保姆的老乡

马月英　38岁，回族，共产党员，棉纺厂车间主任，计划生育兼干

表　嫂　40岁，农村妇女，炳兰的亲戚

宝　儿　20岁，表嫂的儿子

第一场

〔20世纪70年代。钱家。
〔老钱头手托小茶壶,在欢快的音乐声中,高兴地上。

老钱头　（喊）小丽！小凤！这俩孩子咋还没拿来！
　　　　（望着墙上的寿星图,高兴地）
　　　　（唱）党中央政策好家家欢笑,
　　　　　　　搞改革顺民意处处春潮,
　　　　　　　国图强民致富生财有道,
　　　　　　　老钱头发了家愁云未消,
　　　　　　　千亩地尽花秧不长青苗,
　　　　　　　盼之盼人丁兴旺喜乐逍遥。
　　　　〔小丽、小凤拿对联跑上。
小　丽　爷爷！张爷爷把对联写好了。
小　凤　你看写得好不好！
老钱头　好,好,快念给爷爷昕听。
小　丽　（看对联）哎,爷爷,你看这是个啥字呀？
老钱头　傻妮儿,这是爷爷过寿的寿字。
小　丽　噢。（念）福禄寿禧望财盛,
小　凤　（接念）金玉满堂盼添丁。爷爷,这丁是啥意思啊？
老钱头　这个丁吗……就是让你妈给你再生个弟弟,要不要啊？
小　丽
小　凤　（高兴地）要,要,俺有弟弟喽！
老钱头　哎,那横批呢？
小　丽　（从腰里拿出,展开）在这儿哪！
老钱头　（念）越多越好！嗯,"福禄寿禧望财盛,金玉满堂盼添丁。越多越好",好,好!哈……小丽,小凤。

〔炳兰拿西装上衣上。

小　丽
小　凤　哎!

老钱头　去,把它贴到咱那店门口。

小　丽
小　凤　贴对联去啰!

炳　兰　小心别摔着。

小　凤　知道啦!(跑下)

炳　兰　爹,一会儿给您老祝寿,我给你买的这件新衣裳也该换上啦。

老钱头　等会儿再说吧。

炳　兰　那先试试吧。

老钱头　中,中,让我也洋火洋火。(穿衣)

〔老二提寿糕,鲜鱼上。小丽、小凤随上。

老　二　小丽,小凤,把这鱼拿去,让恁二婶收拾收拾。

〔小丽、小凤接过寿糕、鱼下。

老　二　哟!老爷子换上这身,起码年轻二十岁。

炳　兰　这是我特意上街给爹买的。还是市面上最流行的名牌货。

老　二　(话中带刺)大嫂,这回你可破费啦。

炳　兰　(自得地一笑)嘿嘿!

老　二　爹,这就对了。这几年卖烧鸡你挣了不少钱,该吃就吃,该花就花,别把钱捏在手里舍不得花。还有啥想不开呢?

老钱头　有啥想不开?你都三十好几的人了。屁都不懂!

(唱)春插嫩枝盼垂柳,

　　　秋播万粟望丰收。

　　　残云落叶天都愁,

　　　人老岂能不悲秋。

　　　金钱全是过手货,

　　　　闭眼蹬腿万事休。
　　　　身后香火无人续,
　　　　谁烧纸钱添灯油。
　　　　今天我张榜招孙子,
　　　　遗产就是这栋楼。
　　　　如果苍天赐厚爱,
　　　　孙子生多论功酬。
　　　　我还有——
　　　　存款现金烧鸡店,
　　　　继遗产绝无后顾忧。
炳　兰　(醋意地)爹,人家巧珍比我年轻,有本事。
老　二　俺巧珍再年轻,也没你那本事,一胎就是两千斤!
炳　兰　哎,咋?恁那不也是半吨!
老钱头　好啦,别斗嘴啦!老二,有本事让你媳妇给我生个孙子。
　　　〔巧珍上。
巧　珍　爹,还没喝酒。您老就说醉话啦!
老钱头　哈哈哈……
巧　珍　大嫂,鱼我收拾好了,该咋做呀?
炳　兰　别管了,我去做。(欲走)爹,那糖醋鱼是咋做的呀?
老钱头　走,我给你指点指点。
　　　〔炳兰,老钱头下。巧珍解下围裙疲惫地坐在椅子上。
老　二　看把你累的,快坐下歇歇,喝点水。(倒水)
巧　珍　(接水)给咱爹做寿,累点怕啥。(干呕)
老　二　咋,病啦?
巧　珍　不舒服。(又呕)
老　二　(惊喜地)哎呀!巧珍,你是不是又有了?
巧　珍　不可能,小娟还不到一岁呢。
老　二　(激动地)不!例外情况也是有的。哈哈!
　　　(唱)老爷子刚刚贴出招孙榜,

　　　　俺媳妇马上就争光。
　　　　这真是老天掉馅饼,
　　　　钱老二吉人天相有福不在忙。
　　　　生儿子就是生个房产证,
　　　　牛牛娃等于一个小银行。
　　　　烧鸡店你去站柜台,
　　　　钱老二我把那老板来当。

巧　珍　大白天你咋做开梦啦。

老　二　这不是梦,是爹刚才亲口说的。来,让我摸摸几个月了。

巧　珍　去去去。你不怕计划生育罚款?

老　二　怕啥?罚款爹给,开除爹养,没工作在爹烧鸡店待业。

巧　珍　(讥讽地)吃饭叫爹喂,拉屎叫爹擦屁股,我看该把你送托儿所啦。

老　二　(谄笑地)嘿嘿,爹不是有钱吗!

巧　珍　这回要再生个女儿咋办?

老　二　不会。这回一定能生个儿子。万一生个女儿……

巧　珍　要生你生。

老　二　这是啥话!母鸡下蛋,女人生孩子,天经地义。

巧　珍　那现在我就去医院。(欲走)

老　二　站住!张巧珍,我说你是犯傻呀,还是吃错药了?这一院房,那烧鸡店,还有老爷子手中的钞票给谁呀?

巧　珍　想给谁给谁。

老　二　说得轻巧,吃根灯草。你看大嫂这两天哈巴着老爷子,鞍前马后忙得滴溜溜转。她那根花花肠子,还不是在打钱的主意。

巧　珍　我看你是财迷心窍,怪不得不耐老。

老　二　巧珍!
　　　(唱)树活一春要营养,
　　　　　人生一世要风光,

　　　　　有楼谁愿住草房,
　　　　　有肉谁喝豆腐汤。
　　　　　谁不知——
　　　　　富在深山有远亲,
　　　　　穷在近邻无人帮。
　　　　　共产主义咱活不到,
　　　　　各取所需太渺茫。
　　　　　生个儿子争口气,
　　　　　传宗接代香火旺。
　　　　　分点钞票分点房,
　　　　　咱也提前奔小康。
巧　珍　你呀!
　　　　(唱)蚕活一春丝吐尽,
　　　　　蜂活一秋采蜜忙。
　　　　　人活一世只为己,
　　　　　不如蚕蜂似猪羊。
　　　　　老二啊!
　　　　　别只顾一家奔小康,
　　　　　要想到,
　　　　　十亿神州图共强。
老　二　还轮不上你教育我呢!
巧　珍　我还没那工夫。告诉你,俺厂贴出通知了,这两天就给妇女检查身体。(拿围裙下)
老　二　巧珍,巧珍!
　　　〔老钱头上。
老　二　(喜不自禁地)爹,巧珍又怀上了。
老钱头　真的?
老　二　她光想吐,我看像。
老钱头　好!
　　　　(咽)人常说龙年生龙子,
　　　　　遇上羊年生羊娃。

    今逢壬申好年景,
    瑞气祥云罩中华。
    大好时机莫错过,
    下种就能长成瓜。
    十月花落摘蔓时,
    抱一个齐天大圣笑哈哈!
    (掏钱)给,五百。拿去给你媳妇补补身子。

老　　二　(抱拳)谢谢爹!

老钱头　你小子,钱比爹亲。

老　　二　(欲下又返回)这事你老可要保密,她妯娌俩在一个车间,万一露了馅,那可是狗咬尿泡——空喜欢。

老钱头　那要看你媳妇说不说了。

老　　二　(示手中钱)有了它,你就放心吧!
　　〔尤富美上。

尤富美　炳兰!(看见老二手中的钱,羡叹地)啧啧啧!炳兰在家吗?

老　　二　哟!啥风把是非嫂给吹来了!

尤富美　滚你大那蛋!(看见老钱头,自知失言)哎哟,钱大叔!对不起,我不知您老在这。

老钱头　没啥,没啥,(对老二)叫你大嫂去。

老　　二　哎。(下)

尤富美　(发现中堂寿星图)哟!钱大叔今天过寿呀!我可是赶巧了。

老钱头　既然碰上,待会一块热闹热闹。

尤富美　放心吧。那我可是嘴上抹石灰——白吃!

老钱头　吃,吃!
　　〔炳兰上。

炳　兰　尤大嫂。你来啦!

尤富美　哎哟!炳兰,那事可闹大啦。

炳　兰　咋?

老钱头　啥事啊?

炳　兰　没啥,是俺厂里的事。爹,你先去歇着,等会我再告诉你。

老钱头　又不是卫星上天,原子弹爆炸,恁保密!(对尤富美)别走。一会儿一块吃饭。(下)

尤富美　不走,不走。

炳　兰　快说,到底咋回事?

尤富美　今天通知妇女检查身体,你请假没去。不知谁给你放了风,说你怀上了,厂里正在紧急研究你的事呢。

炳　兰　这是哪个嚼舌头的,坏了老娘的事。

尤富美　先别问是谁。我给你说的那事,你想好了没有?我可是给人家说好了。

炳　兰　那B超检查不知准不准?

尤富美　嗨!你不相信科学还不相信我?

炳　兰　那……万一不是男孩咋办?

尤富美　医院就不准用B超查胎,谁干这事就得开除公职。我硬是托人给你破个例,你还不信。我可告诉你,当断不断,必遭大乱!你有两个千金,把一个送给人,过上几个月,那男孩一生,不是呱呱叫!我可是给人家说好了,过了这个村就没这个店了,你看着办吧!要不然哪,等咱那车间主任、计生干部马月英一来。把你往医院一拉,哧哧两下,完了!

炳　兰　(怅然若失,而后决断地)那人可靠不可靠?

尤富美　你放心。咱那事可是那板上钉钉——绝对可靠。
　　　　(唱)炳兰你尽管放下心儿。
　　　　　　这件事儿可是没问题儿。
　　　　　　俺保姆她老乡有本事儿,
　　　　　　他表哥在县里当书记儿,
　　　　　　他那表嫂是个啥干部?
　　　　　　噢,对!
　　　　　　人事局里金交椅儿。
　　　　　　吃喝穿戴不用愁,

　　　　　一日三餐有鸡鱼儿。

　　　　　可就是——

　　　　　结婚多年没生孩儿，

　　　　　一心想抱个小闺女儿。

炳　兰　（决心地）就这么办！

尤富美　这就对啦！另外，我给你透露个绝密事儿。（与炳兰耳语）

炳　兰　（不信地）我说尤富美，你恐怕又是半夜不点灯——瞎说吧。

尤富美　我要是说半句假话，割了我的舌头。

炳　兰　你的舌头早下酒啦！哈……

尤富美　去恁嫂子那脚！哄你呀，我是个这。（示小指）

炳　兰　（相信地）好事，她生咱也生。

尤富美　生！

　　　　（唱）只要州官敢放火，

炳　兰　（接唱）咱百姓点灯怕什么。

尤富美　（唱）党员干部开先例。

炳　兰　（接唱）咱理直气壮跟她学。

　　　　〔小丽、小凤跑上。

小　丽

小　凤　妈，俺二婶把饭做好啦。

炳　兰　好，开饭！给恁爷祝寿。

小　丽

小　凤　（高兴地）哎。给爷爷祝寿啦！（下）

　　　　〔炳兰、尤富美收拾桌子。

　　　　〔小丽、小凤换着身穿新装的老钱头上。小丽、小凤忙着上下端菜。

尤富美　哎呀！老爷子这身打扮，快赶上那年轻人了。

老钱头　啊，哈……

　　　　〔炳兰、尤富美搀老钱头上坐。

　　　　〔众人将寿糕、菜肴摆好。

〔老二气呼呼地上。众诧。

炳　兰　　老二,咋啦?
老钱头　　老子今天高兴,你可别找气生。
老　二　　不是我。是她!(示内)
老钱头　　你又惹她了? 她可是有身子的人啦。
〔炳兰与尤富美对视。
老　二　　(脱口而出)她不想要!
炳　兰　　咋,巧珍又怀上了?
老　二　　(自知失言)嗯,还不一定,也许感冒。爹,她想去医院检查。
老钱头　　她敢! 老子把钱扔到水里还打个泡听个响呢!
老　二　　(掏钱)给,她不要。
炳　兰　　(不满地)爹,你还怪偏心呢。
老　二　　(反讥地)爹私下也没少给你。爹,巧珍非要去医院检查,这可咋办呢?
老钱头　　(一拳击在桌上)她敢! 老子是娶媳妇不是买花瓶,中看不中用!
〔巧珍端鱼盘上,惊,气,鱼盘落地,哭着跑下。
老钱头　　(暴怒)今天这个寿,老子不过啦!(掀翻桌子)
〔众愕。
——收光·合幕。

第二场

〔前场数日后的一个下午。
〔钱家。
〔后台传来老二与巧珍的争吵声。
〔巧珍上,老二追出。

老　二　　站住! 你要到哪儿去?

巧　珍　我去上班。

老　二　你不能去!

巧　珍　我偏要去。

老　二　我告诉你,你要是给你车间主任计生干部马月英说了,咱俩就没完!

巧　珍　(无奈地劝说)老二!
　　　　(唱)咱爹做寿一席话,
　　　　　　闹得全家乱如麻。
　　　　　　你又逼我生二胎,
　　　　　　叮叮咣咣常磨牙。
　　　　　　恶心怄气我吃不下,
　　　　　　包袱沉重怕追查。
　　　　　　工作无心我常出差,
　　　　　　团干部我怎能落笑话。
　　　　　　计划生育是国策,
　　　　　　咱咋能知法去犯法。
　　　　　　纸中岂能包炭火,
　　　　　　咱丢人现眼还受罚。

老　二　(唱)丢人现眼咱不怕,
　　　　　　烧鸡店里照样把财发。

巧　珍　(生气地)我,我跟你丢不起那人!(拿挎包跑下)

　　　　〔老钱头上。

老　二　巧珍,巧珍!(欲追下)

老钱头　(生气地)老二!你,嗨!
　　　　(唱)穿破的衣裳打出来的妻,
　　　　　　那烈马不调可是不能骑。
　　　　　　光讲道理顶个屁。
　　　　　　阴盛阳衰没出息。

老　二　(激怒地)哼!
　　　　(唱)张巧珍有啥了不起,
　　　　　　离了她我照娶大闺女。

咋着？爹，我今天给她来个武的，让她也知道知道我的厉害！（欲下）

老钱头 （急止）回来！我可告诉你。你要是把我的孙子给打掉了，你得赔我！

老　二 那咋办？

老钱头 咋办？你那脑子都让鸡油给糊住了！你就不会来点软的。

老　二 软。咋软？叫我给她下跪？

老钱头 没出息！（掏钱）给，拿去。你带她上街转转，拣好的吃，拣好的买，慢慢地，她心不就软了，那话不就好说了。

老　二 （喜）爹，生姜还是老的辣呀！

老钱头 （高兴地）给！（老二接钱）去吧！

老　二 （兴奋地）哎！（欲下）

〔炳兰上。

老　二 （急藏钱）大嫂回来了。（急下）

炳　兰 （见老二藏钱略显不快）啊。

老钱头 炳兰，咋下班这么早呢？

炳　兰 爹，厂领导找我谈话，非让我去医院检查不可……

老钱头 真的？

炳　兰 嗯。尤富美说，她那个保姆的老乡今天就要来咱家领小丽。我借故请了病假，提前赶回来准备准备。

老钱头 （叹气）唉，炳兰，我看这事儿……嗨，我这心里咋怪不是滋味儿呢！

炳　兰 儿女都是娘身上的肉，可这也是没有办法的办法呀！

炳　兰 能有一线希望，我也不愿这样做呀！（情感压抑地）唉，想开了，闺女迟早都是人家的人。再说，给小丽找的这家也不赖，也算对得起孩子了！

老钱头 唉，我这心里老是七上八下的，总觉得不太妥呀。

炳　兰 爹，钱家对我有恩，我一直觉得心里有愧。

老钱头　炳兰,过去的事就别提了。
炳　兰　爹,有恩不报那还叫人吗?
　　　　(唱)六〇年炳兰我身遭不幸,
　　　　　　父病丧母改嫁举目无亲。
　　　　　　是公爹收养我二十冬春,
　　　　　　成人后和老大结拜成婚。
　　　　　　原打算为钱家多尽孝道,
　　　　　　立门户续香火共享天伦。
　　　　　　谁料想风不调雨打霜凛,
　　　　　　头一胎生双胞全是千金。
　　　　　　今日幸喜又怀孕,
　　　　　　反倒让人更揪心。
　　　　　　工厂领导已知晓,
　　　　　　迫在眉睫急煞人。
　　　　　　老大出差去深圳,
　　　　　　全靠公爹来定音。
　　　　　　能保这胎生个小,
　　　　　　以报钱家养育恩。
老钱头　(无奈地)来领小丽的那人可靠吗?
炳　兰　我在尤富美家见了好几面了,看来还可靠。
　　　　〔任凡之西装革履手拿纸条上。
任凡之　(广东口音)请问,炳兰大姐是在这里住吗?
炳　兰　哎呀,是大兄弟来啦,快请进。
任凡之　好的,好的。(进门)
炳　兰　这是俺爹。
任凡之　噢,老先生,你好哇。(掏名片)这是我的名片。
老钱头　(看名片)任凡之总经理。啊!好,好!快请坐。
任凡之　谢谢,谢谢。
老钱头　炳兰,快去把我那毛尖冲上。
炳　兰　哎!(拿茶壶下)
任凡之　(掏出万宝路香烟)老先生,请吸烟。

老钱头　（接烟）哎！好，好！
　　　　〔任凡之为老钱头点烟。
老钱头　他大兄弟，听说你给孩子找的这家，生活条件不错？
任凡之　是呀，是呀。
老钱头　不会有啥问题吧？
任凡之　老先生，您尽管放心好啦。
　　　　（唱）俺表哥在县里当书记，
　　　　　　　那可不是吹呀。
　　　　　　　俺表嫂工作在人事局，
　　　　　　　那也不是吹呀。
　　　　　　　他两口住着一幢楼，
　　　　　　　楼上楼下有电梯。
　　　　　　　做饭有电炉，
　　　　　　　洗衣是机器。
　　　　　　　出门坐上那小汽车，
　　　　　　　冬天屋子里有暖气。
　　　　　　　就是身边没孩子，
　　　　　　　下班之后太孤寂。
　　　　　　　恁孙子只要过了继，
　　　　　　　保险掉进福窝里。
　　　　　　　将来送她上大学，
　　　　　　　出人头地有出息。
　　　　　　　君子出口无戏言，
　　　　　　　有半句假话我遭雷击。
　　　　〔炳兰端茶壶上。
老钱头　言重了，言重了。快坐。
炳　兰　（倒茶）大兄弟呀，你这话说得太外气啦。（又不太放心地）恁表哥那儿，报户口不会有啥问题吧？
任凡之　哎呀！那还不是鸡屁股眼眼掏蛋，手到擒拿吗。就怕你们这里追查，事情不好办呀。
炳　兰　怕啥！天上下锥子，地上我拿针接。大不了开除卖

钱家风波

烧鸡。

任凡之　这就好,这就好。

老钱头　我看这样吧,就让他大兄弟跟孩子认个干亲,也好有个照应。

炳　兰　就认个表舅吧,今天就让小丽跟她表舅走。

〔小丽背书包上,进门。

小　丽　妈,让我去哪儿啊?

炳　兰　(尴尬)啊,小丽放学啦。快来见见,这是恁表舅,快叫表舅。

小　丽　表舅。

任凡之　哦。小丽好乖好乖!表舅是来接你去我们那里玩玩的啦。

小　丽　不,我还上学,这几天正考试。爷爷。我今天算术肯定考满分,我还要复习语文呢。

〔小丽取下书包,掏书坐下复习,老钱头不知所措,炳兰示意老钱头避开。

老钱头　他大兄弟,走,到我屋里坐坐。

任凡之　(会意)啊,好的,好的。

〔老钱头与任凡之下。

〔炳兰在沉重的音乐声中。久久地凝望着复习功课的小丽。

炳　兰　小丽,恁妹子呢?

小　丽　今天是她值日,在学校打扫卫生呢。

炳　兰　(心情复杂地)噢!好,好……(心疼地将小丽接在怀中)小丽好,小丽乖……对啦,妈给你买了件新衣裳,你看好不好?(下,取新衣服上)

炳　兰　(打开)小丽,你看。

小　丽　呀!真漂亮。

炳　兰　来,穿上让妈看看。

小　丽　(穿衣)妈,你看好看不好看?

炳　兰　(极力掩饰地)好,真好看!俺小丽越来越漂亮,越

　　　　　来越让妈心疼……（拭泪）
小　丽　妈,你咋啦?
炳　兰　没啥。小丽,妈好不好?
小　丽　妈好。
炳　兰　你要是离开妈,想妈不?
小　丽　我一辈子也不离开妈。
炳　兰　（心疼地抱住小丽）恁表舅专程来接你去他那儿玩几天,小凤随后也去。妈有些事要办,过些天妈去把你俩一块接回来。啊?
小　丽　妈,我咋没听说有这么个表舅啊?
炳　兰　这是妈的一个本家兄弟,多年没联系了,很想带你们去他那儿玩玩。
小　丽　非得今天去吗?
炳　兰　嗯。
小　丽　这几天正考试呢,等放了假再去吧。
炳　兰　小丽呀!妈到学校给你请个假,你把书包拿上,到表舅家复习,回来再补考。啊?
小　丽　妈,我……
炳　兰　我小丽好,小丽乖。你就再听妈这一次话吧……（哽咽）
〔老钱头、任凡之边说边上。
小　丽　爷爷!（扑向老钱头）今天不去行吗?
老钱头　（心疼地）去吧,乖,过些天我让你妈去接你……（掏钱）给,拿着路上花,听话,乖。
小　丽　那中,小丽听话。
炳　兰　小丽,来,来,背上书包。
任凡之　小丽,表舅那里好玩的多的是,一路上好好风光风光,走,跟表舅走吧。（拉小丽）
小　丽　妈,爷爷!记住,一定要来接我呀!
炳　兰　哎,哎,听话,妈一定去接你……
老钱头　知道知道,我一定让恁妈去接你……

〔任凡之拉小丽出门,下。

〔老钱头转身拭泪。

炳　兰　（长呼）小丽,千万别恨妈呀!（痛哭）

〔巧珍进门。

巧　珍　爹,大嫂,小丽跟谁走啦?

〔炳兰急转身拭泪。

老钱头　啊,那是你大嫂的一个远房亲戚,带小丽去玩几天。

炳　兰　（强装笑颜）多年没来往了,今天才联系上。

巧　珍　噢!大嫂,听说你今天请了病假,月英姐说,一会来看看你。

炳　兰　哼!怕黄鼠狼给鸡拜年,没安好心吧。

巧　珍　大嫂,不管咋着,人家可是诚心诚意。

炳　兰　那谁知道。（进内室下）

〔马月英上。

马月英　炳兰!哟,巧珍。

老钱头　（咳嗽）咳!

马月英　钱大伯,你老还精神吧?

老钱头　是啥风把大主任给刮来啦!

〔月英语塞。

巧　珍　（缓和地）月英姐,快坐,吃糖,喝水。（倒水）

马月英　别忙活啦!大伯,我是来看看恁老人家的。

老钱头　（冷淡地）那我的福气还不浅呐!

马月英　恁老福气好哇!两个儿子孝顺,两个媳妇贤惠。这钱家烧鸡店又远近闻名,好多人羡慕恁老呢!

老钱头　两个儿子没出息,娶的媳妇又不争气,让你见笑啦!

〔巧珍知趣地回避。下。

马月英　大伯!恁老就别谦虚了。

　　　　（唱）两个媳妇两枝花。
　　　　　　　棉纺厂里人人夸。
　　　　　　　都说织女下凡间,
　　　　　　　双双下嫁到钱家。

　　　　　　恰逢党的政策好,
　　　　　　勤劳致富又发家。
　　　　　　生活康泰子孙孝,
　　　　　　为何满脸冰凌花?
　　　　　　顺顺气,消消火。
　　　　　　开怀大度免得高血压。
老钱头　(唱)有钱无后是白搭,
　　　　　　子孙满堂尽是花。
　　　　　　织女下凡只会生千金,
　　　　　　你叫我咋能不得高血压。
马月英　大伯呀!
　　　　　　(唱)你得改变旧思想,
　　　　　　男女平等都一样。
　　　　　　多生多养负担重,
　　　　　　国家个人都遭殃。
老钱头　(唱)多个孩子多把米,
　　　　　　锅里多加一勺汤。
　　　　　　夫妻生养是自家事,
　　　　　　国家遭的什么殃。
马月英　(唱)一把米,一勺汤,
　　　　　　清汤寡水缺营养。
　　　　　　人材缺乏素质低,
　　　　　　国家啥时能富强?
　　　　　　中国人口十几亿,
　　　　　　个个张嘴要吃粮。
　　　　　　一人一月三十斤,
　　　　　　一年需要多少粮?
　　　　　　衣裳一年添一件,
　　　　　　全国需要布匹几亿丈?
　　　　　　住房一人五平方,
　　　　　　哪来的钱财盖新房?

疯狂砍伐搞掠夺,
生态失控地更荒。
百孔千疮天人怨,
漠漠黄沙何处粮。
不问后人怎么办,
今人今世就遭殃。
大伯呀!
夫妻生养不是自家事,
危系着人类生存万家安康。

老钱头 (不耐烦地)老百姓吃着碗里看着锅里,想不了那么远。

马月英 (笑)大伯,炳兰的病咋样啊?

老钱头 没啥。受点凉,吃吃药发发汗就好了。

马月英 她在吗?

老钱头 嗯……打针去啦。

〔炳兰上。

炳 兰 领导来啦!

老钱头 (尴尬地)恁说话吧,我出去有点事。(下)

炳 兰 月英姐,快坐。(取话梅)给。

马月英 话梅?

炳 兰 (指马的肚子,神秘地)现在吃它正好。

马月英 这……

炳 兰 哟,我的大主任!

(唱)好事何必把人瞒,
我可比你有经验。
女孩怀的满腰转,
男孩怀的肚儿尖。
怀个丫头想吃甜,
怀个儿子想吃酸。
快告诉妹子想吃啥,
看看是女还是男。

马月英　（唱）多谢妹子热心肠,
　　　　　　　不是女来也不是男。
　　　　　　　天气变化偶感风寒,
　　　　　　　你不必为我把心担。（还话梅给炳兰）

炳　兰　（亲昵地）别保密啦,我啥都知道了。

马月英　你知道啥呀?

炳　兰　尤富美那快嘴早给你摇了铃了。

马月英　（苦笑地）检查结果没出来,难说真假,她都说些啥?

炳　兰　大姐!
　　　　（唱）说长道短谁能挡,
　　　　　　　人心深浅无法量。
　　　　　　　嘴巴大,舌头长,
　　　　　　　有支持,有中伤。
　　　　　　　孩子怀在咱肚里,
　　　　　　　生养自己作主张。
　　　　　　　有我给你做后盾,
　　　　　　　坚定意志别彷徨。

马月英　（背唱）她自己心中怀鬼胎,
　　　　　　　想拿我作替罪羊。
　　　　　　　一胎双胞已超产,
　　　　　　　休想暗地度陈仓。（转向炳兰）
　　　　　　　计生条例不能违,
　　　　　　　快到医院去轻装,

炳　兰　（乞求地）我都俩月了。

马月英　仨月也不行。

炳　兰　好我的大姐呢!你生你的,我生我的,咱井水不犯河水,还不行吗?

马月英　我和你是两回事儿。

炳　兰　对!你该生,我不反对。我呀,这次再生,保证还是两个。

马月英　咋着!这次你还想再生个双胞胎?

炳　兰　哎呀！不是,不是。我是说再生一胎,户口本上保证还是两个。

马月英　我说大妹子,你就别弯弯绕了。

〔巧珍上。

炳　兰　我是说给人家一个,再生一个,保证收支平衡,还不中吗？

马月英　世界上明明添了一口人,咋能说收支平衡呢？

炳　兰　不中？

马月英　政策不允许。再说男孩女孩不都一样吗……

炳　兰　好啦,好啦！大道理我听的多啦。人常说,猴急生疯,狗急跳墙,别把人逼急了……

马月英　怎么样？

炳　兰　我啥事都做得出来！

巧　珍　大嫂,你这是干啥？

〔老二提水果、衣物上。

老　二　哎呀,巧珍！你害得我到处找你,你看……

炳　兰　不关恁的事,少插嘴！

老　二　（莫名其妙地）大嫂,你这是……

炳　兰　（示自己的肚子,对月英）我都四个月了,你看咋办吧。

马月英　（忍住笑）你是见风长呀！刚才还两个月,现在可四个月啦。炳兰,好我的大妹子呢,你还是去医院吧。啊？

炳　兰　那我要是不去呢？

马月英　那,就要按违反计划生育条例办。

炳　兰　那好哇！罚款、开除、判刑你随便。

巧　珍　大嫂！月英姐好心对你,你咋能这样啊！

老　二　巧珍！你少管闲事中不中！

炳　兰　（挖苦地）哼！不管咋着,我还生了两个闺女,总算没有白披一张女人皮。不像人家呀,好不容易怀上了,咱咋能不给人家腾个座呢？

巧　珍　　大嫂,月英姐是回民,政策允许,再说……
炳　兰　　再说,光打鸣不抱窝,那叫啥?
老　二　　那叫二胰子。
巧　珍　　(气愤地)老二!
　　　　　〔炳兰、老二哈哈大笑。
马月英　　你们……(羞辱难奈,急跑下)
巧　珍　　月英姐!(转对老二、炳兰)别笑了!你们太过分啦!月英姐……(追下)
　　　　　〔老二止住笑,追巧珍下。
炳　兰　　(生气地)哼!马糟里多个驴嘴!

　　　　　　　　　　　　　——收光·合幕。

第三场

　　　　　〔前场当天夜晚。
　　　　　〔街心公园。
　　　　　〔马月英拿着一封信,心绪烦乱地上。
马月英　　(唱)夜幕降临天色暗,
　　　　　不夜城车嚣人更喧。
　　　　　摇滚乐声震人心颤,
　　　　　霓虹灯闪烁双目眩。
　　　　　老章啊——
　　　　　你出差在外路遥远,
　　　　　你可知我瞬间白发添。
　　　　　曾记得,
　　　　　前婚十年身不孕,
　　　　　遭凌辱看白眼受尽磨难。
　　　　　谁曾想,

　　　　离异再婚蒙爱恋,
　　　　而今怀胎又起波澜。
　　　　船到江心风打转,
　　　　是进是退实在难。
　　　　进则难免瓜李嫌,
　　　　退则又怕你埋怨。
　　　　困难之时念亲人,
　　　　鸿雁传书盼你还。
　　　〔马月英神情恍惚地坐在街心公园的石椅上。
　　　〔巧珍寻找月英上。
巧　珍　月英姐!
　　　　(喝)急切切找月英四处不见,
　　　　　　蒙羞辱受委曲我心不安。(发现月英)
　　　　月英姐。我到处找你,你咋跑到这来啦?
　　　　月英姐!
　　　　(唱)俺大嫂老二太不该,
　　　　　　不该将你来编排。
　　　　　　你受委屈我气难奈。
　　　　　　月英姐你不要记心怀。
马月英　(苦笑地)没有啥,干的这种工作难免要受些委屈,这也是常事啦。
　　　〔巧珍发现椅子上的信。
巧　珍　月英姐,你这是……
马月英　我跟老章商量想去医院……
巧　珍　啊!你咋能这样写呢?月英姐。难道你忘了原来你公婆的打骂?忘了你原来丈夫把你抛弃、驱赶的羞辱吗?
马月英　怎么能忘呢?自从和老章结婚后,我们生活得不是很好嘛!
巧　珍　可是,你们结婚快五年了,你从未怀过孕,现在怀上了,你又……

马月英　我们不是有个小女儿燕燕嘛。

巧　珍　那是章工前妻留下的。再说,你没生育过,你和章工又都是回民,政策允许呀。

马月英　我是回民,可我还是一个共产党员,我应该带头执行党的计划生育政策。再说,燕燕跟我的亲生女儿不是一样嘛。

巧　珍　月英姐!

　　　　(唱)经济改革效益显,
　　　　　　生活一年胜一年。
　　　　　　人际关系也改善,
　　　　　　相逢无处不笑颜。
　　　　　　计划生育遭冷眼,
　　　　　　人称天下第一难。
　　　　　　当官的你难管,
　　　　　　有钱的更难缠。
　　　　　　劝你别再当兼干,
　　　　　　何必自己找麻烦。

马月英　巧珍!

　　　　(唱)笑脸人人都爱看,
　　　　　　谁愿落个讨人嫌。
　　　　　　想一想,算一算,
　　　　　　人口增长我心难安。
　　　　　　人类自己害自己,
　　　　　　理想希望成空谈。
　　　　　　两种生产一齐抓,
　　　　　　咱就该模范带头走在前。

巧　珍　月英姐,我……

马月英　巧珍,有啥为难事你只管说。

巧　珍　我……我又怀上了。

马月英　那,你打算咋办?

巧　珍　我想去做手术,可老二他……

马月英　咱们一齐做做他的工作。

巧　珍　我怕工作做不通,倒不如给他来个先斩后奏。

马月英　不,巧珍。铁棍磨成针,功到自然成,咱手术要做,思想工作也要做啊。

巧　珍　月英姐,我听你的,有件事还要告诉你,今天下午,我大嫂的一个本家兄弟把小丽领走了。

马月英　哦?

巧　珍　前些天,听我爹和我大嫂在一起议论,说是托尤富美……

〔尤富美上。

尤富美　哟嘿!大主任、团支书在大街上办公啊!

马月英　尤大嫂,打扮这么漂亮,这是去哪儿呀?

尤富美　今儿是礼拜六,恁大哥约我看周末电影,下班后呀,他在影院门口等我,说是不见不散。

巧　珍　尤大嫂,我看你和我大哥越来越黏糊,快赶上九十年代的年青人啦。

尤富美　是吗?嘻嘻!看你说的,比起恁俩来,我差远啦。不说啦,我走啦。(欲走)哎,我说大妹子呀!(向月英)有件事不知咋对你说。

马月英　咋说都中。

尤富美　嗯——(故意说给巧珍听)是这么回事,我听说,巧珍她大嫂把小丽送给人啦。

巧　珍　(生气地)尤富美,还不是你从中帮忙,给了恁家什么保姆的老乡!

尤富美　哎,巧珍!话可不能这样说啊!那是恁大嫂三番五次托我帮的忙,你可不能猪八戒倒打一耙呀!

巧　珍　你不帮忙,俺大嫂也不会把小丽送人。你说,你从中得了多少好处?

尤富美　我要是使了人家一个小钱,让我出门碰汽车!哎,我说张巧珍,说别人你怪有本事,你咋不说说你自己?作为团支部书记,偷偷怀孕,那你咋不对月英讲呢,啊?

巧　　珍　（委屈地）你……

马月英　尤大嫂,巧珍已经对我讲啦。我们正在商量去医院的事呢。

尤富美　是吗?那我冤枉巧珍啦,到底是团支部书记。妥啦,刚才算我没说。

马月英　尤大嫂,恁家保姆的老乡,你知道他的底细吗?

尤富美　嗨!那人是个热沾皮儿,是俺保姆来的时候在车上认识的,他说他在广州、深圳办个啥……电线公司。我看也不是啥好东西（自知失口）哎哟!只顾说话啦,恁大哥还在影院门口等我,不打搅啦,我走啦。（欲走）

马月英　哎,尤大嫂……

尤富美　拜拜!（急下）

马月英　巧珍,我看这里边一定有问题。要是把孩子给错了人,事情可就严重了。

巧　　珍　（着急）那咋办呢?

马月英　走,快找你大嫂去

巧　　珍　哎呀,她早就走啦。

马月英　去哪了?

巧　　珍　学"超生游由队",躲她表嫂家逃避计划生育去啦。

马月英　（惊）巧珍,糟啦!

　　　　　（唱）事情紧急莫迟慢,
　　　　　　　　商量对策解危难。

　　　　　走!快向厂领导反映去。

巧　　珍　走!

　　　　　　　　　　　　　　——收光·合幕。

第四场

〔山路上。
〔前场后第三天。
〔小丽欢快地跑上。一路采花,一路玩耍。

小　丽　（唱）溪水潺潺山路弯,
　　　　　　　万里无云艳阳天。
　　　　　　　枝头小鸟歌喉啭,
　　　　　　　满山翠绿百花繁。
　　　　　　　在城里只觉得公园好玩,
　　　　　　　哪比这山里头处处新鲜。
　　　　　　　走一路玩一路春风满面,
　　　　　　　跟表舅进大山不愿回还。
　　　　　〔小丽向内喊："表舅快走！"任凡之疲备不堪地上。

任凡之　（唱）有车不坐翻大山,
　　　　　　　崎岖小路走不完。
　　　　　　　那闺女见啥都新鲜,
　　　　　　　累得我两腿打颤腰发酸。
　　　　　　　为挣几个昧心钱,
　　　　　　　吃苦受累无人怜。
　　　　　　　开放搞活财路宽,
　　　　　　　别人发财咱眼馋。
　　　　　　　做工没手艺,
　　　　　　　经商没本钱。
　　　　　　　投机没后台,

>倒卖没货源。
>要想发大财,
>就得比猴尖。
>就凭两片嘴,
>能把天吹翻。
>能骗咱就骗,
>能编咱就编。
>谁贪便宜占小利,
>在我手里准翻船。

小　丽　表舅。你看。(示手中的花)

任凡之　真漂亮,来,我给你插头上。

小　丽　(顺从地)哎。

任凡之　(给小丽头上插花)小丽。好玩不?

小　丽　好玩。

任凡之　还哭不?

小　丽　不哭了,表舅。离家还有多远?

任凡之　(指路标)一上公路只剩一里多啦! 来,坐下休息一会儿,把你书包里能吃能喝的都拿出来!

小　丽　(不乐意地)俺爷爷给我的钱,一路上都让你花完啦!

任凡之　哎呀! 那不是表舅忘带了吗? 一到家里什么都有了,快拿出来。

小　丽　就剩下这筒高橙了。

任凡之　这个也可以。

〔二人背靠路标席地而坐,喝高橙。

〔马月英上

马月英　(唱)一路颠簸进大山,
>　　　　　心急似火寻炳兰。
>　　　　　计生干部肩负着千斤重担,
>　　　　　我怎能放弃不管视等闲。
>　　　　　与上级研究好对策方案,

　　　　先派我做工作只身进山。
　　　　此次见面需冷静，
　　　　循循善诱顺风驶船。
　　　　〔马月英发现小丽。

马月英　（意外地）小丽！
小　丽　阿姨！
任凡之　（意外地）她是谁？
小　丽　俺妈车间的领导。阿姨！你也到山里来玩吗？
任凡之　哦，领导同志。您好！抽烟！
马月英　不会，小丽。你到山里干什么？
小　丽　我妈让我到表舅家去玩几天。
马月英　那你不上学啦？
任凡之　玩几天就回去，耽误不了学习的。
马月英　（继续对小丽）小丽。你也不小了，该懂事了。
小　丽　阿姨……（不解地睁大双眼盯视马月英）
马月英　你妈为了生个弟弟，把你送给人家啦！
小　丽　（天真地摇头）我不信。表舅。是吗？
任凡之　（语塞）咳，这……
马月英　（对人贩子）你不是说把小丽送给你当县委书记的表哥吗？
任凡之　咳，是呀！是呀！
马月英　那到这大山里干什么？
任凡之　……先带孩子回老家玩几天，这是很正常的嘛！
马月英　别装了！你说，你准备把孩子带到哪里去？
任凡之　我……（拧灭烟头抱拳拱手）大路朝天，各走一边。大家都在社会上混，给个面子留条路，将来有用得着兄弟的时候，打个招呼。
马月英　我要不给面子呢？
任凡之　那就别怪兄弟不讲交情。你看！
　　　　（唱）山高沟深皇帝远，
　　　　　　水流湍急无人烟。

　　　　　　你若执意把路挡，
　　　　　　明年今天是周年。
马月英　（唱）知错回头便是岸，
　　　　　　迷途当返道路宽。
　　　　　　一意孤行是死路，
　　　　　　法网恢恢逃脱难。
　　　　小丽。跟阿姨走！（拉小丽欲走）
任凡之　站住！你想把她带走，可以。
马月英　什么条件？
任凡之　（伸手）拿来。
马月英　什么？
任凡之　三千元！
马月英　可以！打个欠条，明天到棉纺厂找我马月英要！
任凡之　你拉倒吧！你把我当猴耍，我还想要人呢！（拉小丽）过来！
小　丽　（惊恐地）阿姨！
马月英　放开孩子！（与人贩子争夺小丽）
　　　〔任凡之放开小丽，逼向马月英！马和其搏斗，被逼到山崖边！马奋力相拼被打倒……
马月英　（抱住任凡之大腿、高喊）小丽！顺着公路快跑！
任凡之　（威胁地）你敢跑，小心野狼吃了你！
小　丽　（进退无奈，哭）妈呀……
马月英　小丽，顺着大路跑，下了坡就是汽车站。
任凡之　去你妈的！（狠劲将马月英踢下山崖）
小　丽　（冲到山崖边）阿姨——（转身又跑）
任凡之　站住！
　　　〔小丽大哭。
任凡之　憋住！把书包背上！
　　　〔小丽被惊住，不动。
　　　〔任凡之将书包套在小丽脖子上，威吓的挟起小丽急下。

——牧光·合幕。

第五场

〔表嫂家。

〔紧接前场。

〔炳兰手提一塑料袋荠菜上。

炳　兰　（啊）在城里心烦躁坐卧不安，
　　　　躲进深山也不消闲。
　　　　山明水秀无心看，
　　　　难脱凡俗变神仙。
　　　　小丽送给县太爷，
　　　　按说钱家算高攀。
　　　　谁知生来毛病贱，
　　　　思前想后梦魂牵。
　　　　但盼来年生贵子，
　　　　红烛高香谢老天。

〔表嫂端簸箕上。

表　嫂　（撒米喂鸡，发现炳兰）哟！挖这么多荠菜干啥？

炳　兰　包饺子。

表　嫂　嗨！现在俺乡下人都不吃这了。地里韭菜又鲜又嫩，不比它好。

炳　兰　城里吃不着，稀罕。

表　嫂　中。让你换换口味，我去割肉。

炳　兰　我去。顺便转转。（放荠菜欲下）

表　嫂　你知道地方吗？

炳　兰　嗨！都来几天了，我知道。（下）

〔幕后传来小孩的起哄声："瓜子瓜子没老婆，白来

　　　　　世上活一活。"

　　　　〔宝儿衣冠不雅地上,拾起石头砸向后白。表嫂帮宝
　　　　　儿驱散起哄的孩子。

表　嫂　宝儿,来摘荠菜。
宝　儿　干,干啥?
表　嫂　包饺子吃。
宝　儿　不吃饺、饺子,我要花、花老婆。
表　嫂　坐这摘菜。
宝　儿　我不。人、人家说,二十多,没老婆,白、白来世、世
　　　　上活。
表　嫂　谁说让谁舌头生疮,嘴上流脓,来世也变个瓜子。
宝　儿　人家还,还说,你给我买、买花、花老婆。
表　嫂　胡说! 我准备给你买个妹子。
宝　儿　我不、不要妹子,我要、要老婆。(拉母亲)我要花、
　　　　花老婆。
表　嫂　别缠了,快摘菜。
　　　　〔任凡之拉小丽上。
任凡之　大嫂。
表　嫂　哟! 你可真神通,来得恁快!
任凡之　时间就是金钱,办事要讲效率嘛!
表　嫂　多大?
任凡之　十四。
表　嫂　有恁大?
任凡之　虚岁。
表　嫂　我就说嘛。
任凡之　咋样? 细皮嫩肉,大户人家的囡女。
表　嫂　不是骗来的吧?
任凡之　哪能呢! 城里人想生儿子,政策定得死,没法。
表　嫂　噢。来,坐下喝点水。
任凡之　中,中。
宝　儿　(摸摸小丽脸。傻笑)嘿嘿……花,花老婆。

小　丽　呸！（一口吐到宝儿脸上）
宝　儿　嘿嘿。香香、擦香香。（像擦雪花膏似的在脸上涂抹）
表　嫂　哟！怪凶呢！
任凡之　还是个嫩雏，好哄。
表　嫂　（为难地）他爹出外跑运输去了，这叫我咋办？
任凡之　捆到柴禾房，一天送两顿饭，闹了打一顿，不过三天准听话。
　　　　〔宝儿倒茶送给小丽，被小丽打掉。
表　嫂　那你先把她捆到柴禾房去。
任凡之　中。（任凡之去拉小丽，宝儿将任凡之推开）
宝　儿　不许动。她是我老婆。
　　　　〔任将小丽拉进柴禾房。
宝　儿　妈，咋不捆，捆我屋？
表　嫂　不许动她，她是恁妹子，对她好点，将来叫她给你当老婆。
宝　儿　我不，我不，我要跟她睡觉。
表　嫂　再胡说我打死你！
　　　　〔任凡之上。
表　嫂　她跑不了吧？
任凡之　放心吧！绳子捆好了，嘴也堵住了，门也扣上了，她跑不了。
表　嫂　多少钱？
任凡之　三千。
表　嫂　不是说好两千吗？
任凡之　我还掏了两千五呢！你不叫我挣两个？
表　嫂　他爹把钱拿去买水泥了，先给两千，你等几天再来。
任凡之　别来这一套，不要，我就把人带走。
宝　儿　你敢！她，她是我、我老婆。
任凡之　实话告诉你吧！这个妞我本来不打算给你。我实在走不动了，再往山那边走一天多，人家给五千。

宝　儿　我给!
表　嫂　胡说!(转对人贩子)你等一会,我去借一千。
任凡之　时间不能长,我还得赶末班车回城呢!
表　嫂　就在坡下边,最多两袋烟的工夫。
任凡之　那中。我先到村头吃点饭,你快去快回。(下)
表　嫂　宝儿。你在家守着,别叫那姑娘跑了。
宝　儿　(顺手操起一把铁锨)她跑,跑不了,我守住门。
表　嫂　她敲门你可别开啊!
宝　儿　有我在,你就别、别管啦!
　　　　〔炳兰提肉上。
炳　兰　表嫂,这儿的肉真鲜,咦,你要去哪?
表　嫂　我到俺哥那拿点钱。
炳　兰　干啥?
表　嫂　我买了个闺女。
炳　兰　在哪?
表　嫂　怕她跑了,锁在柴房里了。
炳　兰　我去看看。
宝　儿　(持锨挡路)不、不准看,跑、跑了你、你赔!
炳　兰　(笑笑)好好,我不看。表嫂,你咋想着买个闺女?
表　嫂　嗨!
　　　　(唱)表哥他和我同长大,
　　　　　　爱慕情深俺俩成了家。
　　　　　　谁知爱情结苦果,
　　　　　　生下一个傻瓜瓜。
　　　　　　不会哭,光会吃,
　　　　　　一笑咧嘴龇着牙。
　　　　　　幸福憧憬全破灭,
　　　　　　家庭蒙上一层纱。
炳　兰　(唱)以前生育没计划,
　　　　　　多生多养没人罚。
　　　　　　为啥没有再怀孕,

　　　　　　　再生一个也不差。
表　嫂　（唱）给他治病进省城，
　　　　　　　几年积蓄为儿花。
　　　　　　　穷过渡饭都吃不饱，
　　　　　　　添一口咋能养活他。
炳　兰　（唱）改革开放经济好，
　　　　　　　表哥运输把财发。
　　　　　　　大好时机莫错过，
　　　　　　　能生何必买高价。
表　嫂　（唱）近亲结婚害处大，
　　　　　　　学习懂了优生法。
　　　　　　　为了避免生瓜子，
　　　　　　　才掏大价买枝花。
炳　兰　（唱）叫她先把女儿当，
　　　　　　　然后他俩再成家。
　　　　　　　强弓巧箭射双雕，
　　　　　　　既合情理又合法。
表　嫂　（笑）鬼机灵！你给我看着门，别让这傻子动人家闺女。
炳　兰　你放心吧！
　　　　〔表嫂下。
　　　　〔炳兰摘菜，宝儿欲进柴房。
炳　兰　宝儿。你干啥？
宝　儿　我想和花、花老婆睡觉。
炳　兰　人家闺女还小，等长大了再说。啊？
宝　儿　我不，我要和她玩嘛！（坐地耍泼）
炳　兰　（吓唬）好，我给你开门，她跑了我可不管。（欲去开门）
宝　儿　不。（拉回炳兰）你你坏、坏。你想放、放她跑。（堵炳兰）
炳　兰　好，我不放她跑。你跟我到厨房，你摘菜，我剁肉，给宝儿包饺子吃。

〔宝儿不太愿意地随炳兰下。

〔老钱头上。

老钱头 （唱）风风火火到乡下，
　　　　　出租车花了一百八。
　　　　　家门不幸出内奸，
　　　　　想不到巧珍去告发。
　　　　　听说厂里作决定，
　　　　　马月英要来方石崖。
　　　　　棋高一招我先到，
　　　　　通知炳兰快搬家。

　　　　炳兰、炳兰！

〔炳兰闻声上。

炳　兰 （惊愕）爹。你咋来了？
老钱头 马月英来了没有？
炳　兰 （摇头）没有啊！
老钱头 有人把你告到厂里去了。
炳　兰 准是老二媳妇。
老钱头 别瞎猜了。出租车就在村口等着，快收拾收拾，现在就跟我回城。
炳　兰 回城？
老钱头 马月英再神机妙算，也不会想到我又钻回到她鼻子底下去了。
炳　兰 对！这叫出其不意，攻其不备。（担心）要是谁再通风报信咋办？

〔宝儿上。

老钱头 不回家，谁也不见，咱单线联系，我安排你住在一个朋友家。
炳　兰 可靠？
老钱头 那是咱的基本群众。老两口，没儿没女，社会关系不复杂，闲事少。

炳　兰　那我收拾东西。

〔炳兰发现宝儿要进柴禾房。

炳　兰　(拉)宝儿,你干啥?

宝　儿　嘿嘿……

老钱头　嗨,炳兰!你快去收拾收拾吧!

炳　兰　爹,你不知道,表嫂今天从人贩子手里买了个十几岁的闺女,就关在那柴禾房里,交待我不让这傻子进去,怕他把人家孩子给糟塌了。(欲进柴房)

老钱头　你干哈?

炳　兰　我去看看。

老钱头　嗨!一个傻子,能做出啥事?按下葫芦浮起瓢,顾了这头顾不了那头。你赶快收拾吧!

炳　兰　哎!中,中。

老钱头　(叹气)唉!炳兰,有水吗?渴死我了!

炳　兰　(拿起石桌上茶壶一晃)壶里没了,到屋里喝。

〔炳兰、老钱头下。

〔宝儿看四下没人,由衣兜里掏出个蒸馍。

宝　儿　(傻笑)嘿嘿……馍。(进柴房)

〔表嫂上,任凡之鬼祟地随上。

任凡之　(在表嫂身后突然地)大嫂。

表　嫂　(吓一跳)你,你咋鬼鬼祟祟的?

任凡之　(诡笑地)嘿嘿!这事本来就不光明正大。

表　嫂　这是一千,你先数数。

〔马月英带伤跟跄上。

马月英　慢!把钱放下!

〔任凡之大惊。

〔老钱头、炳兰闻声上。

炳　兰　(惊)马月英!
老钱头

马月英　(厉色)把钱交出来!

任凡之　(恶狠狠地)你还没死!(夺路欲走)

老钱头　（发现任凡之）你？你怎么到这来了？
马月英　钱大伯。他把你孙女卖给这家了！（指表嫂）
炳　兰　（大惊）啊？小丽！（发疯似的扑向柴房）小丽！
　　　　〔小丽踉跄地跑出，宝儿撵出。
炳　兰　小丽——（撕心裂肺地哭喊着扑向小丽）
小　丽　妈——（惊吓地紧紧抱住炳兰）
老钱头　人贩子！你个王八旦，我和你拼啦！（抓铁锹扑向任凡之）
任凡之　（挣脱马月英，推倒老钱头）你个老王八旦。（欲跑）
　　　　〔马月英、表嫂揪住任凡之，互相厮打！老钱头爬起，参与厮打！任凡之年轻力盛，众人不敌，老钱头抡起铁锹……
老钱头　（大吼）闪开！（举锹抡向任凡之）
　　　　〔任凡之抓住马月英挡到身前，老钱头一锹打到马月英肚子上。
马月英　（惨叫）啊——（捂肚倒下）
　　　　〔炳兰急扶马月英，老钱头扔锹扑向马月英，小丽高喊着扑向马月英。任凡之见状欲逃，表嫂扑向任凡之，紧紧抱住双腿，宝儿举起小桌从背后重重地砸在任凡之头上，任凡之倒地。
宝　儿　（傻笑）嘿嘿……（骑在倒地的任凡之身上）
老钱头　月英！马月英——
　　　　　　　　　　——收光·合幕。

第六场

〔钱家。
〔前场数日后。

〔老钱头拎铺盖卷上。炳兰、老二极力阻拦。

老钱头　（扔下铺盖卷）

　　　　（唱）让我走，

　　　　　　让我走！

　　　　　　我心中不安去投案，

　　　　　　恁苦苦阻拦为哪般？

炳　兰　爹！这是何苦呢？公安局来人是了解情况，也没说要给你判刑呀！

老钱头　你没看人家那态度，不是明摆着吗！等警车开到家门口，那就丢死人了！

炳　兰　（拭泪）爹，都怪媳妇不争气，害了你老人家。

老钱头　咋能怪你呢？我那一锨下去，差点害死马月英母子两条人命。造孽呀！

炳　兰　爹……（哭）

老　二　（犹豫地）爹。我……

老钱头　有啥事，你说。

老　二　爹……你这一去不知要呆多长时间？

老钱头　（叹气）唉！少说三年五年，多说也就十年八年。难为你替我操心了！

老　二　这是当儿子应该的。我是说那个……

老钱头　哪个？

老　二　那个……万一你老人家有点啥闪失……

老钱头　（猜出几分，没好气地）我死不了！

老　二　不怕一万，就怕万一。要是你老人家有个三长两短，那钱，那存款在哪俺都不知道。还有这、这烧鸡店咋分……

〔老钱头如五雷轰顶，欲打老二，痰涌气堵一时昏厥。

炳　兰　爹，爹！

〔炳兰、老二急给老钱头掐人中、捶背。

老钱头　（长长地吁出一口气，惨笑，狂呼）老天有眼哪！老天有眼哪！我老钱头盼儿子，盼孙子，盼的就是这么

个报应啊！我还没死,就有人开始算计我,咒我……天哪！(嚎啕)

〔小丽哭喊着跑上。

小　丽　爷爷！……(扑跪到老钱头膝前)爷爷——你带小丽一块去吧！

老钱头　(声嘶力竭地)小丽。你恨爷爷吧！你恨这个瞎眼没心肝的死老头吧！

小　丽　(哭喊声悲地)爷爷,小丽一辈子也不恨爷爷！

(唱)爷爷呀——
爷爷好来爷爷亲,
孙孙知道爷爷的心。
恁送小丽无恶意,
谁知道人贩子他不是人。
巴掌扇,绳子捆,
险些害死你的亲孙孙。
爷爷呀——
你今日投案自首把牢进,
我为爷爷好担心。
爷爷你年老体多病,
身边缺少照应之人。
虽说孙女我的年龄小,
我愿伴恁进牢门。
清晨起,
我给你打水洗漱叠床被,
到夜晚,
我为你洗脚铺床倒尿盆。
脏活累活我全干,
万事不要爷操心。
孙孙求爷事一件,
求爷爷别把我再给人！

炳　兰　小丽……
小　丽　妈——（扑向炳兰）
炳　兰　小丽……（将小丽搂在怀中，痛哭）
老钱头　天哪！
　　　　（唱）孙女的孝心天地惊，
　　　　　　　肺腑之言令人钦。
　　　　　　　顽固不化遭罪孽，
　　　　　　　鬼迷心窍害亲孙。
　　　　　　　什么男，什么女，
　　　　　　　打断十指连着心。
　　　　　　　传宗接代旧观念，
　　　　　　　害死多少无辜人。
　　　　小丽！爷爷对不起你，是我这个死老头子害了你呀……月英！我的好闺女，我有罪呀！（毅然地）不行，我得去投案！（挟铺盖欲走）
　　　　〔炳兰、老二阻拦。
　　　　〔巧珍、小凤提寿糕，搀马月英上。
马月英　大伯！
巧　珍　爹，月英姐在医院呆不住，非要来看看您老人家。
老钱头　月英，我有罪呀！（跪）
　　　　〔马月英急扶老钱头。
马月英　大伯！
　　　　（唱）劝大伯忍悲泪心平气顺，
　　　　　　　钱家院风云已过又回春。
　　　　　　　回首望老钱家日月兴盛，
　　　　　　　却为何平地风波起烟尘？
　　　　　　　都只为传宗接代旧思想，
　　　　　　　差一点害亲孙拆散一家人。
　　　　　　　大伯呀，
　　　　　　　说什么世界生灵雄为本，
　　　　　　　母鸡无能不司晨。

　　　　　　自从盘古开天始，
　　　　　　有多少女中豪杰贯古今，
　　　　　　有的人立碑千秋被人颂，
　　　　　　有的人亘古史册有点评。
　　　　　　劝大伯——
　　　　　　陈年皇历别再翻，
　　　　　　蛊惑之言不能听。
　　　　　　沉重包袱抛身后，
　　　　　　逍遥自乐享天伦。
小　凤
小　丽　阿姨，俺爷爷会判刑吗？
马月英　哦，我忘了告诉大家，那个人贩子已被公安局逮捕。小丽，你爷爷是为逮坏人，才误伤了阿姨，不会判刑的。再说，都怪阿姨不细心，让你受了罪，阿姨对不起你爷爷，对不起你妈和你啊！
老钱头　（激动地）月英。你别再说了，俺一家对不起你呀！
炳　兰　月英姐，明天我就去医院。
马月英　（欣慰地拉住炳兰）炳兰！
老钱头　老二，那恁咋办呢？
马月英　大伯！人家巧珍已经作过啦！
老钱头　啊，好，好！
巧　珍　爹，老二！对不起，我先斩后奏啦！
老　二　那，我还有啥说的呢！
　　　　〔众笑。
巧　珍　爹，月英姐听说那天你没过成寿，特意做了个大寿糕，为恁老补寿呢！
　　　　〔小丽、小凤举起大寿糕。老二下。
老钱头　（激动万分）月英。谢谢你了。
马月英　大伯，你就别客气了。今天我们一起给你祝寿，祝大伯身体康健！
众　人　多福多寿！

〔老二托酒杯上。众举杯。

老　二　祝老爹福如东海！
众　人　寿比南山！（碰杯）干！
　　　　（合唱）欢语又进钱家院，
　　　　　　　　抚平风波换笑颜。
　　　　　　　　胸襟广阔目光远，
　　　　　　　　何惧天下第一难。
　　　　　　　　党定国策为群众，
　　　　　　　　群事群办路更宽，

全剧终

（西安市豫剧团首演，《当代戏剧》《西安艺术》发表，当年获省戏剧汇演三等奖，西安城三区首演140余场，两次获省文厅奖励）

走出大山

编剧

王文清
马晓琳
丁金龙

人物表

时　间：21世纪初

人　物：

王局长　女，40多岁，县劳动就业服务局局长。

黑　牛　男，20多岁，古塬村村民。

春　花　女，20多岁，古塬村村民。

春花妈　50多岁，古塬村村民。

二　宝　春花胞兄，古塬村村主任。

赵勇刚　男，30多岁，莆田鞋业公司皮鞋厂经理。

秀　花　女，20多岁，马老汉的孙女。

马老汉　60多岁，古塬村村民。

克　文　男，20多岁，鞋业公司设计部技术员。

尔　萨　男，20多岁，古塬村村民，说话结巴。

母　亲　70多岁，王局长之母。

护　士　女，莆田市医院护士。

古塬村男女青年、村民若干。

序幕

〔六盘山区,群山起伏,奇峰突兀,紧紧环抱着古塬村。
〔粗犷昂扬的男声花儿,悠久而古远,女声鼻音伴唱,深沉低回:

六盘山高哟——
六盘山远,
六盘山的传奇说不完。
山路路险哟——
小路弯弯,
山里的女人最心酸。
穷庄稼汉哟——
把故土眷恋,
扯不断的情哟梦魂魂牵。
黑黝黝的皮肤——
铁打的肩,
啥时候才能冲出这封闭的大山。

〔艰苦磨难的农耕舞蹈,顾盼留恋的夫妻离别……

第一幕 艰难出山

〔夏收后的六盘山下古塬村。
〔春花家屋内外。居室清贫简洁,院内矮墙半截,院中有石桌石凳。

〔王局长等人上。

王局长　（唱）收获金黄刚挂镰，
　　　　播种秋色遇旱天。
　　　　劳务输出偷农闲，
　　　　举办技能培训班。
　　　　今日下乡贴简章，
　　　　劳务输出再动员。

春　花　（唱）南方建设大发展，
秀　花　　　劳力缺乏雇工难。
　　　　换换脑子走出山，
　　　　改变命运挣回钱。

王局长　（唱）再不能苦守大山白流汗，
　　　　　　再不能黄土风沙毁华年。
　　　　　　再不能广种薄收靠扶贫，
　　　　　　再不能祈神求雨怨苍天。

众青年　（唱）去沿海，下江南。
　　　　　　收获金秋待来年。

秀　花　王局长，到我家坐会儿吧。

王局长　不咧，我找马主任谈点事，你先回去准备吧，明天火车站集合，准时出发。

秀　花　没问题，再见。（下）

春　花　（向屋内）哥，王局长来了。

〔二宝从室内出。

王局长　马主任。

二　宝　王局长，你来咧，坐。

春　花　哥，咱妈哩？

二　宝　黑牛把妈叫到他家去了。

春　花　啥事？

二　宝　还不是为你的事。

春　花　王局长，你跟俺哥说话，我给你烧水去。（生气地

下）

王局长　马主任,这是第二批劳务输出的招工简章。

二　宝　（接过简章）我一会儿把它贴到村委会门口去。

王局长　这次你们村去的人最少,第二批你们可不能再落后了。

二　宝　王局长,现在农村工作实在太难搞了。政府为农民着想,让大家出外打工创收,可农民一点都不理解,还说……

王局长　还说啥?

二　宝　他们说——
　　　　　（唱）天上云把雨抱着,
　　　　　　　　地上路把山缠着,
　　　　　　　　山里穷把人困着,
　　　　　　　　省吃俭用能凑合。

王局长　（唱）雨积多了云中落,
　　　　　　　　山崩地裂路奈何?
　　　　　　　　人穷为啥不求变,
　　　　　　　　为啥要死守大山瞎凑合。

二　宝　（唱）回民离家有困难,
　　　　　　　　吃饭坏口怎么办?
　　　　　　　　再说大米不如面,
　　　　　　　　洋芋蛋蛋饱三餐。

王局长　（唱）南方回民有千万,
　　　　　　　　餐饮小吃很方便。
　　　　　　　　生活习惯会改变,
　　　　　　　　入乡随俗自安然。

二　宝　（唱）村民们目光短浅看不远,
　　　　　　　　都担心上当受骗难挣钱。

王局长　（唱）旧思想老观念必须转变,
　　　　　　　　劳务输出要靠咱大力宣传。

二　宝　这人呀,一朝被蛇咬,十年怕井绳,村里好多人在城里打了工,钱都要不回来。我哥工伤住院老板不管,工资还拖欠,至今花了一万,连人都找不着。(从口袋里掏出一沓白条)你看这些白条、单据让我们找谁去?

王局长 你把这些白条、单据保存好,劳动保障部门和司法部门会想办法给你们讨回公道的。

〔春花由室内端水壶茶杯上。

春　花 (倒水)王局长,你先喝水。

二　宝 王局长,我先把这招工简章贴到村委会门口去。(下)

〔马老汉、秀花上。

秀　花 王局长,我爷找你来了。

王局长 大叔,你找我啥事?

马老汉 王局长,你看老汉这身体咋样?

王局长 红光满面,活上百年不成问题。

马老汉 (得意地)哈哈……王局长!
(唱)想当年开山炸石修梯田,
　　　老汉我突击队里是尖尖。
　　　看如今神清气爽精神健,
　　　一顿饭能吃两碗洋芋面。
　　　我也想劳务输出到福建,
　　　为娃们减轻负担挣点钱。

〔众人笑,马老汉也跟着爽朗大笑。

春　花 马叔,你就甭出洋相了,谁要一个白胡子老汉去打工哩?

王局长 大叔,好汉不提当年勇,下江南万水千山,你老身体吃不消。

秀　花 爷爷,你就安心在家盘地守院,等我挣钱回来孝敬你。

马老汉 好,有我孙女这句话就行了。王局长,我把秀花交给你,她调皮捣蛋,你就给我管严。

秀　花　（娇嗔地）爷爷,你胡说啥哩。
马老汉　王局长,你忙,我回去给秀花烙干粮,煮鸡蛋去。
王局长　你慢走。
　　　　〔马老汉、秀花下,春花忧愁地。
王局长　春花,你愁啥哩?
春　花　我大哥工伤住院,我妈借了黑牛家一万元,她搁不住黑牛死磨硬缠,就答应那一万元当彩礼要把我嫁给黑牛。
王局长　这咋行哩!这不成了包办婚姻了。
　　　　〔春花妈和一女村民边走边说上。
女村民　这么说不再让我费口舌你就答应了?
春花妈　做啥工作嘛,答应也得答应,不答应也得答应,这是明摆着的事嘛。
　　　　〔女村民从屋后下,春花妈走进院门。
春　花　（欣喜地）妈,你答应了?
春花妈　答应了。
春　花　太好了。妈,这是县上劳动服务局的王局长。
春花妈　（冷冷地）不用介绍,来过村里几次咧,谁不知道。
王局长　（热情地）大婶,你答应春花参加劳务输出去福建了?
春花妈　谁说我答应春花输出去福建了?
春　花　哎,妈,你刚才不是说答应了吗?
春花妈　我说我答应你田大叔,种罢秋就给你和黑牛两人完婚。
春　花　你答应我不答应!
春花妈　这家由我当,还能由了你。（轻蔑地）那花里头有个红的不红的,人里头有个能的不能的,我看你是胡成精哩!
春　花　我就要做那花中最红的,人中最能的,我不想成精只想成才。
春花妈　说大话也不怕闪了舌头。

王局长　大婶，春花她说得对呀！
　　　　（唱）春花她有文化有识有胆，
　　　　　　　就应该让她出山干一番。
　　　　　　　到沿海看一看天有多蓝海有多宽，
　　　　　　　带着财富再回来建设咱们新古塬。

春花妈　（不信地）就靠她？算了吧！
　　　　（唱）苹果咋能长在梨树上，
　　　　　　　酸杏苦荞难变甜。
　　　　　　　女人天生命就贱，
　　　　　　　择夫嫁人吃饱饭。

春　花　（生气地）哼！你就把人看扁了。

王局长　大婶！
　　　　（唱）凤梨嫁接苹果树，
　　　　　　　苹果梨儿味道鲜。
　　　　　　　苦杏嫁接桃树上，
　　　　　　　金黄的桃杏味更甜。

春　花　（唱）女儿幸福你不管，
　　　　　　　只顾眼前贪小钱。
　　　　　　　你若逼我嫁黑牛，
　　　　　　　那才是苦荞熬黄连
　　　　　　　——日日苦水难下咽。

王局长　（唱）你就让她出去闯一闯，
　　　　　　　女人也能撑起半边天！

春花妈　（躁气地）行了！
　　　　（唱）自家的事自家管，
　　　　　　　不用别人胡弹嫌。
　　　　（进屋欲下）

王局长　大婶……
　　　　〔王局长追到门前，门"砰"的一声关住。春花妈下。

春　花　（生气地）妈！

王局长　（唱）门一关，心胆寒，

　　　　　为啥工作这么难?
　　　　　山涧啊——
　　　　　你阻断了路,
　　　　　高山啊——
　　　　　你挡住了天。
　　　　　陈腐观念旧思想,
　　　　　吞食了多少才女和好男。
　　　　　一辈子背着大山不知重,
　　　　　一辈子裹足深涧不知前,
　　　　　一辈子只信真主只信命,
　　　　　一辈子面朝黄土耕坡田。
　　　　　为什么不能改变旧观念?
　　　　　为什么不能冲出六盘山?
　　　　　为什么只靠扶贫度日光?
　　　　　为什么不会自奋求发展?
　　　　　只因为死守陈腐目光浅,
　　　　　只因为消息闭塞断财源。
　　　　　春花呀——
　　　　　劳务输出刚起步,
　　　　　风雨行程路漫漫。
　　　　　只要坚定走下去,
　　　　　一定会迎来艳阳天。
　　　　春花,好好给你妈做做工作,实在不行,第二批去也可以。
春　花　不行,我一定要第一批走。
王局长　找找你二哥,他是主任,让他帮帮忙。我到下古村去了。再见。(下)
　　　　〔春花妈上,在门内窥视王局长下,开门出。
春花妈　那姓王的女人走了?
春　花　走咧!(欲进屋)
春花妈　你干啥去?

春　花　我准备明天出发。

春花妈　你敢走！

春　花　你看我敢走不敢走！

春花妈　你敢走我就打断你的腿。

春　花　打断腿我也不嫁给黑牛。妈，我看你是老糊涂了。

春花妈　你糊涂还是我糊涂？你走了，那黑牛家一万块彩礼钱咋办？

春　花　那不是彩礼钱，那是你给我大哥治病借的钱，我打工挣钱还他。

春花妈　一万块呀，你还得起？（祈求地）娃呀，你就认命吧。
　　　　〔黑牛和尔萨上。

黑　牛　哟，春花妹子回来咧。（春花不理）大婶，俺俩的事你给春花说了吗？

春花妈　犟牛不听劝，就缺抽皮鞭。

黑　牛　大婶，你甭生气，我来劝劝俺妹子。
　　　　（唱）春花妹！
　　　　　　女人家就是嫁人吃饭生孩子，
　　　　　　何必要挑肥拣瘦耍性子。
　　　　　　只要你答应嫁给我，
　　　　　　我包你进门住上新房子。
　　　　　　我爸开着榨油坊，
　　　　　　你过门当家管票子。
　　　　　　如此好事哪里找？
　　　　　　何必逞能装傻子。

春　花　（唱）大风是暴雨的信子，
　　　　　　大枣是中药的引子，
　　　　　　大话是欺骗的方子，
　　　　　　张狂是祸害的根子。
　　　　　　早知你是二混子，
　　　　　　决不上当钻套子。
　　　　　　劳务输出换脑子，

　　　　　自己挣钱过上好日子。
　　　　　寻找幸福靠自己，
　　　　　夫妻般配一辈子。
黑　　牛　（唱）大话牛皮吹得谙，
　　　　　女娃也想挣大钱？
春　　花　（唱）不能总端糊糊碗，
　　　　　死守贫穷把命怨。
黑　　牛　（唱）既无文凭无专长，
　　　　　只有给人去搬砖。
春　　花　（唱）出外打工心不贪，
　　　　　驾不了大船开小船。
　　　　　凭着两只勤劳手，
　　　　　不信不能挣回钱。
春花妈　说大话容易，办大事难。
黑　　牛　跟着群疯子扬土，着活迷了眼。
春　　花　瞎了眼也不用你管。
黑　　牛　尔萨，你看你嫂子能行不？
尔　　萨　我嫂、嫂子，高、高中毕业，肯定比、比你行。嫂、嫂子，对不对？
春　　花　谁是你嫂子，我是你表姨。
尔　　萨　你是我表、表姨？
春　　花　麻雀站在牛背上辈分大，你小心把辈分闹错了。（下）
尔　　萨　黑、黑牛哥，糟、糟了，这下你可吃、吃亏了，不能娶、娶春、春花了。
黑　　牛　同村不同姓，胡叫乱答应，人老几辈谁能分得清。不行，你把我叫叔。
尔　　萨　我、我把你妈叫、叫姑哩，那你看吃、吃亏还是占、占便、便宜。
黑　　牛　滚！
尔　　萨　你不、不是说、说叫我找、找人打牌哩吗？

黑　牛　对对对,赶快去找人,告诉他们,今天玩大点,幺二毛。

〔尔萨答应着下。

黑　牛　大婶,我听说他们明天就要走哩。

春花妈　我知道。

黑　牛　你可给我看紧点。(下)

〔春花妈心神不定,思绪难安,突然拿锁锁门。

〔春花上,拉门不开。

春　花　妈,妈!你为啥把门锁上了?

春花妈　为你好。你静静地坐着,舒舒服服地躺着。渴了我送水,饿了我送饭,慢慢想着我为啥。

春　花　(敲门、摇门)你再不开门,小心我把门砸烂。

春花妈　你敢砸门,我就把你捆上,看你能翻天。

春　花　你不开门我跳后窗。

春花妈　房后悬崖深沟,你不怕死就跳!

〔强烈的音乐。

〔切光。

〔暗转。

〔灯亮。

〔春花手扶窗栏沉思外看。

春　花　(唱)星星陪着寂寞的月亮,
　　　　　　小路绕着光秃的山岗。
　　　　　　山民驮着沉沉的黑夜,
　　　　　　祖辈耕山从无奢望。
　　　　　　我定要换个活法活出个人样样,
　　　　　　也不枉白来世上走一趟。
　　　　　　我不管房后坡陡沟深浅,
　　　　　　翻后窗跳山崖自有主张。

〔从内屋拿出两盘绳子,一盘套在肩上,一盘扔出窗外。

〔切光。
〔幕落。

第二幕　风雨阻拦

〔前场第二天。
〔崎岖山路。
〔风暴雨狂,雷鸣电闪,二宝、尔萨圆场舞上。

宝、尔　（唱）风声急,雷声大,
　　　　　　　暴雨狂,山洪发。
黑　牛　（唱）老天瞎眼早不下,
　　　　　　　偏在此时找麻达。
尔　萨　（唱）黑牛哥让我帮他找表姨,
黑　牛　（唱）我的爸催我逼我找春花。
尔　萨　（唱）风吹雨冷透心凉,
黑　牛　（唱）两脚疲软酒瘾发。
尔　萨　（唱）当心脚下是悬崖,
黑　牛　（唱）一脚踏空小命就失塌。
　　　　　〔黑牛、尔萨下。
　　　　　〔春花在风雨中上。
春　花　（唱）两根绳帮助我坠崖脱险,
　　　　　　　暴风雨洗征尘伴我出山。
　　　　　　　旱逢甘露农家喜,
　　　　　　　行路之人却犯难。
　　　　　　　好事多磨胆放正,
　　　　　　　何惧艰险把路拦。
　　　　　　　乘坐劳务输出这条船,
　　　　　　　雄鹰展翅搏云天。
　　　　　〔尔萨、黑牛上,和春花三人圆场。

尔　萨　（唱）一路村镇都找遍，
黑　牛　（唱）为啥没见春花面？
春　花　（唱）局长肯定把我等，
　　　　　　　众人为我把心担。
尔　萨　（唱）前面好像是春花，
黑　牛　（唱）提精神大步流星到跟前。
〔黑牛一跟头栽倒在春花面前，春花惊吓倒退。
黑　牛　（鱼跃而起）站住！
春　花　你是谁？
黑　牛　（抹抹脸）我是你夫田黑牛。
春　花　你来干啥？
黑　牛　大婶叫你回，她说姑娘出门不方便，怕你叫人欺负了。
春　花　有组织，有单位，还有小姐妹，我都二十多了谁敢欺负？
黑　牛　姑娘大了心也大，城市大了眼发花，你是我的未婚妻，我怕你心大眼花在外找婆家，你赶快跟我回。
春　花　谁是你的未婚妻？我不要你管。
黑　牛　咱山里的规矩，收了彩礼钱就是我田家人，你想赖婚不成。
春　花　没领结婚证，说到天边也不是你家人。
黑　牛　那好，一万元借款，立马拿来。
春　花　等我打工挣钱回来还你。
黑　牛　狗戴牛铃冒充大牲口哩！等到猴年马月？到那时我胡子长了，你头发白了，把我孙子都给耽误了。今天你不回，小心我揍你！（举拳）
春　花　（严厉地）你今天敢动我一指头，我就是毛驴跟牛犄仗，豁出脸皮跟你躁咧！
黑　牛　嘀！我看你今天能有多厉害。尔萨，我带着绳哩，把她捆上，我抬也要把她抬回去。（从腰里拿出绳，一头扔给尔萨）

尔　萨　表姨,我,我对,对不起你了。
　　　　〔尔萨、黑牛两边用绳绕春花,春花在绳中翻滚跌扑。
　　　　〔王局长、秀花和几个打工青年上。
王局长　住手,光天化日,你们竟敢绑架!
黑　牛　她是我老婆,你管不着。
王局长　黑牛!
　　　　(唱)瓜甜不能强扭秧,
　　　　　　芝麻不熟油不香。
　　　　　　村里姑娘多的是,
　　　　　　咋能强逼找对象。
黑　牛　(唱)村里姑娘个个爽,
　　　　　　我看春花最漂亮。
　　　　　　春花呀——
　　　　　　若嫌万元彩礼轻,
　　　　　　家有三万在银行。
　　　　　　过门我就交给你,
　　　　　　看我大方不大方?
　　　　　　走,跟我回。
春　花　甭碰我。
王局长　(讥讽地)黑牛真大方。
黑　牛　说话算数,胡达作证。
王局长　(唱)三万元能盖几间房?
　　　　　　三万元能买多少粮?
　　　　　　三万元能打几眼井?
　　　　　　三万元能养几圈羊?
　　　　　　三万元能让荒山变个样?
　　　　　　三万元能让古塬奔小康?
　　　　　　劳务输出图自强,
　　　　　　政府出面政府帮。
　　　　　　你若有意出去闯一闯,
　　　　　　跟我们一道去南方。

〔几个青年人围上黑牛。

青年人 （七嘴八舌）黑牛哥,搭帮走……对,挣不挣钱也开开眼!

春　花 （埋怨地）王局长,你咋出个这点子哩!

王局长 黑牛对你还真是一片真心,出去多接触接触,也帮他改改毛病,说不定……

春　花 永远也不可能。

王局长 话说得不要太早。

青　年 黑牛哥,在家小心把黄花菜等凉了,跟着、盯着,心里踏实。

黑　牛 （喜）对!

（唱）局长出的点子谄,
　　　我也跟着下江南。
　　　两个蚂蚱一根线,
　　　和她慢慢兜圈圈。
　　　看她蹦多高,
　　　看她跳多远,
　　　就算她的本事大,
　　　也难跳出我的手尖尖。

黑　牛 我想好了,跟着你们一起走。

王局长 欢迎你参加我们首批劳务输出大军,出去闯一闯,换换脑子,兴许你能变成另外一个人。

黑　牛 尔萨哥,回去你跟我爸说,我跟春花一起下江南去咧。

春　花 少提我,谁跟你一起下江南,你是跟大伙一起下江南。

黑　牛 大伙之中就有你,一样。

王局长 火车快进站了,大家走吧。

〔众人下。秀花、春花等下,王局长手机响。

王局长 （接电话）喂,谁呀?

〔画外音:我是你老公。

王局长　　我正准备上火车,啥事急着给我打电话?

　　　　〔画外音:你妈突发心脏病住院了。

　　　　〔一声炸雷。

王局长　　(唱)一个电话令人惊,
　　　　　　　犹如炸雷震耳聋。
　　　　　　　一边家中老母病,
　　　　　　　一边车站是民工。
　　　　　　　我该怎么办?
　　　　　　　何去又何从?

　　　　〔画外音:喂,喂,你说话呀。

王局长　　(对着手机)
　　　　　(唱)民工百人要出征,
　　　　　　　远涉万里路重重。
　　　　　　　母亲发病是家事,
　　　　　　　只好托你替我来尽忠。

　　　　〔画外音:你看着办吧!
　　　　〔传来电话挂断的声音和火车汽笛声。

王局长　　(唱)汽笛长鸣催人行,
　　　　　　　我只得抛却家事先为公。

　　　　〔春花、秀花替局长为难。

春　花
秀　花　　(关切地)王局长,你……

王局长　　(毅然地)上路!

　　　　〔切光。
　　　　〔幕落。

第三幕　横生波澜

〔前场一月后。

〔皮鞋厂车间，宽畅明亮，整齐划一。一角垛着很多装盒的皮鞋。

〔幕启；春花、秀花等青工们歌舞上。音乐由眉户转花儿旋律。

春　花　（唱）　南下打工到莆田，
　　　　　　　　签订合同众心安。
　　　　　　　　在家培训有基础，
　　　　　　　　皮鞋厂进门就上班。
女　工　（唱）　海燕燕飞呀——
　　　　　　　　大海海蓝，
　　　　　　　　海边的风呀扬起风帆。
男　工　（唱）　鞋面面亮呀——
　　　　　　　　鞋帮帮展，
　　　　　　　　打工的妹妹呀胜过儿男。
女　工　（唱）　鞋底底好呀——
　　　　　　　　行千里远——
　　　　　　　　俊哥哥的技术呀名不虚传。
男　工　（唱）　针线线长呀——
　　　　　　　　用心心连，
　　　　　　　　顾客呀穿上喜上眉尖。
众　　　（唱）　价钱钱低呀——
　　　　　　　　品种种全，
　　　　　　　　质量信誉呀高过于天。
众工人　精工制作，安全第一；保证质量，诚守信誉。
春　花　上班。

〔众人下。春花欲下，黑牛匆匆上，急忙掂簸箕拿扫帚。

春　花　黑牛，你咋又迟到？
黑　牛　昨晚上出去逛，早上起不来。
春　花　遵守纪律，注意影响，迟到旷工可是要扣工资的。
　　　　（欲下）

黑　牛　春花,我有话给你说。
春　花　是工作上的事?
黑　牛　不是,几句闲话。
春　花　闲话下班再说。
黑　牛　站住!我跟你说话咋恁难呢?你跟赵勇刚那小白脸说话咋恁多的。
春　花　人家是经理,我是班组长,咋不能说话?
黑　牛　算了吧!
　　　　(唱)黑牛不是没长眼,
　　　　　　不是碎娃你能瞒。
　　　　　　借口谈工作,
　　　　　　常往一处钻。
　　　　　　借口去发货,
　　　　　　两人进饭店。
　　　　　　要想人不知,
　　　　　　除非己莫干。
　　　　　　你是我媳妇,
　　　　　　不能和他粘(然)。
春　花　(生气地)工作关系你管不着,谁是你媳妇找谁去。
　　　　(下)
黑　牛　哎,你站住……(无奈,扫地下)
　　　　〔秀花推着装鞋盒的平板车和拿着图纸的克文边说边上。
克　文　秀花,你好好看看,我设计的这个新品种怎么样啦?
秀　花　非常好。很适合打工族姐妹上班穿,简洁方便,样式也挺漂亮。
克　文　哇噻,能得到你的夸奖,我不胜荣幸啦!
秀　花　哎,克文,你能不能介绍几本制鞋专业的书让我看看。
克　文　没问题,我办公室就有。(帮秀花摞鞋,找话说)秀花,你给家里写信了吗?

秀　花　还没有,等我拿到第一个月的工资再写信,给我爷爷一个惊喜。

克　文　你好好有意思啦。(擦完鞋)走,我给你拿书去。
〔二人下。王局长上。

王局长　(唱)进厂房仔细看观察动向,
　　　　车间里井然有序很正常。
　　　　退货事同志们不知情况,
　　　　速调查摸情况再找厂方。
　　　　原打算安排一完就返乡,
　　　　谁曾想七事八事一桩接一桩。
　　　　证件不全比例失调女工少,
　　　　身体不适水土不服要人帮。
　　　　看人家跳舞唱戏不咋样,
　　　　让自己粉墨登场还真难怅。
　　　　如今不知老娘怎么样?
　　　　是否痊愈已安康?
　　　　老公他电话埋怨不把实情讲,
　　　　全家人瞒着我反倒心慌。
　　　　这件事情处理完,
　　　　立马抽身返故乡。
〔春花上。

春　花　王局长,情况怎么样?

王局长　昨天我已把退货的皮鞋样品拿到质监局检验去了,你能肯定这批活是咱们班组干的吗?

春　花　(肯定地)是我们干的,但我们都是按程序操作,责任肯定不在我们这里。

王局长　你现在就去质监局催一催检验报告,我再去找赵勇刚经理谈一谈。

春　花　好!(欲下)

王局长　春花,先别让大家知道商家退货这件事,以免人心混乱影响工作。

〔春花点头欲下,碰到走上的赵勇刚。

春　花　赵经理,我们王局长找你。
赵勇刚　很好,我也正好要找她啦。
　　　　〔春花下。黑牛拿着拖把上,准备躲开又好奇地藏到鞋垛后偷听。
王局长　(迎上)赵经理,你好。
赵勇刚　你好,你好啦,王局长。
王局长　听说乙方全部要求退货?
赵勇刚　不但要全部退货,还要求赔偿经济损失!工人工资发不了,可能还要扣缴罚款!
王局长　情况没查清就扣他们工资这不公平,再说还没领过工资,哪儿有钱缴罚款?你再去找总经理谈谈。
赵勇刚　我已经给我老爸讲过啦,没有用,市场经济就是这样残酷。
　　　　〔黑牛在鞋垛后吃惊地探头,悄悄从鞋垛后下。
王局长　我和春花怀疑这批鞋胶和机线存在质量问题,我昨天已经送到质监局去化验了。
赵勇刚　不管是什么问题,这次要损失几十万啦!我老爸嫌我这个经理不称职,要罢我的官啦!
王局长　罢官事小,公司和工人的损失事大。我建议公司出面,要求供胶供线的商家索赔,另外我们把退回的皮鞋撕胶拆线,大号皮鞋改成小号,小号皮鞋改成碎鞋。
赵勇刚　什么叫碎鞋啦?
王局长　碎鞋就是小娃穿的鞋。
赵勇刚　可是那么多怎么改呀?
王局长　我动员大家加班,尽量挽回损失。
赵勇刚　哇,我看你们固原人很聪明、很能干啦!(握手)谢谢你,谢谢你。
　　　　〔众工人在黑牛煽动下吵嚷着上。
众工人　(七嘴八舌)扣工资,办不到,去找他们评评理,找他赵勇刚算账……

黑　牛　赵经理,皮鞋退货凭什么扣我们工资?

众工人　(起哄)对,凭什么扣我们工资……

王局长　大家静一静,请听我说。

工人甲　我们是按规程操作,道道工序你都亲眼盯着,凭啥把责任推给我们?

众工人　(大声嚷嚷)我们按规程干活……凭什么把责任推给我们。

王局长　同志们静一静。

工人乙　大家静一静,听听王局长说。

王局长　这件事情我和厂方正在协商,大家先回车间上班。

工人甲　还上啥班,不回话我们就罢工。

众工人　对,罢工,不干了……

黑　牛　罢啥工嘛,卷起铺盖回家,每人拿上几双皮鞋,全当发工资啦!

部分人　对,拿皮鞋卖了当路费回家。

〔王局长冲到鞋垛前,挡住部分人。秀花、克文闻声上。

王局长　同志们,有问题按合同办事,不能莽撞。

赵勇刚　你们哄抢工厂这是犯法,我打110报警!

黑　牛　(欲夺手机)你敢报警我就揍你。

部分人　对,揍他!揍他!

〔黑牛已一拳将赵勇刚打倒,头重重地撞在推车上。

王局长　黑牛,不准乱来。

〔王局长和秀花、克文急忙把赵勇刚扶起。

王局长　赵经理,赵勇刚经理……

〔赵勇刚昏迷,部分人吓得后退。

王局长　秀花、克文(指工人甲乙)你们还站着干啥?快把赵经理送到医务室。

〔秀花和克文及工人甲乙把赵勇刚抬到平板小推车上,一人扶着推下。春花拿着化验报告单上。

春　花　（兴奋地）王局长，化验报告单拿回来啦，你看。

王局长　（看报告单）太好啦！责任不在我们。

春　花　对！是鞋胶化学成分不对，机线力度韧性不够，才造成这批皮鞋脱胶断线。

王局长　同志们，有了这份化验报告单，责任就清楚了，你们还不快去上班。

〔众人面露喜色下，黑牛欲下。

王局长　黑牛，你站住。

春　花　王局长，出了啥事？

王局长　他煽动工人闹事，打伤了赵经理。

〔秀花和克文跑上。

秀　花　王局长、春花，医务室大夫说赵经理昏迷不醒有危险。

王局长　赶快送医院。

〔王局长和秀花、克文急下。

春　花　（欲下又返）你还不跟着去看看。

黑　牛　我不去。

春　花　你真给咱宁夏人丢脸！

黑　牛　我打了他，你着啥急吗？你得是想攀高枝看上那小白脸啦？着活人家把你玩了、耍了，再一脚把你踹了。

春　花　无耻！（一巴掌扇到黑牛脸上。）

〔切光。

〔幕落。

第四幕　南国情缘

〔前场十天后。

〔医院病房。

〔幕启:护士正在清理房间,王局长上。

王局长 护士小姐,这里住的病人呢?

护 士 做理疗去了。

王局长 他一个去的吗?

护 士 一位小姐陪他去的。

王局长 哦。我在这里等等他可以吗?

护 士 可以。(下)

〔王局长走到窗前向外远眺,突然手机响。

王局长 (接电话)喂……

〔话外音:老王,是我。

王局长 老公,母亲的身体怎么样?

〔话外音:(低缓地)她老人家今天下午走了。

〔强烈的音乐。

王局长 (震惊)什么?(跪地哭嚎)妈,妈妈呀?

〔切光。

〔聚光灯投在母亲身上。

王局长 (惊喜)妈妈是你吗?

母 亲 孩子,我是妈呀!

〔升光,灯光朦胧,似云似雾。

母 亲 孩子,妈让你在外操心了。

王局长 (激动而伤心地)妈,是女儿让你老人家操心了……

母 亲 孩子,别哭,福建那边天气热,你事情多,小心哭伤了身体。快别哭了,孩子。妈老了,不中用了,拖你后腿,妈对不起你了。

王局长 妈,是女儿我对不起你呀……

(唱)乌鸦反哺雏鸦长,

　　　羔羊跪乳孝母羊。

　　　母亲养儿几十年,

　　　儿未给娘喂口汤。

　　　肝肠寸断儿心伤,

　　　恳请慈母多原谅。

娘呀娘——
儿是党员责任重，
时刻要为民着想。
民心思变国昌盛，
民心思治国安详。
民奔小康国家邦，
昌盛安详国运昌。
儿心虽伤却无愧，
办完事儿定会立即赶回孝亲娘。

母　　亲　儿呀，你说得对，妈老了帮不上忙了，你就好好干吧，别急着回家。

〔手机铃声。

〔压光，母亲隐去。

王局长　（似在梦中）妈妈，妈妈……

〔手机铃声再响。

〔升光。

王局长　（清醒，擦擦泪眼，急忙接听手机）喂，哦，是赵总啊……我在医院来看勇刚……好，我马上来。（挂断电话，伏桌写便条后，下。）

〔天色渐暗，春花和赵勇刚上，春花打开室内落地灯。

赵勇刚　（发现便条拿起）春花，王局长刚才来过啦。

春　　花　（接过纸条看）赵总找她不知是啥事？

赵勇刚　我估计还是那批退货的事啦，这么急不知是好消息还是坏消息，让人猜不透啦！

春　　花　你在医院就好好养病，不要操那么多闲心，小心头再痛。

赵勇刚　春花，谢谢你啦，十多天来你一会儿跑工厂，一会儿来病房照顾我，谢谢你对我的关心！

春　　花　我们班组出的事我应该多帮帮你！我去给你打点开水。

赵勇刚　不要去啦,叫护士小姐打水好啦!
春　花　你上床好好休息吧!(提热水瓶下)
　　　　〔赵勇刚在窗前忧思。
赵勇刚　(唱)看明月爬上孤寂的高楼,
　　　　　　　淡淡的寂寞感涌上心头。
　　　　　　　说不明道不清的缕缕幽思,
　　　　　　　悄悄地牵出我夏末的清愁。
　　　　　　　一个名字总在我脑中萦绕,
　　　　　　　却不能像泉水喷涌出口。
　　　　　　　柔肠寡肚在胸中打成死结,
　　　　　　　只能够让弯月勾走满腹情忧。
　　　　〔手捧鲜花的秀花和克文上。
克　文　赵经理,一个人在窗前想什么啦?
秀　花　(献上鲜花)肯定是勾起了一丝情愁吧!
克　文　情愁?什么情愁?
秀　花　你呀,简直是个傻猫。我问你,赵经理住院这十几天谁跑得最勤?
克　文　他妈妈呀!
秀　花　那还用说,还有谁?
克　文　他爸爸呀!
秀　花　他姐姐,他弟弟,他三姑,他四姨,我问的不是这些,想想还有谁?
克　文　那就是你和我啦!
秀　花　真是死脑子。
克　文　我记得很清楚,我们两个跑了三趟啦!
秀　花　我说的是我那个老乡姐……
克　文　哦——你说的是她。
　　　　〔春花提热水壶上。
春　花　秀花、克文你们来啦!
秀　花　福建地方邪,说王八来个……大海龟。
　　　　〔黑牛上,听见屋里人笑,忙闪下。

春　花　（莫明其妙地）你们笑什么？赵经理，他们笑什么呀？

赵勇刚　他们，他们说想，想吃海鲜啦！

秀　花　（笑得气喘）对，对，有人想吃鲜，可不是海鲜，（学勇刚腔调）是想吃花鲜啦！（止住笑）赵经理，我看你精神比前几天好多了。（给克文使眼色）我还要赶回去加班，春花姐和赵经理可能还有工作要谈。赵经理、春花姐我们先走啦。

赵勇刚　不送啦！

秀　花　赵经理，要吃鱼必须自己下海捞，不然鱼跑了，（学勇刚腔调）你可吃不成海鲜啦！

〔克文和秀花下。

春　花　这个秀花越来越活泼。（倒水）赵经理，你喝水。

赵勇刚　谢谢！春花……

春　花　（同时地）赵经理……

赵勇刚　哦，你说。

春　花　你说，你说。

赵勇刚　我……我没什么可说啦。

春　花　（起身，思索地）

　　　　（唱）他那里想说话吞吞吐吐，

赵勇刚　（唱）为什么如鲠在喉难出口？

春　花　（唱）关心他为的是我们班组，

赵勇刚　（唱）感谢她日日照顾情意笃。

春　花　（唱）难道说千里打工遇相知？

赵勇刚　（唱）如此靓丽善良女得她是福。

春　花　（唱）打工仔怎能够胡思乱想，

赵勇刚　（唱）我真想和她携手破世俗。

　　　　春花……

春　花　赵经理，啥事？

赵勇刚　秀，秀花她们还在加班？

春　花　对，那批退货皮鞋，都快翻工做完了。

赵勇刚　你们要注意休息,不要让厂方违反《劳动保护法》啦。

春　花　每天只加班两个小时,周日双工资,局长和赵总商量好了,为了厂方和打工者的利益,特殊情况特殊处理。

〔黑牛上,在门外偷窥。

赵勇刚　你们宁夏的小伙子太棒啦!你们西北的姑娘太、太漂亮啦!(抓住春花双手)

春　花　(紧张地)赵经理,你要干什么?

赵勇刚　我,我,我太谢谢你们啦!

〔黑牛冲进病房。

黑　牛　住手!赵勇刚,你想干什么?

赵勇刚　(一怔,急松手)我,我什么也没有干啦!

黑　牛　男女同室,拉拉扯扯还说没干什么,骗鬼去吧。

春　花　(发怒地)田黑牛,你别胡来!赵经理被你打伤,身体刚刚恢复……

黑　牛　(推开春花)你给我滚开!

(唱)告诉你赵勇刚,

盯梢你俩时间已很长。

你让我希望变绝望,

绝望冲垮了我的幻想。

幻想今日变绝望,

绝望让我心发狂。

春　花　黑牛,你想干啥?赵经理你快走。

黑　牛　(堵住门,把二人推进屋里)

(唱)黑牛眼中不揉沙,

　　休怪我出手不商量。

　　今天咱们算总账,

　　不报仇还算什么西北狼!

〔黑牛举拳欲打,被已经上场的王局长死死抓住,黑牛挣扎,被王局长用力推开。

王局长　（唱）西北狼象征着悍猛强壮，
　　　　　　不是你撒泼野逞能张狂。
　　　　　　带你来想让你俩多交往，
　　　　　　谈不成也不该凌弱恃强。
　　　　　　这桩婚姻我也不同意，
　　　　　　护女权当辩护跟你过大堂。
黑　牛　（气恨）你！……唉！（丧气地抱头蹲在地上）。
　　　　〔切光。
　　　　〔幕落。

第五幕　山回路转

〔前场数日后。
〔古塬村村口。
〔幕启：春花妈和马老汉分上。

马老汉　春花妈，春花给你来信了没有？
春花妈　（摇头）我天天在村口盼邮递员，正犯愁哩。
　　　　〔二宝上。
马老汉　我孙女秀花咋也没个音讯。
春花妈　会不会出啥事？
二　宝　妈，你放心，有县上王局长带队不会出啥事，安顿好他们就会写信的。我听说下古村都有人寄回信来了。
马老汉　只要安全到达上了班就好。
春花妈　好个啥吗？这些天我右眼跳个不停，春花该不是……
二　宝　你再甭胡想瞎操心咧。
春花妈　唉！一个女娃子，咋能不操心哩！
马老汉　对咧，对咧，操心老得快，你看我就是个乐天派，再穷我都是笑着过。走,回去吃饭。

春花妈　我到地里掐点豌豆苗去。二宝,你先回去切洋芋做叉叉饭。

〔三人分下,黑牛上。

黑　牛　(唱)小不忍,折了本,
　　　　　　赔了夫人伤了心。
　　　　　　打人闹事要罚款,
　　　　　　偷偷搭车回山村。
　　　　　　路上没人急着把村进,

〔尔萨上。

尔　萨　黑,黑牛哥,你回,回来咧!

黑　牛　回来咧。

　　　　(唱)怕鬼偏遇鬼敲门。

尔　萨　黑,黑牛哥,福,福建莆田好不好,给咱说、说说,给咱说说嘛!

黑　牛　喊啥哩,喊啥哩。福建肯定比咱山沟沟里好嘛!

尔　萨　那你、你咋回、回来咧?

黑　牛　天热睡不好,米饭吃不饱,工资挣得少,白把辛苦熬,工厂管得严,实在受不了,不回来干啥?(欲下)

〔春花妈上,欲上前又止。

尔　萨　那春花嫂,嫂子咋没跟,跟你回,回来呢?

黑　牛　甭提那女人咧?

尔　萨　咋,咋咧?

黑　牛　她跟个小白脸跑咧。

尔　萨　啥,啥样子的小,小白脸?

黑　牛　瘦麻秆,尿包蛋,靠着他爸有钱,吃喝玩乐尿事不干。

尔　萨　他能看,看上春,春花?

黑　牛　那是耍她哩,玩够了脚一蹬,滚蛋!

尔　萨　你胡,胡说哩吧?那,那领导不,不管。

黑　牛　领导?就是那姓王的,那人瞎得很,她不把人卖了就算是胡达有眼哩。

春花妈　（又惊又气地）黑牛，你，你说姓王的那女人把春花
　　　　给卖了？

黑　牛　我啥都没说，我啥啥都没说！要问你问你女子去。
　　　　（下）

春花妈　黑牛，黑牛，你给婶说清楚，春花她到底咋咧？
　　　　（边说边追下）

尔　萨　嘿，怪，怪咧，劳，劳务输出，黑牛把春，春花给输出去
　　　　咧。（跟下）

〔稍刻，王局长袖戴黑纱上。

王局长　（唱）盘山路崎岖弯弯，
　　　　　　　挡不住传书的鸿雁。
　　　　　　　捎回远方儿女的问候，
　　　　　　　驱散父母挂泪的思念。
　　　　　　　带回南国湿润的海风，
　　　　　　　浸润北国贫瘠的坡田。
　　　　　　　让信息像云雾山中扩散，
　　　　　　　飘进那封闭的家门笑语声喧。
　　　　（欲下又止，摘掉臂上黑纱袖箍装进提包）

〔春花妈伤心地擦着泪上。

春花妈　我苦命的娃呀，你现在……（发现王局长）姓王的，
　　　　你给我站住，

王局长　（一愣）大婶……

春花妈　（发怒地）你把我娃弄哪去咧？

王局长　（莫明其妙地）春花好着哩，我今天来……

春花妈　好个屁！你得是把春花给卖咧？

〔尔萨和几个群众上。

尔　萨　（凑热闹煽动地）就，就是的，叫个小，小白脸给，给
　　　　挂跑了！

〔群众吃惊，纷纷议论。

春花妈　你给人个瓜瓜，手里掂个扒扒，你说你这次搂了
　　　　多少？

群　　众　（议论）这心也太黑了……亏得没让我娃去……啥劳务输出嘛,黑心赚钱哩……

王局长　你们都听谁说的?

尔　　萨　要想人,人不知,除非己,己莫,莫为。

王局长　大婶,你是听谁说的?

春花妈　你甭管!（坐地痛哭）我苦命的春花呀!……我的娃呀……当初不听妈的话呀……

〔几个群众上前推拥王局长。

群　　众　我娃拴柱呢?我女兰兰你把她卖到哪咧?你说呀!……你回话嘛。

春花妈　（突然抱住王局长的腿）你还我娃来,你还我娃来。你不还我春花,我就一头给你碰死。

王局长　乡亲们,你们静静,听我说……

群　　众　不听你解释,我们要人哩……你把我娃弄哪去咧……

〔二宝上。

二　　宝　喊啥哩,喊啥哩!妈,我等你豌豆苗苗烧汤哩,你咋把王局长的腿给抱上咧,快松开,快松开。

春花妈　（哭诉地）二宝,她把你妹子卖了,叫一个小白脸给拐跑了……

二　　宝　你听谁胡说八道哩!

春花妈　黑牛!

二　　宝　黑牛回来咧?

尔　　萨　黑牛刚,刚才说,说的。

二　　宝　黑牛的话你们也信?起来起来,再甭丢人咧。

春花妈　不见俺娃我谁的话都不信。

王局长　（从包里拿出一封信）大婶,你看这是啥?

春花妈　信,谁的?（急忙爬起）

二　　宝　（接过信）我春花妹写的。

春花妈　念,念念。

二　　宝　（念信）"母亲大人、大哥、二哥、嫂子好。来莆田一月有余,工作繁忙事杂,没有写信问候,请原谅。我们在这很好,现乘王局长返乡之际,捎书问安。春花敬上。"

春花妈 真是你妹写的?

王局长 (拿出一沓照片)你看看相片是真的吧!

春花妈 (看照片,脸上绽出笑容)照得真好。这不是秀花吗!这是你家栓柱(递照片),这是你家兰兰(递照片),羊娃、华华……

〔众人传看相片,唏嘘赞叹。

王局长 (问春花妈)这是真的吧?

春花妈 (尴尬地)那你刚才咋不说呢?

王局长 你让我说吗?这个推那个掀,拉住胳膊抱着腿,我能给你们拿吗?

春花妈 这个黑牛咋胡说哩!

二 宝 谁信黑牛的话非掉崖下不行。

王局长 赵主任,我这次回来准备举办第二期劳务输出培训班,你们村有多少人报名?

二 宝 (迟疑地)还,还没有几个。

王局长 你可要抓紧啊!哎,上次你说你哥工伤事故、工资拖欠的事办了吗?

二 宝 还没有。

王局长 那些病历、票据都在吗?

二 宝 在。(从衣袋里拿出一沓纸)病历、票据、证人证言都在这儿。

王局长 交给我。(接过那沓纸装进包内)我这次一定帮你打赢这场官司。

春花妈 谢谢王局长,如果要能把官司打赢,我家这日子可就好过了。

〔马老汉喊着跑上。

马老汉 王局长——(亲热地)王局长,可把你给盼回来咧!

王局长 大叔,你老人家好吧?

马老汉　好好,精神得很哩!娃多调皮,这一个多月让你费神了。(观察)黑了,瘦了。(感叹地)王局长,娃呀!你辛苦了。

王局长　不辛苦。大叔,秀花让我给你带信来了(掏信,从包里带出黑纱袖箍)

马老汉　(惊疑拾起)黑纱?这是……

王局长　(难过地)我母亲她……

马老汉　你母亲她……难道?

王局长　(唱)劳燕归来母病丧,
　　　　　　灵前泣血哭亲娘。
　　　　　　慈母临终留遗言,
　　　　　　叫儿要把好官当。
　　　　　　火心虚虚火才旺,
　　　　　　人心实实济四方。
　　　　　　心中装着老百姓,
　　　　　　百姓心中才有党。
　　　　　　母亲教诲牢记心,
　　　　　　驱贫致富志更刚。

马老汉　(感慨地)多好的人啊!她真真地道出了我们老百姓的心声啊!王局长!(呼唤地)我们老百姓多么需要像你这样的好党员、好干部呀!(蹒跚扑到王局长跟前,抓住双手深情地)王局长,老百姓需要像你这样的好党员、好干部呀!

〔切光。

〔暗转。

〔灯亮。

〔半年后。

〔春花妈在后,马老汉在前两人欣喜上。

春花妈

马老汉　(唱)消息好,消息谄,

　　　　　娃们今天回家园。
　　　　　家里备下好吃喝，
　　　　　就等他们快上山。
春花妈　你看,来了来了,王局长带着娃们回来了。
　　　　〔稍刻,春花、秀花先跑上,扑到母亲和爷爷怀里。
春　花　妈——
秀　花　爷爷——
春花妈　(激动地)回来了,回来了,我娃瘦了。
马老汉　(同时)回来好,回来好,我孙女长高了。春花妈,王局长他们来了。
　　　　〔王局长、赵勇刚、克文上。
汉、妈　王局长,你这一走半年多又没见了。
王局长　只要你们欢迎,我会经常来的。
汉、妈　欢迎,欢迎。这二位……
王局长　我来介绍一下。(分指勇刚、克文)他是赵经理,他是克文技术员。(又指春花妈)她是春花妈……
马老汉　(自我介绍)我是马老汉,秀花她爷。
王局长　春花现在是车间主任……
秀　花　我是马春花主任的高参。
春花妈　哎呀呀!才一年多都成了官了。
马老汉　咱山窝窝藏龙卧虎哩。
春　花　(唱)一年来上的电大班,经济管理快学完。
秀　花　(唱)克文给我当教官,制鞋专业勤钻研。
春　花
秀　花　(唱)输出引进观念变,
　　　　　　要把穷山翻个天。
　　　　　　引进资金大发展,
　　　　　　立志重建新古塬。
赵勇刚　(唱)跑遍周边就觉这里好,
　　　　　　我决定皮鞋厂就建在古塬村外边。
马老汉
春花妈　在咱这儿建皮鞋厂?

王局长　对。

　　　　（唱）赵总他传真电话做决断，

　　　　　　　勇刚经理准备把字签。

马老汉
春花妈　好，好，太好了，咱山沟沟也要建工厂了。

王局长　大叔，大婶，你知道赵经理跟春花、克文和秀花他们是啥关系吗？

马老汉　秀花信上给我透过点消息。春花妈，难道他俩那啥……

王局长　（指克文问马老汉）你看这小伙咋样？

马老汉　文静、寡言、老实。

秀　花　（耍笑地）他才不老实哩！

王局长　（指赵勇刚向春花妈）你看这小伙咋样？

春花妈　有模有样，有才干，不错。

王局长　这就是你说的那个小白脸。

春花妈　黑牛那尻崽子能说出个好话（自嘲地笑）。

　　　　〔众人跟着笑。

王局长　（对赵勇刚和克文）还不叫爷爷，叫妈。

赵勇刚
克　文　（分别地）爷爷、妈。

马老汉
春花妈　（答应）唉——

春　花　妈，你先甭答应，黑牛彩礼钱退了没有？

春花妈　退咧退咧早退咧。前两月王局长帮你大哥打赢了官司，给你大哥讨回了工钱，还完钱还剩好几千哩。

春　花　那我和黑牛就零干了？

春花妈　零干了，零干了。

王局长　大叔，你舍得秀花嫁到福建？

马老汉　舍得舍得。春花，你也要嫁到福建莆田去呀？

　　　　〔王局长手机响，接电话。

春　花　我才不去哩，我舍不得俺妈，舍不得这大山，

春花妈　（讥讽地）对咧对咧！原先跳崖都要出去哩,现在又卖嘴乖了。

春　花　这就叫走出去,再回来,这引进资金盖工厂叫谁干呀？

马老汉　好好好,走,大家都饿了,回屋吃饭。

春花妈　走,王局长到我屋吃饭去。

马老汉　哎,王局长到我屋吃饭。

王局长　不咧,刚才县里来电话,说合同打印好了,我先到公路边去取,一会儿赵经理、春花还要和村主任签合同哩！

众　人　那我们等你。

〔众人分下。稍刻黑牛醉醺醺地上。

黑　牛　（唱）劳务输出一年半,
　　　　　姑娘小伙快走完。
　　　　　要想村里找对象,
　　　　　比那登山还要难。
　　　　　刚才见春花勇刚回了家,
　　　　　心里好比喝陈醋阵阵泛酸。
　　　　　都是那姓王的女人心太瞎,
　　　　　拆散我和春花美满姻缘。
　　　　　恨起来我真想刀子相见,
　　　　　大树后等她来骂她出气消愁烦。

〔黑牛发现来人,急忙躲到树后,王局长上。黑牛拿一根树棍从树后闪出。

王局长　（热情地迎上）黑牛,最近忙啥哩？

黑　牛　（醉意地）忙着……找,找媳妇哩。

王局长　找到没有？

黑　牛　找个屁！都怪……怪,怪你个瞎尿。

王局长　你咋骂人呢？

黑　牛　骂人？我还想收拾你哩！

〔黑牛突然拿树棍向王局长打去,王局长躲闪不及被打翻在地；黑牛又将树棍向王局长头上打去,王局长一个鱼挺站起；黑牛又一棍抡去,把王局长打了一个跌扑；王局长抓住黑牛再次打来的树棍,两翻转争夺斗到崖边,王局长脚下一闪,手一松,"啊"的一声跌落山下,黑牛惊吓,急忙跑下。在打斗中尔萨已上,隐在树后偷看,见王局长跌下山,急躲下。

〔幕后合唱

啊——

天昏地暗,

风搅云天。

以德报怨,

令人心寒。

一腔血,

周身汗。

一腔情,

步步艰。

好心人不辨,

要做好人还真难。

〔歌声中,尔萨复上,胆怯地向山下张望。

尔　萨　（向山下）王,王局长?（突然发现地）王,王局长——你,你没,没事吧……王,王局长,你,你看,那边有根绳,你,你抓,抓住往,往上爬。对,对,慢,慢点。王,王局长,那边太,太陡,危,危险,解开绳,绳头,从坡,坡坡上走、走过来……对,对,把绳子甩,甩给,给我。

〔尔萨接住绳头,用力把王局长拉上山。

尔　萨　王,王局长,你,你咋,咋样?

王局长　没啥,沟不太深,挂到一根树枝上……（头晕跌倒）

尔　萨　（着急地）你,你等着,我叫,叫人去。（下）

〔稍刻,春花、赵勇刚跑上。

春　花　王局长,你咋样?

王局长　（摇摇头）没事……

〔尔萨带二宝跑上，二宝顺着尔萨指的方向跑下。

春　花　胡达保佑。

〔赵勇刚拿手机拨号。

王局长　（在春花搀扶下站起）勇刚，你给谁打电话？

赵勇刚　我打110报警。

王局长　快把机子关上（甩甩手，轻松地）我这不是好好的嘛！我的事还没干完，胡达咋会叫我去呢？

春　花　王局长，那就这样饶了黑牛那瞎尿？

王局长　你们说这是黑牛的错吗？

众　人　是。

王局长　是，也不是。这是生活重负挤扁了人的灵魂，这是封闭紧锁着愚昧的大门，他不是黑牛一个，他代表了混沌的一群呀！

（唱）大山给山民带来重负，

　　　泥土让山民变得粗俗。

　　　瀑布能挣脱大山冲出，

　　　狂风能吹起厚重的泥土。

　　　我要作强悍的狂风，

　　　我要作磅礴的瀑布。

　　　带领山民挣脱重负，

　　　带领山民走出山谷。

　　　我要作生活海洋里的船，

　　　把贫穷向对岸摆渡。

　　　我要作思考岁月里的山，

　　　驮起山民摆脱世俗。

　　　让彩云为大山鼓掌，

　　　让山鹰把山民倾慕。

　　　胸怀坦荡以诚待人，

　　　怨恨误解都能自己消除。

　　　劳务输出我要用鲜血，

传递党对山民的衷心祝福。

赵勇刚
春　花　王局长,我一定搞好劳务输出宣传工作,决不辜负你对我的期盼。

赵勇刚　我们很快签订合同,把资金投向古塬,搞好这里的经济建设。

尔　萨　春花姐,给你绳。(把已盘好的麻绳递给春花)

春　花　(惊异地)王局长,你就是用这根绳爬上山的?

王局长　是呀,多亏这根麻绳呀!

春　花　太传奇了(感慨地)麻绳啊,麻绳!它把我坠下山崖走出大山,它又把你从崖下拉上大山。这麻绳,它一头系着山外,一头系着大山,历尽困难,绕了一圈,我们又回来了,我岿然不动的大山!

〔捆绑着的黑牛,被二宝和一群众推上。

二　宝　走。

王局长　二宝,你这是干啥?

二　宝　他要逃跑,被我给抓回来了。

王局长　(责备地)你怎么能随便抓人捆人哩!(上前为黑牛解绑)

黑　牛　(感动泪下,突然跪在王局长面前)王局长……

〔切光。

〔幕落。

尾声

〔金秋季节。

〔古塬村村头。

〔莆田鞋业有限公司古塬鞋业分厂奠基工地。青松搭起彩门,彩旗映衬蓝天,山也显得低了,川也显得阔了,天上飘着彩云,人也显得欢了。

〔幕启:秀花、克文、二宝等几个青年正在布置彩门。春花妈和马老汉分别从两边上。

马老汉 春花妈,你回来了?

春花妈 一早就到家了。

马老汉 回来就往地里跑?

春花妈 高兴呀!

马老汉 你这次跟女子逛了一次福建,咋样?

春花妈 哎,甭提了,我老婆子算开眼咧。

(唱)花花世界眼看花,
　　　宽宽马路楼高大。
　　　看人家小碗吃饭就鱼虾,
　　　看看咱大盘洋芋菜疙瘩。
　　　看人家屁股冒烟坐小车,
　　　可怜咱上山拉着驴尾巴。
　　　不进山不知崇山峻岭大,
　　　不进城不知城市多繁华。
　　　看看比比才知道,

众　人 啥?

春花妈 (唱)才知道啥叫井底蛙。

黑　牛 咱而今再不封闭咧!咱不但输出,现在咱开始输入咧!

春花妈 瓜娃些,那不叫输入叫引进。这就叫走出去换脑子、挣票子,引进资金建厂子,发展农村经济大把挣票子,也让咱山里人,舒舒服服过上好日子。

〔众人拍手。

马老汉 哎呀,春花妈,看不出你这才去了趟福建,说话就一套一套的,要是你再去趟美国,你回来该去大学讲课咧。

〔众人大笑。

黑　牛 王局长和春花他们来啦!

〔众人迎上,热烈欢迎。

春　花　乡亲们,我宣布,莆田鞋业有限公司古塬鞋业分厂,奠基庆典现在开始。

〔锣鼓喧天,青年男女歌舞队上。歌舞中以王局长居中,春花、赵勇刚、春花妈、马老汉、二宝等融入,黑牛和尔萨诙谐幽默在歌舞队中插科打诨。

〔舞蹈中领唱合唱,前五段用花儿音乐,最后一段融入眉户。

王局长　(唱)山丹丹红呀,
　　　　　　山花花艳,

众　人　(唱)牡丹呀花开映红了青年。

春花妈
马老汉　(唱)种豆豆大呀——

　　　　　　种瓜瓜圆,

众　人　(唱)山里的人呀不再熬煎。

秀　花　(唱)六盘山高呀——
　　　　　　庄稼汉变,

众　人　(唱)挺起那腰杆走出大山。

黑　牛　(唱)阳光光诣呀——

尔　萨　眉眼眼展,

众　人　(唱)换换那脑子挣回大钱。

赵勇刚　(唱)看家家富呀——
　　　　　　人心心暖,

众　人　(唱)政策那好呀改地换天。
　　　　　　乾坤转,
　　　　　　天地变,
　　　　　　新观念,
　　　　　　宏图展。
　　　　　　不再靠扶贫贷款过日月,
　　　　　　走新路挥彩笔描绘山川。

〔幕落。

〔剧终。

（根据王文清、火仲舫、张慎行同名作品重新编写,宁夏固原市文化局供稿）

（宁夏回族自治区固原秦腔团、银川秦腔剧团联合演出,获中国第五届秦腔艺术节优秀剧目奖、宁夏首届艺术节一等奖）

冀福记简介

冀福记,男,生于1942年11月,商州人,中共党员,国家一级演员,著名编剧。西安易俗社原社长、西安戏剧家协会常务副主席兼秘书长、陕西省人民政府参事室文史馆研究员、西北大学陕西文化产业研究院客座教授。

1953年11月参加商洛地区剧团,演员兼编剧。20世纪七八十年代担任该团团长期间主持策划创作演出商洛花鼓戏《屠夫状元》《六斤县长》担任主演,后率团赴京演出并全国巡演。他创作大型舞剧《秦俑魂》,由西安歌舞剧院演出千余场,出访30余国。创作中国首部原创歌剧《杨贵妃》,由中国歌剧舞剧院和日本东京乐团演于东京并选为北京奥运会献演剧目。在易俗社20年任职当中,集中做管理工作,支持创作,合编并自导了秦腔现代剧《郭秀明》,连演200余场,获中国秦腔艺术节编剧导演奖和优秀剧目奖,央视录播18次,创演播之最。为甘肃省创作的秦腔古典剧《梦回陇西堂》,调京为党的十八大献演。为山西省创演民歌剧《娘啊娘》获上海举办中国歌剧会演奖。为山东省创演反腐倡廉吕剧《双面人生》获好评。创作反映环卫工人大型眉户现代剧《香包》,选参陕西第五届艺术节。创作、改编剧目30余本。编撰图书《品评秦腔》《西安秦腔剧目汇编》等。拍摄影视十余部,主演电影艺术片《一文钱》,故事片《男婚女嫁》等。电视剧《西游记》饰灵利虫,后转饰接引佛祖等电视剧角色,省电台《老冀说戏》连播10余年。甘肃百通影视公司邀为艺术总监拍摄秦腔数字电影《赵氏孤儿》,选为十九大献礼影片。

从1985年调进易俗社到2005年退休当中,不为钱潮所动,坚守建成易俗大剧院,引资复修百年易俗老剧场,筹资建成资料室、排练室、办公楼等,为古都市中心保留唯一戏曲演艺环境。同时融资建成5000余平方米的职工楼,使全社人员安居乐业。又引进培养演艺新秀百余名,以保传承名家流派,使百年剧社后继有人。录制并发行该社老中青三代合演的优秀秦腔剧20余本。抢拍该社秦腔演奏家们的技巧和百年易俗曲牌特点与演奏风格,以音配像选录已故名家的录音资料,为继承百年剧社艺术特色留下珍贵的学习与研究资源,为新时期传承发展秦腔事业做了坚实的基础工作!

本草纲目

编剧
冀福记

编者寄语

——创作初衷——

担当复兴民族文化的历史重任；
真心传承尊遵遗德的经典遗训；
勇于弘扬医道济世的奉献精神。

——艺术求宗——

以古为今用，原汁新味的艺术追求，尽力发挥戏曲本体综合艺术的功能，呈现一台雅俗共赏，易于传唱的新编古典剧。

人物表

李时珍　　明代太医院御医（须生）

李建元　　时珍儿（小生）

庞　宪　　时珍徒（二净）

李老太　　时珍母（老旦）

李夫人　　时珍妻（正旦）

朱厚熜　　明嘉靖皇帝，简称嘉靖帝（须生）。

张太医　　太医院主事、医长（大净）

岳继良　　太医院药剂坊济师（丑）

黄爷爷　　失明郎中，晚年仍行医济世（末）。

黄琴妮　　黄爷爷收养的弃女（小旦）

李敬祠　　陇西府知府（生）

巫　医　　江湖骗子（丑）

匪　首　　蜀地匪首（二净）

刘公公　　太监（丑）

　　　　　御医甲、御医乙、御医丙、御医丁

　　　　　御林军、宫娥差女、寨丁、匪丁

序 幕

时　　间　大明朝嘉靖年间。

地　　址　武昌城内楚王府药铺。

幕　　启　李时珍正在双足踩碾药槽,手捧药书阅时,徒弟庞宪进见。

庞　　宪　禀师父,铺前来一位抓药的先生,让徒弟为他配药,可他药方中有一药名,徒弟不解,此药名叫地精?

李时珍　呈来,(阅)噢!庞宪是你不知此名原是人参之别名,曾有七名皆是人参的名讳呀!

（唱）　九州方圆天地宽,
　　　　百草皆药万代传。
　　　　同是人参名不同,
　　　　有的称鬼盖黄参和人衔。
　　　　有的称血参地精棒槌和神草,
　　　　一药多名惹人烦。
　　　　稍有不慎药抓反,
　　　　后患无穷招祸端。
　　　　勿怪郎中笔下误,
　　　　百草归宗保平安。
　　　　盼得皇上降御旨,
　　　　正本清源药道传。
　　　　(后两句在伴唱中,师徒仰天感叹……)

　　　　　　　　　　　　　　　　　　　(落幕)

一场　武昌医堂

时　　间　明朝嘉靖年间。
地　　址　武昌楚王府"良医所"堂内。
幕　　启　时珍母看着药书，伴孙儿李建元吟背药书"十九畏"歌。
李建元　（吟唱）　硫黄原是火中精，
　　　　　　　　朴硝一见便相争。
　　　　　　　　水银莫与砒霜见，
　　　　　　　　狼毒最怕密陀僧。
　　　　　　　　巴豆性烈最为上，
　　　　　　　　偏与牵牛不顺情。
　　　　　　　　丁香莫与郁金见，
　　　　　　　　牙硝难合京三棱。
　　　　　　　　川乌草乌不顺犀，
　　　　　　　　人参最怕五灵脂。
　　　　　　　　官桂善能调冷气，
　　　　　　　　若遇石脂便相欺。
　　　　　　　　大凡修合看顺逆，
　　　　　　　　炮熜炙煿莫相依。
李老太　建元孙儿，你将草药"十九畏"歌背得还算顺溜，待你爹从楚王府回来，奶奶让他好好奖励奖励我孙孙。
李建元　奶奶你以为孙儿背得顺溜，其实那是我怕爹爹回来训斥。
李老太　建元，其不知严父出才子。
李建元　才子！奶奶，孙儿在学堂听老师讲"书中自有黄金屋"。老师教我们学子好好读书考取功名,争得金榜题名,光耀祖宗,可我爹爹硬是让我跟他习医。奶奶,我就想不通按我爹爹的才学,为啥不考取功名,做官耀祖啊!偏要习医?

李老太　建元孙儿,问得好,问得好,今日听奶奶给你道来!
（唱）　明武宗正德十三年,
　　　　你爹爹呱呱落地到世间。
　　　　耳聪目秀心灵悉,
　　　　蕲州镇谁不夸他是个好儿男。
　　　　一家人盼他早日成龙耀门第,
　　　　你爷爷苦心教他日每读圣贤。
　　　　你爹他十四岁中秀才全镇夺魁,
　　　　乡亲们放鞭炮捧喜报到咱门前。
　　　　都盼他考举人中状元官高位显,
　　　　谁料想他三次赴考场名落孙山!
　　　　你爷爷想不通责问他因何落选?
　　　　你爹爹实言讲他喜医不愿做官。
　　　　直气得你爷爷仰天长叹,
　　　　你爹他跪地对父表誓言。
　　　　你爹说;
　　　　"身如逐流船,心比铁石坚。
　　　　望父全儿志,至死不怕难。
　　　　赤心习医道,济世结善缘。"
　　　　你爷爷听儿讲罢仰天叹!
　　　　疼儿容易教儿难。
　　　　儿女牵着父母心,
　　　　无奈顺从儿心愿。
　　　　从此后爷爷潜心传医道,
　　　　你爹爹赤心习医苦钻研。
　　　　老天不负有心人,
　　　　你爹爹三十八岁成大贤。
　　　　武昌府楚王良医所,

　　　　选你爹赴任掌医济民辖江南。
　　　　你爷爷见儿成才乐极生悲驾鹤去！
　　　　建元呀，
　　　　临终前他对你父言；
　　　　盼孙儿医道传家继父志，
　　　　你爷爷魂在九天心才安。

李建元　奶奶你要我继父习医，为咱李家撑门面。可孙儿想不通爹爹当初不想考取功名、不想当官，那如今楚王府召爹爹当了个芝麻大的官，叫什么"奉祠正"，爹爹竟上任了。假如当年爹爹不习医道，专考状元，凭爹爹那份认真劲，不中状元也中会元。奶奶，就是中个会元，那做的官也比得上他楚王府。

李老太　孙儿呀！你只知其一，不知其二！同是为官，其道各异，你父当年之所以不愿考取仕途，皆因当年严嵩奸臣当道，官吏贪婪。你爹看在眼里，狠在心头，故而弃官从医。而如今嘉靖皇帝执管朝政，天顺民心，仕吏勤政。故而武昌楚王府为整昔日不正医道，选中你爹医辖江南，才得以医风归正，此官虽小任重道远。你父不为仕途升迁，兢兢业业，济世为民，善举通天，众口皆碑。孙儿呀！万勿胡思乱想，专心习医，不负爷爷奶奶与你爹娘一番苦心！

李建元　奶奶……
　　　　（内传　圣旨到……）
　　　　（李时珍、李老太、李夫人、李建元跪拜）

朝　官　李时珍及家人接旨。

李　众　吾皇万岁！

朝　官　"李卿医德医术，享誉江南。州府荐之，万民赞之。朕为我大明有此医臣而欣喜！特诏李卿入朝于太医院任御医。即日携其亲眷徒弟进京。钦此！谢恩！

李　众　（跪拜）吾皇万岁万万岁！

　　　　　　　　　　　　　　　（落幕）

二场　皇宫迎贤

时　间　数日后。
地　址　明都皇宫太医院中堂。
幕　启　太医院主事张太医和御医迎李时珍,众御医于堂前。
岳继良　吾院主事张太医传话;明皇御旨,调武昌楚王府李时珍来京太医院为御医,全院御医堂前恭候,鼓乐相迎!
　　　　(李时珍率子李建元、徒庞宪进)李时珍携子带徒向张太医主事与众位御医叩拜!
张太医　李御医奉旨进院乃是吾皇对太医院恩泽。你我先叩拜大明皇上。三呼万岁!
众　　　吾皇万岁,万岁,万万岁!
张太医　请各位入座。
众　　　谢!
张太医　李御医身在江南德高望重,济世为民,真乃我医道之楷模。
众　　　是啊,医道楷模!
李时珍　张太医言重了,时珍乃府县郎中,承蒙楚王举荐,皇上恩准,有幸进宫于太医院求教。日后还望张太医与各御医同仁多多指教。
张太医　李御医不必过谦。既已身为皇家御医,今后需按太医院规矩行事。
李时珍　尊太医所言。时珍初来乍到,还请太医为吾儿与徒儿安置为盼!
张太医　圣上有旨,调你全家进京,老夫早有安排。岳济!

岳继良	小人在。
张太医	将李御医儿子与徒弟安置御药坊!
岳继良	回禀太医,御药坊设制配药、熬药,不知安排何处为宜?
张太医	李御医小儿和徒弟初入太医院。老夫想先让小儿制药,徒儿熬药。你看如何?
李时珍	谢太医安置。建元、庞宪还不快快拜谢张太医。
庞　宪 **建　元**	谢过张太医。
张太医	你二人今后听从御药坊岳执事安排。
庞　宪 **建　元**	遵命,拜谢岳执事。
岳继良	你我同心遵从张太医,以保各位御医行医所需。
	(内传　刘公公到)
张太医	快快有请!
刘公公	张太医速速率众迎驾,大明嘉靖皇帝亲来太医院!
张太医	还请刘公公指教,皇上驾临不知为了何事?
刘公公	速速整衣迎驾,见面就知道因何而来!
张太医	鼓乐迎驾(率众跪迎　吾皇万岁万万岁!)
	(御林军开道旗幡伞扇,宫娥内使列队上)
	(嘉靖皇帝龙颜欣悦而上)
嘉靖皇帝	(唱)　朕登基大明朝万象辉煌, 　　　　惩吏腐纳贤臣除暴安邦。 　　　　减赋税赈灾祸百业兴旺, 　　　　谋盛世求大同德慰四方。 　　　　继祖业兴社稷喜从天降, 　　　　喜不尽皇后身怀龙一双! 　　　　朕欣喜御驾亲临太医院, 　　　　保龙胎还须众卿献良方。
御医甲	万岁!
	(吟唱)　肺肾气虚痰热蕴,

　　　　　　　　　　　白皮蛤蚧老人参。
　　　　　　　　　　　能使母子得福运，
　　　　　　　　　　　标本兼顾效如神。
御医乙　（吟唱）　　生白芍，熟地黄，
　　　　　　　　　　　当归川芎四物汤。
　　　　　　　　　　　补血护经血脉旺，
　　　　　　　　　　　营血虚滞经典方。
御医丙　（吟唱）　　泰山磐石多稳固，
　　　　　　　　　　　砂仁糯米煮四物。
　　　　　　　　　　　黄芩续断神奇草，
　　　　　　　　　　　养血安胎为孕妇。
御医丁　（吟唱）　　党归左肾育真阴，
　　　　　　　　　　　须得六味三补存。
　　　　　　　　　　　真心龟鹿咸相助，
　　　　　　　　　　　真精牛兔护贵人。
李时珍　（吟唱）　　四君子汤最为良，
　　　　　　　　　　　保胎润气养心房。
嘉靖帝　（吟唱）　　何为四君子，
　　　　　　　　　　　李卿对朕讲？
李时珍　（接唱）　　黄帝内经赐美名，
　　　　　　　　　　　参草苓术熬宝汤。
　　　　　　　　　　　四药犹如四君子，
　　　　　　　　　　　黄帝赐名天下扬。
嘉靖帝　（唱）　　　五位御医献药方，
　　　　　　　　　　　那家称得上上方。
　　　　　　　　　　　朕托医长老爱卿，
　　　　　　　　　　　当众为朕选良方。
张太医　（唱）　　　谢主托臣选良方，
　　　　　　　　　　　严按六相审端详。
嘉靖帝　（唱）　　　何为六相对朕讲，
张太医　（唱）　　　药方配伍非寻常，

		天下草药数百样。
		相须相使相杀"四气七情"相反须谨防。
嘉靖帝	（唱）	老爱卿忠心严审朕嘉奖。
		选良方保龙胎母子健康。
张太医	（唱）	谢主隆恩信老臣，
		手捧药方细思量。
		李时珍调京吾嫉恨，
		深恐他受宠掌中堂。
		他医道才高难阻挡，
		除却他还须用绝方。
		回禀万岁臣选定！
		李时珍为保龙胎献良方。
嘉靖帝		好啊！四君子汤。哈哈哈
	（唱）	朕闻此方喜心上，
		速为皇后熬宝汤。
		李卿医道朕钦敬，
		来日宴奖御膳堂。
李时珍		谢主隆恩！
张太医		启禀万岁，为保皇后龙胎，臣奏请圣上；若能带李御师进宫隔帘牵线诊脉象，以确晓皇后凤体之状。更益于李御医精心配方，也可将四君子调为六君子，乃至八君子。圣上，此乃对症下药，岂不更妥！
嘉靖帝		张太医言者极是，不愧我大明医道之泰斗也。
张太医		老臣受之有愧！
嘉靖帝		受之无愧。李御医随朕进宫。
李时珍		谢万岁！
刘公公		摆驾回宫。
众		吾皇万岁万万岁！（下）

三场　太医密谋

时　　间　紧接前场当日午时。

地　　址　太医院药剂坊。

幕　　启　太医与药剂坊济师岳继良捧着李时珍药方秘议。

张太医　岳剂师，这张药方非同小可，若照药方熬汤。必保皇后胎儿无恙。那时皇上定要嘉奖李时珍。他若受宠，日后必将接替老夫宝位。

岳继良　仅些一举，李时珍想要坐在你老人家位位上，那是妄想！

张太医　岳剂师出言差也。凭他正值中年，医道精湛，若得此良机，皇上仅以老夫年迈为由而让他掌管太医院，那时，不仅老夫失宠，而我栽培多年的你，岂能得到李时珍的重任吗？

岳继良　噢！

张太医　只怕到那时你这太医院御济师也难保得住了！

岳继良　恩师言之有理，可徒儿不解师父明知不能让他得宠，却为何还要在皇上面前推荐他？你看这保胎方剂完好无缺，岂不是弄巧成拙！这该如何是好？

张太医　哈哈哈！徒儿勿忧！岂不知欲擒故纵。老夫自有绝招，叫他神不知鬼不觉，让李时珍这君子汤变成刺客汤！

岳继良　何为刺客汤？

张太医　你忘了，药道十九畏中有句人参最怕五灵脂！

岳继良　噢！如此配方，后患无穷，若皇后有个三长两短，这可是要杀头的呀！

张太医　不必担忧，十九畏方可不是十八反方，反方致命，畏方伤身。仅此有损皇后身心,必让皇上动怒,斥责李时珍用药不当,有伤龙胎,必然贬他出宫,这岂不正中你我下怀。嘿嘿嘿!

岳继良　张太医你老怕是老糊涂了,你忘了李时珍的方子可是你老选定的。

张太医　嘿嘿,嘿! 老夫正是要除却心头之患,才明荐他而暗除他。

岳继良　明荐暗除,好我的师傅,你老醒醒,若真是加上五灵脂,到那时皇上察看药渣,不但未除掉李时珍,反倒招来杀身之祸,恩师呀,万万莫可! 万万莫可!

张太医　(唱)　徒儿之言甚有理,
　　　　　　　　再想绝方除祸根。
　　　　　　　　草药有十八反十九畏,
　　　　　　　　兵法也有那三十六条计。
　　　　　　　　老夫的满腹经纶无人比,
　　　　　　　　才为己用施诡秘。
　　　　　　　　自古无毒不丈夫,
　　　　　　　　才华灵气助吾威。
　　　　　　　　猛然一计心头起,
　　　　　　　　神鬼也难破玄机。

　　　　　(白)嘿嘿!

岳继良　师傅,又有啥新招?

张太医　徒儿听着,为保无失,既可让皇上知晓李时珍无能,又可保咱师徒的安危。

岳继良　师傅快讲!

张太医　咱给他来个偷梁换柱,明是接处方配药,暗将药品名称相同而药效各异的趁机调配。

岳继良　师傅这要是被查出咋了呀?

张太医　到那时,皇上必让老夫发话。

岳继良　这可难为师傅了!

张太医　哈哈哈……

岳继良　师傅！

张太医　听师傅道来，当今草药虽多，但历朝历代著书百卷，各有其说，尤以药名亘古至今无一认可的正宗名讳，故而造成一品多名，多名一品。配署药草时节，稍不留神，便张冠李戴，贻害无穷。仅我大明各府州县，因误名配药而草菅人命案者屡屡皆是。对此官府无从判决，太医见此无奈的药名命案都是不了了之。

岳继良　师傅，照你这一说，我这药剂师即使抓错药也能借这药品相同，一品多名为借口而开脱失误？

张太医　说得好。你我就借此医家难辨，官家难判的草药名子上做文章，既可陷害李时珍，又可开脱咱师徒俩，岂不是上上之策？

岳继良　徒儿钦佩师傅高见。

张太医　哈哈哈，真是天助我也！

岳继良　师傅，徒儿斗胆请教师傅。

张太医　快快讲来！

岳继良　师傅既知从古至今草药名字繁多。你老是咱大明太医院掌门人，何不禀奏皇上下旨，由你老挂帅众御医出马，把这千年说法不一的草药品名，给它一个个归整成书，让天下干我这一行的药剂师有章可循，再不犯错。这可是件名垂千古的功德事，非师傅你莫可。

张太医　哈哈哈，莫想你还是蝗虫吃过界了。此事虽有益于天下，可归正药名，翻阅古书，还需实地鉴辨，考证编撰。少则十载，方可编著问世。此举非一日之寒，吾非圣贤，不劳此神。人生在世不到百年，谁愿清福不享，却去自讨苦吃？

岳继良　不是徒儿傻想，只要师傅挂帅，徒儿干当先行，咱师徒为后辈留点善举，也不枉此一生。

张太医　哈哈哈！难得你还有点菩萨心肠。继良徒儿呀，岂不知人贵有自知之明！

岳继良　师傅……

张太医　还是把你这剂师干好！你我师徒借此机会除却李时珍，保住师傅太医院主的宝座，你就有享不尽的福分，挣不完的皇饷！继良徒儿听师傅的，没错。
岳继良　是是是，师傅咋说我咋干，让他李时珍早滚蛋。
张太医　哈哈哈……速去药坊照计配药。
岳继良　遵命。(欲走又停)师傅，我这心咋总是跳得咚儿咚的，眼皮咋总是噔几噔几的！这怕凶多吉少。
张太医　逢凶化吉，时来运转。赶走李时珍，待爷老了，让你坐这太医院主事的宝座，咋样?！快去勿误！
岳继良　师傅刚才说了人贵有自知之明。徒儿怕不是坐这宝座的料。谢师傅，我这就去药坊配剂(下)
张太医　速办勿误，嘿嘿嘿！

(落幕)

四场　请奏立著

时　间　此日后。
地　址　太医院御医堂。
幕　启　张太医坐堂，心神不宁。
岳继良　回禀太医爷，庞宪已将昨日李御医进宫为皇后娘娘开的药熬好了。不知派谁送进后宫？
(庞宪提御药笼上)
张太医　岳剂师，你随老夫亲自送进宫去！
岳继良　庞宪将药笼交我，你回坊侍候！
庞　宪　是。(下)
张太医　(向左右窥视后)徒儿过来，李时珍药方你可曾调妥？
岳继良　太医爷，徒儿已在配剂中遵照你老人家嘱咐，利用一品多名,将药调换。(耳语)让此同名而品不同者,伤身而不要命!

张太医 嗯!此举非同小可。待咱师徒将药送进宫中,等娘娘服后,必然腹内痛疼,老夫随带银针、解药复命。必得皇后感德。必使皇上怨恨李时珍用药不良,究其罪责。

岳继良 我看轻者赶出太医院,重则下牢。到那时爷你这太医宝座再也无人可争了!

张太医 此事只有你知我知!

岳继良 老天爷知!高高高!

张太医 时辰不早,提上御药笼速速进宫!

岳继良 请爷前行!(二人下)

(庞宪上,见状疑虑。)

庞 宪 有请师傅!

李时珍 (持药书上)庞宪,你将给皇后娘娘的药可曾熬好?

庞 宪 药已熬好,岳剂师提药笼随张太医进宫去了。

李时珍 愿皇后服此良药,使她母子康宁无恙。

庞 宪 师傅,非是徒儿多嘴!自咱进太医院至今,徒儿察觉张太医,看是明赞师傅,却暗怀嫉恨之心。今日他与岳剂师叽叽咕咕,其情可疑!

李时珍 庞宪不必多虑,师傅心襟坦然,不图功名,皇上召咱师徒进京,只为尽忠,别无他想。只想借此良机,多多阅读太医院藏书斋内珍藏祖宗留下的历代医书圣卷。也不枉圣上恩典让咱师徒进宫一回了!至于旁人嫉妒,不必放在心里。

庞 宪 可常言道害人之心不可有,防人之心不可无!

李时珍 庞宪,此地大明京师,皇宫太医院,并非府县州里。你我师徒借此做点孝忠圣上,利于医道之事,其余嘛……(唱)

两耳不闻宫中非,
静心太院勤习医。

		待到来日离京去,
		悬壶行医济平民。
庞　宪	（接唱）	师傅教诲牢牢记,
		随师医道遇良机。
		太医院药书堪珍贵,
		庞宪随师勤功习。
李时珍	（接唱）	师徒切磋解疑意,
		庞宪呀!
		听师傅与你讲仔细。
		学而有为医道广,
		善解疑虑不随俗!

李时珍　（白）庞宪! 师傅近日在太医院藏书斋, 看到历代医家著书八百余本, 虽皆是大家, 却千百年来抄来抄去, 释者各抒己见, 越释越懵懂, 越释越糊涂, 竟成了"纸上猜度", 矛盾日增, 使人莫衷一是。若如此下去贻误后辈, 有损医道济世。

庞　宪　师父, 徒儿也曾在藏书斋阅读上古药书, 见南北朝著名医家陶弘景, 他在书中对草药"远志"说:"它是小草, 像麻黄, 却颜色青而开白花"。可徒儿又在宋代药书看到医家马志先生却在书中写道:"远志草药形象大青"。马先生于书中指陶弘景根本不认识草药远志。请教师傅此二位医家哪位说得是? 哪位说得非? 这让后辈该信哪家?

李时珍　庞宪徒儿问得有理。亘古至今药书中药家各持其见, 何止此两位先生。就如草药"狗脊", 古药书上有的写道它像萆薢, 有的书中说它像拔葜, 有的书中又说它像贯众, 说法不一, 使后辈不知该以谁家为准。

庞　宪　师傅呀, 总不能再这样稀里糊涂传下去呀!

李时珍　徒儿说得对, 此类疑难, 师傅思忖多年, 再不能如此传给后辈。庞宪呀, 若师傅率你亲去各地考证撰书给世人一个明白,将其文图同著书中,以正本清源,让世人与后辈再勿为此而误而争!

庞　　宪　　师傅有此大志,徒儿钦敬,我愿终生随师倾力侍候左右,早成大著。师傅在上,徒儿对天盟誓!(欲跪)

李时珍　　(急扶)庞宪此举,时珍足也!

庞　　宪　　师傅呀!

　　　　　(唱)　千年药书代代传,
　　　　　　　　各有卓见各有偏。
　　　　　　　　古今无人归宗卷,
　　　　　　　　师傅立志要清源。
　　　　　　　　再不能一品多名乱医道,
　　　　　　　　再不能多品同名配药难。
　　　　　　　　世上郎中千千万,
　　　　　　　　多以看病赚银钱。
　　　　　　　　医道竟被污泥染,
　　　　　　　　假医假药黑心肝。
　　　　　　　　唯有师傅志高远,
　　　　　　　　悬壶行医把民怜。
　　　　　　　　恩师你一生不求功名利,
　　　　　　　　恩师你尊道贵德效圣贤。
　　　　　　　　庞宪此生遇恩师,
　　　　　　　　师如生父孝百年。
　　　　　　　　跪拜天地作见证,
　　　　　　　　庞宪我无怨无悔——
　　　　　　　　侍奉师傅铸就大业保平安,

(时珍感动跪拜天地,庞宪又拜师傅。)

　　　　　(伴唱)　大音稀声盟誓言,
　　　　　　　　　师徒相敬拜苍天。
　　　　　　　　　承上启下铸医道,
　　　　　　　　　华夏药魂万代传。

李建元　　(内喊)爹,爹!(跑上)

李时珍　建元呀,你不在制药坊,来此做什?
李建元　爹爹,儿趁那岳剂师进宫去了,故而来向父亲请求,儿不想在制药坊做那粗重的活儿,切药呀,碾药呀,捣药呀!……
李时珍　噢!
李建元　儿想到配剂坊看方抓药,又习药又轻省呀!那岳剂师偏不让我干,而非让儿制药。爹爹,凭你给皇后看病的面子,让他把儿安在配药坊吧!
李时珍　儿呀!父为皇后看病,跟儿你要去制药坊,那是两码事。儿呀!父要你既来之,则安之。你在制药坊干出息了,才可到配药坊认药配剂。不然即使到了配药坊,也会把那一品多名的草药张冠李戴,后患无穷!
李建元　这些你早给儿教过了,儿在药书上看得明明白白!爹爹,记得你怕儿记错了,还让我把书上各种草药描绘认图。儿不会在配药坊给爹爹丢人的。
李时珍　儿呀!书上草药品种只是样儿,要知其百草真品,还须是在制药坊亲手炮制,才可见到样样草药神姿形态。
李建元　这……
李时珍　儿呀!医道之上,欲速则不达!你别小看切药之术。庞宪你将师傅教你"切药诀"说给建元听听,各行皆有秘诀,望儿勿小瞧切药之术。
庞　宪　师弟你听听师傅当年教我的刀头切药诀。
（吟唱）　白术要切如意片,
　　　　　厚朴切成盘香片。
　　　　　山药宜切马蹄片,
　　　　　黄花切成柳叶片。
　　　　　白芷泽泻顶头片,
　　　　　归头佛手顺子片。
　　　　　木香大黄骨牌片,

　　　　　　苏梗切成蝴蝶片。
　　　　　　杜仲葛根四方块，
　　　　　　茯苓茯神小方砖。
　　　　　　陈皮杷叶丝如线，
　　　　　　枳壳切得像纽绊。
李建元　没想切药竟有如此秘诀？
公　公　圣旨下。（率御林军气势汹汹上）（宣旨）李时珍妄负皇恩，竟敢错用药草，致使皇后凤体腹痛难当。速带李时诊进宫责问！
校卫们　立刻将李时珍押解宫内！
众御林军　遵命。（将李时珍押下）
李建元　爹爹！
庞　宪　师傅……

　　　　　　　　　　　　　　（落幕）

五场　明君纳荐

时　间　接上场当日。
地　址　皇宫后殿。
幕　启　嘉靖皇帝懵然坐在龙椅，张太医、岳继良于一旁。
公　公　启禀圣上，李时珍带到。
嘉靖帝　让他进殿。
李时珍　（上）李时珍叩见吾皇万岁！
嘉靖帝　李时珍朕且问你，朕待你如何？
李时珍　圣上恩德，时珍感激不尽！
嘉靖帝　那你为何给皇后保胎用药，非但无助，竟使皇后腹内痛疼，多亏张太医及时针治。若是害朕龙胎，朕将你满门斩抄！

李时珍　哎呀圣上,时珍乃京外郎中,承蒙皇恩,封为御医,时珍一家感恩不尽,何敢将药下错,贻害凤母龙子。时珍对天盟誓,若有害人之意,即日圣上斩抄满门,时珍死而无怨!

张太医　你不认罪还在狡辩,明明皇后服了你开的药,险些要了命,不是老夫及时扎针排难,早把你推到午门去了!

李时珍　启禀万岁,按太医院院规,凡御医为皇宫诊病所开药方,都须经张太医审阅方可配药熬制。时珍隔帘诊脉所写药方,若不经张太医审定,岳剂师能配药熬制吗?

嘉靖帝　张爱卿你可曾审看药方?

张太医　这……回禀万岁,那日老臣突犯伤寒,故而未曾审阅!

岳继良　小人回禀万岁爷,那日我家张太医确患风寒。

李时珍　万岁呀,呈请万岁将时诊所开药方取来,请太医当殿审阅。若药方有错,时珍罪该万死!

嘉靖帝　刘公公带岳剂师速去太医院取来药方。

刘公公　遵旨,走。(岳随下)

嘉靖帝　张爱卿,你迟不病早不病,偏偏就在这节骨眼上竟犯起伤寒来了!

张太医　这……

刘公公　(带岳上,呈药方)回禀圣上,这是李时珍开的药方!

嘉靖帝　让张太医审阅!

刘公公　请审阅!(递药方予张)

张太医　(接看药方)

　　　　(唱)　眼观药方心暗想,
　　　　　　　明知无误属良方。
　　　　　　　白纸黑字难更改,
　　　　　　　左右焦虑心彷徨。
　　　　　　　金蝉脱壳保自身,

　　　　　　　丢卒保帅免遭殃。
　　　（白）　圣上呀！这！这！这这，
　　　（接唱）　这药方开的还妥当，
　　　　　　　却为何服后将人伤。
　　　　　　　是不是熬药熬得过了量，
　　　　　　　传来庞宪问端详！
嘉靖帝　既是药方无误李御医快快请起！速将熬药的人儿传进宫来！
李时珍　启禀圣上，为辨真伪，将庞宪与药渣一起带来当殿验审！
岳继良　万岁！……
嘉靖帝　刘公公，速将熬药者与药渣带进宫来！
刘公公　遵旨。（下）
嘉靖帝　岳剂师，朕正要问你，配药时节你看药方可曾有误？
岳继良　方才张太医说过了，药方无错。
嘉靖帝　药方无错，朕问你抓药配剂中有无差错？
岳继良　小人在太医院跟随张太医多年，从无差错，张太医你说对吗？
张太医　启禀圣上，岳剂师确是多年配药无误。可这从古至今因药草常有一味多名，一名多味，同是一样草药，却因草药地域不同而药劲不同，稍不留意便出差错，也常有之。
岳继良　张太医说得对，药名杂乱而失误时有之。
嘉靖帝　如此讲来，这抓药配剂中也会因此而出差错！那要造成人命如何处治？
张大医　这……
岳继良　唉唉！圣上呀！药品中虽有漏洞，可小人却从未将药抓错，张太医作证。
刘公公　（刘公公上）回禀万岁，熬药者与药渣带到。（庞宪抱药渣进，跪）
庞　宪　小人庞宪叩拜万岁！

嘉靖帝	朕问你这位熬药之人,李御医为皇后皇儿保胎药方为何经你熬后却药效相背?
庞　宪	熬药时辰岳剂师叮咛不可越一个时辰。
嘉靖帝	岳剂师,他说可否是实?
岳继良	我让他熬两个时辰,他只熬了一个时辰,火候不到药劲乏了!必然造成皇后服后腹内痛疼。
庞　宪	回禀万岁,他颠倒黑白,嫁祸小人!
岳继良	你违规熬药,罪责难逃!
庞　宪	你……
岳继良	你……
嘉靖帝	嗯!
刘公公	你二人吃了豹子胆,圣上面前还敢高声!真是不想活了!
嘉靖帝	来!押出殿外,下在天牢,等候发落。
李时珍	启禀万岁且慢发落。时珍之见,熬药时辰长短,虽有碍疗效,但却难以改变药性。皇后服后腹内痛疼,必是药物配中有误。
嘉靖帝	噢!
李时珍	臣之所以奉请圣上将药带来,即是为了当圣上之面查验究竟。
嘉靖帝	朕要听听张爱卿之见!
张太医	这……李御医言之有理!
岳继良	张太医,你咋把徒儿往崖里掀哩!
嘉靖帝	李卿速速察来!
李时珍	遵命!(唱)

　　　　翻开药渣察分明,
　　　　药方配剂摆盘中。
　　　　忽见两药形各异,
　　　　竟是名同性不同。
　　　　不见黄芪换茯苓,
　　　　甘草不见换防风。

		张冠李戴药性变,
		难怪皇后腹内疼!
嘉靖帝	（唱）	当殿察明朕心惊!
		险些误待李爱卿。
		岳剂小儿胆包天,
		推出午门问斩刑。
		杀一儆百勿再犯,
		大明医道法不容。
	（白）	御林军速将这太医院岳剂师押往午门示众斩首。从今往后，哪个再敢药中害人者，定斩不饶!

御林军　遵旨（欲押岳继良）

岳继良　师傅，你咋不吭声，救救徒儿呀!

张太医　我也是泥菩萨过河自身难保呀!

刘公公　押下去斩首。

岳继良　皇上我冤枉呀……

刘公公　你害皇后还喊冤枉!

嘉靖帝　来呀，押出午门问斩。

御林军　遵命!（押岳，李时珍欲拦，跪奏）

李时珍　哎呀万岁! 听时珍奏罢再斩不迟!

嘉靖帝　他药中捣鬼，不仅害了龙子皇后，也害了卿家，你还救他作甚?

李时珍　臣奏万岁! 时珍谅他无胆害人，乃非是有意为之!

嘉靖帝　此话从何说起?

李时珍　启禀万岁，时珍行医多年，走州过县见此错配药方，导致人命不在少数。时珍为此苦心查究，多为千百年来医书庞杂，对百草药名品性其说不一，致使草药形成一品多名，多品而同名者，混世传承，直至今日使我大明天下医道混沌，无章可循。今日太医院药剂师误将同名而品形不同之药草误配一事，圣上即使杀了他，却草药名品混杂，历代八百余药书仍为世

	间郎中所习所用,若如此下去治标未能治本。万岁呀！杀一人难禁天下郎中仍会误用药书药剂！
嘉靖帝	李卿言之有理！朕且问你,何以让大明天下再无此误人性命之事重犯？
李时珍	启奏万岁,时珍早有此愿,为我大明医道归宗正本,呈请率子携徒,走九州察药情,将我华夏千年草药,详纳祖上药书之精髓,著就大明之"本草纲目",让今朝后世习之效之,以免今日药案重现。使我百草归宗,为万民效力。以此感激圣上关切我大明医道之宏恩！
嘉靖帝	哈哈哈！
	（唱）　李卿之言朕心慰,
	本草纲目助乾坤。
	传旨各州与府县,
	相协李卿铸巨著,重整我大明医道壮国威。
李时珍	（同庞宪等）谢主隆恩！
刘公公	万岁！将这小子咋处治？
嘉靖帝	听从李御医发落！
岳继良	求大人饶命！
李时珍	快谢万岁隆恩。启禀万岁,时珍带他四方察药,戴罪自新。
嘉靖帝	就依李卿所言。张太医,你看如何？
张太医	我主贤明,谢过龙恩！
众	（叩拜）吾皇万岁万万岁！（公公下,仅留岳）
岳继良	李御医呀！李师傅,今日要不是你老人家,我这九斤半早搬家了！李师傅,我岳继良死里逃生,才把人认清了,李御医我跟你老人家一辈子！李师傅！我来了！我来了！（下场）

（落幕）

六场　离京归里

时　间　半月之后。
地　址　李宅中堂。
幕　启　（李夫人上唱）
　　　　　　　　夫担重任妻担忧，
　　　　　　　　喜兮忧兮操心头。
　　　　　　　　夫欲离京察药地，
　　　　　　　　小儿不愿离京都。
　　　　　　　　儿恋京华居闹市，
　　　　　　　　父要离京回故里。
　　　　　　　　父子相争各不让，
　　　　　　　　左右难熬李氏妻。
　　　　　　　　手心手背皆是肉，
　　　　　　　　无奈请教老母亲。
　　　　（白）儿媳有请老母亲！
李老太　（上）媳儿有得何事？
李　妻　婆婆呀！皆因时珍奉旨欲著什么，噢，本草纲目一书。听他之言，此书需数年奔波各地考证草药。故而想让全家离京回到故里，一则使娘安度晚年，二则远离京畿这是非之地，以便时珍安心著书。
李老太　时珍想得对。儿媳呀，你我要让他放心做他想做的事。此事时珍对娘也曾说过，怕我不允！这尘世之上，只有母知儿心！况他做的是咱列祖列宗想做而未做的善举！儿媳呀，不是婆婆夸你，难得你这大家之秀，知书达理，助夫成就心愿，堪称我李门的贤内助呀!

李夫人　婆婆过奖了。这是儿媳应尽之责。只是你的孙儿建元执意不愿离京,跟时珍争执不下。媳妇劝子无奈,请婆婆指教孙儿离京回乡。

李老太　媳妇勿忧,娘为你们做主,小孙儿回也得回,不回也得回,说句心底话,娘还怕他一人留京学坏了呢!

李建元　(上)奶奶!你心疼不心疼孙儿?

李老太　奶奶不疼你疼谁,咱李家的香火全靠我孙儿传承呢!

李建元　那,奶奶应允孙儿一件事。

李老太　这事嘛,是你不想离京归里,是吗?

李建元　奶奶真是活神仙,你说了!

李老太　建元,不是奶奶不疼你!平日你说啥,奶都说行,可这回……

李建元　这回你老可一定让我爹把我留在京城。

李老太　孙儿,人言天下老的向小的,这一回嘛!奶奶可是向大的,不向小的了。

李建元　奶奶……

李老太　孙儿呀!

　　　　(唱)　你父他让儿离京为你好,
　　　　　　　随奶奶返回故里乐逍遥。
　　　　　　　让你父安心著书成大业,
　　　　　　　孙儿呀!
　　　　　　　勿再让你爹你娘把心操。

李时珍　(早在门外听)建元呀!你奶奶讲得对。儿呀!原想让你回去与你母陪伴奶奶,可我想了再三。母亲呀!为了让你孙儿日后继承祖训肩挑重担,还是随我著书、考察药源。以此让他经风雨、绘百草,同甘共苦带儿成材,也不负我父在天之灵,更不负老母期盼儿孙医道有为!

李老太　这……

李建元	奶奶！
李夫人	婆婆，时珍肺腑之言，还望……
李建元	母亲你……
李老太	孙儿呀！奶奶不是老糊涂了，你父之言不无道理！只是……
李家三人	（李时珍、李夫人、李建元）只是什么？
李老太	只是咱李家只有这一根儿！时珍呀，非是娘不允孙儿跟你去经风雨著药书，可你想想，你为百草归宗，必是走南闯北，翻山越岭考察草药，这天长日久难免有个闪失，你一人去已让娘操心不尽，若让孙儿也随你去，让娘能放心得下吗？
李时珍	这……
李建元	奶奶……
李夫人	这如何是好？夫君呀！母亲之言还望三思！
李时珍	（唱）听罢老母肺腑语，
	时珍无言倾心扉。
	哪有儿父不疼子。
	哪有儿不尊老母亲。
	今日方知忠孝难，
	今日方晓父母心。
	左思右想无奈何，
	唯愿儿醒知父心。
	愧无教儿继父语，
	忠孝难全心焦急！
	猛想起考察黄芪赴陇西，
	继祖训陇西堂前拜忠魂。
	父愿儿祖宗堂前明事理，
	父愿儿祖宗遗训醒儿心，
	待来日愿儿随父立大志。
	咱父子忠孝双全谢皇恩。
	母亲呀！

今日事儿就依随母心愿！
建元儿呀！
拜谢奶奶，
即日随父祭拜祖宗赴陇西。

众　　　好！即日祭拜陇西堂！

（幕落）

七场　陇西堂前

时　间　嘉靖年夏。
地　址　陇西堂。
幕　启　陇西府李知府率众迎接李时珍，古乐相迎……
李知府　陇西府知府李敬祠亲迎太医院李御医祭拜祖祠堂。香案齐备，请御医进殿祭拜！
李时珍　有劳李大人恭迎操劳，时珍乃一郎中，受此礼仪倍觉愧之。尊请大人回府，时珍此行乃为家祭，大人不必相伴。时珍携子再次叩谢大人。（欲拜）
李敬祠　还礼！还礼！李御医虽是家祭，可你为我大明医道归宗考证著书立卷，不辞辛劳。今来陇地考察，扬我陇西府草药之乡之盛况，下官与乡民敬谢李御医惜民之心，故特迎李御医一行，以尽陇西父老敬谢之意。
李时珍　李大人和众乡亲如此相待，时珍受之有愧！再次拜谢。敬请大人回府，敬请乡亲回家！
李敬祠　既然如此，请你们家人进殿祭拜，李御医请便！我等告辞。
李时珍　（与儿）谢李大人，谢众乡亲！

（李敬祠率众辞拜离去）

李时珍　（携子进祠堂）

（唱）　闻祠钟犹似祖训绕耳旁，
　　　　进大殿香烟袅袅暖心房。
　　　　望祖宗牌位塑像气轩宇，
　　　　继龙脉携子祭拜陇西堂。
　　　　建元儿祖宗堂前听父讲，
　　　　千百年列祖列宗非寻常。
　　　　老祖宗李耳世尊为老子，
　　　　他一生勤奋聪慧悟苍茫。
　　　　他面对列国争霸逞凶残，
　　　　他目睹天下黎民苦遭殃。
　　　　他对那百家争道混沌世，
　　　　他著就醒世之作天下扬。
　　　　劝世人尊道贵德知天命，
　　　　劝世人上善若水净心房。
　　　　建元儿祖宗堂前——
　　　　思一思，想一想，
　　　　父为何要你从医习药方。
　　　　老子爷为济人心走列国，
　　　　咱父子为济人身奔四方。
　　　　继祖训草药归宗步正道，
　　　　效祖宗著书醒世理应当。
　　　　老子爷著书苦奔万里程，
　　　　咱父子效祖甘做苦行僧。
　　　　父要儿祖宗堂前明誓言，
　　　　愿祖宗赐福佑儿早成龙。

老子幽灵　（声韵回荡）

　　　　龙心向善兮任驰骋，
　　　　华夏子孙兮皆为龙。
　　　　尊道贵德兮净心宇，
　　　　方成真龙兮慰苍穹。

李建元　（唱）　父训疚心自惭想，
　　　　　　　　愧对祖宗跪祠堂。
　　　　　　　　列祖列宗人中杰，
　　　　　　　　建元羞为李家郎。
　　　　　　　　从此后做人应效老子爷，
　　　　　　　　从此后做事效父济沧桑。
　　　　　　　　从此后尊道贵德铭心上，
　　　　　　　　爹爹呀！
　　　　　　　　儿一生难忘祭拜祖祠陇西堂。
　　　　　　　　爹爹呀！
　　　　　　　　儿孝父尊医济世精心绘描百草药，
　　　　　　　　儿随父为著本草纲目心甘情愿奔四方。

李时珍
李建元　（同唱）　父子同心继祖训，
　　　　　　　　拨乱归宗著良方。
　　　　　　　　厚德载物人生路，
　　　　　　　　大明医道济家邦。
　　　　　　　　焚香举案铭祖训，
　　　　　　　　不妄祭拜陇西堂。
　　　　　　　　陇西堂呀，陇西堂，
　　　　　　　　龙脉相传日月长。
　　　　　　　　百姓相聚九州地，
　　　　　　　　大道无极铸辉煌。
　　　　　　　　（祭拜）

　　　　　　　　　　　　　　　　　　（幕落）

八场　陇上药情

时　　间　大明年间,继上场数日后。
地　　址　陇西药王山下。
幕　　启　李时珍率子与众徒肩背药笼,腰系悬壶奔走陇域野径,跋山涉水,攀藤越涧……
李时珍　（唱）　率子携徒悬壶济世走天涯,
　　　　　　　　效亘古炎帝神农惜万家。
　　　　　　　　苦尝百草铸医道,
　　　　　　　　华夏子孙钦敬他。
　　　　　　　　时珍率子效神农,
　　　　　　　　本草归宗著纲法。
　　　　　　　　鉴真求实为华夏,
　　　　　　　　何惧狂飙与风沙。
　　　　　　　　千难万险踩足下,
　　　　　　　　暴雨洪涛难阻我父子师徒——
　　　　　　　　跋山涉水苍茫深谷为辨——
　　　　　　　　真伪草药朝朝暮暮细甄察。
　　　　　　　　抬头望大象无形铸乾坤,
　　　　　　　　低头看九州草药似百花。
　　　　　　　　普天下唯我神农开天眼,
　　　　　　　　济众生万物皆药世人夸。
　　　　　　　　千百年行医尊道比天大,
　　　　　　　　时珍我继祖训感皇恩——
　　　　　　　　为著就本草纲目率子携徒——
　　　　　　　　千难万险踏遍青山奔天涯。

　　　　　　行来在陇西府药王山下，
　　　　　　竟传来天籁之音绕山凹！
　　（黄琴妮拉着盲爷爷边走边唱陇东道情《郎中行医曲》，爷敲渔鼓，孙打竹夹板。爷孙同唱，众围听）

黄爷爷　（唱）　天地之间人为贵，
　　　　　　头像天兮足像地。
　　　　　　父母予体宜保之，
　　　　　　人生五福寿为贵。
　　　　　　劝君切要知三戒，
　　　　　　大怒大欲并大醉。
　　　　　　三者君若有一样，
　　　　　　必得伤身损元气。
　　　　　　欲求长生先戒性，
　　　　　　火为出兮神自定。
　　　　　　木不去火不成灰，
　　　　　　人能戒性方延命。
　　　　　　贪欲无穷忘却精，
　　　　　　精衰气虚睡不宁。
　　　　　　心若太费费则竭，
　　　　　　身若太劳劳则歇。
　　　　　　神若太伤伤则虚，
　　　　　　气若太损损则绝。
　　　　　　世人欲知慰身道，
　　　　　　喜乐有常嗔怒少。
　　　　　　心诚意正思虑除，
　　　　　　医道修身去烦扰。
　　　　　　雁有序兮犬有义，
　　　　　　黑鲤朝北知臣礼。
　　　　　　人无礼义反食之，
　　　　　　天地神灵俱不喜。
　　　　　　顶天立地非容易，

饱食暖衣宁不愧。
思量善举报洪恩,
早暮焚香谢天地。
老子名言须牢记,
上善若水做好人。
黄帝内经讲医道,
五行取象知天意。
一三五七九为阳,
二四六八十为阴。
天道无极呈五行,
不外东西南北中。
天地日月相照应,
一年四季皆分明。
五行木火土金水,
相生相克育苍穹。
人有五体并五窍,
人有五脏化五气。
五脏心肝脾肺肾,
五气风火湿燥水。
五体筋脉肉皮骨,
五窍耳目口鼻阴。
五音宫商角徵羽,
五声哭笑歌呼呻。
五味酸苦甘辛咸,
五情思忧恐怒喜。
天地万物均有道,
做人尊道欲贵德。
天地犹似一杆秤,
善恶有报正乾坤。

（唱罢，众喝彩）

李时珍　老人家唱得好！

李建元	爹爹，这郎中曲真有意思！
庞　宪	师傅，没有你带我等出来，在京城咋能听这么好的郎中曲。
岳继良	这爷孙俩唱得比天籁之音还天籁！
李时珍	黄老先生，你能不能教我等学唱您老这《郎中曲》。
黄爷爷	好么！愿学者老汉我愿教！
李时珍	姑娘，你给爷爷说，我等拜他老人家为师。（欲拜）
黄琴妮	爷爷，人家真的拜您为师呢！
李时珍	老伯，我到陇西，早就听说您老的大名，您为乡党们采药解除瘟疫，日夜熬汤药劳伤了双眼，可您老还让孙女拉着您四方行医，劝善于众，让人感动。（取银子）老伯，这我师徒一点心意，给您老补补身子骨。
黄琴妮	爷爷呀！这位先生给你送了二十两银子！
黄爷爷	不敢当！无功不受禄！快快还给先生，小老心领了！
李建元	大爷！您收下，这是我父亲的心意！
黄爷爷	你父他尊姓大名？
李时珍	先辈，我姓李名时珍。
黄爷爷	噢！你就是半月前陇西府李大人书告乡里，我爷孙听围观的人念叨，嘉靖皇帝下旨让各州府县官民相助一位为我大明草药归宗，要著一本啥"纲目"？
黄琴妮	叫"本草纲目"的李时珍李御医。
黄爷爷	李御医呀！你可为咱做了件千古盼望的大善举，你让我老汉摸摸你，也是我的福气呀！哈……
李时珍	您老的真情，让时珍愧对！建儿、庞宪、继良，你们看看父老乡亲对咱做这件事的期盼！咱绝不负乡亲们的厚望、朝廷的恩典呀！
众	不负师傅（爹爹）的嘱咐！
李时珍	老伯，您我相遇真是天意，敬请您老将陇西名贵草药告诉我和徒儿，好去产地考证绘图入书。
李建元	爷爷，我能将草药绘得跟真的一模一样，快带我们去吧。

黄爷爷　好呀！绘图入书,易辨真伪！李御医,这真是有其父必有其子。

李时珍　老伯过奖了。

众　　　请爷爷说说这里的名贵草药！

黄爷爷　说得好不如唱得好,有个草药歌,听我爷孙唱来！

众　　　好,我们洗耳恭听！

黄爷爷　（唱）　大唐药王孙思邈,
　　　　　　　　夸我陇上有三宝。
　　　　　　　　黄芪甘草与党参,
　　　　　　　　医治百病离不了。

李时珍　请教老人家,黄芪誉为陇西三宝之首,可这名字既不叫陇,也不姓王,为何取名黄芪二字？

黄爷爷　听小老道来,亘古时节,在这药王山中,有位采药老人,为了根治陇上乡民常年传染的怪病,老人选采了几样山中草药,试治了几户人家,竟药到病除。老人便天天上山采药,不料积劳成疾,竟在采药时跌入山谷而亡。乡亲们为感激老人家,便在他跌倒的崖上修坟祭奠,谁料在他坟旁竟长一苗神奇的小草；根圆柱形,上粗下细,少有分枝。味儿微辛,它不仅主治疽久败疮,排脓止痛,大风癞疾,五痔鼠瘘,且治小儿百病。对此坟旁小草,来自四乡八镇的乡亲们各自称它为黄耆、绵耆、绵黄耆,还有称它为独椹、独根、二人抬的,可见敬他老人家的乡亲之多。后来据传大唐药王孙思邈来此坟前才取名黄芪,一是老人家姓黄,二则让后人知晓此草药问世是有姓氏的,非山间野草。故选芪字,上是艹头的艹,下是姓氏的氏。虽是坟旁长的草药,却是有名有姓的黄老先生在九泉之下英灵托草,故旁长出济世草药黄芪！

众　　　噢！原来如此。

李时珍　草有灵性,黄大伯敬请你爷孙把我等引至生长黄芪的风水宝地。让吾儿建元绘描原产地的活黄芪以供世人知晓。

黄姑娘　爷爷！我引路！
李建元　爷爷，我背你上山。
黄爷爷　路途不便，不用背了！
庞　宪　老爷爷！我们兄弟换着背你！放心吧！
李时珍　建元背上爷爷上山走！
　　　　（唱）　喜逢医道遇知己，
李建元　（唱）　背上爷爷进山林。
庞　宪　（唱）　瞻仰山坟黄芪草，
岳继良　（唱）　舍命采药剂平民。
黄爷爷　（唱）　百草有灵知恩义，
黄琴妮　（唱）　黄芪神草传古今。
李时珍　（唱）　人生应效黄芪草，
　　　　　　　　跪拜山坟祭英魂。
众　　　（合唱）
　　　　　　　　满山黄花醉人意，
　　　　　　　　天赐三宝长陇西。
李时珍　建元、庞宪、继良，搀扶黄爷爷一起向驾鹤西去的黄芪老人家三叩头！一叩头，再叩头，三叩头！
李建元　爹爹你瞧，黄老坟头长的这苗草像似黄芪！
黄琴妮　这就是那神奇的黄芪药草。
李时珍　噢！好呀，建儿，你就将这棵黄芪描绘下来，日后入著。
李建元　爹爹放心！（取葫芦倒砚欲磨墨）
黄琴妮　爷爷，我给背你的我李哥哥磨墨，你老就在那棵老槐树下歇会儿。
李时珍　黄大伯，咱到崖边大树下一边歇息，一边听你老人家给我师徒讲讲药王山的药材情景，以便我率徒儿山间考察！
黄大爷　好！琴妮，给你李哥哥好好磨墨，让他把咱黄芪描画得真真的，日后印在书上，让世人都晓得"天下黄芪

　　　　　　在陇西"。
黄琴妮　爷爷放心,我会把墨磨得浓浓的,陪我李哥哥把咱黄芪绘得跟真的一样。
黄爷爷　好好好!
李时珍　黄大伯,我扶你到树下歇息,听你老人家讲述。再给我师徒讲述陇上草药的典故。
黄爷爷　好好好!
　　　　（众扶黄下）
　　　　（建元取笔砚……）
黄琴妮　李哥哥背我爷爷上山,让你受累了!
李建元　这是我应该的!（拿葫芦倒水于小砚内）别急,慢慢磨!
黄琴妮　李哥哥放心。（边磨墨,边思）
　　　　（唱）　黄琴女自阐想!
　　　　　　　天赐奴家如意郎。
　　　　　　　手儿为他磨墨,
　　　　　　　心儿跳的瞠瞠!
　　　　　　　含情脉脉把他望,
　　　　　　　只见他静心蹲一旁。
　　　　　　　痴情细描黄芪草,
　　　　　　　黄芪犹如山姑娘。
　　　　　　　山风吹得身哆嗦,
　　　　　　　李郎犹似挡风墙。
　　　　　　　一笔一叶一叶一笔——
　　　　　　　枝枝叶叶细描绘,
　　　　　　　辛勤汗珠儿湿衣裳。
　　　　　　　奴看在眼里疼心上,
　　　　　　　奴多想与他成鸳鸯。
　　　　　　　只可叹奴家自幼身贫贱,
　　　　　　　怎配他名门之后李家郎。
　　　　　　　奴好似黄芪植根陇西地,
　　　　　　　细思忖暗将情思心内藏。

　　　　　　黄琴女祈福他父子，
　　　　　　铸大业平平安安返故乡。
　　　　　　叹奴家今生无缘伴郎君，
　　　　　　求老天来生与他配成双。
李建元　（见黄琴妮发痴，叹息状）
　　　　（唱）琴妮妹因何情惆怅，
　　　　　　你可否对兄诉衷肠。
　　　　　　小妹呀万勿将气憋心上，
　　　　　　须谨防气不顺畅把神伤。
　　　　　　要知晓百病皆因气而生，
　　　　　　叫妹妹有话你就对兄讲。
黄琴妮　李哥哥呀！
　　　　（唱）感哥哥语重心长听妹言，
　　　　　　妹好比黄芪山姑娘。
　　　　　　哥描绘黄芪妹心喜，
　　　　　　山姑娘遇到心上郎。
　　　　　　只可叹妹是山里生来山里长，
　　　　　　只可叹无缘与哥结成双。
　　　　　　哥哥呀！
　　　　　　自古道门当户对结良缘，
　　　　　　哥哥呀！
　　　　　　咱兄妹门不对来户不当。
李建元　（唱）黄琴小妹诉衷肠，
　　　　　　有缘千里结成双。
　　　　　　人如草药相依傍，
　　　　　　黄芪桂枝五物汤。
　　　　　　建元挥笔描草药，
　　　　　　小妹磨墨把哥帮。
　　　　　　遵父命文图皆要绘纸上，
　　　　　　琴妮妹助兄磨砚伴身旁。
　　　　　　妹妹呀！
　　　　　　你自幼跟随爷爷采草药，

　　　　　　　　妹妹呀！
　　　　　　　　我随父绘制百草奔四方。
　　　　　　　　咱都是医道济世同路人，
　　　　　　　　为著就本草纲目聚一堂。
　　　　　　　　妹妹呀！
　　　　　　　　咱才是门当户对亲结亲，
　　　　　　　　咱携手助父著书察绘百草结成双。
　　　　　　　　　　从此后两家人同奔医道上，
　　　　妹妹呀！｝（合）相敬相亲相帮相爱日月长。
　　　　哥哥呀！　　　为著就本草纲目结亲眷，
　　　　　　　　　　为感恩咱兄妹双双敬高堂。

李建元　（唱）　喜来日随父归里摆喜宴，
　　　　　　　　咱兄妹亲亲热热拜花堂。
黄琴妮　（唱）　鲜红盖头顶头上，
李建元　（唱）　花轿迎妹披红妆，
黄琴妮　（唱）　妹坐轿上心荡漾！
李建元　（唱）　红毡铺地抱新娘。
黄琴妮　（唱）　奴在郎怀喜不尽，
李建元　（唱）　拜罢天地拜高堂。
黄琴妮　（唱）　夫妻对拜喜泪淌，
　　　　　　　　手牵手儿入洞房。
　　　　　　　　愿来日金鸡报喜龙凤胎，
　　　　　　　　愿来日祖孙三代医道传家济四乡。
岳继良　（急跑上喊）建元，建元，不好了！师傅听黄爷爷讲后山有座"药王寨"，他便带庞宪前去察看，不料刚刚登上山路，便遇山体滑坡，竟将师傅跌下崖去！
李建元　（同）　啊！快快前往搭救！父亲！……
黄琴妮　　　　　　　　　　　　　　　李伯！
岳继良　师傅！……
　　　　（三人焦急下）

　　　　　　　　　　　　　　　　　　　　（落幕）

九场　药王山寨

时　　间　紧接前场，中午时夏。
地　　址　药王寨，寨主屋内。
幕　　启　男寨主危在旦夕，女寨主焦困祈望巫医作法，祈盼即将病危的丈夫能醒过来。

巫　　医　（手握柳条、咒符，在作神状态中吟唱咒语……）
　　　　　　　　天灵灵地灵灵，
　　　　　　　　诸位山神静心听。
　　　　　　　　保佑寨主脱苦海，
　　　　　　　　助吾银虎变金龙。
　　　　　　　　地灵灵天灵灵，
　　　　　　　　妖魔鬼怪少逞能。
　　　　　　　　吾捧玉帝降魔剑，
　　　　　　　　斩除病魔得安宁。

女寨主　大师呀！别唠叨了！
　　　（唱）你说是念咒作法七日整，
　　　　　　我丈夫定能康复得安宁。
　　　　　　今已过了十数日，
　　　　　　夫君的病情一天更比一天重。

巫　　医　这……
喽　　罗　（传来叫唤声）禀夫人！
女寨主　讲！
喽　　罗　我等巡山时，见前山滑坡，竟有一人从崖上跌下来，正好被树杈架住，小的将他救下。后从山上下来一帮人。哭叫，师傅醒得！我等问明原委，才知道伤者是久闻大名的李御医李时珍！
女寨主　所言是真？

巡山卒　他等要谢救命之恩,小的让他们寨外等候!
巫　医　噢!李时珍是皇家御医,咋能来这里,一定是冒名假的。
女寨主　不管真假,人家能来答谢,快快有请。寨乐相迎!
喽　罗　下边听着,夫人传令,寨乐相迎李御医一行。
女寨主　(对巫医)你且后寨歇息。(巫医无奈而下)
　　　　(牛角、马号等乐鼓奏迎。)
李时珍　(在庞宪、建元搀扶李时珍,黄琴妮、岳继良扶黄大爷上)
　　　　(相互拜罢入座,李时珍谢过寨主等人)今日不是你手下兄弟搭救,吾命休也。
女寨主　这也是缘分,李御医伤势如何?
李时珍　亏得兄弟们搭救及时,只是腿脚扭伤,好在黄大爷乃盲医疗骨高手。方才已在山下为我正骨,现已好了许多。承蒙寨夫人牵挂,我和儿子、徒弟再次拜谢夫人和寨主(拜)。
女寨主　不必谢了,先生一行就在我寨中疗养。趁次还请先生和大爷诊治我夫病患。
李时珍　多谢寨夫人。不知寨主因何染疾?
女寨主　唉!先生请听!
　　　　(唱)　夫君为人甚豪爽,
　　　　　　　打抱不平惹祸殃。
　　　　　　　官府关押十余载,
　　　　　　　新主大赦回山庄。
　　　　　　　为感恩嘉靖皇帝聚山寨,
　　　　　　　药王山屯集草药运四方。
　　　　　　　为护送马帮驼队进京城,
　　　　　　　为陇西草药遭劫巡山岗。
　　　　　　　夫君他积劳成疾倒病床,
　　　　　　　求医问卦时至今日无良方。
　　　　　　　幸逢先生山中相遇解疾症,

		待病愈予君送匾陇西堂。
		药王山开台唱戏谢大恩，
		我夫妻誓把先生美名扬。
李时珍	（唱）	夫人不必那样讲，
		行医济世理应当。
		时珍不求把名扬，
		只求医道慈心肠。
		你夫妻草药道上行侠义，
		你夫妻感激皇恩堪敬仰。
	（白）	黄大伯呀！
	（接唱）	我师徒扶你去探望，
		为寨主切脉除疾到病床。
女寨主	待我搀扶大爷。	
巫　医	（急进屋欲拦）夫人！请将吾行医作法的银钱付我！	
女寨主	你就知钱、钱、钱！耽误我夫病情你该如何赔偿？	
巫　医	这……	
女寨主	来，将他赶出寨门！	
众喽罗	是，（架巫医）走！	
巫　医	还有我的法器。（欲取，被架下）	
李时珍	作法骗人，医道败类！	
女寨主	黄大爷，你老一生采药剂众，我夫病前曾与我说多次，想请你老人家来山寨安居。一是尽我夫妻一份尊老之心，二来也是回敬药王爷的一份善举。	
黄琴妮	谢夫人为我爷爷操心。	
黄大爷	先给王寨主看病要紧。你夫妻的心意我老汉领了！	
李时珍	你夫妻为黄大爷安度晚年，时珍钦之！	
女寨主	这是我夫妻应尽之责，敬请李御医、黄大爷到后屋为我夫诊治。	
李时珍	黄大爷请。（搀扶黄大爷一同入内）	
女寨主	请！（同下）	
	（坊上留琴妮、建元）	

黄琴妮　（见状拉建元）李哥哥听寨夫人之言，她夫妻将我黄爷爷敬养山上。我就能跟你一起绘画草药图样了。

李建元　琴妮妹，我何尝不想让你帮我绘画草药，只是我父能否应诺？

黄琴妮　哥哥不必多虑，我求爷爷劝说你父，让他老人家知晓。他为医道著就本草纲目，我爷孙愿为此倾力相助。

李建元　但愿事随人愿。

黄琴妮　再说你父已是年过半百之人，一路之上我这未过门的儿媳侍候老人家也是应该的。

李建元　我父如若不允！那该如何是好？

黄琴妮　他老人家再不应允，咱就给老人家明言，我二人今日是兄妹，他日是夫妻。

李建元　好！等父亲给寨主看罢病之后再说不迟。

黄琴妮　再说世上哪有父亲不疼儿的。

李建元　黄琴妹妹说得对。

黄琴妮　李哥哥！李……（二人欣喜下）

（落幕）

十场　茶药古道

时　间　数月后。

地　址　陇南与蜀交界茶药古道。

幕　后　（女寨主率领寨丁引领李时珍、李建元、庞宪、岳继良和黄琴妮乘马，从陇西走到陇南与蜀交界处……）

女寨主　（唱）　为感恩护送亲人赴陇南，
　　　　　　　　皆因为茶药古道有风险。

| | | 陇蜀交界匪成患， |
| | | 誓为恩人保平安。 |

李时珍　　（唱）　你夫妻侠义肝胆堪钦羡，
　　　　　　　　　护送我师徒一行赴陇南。
黄琴妮　　（唱）　感恩你夫妻敬养爷爷情难忘，
女寨主　　（唱）　谢恩人救夫一命以德相报理当然。
庞　宪
李建元　　（合）　药王山师傅养伤夫人照应心操尽，
岳继良　　　　　　在马上祈福寨主早日康复集善缘。

（内传来呐喊声……）

女寨主　　（唱）　正行走忽听人声喊，
　　　　　　　　　定是匪头下了山。

（内喊　站住……）

女寨主　　弟兄们护送恩人，我来迎贼！（部分寨兵护众下）
蜀　匪　　（率众上）啊！又是你这个小婆姨，留下贵重药材放你入蜀。不然让你等命丧蜀道！
女寨主　　贼子休得多言，速速让道还则罢了，休得你家娘娘挥剑取尔首级！
蜀　匪　　哈哈哈！不交过路钱，竟大言不惭要吾首级。来！
众　匪　　在！
蜀　匪　　杀她娘的小婆姨！
女寨主　　弟兄们迎战！

（双方开打，女寨主挥剑与蜀匪拼杀……终于匪败……）

蜀　匪　　喽罗门！这娘们杀法厉害，光棍不吃眼前亏。速速撤离让道！回山！（众匪逃下）
李时珍　　（率师徒上）多蒙夫人除贼。我等谢过夫人和众家兄弟！贼子已逃，请夫人返回山寨，回到药王山，一定代我问候寨主！问候黄老先生！
女寨主　　谢过恩人牵挂，临行之时，我夫已康复许多。他与我商定，让我一定护送恩人到了成都府再回不迟。

李时珍　多谢夫人一路操劳,已到蜀地,夫人回寨照应寨主要紧!

女寨主　恩人呀!虽除匪盗,你看蜀道竹林密布,山道难辨。途中毒蛇出没伤人致命,我等开路方保平安,况恩人还要在蜀地考察草药,我率兄弟们再护送一程,到了蜀地平原,我等再回陇西不迟!

李时珍　这……

岳继良　李师傅你看日头爷快下山了,不如先在此安身过夜要紧!

李时珍　言之有理。

女寨主　弟兄们在此安营扎寨,速捡来柴禾,架起篝火,一则防寒,二则驱兽,以保李先生一行的安危!

众寨卒　遵命!

李时珍　你我一同捡柴架火!

众　　　好!

女寨主　陇蜀界山地竹林可是毒蛇出没之处,各位可要小心。

岳继良　哎呀妈呀!(腿被蛇咬)蛇咬了我的腿!

众　　　(急扶岳)是菜花蛇还是毒蛇?

李时珍　腿已红肿是毒蛇无疑?

女寨主　(用剑斩蛇!挑起看)这是蜀地有名的巨毒蛇!快快扎吸毒液,不然这位兄弟就保不住命了!

李时珍　各位闪开!(李时珍抱腿,扎毒)

众　　　师傅、父亲、先生,我来扎……(此时李时珍已伏地用口对着岳继良伤口扎吸蛇毒!)

岳继良　(痛中挣扎见李时珍不顾自身安危为自己扎吸蛇毒,感动地)师傅呀,你不能为我伤了你呀!师傅!

李时珍　啊……(由于吸扎毒液而晕倒)

众　　　师傅、父亲……(建元抱父亲叫)

岳继良　师傅你救了我的命,可害得你,我我……(跪地)老天爷呀!救救我的恩师呀!

女寨主　(取下马背的水囊,拿丸药)这是我等来往茶药古道

|常备的清毒丸。快让李先生服下,这位大哥也服用方保平安!

众　　　多谢女寨主!

女寨主　不是谢我,而要谢李先生。不是先生即刻扎毒,即使用药也是枉然。此药是在扎毒之后,用来清消余毒。

岳维良　师傅救命之恩永世难忘!

寨　丁　回禀女寨主,篝火已点好!

女寨主　请到篝火旁歇息!

李时珍　多谢寨主和兄弟们为我一行操劳了!

女寨主　一家人不必客气,请!

岳继良　(李和众人向篝火走时,岳叫李时珍)师傅慢走!我……

李时珍　继良!你……

岳继良　我想单独与师傅说会儿话。

李时珍　你们先去篝火旁歇息!

众　　　是!(下)

李时珍　继良你有何话还不能当众说,而非要单对我讲?

岳继良　唉!

(唱)　师傅你舍命把我救,
　　　　吸蛇毒救我我心疚!
　　　　思想起在京把你害,
　　　　恩师呀!
　　　　今夜晚我要把那阴谋诡计往出兜。
　　　　张太医妒贤心毒下黑手,
　　　　他要你在皇上面前把人丢。
　　　　我为虎作伥帮他撵你走,
　　　　险些儿害你成了阶下囚。
　　　　老天有眼你得救,
　　　　你以善待人不记仇。
　　　　你以为我误配药剂非有意,
　　　　其实我明里是人暗是鬼。

> 恩师呀!
> 我岳继良实实愧对你!
> 回京去我把这黑白良莠——
> 忠奸善恶太医阴谋——
> 一五一十要向皇上诉明白。

李时珍　继良呀!你的心意我领了。只是面对著成本草纲目这一重任,还需各方求教,张太医虽妒恨于我,可他毕竟从医六十余年,医术之道,无人可比。我李时珍要为大明朝著成济世之作,少不了他这样浅德而博才之人的挑剔。故而不必置他于死地。

岳继良　师傅呀!你老真是以德报怨,心比天大!心比天大呀!

（幕落）

十一场　　蕲州哭母

时　间　数年后。

地　址　湖北蕲州李时珍故里。

幕　启　灵堂李夫人孝服着身,焦急眺望,期盼丈夫归来祭母。

李夫人　（唱）婆婆病危三日整,
　　　　　　　夫君与子未回程。
　　　　　　　泪眼期夫无踪影,
　　　　　　　母魂盼儿望晴空。
　　　　　　　夫君呀!
　　　　　　　灵前寂寂心悲痛,
　　　　　　　怨夫怜夫哭无声。
　　　　　　　妻怨你只顾尽忠未尽孝,

　　　　妻怜你医道奔波风雨中。
　　　　妻为你长年堂前敬老母,
　　　　妻为你静心立业千里行。
　　　　万般家事妻担待,
　　　　难替夫君祭母灵。
　　　　眺望灵外盼夫归,
　　　　时珍呀!
　　　　你父子何时归里焚香祭母守丧灵?
　　（内喊　李御医携儿回来了!）
　　（李时珍、建元与庞宪、岳继良、黄琴妮进灵堂跪祭
　　……）
李夫人　时珍呀!你总算回来了?
李时珍　母亲呀!
李建元　奶奶呀!
李夫人　儿呀!快跟你父换上孝服!为奶奶焚香祭拜!
　　（李夫人将早缝制的孝服给夫穿上,黄琴妮为建元
　　系孝衣!众接过孝巾裹于头上。）
　　（在悲情的哀乐中时珍率儿子、徒弟们跪拜祭奠
　　……）
李时珍　母亲呀!不孝之子时珍回来晚了!儿愧对生儿养儿的老母亲呀!
　　（唱）　见灵牌哭老母愧泪流淌,
　　　　　李时珍叩香案哭唤老娘。
　　　　　娘为儿含辛茹苦心操尽,
　　　　　娘为儿四季灯下缝衣裳。
　　　　　娘为儿磨砚驱蚊读诗书,
　　　　　娘为儿雪雨送伞到学堂。
　　　　　娘为儿科场落榜慰儿心,
　　　　　娘为儿弃文习医费思量。
　　　　　娘为儿苦心劝父把儿体谅,
　　　　　娘为儿成家立业牵肚肠。

娘为儿静心医道解民疾,
娘为儿育孙无怨终日忙。
娘为儿无时不在替儿想,
娘为儿励志著书让儿在外勿要牵挂娘。
娘呀您宁愿忍疾躺床上,
娘呀您也不愿叫儿回家孝高堂。
娘呀您疼儿怜儿教儿知恩当报尽忠孝,
娘呀您为何临终之前不叫儿回见见娘!
娘呀娘!娘的苦心儿知晓,
娘呀娘!儿我心疚痛断肠。
娘呀娘!
拭泪祭香明誓言,
娘的苦心儿难忘。
娘呀娘!
在天之灵俯首望,
忠孝伴儿医道上。
娘呀娘!
李时珍不负爹娘养育恩,
守灵堂草铺磨砚泪伴狼毫——
集书纲目誓让百草济苍生。

(李时珍率众叩首祭拜……)

(幕落)

十二场　金殿明鉴

时　间　大明朝嘉靖年间,数年后。
地　址　京都皇宫金殿。
幕　启　嘉靖皇帝座龙椅,张太医、御林军、宫娥、内使。

朝　官	圣旨下，李时珍接旨。
李时珍	吾皇万岁万万岁。
朝　官	（宣旨）皇帝诏曰：大明太医院院判李卿时珍为我大明医道正本清源，纠其名称繁杂，品数错乱，纸上猜度，致使贻害无穷。为此，李卿携子率徒二十七载，行万里考察，阅万卷医书，悬壶济世甄鉴百药置生死而不惜，著就《本草纲目》五十二卷，载药一千八百九十二种，新增药物三百七十四种，载方一万余个，附图一千余幅，全卷一百九十万字。堪称亘古至今绝世巨著，为吾大明天下万众康宁，功德无量。朕赐爱卿李时珍"大明御师"金牌褒奖。其子建元、徒弟庞宪论功行赏。原太医院药师岳继良戴罪侍师，谦恭习医，仍任太医院药坊执师。钦此！"谢恩！
众	万岁万岁万万岁！（众叩拜）
嘉靖帝	众卿平身！
众	谢万岁！（起身恭身殿旁）
嘉靖帝	太医院元老张爱卿听封！
张太医	叩见万岁！
嘉靖帝	大明巨著本草纲目今朝问世，少不了太医院张卿操劳。朕赐爱卿黄金千两、良田百亩，颐养天年。
张太医	谢主隆恩！
岳继良	小人启禀万岁，张太医他，他，他无颜受禄！
嘉靖帝	尔曾在朕面前口口声声称张太医为师。今日为何讲出此话？
张太医	你！你！你……
岳继良	你再不要人面兽心。万岁呀！当年皇后服用李御医所开药方，正是他密授小人偷梁换柱调剂药方，直使皇后服后腹痛，他趁此用针灸排难，一，显他之能，二，将李御医名声败坏，用心之毒，撵李御医离开太医院，一保他太医院主事之位。

嘉靖帝　朕且问你,此情当初为何不讲?却在今日讲出。

张太医　我主明断,岳继良血口喷人诬陷老臣,罪该万死!

岳继良　万岁呀!小人为何当初未讲,今日才说,正是我随李御医几年见他忠心可敬。在小人被毒蛇咬后,他不顾自身安危,为我亲口扎毒排难,小人才有今天。小人感恩,不得不讲出原委。万岁呀!他二人同是医道之师!李御医其德可敬,而张太医道貌岸然,医德败坏,还望万岁明鉴。

张太医　老臣一时糊涂,罪该万死!

嘉靖帝　来呀!

内　使　在!

嘉靖帝　将张太医押入天牢查后严惩!

内　使　御林军押下殿去!(欲押张)

李时珍　且慢!臣启万岁,张太医确是罪有应得。可他毕竟从医一生,医术在身。若入天牢于世无益,臣请奏万岁念他年事已高,留在太医院立功赎罪,对我大明医道有益无损。请万岁明鉴!

嘉靖帝　难得李爱卿宽宏大量。朕即以李卿奏之。撤其俸禄。留世行医将功赎罪。

张太医　谢万岁!老朽谢过李御医。

内　使　(上)禀万岁!各府州县官员接旨来京。敬领大明巨著《本草纲目》。

嘉靖帝　传朕旨意。各府州县官员到翰林院迎领《本草纲目》,赐我大明郎中人手一册,照此剂药造福天下。

内　使　遵命!(对内)各位大人听旨;各府州县官员同去翰林院迎领《本草纲目》,照此剂药造福天下。

众　　　(在内高呼)吾皇万岁万万岁!

嘉靖帝　李时珍听旨　朕封你为太医院主事。即日赴任。

李时珍　万岁呀!时珍担当不起……

嘉靖帝　李当之无愧,大明医道掌门人,非莫可卿。来!

内　使　有。

嘉靖帝	传朕口谕。将朕御笔亲书《本草纲目》匾额抬上殿来,赐予李卿祖祠陇西堂　高悬祠内彰表李氏后裔为我大明医道所作奉献！以励百姓为我大明昌盛,共铸辉煌。
众	吾皇万岁万万岁！

（在喜庆的鼓乐声中,内使抬匾于金殿之上。）

嘉靖帝	哈哈哈……
	（唱）　御笔金匾朕嘉奖,
	李卿之作美名扬。
	本草纲目传万代,
	大明医道日月长。
众	（高呼）吾皇万岁！万岁！万万岁。

（幕落）

尾　声

时　间	大明万历年间。
地　址	陇西堂高悬《本草纲目》牌匾。
幕　启	年逾花甲的李时珍手拄拐杖望匾静思……祭拜……
	（伴唱）　人生苦短日月长,
	留得芳名传四方！
	无为而来有为去,
	不枉人生忙一场。
	本草纲目传后世,
	无愧祭拜陇西堂。

（在大秦乐曲中李时珍跪拜……）

话外音	《本草纲目》问世后,在当时国内有刻本30余种。1606年首先传入日本,1647年波兰人翻译成拉丁文

字传入欧洲。后有朝、韩、英、法、德、俄多种文字行世，使我中华草药惠及世界，康复人类！

全剧终
２０１８年６月

盐池魂

编剧 冀福记

剧目阐述

编者按： 国家一级演员、著名编剧、西安市易俗社原社长冀福记同志撰写的古典剧本《盐池魂》主要反映反腐倡廉内容，在狠抓反腐工作的当下，推出这样一个内容较好，情节曲折的剧作，很有现实意义。同时，排演这个剧目，完全可以利用表演团体原有的古典传统剧的服装、道具等，投资较少，也适合下基层演出，因而向各戏曲院团推荐。

注：以上是《西安艺术》于2015年4月发表时的编者按。

主编：芦新隆

人　物

关海成　男,52 岁,盐运吏。
关夫人　女,48 岁,海成妻。
关小忠　男,20 岁,海成子。
黄天奎　男,55 岁,钦差。
刘逢君　男,45 岁,钦差书吏,人称师爷。
尉　吏　男,30 岁,海成部下。
刘道长　男,60 余岁,关帝庙道长。
豫盐商　男,30 岁。
鲁盐商　男,40 岁。
鄂盐商　男,50 岁。
燕盐商　男,30 岁。
船帮主　男,40 岁。

歌女若干　　　船工若干　　　马帮若干
钦差卫士若干　盐务人役若干　关老爷

第一场

时　　间　宋朝
地　　点　关帝庙
　　　　　〔幕启,风雨雷电,庙前檐水,犹如瀑布……
　　　　　庙内盐运使关海成,正在向关老爷进香祈求:
关海成　（跪白）关老爷啊关老爷!解州盐池乃是我大宋臣民生灵之根!老天若无放晴之日,百里盐池,难以出盐。眼看雷雨交加,阴雨一月有余,下官祈求你老人家显灵,尽早驱云散雾,日照盐池,拯救生灵……
　　　　　〔话语未落,雷电交加……
　　　　　关老爷啊!您显显灵啊!求你老人家转呈上苍,怜恤我大宋臣民呀……
　　　　　〔内喊,圣旨到……
钦　　差　（冒雨赶到庙内）盐运使关海成听旨!
关海成　吾皇万岁。
钦　　差　（宣旨）关卿所奏解洲盐池因雨无盐,库存食盐难以如数拨售各郡。旨谕:除保京都所需食盐照数付之,其余各郡所需盐量,酌情减付。钦旨!
关海成　臣遵旨谢恩!钦差大人冒雨前来,海成未曾远迎,请大人见谅!
钦　　差　大人亲来关帝庙祈求住雨放晴,此举可嘉,何需见谅!
　　　　　〔话语间,霹雳闪电……
　　　　　待吾进香,敬祈关老爷显灵!
　　　　　〔钦差进香磕头……
关海成　关老爷呀!关老爷!钦差大人也为你老人家进香,叩头!你!你!你总该显显灵吧!你!你!你怎能眼看庙前盐池因雨食盐难生！如此下去！你！你！你怎忍普天下大宋臣民无盐自毁嘛！

（唱）雷鸣电闪阴雨狂！
　　　　百里盐池水茫茫！
　　　　海成心焦如火焚，
　　　　恨不能驱云散雾见日光。
　　　　凡夫愧无回天力，
　　　　大宋臣民祈上苍！
　　　　眼望日神云遮面，
　　　　眼看盐神泪汪汪！
　　　　阴雨不住不堪想，
　　　　无盐天下人心慌。
　　　　无奈焚香关帝庙，
　　　　祈求老爷告上苍。
　　　　关老爷啊！
　　　　眼看着盐池成汪洋，
　　　　你怎能坐视不理为那桩？

老道长　哎，关大人呀！岂不知关老爷何尝不想驱云散雾，请出日神让盐池生盐，以解天下盐荒，只可惜关老爷在天之灵，只能辖民，不能管天，请盐运使大人勿怨老爷。

钦　差　照道长之意，我这炷香岂不是白敬了？

关海成　钦差大人！老道长之言是对下官而讲，大人不必在意，请大人到官邸歇息！人役，掌伞，送大人出庙乘轿！

人　役　是！

〔人役为钦差掌伞，关海成恭送。

关海成　送大人！

钦　差　免！

〔出庙下

关海成　（百感交集地望关老爷塑像）关老爷呀！关老爷！

下官实为阴雨焦虑而责问老爷,为何只问民事,不理天事,老爷见谅,下官告退!还求老爷转告上苍,让我盐池早见天日!(欲走)

老道长 (见庙前雨住喜悦地)盐运使大人,关老爷显灵了!关老爷显灵了!

关海成 (听言急转身问)关老爷显灵了!

老道长 你看!阴雨突住,天显鱼肚,看来天要晴了,这是关老爷显灵,更是盐运使大人的诚心所至啊!

关海成 (望着天空,不由自主地喊了起来)老天睁眼了!黑云真的退开了!关老爷显灵了!关老爷显灵了!哈……

〔场景转盐池景象!

(合唱)云散兮日出兮!
　　　　日照盐池生盐兮!
　　　　百里盐池系天下!
　　　　盐池风波永难息!

〔盐民在盐池劳作……

第二场

时　间 宋朝

地　点 钦差官邸

〔幕启:豪华的官寓,钦差正在与两歌女饮酒……

刘逢君 禀大人,关盐运使应邀到!

黄天奎 有请!你们暂避一时!

〔歌女退下。

〔礼乐声中出迎,入座。

关海成 大人如此相迎,下官愧之,不知大人邀我前来,有何指教。

黄天奎 关大人,何言指教,老夫见你日夜为盐池操劳,托朝中几位大臣之意,特为关大人设宴犒劳,以表敬意。

关海成　皇命在身,百姓重托,这是卑职应尽之责,何敢犒劳?
黄天奎　关大人受之无愧,人来!歌舞欢宴上来!
关海成　大人不必如此相待……
刘逢君　歌舞摆宴,为关大人敬酒!
　　　　[二位歌妓捧酒,众歌妓起舞……
　　　　(伴唱)人生如春须惜春,
　　　　莫待春去负光阴。
　　　　群芳伴君享春意,
　　　　春花美酒谢君恩。
黄天奎　哈……好一个"春花美酒谢君恩",可谓关大人在黎民中的口碑,此酒你不多饮几杯,怎对得起盐池百姓啊!
歌　女　敬关大人为民操劳,敬请饮酒……
关海成　这……
歌　女　大人一向心系百姓,敬酒不饮,乃瞧不起歌女!
黄天奎　小女子真会讲话,就凭这一番盛意,大人也该饮她一杯呀!这可是杏花村三十年老陈酿!
关海成　(无奈接酒而饮)大人如此盛情,下官实实承受不起,若无别事,下官告辞!
钦　差　唉!关大人,酒宴刚刚开了个头,大人就要辞宴!关大人,既来之则安之,老夫还有要事向大人转呈!
关海成　这……
黄天奎　尔等退下!书吏,让你请关公子陪酒,怎不见到来!
关海成　噢!
刘逢君　早已请到,只待大人传请。
关海成　大人呀!吾儿小辈,怎敢劳大人让他前来,不必邀他,大人盛情下官心领便是。
黄天奎　大人,岂不知你的贵子也是老夫的贵子!且你膝下就此一儿,邀他陪酒,也是老夫对你一片诚意,不必推辞,请关公子入席!
刘逢君　鼓乐相迎,请关公子入席。

［关小忠上，见状，诚惶诚恐，不知所措，拜过父亲大人与钦差大人请宴！

关海成　还不快向钦差大人敬酒致谢！
关小忠　小侄向钦差大人敬酒！
黄天奎　你我同饮！请！哈哈哈……
　　　　（唱）盐池美酒让人醉！
关海成　（唱）举杯谢过老大人。
关小忠　（唱）祝愿父辈福康寿，
三人背　（唱）酒未醉人暗思忖。
　　　　　　　酒后与他吐真言，
三人同　（唱）酒后方可见真心。
黄天奎　（唱）酒欲醉人人未醉，
　　　　　　　老夫有言诉与君。
　　　　　　　盐池因雨盐量减，
　　　　　　　急刹满朝众大臣。
　　　　　　　各州郡县缺食盐，
　　　　　　　为此难安圣上心。
　　　　　　　派吾盐池巧运筹，
　　　　　　　盐价由此涨三分。
　　　　　　　物稀为贵财运转，
　　　　　　　银库变成聚宝盆。
　　　　　　　你我盐池水边过，
　　　　　　　足下水花沾几分。
　　　　　　　仅次得财用不尽，
　　　　　　　积得钱财留子孙。
　　　　　　　子承父业享富贵，
　　　　　　　儿孙后辈感君恩。
　　　　　　　关大人呀！
　　　　　　　小侄儿呀！
　　　　　　　思一思，想一想，
　　　　　　　万莫可错过这千载难逢的杏花村！

关海成　（唱）这杯酒实难饮！
关小忠　（唱）劝父勿负伯父心。
关海成　（唱）小儿年少勿乱语，
关小忠　（唱）须知这良机贵如金。
关海成　（唱）儿少教！
关小忠　（唱）父勿迷！
关海成　（唱）再多言！
　　　　　　尔小心！（挥拳欲打）
三人合　（唱）酒无味不投缘，
　　　　　　欲摔杯！
　　　　　　忍忍忍！
　　　　　　小不忍，
　　　　　　乱大局，
　　　　　　强举杯，
　　　　　　饮饮饮！
　　　　［三人碰酒，各自以不同的笑声、倾吐、掩着内心的思绪……
　　　　　　哈……
饮　差　（举杯行酒令）一心敬你……
关海成　（酒令）两相好，
黄天奎　（酒令）三星高照……
关海成　（酒令）九(久)违了，
黄天奎　（酒令）四季来财……
关海成　（酒令）五(吾)不要，
黄天奎　（酒令）七窍开泰……
关海成　（酒令）十(实)为高。
　　　　［两人同出五指，关海成胜。
黄天奎　哈哈哈……关大人的拳如其人，高高高！（饮罢）关大人酒兴三时，老夫将代豫、鄂、鲁、燕州郡督府大人向关大人敬酒！
关海成　卑职何缘敢饮此酒，实不敢当！实不敢当！

黄天奎　关大人日夜为我大宋各州郡府操劳盐务，古曰：民为天地，食盐为本，关大人肩负重任，以上四郡督府大人不仅托老夫与大人敬酒，还托老夫带来礼品。书吏，将豫、鄂、鲁、燕督府大人敬送关大人礼品奉上。

关海成　钦差大人，卑职万难承受！

黄天奎　人有敬意须当领之，再说各郡督府所派盐帮前来，大人你在配盐额数和盐价方面，予以关照！

关海成　这……

黄天奎　这对关大人嘛，只不过是在配盐令上盖个印章而已。

关海成　哎呀！钦差大人，大宋各州郡县配盐数额，乃圣上御笔亲点，谁敢擅自增减，卑职万难从命！

黄天奎　大人呀！岂不闻"山高皇帝远"，圣上既派老夫为钦差到此督办发配食盐，一切配额、盐价之变更，由老夫作主，只要大人你照数盖印，放其出境，这其中的好处嘛！老夫不必多说，你当好之为之。且莫敬酒不吃……

关海成　这……

关小忠　哎呀！父亲，天塌下来有高个子顶着。这钦差大人的敬酒，这顺水的人情，父亲呀，你还是饮了吧！（举杯敬上……）

关海成　（愤然打掉酒杯）奴才，你给我滚！

黄天奎　（见状，愕然）你！莫要敬酒不吃，吃罚酒！

关海成　告辞！（欲走时，尉吏来报）。

尉　吏　启禀二位大人，抓到几位盗盐百姓！

黄天奎　（听罢，借题泄愤）嘿！盗盐者，斩首示众！

尉　吏　遵命！

关海成　慢！大人呀……

黄天奎　惩办盐贼，刻不容缓，速去勿误！

尉　吏　遵命。（下）

关海成　（见状焦急）大人呀！老大人，此乃卑职所辖之事，大人息怒，容下官审理，万万不可一概杀之！

黄天奎　既是你所辖之事，就由你监斩示众。

关海成　大人……
黄天奎　老夫身为钦差,岂容盗贼窃取国盐,你方才不是要告辞嘛!就请速去监斩勿误!
关海成　这……(无奈)遵命!
　　　　［拂袖而下。
关小忠　(见状,向钦差拱手欲随父去)小侄告退!
黄天奎　你且留步!来!代你父与老夫再饮几杯!
关小忠　这……
黄天奎　父债子还!你父乃敬酒不吃吃罚酒!豫、鄂、鲁、燕四郡督府大人敬他的酒,他却不饮,这么好的酒,你不饮该叫何人来饮呀!
关小忠　小侄斗胆,替父谢过四郡督府大人,请举杯!
黄天奎　举杯!(狂笑)哈……
　　　　［酒令声回荡在官邸……

第三场

时　间　宋朝
地　点　盐池刑场
　　　　［幕启,几位盗盐百姓被绑跪在刑场!
尉　吏　鸣锣示众!
　　　　［几面道锣敲响……
　　　　(内喊)关大人到!
关海成　(上)尉吏!行刑暂缓。
尉　吏　关大人!行刑暂缓,钦差大人降下罪来,小人担待不起!
关海成　人命关天,盐池百姓盗盐之事,屡见不鲜!若以钦差大人之言,窃国盐者定斩不饶,尉吏呀尉吏!百姓盗盐仅为食用,并非那集伙盐匪!你来看,他们个个衣衫褴褛,面黄肌瘦,实非那盐帮盗匪!若将这些盐池百姓斩首示众,必将激起民愤,自古官逼民反,为官者需体察民之疾苦,怎能不分青红皂白,斩首示众?
尉　　吏　关大人言者极是,怎奈不遵钦差大人之命,只恐祸及大人。
关海成　尉吏不必多虑,即是钦差大人问罪,皆由本官承担,将盗盐百姓押来听判!
尉　　吏　遵命,将盗盐者押上来。
　　　　〔众人役押四位百姓跪地。
关海成　尔等听命:大宋律条,盗国盐者,当斩不赦,念你等饥寒盗盐,仅为食用,罚其盐池服役三月,带往盐池!
众百姓　谢过大人不斩之恩!
尉　　吏　若不是关大人,尔等早见阎王爷了,到了盐池,好好服役!
众百姓　谢大人!(押众下。)
尉　　吏　关大人呀!今日之事,违却钦差大人之命,小人实为大人担忧。
关海成　多谢尉吏之情,福兮祸兮,听天由命,带马!
　　　　〔尉吏牵马,关上马,下。
　　　　〔转场景,月夜,关大人府内。
关夫人　(上唱)月映盐池晚风凉,
　　　　　　　老爷灯下著奏章。
　　　　　　　不知何故愁云罩,
　　　　　　　欲问不能心惶惶。
　　　　　　　按家规不容妻室参政务,
　　　　　　　我只好沏茶熬羹陪一旁。
　　　　　　　左心儿操劳夫君身无恙,
　　　　　　　右心儿时时将儿挂心上。
　　　　　　　奴心窝祈盼婆婆福寿长,
　　　　　　　愿一家老少平平安安度时光。
　　　　　　　轻轻移步进书房,
　　　　　　　老爷!夫君!
　　　　　　　夜深驱寒喝口汤。

［灯光暗转，呈现关阅奏章心潮激荡。

老爷！只叹为妻不能替你分忧解愁！只求喝口羹汤！驱驱寒气！

关海成　夫人呀！家规不让你参与下官公务！可今夜嘛！事关盐池数十万黎民百姓的生死，下官倒要听听夫人之见。

关夫人　夫君讲来，为妻静听！

关海成　夫人呀！
　　　　（唱）捧奏章请夫人过目详看，
　　　　　　　皆因为百姓苦无奈窃盐。
　　　　　　　按宋律盗国盐定当问斩，
　　　　　　　百年来多少人命丧黄泉。
　　　　　　　劫盐匪盗国盐其罪该斩，
　　　　　　　穷百姓窃国盐律不容宽。
　　　　　　　为此事日思夜想心焦虑！
　　　　　　　苦思寻修筑盐城保平安。
　　　　　　　修盐城可免生灵遭涂炭，
　　　　　　　怎奈是百里盐城非一般！
　　　　　　　呈奏章圣上能否纳此谏。
　　　　　　　夫人呀！
　　　　　　　这奏章是福是祸你为下官掂一掂。

关夫人　依为妻看来，官人所谏于国有利于民有益，不如先将奏章送与钦差大人，看他是如何看待盐城一事。

关海成　唉！这位钦差大人，有负圣上重托，下官已和他顶撞多次，只怕他压下不予转呈圣上。

关夫人　若不让他阅谏，圣上一旦纳谏筑城，他必怀恨在心，勿为国事而招来身外之祸！

关海成　言之有理！

尉　　吏　（急上）禀大人！本尉有要事禀告。

关海成　你且讲来！

尉　　吏　四郡运盐马邦，按朝廷配额批数，也不过五百匹骡马所载盐量,谁知竟是千匹驮运,这其中必定有鬼!
关海成　竟有千匹骡马运盐,是谁放其出境?
尉　吏　小人不知?
关海成　离开盐池关口已有多少时辰?
尉　吏　两个时辰!
关海成　你我速速带人,出关追赶,查个明白。
尉　吏　遵命!
关夫人　途中多加小心。
关海成　夫人放心!（急下……

第四场

时　间　月夜
地　点　盐池通向黄河渡口的途中
　　　　［幕启：鲁豫鄂燕的驮盐马帮正在急速行驰，
　　　　马蹄声在月夜回响……
鲁盐商　（唱）晋南月夜雾朦胧，
豫盐商　（唱）黄土飞扬伴马声。
鄂盐商　（唱）盐帮驮队鞭声紧，
燕盐商　（唱）急急忙忙赶路程。
　　　　（合唱）你我弟兄喜不尽，
　　　　　　　　满载而归奔河东，
　　　　　　　　只要过了风陵渡，
　　　　　　　　鱼跃龙门变富翁。
关海成　（内唱）扬鞭催马奔渡口，
　　　　［率尉吏等人役乘马追赶驮队……
　　　　（上唱）心急如焚过解州。
　　　　　　　　百思不解谁作弊？
　　　　　　　　拦截盐帮细查究。
　　　　　　　　马蹄似火路向后，
　　　　　　　　日夜星稀风飕飕！

决不能让盐帮渡河而去，
　　　决不能让歹徒逃脱法纠。
　　［率众追下。
　　［驮队赶到风陵渡。
鲁盐商　到了风陵渡，快将盐驮卸下来，准备上船。
豫盐商　老兄！过了河，就到咱的地界！小弟祝你们一路顺风，谢诸位帮了大忙！
鲁盐商　你我都要谢钦差大人，没有他的运筹，把朝廷给咱们各郡所配的盐量翻了番，不然咱咋能驮回这么多盐！
豫盐商　今年盐池因雨少盐，这盐可比银子还贵重，没钱能活，没盐可活不了啊！这盐价从此就操在咱们的手里了！哈哈……
鄂盐商　同仁们！按咱和钦差大人的君子协议，在盐池官邸咱们付了他一半酬金，而另一半说好到了风凌渡口再付，我将银子早已备好，咋不见钦差大人派人来收银呢？
燕盐商　兄弟！他虽是皇上派来督察运盐的钦差，可他到此也是人生地不熟，能拿去咱那一半酬金，就够他人经八辈都花不完了，他不来拿一半就免了！
鲁盐商　唉！兄弟！红口白牙答应的钱，就是他不来，咱也要留着，可别忘了信义二字！这是咱盐商之道么！
鄂盐商　老兄说得对，咱过了黄河，到了开封把酬银送去！咱不失信！
　　［正说着，从船舱走出一帮人，正是钦差大人心腹刘师爷。
刘逢君　这两位兄弟的话，还够朋友！
四盐商　（见状，急跪拜）原是刘师爷大驾光临，酬金已按数备齐，请师爷验收！
刘逢君　各位！信乃人之根本，人而无信，不如猪犬。钦差大人为保各家盐帮安全到岸，特让我早来一步各方打点，你们既已平安到了河口，就以君子协议，一手支付酬金，一手卸盐登船。

四盐商　将酬银抬来,刘师爷这么多银两往哪儿送呢?

刘逢君　打开银箱,待吾验银!

　　　　［刘取出一锭用牙咬后,点头收银。

豫盐商　刘师爷,这是货真价实的银锞,可不是假冒元宝!

刘逢君　抬上船,运回开封钦差大人府衙。

鄂盐商　刘师爷一路操劳,我等给师爷备好了这份的酬金,爷你摸摸数额如何!

　　　　［盐商伸出袖口与刘袖口两手相交……

刘逢君　(喜形悦色)知足者常乐!行!谢谢各位了!船帮主家!

船帮主　刘师爷吩咐!

刘逢君　让各船搭了浮板,招呼盐驮上船!

船帮主　是!各船弟兄们听着,速速搭了浮板,抬盐驮上船。

众船伙　(内应)帮主放心!放浮板……

四盐商　(兴奋不已)弟兄们!加劲卸驮子上船,卸完重赏!

众驮帮　谢主家!

众船帮　放浮板了……

　　　　(号子声)黄河无风三尺浪哟,
　　　　　　　　风陵渡船帮硬邦邦哟!

众马帮　(号子声)天下黄河黄又黄哟,
　　　　　　　　盐驮马帮响当当哟!

众船帮　(号子声)船帮喜得踩风浪哟!

众马帮　(号子声)马帮乐得驮盐桩哟!

众船帮　(号子声)银灿灿哟!

众马帮　(号子声)金光光哟!

众船帮　(号子声)吃一口盐哟!

众马帮　(号子声)二杆子壮哟!

众　合　(号子声)搂着婆姨快上床哟!
　　　　　　　　快上床哟!快上床哟!

　　　　［传来急促的马蹄声、嘶鸣声……

鲁盐商　哎呀不好!你看黄土飞扬!一队黑麻麻马队赶来,

	莫非是盐运使关海成派人拦劫咱们来了！
豫盐商	不怕！他来了好！咱叫他有兴而来，败兴而归，咋来咋回！
鲁盐商	明白了！弟兄们，别怕！只管把盐驮子往船上抬！
关海成	（率众上见状，愤然）人役们，将盐帮扣押，盐驮就地查封！
尉　吏	遵命！（率众欲动手！）
四盐商	弟兄们护盐者重赏！
	〔双方开打……
刘师爷	（从船舱上岸）各方住手！
关海成	（见状愕然）刘大人，为何到此！
刘逢君	关大人！钦差大人为了确保盐池国盐不让走私盗运，特派卑职来到黄河渡口查验有无违规盐帮盗运国盐！
关海成	刘大人来得正好，这鲁豫鄂燕四郡盐帮，竟将朝廷所配盐量，窃取库盐两成之多，超运库盐百万斤，今年盐池因雨减产，这四家非法倒盐，库盐不足，如何按朝廷所配盐额发配各州郡县，何以供天下臣民百姓用盐，此乃关系我大宋君臣百姓之安危！请大人同下官立刻缉拿这些违规盐商，查明首犯，以不负钦差大人来盐池之重托。
刘逢君	哈……关大人呀！关大人！你言说这几家不规盐商倒运库盐，但不知大人所讲之"倒运库盐"之倒字是倒运的"倒"，还是说盗窃的"盗"！若是后者那四位皆属盗贼，应立即缉拿，就地正法！若是前者的"倒"运，也要凭证俱全，不能无凭无据缉拿盐商。
关海成	下官呈出今年圣上亲点各州郡配盐谕旨，四家倒取国盐上百万斤，造成盐荒！这难道不足扣押所运食盐？不缉拿盐商，何以查出幕后帮凶！
刘师爷	大人言者极是，超配上百万斤食盐这正是钦差大人让我拦截四家盐商凭什么竟得到如此大的盐量，这

是谁人吃了豹子胆,竟敢违却圣命!哼!只可惜呀!可惜!我方才查看他们四家的配盐运册上,却是印信俱全!

关海成 噢!印信俱全?刘大人!下官身为盐运使,凡各州郡县所配国盐运册,非我亲盖盐池金印,非我按上下官私章,方可为效!这四家盐册下官从未亲办,竟会盖上官印私章,实为伪造,罪加一等!

四盐商 哈……

关海成 尔等发笑为何?

豫盐商 我等配盐运册,非但不是伪造,而是货真价实的盐池官印和大人你的贵章!

关海成 我却不信!

刘逢君 呈予关大人亲鉴!

四盐商 请关大人亲自鉴验!

〔四人呈文,关看罢愕然……

关海成 这……这怎么真是盐池的官印?下官的印章啊?

四盐商 关大人再仔细审验!审验!

关海成 这……这!官印私章尔等从何而得如实讲来!

鲁盐商 实话实讲:没有盐池官印和大人宝章,我等谁敢拿脑袋开玩笑,你心知肚明,还来反问我等!

四盐商 哈……我们这配盐运册可不是白来的!不是白来的!哈……

关海成 (焦急、愤然、无奈地扑倒到刘逢君面前,抓住刘急问)刘大人!刘大人!这!这岂不是弥天大冤吗?

刘逢君 大人!若说是弥天大冤,我就将这盖印之人,实话告诉于你!他!

关海成 他!他!他!他是何人?我要将他绳之以法,严刑处理。

刘逢君 他!

关海成 他!

刘逢君 他他他……他是你的儿子关小忠盖的!

关海成　小奴才？小奴才啊……
　　　　〔气晕倒地……
众　　　关大人……（尉吏跪抱怀中）
　　　　〔伴唱:在低沉凄泣的蒲剧旋律哼鸣声中闭幕。
　　　　（唱）嗯……
　　　　　　　唉……

第五场

时　间　次日
地　点　钦差官邸
　　　　〔幕启:钦差大人正在阅关海成送来的"修筑百里盐城"奏谏……
刘逢君　（急上）卑职叩见大人！
黄天奎　酬金可曾办妥？
刘逢君　大人,四家盐商如数支付,已按大人之命运回开封大人府内。
黄天奎　辛苦了！
刘逢君　只是关海成率人役追到渡口查究,我按大人嘱咐,说出他子盖印,那关海成听罢气晕倒地！
黄天奎　哼哼！这就是他不吃敬酒吃罚酒的下场,你我静观他是如何处理其子的罪行！
刘逢君　大人！卑职知晓关海成仅此一子,若按宋律,只怕性命难保！念他儿子成全了大人的好事,还望大人从中周旋,以保其命,也算是大人积了阴功！
黄天奎　哈……你真乃书生之见,岂不知要得发横财,无毒不丈夫。这是关海成让老夫转呈圣上的奏折,你且看来！
刘逢君　（念）为免盐池百姓窃盐丧生,为防大盗结帮盗盐,呈谏修筑百里盐城……
黄天奎　不知你观后作何想法？

刘逢君　难得关海成有此高见,若筑百里盐城,一可防范大盗,二可免去百姓遭难。只是这百里盐城须耗巨资,恐怕圣上难以准奏。

黄天奎　哈哈哈!正因需耗巨资修筑,这才是一桩肥差。老夫将此谏奏改为是吾上奏,再请几家大臣相帮,事成之后,少不了他们的好处。只是这项浩大盐城工程,圣上若准巨资支付,需一贴心之人,替吾运筹,方保万无一失!

刘逢君　大人言者极是,此人不仅对大人忠心耿耿,还须深知筑城之方,不然,日后如有城垣塌陷,后患无穷!

黄天奎　嗯!只要圣上准奏,何须想得那么远!老夫管不了日后,只说眼下,圣上若准修筑盐城,这桩肥差决不能让关海成拿去。

刘逢君　按理盐运使承办修筑盐城,乃是分内之事!

黄天奎　正因如此,老夫想借他子盗印之事,将他罢官治罪!

刘逢君　这……

黄天奎　这个执掌盐务修筑盐城的肥爵,老夫力谏你来担当!

刘逢君　卑职才疏学浅,恐难担此重任!

黄天奎　哈……老夫要的不是才学,要的是你对吾的忠心。事若办成,你官运财运岂不都到位了!哈……

刘逢君　卑职叩谢大人的栽培!

黄天奎　老夫即日起程回京!一奏修筑"百里盐城",二奏关海成为贪盐银,纵子盖印,父子勾结,倒卖国盐!此案经老夫暗查,赃证俱全,定置他父子于死地。

刘逢君　老大人,若关海成之子咬出大人!岂不是引火烧身!

黄天奎　哼哼!老夫早有所料,故而跟他一无字据,二无指印,空口无凭,他盗印盖章却是贮证。书吏呀!须知关海成此类仕途之人,晚除不如早除!

刘逢君　卑职明白了!

黄天奎　吩咐下面多备香蜡纸裱,老夫行前,要去关帝庙进香,以求关老爷保佑。

刘逢君　下面听着,钦差大人回京之前,要去关帝庙进香,多备上乘香蜡纸裱!
　　　　（内应）遵命!
黄天奎　哈……

第六场

时　间　次日
地　点　关帝庙内
　　　［幕启:关海成捆绑着儿子跪在关老爷像前,关夫人泣哭不已……

关海成　（哭诉）关老爷呀!关老爷!我关海成一家愧对关氏列祖列宗!教子不到,违却宋律,逆子利欲熏心,听信谗言,竟然窃去印章,致使国盐倒失,朝廷受损,百姓遭难,我有负皇恩,愧对祖宗!今日引咎请罪,绑儿伏法行前,来到祖庙,忏悔服罪!儿呀!奴才!你你你罪该万死,还不忏悔!

关小忠　父亲呀!糊涂的父亲!尽管儿我私盖官印,窃去父印有罪,可这都是那钦差肆意引诱你儿所为呀!

关海成　（狠打儿倒地）奴才!
　　　　［关夫人扶儿……
　　　　（唱）小奴才讲话气炸胆,
　　　　　　你利欲熏心陷套圈。
　　　　　　丧失国盐要问斩,
　　　　　　私贪贿金罪滔天。
　　　　　　到如今奴才不自惭,
　　　　　　祖庙之前仍胡言。
　　　　　　儿呀你抬头庙堂看,
　　　　　　祖宗遗训悬两边。
　　　　　　大丈夫视金如土忠义汉,
　　　　　　大丈夫正气凛然辨忠奸。

儿呀你为祖宗丢脸面，
儿呀你不听父言听谗言。

关小忠 父亲呀！
爹爹莫要怒冲冠，
（唱）儿临刑有话吐庙前。
你言说儿我不听父之教，
多年来父只知公务为先。
多少年父只顾清廉节俭，
你可知娘和儿缺衣少穿。
同是官家儿和女，
却为何人家荣华富贵享不完。
儿也曾亲见张家以权得田产，
儿也曾听得李家做官收银钱。
到头来说归说管归管，
作弊的照样在做官。
儿也知父训为官要洁廉，
父可知儿心不平夜不眠。
儿明知被人诱唆冒风险，
儿自作自受不把他人来牵连。
儿只叹未向父母行大孝，
儿只愧关家从此断香烟。
儿是关家忤逆子，
父亲啊！母亲呀！
儿来生重投娘胎把愿还！

关夫人 （唱）我儿诉出肺腑言，
倒叫娘心更疚牵。
儿呀！
娘平日对儿少教管，
儿触法娘心似刀剜。
我儿不要将父怨，
你父为官可对天。

娘只恨钦差太毒狠，
害咱一家陷深渊。
娘要上京去告状，
要让那害人之辈进牢监。

关海成 （唱）叫夫人讲话要检点，
事到如今自惭然！
怨儿至死不悔过，
上京告状也枉然。
天不怨啊地不怨，
只怨我关海成教子不严。
拜别祖宗出庙院，
叫人役押孽子法不容宽！

［尉吏无奈将关小忠押出庙堂时，刘逢君陪钦差进庙，二人相见。

关小忠 你！你在阳世害了我，到阴间我教你也不得好过……

［尉吏押小忠下。

关夫人 （见钦差愤然指责）你！你！你身为朝廷大臣，引诱我儿，害我一家，我要上京告你……

黄天奎 哼！老夫进香，岂容骚扰，请出庙堂！

［刘逢君示意，人役将关夫人扶出庙外下。

关海成 （强忍怒气）钦差大人，吾儿方才所言，大人该是听见了吧！

黄天奎 老夫一心进香，不容打扰！

关海成 好！既然钦差大人一心进香，我便陪大人一同进香。

黄天奎 （强忍怒气）既然关大人愿同我跪拜关老爷，那就一同进香。

关海成 关老爷，这位堂堂钦差大人，乃是大宋皇帝派来秉公督察下官处理盐务的，今日钦差大人专程给你老人家进香，你可要显显灵呀！

黄天奎 老夫在京早已闻名，关帝庙关老爷神灵无极，能与人消灾消难!

关海成 钦差大人心底无私,岂能有灾有难!倒是我关海成教子不严,失职辱权,为贪盐银,不择手段,收了四家盐商贿金,倒去食盐,给百姓带来盐荒,我的良心丧尽,自知不得好报,故来关帝庙进香,请关老爷明镜高悬,惩恶除奸!

黄天奎 关老爷!老夫离京之时,圣上让我代他向关老爷进香,以求关老爷为我大宋朝降福于民!

关海成 关老爷!圣上托钦差大人求你降福于民,你老人家对那有害万民百姓者,可要严惩不贷!让那些披着朝服,心藏祸心贪食民脂民膏的贪官污吏,叫他们夜不能眠、心不能安!他们干了伤天害理的亏心事,让他们今世不得好过,来世不得好报!

〔一声霹雷,庙外天昏地暗。

黄天奎 (被那雷声惊恐,污触的心灵误以为关老爷真的要显灵了……)啊!关老爷!关老爷!老夫可是诚心进香消灾消难来了,关老爷!关老爷!你要保佑吾今世平安……

〔幻觉中关老爷雄威的神情,怒目对钦差讲道……

关老爷 尔有负大宋皇帝重托,有负百姓厚望,贪婪无极,利欲熏心,再不改邪归正,吾将你即刻遣送地狱,让尔上刀山、下油锅、穿肠剖肚,叫尔碎尸万段!碎尸万段……

黄天奎 关老爷饶命!关老爷饶命……

〔幻觉暗转,钦差仍跪在庙堂喊着:关老爷饶命……(昏倒)

关海成 (狂笑)哈……

刘逢君 快快抬钦差大人上轿……

〔众人役抬起钦差向庙外急去

关海成 哈哈……

〔笑声回荡庙堂,笑声向天外飘去……

尾声

时　　间　宋朝,数月后
地　　址　盐城工地
　　　　　　［幕启,衣衫褴褛的百姓背砖修筑盐城……
　　　　　　［关海成此时已成囚犯,与众囚犯一起在背砖修盐城……

刘逢君　(正在盐城监工,他望背砖的关海成,感慨地问)那位背砖的囚徒是关大人吗?

尉　　吏　(望)正是!

刘逢君　唉!(自言自语)可叹他教子不严,使这位忠君之臣竟落得罢官为囚,儿子斩首。唉!人心思变,有的好人做了官心变坏了,也有坏人做了官,心变好了,关大人呀,关大人,卑职对你深感钦佩呀!人心思变、人心思变……
　　　　　　［边说边向另一盐城工段走去。
　　　　　　［风尘仆仆,披头散发的关夫人在盐城工地喊着丈夫的名讳!

关夫人　海成啊海成……
　　　　　　［酷吏鞭打着修盐城的囚犯……

关夫人　海成呀!你在哪里?我告状回来了,我回来了!告赢了!告赢了啊……
　　　　　　［关海成被沉重的砖压倒在地!被夫人发现!

关夫人　啊!海成呀!(抱起海成)圣上派包大人审理此案,又有刘大人从旁作证,黄天奎已判死刑,打入天牢,又审讯你给皇上修筑盐城的奏折由于黄天奎从中作梗,使你蒙冤。圣上已恩准让你负责管理盐务,修筑盐城。圣旨不日即到。海成呀!查清了!冤明了!该惩的惩了,该罚的罚了……

关海成 噢！关海成跪谢圣上派包大人查清了，冤明了，该惩的惩了，该罚的罚了，唉！该得的得了，该升的升了，该笑地笑了，该哭地哭了，笑了，哭了，苦了，累了，笑了，哭了，笑了，哈哈哈……

〔由狂笑到哭笑……

〔百感交集的笑哭声中，揪心的蒲剧板胡声，伴着哭笑的哼鸣回荡在盐池上空！

（主题歌）盐兮！魂兮！

　　　　　魂兮！盐兮！

　　　　　人生百味何为贵？

　　　　　何为贵？何为贵？

　　　　　回尝百味盐为魂。

　　　　　盐魂正气兮！

　　　　　盐魂忠义兮！

　　　　　尝不尽的味，

　　　　　梦不完的魂！

　　　　　盐池魂兮！

　　　　　盐池魂兮……

〔在歌声中场景转换为茫茫盐池……

〔关海成和夫人在盐风中，眺望着盐工们在盐池辛勤的劳作……

（剧终）

郭秀明

编剧 冀福记
　　　王军武

剧目简况

21世纪初,陕西省委对我省铜川市惠家沟党支部书记郭秀明,为带领乡亲们脱贫致富而劳累成疾,献出生命的先进事迹。号召文艺战线学习创演文艺作品,宣传郭秀明同志的品德与精神。为此,西安易俗社党总支社委会决定:主创人员到惠家沟深入生活,为创演一部源于生活又高于生活的秦腔现代剧《郭秀明》,又邀请王军武同志与本人合作编剧。组织决定由本人担任导演,集全社作曲、舞美及老中青演员组成的郭秀明剧组。日夜排练不足半月,于易俗大剧院连演一百三十余场,收入百万元,由央视十一频道录制连播十八次,选参中国秦腔艺术节荣获优秀剧目奖,并获编剧、导演、音乐、舞美、主演等十三项大奖,后又巡演陕甘宁二百余场。广大戏迷自发敲锣打鼓祝贺该剧演出成功。

人物表

郭秀明　男,40多岁,医生,后任村支书。
郭　妻　女,40多岁,郭秀明的妻子。
郭　父　男,60—70岁,郭秀明的父亲。
郭　母　70岁左右,郭秀明的继母。
郭　琴　女,20多岁,郭秀明的女儿。
郭　民　男,20岁,郭秀明的儿子。
雅　芳　女,19岁,郭民的未婚妻。
雅芳母　女,40岁,雅芳的母亲。
建　林　男,26岁,后为村委会主任。
建林母　女,50岁,建林的母亲。
徐　良　男,24岁,农村青年。
周　忠　男,48岁,村会计。
王　兴　男,40岁,镇党委干部。
程乡邮　男,28岁,邮递员。
姚　斌　男,29岁,郭琴的丈夫。
郭小霞　女,36岁,郭秀明的妹妹。
小　林　男,38岁,小霞的丈夫。
薛选民　男,55岁,村民。
秀　英　女,58岁,薛选民的妻子。
薛小民　男,22岁,薛选民子。

翠　玲　女,20岁,小民妻。

狮子叔　男,60岁,村民。

惠老大　男,35岁.村民。

惠老二　男,30岁,村民。

惠老三　男,28岁,村民。

村干部,村民甲、乙、丙,妇女甲、乙,青年男女甲乙丙丁,推土机司机,司机甲、乙,群众若干。

序幕

〔景：黄河瀑布
〔灯光效果：朦胧可见
〔剪影造型：郭秀明肩扛锄头，面向黄河，感慨万千
〔领唱，伴唱中一群黄土汉子在拼搏……
〔主题歌：
黄河流千里把源头望，
皇帝植古柏世代荫凉。
黄土汉子心潮激荡，
用生命搏击贫困，
用生命播撒阳光。
〔升光，众造型

第一场

〔1991年深秋，渭北高原，惠家沟山沟峁梁，秋色中显出黄土坡的贫瘠，一排排土窑洞中唯郭秀明家新瓦房鹤立鸡群。柿树旁，郭家墙上挂块"惠家沟村医疗站"牌
〔郭母和郭妻、郭琴及村姑们在剪喜字
〔郭琴拿着"龙凤喜字"上

郭　琴　爸！你看我奶给郭民剪的这喜字比城里卖的水平还高！

郭秀明　你奶给谁剪呢嘛！还能不好！

〔一群村姑舞上，手捧剪纸相比试着走向郭家院子。

郭　母　今日给民把婚一订，奶还盼着抱重孙呢。

郭小霞　你们看！郭民领着新媳妇从沟里上来了！

〔郭民，雅芳和雅芳母进院

郭秀明　亲家！亲家！

雅芳母　郭大夫，今日结亲，叫亲家好！叫亲家好！

郭秀明　一会儿坐席，我要特意给你敬上一杯酒。感谢你养了个好姑娘！

雅芳母　要说我还得感谢你两口！你看从沟底到沟脑，就只有亲家盖了大瓦房！娃能到你家就上福了，再也不跟我受苦啊！

〔几位中青年村民，高兴地跑上

惠老大　郭民，雅芳今日定亲，给叔把酒看好！不然！我可得给你爸抹个黑脸包公！

狮子叔　娃是娃的情。爸是爸的情，今日郭大夫不跟咱敬上几大盅！咱给他老两口都抹个花花脸！

惠老三　红事要办红火，先给郭大夫两口丢个彩。

惠大嫂　我早把会计的印色盒预备好了。

惠老大　嘹，叫一二咱就下手。

〔众追郭夫妻，左堵右截！喜笑颜开，正要抹彩时，突然传来急迫喊叫声

薛选民　（背着病势严重的妻子，哭喊着！）郭大夫！郭大夫！

众　人　（惊见状）选民……

郭秀明　选民！

薛选民　再甭提咧！我跟人家顶了几句嘴病又犯咧，郭大夫！我求求你！

郭秀明　不要啰唆！快把人背到病床上，先打强心针！

薛选民　这！又得赊账！

郭秀明　救人要紧！快（扶进屋）

| 惠老大 | 今日兴兴的事让这给搅黄了！
| 程乡邮 | （推着自行车,边推边喊）郭大夫！鄂大夫！
| 郭　民 | 程叔,先歇一下,我爸正给病人打针呢！
| 程乡邮 | 给,卫生报！还有你爸新订的杂志收款单据！告诉他下月刊物就来咧。
| 郭　民 | 程叔,我爸新订的啥？
| 程乡邮 | 农村科技！好刊物！
| 郭　民 | 我爸是神经咧！一份卫生报就够了,花的这闲钱干啥呀！
| 程乡邮 | 这可不是闲钱。
| 郭　母 | 咋不是闲钱,正事都忙不过来,你给退了。
| 郭　民 | 麻烦程叔给退了！
| 程乡邮 | 退！（郭秀明从屋内出见状）
| 郭秀明 | 不能退！
| 郭　民 | 爸你又不是科技干部,可订这……
| 郭秀明 | 懂得啥嘛？看看你选民姨为啥跟你叔吵架,就是因为穷的给娃娶不起媳妇。才把你选民姨气的心脏病又犯了。
| 郭　民 | 爸得是忙糊涂了,我选民叔家的事跟咱订这杂志有啥粘的嘛？
| 郭秀明 | 你……你到知道个啥吗！
| 郭　民 | 爸……
| 郭　妻 | 民,听妈告诉你。
　　　　　（唱）你爸的心事妈知道,
　　　　　　　近日他翻来覆去睡不着。
　　　　　　　背靠在炕头对妈讲,
　　　　　　　一沟人就咱家滋润逍遥。
　　　　　　　咱为儿订婚摆宴全家喜,
　　　　　　　多少家无钱娶媳心发焦。
　　　　　　　咱如今窑洞换成新瓦房,
　　　　　　　有多少穷家光棍住破窑。

　　　　　你爸说一家富了不为富，
　　　　　他要叫乡亲们喜上眉梢。
　　　　　因此上找镇长把心愿表，
　　　　　他要把支书担子双肩挑。
　　　　　为脱贫争当支书不怕人耻笑，
　　　　　怕的是灯内无油甘自耗。
　　　　　你爸讲要把党的阳光送乡亲，
　　　　　先得要自家眼亮心明燎。
　　　　　托你叔订了这份科技报，
　　　　　图的是好为乡亲把心操。

郭　民　爸！你！你真的毛遂自荐甘愿受这窝囊气。
郭秀明　爸不受这气总得有人受嘛！
郭　母　娃呀！你是叫福给享糊涂了，好日子没过几天，你可给自己寻事呢！你看沟里有办法的谁愿当干部受累！你一身病，这几年刚好起来，你就给我寻事呢，快把订的那退了！
郭秀明　妈！这不能退！
郭　母　非退不可！〔选民在窗内往外看
郭　父　他妈！秀明想的做的，我看路是正的。
郭　母　你！？
郭　父　我赞成！咱要举捶头表决，我看这在座的怕反对的不多。
薛选民　郭大夫！你想到咱惠家沟人心窝窝咧！我这几年穷的无路可走，你知道吗，昨天我向村上借钱，可账上只有七角六分钱！
众　　　（众惊）啊！……
薛选民　郭大夫你能领大伙干，我薛选民第一个举拳头赞成。
众　　　郭大夫，郭老弟，你干！你干！我们支持你……
　　　　　〔此时镇政府王镇长上
王　兴　老郭，我也投你一票！

郭秀明 王镇长,你来得正好,我给儿子订婚,你喝杯喜酒。

王　兴 老郭,祝贺你,今日你是双喜临门啊!你看,这是镇党委批准你为惠家沟村党支部书记的批复。

郭秀明 镇党委批准啦!

王　兴 批啦!镇党委作了慎重研究,既信任你的工作能力。又怕累垮你的身体!

郭秀明 只要组织信任我,哪怕累死也心甘。

王　兴 哎!咱既要有工作热情,还要有实事求是的科学态度,身体要紧,你看没啥问题吧?

郭秀明 没啥!

王　兴 如果有啥问题,现在变还来得及。

郭秀明 说过了就不变。

王　兴 那我通知党员开会,宣读批复。(王下)

郭秀明 〔回头望见医疗站的招牌,心情激动
站牌呀!(摘牌)
担大任就得要考虑长远,
何须为眼前利犹豫再三。
舍小家为大家主意不变,
大丈夫一言九鼎如泰山。

郭　民 (上)爸,你摘牌干什么?

郭秀明 不看病了。

郭　民 爸你咋啦?

郭秀明 镇党委批准让爸担任咱村的支部书记,我想一心无二用,就干脆把它摘了。

郭　民 爸,这牌子不能摘!你摘了容易竖起难,方圆几十里谁不知你是个有名的大夫,你不看病,家里还吃什么,用什么?

郭秀明 这些爸想过了!咱这些年还有些积蓄,牌子摘了爸就腾出手忙村上的事,万一有人要看病,这也是爸联系群众的机会嘛!

郭　民 爸,凭你这身体,怕三年都撑不下来。

〔厨忠上

郭秀明　我就是只活三年，也要为群众办几件实事！看这惠家沟穷成这样子，我是个医生，乡亲们来看病.有时连几毛钱的感冒药都要赊账，全村有三分之一的人都欠着药费，欠的我连周转资金都要给人赊账。还有的人有病没钱就硬扛着，连最起码的医疗保障都达不到，他们都是人啊！我是个党员，看到这些，心里不好受啊！全村那么多穷户.咱一家富了心里不自在，我要领上乡亲们共同致富。〔走到墙边，卸掉牌子扛回屋里，放在墙角

郭秀明　这件事我是铁了心了。
　　　　郭民拿上牌子又挂在墙上，郭秀明发现后，又摘下来，郭民夺过牌子，欲挂。
郭秀明　郭民！〔上前取过牌子
郭　民　爸！
郭秀明　开弓没有回头箭，咱一定要干出个名堂。
　　　　〔扶牌子亮相，众神态各异！

（幕闭）

第二场

〔建林家的土窑洞前,摆有石头桌凳.旁是青年徐良的家

〔幕启,建林母持喂鸡、喂猪、喂羊等食具上

建林母 (唱)儿贩木材兴时运,
　　　　　日子渐强事顺心。
　　　　　养羊喂猪把钱攒,
　　　　　只盼着给儿早成亲。
　　　　　光棍村有名怕打问,
　　　　　何时媳妇才能上门?

〔吆喝喂鸡、猪、羊、叫声起

　　　　　叫什么,别叫啦。

徐　良 〔徐良边哼民歌边上

　　　　　伍婶!五婶!

建林母 噢!徐良,啥事?

徐　良 看我建林哥抽的巴巴烟么,叫娃抽一支。

建林母 没有!没有!

徐　良 〔见地上一烟头

　　　　　噢!带把的猴王烟!伍婶,我建林哥这几年贩木材可富起来了,你给他说说!把我这贫兄弟也带一带!

建林母 不是建林不带你,你一身的本事,叫懒给害了!光知道吃救济!

徐　良 哎呀,哎呀!你把娃说成啥咧!来!我先帮着干一下,你看看。

建林母 不用!不用。

郭秀明 〔上,唱

走遍沟峁百家问，
探求穷村致富门。
建林人活门道广，
三请诸葛登柴门。

建林！建林！

〔建林母听见郭叫,忙将徐推出门,急将门关上。端一小凳背靠屋门

徐　良　（不解地）唉！伍婶！你咋把门关上咧！

郭秀明　徐良！是冲着我,才把门关咧！

徐　良　你这郭大夫一向受人敬重！才当了两天半支书,咋就给来个闭门羹！

郭秀明　（笑）嗨！伍嫂子.伍嫂子！建林回来没有？

建林母　（在屋内）秀明,我给你说过几次了,你有本事当你的官.再甭拉扯我娃建林！

郭秀明　伍嫂子！建林是共产党员！有些事得跟他商量。

建林母　商量啥哩,自家的事都忙不过来,还顾得忙你那党里的事！

郭秀明　你先把门开开！我给你细细说！

建林母　〔不理……

徐　良　（故意地）伍婶,你敢把党支书关在门外！寻的是……

郭秀明　徐良！少咋呼！

徐　良　哎！好我的郭支书,我这是替党说话呢！你咋还训啥呢？这日后谁还敢给党说话！

郭秀明　反正我今日非要等建林回来不可！你有啥就说！

徐　良　哎,你是听真话,还是听假话！

郭秀明　你想咋说就咋说！

徐　良　好！那我就开门见山喋真的！不过！可有一条,不准给人穿小鞋！

郭秀明　哈哈……我还没学会咋做鞋哩！拿啥给你穿呢！有话就直说。

徐　　良　好！

（唱）郭叔你莫把徐良怪，
　　　我说你放的自在不自在。
　　　为啥你不当大夫当书记，
　　　真真是逮的老鼠咬布袋。
　　　这多年村支书为啥人不爱，
　　　当了官光为自个谋钱财。
　　　你上台是真是假是假是真，
　　　真真假假眼下难分好和坏。
　　　你能保常在水边不湿鞋，
　　　莫怪我伍婶把你拒门外。
　　　我劝你不如趁早下了台。

郭秀明　你呀！敢提意见好样的！改革开放这些年，我们一些党员干部掌了权就不知道姓啥为老几了，见利忘义，不顾群众利益，给党的脸上抹了黑。可说实在的，也不能说共产党内连个好人都没有了！

徐　　良　几个好人能咋，凭你这个党员要真把惠家沟摆治好！我就认你是个真党员！

郭秀明　徐良！出水再看两腿泥！

徐　　良　你别吹牛！

郭秀明　那咱就来个骑牛看书——走着瞧！

建　　林　噢！秀明叔！

郭秀明　建林！你可回来咧。

建　　林　到门口咋不进去呢？

徐　　良　伍婶把门关咧。

建　　林　关了叫嘛，我妈的耳有些笨！开门！开门！

建林母　给你说！不行，不行！

建　　林　妈！是我，妈！

建林母　噢！真像我建林的声！〔不放心从门缝看

建　　林　妈！我回来咧！

建林母　我娃回来了〔开门，建林进，郭秀明徐良进门

郭秀明　老嫂子！

建林母　（无可奈何）唉！

徐　良　伍婶，甭生气！只要我建林哥发一支猴王！我一个列子跟斗就翻出门去！

建林母　给！给！这半盒都拿去！再不准来！

徐　良　（学猴）师父，老孙去也！（唱）我挑着担，我担上水，晚来日出……

建　林　郭叔，坐坐！

建林母　（拉建林）我打发都打发不走，你还让坐！你听妈的话，请你叔早些离开咱家！

建　林　妈！人常说有手不打上门客！再说我还是个共产党员……

建林母　你是共产党员，我还是共产党员他妈！在家就得听妈的。

建　林　可这——郭叔翻山越沟大老远来！咋能没说话可让人走呢！

郭秀明　老嫂子！甭担心，我不会把建林领到沟里去！你的心事我知道！怕给村里干不出名堂，耽搁建林的媳妇！你说对吗？

建　林　嗨！郭叔，我妈是穷怕了，怕再折腾又白忙活一场，耽搁了抱孙子,我也几十岁的人了。

郭秀明 不把惠家沟的事彻底治好,拔掉穷根,要上个后代也是穷日子。建林!你是聪明人,在外边跑也经的多了,响鼓不用重槌。党员会、支部会都开过了,你不在,今天我专门来征求你的意见,想请你出山入伙,把惠家沟治好,让荒山绿起来,村民富起来,整个山村文明起来!

建　林 郭叔,你的想法很好,只是现在谁还给集体干吗?

郭秀明 别的地方条件好,单家独户干可以,我给咱惠家沟把脉号了,惠家沟要富就必须扭成一股劲,建学校、修公路、绿荒山、整良田,治理小流域、发展养殖业,走集体推进,集体致富的道路。

建　林 靠集体!

(唱)面对着村上缺钱又欠账,
　　　总不能空手套白狼。
　　　不是我不愿给村上干,
　　　沟里谁还把干部当。

建林母 (唱)建林娃讲的是实情,
　　　你为啥要当这领头羊.
　　　谁穷谁富命注定,
　　　再莫为村里瞎忙场。

郭秀明 (唱)大嫂子话可不能那样讲。
　　　你看这五个指头有短长,
　　　好政策能人犹如逢春雨,
　　　好政策穷人还须富人帮。
　　　致富路上回头望,
　　　不能让穷乡亲苦苦空忙。

建　林 (唱)想不通郭叔你倒图个啥?

郭秀明 (唱)建林呀!
　　　说起来这话有些长。
　　　(白)叔,啥也不图!

建　林　　那你倒……

郭秀明　　叔只图做个有良心的人。如今叔一家算沟里首富，可叔咋能忘记我全家因遭水灾，从河南逃难到甘肃，从甘肃又来陕西，走过多少地方，只有惠家沟的乡亲们不嫌弃，收留了我一家人。今天咱富了，咋忍心眼看沟里乡亲受穷呀……

建　林　　郭叔！你不说了！我跟叔走，只是我妈〔努嘴示意〕

郭秀明　　只要你表态，你妈的工作我来作。嫂子，建林已经给话了，叫娃跟上我们干，你还有啥意见？

建林母　　哼！你得是给儿把媳妇订下了说放心话哩，我建林呢？建林跟他舅合伙贩木头，咱还要讲个信誉呢？等我跟他舅说好了再说……

郭秀明　　建林他舅我很熟，我给他说。

建林母　　那建林的媳妇呢？

郭秀明　　这媳妇包在我身上咧！

建林母　　包在你身上？找不下我可要到你家去领噢！

郭秀明　　栽下梧桐树，还愁落不了金凤凰！

建林母　　说话要讲信用，你可不要晃荡我，建林今年已二十六七了，不能打一辈子光棍。

郭秀明　　行，找不下媳妇了你到我家来领，可要领回来了……

建林母　　那你就坐上席！

〔众笑，幕落

第三场

〔南梁荒坡上，众党员、团员跳着挖坑栽树舞蹈

（领唱）南去的大雁排成队，

　　　　头雁昂首穿云飞。

　　　　　寒风骤雨身边过，
　　　　　不达目的死不归。

党员甲　（众数着天上飞的大雁）东边二十，二十一，二十二
党员乙　（数）西边十五，十六
众　　　啥……
党员甲　神咧神咧，咋这巧呢，除了领头雁，西边二十二，东边十六。这个数，正是咱惠家沟上山挖育林坑的十七名党员，二十二名团员。
党员丁　唉！甭高兴得太早！这方圆数十里的荒坡，光靠咱这几十个党员团员黑明连夜的挖，这挖到牛年马年呀！
党员甲　我就想不通，郭书记放的好日子不过硬是给全沟人造福哩，就这精神把沟里这些上帝感化不了！
党员乙　说心里话再不是郭书记拼着命干，我早就想下山。
党员丙　甭动摇，我听我娃他妈送干粮来说，村里人见郭书记领上咱党团员，上山十几天啃干馍挖育林坑都坐不住了！
党员丁　甭听说的好，咋不见一个人上山来呢？
党员甲　你看有人上山来咧。
党员丁　唉！像是郭书记回来了。
青年丁　郭书记回来了，你看——
青年甲　哎！怎么后边好像还跟了个女的。
青年乙　就是呀！这女的是谁呢？
青年丙　啊呀！我看八成是薛选民的儿媳妇，嗨，咱们问问建林哥，兴许他知道，建林哥——
〔建林扛树苗上
建　林　哎.你们不好好栽树叽咕啥？
青年丙　哎，你看郭书记后边那个人是咋回事？
建　林　噢，那是薛选民的儿媳妇，去年冬天郭书记到媳妇他娘家来回跑了几趟，最后一次熬了个透透夜才答应撤诉不离婚了，听说媳妇嫌咱的村穷，到山外找

　　　　　人去了，郭书记闻讯才跑下山去，大概是把人截回
　　　　　来了。
青年甲　你看，就是选民和他儿媳妇. 回来了好，回来了好。
　　　　〔郭书记引选民儿子，媳妇上
　　　　〔青年们围拢上前，女青年迎住选民儿媳问长问短
众　　　郭书记？
郭秀明　再迟去一步就完了，人都马上准备上公共车呀！
薛小民　书记叔，我就是当牛变马也报不完你的恩德，我两口
　　　　商量好跟你上山挖坑造林。
郭秀明　欢迎，小民先跟你媳妇栽棵祈福的常青树。
众　　　好。
　　　　〔薛小民忙找来一把锨，媳妇也拿一把锨
建　林　来，我给你们选一棵壮苗！〔选树苗
秀　英　感谢郭书记！〔接树栽
　　　　〔众青年簇拥，合唱起舞
　　　　书记苦口化冰寒，
　　　　拆散的家庭又团圆。
　　　　双双栽下幸福树，
　　　　共同建设新家园。
　　　　〔周忠上
周　忠　郭书记，山上的树苗不多了，栽不到明天就完了，你
　　　　看……
建　林　上次买树苗，郭书记带头捐了一百元，才凑了一千多
　　　　元钱，不能……
郭秀明　建林，你到我家叫你婶把那苞谷种卖了，看什么还能
　　　　变卖钱，凑够一百元。
建　林　你家上有老，下有小，不行医了，花销又大，不
　　　　能再——
郭秀明　人误地一时，地误人一年，时令要紧，眼下先把树栽
　　　　了再说！
　　　　〔建林无奈下！郭对周

告诉大家、树苗很快就到、抓紧挖坑。〔周下
〔郭妻提着一塑料袋,气冲冲地去上

郭　妻　（唱）一早晨竟跑冤枉路,
　　　　　　　腿杠劲分文却未收。
　　　　　　　这些人说话不算数,
　　　　　　　欠账不还恶语吐。
　　　　　　　见了秀明把苦诉,
　　　　　　　气的我肚子直咕喽。
　　　　　　　哎嘘,哎嘘——
　　　　〔与郭碰面,绕场
　　　　当家的,老郭,秀明。
郭秀明　民他妈,怎么啦？什么事把你气成这样？
郭　妻　哼！再别提啦：一大早我就出去收欠的药费,三十多家子连一分钱都没有收上来,还让我生了一肚子气,你说这些人说话都不守信了,求到你门上了啥好的话都说……
郭秀明　啥,你收账去了？
郭　妻　嗯!
郭秀明　谁让你去的？〔生气的
　　　　（唱）谁有钱治病能赊账,
　　　　　　　治好病没钱还账理不长。
　　　　　　　咱沟里穷的一个样,
　　　　　　　你逼人要账太荒唐。
郭　妻　你不是说买树苗还缺钱,要动员大家捐款,我心想咱把这欠的药费收上来,捐一些给集体,表示是对你工作的支持。
郭秀明　哎,你这是啥支持,这是给我帮倒忙！
郭　妻　〔不解地
　　　　怎么是给你帮倒忙？
郭秀明　（唱）人与人交往最怕患的是心病,
　　　　　　　当干部最忌讳与群众心不同。

　　　　　　不为民谋利怎代表群众？
　　　　　　怕的是群众同干部心隔一层。
　　　　　　这几年村干部作风不硬，
　　　　　　给群众没留下好名声。
　　　　　　还有的近水楼台捞的猛，
　　　　　　让私心蒙住了自己眼睛。
　　　　　　给党脸上把黑抹，
　　　　　　也连累好人落骂名。
　　　　　　我上任决心把作风扳正，
　　　　　　才下势一身作则刹歪风。
　　　　　　急群众之所急，
　　　　　　干群众之所需。
　　　　　　下功夫要把这人心收拢，
　　　　　　你咋去给咱捅下这大窟窿。
郭　妻　（唱）你怎么越说我越不懂，
　　　　　　我好心反倒成了倒栽葱？
郭秀明　（唱）当干部就应该依靠群众，
　　　　　　才能够奔小康众志成城。
　　　　　　这几年咱村上穷，
　　　　　　人心无有定盘星。
　　　　　　咱张口闭口为群众，
　　　　　　一上任先收账忘却乡情。
　　　　　　想一想欠人钱理亏气短难立正，
　　　　　　你要钱给伤疤撒盐让人心里疼。
　　　　　　想一想群众怎样把咱看，
　　　　　　你给我下巴底下把砖撑。
　　　　　　说一套做一套自身不正，
　　　　　　我咋能做好定盘星。
郭　妻　噢，我没有想到这么深，稀里糊涂又干下个错事！那你说怎么办呢？
郭秀明　把那些药费条子给我！

郭　妻　给你做啥？
郭秀明　心病要用心来医,群众为啥见了你老远就躲了,就是欠账理缺,怕你追问,我看干脆把这药费条子当众烧了,把群众的心病取了,把捆群众绳子解了,就都解放了。
郭　妻　那你明天不当书记了,这药费还收不收！这可是一千七百多元呀！
郭秀明　一千七百多元算什么了？我要的是人心齐都往致富路上奔,整个村子都富了,这点小钱算什么,……大家不富,指望你一户再富也不顶啥！
郭　妻　啊呀！你心里想的那么大。
郭秀明　你当是啥哩,要不我放的轻松大夫不当,受这苦干什么？
郭　妻　〔似乎明白了什么
　　　　噢！
郭秀明　快把那些条子给我！
郭秀明　嗯,隔手的金不如到手的铜！我还要留着点！
郭秀明　嗯,你,〔争夺欠条……
　　　　众围拢上喊：都看啦,书记两口子争哩,郭秀明急中生智
　　　　大家都看着,我今天郑重宣布,为了解除大家的思想负担,放下包袱,经我夫人提议,把这三十多户的药费欠条烧掉,大家同意不？
群　众　这是钱,你烧的是钱啊！
郭秀明　是的,我烧的是钱,可它是纸上的钱啊！是个空欠账啊！不给无济于事,还把我同大家的心隔了一层,跟大家的关系疏远了,大家穷的连保命的药费钱都没有,我是个党员,看着它心酸,心里苦啊！我今天烧的是它,要的是大家的心啊！把它烧掉了也就把债主的关系解除了,我和大家的心连在一起,好往致富的路上奔啊！
众　　　秀明！

| 郭秀明 | 来〔打火机点燃欠条
| 郭　妻 | 秀明〔还想说什么,但已无济于事了
| | 〔强烈的音乐声,群众向郭秀明投来赞佩的目光,渐渐聚拢,造型

——幕闭

第四场

〔郭秀明家,房边可见羊栏
〔郭秀明父放羊归来,赶羊进圈,郭秀明母迎上。递上烟袋,郭父抽了两口

| 郭　母 | 他爸,你今日回来咋看不高兴?
| 郭　父 | 高兴啥?
| 郭　母 | 有啥事吗,你说呢,不要闷在心里把人憋出毛病来。
| 郭　父 | 给你说了你也解决不了。
| 郭　母 | 你先说说看我解决得了?
| 郭　父 | (唱)如今出了布告不叫到山上放羊放牛了!
　　　　自古牛羊放满山,
　　　　要收回圈养犯了难。
　　　　不是我把秀明怨,
　　　　改革改到你爸门前。
　　　　有心去按公约办,
　　　　我的心里不舒坦。
　　　　羊要吃草谁来管,
　　　　七事八事一大摊。
　　　　左思右想两为难,
　　　　等秀明回来问一番。
| 郭　母 | 不到山上放到哪呢?
| 郭　父 | 叫啥提倡圈养。

郭　母　这二、三十只羊,谁弄草呢吗?真真是胡折腾哩。
郭　父　谁说不是嘛,看他回来咋样做派!
　　　　〔郭秀明上
郭秀明　爸、妈,这是给你买的爱吃的油糕。
郭　母　好,秀明,妈问你,你咋不让你爸放羊了?看把你爸气的……娃呀!人老几辈都在山上放羊,你才当了几天村干部,倒折腾啥呢嘛!
郭秀明　妈!村上造林,乡规民约要大伙遵守!咱不能只要求别人遵守,不能丈八灯台照远不照近呀!
郭　母　你说的道理都对着,只是给你爸要好好开导开导,不然,你爸不放羊了,也在山上转不成了,闷在家里会憋出毛病的。
郭秀明　爸,你年纪大了,往后你也不要上山了,偶然把你跌一下,绊一下,出了事人也不知道。
郭　父　不上山就不上山了,你说圈养咱就圈养,可这二三十个张口货哪儿来的那么多草呀!
郭秀明　我来就是和你商量这件事的,在山上放牧怕你管不住,羊钻进集体的林子草地,破坏了村上封山育林的决定,放到家里养吧,又没人割草,我看不行了就把这些羊卖了。
郭　父　你说啥?!把羊卖了,亏你说得出口!
　　　　(唱)多年在山上来放牧,
　　　　　　伴它们日落又日出。
　　　　　　困难时没粮吃羊奶,
　　　　　　你有病全靠羊来扶持。
　　　　　　这些羊是我一只一只来繁殖,
　　　　　　那一只都寄托爸的心思。
　　　　　　这些羊给咱家立过功,
　　　　　　这些羊是咱家的命根子。
　　　　　　你咋能狠心要挖爸的心头肉,
　　　　　　要卖羊你先把爸来处置。
　　　　〔二人处于僵持。忽有人喊,"谁家牛进树林去了!

　　　　　快追呀！"
　　　　〔徐良拉两头牛上。

徐　良　（唱）乡规民约刚制定，
　　　　　　　有人竟敢不执行。
　　　　　　　拉牛去把书记问，
　　　　　　　看他是真包公来假包公。
　　　　（喊）郭书记，郭书记——
　　　　〔郭秀明迎

徐　良　不知谁家的两头牛钻到树林子，这是吃断的树梢子，你看咋办？
郭秀明　不管谁家的照制度罚，一头五十，两头一百，交给会计处置，奖励你罚款的百分之三十。
徐　良　好！这一下可有烟抽了。
　　　　（雅芳母急匆匆赶上。）
雅芳母　亲家、亲家，徐良，是你个挨刀子的，把牛拉到书记家来了？
徐　良　是啊，是你的牛，我看书记咋处理？
郭秀明　按制度办！
雅芳母　亲家，你看这个月淫雨下了十几天，牛没处放，不小心钻到集体的林子里去了，念起头一回，你就不要罚了，或者少罚一点行不行？亲家，你给说一下。
郭秀明　村上立了乡规民约都不执行，那怎么行？！
雅芳母　亲家，你连这点面子都不给，噢？
徐　良　（旁白）想还动真的！
郭秀明　这个面子不能给，给了不是都乱套了嘛，咱还订那个公约干什么？
雅芳母　好么，没见过你这样六亲不认的，要罚，咱这亲家也别当了！
徐　良　咳，嘹！世上还有这种亲家哩，一点面子也不给……
郭秀明　嗨，这公是公，私是私，这款非罚不可！
雅芳母　要罚，我家里可没有钱，要交也能行，你把我给你捐的买树苗的钱给我，我再去交罚款。

郭秀明　豇豆一行,茄子一行,这是两码子事,你在困难时候支持村上买树苗,大家感你的恩德,现在你犯了公约,就该赔偿。

雅芳母　不是看着你当书记有难处,我凭啥把钱交给村上.今天我有难处来求你.你就一点忙也不帮,你翻脸就不认人,咱还结的什么亲吗？

徐　良　对呀！

郭秀明　你过去为什么要支持我呢？

雅芳母　那是看着你给大伙谋利益,是百年大计！

郭秀明　那建立公约,保证这个百年大计不出事,包括你给捐的钱买树苗,那倒为的啥么,大家都不来保护,让羊啃、牛吃,那咱们弄这事干啥？

雅芳母　我、我、我不跟你说了,反正这钱我不交！

徐　良　哟、哟,罚了款不交,等于没罚,制度白定了！

郭秀明　你不交可以,我让你的女婿交！

雅芳母　不管谁交,咱这亲家反正当不成了！
〔一阵风似地下

郭　母　徐良,你这崽娃子还站在这干啥？

徐　良　听书记发话呢！

郭秀明　把牛牵到会计那里去,照奖罚制度办！

徐　　良　这不对了么,就等这一句话呢!〔下
郭　　母　这个徐良真是爱多事,雅芳她妈脾气也真大。
郭秀明　爸、妈!你都看见了,自己不正,怎能正人,管集体的事就得得罪人。对自己的人不严就难管住众人!
郭　　父　你连亲家都不要了,把娃的媳妇耽搁了,咱倒当这个干部做啥呀?
郭秀明　为了集体的利益就得铁面无私。
郭　　父　再是这样了,你把我和你妈分开另过,你当你的干部,我过我的日子,你不要儿媳了我还要孙子呢!从今日起拔锅分灶!
郭秀明　爸!我求求你。〔跪
　　　　（唱）儿求父万莫要拔锅分灶,
　　　　　　　儿做事为了谁爸你知道。
　　　　　　　并非是不遵父命儿不孝,
　　　　　　　为脱贫乡亲托儿把心操。
　　　　　　　儿不忘咱当年沿门乞讨,
　　　　　　　乡亲们收留咱恩比天高。
　　　　　　　照顾我身体弱把中医深造,
　　　　　　　又帮我办起了合作医疗。
　　　　　　　惠家沟养育儿成人,
　　　　　　　为报恩儿将重担挑。
　　　　　　　父也知治山容易治人难,
　　　　　　　讲情面乡规村约一旦抛。
　　　　　　　要不负重托改旧貌,
　　　　　　　还望父体谅儿常把心操。
郭　　父　〔老泪纵横
　　　　　你,你就看相着处理吧!〔掩面而泣
郭秀明　爸!〔自己也泪流满面
　　　　〔郭母被感动也在一旁擦泪

第五场

〔惠家沟村建校工地,拂晓
〔台侧搭间简陋材料棚,棚上木板写"惠家沟村小学建校看守材料棚"
〔一杆五星红旗迎风飘扬
〔剪影:郭民和雅芳背靠着背坐在棚前
〔郭民怀中扶着一木棒,打盹梦语……
〔雅芳转身见状,将衣披在郭民背上

雅　芳　(唱)惠家沟夜风吹的校旗动,
　　　　　　心上人憨睡梦语怨声声。
　　　　　　郭民他梦中怨父无情面,
　　　　　　为护林罚款不顾亲戚情。
　　　　　　谁是谁非雅芳并非麻迷女,
　　　　　　郭大叔难道无有儿女情。
　　　　　　将心比心郭叔到底图个啥?
　　　　　　棚内传来他那呻吟劳累声。
　　　　　　明知晓疾病缠身日渐重,
　　　　　　老人家强把病痛压心中。
　　　　　　你为何丢却富裕自找苦?
　　　　　　你为何忍痛拼搏忙不停。
　　　　　　雅芳我又敬又怨百思不解叔心境,
　　　　　　大叔你一言一行看在眼里记心中。
　　　　　　你以苦为荣,
　　　　　　你一心为公。
　　　　　　你无私奉献,
　　　　　　你不图虚名。
　　　　　　听着你夜来声声苦呻吟,
　　　　　　让儿女揪心难过泪盈盈。
　　　　　　饮食茶饭女孝敬,
　　　　　　孝心难除叔病疼。

你是儿女一面镜,
　　　做人要学老公公。
　　　眼看启明星儿亮,
　　　摇醒郭民诉衷情。
　　〔郭民还在梦语怨父:还不让我给雅芳说,我偏要说……

雅　芳　醒来,醒来!……一夜的梦话,得是又跟爸叮嘴哩。
郭　民　唉!对着呢,你不知道,爸这人实在叫人摸不透!
雅　芳　你刚在梦话中说啥不让我知道?
郭　民　这……没啥!没啥。
雅　芳　没啥!明明说(郭民梦话状)还不让给雅芳……说,我……我偏要说……
郭　民　这是我说胡话呢?
雅　芳　梦中吐真言!咱订婚都三年咧!还把我当外人,我妈骂我胳膊肘子向外拐,你一家有事瞒着我,我倒图了个啥……
　　〔哽咽
郭　民　唉!芳,再甭要娃娃脾气咧!不是我爸把你当外人,爸是怕你知道了操心。
雅　芳　我操些心有啥不好?
郭　民　好好好!我告诉,可有一条不能向外说。
雅　芳　啥见不得人的事!
郭　民　再别胡说,其实这事我心里也矛盾着,我真想告诉你,要你给我拿个主意,不然老憋在心里。
雅　芳　罗嗦啥哩,核桃栗子往外倒嘛。
郭　民　(看着工棚,拉雅到台边土墩上)你知道我开的那一台推土机谁买的?
雅　芳　还用问,谁不知道是村上为修路花了三万元贷款买的嘛。
郭　民　可村上穷的还不起贷款,你说咋办?
雅　芳　这……让村里人集资还贷嘛!
郭　民　说得轻松,刚集资建学校呢!再让大家出钱,非让唾沫星子把爸淹死不可！不行！
雅　芳　那咋办呀？
　　　　〔郭秀明在棚内咳嗽……
郭　民　怕爸听见了，你听我给你悄悄说（耳语）
雅　芳　民！其实爸也有他的难处，假设你是爸这个位置，不这样做可咋做呀！
郭　民　是我！松管！你看多少当支书的不都是"明修栈道，暗度陈仓"。挖够了，胖美咧！辞呈一交，还落个辞职让贤！这一回我非劝爸辞了支书，再甭穷折腾咧！
雅　芳　爸才不会辞职的！你莫听爸在村民会上念着他当年写在入党志愿书上一句话：不把共产党的阳光送到群众手上，我死不瞑目。
郭　民　没看出你还把爸的誓言真的记下咧！
郭秀明　（早已从工棚出来）记下了好！爸一辈子也没给我娃留下啥！
雅　芳　爸……
郭秀明　唉！芳！到咱家刚说让我娃享福呀！可爸揽了村上这个烂摊子，让我娃跟上爸受苦！
雅　芳　爸！我俩都大了！知道爸的用心。可我和民惭愧的是给爸分不了愁解不了忧！
郭秀明　（感慨地）有这几句话爸就够哦。
郭　民　爸！你实在要爱惜身体！
雅　芳　你看腿都肿成啥咧！
郭秀明　我娃甭操心！这是正常现象，爸会保重的！
　　　　〔雅芳母喊叫着"雅芳"上
雅芳母　雅芳，走，回，人家都不给咱面子，你亲着跟人家到一起弄啥？
郭秀明　亲家，亲家……
雅芳母　谁跟你是亲家，你心中没我我心中也没你！
雅　芳　妈……
雅芳母　没出息的东西！〔推雅芳下
　　　　〔会计周忠引二外地讨账的上

周　忠　　郭书记,这是给咱砖厂送煤的,工地送水泥的,都来要货款。

郭秀明　　能差多少钱?

周　忠　　算起来有两千多块。

郭秀明　　能不能叫他们缓一缓,今日上了梁我再给想办法?

周　忠　　不行么,人家知道咱村穷底子薄,所以送一批货结一次账。

郭秀明　　你还能不能想想办法?

周　忠　　唉,为修学校,你在会上反复动员,咱山里穷就是吃了没文化的亏,经济要翻番,教育要当先,再穷不能穷教育,再苦不能苦孩子,你带头捐款,我就第二个捐,大家又义务投劳,惠家沟历史上从没有过的二层洋楼给学生盖起来了,可钱是硬头货,你不给,人家不走!

郭秀明　　哎!乡党,你看今天上梁呢,能不能改日你来领款?

司机甲　　哎,郭书记,你闹的这么大的世事,还在乎这一两千元,再说厂里有规定,送了货不给钱就要扣我们的工资和奖金,硬得很!

司机乙　　老板临走有交代,不给钱就把货拉回去!你看——横竖你给个话。

郭秀明　　(心一横)周会计,到我家去,叫你婶从匣子里把那两千块钱取出来,先把这两家打发了!

周　忠　　好,那你俩跟我走!

司机甲　　郭书记这人好说话么,你咋老说你没钱,嗯?

周　忠　　(苦笑)哎,隔墙过日子,一家不知一家的难处。他是用的他家钱。

〔下、二司机随下

〔建林拿鞭炮等上

建　林　　郭书记,鞭炮买回来了,是千字头的,咱要放的响响的,让咱这山村七沟八梁的都听着,惠家沟新小学诞生了!

郭秀明　　你现在是村委会主任了,你就来主持今日的上梁仪式。

建　林　　郭书记,还是你来,你能坐住阵!

郭秀明	让你上你就上,一辈子不剃头是个连毛子,这惠家沟的事迟早是你们年轻人的世事,你大胆地干吧!
建　林	那好,有你这句话撑腰我胆就壮了!
郭秀明	对,就要有这个气概!

　　　　（唱）眼看着吊链哗哗响,
　　　　　　二层楼马上要上大梁。
　　　　　　一切都按咱设想,
　　　　　　惠家沟三年五载要换新装。
〔郭琴拿口袋匆匆地上

郭　琴	爸,爸……
郭秀明	嗯?
建　林	郭琴,这都给你没打招呼,今日就恭贺上梁来了?
郭　琴	不是的,我家要盖房托我爸买料,看买下没有?
郭秀明	哎呀!你看爸一忙把这事给忘了,是这样,等我尽快完了这阵儿再去给你买。
郭　琴	爸,我知道你忙,顾不上,你把钱在那里放着,我去取,家里等着盖房用哩!
郭秀明	（搪塞）你先回,学校盖起来我就去办!
郭　琴	爸!一会儿姚斌就来啦,你快说钱在我妈那儿,还是在我爷我奶那儿,你说了我去取,不要叫人家疑心都是我操心了娘家人了。
郭秀明	郭琴,唉!不瞒你说,盖学校欠人家水泥、钢筋、煤等货款,人家催得紧,我把你的钱给垫着用了!
郭　琴	爸!

　　　　（唱）不是女儿把你怨,
　　　　　　你咋能忍心支了钱。
　　　　　　你只顾建校不欠款,
　　　　　　全不想儿我受作难。
　　　　　　姚斌来我该怎么办,
　　　　　　爸为难儿我更为难。
　　　　（白）这你叫我给人家咋交代呢?〔急哭
〔姚斌走上

姚　斌　爸！你还忙着？
郭　琴　姚斌，爸把木料还没买呢，把那两千块钱给建校垫上了！
姚　斌　啊！这咋行？我就说咱爸忙咱自己去买，你偏说咱爸门路宽，能买好木料，多买些，这倒好！
建　林　噢，是这样。郭书记，那咱得给娃想办法。
郭秀明　想啥办法！
姚　斌　爸！不是我说呢，你倒弄这出力不讨好的事干啥？现在你往社会上看，那个当干部的、掌权的，不是得空就搂。一顿饭就是一头牛，屁股坐的就是一座楼，那有像你这样不断地给进倒贴的？
郭秀明　惠家沟是个穷底子，就得这样干。这就是你爸的脾气！
姚　斌　爸，你咋叫人还劝不醒？那是这，你拿我的钱来。
郭秀明　刚才我说过了，等尽快过这一阵我就给你去买！别说那些不入耳的难听话！
姚　斌　那好！走，郭琴。
〔拉郭琴下
郭秀明　（坚定地）建林，准备就绪了没有？
建　林　一切准备妥当。

郭秀明　时间已到,宣布上梁。
建　林　准备好,上梁,上梁了!
　　　　〔鞭炮声起,在四山回荡。
　　　　〔幕闭

第六场

　　　　〔惠家沟筑路工地
　　　　〔幕启,建林正在吹哨子指挥着,有人拉尺子,有人拉绳子,有人在测水平仪
建　林　(唱)　惠家沟植树千亩又盖起教学楼,
　　　　　　　春风吹遍惠家沟。
　　　　　　　郭支书他是一头不歇套的牛,
　　　　　　　三次修路他不罢休。
　　　　　　　现在又拓宽到八米,
　　　　　　　要让汽车能开进沟。
　　　　　　　雄心壮志我敬佩,
　　　　　　　他是咱做人的榜样上坡的油。
　　　　　　　大家变富他消瘦,
　　　　　　　叫人时时揪心头。
　　　　　　　这次修路把他任务免,
　　　　　　　为的是叫他养精蓄锐带领大伙把壮志酬。
　　　　〔郭秀明带着他的扶贫对象伍进走上
　　　　〔两位群众上
惠老大　郭书记!这路可不能从我窑上过。
狮子叔　咱可是丑话说到前边,你再要一意孤行,从我窑背上推土过,我就向镇上告你呀!
郭秀明　哈哈……告我!脚正不怕鞋歪,告诉你两家,为了大家就得舍得小家,这是全村的大事.为子孙后代造

福！我劝你俩家以全村的利益为重。

惠老大 全村利益！说得好听！〔狮拉惠

狮子叔 不说咧！先看他能把推土机从他妹子窑上推过去！才算他有本事,看他咋办！〔二人下

建　林 郭书记,我可给你提个意见。

郭秀明 （一怔）你有什么意见？

建　林 你咋不服从会议决定,搞家长制,个人说了算。

郭秀明 我那里搞家长制了？

建　林 上级给咱村上划拨的伍万元小额扶贫贷款,大家实事求是地给你家定了两千元,你咋随便给了人？这不是家长制,个人说了算是什么？

郭秀明 嘿嘿,伍进是我的扶贫对象。有好事我总得先考虑他,再说咱干部再困难也比群众活便的多！咱能帮一户就少一穷户,你批评地对,叔不改正。

建　林 哎,郭书记.你一而再,再而三地让别人,看把自己日子过成啥了。你也要实事求是啊！

郭秀明 实事求是,快说说,把我家的硬化路段分到哪里去了？

建　林 郭书记,大家研究了,你是村上的总管,指挥施工,身体又不好,所以这次给你没有分任务！

郭秀明 啊！那怎么行？这是啥时候开会研究定下的？

建　林 今天上午你不在家,村委会临时开会定下的！

郭秀明 这是义务投劳,咱干部不带头干,叫群众咋说呢？

建　林 这可是集体决议,你就不能再搞家长制了吧？

郭秀明 不行！（取过皮尺在地上量起来）周忠,在那里撒上灰,扎上镢,这8米就是我家的,每人4立方的料磷石我也保证拉到,达到硬化指标。

建　林 郭书记呀,人真拿你没办法！

郭秀明 （观察筑路情况）哎,周忠,这路怎么推的宽的宽,窄的窄,到那儿拐弯绕着走了？建林,你看看哪是咋回事？

周　忠 哎,郭书记,推土机司机说这是你妹子的窑背,推个大概宽就可以了。

郭秀明 我妹子咋？不行，该推多宽就推多宽，不能绕弯子。

周　忠 郭书记，你这妹子不亲，是你继母带的女儿，怕引起你们兄妹不和。

郭秀明 别的几家从窑背上过的，从门前过的，我都做过工作说通了，咋能到我妹子家就政策变了，来，就往这儿推？

〔机器的隆隆声响起，郭小霞急匆匆地赶上

郭小霞 哎，你是咋咧吗，上午推过了怎么又上了我家窑背子？

周　忠 （用嘴一咴）你看，是郭书记叫推的。

郭小霞 哥，你咋这么死板的，能过去了就算了么，还非要一样宽。

郭秀明 村委会定的8米宽度，不能避过你家窑背子成了窄道道。

郭小霞 哥，你咋不讲一点情面，不，你这是欺负我呢，我找妈去！

〔呜呜哭着跑下

〔小霞夫跑上

小　林 谁在这儿推呢，推不成！

郭秀明 小林，你这是干啥？咱召开全村村民大会时，你在协议上是咋签字的？

小　林 签字时并没有说拓这么宽，从我的窑背子上过呀！

郭秀明 不管是谁家的窑背子都得推，不能说修个路还要既考虑这家的门前，那家的背后，那路还修不修？

司　机 郭书记，你看这事还没说好，推土机也有点毛病，我去修一下。〔下

〔郭秀明这时急了，在人群里喝叫着

郭秀明 郭民，郭民，把你那架推土机开过来。

郭　民 （上）噢！

郭秀明 按照原定的宽度，灰线往过推！

郭　民 爸，你要过我姑的窑背子，我，我不推！

郭秀明 你再说一遍。

郭　民 ……

郭秀明　给我往过推,谁挡就轧谁!老虎的门口,狮子的窑背,还有……齐齐往过推!

郭　民　爸,你当书记得罪人不当紧,这你叫我也得罪这些家子,这……

郭秀明　谁要你是我的儿子呢?(果断地下令)推!建林,你在这儿主持,线不准偏一寸?

建　林　是!

郭秀明　小林,你同我到村委会去,看协议上是咋签的!

小　林　走!(二人下)

〔又传来隆隆的推土机声

〔这时郭母气愤地走上,站在窑背高处

郭　母　(喝道)来!那个有种的,把推土机从我身上开过去!

〔这一行动震住了所有在场的人

郭　民　奶奶,你快让开,小心把你撞了?!

郭　母　你小子跟你爸一样,光会欺负你姑!嗯!今日我可不答应!

(唱)想当初你爷儿们沿门乞讨无处走,
　　　我怜悯才将你爷儿们收留,
　　　你爸他身体不好常得病,
　　　我管吃管教才出了头,
　　　现如今当了干部忘了本,
　　　一掌权就把刀口对着你姑,
　　　像这样无情无义我不如养条狗,
　　　和亲邻都断交是何来由?

〔郭民被郭母的斥责震慑住。

建　林　哎呀今日把老太君搬来了,这郭书记怕不好下台。

周　忠　把老婆哄走,或绕过弯子算了!

建　林　郭奶,你回去吧!这郭书记没在你和谁怄气哩?

郭　母　他不在,我就停在这儿,看谁欺负我女儿呢?

〔小霞走上,扶郭母

郭　民　奶奶,你回。

郭　母　　走！没良心的东西！

〔郭秀明慢慢走上．目视着跟前发生的一切

郭秀明　妈！

郭　母　　要认你这个妈！先把推土机退回去．把路改道！

郭秀明　这,妈！这不能退！更不能把路改道！

郭　母　　路不能改,那好！让你儿子开上推土机从我身上碾过去！

〔说罢欲倒地,秀明急跑扶

郭秀明　妈……

（唱）含泪跪地扶老母！
母亲倒地儿心揪。
千言万语难张口,
百感交集泪暗流。
妈妈呀！
儿是娘身一块肉,
不是亲生胜亲生。
逃难中娘把儿收留,
娘的话儿我怎能不记心头。
娘说东儿不往西走,
娘你说此路不修就不修。
娘可记去冬听儿要修路,
含泪领儿到坟头。
娘扶着伯父石碑对儿讲,
那一年大雪冰冻封了沟。
白茫茫雪压羊肠路,
我伯老病突发全家愁。
眼看着病势加重把血吐。
深山无处把医求。
无奈了冒雪抬人往公社走,
夜黑路滑跌下了沟。
娘抱着伯父哭声唤！
喊不醒伯父血泪流。

娘要儿发誓修条通天路,
让伯父魂归惠家沟。
今日修路娘挡道!
娘呀娘!
想一想出山的大路该修不该修?

郭　母　这……修!修!修!民娃!
郭　民　奶!
郭　母　推你的!奶给我娃让道!
郭秀明　妈!
郭　民　大家让开,推土机过来了。
　　　　〔隆隆声漫过山野

第七场

〔1995年秋,惠家沟果树枝头,硕果累累
徐　良　〔边唱边上
　　　　（唱）惠家沟那个花开哟红格英英红,
　　　　　　郭秀明那个领导咱闹呀么闹革命……
薛选民　小良!这日头咋从西边出来咧!
徐　良　选民叔,啥意思?

薛选民　叔没想到你这有名的徐难缠,能搞出这嚓的歌!
徐　良　不是娃编的嚓,是伢郭书记干的嚓!你看咱这惠家沟如今学校红旗扬,家家新瓦房,光棍接新娘。
薛选民　难怪今天你穿的这时髦,是不是有了对象咧?
徐　良　嘿嘿!有是有咧,可人家姑娘心里不踏实,要亲自来看看惠家沟的变化,怕上当受骗!
惠老大　(上听了半句)对!可不能再上当咧!小良!选民叔!你知道郭秀明为啥住医院?
徐　良　这还用问,为村里劳累的病犯了,不住院咋行!
惠老大　瓜娃!不是的,他借住医院逃避审查。镇上派工作组来查他的账!
薛选民　噢!
惠老大　看他这回咋下台呀!
徐　良　老大,人应当有些良心!郭书记这几年为村里把命都搭上咧!有啥查的!
惠老大　当然有,你知道吗?光村上几万元贷款买的推土机,他叫儿子自白用了几年不说,他儿还向村上讨工钱.听说光这一项就算了三万多.这一颠一倒沾了村里六七万!
薛选民　噢!有这事?
惠老大　甭瓜咧,就凭推土机这一项,落实下来,村上每人都要分不少钱呢!走!到工作组告他去。
徐　良　惠老大!你的病在那害着我知道,不要胡扇花,眼见是实,耳听是虚!
薛选民　良娃说的对.要去你去,我还忙着给羊挤奶呢!(内汽车声,内喊)小徐!我来了……
徐　良　(急应)噢!小玲!小玲!(跑下急回对惠)人要有良心!
　　　　(内喊:小徐!惠家沟真的变样了。)小玲,亲爱的,我来了!(徐下。郭民、雅芳上见状)
惠老大　哎!家狗扎的狼狗势!等郭秀明下台,看你娃咬谁呀!选民叔,走!到工作组反映走!〔下

薛选民　我忙着！（转身走，见郭民、雅芳不好意思）民，你爸的病好些了吧！我忙的没到医院去看望，见了你爸问个好！（下）

〔郭民气愤地

郭　民　（唱）黑心人告爸气难咽，
　　　　　　爸呀你何苦劳累招人嫌。
　　　　　　你只顾拼命为集体，
　　　　　　你总说无怨无悔当村官。
　　　　　　你听听恶言诬陷昧心语，
　　　　　　再不能一忍再忍压心间。
　　　　　　难咽下这口气把工作组见！（欲走又退）
　　　　　　查账中爸叮咛不准我多言。

雅　芳　都啥时候了，还不把自家往清里洗，乘爸住医院，咱该反映的就说，爸知道了就往我身上推。走（欲走）。

建　林　（从对面上）郭民！你看这有人胡日弄呢.给郭支书写了十大罪状。镇上工作组正查呢！我怕郭支书受气到医院看他，叫他放心，惠家沟百分之九十八以上的乡亲们是相信他的！

〔内喊：建林！快上车

建　林　来咧！
郭　民　告诉我爸，家里有我和雅芳呢，叫他甭操心。
建　林　好！〔下
雅　芳　走！找工作组去！
郭　民　爸辛苦几年，倒落了个啥吗？〔二人下
郭秀明　〔拄着棍上
　　　　（唱）离医院返回村心似刀绞，
　　　　　　怕的是人心散前功尽抛。
　　　　　　郭秀明心无愧不惧人告，
　　　　　　唯恐怕致富途中遇暗礁。

〔扶石坐喘息……

〔传来程乡邮歌声

　　　　东边有山，

　　　　西边有河……

程乡邮 〔骑着自行车唱着歌上

　　　　……（见郭）郭书记！郭书记！

郭秀明 噢！老程！

程乡邮 郭书记病好些了吗？听说您在城里住院，才说把杂志送到医院去，没想到您可回来了。（取杂志）老郭！这一期可有重要新闻呢！

郭秀明 噢！……

程乡邮 您看江总书记六月十七日到咱陕西，看望三秦父老，还给咱题词再造一个山川秀美的西北地区。你看江总书记叫咱"抓住世纪之交历史机遇，加快西部大开发"！

郭秀明 〔接杂志看

程乡邮 老郭！多好的机遇呀！你这些年带领乡亲们把山治绿了，学校建成了，把路也拓宽了，就这还有人昧着良心……，不说了！不说了！反正天地之间有杆秤！老郭您能在西部大开发中再给沟里引进几个项目，这惠家沟就富得流油了！乡亲们啥时都忘不了您的功德！

　　　　〔内喊：老程！有信没有

程乡邮 二狗！有信哩！（转身）老郭多保重！（下）

郭秀明 〔点头

郭　琴 〔挎大包提小包上见父

　　　　爸！（放包）爸！你刚住医院咋可回来咧！

郭秀明 唉！爸在医院住不住，沟里治理小流域工程还没完工！爸放不下心。还有村里清算账目，爸不回来，怕有些事说不清！

郭　琴 咋能说不清，爸，没这些黑了心的告咱，咱家给村里倒贴的钱，还没人知道，五年前沟里谁不夸就数咱是首富，可如今沟里人慢慢富了，咱却穷了！

郭秀明　琴!

郭　琴　爸呀!工作组进村了好,先把这几年陆陆续续垫的几千元要回来.还有上次为建校贴的我那两千块钱,都给咱要回来!

郭秀明　要啥呢!

郭　琴　咋不要嘛!爸!为这钱,都成了姚斌和我闹矛盾的把柄,他嫌我胳膊肘子朝外拐,干啥事光想着娘家人,就为这!他……〔忍不住抽啼

郭秀明　琴!咋啦?

郭　琴　不,不咋!顶了两句嘴.没啥!爸您身体不好,再甭操我俩的心!

郭秀明　琴!爸咋能不操心嘛?

郭　琴　不说了!爸!咱回……

〔郭秀明见琴背提着大包小包!诧异!

郭秀明　琴!你咋拿这多的东西……

郭　琴　这……爸!你不知道,姚斌到山外跑生意去了,我拿些衣裳被褥到医院好侍候你!可到了病房,护士说你回来了!我把这(指包)拿回咱家!

郭秀明　琴!爸这病不用侍候!姚斌出外,你再一走,娃谁管呢?

郭　琴　娃!〔强忍悲痛……

郭秀明　琴!娃咋啦?

郭　琴　(忍不住)爸!娃,我给咱把娃要回来了!

郭秀明　要回来!?琴!到底出了啥事了!?

郭　琴　爸!我,我怕你难过,不敢说给你,可不说吧,也不行!就为给沟里建校垫钱的事,姚斌他,他跟我闹得把婚离了。

郭秀明　噢!

郭　琴　你看这是离婚证书。〔扭头哭

郭秀明　(感慨万端)琴!

郭　琴　(再难抑制)爸!(扑进父怀中哭泣)

郭秀明　爸对不住我娃,爸心里有愧呀!
郭　琴　爸!等把账查清了,再别当这支书了,我有个同学在城里开了个诊所,凭爸的医术,还愁挣不下钱,咱一家倒在沟里受这窝囊气干啥呀?
郭秀明　琴!你的心爸知道,可爸咋能离开这儿。你看!(指书刊)江主席让咱抓住西部大开发这个机遇!可爸……
郭　琴　爸!看你的身体都成了啥了,你咋还想的这多嘛!
郭秀明　琴!爸不能不想呀!
　　　　(唱)叫女儿静心听爸讲.
　　　　　　爸也有多少苦衷压心上。
　　　　　　你妈她跟爸未曾把福享,
　　　　　　爸终日忙碌从未敬高堂。
　　　　　　你兄弟姐妹跟爸苦受尽,
　　　　　　为了爸害你夫妻各一方。
　　　　　　爸也曾手搭心口想,
　　　　　　是错是对是对是错也彷徨。
　　　　　　为什么辛苦招来诬陷状?
　　　　　　为什么好心换来人中伤?
　　　　　　为什么偏要改变穷山沟?
　　　　　　为什么不能进城开药房?
　　　　　　爸思前想后是走是留心惆怅,
　　　　　　三岔路困惑步何方?
　　　　　　我站在北山向南望!
　　　　　　山道弯弯绕心房。
　　　　　　江主席千里迢迢来咱省,
　　　　　　把三秦父老挂心上。
　　　　　　紧握书刊仔细想,
　　　　　　入党誓言涌心上。
　　　　　　人生短暂日月长,
　　　　　　走过的路要用尺子量。

　　　　　不管旁人咋样讲,
　　　　女儿呀!
　　　　咱堂堂正正正正堂堂干一场。
　　〔郭终因病重体弱而欲跌,女急扶
郭　　琴　爸呀!
郭秀明　琴!咱回村去。〔扶下
建　　林　〔急上见状!忙退步,不知所措望着郭父女远去。眼泪哽咽地自言自语
　　　　郭书记!郭书记呀!建林有话想给你说,可不敢说!大夫说你得的是食道癌,已经是晚期了,晚期!晚期!老天呀!救救我们的郭书记吧……

　　　　　　　　　　　　　　　（幕落）

第八场

〔郭秀明家,几位支委焦虑地望着炕上斜靠着被子的郭秀明
〔郭选民的妻子,手捧着一件红衣服进门
郭秀明　支委们都到了,咱就开个支委会,有些事咱再落实落实……
秀　　英　郭书记,我听说穿上带红的衣裳能逼邪!我给你缝了这件红衣裳!你穿上。
郭秀明　大嫂子,你的心我领了。
薛选民　郭书记,你收下。
　　　　〔王兴上
王　　兴　秀明同志!
众　　　王镇长!
王　　兴　秀明你有病,不要起来,你们几位委员都在,我代表镇党委宣布审查结果:账目全部查清,郭秀明同志不

仅没有沾集体一分钱的光,还为修建学校贴了四千元,为减轻乡亲负担,把他给队上买推土机三万贷款转到自己名下!不但为村上还了债,儿子郭民为村里开了四年推土机,未拿分文,因此镇党委决定,还秀明同志一个清白。

〔郭妻、郭母、郭父及郭民、等闻言激动地进屋

众 王镇长……

王 兴 对于大家提出的加重农民负担一事.今后要加强民主作风,有事同群众商量,集思广益,科学决策!

〔雅芳母引雅芳上、雅芳哭的泪人儿似的,惭愧地走进家门,到郭秀明身边,郭秀明一眼望见,急呼一声嫂子,雅芳

雅芳母 秀明,我把雅芳引来了,哪怕跳崖,都要把娃交给你。

郭秀明 嫂子,你——

雅芳母 过去不理解你,认为你老是和亲戚过不去,实际上你是一心为了大家啊,搞了制度,大家都应遵守,可我们心里老想着沾你当干部的光,我想通了,是我的不对,亲家,我把娃交给你了——

郭秀明 嫂子!

王 兴 大伙理解你,组织信任你……

郭秀明 王镇长你方才批评地对,我们都是黄土汉子祖祖辈

辈的农民！可一旦当上了村干部心一急，自觉不自觉地给乡亲们加重了负担，忘记了自己是农民的儿子。

〔说着身不由己的往下滑

王　兴　老郭！
众　　　郭支书！

〔场上突静，众焦虑地望着秀明

郭秀明　〔挣扎欲起，然而力不从心，强忍疼痛，苦笑地讲
　　　　人生一世！草木一秋！一辈子的硬汉子可今天……真的起不来了！

〔郭秀明第一次在人前流下眼泪

众　　　郭支书……
郭秀明　我可能活不了多久了。如果老天能睁眼让我再多活一年，我就能为咱惠家沟多办几件实事！（众哽咽）哪怕再多活半年，到明年5月眼下的这几件事就都有了眉目，那时我死也甘心了！

〔说罢一口鲜血涌流不止，身子慢慢瘫下去！

众　　　〔和秀明一家忍不住哭叫着
　　　　郭书记、老郭呀……
王　兴　（哭喊着）快，背上车往医院送！
建　林　〔背起郭秀明，边跑，边喊
　　　　郭书记！你挺住啊！全村人离不开你！惠家沟人离不开你！你一定要挺住啊！挺住！

〔哭唤着背下

尾声

〔幕内群众呼："郭书记……"的哭唤声撼天动地回荡山谷

〔幕启：披上绿装的惠家沟被火红的阳光映红了，似乎一面透红的党旗，台右方一"斧头镰刀"徐徐落下

〔众乡亲举着祖传的祭品，跟在怀抱遗像的郭民身后

建　林　〔泪眼举着引魂幡，向前哭叫着……郭书记，你不能离开我们呀啊……

〔郭秀明闭上眼睛，静场

〔伴唱：山绿了，沟富了，
　　　　你累了，你睡了。
　　　　翠绿的青山屏住了呼吸，
　　　　奔腾的黄河停止了咆哮。
　　　　参天大树为你站岗放哨，
　　　　林中的鸟儿无语静静地瞧。
　　　　——生怕莽撞的风儿把你惊扰！
　　　　我们的好书记，
　　　　我们的好兄弟。
　　　　你累了，你睡了，
　　　　你累了，你睡了。
　　　　你睡了，你睡了……

（幕落）

剧终

2001年5月26日3稿

香包

编剧 冀福记

阐　述

　　凡人类居住的地方,离不开那起早贪黑辛勤劳作的清洁人。中国从古至今的"清道夫"到今天的"环卫工",他们一代代用汗水净化了环境,美化了都市。勤劳诚实的清洁人,总是把"美"献给了整个社会,留给自己的却是默默地耕耘!千百年来,有谁正视过这群人?唯有新中国成立之后,他们才真正得到尊重和理解!该剧从20世纪50年代,曾任国家主席的刘少奇接见掏粪工人时传祥为序幕演绎到21世纪初,展示了以刘栓、腊梅、刘霞和华刚为代表的环卫人,在历史风云中所经受的酸甜苦辣喜怒哀乐。剧名"香包"寓意:表现这群支撑文明社会建设的基石群体,在他(她)们身上凝聚与传承的那股为当代文明城市建设所突现的情操美德与默默奉献的精神风采,正是当今复兴中华民族精神境界所呼唤的!所期盼的!

　　该剧由陕西省洛南剧团首排,选参第五届中国秦腔艺术节并获奖。

人物表

刘　栓　　男,20岁到50余岁,环卫工
腊　梅　　女,18岁到50余岁,刘栓妻,环卫工
刘　霞　　女,18岁到28岁,刘、腊女儿
华　刚　　男,25岁到32岁,华山环卫工
牛　旦　　男,17岁至30余岁,环卫工,经理
黑　娃　　男,16岁至31岁,环卫工,人称跛子黑娃
高　强　　男,28岁到38岁,复转军人,环卫队长
樊　雯　　女,17岁到27岁,工程师
张　万　　男,50余岁,张望父亲,经理,绰号张百万
张望母　　女,40余岁,张万之妻,张望母亲
张　望　　男,16岁至26岁,张百万儿子
张　丽　　女,17岁到27岁,美容店老板
梁文革　　男,28岁,造反派头头,包工头
巧大姐　　女,40余岁,环卫临时工
小　琴　　女,18岁,环卫工
小　玲　　女,19岁,环卫工
邮递员　　男,从18岁至28岁
程大夫　　男,30余岁,外科主任
牛旦妻　　30余岁、打工妹
环卫工男女若干
公安干警三人
红卫兵三人
护士若干
美容师门迎二人
雪花仙子若干
香包仙子若干

序　幕

时　间　中华人民共和国成立后,20世纪50年代末,秋天,拂晓
地　址　华南市古城街道

（歌声）天上有颗扫帚星,
　　　　自古误认不祥星。
　　　　不祥星夜夜行祥事,
　　　　默默无闻扫长空。
　　　　扫清了天,
　　　　扫净了月亮与星星!
　　　　辛勤耕耘,
　　　　从不图名。
　　　　只图个天地间——
　　　　干干净净!

（歌声中幕启:形似乞丐的清道夫刘栓和两位穷哥们在扫老街道……

[远处传来"社会主义好"的歌声,时近时远……

邮递员　（骑自行车上,见到刘栓等,高兴地下车）刘栓,早上好!

刘　栓　好啥呢!一天到晚连要饭的都看不起咱。

邮递员　刘哥呀,你这一行今天可成了头版新闻!你看,你看,头版照片核桃大的字,国家主席刘少奇亲切接见掏粪工人。

刘　栓　爷哎!这是真的吗[摇头不信仍在扫地……

邮递员　（取出报纸）真的,看!头版照片核桃大的字,国家主席刘少奇亲切接见掏粪工人。

刘　栓　啥?

邮递员　你看！你看！

刘　栓　（拿报见照片，激动地喊）我的爷呀，真的么！牛旦、黑娃快来看！快来看！

牛、黑　（牛、黑拿扫帚上）刘哥，啥事把你兴的？

刘　栓　看，（念报）1959年10月26日国家主席刘少奇亲切接见掏粪工人时传半……。

邮递员　不是"羊"，是吉祥的"祥"。

刘　栓　对对对！（又念）国家主席刘少奇接见掏粪工人时传祥。

黑　娃　麻糖呀！刘主席把咱环卫这一行看得这么高！

牛　旦　国家主席就是皇上。

刘　栓　对！刘主席把咱当人看，这是咱这行的荣耀。从今日起，谁敢看不起咱，就叫他看看这！（举起报纸，邮递员欲要报）老弟，这张报卖给哥咧！

邮递员　这是人家订的，不能卖，去到邮局买！

刘　栓　（掏钱）来不及，我得赶紧让那几条街的哥儿们也高兴高兴，给钱（硬塞到邮递员口袋）。

邮递员　刘哥（欲要报纸，被跛子黑娃拉住车后座拖下……）

牛　旦　咧！都来看呀……

〔男女清扫工从不同方向闻声而上

众　　　看啥，看啥……

刘　栓　（激动念报）国家主席刘少奇亲切接见掏粪工人时传祥

牛　旦　（高兴地脱口用"社会主义好"歌曲旋律自编自唱，众情不自禁地跟着唱起）。刘主席好！刘主席好！刘主席是我们的好领导，说得到，做得到，接见我们掏粪工人了，我们的地位提高了，要把那社会主义建设好，建设好……

　　　　（激情洋溢的"刘主席好"的歌声在大街小巷回荡着……）

一场

时　间　60年代末,夏,午

地　址　华南市卫生局大院,牛棚门前

[幕启:语录歌"造反有理"的歌声和口号声时远时近……

[一位红卫兵在贴有"黑帮牛棚"的门前站岗。门旁小棚中,刘栓正在绑扎扫帚,糊高帽子,四顶糊好的高帽子上写:走资派、反革命、叛徒、右派分子……

红卫兵　(喊)刘栓!刘栓!

刘　栓　到!头头,有啥指示?

红卫兵　梁司令打电话问给黑帮的高帽子糊得咋样了?

刘　栓　完成任务,等待交货。

红卫兵　好,刘栓,这可是梁司令对你最大的信任。

刘　栓　谢谢。

红卫兵　梁司令指示,给几个走资派劳动改造的大扫帚要扎大些、结实些。尤其对张腊梅他爸这个走资派,要给他扎个特号的大扫帚。

刘　栓　是。不过,头头,我看多年张局长是个实干家……

红卫兵　你把药吃翻了!现在是黑帮,你还叫局长,局长。

刘　栓　是!药吃错了!头头,可话说回来,咱总不能昧着良心么!再说张局……张黑帮身体又不好,扫帚扎得太重了,怕把老家伙劳"日塔"了。

红卫兵　我看你立场有问题,难怪当不了红卫兵。你刚才说不能昧着良心,良心多钱一斤?良心就是"造反有理",懂不懂?

刘　栓　唉,懂了,懂了。谢谢头头给我上了一堂政治课。谢谢,谢谢!

红卫兵　快扎扫帚去。

（刘栓恭恭敬敬地点头,转身去扎扫帚……）

腊　　梅　　［提着饭盒上］
　　　　　　（唱）烈日当头风云变,
　　　　　　　　　为什么是非颠倒颠。
　　　　　　　　　父亲辛苦多少年,
　　　　　　　　　好人反被歹人关。
　　　　　　　　　为父去送饭,
　　　　　　　　　泪水压心间。
　　　　　　　　　忍气吞声进大院,
　　　　　　　　　望牛棚想父亲女儿心酸。

红卫兵　　张腊梅,你又送饭来咧,你这不是叫我为难么？

腊　　梅　　我爸都六十岁的人了,我爸有胃病,让我进去给他送点热饭,我一家子不会忘记你的恩,我求求你了！

红卫兵　　你是叫我拿革命原则作交易么,不行不行,梁司令讲了不让家属送好吃的,这就是要叫这一伙黑帮吃一吃"忆苦饭",这样才能触及他们的灵魂。

腊　　梅　　我求求你,你念在他老人家没功劳也有苦劳的份上,让我再去送一次饭！

红卫兵　　要知道你这行为是典型的划不清界线的黑五类子女。要叫梁司令知道了,小心把你也关进牛棚。

腊　　梅　　求求你……

红卫兵　　你再粘,再粘,我给梁司令打电话,叫人把你带到造反司令部你就知道是啥滋味了！（说着拧身走到大门另一端）（自言自语）这黑帮又不是没饭吃。（边说边下）

刘　　栓　　腊梅姑娘,队长的话可不是吓你哩,昨天就有一位女子吵着硬要给她爸送饭让带走了！来,来,听我劝说,我可是正儿八经的红五类！

腊　　梅　　你……

刘　　栓　　腊梅！（拉腊梅到扫帚棚）
　　　　　　（唱）转身来对你悄悄讲,

刘栓我心有一本账。
你爸的为人做事是个这!(伸大拇指赞誉)
我不会昧着良心把他伤。
人常说滴水之恩不能忘,
前年我扫地中暑倒路旁。
他亲自送我进医院,
体贴入微暖心房。
我紧紧握着老人家手,
有多少感激话不知咋样讲。
滴水之恩终当报,
好人自有好人帮!
今日老人家关牛棚,
我怎忍恩人受恓惶。
你把饭盒留给我,
我和他周旋做文章。
别看我貌似糊涂不咋样!
咱心里黑红分明——
想方设法把这饭菜——
要叫老局长亲口尝一尝。

腊　　梅　(唱)手捧饭盒托与你,
刘　　栓　(唱)我代你尽孝敬高堂。(接饭盒进牛棚)
腊　　梅　(唱)刘栓好心肠,
　　　　　　　难中来相帮。
　　　　　　　隔着牛棚叫声哥,
　　　　　　　刘栓哥呀,
　　　　　　　腊梅把你的恩情刻心上。
　　　　　　　妹无以当报,
　　　　　　　妹愧泪盈眶。
　　　　　　　牛棚外深鞠一躬妹谢你!
　　　　　　　滴水之恩永不忘。
　　　　　　　谢别刘哥含泪去,

　　　　　知恩当报来日方长。
　　　　〔腊梅望着刘栓依依不舍地走出大门,下
　　　　〔梁文革带着两位红卫兵上,与腊梅碰面……
　　　　〔梁望着匆匆走去的腊梅,警视地询问

梁文革　张腊梅干什么来啦?
红卫兵　报告梁司令,她要给她爸送好吃的!我按司令的指示,坚决拒绝了!
梁文革　做得对,对待像张腊梅她爸这样顽固不化的走资派,就是要严加管制,我今来就是为了打破他们阴谋复辟资本主义的美梦。你们看!这是今天报上登出的头条新闻"打倒中国最大的走资派、叛徒、内奸、工贼刘少奇"。
刘　栓　啥?(惊)
梁文革　打开牛棚,我要给这些黑帮宣读这一重大新闻。
刘　栓　梁司令,我咋不信!我绝对不信……
梁文革　不信!你睁大狗眼看看!
刘　栓　(急切看着)啊!这明明是关心我们环卫工人的国家主席,咋变成了工贼了……
　　　　〔欲撕报纸,被梁和两个红卫兵扭押捆绑……
梁文革　刘栓,你反了!把现行反革命分子刘栓打入牛棚,狠批猛斗!再带上高帽子游街示众!
红卫兵　(把刘栓糊好的高帽子从棚内取来边戴边嘲讽)你这是寻着戴高帽子!
　　　　〔两个红卫兵押刘栓进牛棚……
腊　梅　(从大门外扑来抱着刘栓哭喊着)刘哥,你是好人!(拉住梁衣说)怎么把他也关进牛棚了……
梁文革　(将腊梅推倒在地,挥手示意)押入牛棚。
牛旦、黑娃(从大门扑进来,跛子黑娃跌倒在地,哭爬着喊)刘哥!刘哥……
刘　栓　腊妹……(红卫兵和梁押刘进牛棚)
腊　梅　刘哥……(红卫兵将其拖向大门)

牛旦、黑娃(二人扶着腊梅哭喊)腊梅姐！腊梅……

〔百感交集地男女哼鸣声凄厉地回绕在天空……

〔远处的雷声，由远而近……

〔歌声〕：雷鸣电闪，
　　　　天怒人怨！
　　　　恶雾自有报应时，
　　　　铮铮正气驱云烟。
　　　　粉碎"四人帮"，
　　　　九州展笑颜。
　　　　云开雾散春来到，
　　　　风和日丽路绵绵。
　　　　路绵绵啊路绵绵……

二场

时　间　70年代末，又一个端阳节

地　址　华南市城街小巷

〔歌声中，一群环卫工在清扫大街小巷——"扫帚舞"

〔刘栓拉着垃圾车，车内放一大筐粽子，车头上悬挂着数十个五彩香包

〔腊梅推着车子，二人兴高采烈地上

〔幕内环卫工人男女喊着：谢谢刘哥、梅姐送的粽子、香包……

刘、腊　（合）　五月里来庆端阳，
　　　　　　　今年的端阳味更香。

腊　梅　（唱）　小米——

刘　栓　（唱）　糯米——

刘、腊　（合）　红枣粽子包得好，

			美美煮了一大筐。
刘　栓	（唱）	五月里来庆端阳，
腊　梅	（唱）	今年香包香又香。
刘　栓	（唱）	五彩线作成——
腊　梅	（唱）	赤——
刘　栓	（唱）	橙——
腊　梅	（唱）	黄——
刘　栓	（唱）	绿——
腊　梅	（唱）	青——
刘　栓	（唱）	蓝——
腊　梅	（唱）	紫——
刘、梅	（合）	各样的香包挂车旁。
刘　栓	（唱）	走大街！
腊　梅	（唱）	过小巷！
刘　栓	（唱）	我驾辕！
腊　梅	（唱）	我相帮！
刘、梅	（合）	夫妻挨个送粽忙，
		亲手把香包戴脖项。
		环卫人家亲又亲，
		四时八节情谊长。
		今日端阳表心意，
		小车停在老地方。
		吆喝一声都快来！
刘　栓	（唱）	兄弟们！
腊　梅	（唱）	姐妹们！
刘　栓	（唱）	送几个粽子热又香。
腊　梅	（唱）	五彩香包带胸前，
刘　栓	（唱）	环卫人家福寿长。
刘、腊	（合）	福寿长，福寿长……
		欢欢乐乐过端阳。

〔跛子黑娃、巧大姐等扛扫帚上，亲切地围来！

巧大姐　多谢你夫妻送粽子，送香包！

黑　娃　这是我刘哥跟梅嫂多年的老规程。巧大嫂,看城里过端阳和乡下咋样?

巧大姐　没想到城里人也送粽子送香包。我只说今年进城打工这端阳咋过呀! 没想到……

刘　栓　没想到的事还多着呢。黑娃,队长让我转告你,你身体不好,局里队里为了照顾你,把你调到队部当保管!

巧大姐　对对,这事呀,多亏你刘栓和腊梅,多次向队里建议,队里才做出这个决定。

黑　娃　真的?

刘　栓　真的,叫你明天就去报到!

黑　娃　妈妈呀! 多年来,谁把黑娃当人看,我从小风湿性关节炎,没钱医治,不是刘哥你给我捏腿按摩、针灸、捎药,我怕现在还在坑上躺着呢!

腊　梅　黑娃,到了队里,一定要干地让领导放心。来,把嫂子亲手做的香包带上,粽子提上,权当我和你哥陪着你去报到!

黑　娃　梅嫂、刘哥! 我! 我! 我实在舍不得离开你们!
　　　　［感动地擦着热泪

牛　旦　(跑上见黑娃擦泪误解)黑娃谁欺负你咧,给哥说,收拾他贼驴日的!

刘　栓　再别胡说! 你黑娃兄弟调到队部当保管。

腊　梅　高兴得热泪盈眶。

刘　栓　(对牛旦)给,吃粽子!

牛　旦　刘哥! 嫂子! 我……我这是最后一回来吃你两口包的粽子……

刘　栓　这话咋怪怪的?

黑　娃　牛哥! ……

牛　旦　说心里话,你看兄弟这年龄也不小了,干咱这一行,每月就那几个钱,连自己都混不住,还想娶媳妇? 正好我表哥张万约我去南方打工,好在改革开放了,允许外出,兄弟是来向刘哥、梅嫂、黑娃兄弟告个别。

刘　栓　领导同意了？

牛　旦　同意了。

刘　栓　这是好事么,可这叫哥咋说呀！唉,哥就是舍不得你走！

腊　梅　（拿着香包）牛,出去闯一闯,或许还能闯个名堂！嫂子给你做了个"金牛"香包,兄弟戴上,不管到啥地方,遇到不开心的事了,就闻闻它,权当你哥跟嫂子陪着你！总算在外有个伴！（边说边戴）

牛　旦　梅嫂、刘哥！牛旦从小没爸没妈,多年来风里雨里哥嫂待牛旦……

刘、腊　唉！过去的事就不说了。

牛　旦　几年能不说,嫂子,当年老爷子解放复了职,给你安排的好工作,你死活不去,你为了我哥,硬是留下同我们一起扫街道。

黑　娃　嫂子（感动）……

牛　旦　多年来,弟兄把你当姐当妈,那次掏下水道,因为缺氧我晕倒在下水道,不是你跟我哥救我,这世上那还有我牛旦吗！（拭泪）

黑　娃　（抽泣）呜呜……

牛　旦　嫂子,不论牛旦到天南地北都不会忘了哥和嫂子！

　　　　［涕泪俱下跪地叩谢……

刘、腊　兄弟！好兄弟！（忍不住跪地相抱抽泣……）

　　　　（伴唱）　洒泪吐真情,
　　　　　　　　　赤心换真诚。
　　　　　　　　　人世间七十二行,
　　　　　　　　　扫帚扫就了——
　　　　　　　　　人生兄弟姐妹情！

　　　　［歌声中牛旦在跛子黑娃和巧大姐的陪同下恋恋不舍地离去……

　　　　［腊梅见刘栓眼泪盈眶,她把搭在脖子上的毛巾取下给丈夫擦着泪水……

腊　梅　相信牛旦兄弟会有出息的,要不是遇上这好时辰,想出去干还干不成呢！

刘　栓　老天爷呀(作揖仰望天际)，保佑我牛旦兄弟平平安安……

　　　　［一声闷雷……

腊　梅　(拉起车子说)天要变啦，到后街去……

　　　　［刘栓点头仍默然推着车子……
　　　　［突然传来婴儿的啼哭声……

腊　梅　哪里有娃哭哩！

刘　栓　唉！你是想要娃了！这后街小巷连人影影都没有，娃在哪里？

　　　　［婴儿哭声……

腊　梅　(以为自己听错了，走到垃圾箱前，婴儿又哭起来，她急忙丢下车子，揭开箱盖，见一大黑塑料袋里有个用小被子包着的婴儿，急叫)快！快来看！谁把娃丢在垃圾箱！

刘　栓　啊！(向四周喊)谁把娃丢到这，这谁的娃呀……

腊　梅　(急把娃抱起来)看！娃嘴上有点毛病！

刘　栓　啊？是个豁豁娃。

腊　梅　这叫兔嘴！

刘　栓　对对对！腊梅，你说这娃她妈她爸良心咋叫狗吃咧！瞎好总是身上一块肉嘛！

腊　梅　(望着婴儿)刘栓，刘栓！我，我想……

刘　栓　不用讲！你外心我还猜不透，你是想让咱两口把娃收养起来，对吗？

腊　梅　你咋说到我心上了！

刘　栓　不行！不行！

　　　　(唱)　不是我不爱这可怜娃，
　　　　　　　是咱的家境养不起她。
　　　　　　　依我看咱俩赶快抱上娃，
　　　　　　　只有让孤儿院里收留她。

腊　梅　(唱)　刘哥吐出心底话，
　　　　　　　妹不怨你话有差。

　　　　　　　腊梅无奈抱着娃，
　　　　　　　孤儿院里我……
　　　　［欲走，婴儿啼哭……
　　　　（唱）我的心里如猫抓！
　　　　　　　哇哇哭声像说话，
　　　　　　　小小脸庞泪水洒。
　　　　　　　小腿一蹬我心疼，
　　　　　　　小手一抓我泪哗哗！
　　　　　　　哪个父母心肠狠，
　　　　　　　难道你就没有爸和妈。
　　　　　　　刘栓呀！
　　　　　　　这娃就是咱的娃，
　　　　　　　权当就是我生下。
　　　　　　　只要娃不嫌咱穷，
　　　　　　　穷家自有穷过法。
　　　　　　　咱俩好好养这娃，
　　　　　　　有娃才是一个家。
刘　　栓（唱）腊妹几句话，
　　　　　　　说得我心开花。
　　　　　　　你心地善良人品好，
　　　　　　　好人自有好报答。
　　　　　　　你是咱家掌柜的，
　　　　　　　你说是啥就是啥。
　　　　　　　二话不说抱上娃，
　　　　　　　欢欢喜喜快回家。
腊　梅　别急！别急！
刘　栓　咋了。
腊　梅　我是说趁娃小，便于做手术，咱先到医院给娃把这兔嘴补合了，让咱娃长大了，也活得人模人样！
刘　栓　说的是！早做比晚做好，现在国外高科技做出来一点麻达都没有！
腊　梅　可这住院费得不少钱，要做咱就得借！

刘　栓　借就借！不要不说,要了再艰难都要给娃做,别愁,有我哩。咱没钱,可你男人交的朋友,到要紧处会帮咱的。

腊　梅　可……可咱这一行都是些低工资,穷朋友。

刘　栓　莫小看穷朋友,比那富朋友还仁义,只要是正事,脱裤子当袄帮人哩！我去借,这不是你男人吹呢,舍得舍得,多年咱为朋友赊的人情钱,借回来给我娃美容。

腊　梅　美容！啥时学的这时尚话？

刘　栓　是你给我上课教的,忘啦？我今晚就去借。

腊　梅　刘哥,记着给人家打借条！

刘　栓　这还用叮咛,道上的话,好朋友勤算账,他不收借条我还不借呢。来,你抱娃坐上车车,咱们回。

〔说着拉车,二人欣喜地唱着回家……

刘　栓　（唱）拉上车,心高兴！

腊　梅　（唱）抱上娃,喜盈盈！

刘、腊　（合）来时夫妻俩,
　　　　　　回家三口行。
　　　　　　高兴！高兴！
　　　　　　高高兴兴……

〔唱着回家,下场

三场

〔时光转换,数月后
〔跛子黑娃手拿拨浪鼓高兴地上场

黑　娃　（唱）　一把扫帚十根竹,
　　　　　　　根根都是好朋友。
　　　　　　　环卫兄弟谁有难,

　　　　没多有少齐相助。
　　　　为了孤儿早痊愈,
　　　　送钱跑得我汗直流。
　　　　汗直流呀汗直流,
　　　　助人为乐喜呀喜心头!
　　(白)刘哥梅嫂!你兄弟黑娃为小侄女住院送钱来了……
　　[兴奋地下]
　　[场景转换:傍晚,简陋的腊梅家
　　[腊梅抱着孩子,哼着儿歌,哄娃入睡。

刘　栓　(提着一辆旧小睡车,高兴地唱着老秦腔)人逢喜事精神爽,月到十五格外光……

腊　梅　嘘(示意孩子睡了)

刘　栓　(轻步走来看孩子,轻声地说)做了手术,我女女更亲更美了,让爸把我娃亲一亲……

腊　梅　没钱咋还买这……

刘　栓　这是清洁工王老二给咱娃从废品收购站要的,他说马站长一听给咱娃,专门挑的。现在有钱人,对独生子女啥时髦用啥,这是人家更新换代退下来的,连新的一模一样!让我娃也享受享受……

腊　梅　我娃真有福,净遇些好叔叔。
　　(说着把孩子放在睡车里)

巧大姐　(提着一袋奶粉,叫着进门)腊妹!腊妹!

刘　栓　对不起,娃睡着了!

巧大姐　我是给娃送些奶粉,顺便还要求你两口帮个忙。

腊　梅　大姐,有啥就直说,还拿这干啥!

巧大姐　辣子一行茄子一行,我有个急事,你知道我进城干这清洁工,也是为了陪娃上学,谁知道娃在学校劳得病了,我得照看,想求弟妹替我顶两天班!

腊　梅　行!

刘　栓　没麻达!你把这奶粉给娃捎上,权当我两口看娃拿的。

巧大姐　不！你咋看不起人,能替我顶班,我谢都来不及。
刘、腊　你放心。
巧大姐　兄弟,我走了,谢谢你！(说着向腊梅、刘栓深深鞠躬,急转身拭泪跑下……)
刘　栓　(对腊)你替巧嫂顶班,娃咋办呀？
腊　梅　我想既替嫂子的班又不误咱的班,这后半夜街上人静,咱不如把娃推上,扫地看娃两不误,咋样？
刘　栓　唉！咱俩老是先叫人高兴,再叫咱受症,我是怕娃受凉,可话说回来,咱俩一走,娃……
腊　梅　给娃多盖些小被子,你常说"应人事小,误人事大"。给娃加上暖水袋……
刘　栓　唉！这真是戏上唱的那(说着哼起秦腔滚白)"尽忠不能尽孝,尽孝不能尽忠",我可没说女儿呀女儿,爹跟你妈只得让我娃受委屈了……
腊　梅　老是兴不够,快睡！
刘　栓　你给女女把名字起好了没有？
腊　梅　好了,好了,就叫刘霞,"朝霞"的"霞"。
刘　栓　朝霞的霞,好！(不由得又唱起来)刘霞刘霞,快快长大,叫妈叫爸……
腊　梅　小心把娃惊醒了,快睡！

〔灯光暗转

〔歌声中,场景转换成午夜大街路灯下,停着小睡车,灯暗处呈现刘栓、腊梅清扫大街的身影……

　　(歌声)　　天上有颗扫帚星,
　　　　　　　自古误认不祥星。
　　　　　　　不祥星夜夜行祥事,
　　　　　　　默默无闻扫长空。
　　　　　　　扫呀扫……
　　　　　　　扫清了天,
　　　　　　　扫净了月亮与星星。
　　　　　　　辛勤耕耘,

从不图名。

只图个天地间——

干干净净!

〔歌声中:时而腊梅不由自主地看看睡着的孩子……

时而刘栓轻步跑来看看孩子……

时而腊梅、刘栓不约而同地看孩子时碰头,

哭笑不得地伸出四只手同去抱孩子……

〔伴唱声中,孩子的啼哭声与主题歌汇成揪人心肺的合声……

〔腊梅抱着哄着孩子,刘栓扛着扫帚,推着婴儿车一家三口向另一条街走去……

四场

时　　间　90年代春(18年后)

地　　址　华南市城市中心公园

(五位即将毕业的学生跳着激情洋溢的"时尚街舞"……

华　　刚　休息一会儿给你们三个女同学再拍张毕业留影。

(刘霞、樊雯、张丽高兴地聚在一起)

张　　望　姐姐们,笑得再灿烂点。

三姑娘　(笑喊)茄子!

华　　刚　(按相机,英语)OK

刘　　霞　华刚、张望咱们五个照张相,留张毕业照才有纪念意义!

众学友　刘霞的提议太棒咧!

华　　刚　(看周围无人)没有人替我们照吧?

〔一位穿着环卫服,一手提着带把小铁簸箕,一手拿着长把扫帚,低头捡着游人扔下的小垃圾的环卫工走过来……

刘　霞　（近前）阿姨,帮我们照张合影照。

腊　梅　（抬头见是女儿）刘霞……

刘　霞　妈！你咋在这儿？

腊　梅　妈今日顶班。

刘　霞　同学们,这是我妈。

众学友　阿姨您好！麻烦您了！

腊　梅　好！好！来,阿姨给你们照。

众学友　谢谢阿姨！

腊　梅　（拿过相机。看着女儿的神情,亲切地）都笑起来！笑起来！

张　丽　到底妈跟女儿心近,咋不让我们笑起来？

众学友　哈哈……

腊　梅　都笑起来！一、二、三（按机）好了！

华　刚　阿姨,来,我给你和刘霞拍张母女照。

腊　梅　阿姨正上班。霞,你们玩,妈走了。（匆匆招手欲走……

张望妈　（啃着甘蔗,顺口吐出甘蔗渣）张望！张望！（上）
（腊梅无意与张望妈相撞）哎哟,眼瞎了？

腊　梅　对不起！〔扫着下……

张望妈　扫帚沾了我一裤腿灰尘,臭扫地的。

张　望　妈,妈！你咋是个这号人嘛,这是我同学刘霞她妈。
（边说边给母亲拍掉灰尘）

刘　霞　阿姨,不就沾了点灰尘,也不至于你骂我妈是臭扫地的！

张望妈　哎呀！啥蔓蔓结啥蛋蛋,撞了人还有理？我骂了,臭扫地、臭扫地！你把我咋……（说着扑着,张望拉母）

刘　霞　（委屈地哭喊着）我不许你侮辱我妈,你不讲理……
（争吵起来……

华　刚　大妈！太不像话了,你们把刘霞拉走！

(华刚拦着张望妈……

樊　雯　（拉着刘霞边指责边下）不就是有点钱,把你凶的!

张　丽　刘霞不跟这没素质的说了。(说着拉刘霞下)

刘　霞　(哭下)……

张　望　(急责妈)妈,你让我在同学面前太丢人了!难怪我爸嫌你……

张望妈　你爸嫌我咋?你爸嫌我咋?狗大个娃,教训起你妈来了,就这妈,从今日起你想叫妈,怕叫不成了。

张　望　妈……

张望妈　我不是你妈,你爸在外给你挂了个小妈!

张　望　妈你神经了,胡说啥哩!

张望妈　我是叫你父子把我气神经咧!

张　望　妈,你找我到底有啥事?

张望妈　（唱）　顺顺气,听妈讲,
　　　　　　　　妈跟我娃作商量。
　　　　　　　　你爸有钱心肠变,
　　　　　　　　嫌妈老了不漂亮。
　　　　　　　　跟妈要离婚,
　　　　　　　　妈我细思量。
　　　　　　　　家产妈一半,
　　　　　　　　我娃仍姓张。
　　　　　　　　把你判你爸,
　　　　　　　　学费他担当。
　　　　　　　　待你日后长成人,
　　　　　　　　继承父业没商量。
　　　　　　　　妈替咱母子安排妥,
　　　　　　　　到时候叫他人财两空受恓惶。

张　望　（唱）　妈呀听儿讲,
　　　　　　　　孩儿好心伤。
　　　　　　　　手心手背都是肉,
　　　　　　　　爸妈离婚不应当。

　　　　　尽管爸有错，
　　　　　妈也想一想。
　　　　　你只知花钱赶时尚，
　　　　　对我爸胡猜乱想瞎嚷嚷。
　　　　　孩儿的同学都有家，
　　　　　人家妈爸多善良。
　　　　　你看看走去的梅阿姨，
　　　　　妈呀你也该想一想！
张望妈　看她哩,她是做啥的,臭扫地的。妈可是被人羡慕的时尚富婆。妈给你说再不许你到刘霞家去搞啥同学聚会。今后妈跟你爸离了婚,你交人可要交国外有档次的。
张　望　哎呀,你咋跟人家妈不一样呢?
张　望　你看人家刘霞她妈。
张望妈　跟她一样,妈也扫地去咧。听妈的,没错！到街道居委会跟你爸办手续去(强拉张望下)。

五场

［场景转换:下午
［刘栓新家,简易楼层,虽小却显得实用。
［刘栓系围裙做饭……
刘　栓　(唱)
　　　　　你说这世事怪不怪，
　　　　　喜事偏从天上来。
　　　　　等着给她娘俩讲，
　　　　　听脚步赶忙把门开。
　　　　　霞！
刘　霞　爸！

刘　栓　哟！你娘俩回来了，饭一会就好。
　　　　（刘霞不高兴地进门，把书包扔在桌上，腊梅疼女，安慰女儿）
腊　梅　我娃别生气！
刘　栓　谁欺负我女子？
刘　霞　妈，你能忍，我不能忍！都啥时代了，还能容忍这样丑陋的人？
刘　栓　霞，是谁？告诉爸，我找他贼驴日算账，给我娃出气！
腊　梅　她爸，该你插手的就请你。我跟娃今日在公园遇到张百万他婆娘叨叨了几句。
刘　栓　我当是谁！霞，那是有名的麻迷，跟她计较把咱的人格都降低咧。
腊　梅　总算说句有水平话！
刘　栓　麻糖！名师出高徒。霞，咱爷父俩遇事都要像你妈学习呢。她妈，我今日给咱带回个特大喜讯。（取招工表来）霞，我娃看！
腊　梅　啥？
刘　霞　（看招工表）环卫局特招职工表！
腊　梅　（喜出望外）特招！特招！你是咋弄来的？
刘　栓　环卫队高队长送来的，说局委会研究，由于咱俩十几年来敬业，对环卫事业做了贡献，特为咱女儿刘霞批了特招指标。
腊　梅　（激动地）霞，妈连做梦都不敢想！快填表、快填表！
刘　霞　妈，爸，我不想让你们生气，我，我，我只想考大学，不想当环卫工。即就是特招，我也不去！
刘、腊　啊！
刘　霞　我见过多少对环卫工的冷眼，他们看不起你们，欺负你们侮辱你们。他们乱扔垃圾还强词夺理，你们善意劝理，遭到的却是挖苦辱骂……
刘　栓　唉！……
刘　霞　爸，妈，面对这些，你们能忍，我不能忍，我决心上大

腊　梅　　霞，妈跟你爸何尝不想叫我娃上大学，可我跟你爸是个扫地的，一月只拿那么一点钱，不是大人不想供你，霞，实在是穷得供不起我娃！妈对不住我娃，我娃要落在一个好家，就不跟妈受苦了！（流泪诉说着）

刘　栓　　唉！世上没有后悔药，早知道今天，何必当初。腊梅呀，是咱两口害了娃的前途呀！小霞，爸没本事，爸对不起我娃呀！

　　　　　［拭泪坐地……

刘　霞　　爸！（跪地扑抱妈妈的腿，哭叫）妈……

腊　梅　（唱）　女儿一声妈，
　　　　　　　　妈心苦痛煞。
　　　　　　　　爸妈难圆女儿梦，
　　　　　　　　悔恨我女落咱家。

刘　霞　　妈……

腊　梅　（唱）　女儿若遇有钱人，
　　　　　　　　何须握这扫帚把。
　　　　　　　　望女儿体谅父母心，
　　　　　　　　望女儿心系爸和妈。
　　　　　　　　十八年心里话，
　　　　　　　　含泪诉根芽。
　　　　　　　　女儿呀！小霞呀！
　　　　　　　　爸不是你的亲生爸，
　　　　　　　　妈也不是你亲生妈。

刘　霞　（哭抱着妈妈）
　　　　（唱）　爸就是我的亲生爸，
　　　　　　　　妈就是我的亲生妈。
　　　　　　　　爸妈养女十八年，
　　　　　　　　这件往事我心头压。
　　　　　　　　自从女儿懂事后，

街坊邻里告诉霞,
那年端阳节,
爸妈返回家,
小巷无行人,
只有爸和妈,
忽闻女儿泣哭声,
垃圾箱内苦挣扎,
爸妈捡回女儿命,
战战兢兢抱回家,
疼女如亲生,
养女苦受扎,
妈爸日夜扫街道,
傍晚掏粪把车拉。
爸爸呀,妈妈呀!
再苦再累为女儿。
小霞我一辈子——
一辈子不忘咱的家。
不是爸妈救了我,
世上哪能有小霞。
弃儿的生身父母心肠狠,
养儿的父母恩比天地大,
多年来我为何不问妈和爸,
怕二老伤心结疙瘩。
爸妈呀,
谁人不爱亲骨肉,
人人都有爸和妈。
女儿已长大,
女儿会顾家。
清贫难圆女儿梦,
梦醒来小霞不怨爸和妈。
唯愿二老身康健,

　　　　　阴云过后迎朝霞。
　　　　　（白）爸，妈，这特招表我填。
刘　栓　霞，爸先让我娃看一样东西。（取来一张旧报纸）这是1959年刘少奇主席接见全国劳动模范掏粪工人时传祥的照片！
腊　梅　这张报纸你爸一直珍藏到现在。
刘　霞　（接过报纸看着看着感慨地）爸，看到这张旧报纸，女儿感触很深，我才知道这么多年爸妈为啥要当清洁工，为啥你受常人不能忍受的歧视侮辱，就因为爸妈心里有你们做人的标准。我明白了，明白了。爸，妈，仅清洁工为啥能忍受常人不能忍受的那些歧视侮辱而不屑一顾，仍在默默地清扫着大街小巷，就因为刘主席亲切说的那句"试想卫生城市没有从深夜三点就起来清扫大街的清洁工就没有城市"。
腊　梅　霞，在你爸跟妈眼里，忙碌的城里人只是分工不同，心想没有你那些阿姨叔叔和爸妈每天凌晨清扫，无论是白领还是蓝领，能有一个干净的工作环境吗？
刘　霞　妈！爸！
刘　栓　霞，你看刘主席这样说：你掏大粪是人民的勤务员，我当主席也是人民的勤务员，只是工作分工不同。
刘　霞　我永远会热爱环卫工作，决不给你二老丢人！
刘、腊　委屈我娃了，填表！
　　　　　〔刘霞急到桌前，取笔认认真真地填表……
　　　　　〔刘栓、腊梅喜悦地看着女儿填招工表……
高　强　（上）刘师傅，刘师傅……
刘　栓　高队长！
腊　梅　霞，这就是咱的领导。
刘　霞　（端水）高队长，你好！
高　强　小霞，我是专为你来的。刘师傅，咱清洁工反映，今日有人骂我们是臭扫地的，我担心影响小霞进咱系统的情绪，想来聊聊！

刘　霞　高队长,你放心,我想通了,刘霞一定做个合格的"环卫战士"!

高　强　听,多美的称呼,"环卫战士",我转业到咱单位这还是第一次听到"战士"二字。小霞,上了岗,好好干!不要看咱们现在工资待遇低,福利还赶不上去,可最近在城市创卫会上,上级领导主动提出要想方设法尽快解决咱们的福利和待遇问题。

刘　栓　不管待遇多少,十几年都熬过来了。

腊　梅　相信咱这帮人不会给领导丢人。

高　强　小霞,听听咱上一代环卫人的心声!这一次上级特招你们这帮年轻的环卫战士,我想还是要加强思想和素质训练,到时候可甭嫌我管得严!

刘　霞　队长放心。

高　强　过几天端阳节就到了,你们上岗的第一课请示上级后,同意我带你们去国家重点旅游景地华山参观学习,去看看山上的环卫工同志是怎样对待工作的!

刘　霞　(激动地)好哇!

腊　梅　队长,我和小霞多做些香包,你们去了代表咱华山脚下的环卫人给山上的同行送香包,也是咱的一点心。

高　强　还是阿姨想得周到,我代表队上谢谢你们!

腊　梅　霞,送送高队长。

高　强　不送咧!(对霞)记着明天早上八点准时报到!
　　　　(下)

刘　霞　是!

刘　栓　高队长,你慢走!

腊　梅　来,小霞,取线跟妈做香包。

刘　霞　做香包了!

　　　　〔高兴地扯开五彩线……

　　　　(民谣伴唱声)

　　　　　　　　五彩线,香面面,
　　　　　　　　做个香包花旦旦。

　　　　　戴在脖项香喷喷，
　　　　　搂着姊妹亲脸脸。

六场

时　间　90年代，初夏
地　址　华山景区
　　　　[高强领着环卫队的姑娘、小伙子们在参观学习华山环卫工作……
高　强　(站在岩石上)同志们，大家静一静。今天咱们来华山景区参观学习，首先咱们要学习华山上的环卫工同志是怎样对待工作的。同时祝愿他们节日愉快，把梅阿姨做的香包送给他们。好了，解散，大家一定注意安全！
张百万　(和张丽谈笑风生地爬到北峰岩石上，张气喘吁吁地，张丽取出矿泉水递给张)丽丽，哈哈哈，渴了喝一口，饿时顶三斗，真是合格的秘书！
张　丽　(嘴里吃着口香糖)张总满意，就是我的福！
张百万　嘴真甜！[说着要吻丽……
张　丽　这啥地方，请注意形象……
张百万　哈哈！你看外国小青年在街上都亲嘴哩！(说着欲吻，将手中的矿泉水瓶扔下山……
刘　霞　(和两位姑娘正巧走过，见状)这么不文明的行为！(看着矿泉水瓶往山下滚去……
张　丽　(看见刘霞，急对张百万)走，到山那边去(强拉张起，张丽顺口吐出嚼完的口香糖胶块急走向石后……
小　琴　(生气地)咋能随地往山路上吐口香糖？
小　玲　穿得人模人样。行为太龌龊了。

刘　霞　　你俩过去给他们讲讲不能再这样做,我找人把扔到山畔畔的矿泉水瓶捡上来。

琴、玲　　好。喂,两位游客等一等……(下)

刘　霞　　(望着山畔的矿泉水瓶子,正欲找人却见山腰传来一声汉子的吆喝声)哟!是个小伙子,戴着安全帽,还系着尼龙绳,背个小背筐,手里拿着长长一把铁钳子在树杈岩畔上捡烂袋子、塑料瓶……
　　　　　(又传来山下汉子的吆喝声……她望着望着喊)啊!多危险啊!没想到华山上的环卫工不光在山道上捡垃圾,还吊在半岩上捡游人扔下的垃圾。(爬在山路边上向山腰喊)喂!喂!环卫哥哥,注意安全哟!
　　　　　(唱)叫一声环卫哥哥岩畔畔听,
　　　　　　　华南的环卫妹妹喊几声。
　　　　　　　哥哥你在悬岩捡垃圾,
　　　　　　　千万把安全记啊记心中。

华　刚　　(唱)岩畔畔回声绕山峰,
　　　　　　　传来妹妹的问候声。
　　　　　　　手拉绳索望山顶,
　　　　　　　看不见妹妹身影影。

刘　霞　　(唱)自古华山峰连峰,
　　　　　　　峰峰都有哥身影。
　　　　　　　妹把哥哥有一比,
　　　　　　　环卫哥真是华山一雄鹰。

华　刚　　(唱)妹比哥哥是山鹰,
　　　　　　　山鹰专抓老鼠精。
　　　　　　　废瓶烂袋毁山容,
　　　　　　　山鹰是咱环卫工。

刘　霞　　(唱)哥为华山做美容,
　　　　　　　攀岩越涧妹心疼。
　　　　　　　世间英雄千千万,
　　　　　　　环卫哥才是大英雄。

华　　刚　（唱）妹的话儿哥爱听，
　　　　　　　谁人把哥记心中？
　　　　　　　登山游客身边过，
　　　　　　　唯有妹妹问候声。
刘　　霞　（唱）北峰的歌声绕心境。
华　　刚　（唱）南峰的歌声情谊浓。
刘、华　　（合）歌声像是亲人唱！
　　　　　　　哥哥
　　　　　　　　不见　　不离峰。
　　　　　　　妹妹
　　　　　　　　拨开松竹遥相望，
　　　　　　　哥哥
　　　　　　　　像是　　的身影影！
　　　　　　　妹妹
华　　刚　（唱）身影影啊身影影！
刘　　霞　（唱）华山哥哥咋不回声。
华　　刚　（唱）非是哥哥不回声，
刘　　霞　（唱）心底话说给妹妹听。
华　　刚　（唱）北峰上说话南峰上听。
刘　　霞　（唱）妹在南峰等回声。
华　　刚　（唱）不是哥不见妹的面，
　　　　　　　怕误了妹的好前程。
刘　　霞　（唱）前程路上遇哥哥，
　　　　　　　妹也是华山脚下环卫工。
华　　刚　（唱）人不亲呀行最亲。
刘　　霞　（唱）妹向哥哥来取经。
华　　刚　（唱）环卫妹妹吐真情。
刘　　霞　（唱）环卫哥哥更实诚。
华　　刚　（唱）有缘遇华山。
刘、华　　（合）相聚莲花峰。
　　　　　　　哥哥见妹

心激动!
妹妹见哥

刘　霞　(唱)天作合——
　　　　　华刚哥原是岩畔环卫工。
　　　　〔华刚从岩畔爬上,见是刘霞……
华　刚　(高兴地)刘霞!
刘　霞　(激动地)华刚,你也在做环卫工作?
　　　　〔二人相坐在华山南峰上。
华　刚　刘霞,自从毕业后,我就应聘到这里,虽说苦点,可每天跟巍巍屹立的华山在一起,我觉得实在。
刘　霞　嗯,你说的心底话,我听懂了,老天作美,我也干这一行,比起你的奉献,我……
华　刚　你说是奉献?唉!可在一些人眼里,这是没出息的人才干这活!
刘　霞　嗯?啥叫出息,我爸让我看了他保存的刘少奇接见掏大粪工时传祥的照片,哎呀,我才悟到出息各人有各人的标准。
华　刚　真的!你说得太好了,我一定到你家看看这张让人醒悟的照片。
刘　霞　华刚,我看着你不顾生命危险,吊在半崖上捡垃圾,真了不起!咋能让环卫工人从这苦累的劳动中解脱出来,该多好呀!
华　刚　咋解脱?
刘　霞　我想若能设计出一个万能清……清扫机,该多好呀!你的理科学得好,帮我搞。
华　刚　我是心有余而力不足,况且又不在一块。
刘　霞　我单位有电脑,咱可以在网上交谈。
华　刚　行!好在山上现在啥设备都有,省公司为了让我们年轻人安心华山搞环卫工作,专门给每个人奖励了一台电脑,对咱研制清扫机就更方便了。
刘　霞　说话算话不能变。(伸出小拇指欲与华刚拉钩定

约)

华　　刚　　不变。(喜悦地与刘霞拉着小拇指)

刘　　霞　　我回去想办法也买一台,尽快地实现我们的梦想。

华　　刚　　你想的真好,可我想人人如果都有环卫意识,不随意乱扔垃圾,那该多好呀!

刘　　霞　　是呀,今年这个端阳节真有意思。给,华刚,这是我亲手做的香包,你戴上。(刘霞给华刚戴上……

〔山歌声:

　　一根红线两瓣瓣,

　　男左女右搓线线。

　　线线拴着香包包,

　　香在哥哥的心尖尖。

〔"香包舞"一群香包姑娘为他们的纯真情谊而翩翩起舞……

〔隐约传来了高强的喊声……

内　　喊　　华南市环卫参观团的同志集合下山了……(二人依依不舍地分别……)

七场

时　　间　　90年代,秋

地　　址　　华南市大街一家新开美容店

〔幕启:美容店经理张丽在认真地检查剪彩门前布置和卫生状况,她在整理花篮彩带……

〔两服务员抬垃圾筐下……

〔张的同学樊雯、刘霞、华刚拿着立体花篮谈笑上……

张　　丽　　欢迎!欢迎老同学!

刘、樊、华　祝贺你事业有成……

张　丽　（见刘霞穿着工作服）刘霞,给老同学捧场,咋还穿着工作服呢?

华　刚　她又替班了。

张　丽　你和你妈一样闲不住。

华　刚　张丽。

樊　雯　叫经理。

华　刚　老同学叫名字亲切。张丽,这个店投资可不少啊!

张　丽　这是我和张望他爸合股开的。

刘　霞　张望咋没来?

张　丽　你不知道?自从他爸他妈离婚,整日情绪消沉,一天到晚都在网吧。唉,我也不知道该咋办!

樊　雯　张丽,张百万如此支持你,你们这关系叫老同学们见了张百万咋称呼呢?

张　丽　我跟张百万是好朋友,超级好朋友。

众　　　噢……

张　丽　（打岔转向樊雯）樊雯,咱们几个同学就你有成就。

刘　霞　樊雯算是圆了咱们的大学梦。

樊　雯　其实最有追求还数刘霞。莫小看刘霞的工作,她和华刚找我一块研制万能清扫机呢。

张　丽　没看出,有志向!

刘　霞　真正有志向的,还是华刚,他请樊雯跟他研发能攀登华山清理垃圾的机器人。

张　丽　了不起呀!比起你们,我算是碌碌无为。

华　刚　这么大的店,还谦虚!

　　　　〔汽车停的喇叭声……

张　丽　呀!是百万来咧。张总!（亲昵地喊着去迎,下）

华　刚　（手机响接）好……好……我得赶快回去,单位来电话说山上要来个重要的客人。

刘　霞　好,那你快去。

华　刚　记着,在网上见。（下）

张　丽　（搀张百万上）张总,这是我的老同学刘霞。

刘　霞　祝你们生意兴隆！
张百万　长得这么秀气,咋是个清洁工？既是小张的同学,来我公司给你个部门经理！
刘　霞　谢谢张总,我就爱这一行。
张百万　(笑)嘿嘿……
刘　霞　二位张经理,今天预报中午有大风,剪彩放鞭炮就得清扫,我去多叫两位清洁工,把你们店前打扫得干干净净,让客人温馨光顾(下)
张百万　哎呀,那好呀,谢谢你,扫完了给你劳务费。
　　　　〔张丽见百万望着走去的刘霞,张丽不悦地拉着张百万进店……
　　　　〔风起……
巧大嫂　起风了,快扫……
　　　　〔风越刮越大,刘霞和巧大嫂、小琴、小玲在风中扫着鞭炮纸屑……
　　　　〔伴唱〕

　　　　　　天上有颗扫帚星,
　　　　　　自古误认不祥星。
　　　　　　不祥星夜夜行祥事,
　　　　　　默默无闻扫长空。
　　　　　　扫清了天,
　　　　　　扫净了月亮与星星。
　　　　　　辛勤耕耘,
　　　　　　从不图名！
　　　　　　只图个天地间——
　　　　　　干干净净。

　　　　〔伴唱声中传来张百万等猜拳行令、喝五喊六,张丽等喜笑娇柔声……

八场

［场景转换

［刘栓家，腊梅正在用竹子扎着一把把扫帚……

刘　栓　（高兴地上）哈哈……
腊　梅　啥事又把你高兴的？
刘　栓　腊梅！
　　　　（唱）时来运转福气大，
　　　　　　好事跟咱有缘法。
　　　　　　在公厕拾了八万元，
　　　　　　八八八来，发发发！
　　　　　　用这钱圆咱女儿梦，
　　　　　　清扫机研制费用就靠它。
腊　梅　啥，你拾了八万元？咱过去拾了多少东西多少钱都上交了，咱不能老了老了失晚节。
刘　栓　哎呀，你可给我上课哩，我在厕所门口等了两个多小时，都不见人来么。腊梅，咱娃研制清扫机正需要钱，真的研制成了，这给咱多少姊妹省了力！用娃的话"解放劳动力"，你连这利害关系都颠不过来！
腊　梅　你也不能拿拾来的钱研制，你这是啥逻辑？
刘　栓　我不管是啥罗面机、榨油机，咱支持娃的是清扫机。娃回来，只准说这是单位奖励咱的，娃一定高兴，可你要露了底，娃不光不用，还对咱两口有看法。你不是说注意大人形象，保持咱的晚节么……
刘　霞　（拿着扫帚回家，见刘兴奋的神情）爸，啥事把你高兴的？
腊　梅　你爸……
刘　栓　爸和你妈这些年辛辛苦苦、兢兢业业、任劳任怨、起早贪黑，帮人扫地，替人顶班，工作突出……
刘　霞　爸，你从来没赞扬过自己，今日咋这么多词，这

　　　　　是……
腊　梅　这……
刘　栓　（急拦）这是上级领导对爸和你妈的评价。就因为有这么多好,局里,不,市里,不是,是省环卫局,噢环卫厅!
刘　霞　省环卫厅!
刘　栓　对!就是厅里把爸跟你妈评上十大老年环卫模范了。
刘　霞　真的?
刘　栓　这能有假。
刘　霞　妈,十大模范,多光荣!
刘　栓　娃呀,不但光荣,还给爸和你妈奖励了八万元人民币,你看。
　　　　〔取钱……刘霞见状激动地抱着妈,吻着妈……
　　　　〔腊梅哭笑不得,勉强点头……
　　　　〔当女儿吻妈时,刘栓在女儿身后对腊梅做着不要讲的手势……
刘　霞　妈,这种光荣的事,我想奖状一定很棒,快拿出来让女儿也饱饱眼福。
腊　梅　这……
刘　栓　这奖状嘛,一定会发给爸和妈的。随后补,随后补。
刘　霞　这环卫厅咋能不按程序,应该是先颁发奖状,再发奖金。再说现在都是发奖金卡,咋能发这么多现金?
刘　栓　改革嘛,现金拿上实在。
腊　梅　她爸……
刘　栓　听我的……
刘　霞　女儿谢谢爸妈的苦心,我看这钱不像奖的,一定是爸妈为了支持女儿研制清扫机向别人借的钱,是吗?
刘　栓　不是!
腊　梅　不是!不是!

刘　霞　（唱）女儿怨声爸！
　　　　　　女儿叫声妈！
　　　　　　儿也想时尚用电脑，
　　　　　　可如今女儿不是小时的霞。
　　　　　　爸妈养女苦受尽，
　　　　　　到如今养育之恩未报答。
　　　　　　爸妈为女再借贷，
　　　　　　女儿心里如刀扎。
　　　　　　感谢爸妈疼女儿，
　　　　　　求你们把钱还人家。
　　　　（白）爸，还给人家，再不要借钱了。
刘　栓　唉！这叫爸咋说呀！
腊　梅　你不说我说。
刘　栓　你不能说……
刘　霞　妈，借谁的？
刘　栓　她妈，死活不能说。（急喊）不能说，不能说……
黑　娃　（进门见刘状惊喊）啊！刘哥，十几年我头一回见你这么大的嗓门！
　　　　［刘栓一家见黑蛋进门，只得强装无事……
刘　霞　黑娃叔，坐。
黑　娃　（见状）叔不坐，刘哥，梅嫂，我是给你送礼来啦，咋都不热乎呢？哥！
　　　　（唱）刘哥梅嫂好人品，
　　　　　　待黑娃的恩情比海深！
　　　　　　知恩当报是正理，
　　　　　　我想为侄女学习操些心。
　　　　　　兄弟我今日发横财，
　　　　　　拾到三万人民币。
　　　　　　本该交给公安局，
　　　　　　可思前想后这钱又不是咱偷下的。

　　　　　　说不定这是行贿的款，
　　　　　　说不定这是受贿遗下的。
　　　　　　说不定这是诈骗的钱，
　　　　　　说不定这是赌场赢下的。
　　　　　　这拾的钱不拿白不拿！
　　　　　　兄弟我拿钱给娃买了——
　　　　　　这台电脑还是原装进口的。
刘　栓　你说啥？
黑　娃　拾的钱给娃买了台电脑。
　　　　〔腊梅、刘霞不知所措
刘　栓　（凭着他那本能的品德生气地）黑娃呀，黑娃！多年来，哥咋教你哩？拾了钱，要交公！拾了钱，要交公！可你见钱眼黑，你就不听我的……
　　　　〔刘栓举手打黑娃时，猛然想到自己拾钱的事，本能的良知驱使他愧恨自己，而打了自己一耳光
黑　娃　（惊）刘哥，你不要生气，怪我不该骗你，这钱不是我拾的。
刘　栓　这电脑是咋来的？
黑　娃　这电脑是在广州打工的牛旦哥买的。他在电话里说：咱发了，别人女娃有的，我侄女不能没有！
刘、腊、霞　（惊）噢！
黑　娃　牛旦怕你不要，硬让我说是拾的钱买的。
刘、腊　（望电脑）真的？
黑　娃　牛旦怕你不要，硬让我说是拾的钱
刘　栓　真的？
黑　娃　牛旦哥寄给我让我亲手交给小霞，他还说这也是他报答刘哥梅嫂对他多年的恩德。
刘　栓　噢！
　　　　（唱）一席话说得我心愧，
　　　　　　　将心比心暗自责。

　　　　　见钱不能把良心昧,
　　　　　面对兄弟我咋做人。
　　　（白）(感激悔恨,扑到黑娃面前,泣泪)黑娃,哥对不
　　　　　起你,更对不起牛旦。你比我强,你的人品比我
　　　　　高,我才是见钱眼黑。我,我不是人……(即拿
　　　　　他拾的钱袋)交给公安局(悔恨急下……
霞、黑　（不解地欲问腊梅)这……
腊　梅　黑娃,你哥才真的拾了钱,八万块!
霞、黑　啊……

九场

时　间　除夕雪夜
地　址　华南市一家网吧门前的大道上
　　　　［鞭炮声声,雪花纷飞……
　　　　［刘霞和父母及环卫姑娘、小伙子们在雪夜朦胧的路
　　　　灯下扫着大街小巷……
　　　伴唱:爆竹声声辞旧岁,
　　　　　瑞雪纷飞春来临。
　　　　　火树银花不眠夜,
　　　　　大街小巷彩雪飞。
　　　　　彩雪飞!彩雪飞!
　　　　　雪花仙子笑微微。
　　　　　亲一亲扫帚姑娘的脸!
　　　　　描一描扫帚姑娘的眉!
　　　　　雪花仙子,
　　　　　环卫姊妹,
　　　　　只图个干干净净喜迎春。

　　　　　　［雪花仙子伴着刘霞起舞"雪花扫帚舞"……
　　　　　　［刘霞和姊妹们在雪花仙子的陪伴下,舞着舞着向远街深巷而去……
　　　　　　［同一时空,三个不同空间,聚光显示。

张百万　（驾车行驰状）
　　　　（唱）酒吧喝得心烦闷,
　　　　　　人逢佳节倍思亲。
　　　　　　身边虽有小妹妹,
　　　　　　难替儿女孝敬心。
　　　　　　心烦意乱何处去?
　　　　　　敞敞风,解解闷,
　　　　　　夜半飙车消愁魂!

张望母　（唱）平日爱热闹,
　　　　　　今晚心烦躁。
　　　　　　饭菜做了一大桌,
　　　　　　就是没人到。
　　　　　　是我爱唠叨,
　　　　　　还是儿不孝?
　　　　　　有钱难买合家欢,
　　　　　　图财分手自嘲笑。

张　望　［迷迷晕晕从网吧出来吸吸午夜的空气……
　　　　（唱）身在网吧眼朦胧,
　　　　　　除夕忽闻父母声。
　　　　　　走出网厅抬头望,
　　　　　　父母离异各西东。
　　　　　　盼团聚原是一场梦,
　　　　　　昏昏沉沉,
　　　　　　头晕步履难支撑。
　　　　　　［倒在街头雪地上
　　　　　　［灯光暗淡,张百万、张望妈已走去,场上仅留躺在雪

地的张望。

刘　霞　［扫着唱着。

（唱）天朦胧！

　　　雪已停！

　　　启明星送我回家中。

　　　鞭炮声声心高兴，

　　　一家人团聚喜盈盈。

　　　路过网吧一条街，

　　　有人倒在路当中。

［扶看，惊

（自）啊，张望！快起来。朦胧

张　望　（朦胧）刘，刘霞姐……

刘　霞　大过年的你咋躺在这儿？

张　望　唉！

刘　霞　走，我送你回家！

［汽车声传来伴随着汽车灯射来……

［刘霞急用扫帚向汽车警示，眼看汽车欲压张望时，刘霞丢扫帚急推张望于路边，自己却被车轮碾过左腿，晕倒在血泊中……

（伴唱）刘霞呀刘霞，

　　　你为了啥？

　　　你图个啥？

　　　你不顾生死，

　　　鲜血染红人生路七彩的霞。

［警车笛鸣犹似呼喊着刘霞……

［晨雾中，人们抢救刘霞的身影在急奔……

［刘栓、腊梅和环卫姐妹兄弟们哭喊刘霞声，声声响彻宇空……

十场

　　〔场景转换
　　〔医院急救室外走廊
　　〔高强、刘栓、腊梅、黑娃、张望、巧大姐、小玲、小琴等在手术室外焦急地等待着……

程大夫　〔从急救室出来……
　　　　（众急切问）程大夫……

程大夫　静一静！静一静！高队长，伤势严重，好在人保下来了。

刘、腊　（声泪俱下）程大夫，你一定要救救我女儿呀！（跪地）

程大夫　快起来，快起来（扶）！我们的心情跟大叔大妈一样。高队长，伤情急需做手术，请你和家长到办公室来。

刘、腊　程大夫，不做手术行吗？
　　　　〔程大夫无奈地摇头，他换扶刘栓，高强扶腊梅向办公室走……

张　望　刘姐，是我害了你呀……（哭泣）
　　　　〔场景转换：数日后，病房内外。
　　　　〔刘霞昏迷着躺在病床上。
　　　　〔刘栓、腊梅守护着女儿。
　　　　〔张望蹲在病房外，伴着救命恩人
　　　　〔张望母提着水果等物品，欲进病房

张　望　（见母）妈！
张望母　妈想看一看我娃的救命恩人。
张　望　大夫讲，除了我刘栓叔、梅阿姨，谁都不让进。
张望母　让妈在这门缝缝看小霞一眼。望，这可是我娃一辈子的恩人！
程大夫　（同警长上）这就是受害者刘霞的病房，伤势虽然好

　　　　　　多了,目前还不宜进病房探望。
警　　长　这是个特殊案件,肇事者恳求在他服刑前,能来医院
　　　　　向受害者忏悔认罪。我们考虑为安慰伤者和家属,
　　　　　破例同意来一趟。
程大夫　　目前伤者正恢复,不要进病房。
警　　长　好,麻烦你们。(挥手)
　　　　　〔两位警察押着戴手铐的张万
张　　望　(看见父亲,愤恨欲打,被警长拦)你,你害了我刘霞
　　　　　姐!你不是我爸,我恨不得咬你几口……
张望母　　这,这就是你应得的罪孽!
张　　万　我有罪,爸对不起你呀!我请求来给搭救我儿子的
　　　　　恩人赎罪。姑娘呀,(跪地)是我酒醉驾车害了你,
　　　　　我该千刀万剐,我不是人,(双手戴铐子猛打自己的
　　　　　脸)我害了你,我对不起你呀!(对警员)我请求法
　　　　　院把我的资产给受害人做赔偿。(跪地磕头,急起低
　　　　　头走去,民警跟着出去)
张　　望　(仍愤然怨恨)我恨你……
张望母　　娃呀,你爸刚才吐了心里话,要不是我俩离婚,说不
　　　　　定他还不会整天喝酒。娃,等判了,咱去看你爸。
张　　望　(百感交集,扭头跑下)唉……
张望母　　(欲追张望,却又感激小霞救了儿子,于是,身不由己
　　　　　地转向小霞病房,深深地向小霞鞠躬后,轻声呼喊)
　　　　　张望——(下)
　　　　　〔两护士推小霞病床,上
　　　　　〔程大夫送民警后和高强进病房
刘、腊　　程大夫……
程大夫　　刚才公安民警带来了肇事者,他在病房外忏悔认罪,
　　　　　还请求法院把他的资产作为对小霞的损失赔偿。
刘　　栓　我不要资产,我不要资产……
腊　　梅　我不要资产,我要我娃的……腿呀
　　　　　〔刘、腊二人头痛地进病房。

［转换场景，护士、护理、昏迷中的小霞……

（唱）苦命的女儿遭厄运，

　　　人祸比天灾更害人。

　　　爸妈心疼抓养你，

　　　风风雨雨二十春。

　　　夜里你睡在娘背娘扫地，

　　　午间你跟着爸妈捡垃圾。

　　　多少年——

　　　你不嫌爸妈掏大粪。

　　　多少年——

　　　你不嫌爸妈扫灰尘。

　　　多少年——

　　　你不嫌家贫懂事理。

　　　多少年——

　　　爸妈陪着女儿长成人。

腊　　梅　（唱）谁料想雪地遇酒鬼。

刘　　栓　（唱）害得我女儿祸临身。

腊　　梅　（唱）妈心疼！

刘　　栓　（唱）爸心碎！

腊　　梅　（唱）小霞呀！

刘　　栓　（唱）好闺女。

　　　　　　你日后的生计？

腊　　梅　（唱）你日后的婚姻？

刘　　栓　（唱）身残的现实咋熬过？

腊　　梅　（唱）谁人愿与女儿心贴心。

刘　　栓　（唱）悔恨未圆你大学梦。

腊　　梅　（唱）女儿呀——

　　　　　　人生路上靠何人？

刘　　霞　（醒过来）爸、妈……

刘　　栓　程大夫，小霞醒来了。

程大夫　　（和高强急上）小霞！

刘　霞　（欲哭强忍）……

刘、腊　霞，我娃别难过……

高　强　小霞，坚强些，相信你会站起来的。程大夫正在联系给你做假肢。

刘　霞　（哭喊）我不要假肢，要我的腿，要我的腿呀……

刘、腊　我娃不要难过……

高　强　刘霞，冷静点。面对现实，一切都要往积极方面想。摸一摸，你还有一条健康的腿呀，人生的路相信你会坚强地走下去。

刘　霞　（泣说）高队长，我……

高　强　现代科技会弥补人的缺陷，要紧的是人的精神不能有缺陷。刘霞，你是个有头脑的姑娘，相信医院会尽最大的努力让你健康地走出病房，去生活去工作，去实现你未实现的人生梦想！对吧？

刘　霞　（百感交集地）……

程大夫　小霞，你的行为感动了所有有良知的人，省人民医院主动与我们联系，市上领导要求尽一切努力抓紧为你治病，相信现代高科技的医疗技术，会让你站起来，走起来。

腊　梅　程大夫的话说得妈心里都有指望了。我娃想开些……

刘　栓　霞，我娃要想开些。

护　士　（进病房对程大夫）来了一位年轻人，说他从华山赶来探望，还说他是小霞的男朋友。

小　霞　华刚！

护　士　我们一听是朋友，还是没同意，他又说他就是刘霞的未婚夫。

刘　霞　（顿时哭泣）不要让他见我。我，我没有这个朋友，没有这个未婚夫……（哭着用被子蒙住自己的头）

〔高、程、刘、腊相视，理解刘霞的心思。

高　强　刘霞冷静点。

程大夫　　我看，咱们一块去跟那位年轻人说说。

〔刘栓、腊梅不知所措，高强和程大夫陪着刘栓、腊梅走出病房。

刘　霞　　（悲泣地慢慢揭开头上的被头）

（唱）欲哭无泪，

　　　　百感交集。

　　　　思你！想你！

　　　　小妹又怕见到你。

　　　　你让爱揪心，

　　　　你来我心碎。

　　　　恋你，疼你，

　　　　小霞不忍连累你。

　　　　华刚哥啊！

　　　　你不要怨小妹，

　　　　妹永远不会再见你。

　　　　华刚呀！

　　　　你永远都在我心里。

〔程大夫领着华刚推病房门，向着护士示意，程大夫对着护士耳语，两人向华刚示意进房探望，华刚向程大夫、姜护士鞠躬致谢！程、姜走去。

〔华刚忍住内心的疼爱，轻步走近病床，轻轻叫，霞！

〔刘栓、腊梅不知所措，高强和程大夫陪着刘栓、腊梅走出病房。

华　刚　　刘霞，让我看看，让我看看。

刘　霞　　（仍蒙住头泣哭）……

华　刚　　（不由得揭开被子看到刘霞的截肢，仅留右腿，抱着腿哭叫）刘霞呀，刘霞……

（唱）别蒙头，

　　　　我心碎！

　　　　哭泪洒在妹的身。

　　　　刘霞呀，

　　　　好妹妹,
　　　　不管你遇到天大的祸,
　　　　华刚对妹不变心。
　　　　爱你的人品,
　　　　爱你的为人。
　　　　舍己救人哥钦佩!
　　　　你是哥一生向往的好妹妹。
　　　　刘霞呀,
　　　　哥知道你为什么不见我,
　　　　刘霞呀,
　　　　哥知道你怕华刚受连累。
　　　　刘霞呀,
　　　　哥非是势利轻薄人,
　　　　刘霞呀,
　　　　难时方显哥的心。
　　　　就是你终身躺在床,
　　　　床边上伴你的是——
　　　　永不负心的心上人。
刘　霞　(感激相爱地揭掉蒙头的被角,起身抱着华刚声泪俱下喊)华刚哥呀……
华　刚　(哭慰)刘霞妹……
　　　　〔二人抱着,华刚胸前戴着她送的香包,深情地捂在自己脸上……
　　　　(男女伴唱　一根线线两瓣瓣,
　　　　　　　　　男左女右搓线线。
　　　　　　　　　线线拴着香包包,
　　　　　　　　　　　妹
　　　　　　　　　香在　的心尖尖!
　　　　　　　　　　　哥

尾声

时　间　21世纪春,又一个端阳节。
地　址　华南市"金凤大酒店"
　　　　〔迎宾曲……
　　　　〔幕启,酒店大厅:人们为刘霞和华刚的婚礼忙碌着……
　　　　〔礼仪小姐、主持人张望忙碌着……
张　望　(唱)新世纪,庆端阳,
　　　　　　　今年香包格外香。
　　　　　　　刘霞华刚行婚礼,
　　　　　　　我当司仪喜心上。
　　　　　　　吆喝一声迎嘉宾,
　　　　　　　送个香包戴胸膛。
　　　　　　　粽子宴上举喜酒,
　　　　　　　祝贺新人奔小康。
　　　　〔刘栓、腊梅穿着新装接待宾客……
黑　娃　(高兴地喊)刘哥,梅嫂,看谁来咧!
牛　旦　(西装革履,手提礼盒)刘哥!嫂子!
腊　梅　呀!小牛变成大牛了。
刘　栓　牛旦……
黑　娃　刘哥,不能再叫牛旦,现在成了大老板牛总咧!
腊　梅　啥时候都是小兄弟。牛旦、黑娃今日这个香包可是你侄女小霞亲手做的。(边说边给二人戴上)
黑　娃　双喜香包嘹咋啦!
牛　旦　梅嫂说的对!哥,今天是小霞结婚的大喜日子,我带媳妇回来祝贺。
牛旦妻　刘哥,梅嫂好。(鞠躬)
刘　栓　(喜悦地)好妹子。
牛旦妻　牛旦常说哥嫂是他的大恩人,知恩当报,这是我夫妻

		给侄女送的银行卡。
牛	旦	够娃吃半辈子。
刘	栓	不要,不要。
腊	梅	这礼太重了。(牛旦妻将卡放其口袋)
牛	旦	梅嫂,不重,不重,永远都不重。刘哥,还有你想不到的人也给娃送了个珍贵的礼品。
刘	栓	这话是啥意思?
牛	旦	(取出小礼盒,捧出一尊刘少奇接见时传祥的雕像)缅甸玉。
黑	娃	妈妈呀,谁送了这么贵重的玉石像?
牛	旦	这是当年"文革"批斗哥的造反派头头梁司令梁文革给你俩送的。
黑	娃	他送的!不要,不要。
牛	旦	兄弟,世事变了,瞎人能变好,好人也能变瞎,不能用老眼光看人,人家现在不叫文革叫文德,下海多年,在南方把事搞成咧,特托我送给哥嫂,人家说见了这尊雕像一切都在不言中。

〔给刘、腊玉像,二人接……

刘、腊	世道变了,人也变了!
嘉宾等工程师	程大夫、高队长光临!

〔众人随着入场:巧大姐、张望妈、张丽等进入大厅……

〔程大夫、高队长和刘栓、腊梅握手祝贺……

高	强	(推着一台万能清扫机)让开,让开!
黑	娃	啥玩意呀?
高	强	今天是双喜临门,我们不光为二位新人祝贺婚礼,同时祝贺刘霞设计制造的这台万能清扫机已经检验成功!再告诉个好消息,刘霞舍己救人被评为市上十大杰出青年,保送上环保学院深造。这真是双喜临门。
众		好!

张　望　华刚、刘霞结婚庆典现在开始。(鞭炮、礼乐声起,请二位新人在乐曲声中步入婚礼殿堂。

〔在彩花中,刘霞穿着洁白的婚纱,华刚着笔挺的婚服亲切地拉着刘霞的手,二人欣喜地从天幕区走向台口……

张　望　(主持人)一鞠躬、二鞠躬、三鞠躬!(既是行婚礼又是向观众致谢幕礼……)

(主题歌)天上有颗扫帚星,
　　　　自古误认不祥星。
　　　　不祥星夜夜行祥事,
　　　　默默无闻扫长空。
　　　　扫清了天,
　　　　扫净了月亮与星星!
　　　　辛勤耕耘,
　　　　从不图名。
　　　　只图个天地间——
　　　　干干净净!

〔少男少女在五彩缤纷的礼花中跳着"扫帚舞"

(全剧终)

2009 年 11 月 10 日定稿

娘啊娘

编剧 冀福记

大型现代剧
《娘啊娘》
剧情阐述

该剧颂扬了一位乡村母亲,在丈夫去世后,含辛茹苦将儿子供养大学毕业。当儿子与在校的女友结为夫妻时,女方的母亲从女儿的未来着想,要求女婿应是父母不在,否则,担心女儿婚后要承担奉养四位老人的责任,故拒绝女儿男友连根成为女婿。连根无奈,违心应诺。当儿子婚后有了孩子,儿子为找保姆回到家乡,让母亲在村里请位保姆进城,母亲心疼孙儿,理解儿子,自己甘做保姆。当她不以奶奶,而以保姆将孙儿养到三岁上幼儿园时,便不辞而别。当儿媳楠楠和母亲知道保姆原是孙儿的奶奶,母女俩为女婿有这样大爱善良的母亲感动不已。

本剧由山西运城歌舞团排演,选为2006年在上海举办的"中国歌剧音乐剧会演"剧目并获奖。

该剧在创作中,得到张承志、陈自勉二同志的协助,以此致谢。

娘啊娘

时间　当代
地点　黄土高原城乡间
人物　娘（李妈）　50多岁
　　　连　根　28岁，娘的独生子
　　　楠　楠　26岁，连根妻
　　　岳　母　50多岁，某大酒店经理
　　　主持人、舞队及各种拟人化的花草、动物玩具。
　　　动物玩具拟人：熊猫、唐老鸭、变形金刚、布娃娃。

序幕歌

爹是天，
娘是地，
天生地养一苗根。
爹是风，
娘是雨，
风栉雨沐育儿身，
可怜儿时爹离去，
娘吐苦雨哺苦根。
娘啊娘！
儿跪拜天地。
娘啊娘！
儿不忘娘含辛茹苦恩。
〔在歌声中，三组表演区：台中娘背着不满周岁的儿子推碾子，台左娘抱着不满三岁的儿子剥苞谷，台右娘撑着雨伞背着小儿上学去……〕

母子情

〔村口。在音乐中大幕徐徐拉开，一棵粗壮的中国槐屹立在舞台一侧，舞台另一侧是高高的土崖，远处山峦起伏。〕

〔乡亲们扭着秧歌,兴高采烈地欢送连根……〕

(合唱)
　　　　　　村西古槐叶茂盛,
　　　　　　山洼洼出了个大学生。
　　　　　　邻里乡亲,
　　　　　　锣鼓相送。
　　　　　　大槐树下嘱咐语,
　　　　　　盼望连根早成龙。

群众甲唱　　早成龙。

群众乙唱　　静一静。

群众丙唱　　听听娘送儿话深情。

连　根　娘,我舍不得您。

娘　连根,你都多大了,还说这傻话,这水往低处流,人往高处走,你是咱山洼洼里走出的第一个大学生。娘……高兴。

连　根　娘。

娘　(从手上卸下戒指)连根,这枚戒指是当年我和你爹成亲的时候,你奶奶给我的,你把它带着,想娘的时候,就把它拿出来看一看,等你将来有了媳妇,就送给她。

连　根　(收下戒指)娘,我走后,你可要保重身体。

娘　娘知道,快走吧,快走吧。
　　　(连根走了几步,猛回头转身跑步跪在地上,抱住娘)。

连　根　娘!(送别歌)
　　　　　　山坡坡陡来山沟沟洼,
　　　　　　半山里的土窑洞就是家。
　　　　　　窑檐下小燕一年又一茬,
　　　　　　秋去了冬来了春又到夏。
　　　　　　二十年娘守寡含辛茹苦,
　　　　　　眨眼间儿长大离开了家……
　　　　　　儿啊儿——

儿到天涯娘牵挂！
娘啊娘——
娘的恩情难报答……

[在主题歌声中，娘扶起连根，为独生子系好风襟扣，拍去儿子双膝的土，连根惜别母亲，向远处走去。舞台光渐渐压下，一束追光照着娘，娘望着远去的连根，走上高高的土崖，向儿子挥手。

[收光。

六年后

[六年后，县城某酒店内外。双喜字、红灯笼、红对联，一应办喜事的铺排。红光普照，音乐响起，舞队起舞。

[伴唱]红红的灯笼挂起来，
　　　红红的鼓儿敲起来，
　　　红红的新娘迎进来，
　　　红红的盖头掀起来。

[在歌声中，舞队向台侧舞去迎接新郎新娘。婚礼主持人上场。

[恭喜歌]（四重唱）

合　唱　　　喜气洋洋，
　　　　　　宾客满座，
　　　　　　恭贺方总办喜事，
　　　　　　嫁女迎新郎。

合　唱　　　恭贺女婿有福分。
甲　唱　　　攀了个好丈母娘。
　　　　　　娶了个聪明漂亮的好媳妇，
　　　　　　从今后成家立业有保障。

合　唱	恭喜新娘有慧眼。
乙　唱	选了个称心如意郎，
	同进大学同毕业，
	同承母业同入洞房。（继改承）
合　唱	恭喜丈母娘。
丙　唱	精心为女儿挑新郎，
	十亩地里一苗谷，
	郎才女貌配成双。
合　唱	恭喜歌儿大家唱。
丁　唱	新郎新娘拜高堂。
	女婿今日要改口，(来改要)
众　唱	叫什么……
丁　唱	从今后叫妈——

娘啊娘

　　［喜庆音乐渐强，舞队簇拥着新郎新娘上场。彩条飞舞，人群欢呼。

　　［鼓掌声中，岳母出，站在显著位置］

岳　母	（唱）	家有凤凰女，
		引来好少年。
		有女不嫁高门户，
		有女不嫁有钱男。
		要的是十亩地里一棵苗，
		无公无婆无挂牵。
		这样的女婿打着灯笼也难找，
		这样的女婿他就站在我的面前。
		哈哈哈……
甲	方总经理，连根是你的总经理助理，现在又成了你的女婿，你满意不满意？
岳　母	满意，满意，一百个满意。
司　仪	结婚典礼现在开始：
	一拜天地；二拜高堂；夫妻对拜。交换礼物。

　　［四重唱］这枚戒指真罕见，

		没镶宝石没镶钻。
		仔细瞧来仔细看,
		这玩意让人难分辩?
甲	唱	说它是白金——
合	唱	不亮闪闪。
乙	唱	说它是黄金——
合	唱	不金灿灿。
丙	唱	黄金白金都不像,
合	唱	原来是个……
众	唱	是个啥?
丁	唱	是个……
众	唱	啥?
丁	唱	是个是个……
众	唱	啥啥啥?
丁	唱	原来是个银圈圈。
众	唱	原来是个银圈圈。

连　根　这枚戒指是我奶奶留给我娘的,我娘她……她临终前交给我,让我戴在她那永世不能见面的儿媳手上。

(众人恍然大悟)

[二重唱]

楠　楠	(唱)	妈……
连　根	(唱)	娘……
楠　楠	(唱)	妈……
连　根	(唱)	娘……
		虽说是白银不值钱,
		它却是连根家代代相传。
楠　楠	(唱)	多少幸福和辛酸,
		点点滴滴在里边。
		它有长辈的祝福,
		也有期盼,
		纯金戒指钱能买,

连　根	（唱）	这枚戒指金不换。 我愧对，我难言。 我无奈，我心酸。 无奈无奈自愧难言。
甲　白		请岳母给女婿改口费。（岳母拿出一个厚厚的红包，众主持人将连根推到岳母身边）
乙　白		快叫。
连　根		（不好意思地）妈。
丙　白		声太小，没听见。
连　根		妈。
众　合		再大声！
连　根		（终于鼓足了劲）娘！

　　　　［众人定格，娘在远方显影］
　　　　［心灵感应的无字歌，倾吐着连根痛苦的心声］
　　　　［伴唱无字歌］
　　啊……
　　　　［娘的身影在歌声中渐渐隐去……］

一年后

伴　唱		山坡坡陡来山沟沟洼， 半山里的土窑洞就是家， 窑檐下小燕一年又一茬， 秋去了冬来了春又到夏。

　　　　［春，乡间，窑内］
　　　　［连根娘在做鞋垫……］

娘　唱		线线儿绣， 针针儿描， 天底下啊，

　　　　　　　　哪个娘不为儿女把心操。

　　　　　［连根提包上。

连　根　娘！娘！
娘　　　连根！我娃回来了,娘心里就滋润了。咦!咋不见媳妇娃呢?
连　根　娘,她忙得脱不开身。
娘　　　你呀!都结婚一年了,娘还没见我儿媳妇的面。
连　根　娘,都怪我想得太多,结婚不想叫娘再操心,就没叫娘去。
娘　　　没去跟去了一样。你看,娘这样子到城里给我娃丢人。
连　根　娘……
娘　　　连根,你把娘给的传家宝给媳妇了吗?
连　根　结婚那天,我亲自给你媳妇娃戴在手上。
娘　　　她高兴不?
连　根　高兴!高兴!娘,她还给你老生了个胖孙孙。
娘　　　哟!

　　　（唱）　胖孙孙,
　　　　　　　孙孙胖。
　　　　　　　喜得娘眼泪哗哗淌。
　　　　　　　喜得娘喊声连根爹。
　　　　　　　咱如今也成了三世同堂。
　　　　　　　苦尽甜来,
　　　　　　　儿孙有望,
　　　　　　　从今后睡梦里——
　　　　　　　咱老两口心里也安详。

连　根　看把娘高兴的!
娘　　　娘咋能不高兴么!你参要在他比娘还高兴,这可到了娘为我孙子娃操心的时候了。
连　根　娘,其实我这次回来,就是商量看孩子的事。你不知道,现在这孩子难照看得很,换了三个保姆都不行。

|||我想让娘在咱村里找一个手脚勤、能放心的人。
娘　　　找啥哩,娘去给你照看。
连　根　娘……
娘　　　不说啦,吃了饭,咱娘俩就动身。
连　根　娘!(欲言又止)你,你去是去,可……
娘　　　可咋?是不是嫌娘……
连　根　不不不!娘去照看孩子,我还有什么嫌弃的,可就是娘你还得受些委屈。
娘　　　看我孙子么,委屈什么哩?
连　根　娘,这……
娘　　　娘没委屈,先把我娃委屈的。有话不要憋在肚里,给娘说。
连　根　娘,我盼不得娘去照看孩子,可娘你去了只能做……保姆……
娘　　　保姆?你胡说啥哩,娘不能做奶奶?娘还活着又没死,咋不能?
连　根　娘,儿对不起娘,儿就是给她妈说娘已经过世了。
娘　　　啊!
　　　　[气怨、悲痛、伤心地软瘫坐地上。
　　　　[连根急扶……
傍　唱　　　儿言似惊雷,
　　　　　　击碎娘的心,
　　　　　　怨儿恨儿,
　　　　　　疼儿爱儿,
　　　　　　想不到啊,
　　　　　　你为啥这样对待
　　　　　　生你的娘亲。
连　根　娘!娘!……
　　　　(唱)　非是儿不孝,
　　　　　　非是儿胡言,
　　　　　　有心娘前诉苦衷,

有口无颜对娘谈。
娘啊娘,
你盼儿大学毕业,
娘盼儿能有事干。
娘啊娘,
儿无有当官的爹,
儿无有大款的娘。
对口的单位儿难进,
好岗位应聘需花钱。
儿在城里无亲,
幸遇同学楠楠。
她知儿的学历,
她知儿的才干。
儿在她母亲公司应聘,
儿勤奋工作从不偷闲。
她爱儿,
儿爱她。
怎奈她母亲为女选婿,
非孤儿独子莫谈。(非孤儿)
儿思虑再三,
无奈撒谎言,
违心双亲过世,
才与楠楠结亲缘。
今日让娘忍辱做保姆,
儿心苦难言。
儿愧对,
儿难辩。
娘打儿骂儿——
骂儿打儿,
你儿无怨言。

[娘听罢百感交集,痴望远方……

〔无字哼鸣曲。

伴　唱　嗯……唉……

〔哼鸣曲把娘内心那怨恨、无奈、宽容、爱抚外化。
〔娘在无字曲的尾声后,平静而慈祥地对儿说……

娘　连根,娘去城里当保姆。

连　根　(凄声喊)娘……

〔扑到娘怀……

一日后

〔春,接前场,村外山间路上,那一棵棵拟人化的杏树婀娜多姿,娘手挎一包袱上场。

伴　唱　(杏花歌)

杏树林,
杏花开,
杏树大娘背儿来。
杏儿爬在娘背上,
摇摇摆摆好自在。
一日杏儿长大了,
把娘的苦心揣在怀。
杏儿不忘娘辛(心)苦,
苦心落地长成才,
长成才。
杏花开,
杏树哥哥背娘来,
杏树哥哥背娘来……

〔在歌声中杏树起舞,送别母子。

连　根　娘,你看这山路坑坑洼洼,就让我背你走。

娘　　　儿呀,娘身体硬朗,我能行。
连　根　娘,你就让儿再尽尽孝吧!
娘　　　娘行,走,快走。
连　根　哎哟……
娘　　　连根,怎么了?
连　根　我的脚……
娘　　　脚怎么了?
连　根　(背起娘)娘,咱走。
伴　唱　(杏花歌)

　　　　　　　杏树林,
　　　　　　　杏花开,
　　　　　　　杏树大娘背儿来。
　　　　　　　杏儿爬在娘背上。
　　　　　　　摇摇摆摆好自在。
　　　　　　　一日杏儿长大了,
　　　　　　　把娘的苦心揣在怀。
　　　　　　　杏儿不忘娘辛(心)苦,
　　　　　　　苦心落地长成才,
　　　　　　　长成才。
　　　　　　　杏花开,
　　　　　　　杏树哥哥背娘来,
　　　　　　　杏树哥哥背娘来……

[歌声中儿背母走向远方。]

两日后

[城里连根家中。家中有桌有椅,现代家电俱全,拟人化的玩具,熊猫、唐老鸭、变形金刚、布娃娃唱]

[四声儿歌]

变形金刚唱　　唦卡唦卡唦卡卡，
　　　　　　　我是变形的奥特曼。

布娃娃唱　　　啊啦啊啦啊啦啦，
　　　　　　　我是可爱的布娃娃。

大熊猫唱　　　咪嘛咪嘛咪嘛嘛，
　　　　　　　我是国宝大熊猫。

唐老鸭唱　　　呱呱呱呱呱呱呱，
　　　　　　　我是尊贵的唐老鸭。

合　唱　　　　叽里呱啦要讲话。
　　　　　　　原以为主人能跟我们玩（耍），
　　　　　　　才知道他是个月娃娃。
　　　　　　　等到小主人长大跟咱玩，
　　　　　　　我们早变成长胡子的老傻瓜。
　　　　　　　气气气、卡卡卡。
　　　　　　　不知道我们的气该给谁发？
　　　　　　　看看看，别说啦，
　　　　　　　小心大主人来屋收拾咱。
　　　　　　　[玩具返回原处，痴痴待着……]
　　　　　　　[楠楠哄宝宝入睡。
　　　　　　　[楠楠将婴儿放入小儿车中。

楠　楠（唱）　从冬摇到夏，
　　　　　　　宝宝伴歌行，
　　　　　　　小儿爱哭又爱闹，
　　　　　　　姥姥挑剔又气盛。
　　　　　　　保姆换了三四个，
　　　　　　　一个都不成。
　　　　　　　连根又去请保姆，
　　　　　　　但愿他找一个，
　　　　　　　正正派派，
　　　　　　　干干净净，

娘啊娘

　　　　　　勤勤恳恳，

　　　　　　聪明能干，

　　　　　　很不错的小年轻。

　　　　〔看到儿子睡了，楠楠进里屋。连根带着娘上场。

连　根　娘，到家了。

娘　　　（捂连根嘴）连根呀，跨进这道门槛，可不能再叫娘了，记着叫李妈。

连　根　我记着。娘，我想再叫你一声，娘……

娘　　　唉！

连　根　娘，咱进去吧……

　　　　〔连根敲门，楠楠从里屋出，急开门，连根和娘进。

楠　楠　来啦来啦，连根，你回来啦，这是……

娘　　　我是连根叫来的保姆李妈。

楠　楠　李妈！

连　根　这是我媳妇楠楠。

娘　　　（情不自禁地拉住楠楠）好媳妇，好媳妇！（音乐起）

　　　　（唱）　好一个喜人的媳妇。

楠　楠　（唱）　好一个慈祥的妈妈。

娘　　　（唱）　一双好看的大眼睛，

　　　　　　　　一头乌黑的秀发。

楠　楠　（唱）　一双善良的眼睛，

　　　　　　　　一头花白的银发。

娘　　　（唱）　聪明又大方。

楠　楠　（唱）　朴实又利洒。

娘　　　（唱）　你是宝宝的好妈妈。

楠　楠　（唱）　宝宝见你乐开了花。

楠　楠　（白）李妈——

娘　　　楠楠——

　　　　〔二人亲切拉起手，娘关注楠楠的戒指。

楠　楠　李妈你……

娘　　　（忙掩饰）嘿嘿，这个戒指……真好。

连　　根　李妈,走了一路了,快坐下歇歇,喝杯水。

　　　　　〔宝宝突然哭起来,连根、楠楠急忙上前照料,玩具动物等上前来看宝宝,宝宝仍大哭不止。娘失态地上前分开二人,抱起宝宝至台中,拍打着唱"摇篮曲"。

娘　　　（唱）　公鸡叫叫天亮了,
　　　　　　　　母鸡叫叫下蛋了。
　　　　　　　　取来蛋蛋荷包包,
　　　　　　　　点上香油油,
　　　　　　　　拌上糖糕糕,
　　　　　　　　宝宝吃成个胖小小。
　　　　　　　　噢……睡觉觉……噢……睡觉觉

　　　　　〔孩子先哭后笑,渐渐睡去。
　　　　　〔岳母上,未见其人先闻其声。

岳　　母　楠楠,楠楠！快来接一下,累死我啦！〔岳母手提大包小包——婴儿食品、用具、玩具上。屋内玩具动物等吓得各回原地。

楠　　楠　妈,你来了！

　　　　　〔岳母进屋,气喘吁吁地坐在椅子上,大口地喝凉开水。楠楠递毛巾,连根开空调。

连　　根　妈,快来擦擦汗。

岳　　母　哎,连根,你不是回老家找保姆,找到了没有？

连　　根　找到了,这不是。

岳　　母　哟,这么老！呆头呆脑,笨手笨脚。我说连根,你是找保姆呢,还是找妈呢？你是让她侍侯咱呢,还是让咱侍候她呢？

连　　根　妈,她手脚勤快,家里地里什么活都能干,保险让你满意。

岳　　母　你们……你们是什么关系？

娘　　　　我们是多年的邻居……

楠　　楠　妈,这个保姆是有些老,可是宝宝看见她,不哭又不闹。老人唱歌谣,宝宝哈哈笑,笑着笑着就睡着了。

岳　母　奇怪,宝宝见了我,不是哭就是闹,依你说她是宝宝的亲奶奶,我倒成了宝宝的后姥姥?……

楠　楠　不不,妈,她是个老保姆,你才是亲姥姥。妈,这事都怨你。

岳　母　怨我什么呀?

楠　楠　想当初,有婆婆的你不让我找,生下宝宝又没人照料,如果我有个像李妈这样的婆婆,咱把她老人家接进城里来看宝宝,亲亲的骨肉保险错不了。

岳　母　其实妈妈也是为你好。如今都是独生子,一对小夫妻,上有四个老。老人上边还有老,你们的负担有多少?

楠　楠　妈,我知道你是为我好。

岳　母　这不就对了吗!这个老保姆,我还得将她考一考。
　　　　（大摇大摆地坐椅上）

岳　母　你……蹲、立、蹲、立,转一下(示意倒转,娘倒转,玩具动物等跟着倒转。)

楠　楠　妈,你这是干啥哩,把老人家转晕了呀!

岳　母　她要是头晕,就是血压高!如果跌一跤,岂不摔坏了小宝宝?

娘　　　我在家里经常推磨推碾子,别说转两圈,就是转上一天,头也不晕。

岳　母　你有没有得过肝炎、肺炎、气管炎?

娘　　　我们那里天上飞过大雁,河滩上落过鸿雁,房檐下住过小燕,就是没有你说的肝炎、肺炎、气管炎。

岳　母　得,得,得!

连　根　妈,我们后山空气新鲜,吃的是新米新面,种的菜化肥不用,农药不沾,全是用茅粪灌……

岳　母　哎(作呕吐状),多嘴!老太太,你听着(动物玩具悄悄出来,在一旁听)。

　　　　（唱）　你是新时代的家政员,

		光荣的任务你承担。
娘	（唱）	东家的水平就是高， 你说咋干就咋干。
岳　母	（唱）	你巧手巧做全家饭， 照看宝宝要周全。
娘	（唱）	乡下人手脚都灵便， 大小活计我承担。
岳　母	（唱）	这地要一天拖三遍， 家里的花儿要保鲜。
娘	（唱）	我在山村也把花草种， 勤经勤管花香色艳。
岳　母	（唱）	多吃蔬菜少吃肉。
娘	（唱）	大鱼大肉吃不惯。
岳　母	（唱）	包吃包住任使唤， 每月工资一百元。
娘	（唱）	钱给多少我不嫌， 我一定把宝宝当作亲孙子看。

（娘抱宝宝欲亲一口）

岳　母　慢！宝宝小嘴怕传染，
　　　　亲他一口罚十元！
　　　　连根，这个保姆么……就留下试几天。不过咱可把
　　　　丑话说在前，如果干不好，随时走人！
　　　　［收光。

娘啊娘——

数日后

［数日后，景同前场。音乐起，娘趴在地上擦地板。
　玩具动物围绕娘起舞。

玩具动物（吟唱）　李妈李妈留下了，

孙子宝宝他笑了。
李妈李妈留下了，
我们也都开心了。

（连根进门看到娘躺在沙发上睡着了，用衣服轻轻地盖在娘身上，娘醒了。）

娘　　连根你锻炼回来啦！

连　根　娘，你是不是不舒服？

娘　　没有，没有。

连　根　娘，以后家里有什么脏活累活，让我回来再干。

娘　　娘身子硬朗着，我行。

连　根　娘，想当初为结这门亲，我撒谎说父母双亡，没有拖累，伤了你老人家的心；现在，又让娘当保姆，我这心里……娘，儿心里不好受。

娘　　连根，娘心里明白，娘不怪你。说实话，看见这个家这么好，小孙子招人爱，媳妇又贤惠，就是受点委屈，娘也愿意。

连　根　娘，我真的不愿意让你受这份罪……

娘　　傻孩子，干这点活不算个啥。娘只要天天能看见你和宝宝，娘就有使不完的劲……

连　根　娘！

娘　　连根，你去菜市场买只鸡，楠楠这一个礼拜都是夜班，我熬些汤，给她补补身子（欲掏钱）。

连　根　娘，我有钱。

娘　　好孙孙，奶奶抱你到里屋床上去睡（奶奶抱宝宝进里屋，楠楠急匆匆上场，娘连忙迎上去）。

娘　　楠楠，下班了？

［楠楠未曾搭理，径直走进卧室，卧室传来翻找东西的声音，玩具动物跑过去看，楠楠从卧室出来，拨开玩具动物，上下打量着娘。

楠　楠　李妈，你今天进过我的卧室吗？

娘　　出厨房到客厅，从未进过你卧室的门。

楠　楠　打扫卫生间可曾发现了啥？
娘　　　手纸纸一卷卷，香皂牙膏和毛巾。
楠　楠　收拾客厅你拾到了啥？
玩具动物　布头线绳绳，果皮纸片片。
　　　　［楠楠怒视玩具动物。玩具动物惊恐。
娘　　　楠楠，你今天是怎么了？是谁惹你了？
楠　楠　我的戒指不见了！
娘　　　戒指？！
楠　楠　丢了！
娘　　　（吃惊）啊！
　　　　［楠楠注意娘的反应，音乐起。
　　　　［玩具动物互相指责，互相摇头否认，吓得各归其位。
娘　　　楠楠，你不要急，再仔细找找……也许……
楠　楠　也许啥呢！我在卧室，里里外外翻了个遍，也没有，要不是有人偷了，它还能长翅膀飞了不成？！
娘　　　楠楠，咱家又没有来外人，你再好好想想，是不是放在别的地方了？
楠　楠　不会，我清清楚楚地记着，就放在卧室的床头柜上。
娘　　　是不是个银戒指呀？
楠　楠　是啊，你在哪儿看见了？
娘　　　这个戒指，我刚来时见过的。楠楠，你别生气，气大伤身，再说，一枚银戒指，也不值什么钱。
楠　楠　李妈，要是丢了别的东西，也就算了。可这枚戒指是我那去世的婆婆给我留下的，它可是连根家几辈人传下来的，你让我怎么向他们家交代呀！
（音乐起）
伴　唱　啊……
　　　　　　楠楠一席话道真情，
　　　　　　温暖妈妈冰冷的心。
　　　　　　老人虽辩白，
　　　　　　心里却温馨，

楠楠是个有情有义的人……

娘　　好楠楠,我要是见了它,我一定会还给你的,可我……我真的没有看见呀!

楠　楠　李妈,这个家,除了我和连根就是你,你还让我怎么说呀……

娘　　楠楠——

伴　唱　哭无泪,难表白,
　　　　恨不能说出真情,
　　　　话到口边又咽下,
　　　　为了儿女——当娘的只有忍、忍、忍。

娘　　这戒指,我真的没有拿。对了,你要是不信我把我的包袱拿出来,你检查检查。(娘欲进屋,突然传来宝宝的哭声)

娘　　(突然)不好!宝宝。

〔娘、楠楠急忙进里屋,岳母、连根上场,楠楠抱着大哭的宝宝从里屋出,娘紧随。

岳　母　楠楠,宝宝咋啦?

楠　楠　从床上摔下来了。

岳　母　李妈,你是怎么看孩子的?

娘　　宝宝,宝宝!都是我不好,光顾着说话,忘了宝宝在睡觉……

〔娘要抱孩子,楠楠不给。

岳　母　连根,快打110报警,快!

楠　楠　不对,是打120急救中心,快!

连　根　好。

〔连根向电话走去,楠楠抱孩子哭,岳母抱上宝宝还哭,娘抱过宝宝,宝宝不哭了,宝宝笑了。

娘　　你们看,宝宝不哭了,宝宝笑了,没事了!

岳　母　我看看。(看宝宝头、身等处)这身上有没有伤……

娘　　宝宝刚才是给吓的,你看,现在他笑得多甜!孩子要是受了伤,不会这样笑的!

楠　楠　宝宝,你刚才哭得那么厉害,你没把妈吓死!我真害怕把你摔成……(楠楠从娘手中接过宝宝,放入小车内。)

岳　母　李妈,我们花钱雇你来,就是让你看好孩子,你怎么能把宝宝摔了?

娘　　　刚才都怨我,怨我一时没操心,怨我一时糊涂……你们处罚我吧,扣工资也行,罚我干活也行,为了宝宝,就是割我的肉也给……

连　根　妈,李妈既然认错了,咱就……

岳　母　不行,李妈,咱们可是有言在先,现在是试用期,既然你看不好孩子,我们也就不再用你了。

娘　　　啊!

　　　　〔音乐起,娘气得发晕,连根扶住娘四人背唱。

岳　母　(唱)　　李妈呀,别怪我无情无义,
　　　　　　　　摔宝宝就是你没尽责任!

楠　楠　(唱)　　妈妈你怎么不问一问,
　　　　　　　　摔宝宝我也有责任。

连　根　(唱)　　这样的"保姆"你还不满意,
　　　　　　　　这世界上再没有合适的人。

娘　　　(唱)　　戒指我没偷,孩子我没摔,
　　　　　　　　老天可证,我是一片诚心。

岳　母　(唱)　　岗位职责很清楚,
　　　　　　　　不能胜任就走人!

楠　楠
连　根　妈!

　　　　〔孩子哭,娘闻声欲抱,岳母抢过小车,不让娘抱。
　　　　〔岳母未搭理推车进卧室,楠楠、连根紧随进卧室。

伴　唱　　　　　跳到黄河难洗清,
　　　　　　　　唾沫星子也能淹死人……
　　　　〔玩具动物走到舞台一侧,议论。

玩具熊猫　李妈,你别走,凭什么呀?这事根本就怨不着你。

变形金刚　李妈,你走了算了! 省得受气。
布娃娃　李妈,(唱)

　　　　　　　　不走不走就不走,
　　　　　　　　跟她说清根和由。
　　　　　　　　保姆好赖也是人,
　　　　　　　　个人尊严不能丢。

唐老鸭　（唱）　走走走走,赶紧走,
　　　　　　　　留在家中添忧愁。
　　　　　　　　今天忍来,明天受,
　　　　　　　　熬到哪天是个头?
　　　　　　　　走走走——

熊　猫
布娃娃　　　　　留留留——

变形金刚
唐老鸭　　　　　走走走——

熊　猫
布娃娃　　　　　留留留——

变形金刚
唐老鸭　　　　　走走走——

熊　猫
布娃娃　　　　　留留留——

娘　　（唱）　我羞辱,我气恼,
　　　　　　　　我真想出门不回头。
　　　　　　　　可我丢不下小宝宝,
　　　　　　　　可我离不开亲骨肉。
　　　　　　　　为了宝宝我无所求,
　　　　　　　　忍气吞声走上前,
　　　　　　　　强压泪水我把亲家求……

　　　　［岳母从卧室出,连根、楠楠相随。

娘　　楠楠妈,求求你,让我留下吧,这样的错,我再也不会有了……

连　根　妈,就让她留下吧!

岳　母　不行,我家只有一个宝宝,我怕我孙子在她手里再出事,连根……

连　根　哎!

岳　母　把李妈的东西拿出来。

连　根　妈……

楠　楠　妈,你让李妈留下吧!

连　根　妈,你就让她再试试吧……

娘　　　连根,听你妈的话,去,把我的东西拿出来。

连　根　(无可奈何地)

娘　　　(严厉地)连根——听话!

〔连根无可奈何地进里屋。岳母拿出一百元。

岳　母　这是你这个月的工资,李妈,我就不送你了。

〔连根拿包袱从里屋出,娘接过包袱,走到楠楠身旁。

娘　　　楠楠,这包袱里都是我随身换洗的衣服,我打开,你看看有没有那个戒指。

楠　楠　这……

岳　母　戒指?楠楠,什么戒指?

楠　楠　我的结婚戒指丢了。

岳　母　你的戒指呀!哎,这孩子整天是丢三落四的,还说这戒指多么重要,是你去世的婆婆给你留下来的,一点心都不操。

楠　楠　妈,我都快急死了。

岳　母　好啦好啦,没丢,昨天你在我那儿洗头忘在茶几上啦,这不是吗,我给你带来啦,戴好,可不敢再丢啦。

(楠楠从母亲手中接过戒指,羞愧万分。)

娘　　　楠楠,这戒指找到了,李妈我也就能清清白白地迈出这道门槛了。

楠　楠　李妈,我刚才……

娘　　　楠楠呀,这可是你去世的婆婆给你留下的,你可要戴好呀。

楠　楠　嗯。

娘　　好了,我该走了!

〔娘拿包袱往外走,忽听宝宝的哭声,娘停住脚步,看宝宝。

娘　　(小声地)宝宝……

〔楠楠哄宝宝,娘一步步向宝宝走去,抱起宝宝,哼起歌谣。

娘　　(唱)　公鸡叫叫天亮了,
　　　　　　母鸡叫叫下蛋了,
　　　　　　取来蛋蛋荷包包,
　　　　　　点上香油油,
　　　　　　拌上糖糕糕,
　　　　　　宝宝吃成个胖小小。
　　　　　　噢……睡觉觉……

〔宝宝不哭了,笑了。
〔收光。

三年后

〔三年后,秋日。景同前场,连根家。
〔娘手拿包袱站在阳台思绪纷然地遥望……

男女声伴唱
　　　　　　日头爷照在阳台上,
　　　　　　娘在阳台望家乡。
　　　　　　楼房房一年高一年,
　　　　　　小孙孙快要上学堂。
　　　　　　娘是喜是忧?
　　　　　　是忧是喜心惆怅。
　　　　　　娘是走是留?

|娘　　（唱）|是留是走心彷徨。
苦菜花开，
根连着根。
苦命的娘，
受苦受累为连根。
疼儿育孙做保姆，
三年操尽心。
儿忧娘心忧，
儿喜娘心喜。
看见三岁小孙孙，
想起儿三岁丧父亲。
儿哭娘心碎，
儿闹娘断魂。
为了儿——
娘咬牙活下来，
为了儿——
挣死挣活到如今。
看儿长成人，
看儿成了婚。
看着小孙孙，
聪明又天真。
他乐我也乐，
他笑我开心。
我爱儿媳妇，
她是有情有义人。
对我常照应，
一枚戒指显真心。
亲家是强人，
她爱女又疼孙。
天生性子直，
刀子嘴豆腐心。

娘啊娘

她虽把我当外人，
我把亲家当亲戚。
她不知底我知底，
难得她实心待连根。
人常说女婿半个子，
她心我心是一样心。
只要她一家过得好，
我受些委屈也安心。
我来城里三年整，
也该回村看乡亲。
连根呀！
娘要给——
你爹坟头培新土，
娘梦里——
你爹村头唤娘归。
闭眼常见绿杏树，
窑前春燕唱乡音。
寄养的奶牛呼叫娘，
土窑更盼炊烟云。
人老恋故土，
落叶要归根。
临行嘱咐语，
儿呀记在心。
儿莫忘，
村前小河日夜流，
儿莫忘，
村后山杏杨柳荫。
儿莫忘，
村西那棵大槐树，
儿莫忘，
村东还有你爹的坟。

　　　　　　儿莫忘，
　　　　　　紫燕年年回窑门，
　　　　　　儿莫忘，
　　　　　　村里父老众乡亲。
　　　　　　儿莫忘，
　　　　　　娘日日夜夜夜夜日日思念你，
　　　　　　儿莫忘，
　　　　　　九泉下你爹祝福你一家人。
　　　　　[连根从卧室走出

连　根　娘！
娘　　　连根你咋这么早就起来啦，你出差昨天半夜才回来，怎么不多睡一会？
连　根　娘，我睡不着。
娘　　　那我给你拿早点去，都是你爱吃的，葱花饼、茶叶蛋还有小米饭。
连　根　娘你就别忙啦，我不想吃。
娘　　　儿啊，你最近可是瘦多啦，可要注意身体呀！
连　根　娘，我知道。
娘　　　知道就好。连根，娘跟你商量个事。
连　根　啥事啊？娘，你说！
娘　　　娘……打算今天就回去啦。
连　根　娘，为啥要回去，是不是楠楠她……
娘　　　不，楠楠对我好着呢。你看宝宝都三岁多了，幼儿园的阿姨比我教得好，又教英语，又教学唱歌。你跟楠楠的工作都挺忙的，家里也没有多少活，我想我还是回去的好。
连　根　娘，三年了，为了宝宝，为了我这个家，你任劳任怨，丢戒指，娘受了委屈……
娘　　　连根，都是过去的事啦，别提啦！
　　　　　[楠楠拿新织的毛背心上，把背心放桌上。
楠　楠　李妈，哎……连根出差回来啦！

娘　　噢,楠楠下夜班,我给你拿早点去。
连　根　我去,我去。(连根下场)
楠　楠　李妈你坐,你坐。
　　(唱)　你来我家三年整,
　　　　　起早贪黑忙不停。
　　　　　你为宝宝尽了心,
　　　　　我的家和睦又温馨。
　　　　　你就像宝宝的亲奶奶,
　　　　　他就像你的亲孙孙。
　　　　　我夫妻对你感激不尽,
　　　　　三年来就像一家人。
楠　楠　李妈,原谅我不懂事,有时说话做事伤你的心。
娘　　没事没事,有些事我也没尽到心。
楠　楠　李妈,我要是有你这么个婆婆就好了,可惜我婆婆……
娘　　孩子,只要你心里有她,你婆婆就心满意足了。
楠　楠　李妈,天气凉了,我给你织了件毛背心,你试试看,合适不?
　　[给娘试衣。
娘　　合适,合适。你看我在这儿有吃有穿,你们不该花的钱呀,就不要花,节省着点,咱宝宝今后用钱的地方多着呢!
　　[娘脱下毛背心,放进包袱内。
楠　楠　李妈,你这是……
娘　　楠楠,我,我想今天就回去了……
楠　楠　什么?李妈,你要走!连根,你快出来劝劝李妈,李妈她要走。
　　[汽车响,岳母上。
楠　楠　妈,李妈她要走!
岳　母　怎么,李妈要回去啊?
连　根　李妈,在这儿好好的,回去干什么?

楠　楠	是啊,李妈!	
娘	你看咱家宝宝三岁多了,幼儿园的阿姨比我照看得好。又教认字,又教唱歌,还教学英语,我也就放心了。这是宝宝的照片,我就把它带回去了,想他的时候我拿出来看一看,亲一亲,我也就……	
楠　楠	李妈,你不能走!	
连　根	是啊,李妈,你别走!	
娘	楠楠、连根,都三年了,我也该回去看看我的乡亲们,也该给我那老伴上上坟、烧烧纸……	
楠　楠	李妈,宝宝离不开你,我们也离不开你!	
连　根	对,宝宝从幼儿园回来,要是找不到你,我们可怎么给孩子说呀?	
岳　母	一对没出息。走个老保姆,就像他亲妈要走似的。楠楠、连根,既然李妈想回去,就让她回去吧!(下场)	
楠　楠	李妈,这儿就是你的家,我不让你走。	
连　根	是呀,你看咱家人多,热热闹闹的,你就别走!	
楠　楠	李妈,你回去一个人过,多孤单呀?	
连　根	楠楠,其实李妈也有个儿子。(娘挡)	
楠　楠	什么?你有儿子,怎么没有听你说过?	
连　根	楠楠,其实李妈那个儿子他……	
娘	他呀,跟连根同岁,和你俩一样,大学毕业就在咱市里工作。(岳母上)	
楠　楠	李妈,那这三年中,我怎么从未见他来看过你。	
娘	看啥呢,我和他天天都见面呢。	
岳　母	(惊疑)天天见面,在哪儿?	
	〔连根不知所措地望着娘。	
娘	在梦里。	
楠　楠	李妈,你告诉我,他在哪个单位,我和连根去找他,我倒要看看,这个不认亲娘的儿子,长得什么模样?	
岳　母	对,连根,见了这个狼娃子,先扇他一巴掌……	

娘　　　　哎！别别,其实呀他不是不想认我,为了他那个家,他也是有苦说不出,我这当娘的,能体谅他的苦衷,只要他们生活得好,认不认娘都没啥。

楠　楠　　李妈,你真好!

娘　　　　楠楠,记着,要孝顺你们的妈妈,照顾好宝宝。楠楠妈,这是三年来你们给我的保姆费,一共3600元,我一个人在农村也用不着,就给咱宝宝留下吧!

〔娘拿过包袱转身急走。

连　根　　(爆发地)娘——(音乐起)

〔走到门口的娘骤然停住,楠楠、岳母,惊呆,连根双膝跪爬到娘身边。

伴　唱　　娘啊娘,
　　　　　苦命的娘。
　　　　　撕心裂肺——
　　　　　我对不起娘!
　　　　　娘不能走呀!
　　　　　儿离不开娘。
　　　　　不孝的你儿连根,
　　　　　负了死去的爹,
　　　　　负了苦心的娘。
　　　　　叫娘忍辱负屈三年整,
　　　　　人前我不敢叫声娘。
　　　　　娘啊娘!

连　根　(唱)　娘,你一尺五寸抓养儿,
　　　　　你一年四季劳断肠。
　　　　　为养儿——
　　　　　天未亮扶犁下地。
　　　　　为养儿——
　　　　　灯下为我补衣裳。
　　　　　为养儿——
　　　　　娘把苦楚全咽下。

　　　　　为养儿——
　　　　　雪雨中送伞到课堂。
　　　　　娘盼儿学业有成，
　　　　　娘盼儿骨气硬朗。
　　　　　可儿我有负娘望，
　　　　　顾小家苦无奈，
　　　　　——忘却亲娘。
　　　　　谎言弥天，
　　　　　愧对爹娘，
　　　　　连根跪地求亲娘，
　　　　　你不能走啊！
　　　　　儿离不开娘。
　　　　　娘啊娘………

娘　　　连根！
　　　［母子二人相抱。

楠　楠　（唱）　听连根一席话我泪如雨下，
　　　　　　　没想到好婆婆三年就在家。
　　　　　　　亲妈妈当保姆忍辱负重，
　　　　　　　她对宝宝勤照管呵护有加。
　　　　　　　婆婆呀，
　　　　　　　楠楠就是你亲闺女，
　　　　　　　妈妈呀，
　　　　　　　儿媳我求你别离家。
　　　　　　　别离家——

楠　楠　妈,妈——
岳　母　(小声地)亲……亲……亲家母,亲家母。
娘　　　你……你是在叫我吗？
岳　母　我不叫你还能叫谁,我的亲家母呀！(拉住娘手)孩子们说得对。连根这事都怨我,不怨孩子,我这人说话有口无心,亲家母,你可别在意呀！
娘　　　快别说这些了,咱都是一家人。我是当了一回保姆,可我看的是亲孙孙呀！

岳　母　对,对呀！

岳　母　亲家母呀,你就别走了。这里就是你的家,宝宝也是你的根,从此咱们两家合一家。

连　根　娘,明天就是你老人家的生日,我俩合计着……

楠　楠　我俩合计着为你老人家祝寿！

岳　母　今天你们母子相认,明天又是我亲家母的生日,真是喜上加喜。好！我宣布,明天在我的大酒店,为我的亲家祝寿,欢迎大家光临。

［众人鼓掌,切光,喜庆音乐起。

尾声歌

［腰鼓舞起。
［红灯笼、大寿字、红对子一应俱全。
［对子上写"福如东海长流水,寿比南山不老松"。桌上放大蛋糕和红蜡烛,在喜庆音乐中舞队欢快起舞。

（歌声）　红红的灯笼挂起来,
　　　　　红红的鼓儿敲起来。
　　　　　红光满面的老妈妈,
　　　　　开开心心笑起来。

［连根急匆匆上。

连　根　妈、楠楠,我娘她——她走了……

连　根
楠　楠　娘……

［红烛舞。尾声歌起。
［隐约的腰鼓声伴随……
［男女二重,众伴唱

爹是天，
娘是地，
天生地养一苗根。
爹是风，
娘是雨，
风栉雨沐育儿身。
可怜儿时爹离去，
娘吐苦雨哺苦根。
娘啊娘！
儿跪拜天地。
娘啊娘！
儿不忘娘含辛茹苦恩。
〔歌声中，娘站在黄土坡上……
〔连根、楠楠跪台前……
〔谢幕曲起。

落幕

全剧终

2006年5月12日定稿于运城

《梦回陇西堂》

编剧 杜建军
冀福记

《梦回陇西堂》剧情阐述

一部享誉人类文明世界的文化瑰宝《道德经》正是老子李耳的奉献。

一位中华民族文坛巨星誉为"诗仙"的伟大诗人正是李白。

一位开创中国历史最为辉煌的大唐开元盛世却又使它衰落的皇帝正是李隆基。

他们是李氏宗祠"陇西堂"引人注目的历史人物。《梦回陇西堂》一剧正是以他们思想情操和历史变迁的演绎,彰显了"陇西堂"所呈现的精神境界,呈现了凡遵道贵德者将于国、于民、于己受益无穷,凡背经离道者必遭历史的惩斥。该剧从李白胸怀大志起程陇西奔投长安,受到唐明皇的赏识,"诗仙"才华得到杨贵妃的崇敬,君臣同赴陇西堂,祭拜祖宗,传承宗法。然而,日月轮回,李白在唐都皇宫所目睹的却不是开元盛世的明皇,而是宠小爱而弃大爱,李白忠言直谏,却被离经背道的李隆基斥之。历史的鉴证,正是明皇未纳李白忠谏而致安禄山反叛,致使御林军怒斩宰相杨国忠,逼迫杨贵妃自缢。安史之乱虽被明皇两个儿子平息,但大唐元气已伤,古稀的李白被贬他乡,明皇被儿皇囚禁冷宫。冷落孤寂的两位老者梦回陇西堂。明皇愧悔未纳李白忠谏,祖宗堂前忏悔自责,贵妃幽魂恋返于陇西堂祭祖,却因自愧无颜祭拜祖宗。历史再现,中华民族百家之姓,为李氏宗祖对民族的奉献,对李白的赞誉,尤其对老子《道德经》的崇敬,九州朝拜陇西堂,尊道贵德千古颂。

人物表

李太白　男,40余岁至60余岁　翰林

李隆基　男,50余岁至70余岁　唐明皇

杨贵妃　女,20余岁至37岁　贵妃娘娘

陇　妮　女,18岁至20余岁　侍女

杨国忠　男,30余岁至50余岁　丞相

高力士　男,30余岁至50余岁　大太监

安禄山　男,30余岁至50余岁　节度使

杨大妹　女,25岁至30余岁　韩国夫人

杨二妹　女,24岁至30余岁　虢国夫人

杨三妹　女,22岁至30余岁　秦国夫人

陈玄礼　男,30余岁至40余岁　御林将军

相府总管、校尉、乐工、舞伎、宫女、百姓人家

序　幕

〔内唱〕
皇天后土，
后土皇天。
吼一声亘古的大秦腔，
梦回在茫茫天地间。
［寂静的剧场，一声苍凉，亘古的大秦腔从遥远天边传来。随着音乐的渐入，大幕徐徐拉开，一幅唐代繁盛的历史画卷展现在观众面前，李白从画中走来，音乐渐入高潮，歌舞升平，大唐盛世。

第一场　唐宫梦曲

〔长安城大明宫，梨园乐坊，唐明皇边看"宫商谱"追忆写成的梦曲《紫云回》，边和杨贵妃在聚精聆听梨园乐坊乐工的演奏……

李隆基　（听罢兴奋）哈……朕昨夜梦游月宫，得此仙曲《紫云回》，今日经梨园乐坊奏罢，令人神怡睿然，如游仙宫。妙哉！神哉！
贵妃呀，似流水音韵幽清，似霓裳嫋嫋之声，真乃天籁之音啊！今为爱妃庆寿，朕梦得此曲，实乃上天所赐，若能赋词吟唱，岂不更加美哉！

杨贵妃　昨日妾妃去往玉真观为明皇祈福，玉真观主为皇上荐才李白。

李隆基 噢！李白其人朕早已知,他的词诗才气,天下少有。

杨贵妃 玄皇何不召他进宫？

李隆基 爱妃所言甚是,如今大唐国运昌盛,宣李白进宫每日赋诗吟曲,岂不美哉！

杨贵妃 玄皇所梦仙曲,若有李白赋诗,定能成为千古奇音。

李隆基 高力士,宣李白进宫！

高力士 是,玄皇谕旨,李白进宫！

李　白 领旨！（上）
盛邦盛世盛文章,
颂山颂水颂君王。
（白）李白参见吾皇万岁！

李隆基 李卿平身！

李　白 谢万岁！

李隆基 你一路来京,你是怎样看待今日之李唐天下？

李　白 万岁啊！

（唱）　离了陇西到京畿,
　　　　庶民商贾颂明君。
　　　　开元盛世享宇内,
　　　　物宝天华万象新。
　　　　君不见百姓焚香敬天地,
　　　　祈福大唐万世春。
　　　　太白喜逢开元世,
　　　　踌躇满志投明君。
　　　　感吾皇胸襟囊四海,
　　　　感皇恩浩荡慰民心。
　　　　感玄皇惜才如玉人钦敬,
　　　　谁不赞开元盛世耀乾坤。

李隆基 哈哈哈,好一个"开元盛世耀乾坤"！词兮！诗兮！

李　白 万岁,今日大唐福润海内,恩泽四方,万邦来朝,空前气象,以臣之见,居安思危,盛需防衰,特呈上"忠谏万言书",请圣上明鉴。

李隆基 难得卿一片忠心。爱卿诗文才气名扬天下,朕早有耳闻,不愧我大唐盛世"诗仙"!

李　白 不才!不才!怎敢当"诗仙"二字。

李隆基 哈哈哈!爱卿不必过谦,誉之"诗仙",名非虚赐。"大鹏一日同风起,扶摇直上九万里。"美哉!壮哉!李卿即日入朝辅朕,朕封你翰林之职。

李　白 谢主隆恩!

〔高力士接书。

李隆基 朕赐你宫中侍女,名叫陇妮。拜见诗仙大人。

陇　妮 拜见李大人。

李隆基 陇妮姑娘,好好伺候李翰林,他可是我大唐英才瑰宝啊!

（杨国忠急上）

陇　妮 是

杨国忠 万岁,启禀万岁,平卢节度使安禄山求见万岁和娘娘,言说有要事进谏。

李隆基 噢!他镇守北疆,今日见朕,莫非边陲有患?宣他进宫。

杨国忠 万岁有旨,节度使安禄山进宫。

安禄山 （上念）　贵妃生日攀皇亲,
　　　　　　　　深躬大拜表忠心。
　　　　　　　　平卢节度使安禄山叩拜吾皇,万岁万岁万万岁!

李隆基 爱卿平身!无旨进京,莫非北疆有患?

安禄山 启禀万岁,吾皇圣明,北域各邦和睦为邻,相安无事。

李隆基 即是相安无事,卿赴京见朕何故?

安禄山 启禀万岁,今乃贵妃生日,小臣特来为贵妃娘娘祝寿,以表为臣一片孝心!

　　　　　（唱）　臣非酒醉言非乱,
　　　　　　　　圣上面前吐实言。

安禄山本是牧羊汉,
万岁啊!
大唐北域掌兵权。
身兼四郡节度使,
千亩马场在长安。
是谁给某爵禄显,
是谁厚待安禄山。
万岁恩德胜父母,
知恩当报铁蹄男。
生母别臣归天去,
养母就在儿面前。
今日娘娘寿诞日,
儿臣认母跪殿前。
娘娘若是不认儿,
除非日月颠倒颠。

李隆基 哈哈哈!难得安禄山如此赤心,你就认了吧!

杨贵妃 妻妃遵旨。

安禄山 谢圣上恩准。干娘在上,受儿一拜。儿臣愿为圣上和干娘献上北域草原胡旋舞,祝玄皇、干娘万岁万岁万万岁!

李隆基 哈哈哈,真乃奇才,好一个祝寿胡旋舞,李卿何不赋诗一首?

李　白 命题之作恐难如愿。

李隆基 李卿不必过谦,即兴赋来。

李　白 遵旨!

李　白 (吟唱)　奇哉!怪哉!
胡旋风从天上来。
激跃胡旋舞,
日月亦徘徊。
舞姿胡韵非寻常,
旋迷吾皇赞奇才。

奇才！怪才！
怪才！奇才！
祈愿奇才成英才，
勿叹英才变旋才。

李隆基 哈哈哈,好一个祈愿奇才成英才,朕祈愿安节度使镇守北疆,真正成为我大唐一代镇北英才。

安卿你多年镇守北域,社稷安泰,其孝其忠,非卿莫属,安卿听封。

安禄山 万岁！（跪）

李隆基 朕封你为陇西郡节度使,统帅北域五郡兵马,保朕大唐安泰。

安禄山 谢万岁！我安禄山对天发誓,生为李唐人,死为李唐鬼,誓保大唐江山。

李隆基 难得安卿保国之心。不日朕与贵妃娘娘同赴"陇西堂"祭祖,你且先行,查看沿途驿馆。李翰林你也一同前往。

李　白 谢万岁！

杨国忠 吾皇之行,祖宗保佑！祈福大唐平安昌盛。

李隆基 杨相国忠心可嘉。高力士,速传旨谕,朕与贵妃娘娘即日赴"陇西堂"祭祖,朝中大事由杨相国执掌,满朝文武,相携辅佐,以保我大唐安泰。

高力士 遵旨！（对宫外）文武百官听旨。

百　官 臣——

高力士 皇帝诏曰:朕与贵妃娘娘即日赴"陇西堂"祭祖,朝中大事由杨相国执掌,满朝文武,相携辅佐,以保我大唐安泰。钦旨！

百　官 吾皇万岁万岁万万岁！

〔切光。众隐去。光圈内仅留高力士和杨国忠。

高力士 （持李白"万言书"叫杨国忠）杨相国。

杨国忠 高公公！

高力士 这是李翰林的"忠谏万言书",请杨相国代阅。

杨国忠　我以为李白只懂诗文,没想到他还胸怀大志呀!
高力士　此人可不敢小视啊!
杨国忠　(持书不悦地念)"李白忠谏万言书",嘿嘿……
　　　　〔切光,转换场

第二场　相府密议

〔杨相国府邸,银烛闪闪,酒香满堂。
〔裸姿的歌舞伎在弹唱舞动……
〔妖艳的妾妃陪着杨国忠饮酒行欢……
〔内二道、三道门尉传话:禀相爷,韩国夫人、虢国夫人、秦国夫人求见。
请三位夫人进见。
是,相爷有命请三位夫人进见。

三姐妹　(上)妹妹拜见哥哥!
杨国忠　免礼,深夜来见,所为何来?
杨大妹　哥哥,圣上和玉环祭祖离京,这可是你为咱杨家姊妹谋福的时候到了。
杨二妹　求哥哥乘此时机给妹划拨千亩田地,妹要盖座虢国夫人宫。
杨三妹　哥呀,妹也要盖座秦国夫人宫。
　　　　(杨国忠只听不语,沉思……)
杨国忠　说的容易,这京都地产皇家库银又不是咱家的!万一露了底,咱兄妹负罪事小,让玉环在皇上面前失宠,那咱全家可就完了!
三姐妹　那总不能白白丢了这个发财的时机呀?
杨国忠　妹妹,为兄何尝不晓得这是为咱杨家子孙发迹造福的好时机!
三姐妹　哥哥既然明白,为啥总是"卖豆腐的只说不割"呢?

杨国忠　岂不知君子爱财取之有道,既要让咱杨家大发,而又不去惊动皇产库银。

三姐妹　哥哥,那总得有个两全其美的法子?

杨国忠　为兄早已筹划好了,只是时机未到。如今皇上离京祭祖,来去少则也得月半。乘此时机,兄借为皇上重修兴庆宫、扩建华清宫为由,提升京都东市西市各邦商贾和全城店铺的税金。再借为皇家扩建华清宫之名,将安禄山在京郊贩卖马匹的万亩养马场,迁至终南山麓,乘此把他那万亩肥地为咱兄妹从中倒换它数千亩。

大妹妹　可那安禄山也不是吃素的,他若不允如何是好?

杨国忠　兄就借势告诉他,这是他干娘默许的。

二姐妹　谁是他干娘?

杨国忠　小妹玉环。

三姐妹　哈哈哈!笑煞人咧,为要官不惜俯首当干儿。

杨国忠　他有他弄权的法子,咱有咱发财的路子。我就要在他那肋条上割一刀,让这个蛮子知道哥是一人之下万人之上的大唐掌门人。

三姐妹　哥呀,如今皇上离京祭祖,你就是皇上咧!

杨国忠　不许胡言!此言传出诛灭九族!哼,无毒不丈夫,咱还要乘此良机为杨家做一大宗无本买卖。

三姐妹　何为无本买卖?

杨国忠　卖官。

三妇妹　卖官!

四兄妹　卖官!哈……

〔切光。

第三场　祭拜"陇西堂"

〔威严的御林军,唐宫仪仗,浩浩荡荡从都城向陇西堂

（伴唱）　　古柏森森,
　　　　　　殿堂巍巍。
　　　　　　金钟长鸣,
　　　　　　号角激扬。
　　　　　　御马开道幡龙扬,
　　　　　　倾城恭迎唐明皇。
　　　　　　御马开道幡龙扬,
　　　　　　倾城恭迎唐明皇。
　　　　　　万岁万岁!
　　　　　　皇恩浩荡!
　　　　　　明君祭祖出都门,
　　　　　　万民祈福"陇西堂"。

〔亘古的秦韵唐乐,伴着皇家祭祀仪仗,恢宏而肃穆的祭拜大典,呈现盛唐皇家祭祖景象。
〔陇西堂中殿为主祭堂,正堂供奉李氏先祖皋陶、理征、利贞、老子（李耳）、李崇、李嵩塑像和唐高祖李渊与唐太宗李世民画像。
〔殿中安放镇国之宝《道德经》"龟书""龙图"。
〔唐玄皇、杨贵妃、李白等祭祀……

李隆基　炎黄四千年,大唐百余载,这陇西堂三字那是太宗皇帝所赐,龙笔亲撰,堂内供奉三件宝贝可是我大唐镇国之宝,爱妃呀仔细地看来。

杨贵妃　待妾妃一观!太上老君亲著真迹《道德经》楼观竹

简。伏羲庙所留丹甲青文,远古黄帝东巡黄河过洛水神龟所献龙图龟书。

李隆基 此宝从三皇五帝流传至今,就藏于祖堂之中,成为我大唐镇国之宝。李卿你且详细讲来!

李　白 遵旨!

（唱）　人中之龙翱苍穹,
　　　　太上玄元《道德经》。
　　　　泱泱五千言,
　　　　八十一章经。
　　　　道尽天地之玄机,
　　　　道尽人生之秘踪。
　　　　"道可道,非常道,大道无极,
　　　　德贵德,上善德,识知有序。"
　　　　德无道不立,
　　　　道无德不载。
　　　　尊道贵德,
　　　　义蕴精深。
　　　　修之于身其德乃真,
　　　　修之于家其德乃余。
　　　　修之于乡其德乃长,
　　　　修之于国其德乃丰。
　　　　修之于天下其德乃普,
　　　　爱民治国能无为乎?
　　　　天门开阖能为雌乎?
　　　　明白四达能无知乎?
　　　　唯心静气,
　　　　遵道守德,
　　　　则身不殆尔。
　　　　修之于天下其德乃普,
　　　　爱民治国能无为乎?
　　　　天门开阖能为雌乎?

		明白四达能无知乎？

话外音 修之于天下其德乃普，
　　　　爱民治国能无为乎？
　　　　天门开阖能为雌乎？
　　　　明白四达能无知乎？
　　　　唯虚心静气，
　　　　遵道守德，
　　　　则身不殆尔。

李　白 万岁呀！
　　（唱）　温故知新望盛世，
　　　　　　厚德载物应有辰。
　　　　　　李唐天下德为贵，
　　　　　　道德经简镇乾坤。
　　　　　　列祖位尊"陇西堂"，
　　　　　　祈愿唐室皆明君。

李隆基（唱）　好一个李唐天下德为贵，
　　　　　　祈愿唐室皆明君。
　　（白）　爱妃呀，这龙碑之上所刻乃是我李氏家训。
　　（唱）　龙树盘碑"陇西堂"，
　　　　　　瑞兆盛世显吉祥。
　　　　　　上祖遗训教义广，
　　　　　　大爱无极福运长。

杨贵妃（唱）　一要孝父母堂前常探望，
　　　　　　儿女要感恩回报孝双亲。
　　　　　　二要悌手足痛痒相依傍，
　　　　　　三要记忠心赤胆侍明君。
　　　　　　四要信一诺千金人钦佩，
　　　　　　要知晓苍天不容失信人。
　　　　　　五要礼尊师敬长诚为本，
　　　　　　六要义事大遇幼无不及。
　　　　　　七要廉口渴莫饮盗泉水，

    莫贪吝不义之财起歹心。
    八要耻知错负荆乃为贵,
    要立业能屈能伸人上人。
    君不忘李氏家训立八要,
    愿天下百姓一家亲又亲。

李隆基 哈哈哈,家训言简易懂。诏告天下,愿我大唐臣民人人皆知。

〔突然传来人喊马叫之声……

〔唐明皇等惊异时,唐将陈玄礼急上。

陈玄礼 启禀万岁,安禄山协同西域商贾于"陇西堂"外要见圣上,求万岁明察杨相国之举。

李隆基 待朕回京明察真伪,以示天下。摆驾回宫。

(切光。众隐去,高力士出场)

高力士 这世事真真假假,假假真真,说是真中有假,还是假中有真。各邦商贾和那安禄山与不少臣民状告杨丞相乘圣上祭祖"陇西堂"之际,贪权弄柄,假借圣意,以扩建华清宫、重修兴庆宫为由,加税圈地,中饱私囊。圣上信也不是,不信也不是,回京命我亲自查办。我到骊山下一看,这杨国忠还真有心计,不仅新修龙凤池,又在兴庆宫复修了沉香亭,这倒是真真的真事。可杨国忠所报的费用银两跟他圈地亩数,咱家一审,嘿,这可是虚中有假的假假的假事。我要按真的呈报明皇,可这杨国忠毕竟是贵妃娘娘亲亲的亲堂哥,人常说打断骨头连着筋。这……我,我还是明哲保身为上上策。再说杨丞相不但暗中给咱家送来银两,还把他多占的土地暗给咱家留下了百亩良田,言说等我退了休也好颐养天年。这家伙用个碗大的鼻子把咱家的嘴给捂住了,只好张半个口闭半个口,给皇上也报个真中有假,假中有真。嘿……

第四场　云想花容

〔春暖花开,沉香亭畔。
〔兴庆宫,修葺一新
〔唐明皇与杨贵妃在梨园乐坊、舞坊娱乐赏花,李白饮酒……

李隆基　爱妃,赏名花焉用旧乐词,李爱卿即兴赋词,令李龟年歌之。贵妃舞之,朕操笛奏之,岂不快哉!李卿呀,春意盎然,花开蝶舞,正是卿挥毫赋诗之时。

李　白　臣尊圣命,花坛美酒诗意盎然。臣请圣上再赐太白井酿制的贡酒一坛,为臣赋诗三首!

李隆基　哈……高力士,将陇西太白井贡酒,赐李翰林一坛。

高力士　遵命。速将陇西贡酒奉上。(小内侍抱酒上)

李　白　〔饮酒,望着芍药花开,忽见杨贵妃移步于宫前,李酒伴词韵,诗兴纷然……
　　　　(吟诗)
　　　　　　云想衣裳花想容,
　　　　　　春风拂槛露华浓。
　　　　　　若非群玉山头见,
　　　　　　会向瑶台月下逢。

李隆基　佳句!妙哉!
杨贵妃　妙哉!仙词!
李　白　(饮酒神怡,词韵飘口)
　　　　(吟诗)
　　　　　　一枝红艳露凝香,
　　　　　　云雨巫山枉断肠。
　　　　　　借问汉宫谁得似?
　　　　　　可怜飞燕倚新妆。

李隆基　妙哉,妙哉!
杨贵妃　诗仙妙语,韵绕柔肠!

李　白　（举爵饮罢,诗意顿发）

　　　　　　　　名花倾国两相欢,
　　　　　　　　长得君王带笑看。
　　　　　　　　解释春风无限恨,
　　　　　　　　沉香亭北倚栏杆。

李隆基　（情不自禁,顺口吟着……
杨贵妃　明皇,妾妃即兴挥袖起舞李翰林三首清平调诗。
李隆基　正合朕意,爱妃舞之,龟年歌之,朕奏笛之。高力士,再赐御酒一坛,敬于李翰林!
李　白　谢明皇!（力士捧酒,李白饮……

　　　　（明皇见李白醉卧亭畔,示意杨贵妃守护。

李隆基　朕将李翰林三首清平调重新谱之,爱妃你在亭畔守护翰林,待朕谱乐之后,唤醒李卿,一同鉴赏朕谱的乐音。
杨贵妃　臣妾恭候明皇谱成圣调,与李翰林同赏。
李隆基　诗仙绝世之词,令朕乐韵兴起。乘此即兴,谱成乐曲,朕当亲奏为快!哈……

　　　　（高力士伴明皇进沉香亭内谱曲……

杨贵妃　（凝望李白醉卧神情,钦然激发内心思绪!
　　　　噢!诗仙醉倒入梦了!
　　　　（唱）

　　　　　　　　诗仙醉!
　　　　　　　　醉朦胧!
　　　　　　　　朦胧挥毫诗意浓。
　　　　　　　　一首霓裳羽衣诗,
　　　　　　　　旋动玉环丽质情。
　　　　　　　　唐诗圣笔数不尽,
　　　　　　　　唯有诗仙奴钦敬。
　　　　　　　　文如其人,
　　　　　　　　诗似其情。
　　　　　　　　玉环顿悟诗仙境,

他心我心情相融。
相融相生霓裳舞，
相生相融醉梦中。
相依君旁奴心颤，
百感情系难疏通。
情思难禁呼太白：
诗仙，醒醒！
太白，醒醒！
千呼万唤君难醒，
只闻梦语绕宫廷。
太白入梦境，
玉环亦朦胧。
奴随你梦缘赴瑶池，
奴与你携手采芙蓉。
奴为你弹奏琵琶曲，
奴与你同享诗中情。
心猿意马驰梦境，
天马腾空任君行。
君不见天边悬崖深无底，
奴诚恐马失前蹄毁英名。
静思凝望酒仙意，
君容无情诗有情。
玉环非是轻佻女，
诗仙飘逸奴心中。
喜奴生就遇贵人，
知音知己伴君行。
太白赋诗奴吟诵，
明皇玉笛伴奴声。
诗乐拨弄春盈盈，
霓裳旋舞兴庆宫。
二君相抚雀伴凤，

　　　　　无君琵琶弹无声。
　　　　　只可叹宫巢只允龙戏凤,
　　　　　只可叹独凤难奈承双龙。
　　　　　奴祈愿二龙相谊勿争凤,
　　　　　奴祈福李宗龙脉呈太平。
　　　　　玉环愧无回天力,
　　　　　只缘笑容伴君容。
　　　　　再唤诗仙醒一醒。
　　　　　高力士,高公公,
　　　　　搀扶太白回府中。
　　　　　眺望诗仙飘然去,
　　　　　愿君永居长安城。
　　　(高力士上扶李白,李踉跄欲下……)
李隆基　（兴致勃勃持配诗曲稿边上边叫）李翰林！李卿！（高力士扶李至）朕已将新诗谱曲而成了。卿为何离去？
杨贵妃　诗仙酒醉未醒,故送他回府。
李隆基　正好让李卿醉梦之中,听听朕将新诗清平调谱成新曲,乐坊奏之歌之妙音玄曲岂不更好吗？
杨贵妃　龙言极是。高公公,扶诗仙入座。吾皇龙睿,天成妙曲,速命乐坊李教头按谱奏乐,妾妃舞之。明皇司鼓主奏新曲"霓裳羽衣舞曲"
　　　〔明皇指挥乐坊演奏,贵妃起舞……
李隆基　哈……爱妃舞姿竟和诗仙新诗与朕新曲交相辉映,妙不可言。
众　　　　吾皇龙睿,诗曲回天……
李　白　（梦语）丽质玄舞妙音回天,哈哈哈……
　　　〔切光。

第五场　杨府寿宴

内　　喊　三位国夫人到。
　　　　　（杨家三姐妹上）
三姐妹　妹妹向兄长大人祝寿。
杨国忠　自家姊妹，免礼。
三姐妹　兄长真是德高望重，府门贺寿朝臣车水马龙。
杨国忠　虽是车水马龙，仍有那不愿前来祝寿的官吏。
三姐妹　想哥哥乃一人之下万人之上的大丞相，谁敢不来祝寿，那无非是瓜子。
大妹妹　瓜子能进仕途？这不来者必是心有反骨。
杨国忠　此人竟敢向万岁呈什么"万言忠谏"，美其名曰济苍生安社稷，实则谋心不善呀！
三妹妹　胃口不小，胆敢在咱杨家头上动土，不想活了？他是何人？
杨国忠　此人不可小看。他就是玄宗皇帝破格封为翰林的陇西人士李太白。
二妹妹　噢！我当何人，原来是成天陪皇上吟诗赋词喝酒下棋的那个李白。
三妹妹　我看明皇和玉环不过把他当个陪人罢了，看不出他还有野心。
杨国忠　话虽如此，可此人志向高远，不可不防。
二三妹　如何防他？
杨国忠　宴罢再议。
内　　喊　禀相国，客人到齐。
杨国忠　宴乐高奏，喜迎嘉宾。
二三妹　请兄长寿椅就坐！

杨国忠　哈哈哈……

　　　　〔二姐妹扶杨同下
　　　　〔内众臣高呼：杨相国寿比南山

第六场　翰林酒歌

　　　　〔翰林花园〕
伴　唱　小楼饮酒听悲曲，
　　　　耳闻目睹忧心扉。
　　　　〔京都翰林院李白书斋
　　　　〔陇妮侍女侍奉李白，李边饮酒边叹息……
李　白　（吟唱）　安能摧眉折腰事权贵，
　　　　　　　　使我不得开心颜……
陇　妮　（吟唱）　小时不识月，
　　　　　　　　呼作白玉盘。
　　　　　　　　又疑瑶台镜，
　　　　　　　　飞在青云端。
　　　　　　　　仙人垂两足，
　　　　　　　　桂树何团团。
　　　　　　　　白兔捣药成，
　　　　　　　　问言与谁餐。
李　白　（吟唱）　蟾蜍蚀圆月，
　　　　　　　　大明夜已残。
　　　　　　　　羿昔落九乌，
　　　　　　　　天人请子安。
　　　　　　　　阴精此沦惑，
　　　　　　　　去去不足观。
　　　　　　　　忧来其如何，
　　　　　　　　凄怆摧心肝。

陇　　妮　　大人以天下为己任,从不屈媚权贵,可宦海沉浮,变幻莫测,只可叹一片丹心无可奈何!

李　　白　　好一个一片丹心无可奈何!想我李白,立志济苍生安社稷,今虽身伴圣驾,却未能济世安邦,每日伴驾吟诗赋词。哎,可惜了这翰林之冕,愧淡于李氏后裔。

陇　　妮　　可惜大人本有回天之心,却无回天之力。小女虽非儿男,也深知李唐天下虽显盛世,却有蟾蜍啃食圆月。

李　　白　　想不到一个小小侍女竟有忧国之情,深解我意,来来来,与大人同饮一杯!

陇　　妮　　小女愧不敢当。

李　　白　　(唱)

　　　　　　　　陇原秀女堪钦佩,
　　　　　　　　小小心扉忧兴衰。
　　　　　　　　一生难求一知己,
　　　　　　　　知己相对诉情怀。
　　　　　　　　酒将进,且把忧愤抛天外,
　　　　　　　　天宫辞令信手摘。

陇　　妮　　小女能侍奉大人,乃今生有幸,大人在上,受小女一拜。

　　　　　(唱)　深羡您生花妙笔好文采,
　　　　　　　　深羡您忧国忧民诉情怀;
　　　　　　　　深羡您思社稷伟岸气概,
　　　　　　　　以国忧为己愁丈夫胸怀。
　　　　　　　　一生难求一知己,
　　　　　　　　知己相对诉情怀。
　　　　　　　　相对酒,把酒再会诗仙意,
　　　　　　　　酒意引得诗意来。

李　　白　　(似吟似唱)

　　　　　　　　君不见——

　　　　　　　黄河之水天上来
　　　　　　　奔流到海不复回。
　　　　　　　君不见——
　　　　　　　高堂明镜悲白发,
　　　　　　　朝如青丝暮成雪。
　　　　　　　人生得意须尽欢,
　　　　　　　莫使金樽空对月。
　　　　　　　天生我材必有用,
　　　　　　　千金散尽还复来。
　　　　　　　烹羊宰牛且为乐,
　　　　　　　会须一饮三百杯。
陇　妮　（唱）岑夫子,丹丘生,
　　　　　　　将进酒,君莫停。
　　　　　　　与君歌一曲,
　　　　　　　请君为我侧耳听!
李　白　（唱）钟鼓馔玉不足贵,
　　　　　　　但愿长醉不复醒。
　　　　　　　古来圣贤皆寂寞,
　　　　　　　唯有饮者留其名。
　　　　　　　五花马,
　　　　　　　千金裘。
　　　　　　　呼儿将出换美酒,
　　　　　　　与尔同销万古愁……
　　　　　　〔二人同饮同吟,醉态相恤……
陇　妮　（在醉意中,捧酒）大……大人!陇妮深钦大人忧天
　　　　下之忧,急社稷所急,陇妮再敬大人一杯。
李　白　（接酒感慨）
　　　　（唱）
　　　　　　　此杯酒,憾心扉!
　　　　　　　百恩交集望云飞。
　　　　　　〔李白醉眼蒙眬中浮现大唐皇宫中众嫔妃簇拥着皇

親国戚醉生梦死的情景……

李　白　（接唱）
　　　　　　　　君不晓——
　　　　　　　　皇家纵有三千丽，
　　　　　　　　纯情痴意有几人？

陇　妮　小女再敬大人那位远在故里贤惠的李夫人一杯！
　　　　〔李白醉眼望陇女幻觉成辛勤育儿的李夫人情
　　　　　景……

李　白　（接唱）
　　　　　　　　君不晓——
　　　　　　　　糟糠结发情为贵，
　　　　　　　　身在千里心恋妻。
　　　　　　　　妻呀妻！
　　　　（吟唱）三百六十日，
　　　　　　　　日日醉如泥。
　　　　　　　　虽为李白妇，
　　　　　　　　何异太常妻。
　　　　〔边吟边饮……

陇　妮　〔醉意中醉起酌酒
　　　　（唱）　　陇妮再捧酒一杯，
　　　　　　　　敬酒吟词表心扉！
　　　　（吟唱）　花间一壶酒，
　　　　　　　　独酌无相亲。
　　　　　　　　举杯邀明月，
　　　　　　　　对影成三人。

李　白
　　　　（吟唱）　月既不解饮，
　　　　　　　　影徒随我身。

陇　妮
　　　　（吟唱）　暂伴月将影，
　　　　　　　　行乐须及春。

李　白	（吟唱）	我歌月徘徊，
陇　妮	（吟唱）	我舞影零乱。
李　白	（吟唱）	醒时相交欢，
陇　妮	（吟唱）	醉后各分散。
李　白	（同唱）	五花马，
陇　妮	（同唱）	千金裘。

　　　　　　　　　　呼儿将出换美酒，
　　　　　　　　　　与尔同销万古愁！
　　　　　　　　　　万古愁！
　　　　　　　〔二人醉态相望而别……
　　　　　　　〔高力士捧圣旨上……
　　　　　　　〔内喊　圣旨到。

高力士　（上）　李翰林听旨！
李　白　（跪）　臣！
高力士　玄皇圣谕，命你速速进宫，玩棋赏乐。
陇　妮　高公公，这可是大材小用了。
高力士　多嘴，不是大才能陪皇上？李翰林速速更衣，随咱家进宫。（下）
李　白　大才！大才！哈哈哈哈……
　　　　〔切光。

第七场　棋亭风云

　　〔大明宫，棋亭内。
　　〔玄皇与李白下棋。
　　〔高力士捧茶侍候。
　　（伴唱）
　　　　　风和日丽，
　　　　　君臣嬉棋。

明皇抒雅兴，
太白弄玄机。
谁输谁赢，
本不在这盘棋。

李　白　（举卒）将！
高力士　哈……小卒过河万夫难敌。
李隆基　（举车）舍车保帅，转危为安！
李　白　好一个舍车保帅！
高力士　二马盘巢。
李隆基　相别马腿，岂乃我何？
李　白　无能之相，难防这"马后炮"……
李隆基　这……
高力士　再不撤相，就要输了……
李隆基　何以见得？
李　白　（借题谏言）臣观看万岁走棋，不把众家棋子放在眼里，而是仅仅看重你那一车一相。
李隆基　噢？
高力士　话中有话。
李　白　万岁！容臣忠谏，恕臣直言！
李隆基　卿有何言，直谏无防。
李　白　谢万岁！承蒙万岁恩典，封臣翰林之职。太宗名言，天下李姓是一家。臣以为即是一家人，不说两家话。万岁！满朝文臣武将能者皆是，万岁为何将我李唐北域五郡兵马大权交与安禄山执掌？他貌似忠于吾皇，实则心口不一。今朝重兵在手，臣恐日后生非。
李隆基　哈……李卿！岂不闻用人不疑，疑人不用。朕自从登基以来，开元盛世物宝天丰，国泰民安，就凭朕一双慧眼，识人善用。卿乃诗文名士，这治国用人之道嘛，非是卿诗文所能及也。
李　白　万岁！曾记得万岁祭祖"陇西堂"之时，将朝中大权交与杨相国执掌。他在万岁和娘娘离京之后，所作所为，臣民共愤，祈盼吾皇明察。可万岁却大事化小，小事化了——

李隆基　正像太祖老君之教诲，"治大国如烹小鲜"矣——

李　白　万岁！

（唱）　盛世权贵贪无厌，
　　　　民负苛税苦难堪。
　　　　杨相国横征暴敛盗圣谕，
　　　　却为何查而不究臣心寒。

李隆基（唱）　李卿未醉言己醉，
　　　　不该信口诬重臣。
　　　　杨相国赤心理政堪钦佩，
　　　　朕方能静养龙体镇乾坤。

李　白　万岁！

（唱）　大唐天下李为君，
　　　　百家姓氏保乾坤。
　　　　若宠杨家祸无极，
　　　　吾皇勿负万民心。

李隆基（唱）　太白醉言轻狂语，
　　　　忘却君尊与臣规。
　　　　不念同脉木子李，
　　　　欺君之罪下牢狱。

李　白（唱）　忠言逆耳君不允，
　　　　何惧天牢囚忠臣。
　　　　非是李白言如醉，
　　　　只叹吾皇心混沌。

李隆基　李卿你今日滴酒未沾，却成醉态，越讲越失礼，越讲越放肆，竟指责起朕来了。来，将李白扶出宫去，让他回去醒醒。

高力士　是！（示意欲扶）

李　白　慢！万岁，臣未酒醉，臣到要祈愿吾皇醒醒！曾不记万岁率臣祭祖"陇西堂"，指着镇国之宝要臣等铭记太祖经训"大爱无极"。试看今日李唐天下五千万臣民,朝拜天子,高呼万岁,无不崇爱吾皇。可是吾皇心中所爱能有几人?

(唱)　君忘却边陲良将,
　　　　养虎为患堪忧虑。
　　　　君忘却忠诚贤士,
　　　　任人唯亲负民意。
　　　　君忘却列祖列宗之教诲,
　　　　离经背道祸无极。
　　　　玄皇呀!
　　　　万不可恋小爱而弃大爱,
　　　　万不可弃沧海而恋小溪。
　　　　玄皇啊!!
　　　　你叫臣忧兮!怨兮!悔兮!叹兮!
　　　　一蚁穴足以令堤溃千里,
　　　　纵佞臣足以毁万代宏碁。

李隆基　语无伦次,诽谤相国,目无天子,本应问罪,姑念宗亲,来,将李白架出宫去。

李　白　可叹我盛世大唐危矣!哈哈哈……[高力士命卫士架下。

李隆基　李白乃一文人学士,这安外守内,非诗文所能及也。唉!此人文采可赞,其志可叹也。
　　　　(此时传来京城暮鼓声!)
　　　　(切光。

第八场　霸亭别离

〔地址　唐长安城东,霸河亭畔
(陇妮望着仰天沉思的李白……

陇　妮　（唱）
　　　　　　　凄凄孤亭卷黄风，
　　　　　　　送君远离长安城。
　　　　　　　诗仙赤心堪钦敬，
　　　　　　　怨明皇不辨奸与忠。
　　　　　　　太白扬袖仰天叹，
　　　　　　　诗韵随风绕皇宫！
李　白　（吟唱）　　远别离，
　　　　　　　古有皇英之二女。
　　　　　　　乃在洞庭之南，
　　　　　　　潇湘之浦。
　　　　　　　海水直下万里深，
　　　　　　　谁人不言此离苦？
　　　　　　　日惨惨兮云冥冥，
　　　　　　　猩猩啼烟兮鬼啸雨。
　　　　　　　我纵言之将何补？
　　　　　　　雷凭凭兮欲吼怒。
　　　　　　　君失臣兮龙为鱼，
　　　　　　　权失臣兮鼠变虎。
　　　　　　　帝子泣兮绿云间，
　　　　　　　随风波兮去无还。
　　　　　　　恸哭兮远望，
　　　　　　　见苍梧之深山。
　　　　　　　苍梧山崩湘水绝，
　　　　　　　竹上之泪乃可灭。
陇　妮　黄风漫卷，天就要变了。
李　白　悲兮！叹兮！
　　　（唱）有耳莫洗颍川水，
　　　　　　有口莫食首阳蕨。
　　　　　　含光混世贵无名，
　　　　　　何用孤高比云月。

　　　　　吾观自古贤达人，
　　　　　功成不退皆殒身。
　　　　　君不见——
　　　　　吴中张翰称达生，
　　　　　秋风忽忆江东行。
　　　　　且乐生前一杯酒，
　　　　　何须身后千载名。
陇　妮　诗仙铮铮铁骨，豁达胸襟，却不是弄权之人，虽仕途坎坷，心终无愧于天下……
李　白　陇妮姑娘，你虽久居深宫，却不趋炎附势，善鉴良莠。如此深解与我，倒叫李白为你而钦之，敬之！
陇　妮　大人过奖！先生言传身教，陇妮深谙其志，小女不才愿做陇原胡杨，不做御池浮莲，也不枉与大人深交一场……
　　　（唱）　黄土之魂养肝胆，
　　　　　　黄河之水育婵娟。
　　　　　　陇妮自幼母教诲，
　　　　　　做人当求忠孝全。
　　　　　　恐这番走远，
　　　　　　怕再难相见。
　　　　　　从此凭添思君念，
　　　　　　终其一生忆不完。
　　　　　　思君日读诗三遍，
　　　　　　把酒必至遥会仙。
　　　　　　带走你满腹诗卷，
　　　　　　撇下个白纸长安。
　　　　　　大人，保重！
　　　　　　再做个逍遥客，
　　　　　　游水玩山。
　　　大人，今日一别，只恐再难相见，让小女再送大人一程。

〔音乐起,李白尽抒情怀,超脱,潇洒,二人壮别……

李　白　行路难,行路难,多歧路,今安在……

（伴唱）　皇都暮鼓送君行,
　　　　　灞柳堤畔闻蛙声。
　　　　　声声为君鸣不平,
　　　　　仰天长叹离帝京。
　　　　　行路难,行路难,
　　　　　多歧路,今安在……

第九场　安史之乱

〔安禄山率五郡兵马向唐都长安杀来……

安禄山　（唱）
　　　　　杀气腾腾奔长安,
　　　　　夺取李唐好河山。
　　　　　蓄谋已久装笑脸,
　　　　　赢得兵权占中原。
　　　　　明皇哪!
　　　　　非是吾翻脸不认人,
　　　　　只怪你浑眼不辨忠与奸。
　　　　　吾打着保唐除奸杀杨钊,
　　　　　长安城为王安禄山。
　　　　　鼙鼓号角助军威,
　　　　　捣动风云起狼烟。
　　　　　杀! 杀! 杀!
　　　　　杀它个地覆天翻!

〔天幕区烟尘影出千军万马、"安"旗、戈矛疾驰南下……

（切光,场景转换。

〔夕阳残风,尘烟滚滚,唐明皇携杨贵妃颠簸西行……

（伴唱）

　　　　　九重城阙风尘起,
　　　　　千乘万骑西南行。
　　　　　西出都门百余里,
　　　　　六军不发无奈何。

高力士　（急上）启禀万岁,大事不好！护驾御林军停驻马嵬坡将驿宫团团围住,言说叛贼安禄山借口为国除奸发兵反唐,皆因杨丞相兄妹所致,若不除去祸根,六军不发。

李隆基　（惊）噢！

杨贵妃　万岁呀！安贼作乱,怎能祸由妾妃兄妹所致呀！
　　　　（哭）……

李隆基　爱妃勿忧。今日之祸,谁也不怨,皆因朕从前未纳太白之谏,养虎为患,错将我大唐北域五郡军权交与贼手,才致今日之难,并非祸因相国兄妹。高力士！

高力士　奴婢在。

李隆基　将朕所言,晓予六军,勿怪杨相国兄妹,传旨六军护驾西行。

高力士　遵命！（下）

李隆基　唉！
　　　　（唱）
　　　　　仰天长叹思太白,
　　　　　危境之时念忠臣。
　　　　　昔日若纳卿忠谏,
　　　　　焉有今朝祸临身。
　　　　　思也念也朕自悔,
　　　　　不纳忠谏枉为君。
　　　　　一失足竟成千古恨,
　　　　　朕愧负太白一片心。

〔六军呐喊　请娘娘归天……
（接唱）

　　　　　　　六军呼喊惊天地，
　　　　　　　何人为朕解困危。
　　　　　　　难时遥望陇西堂，
　　　　　　　祈愿祖宗保皇孙。

高力士　（惊慌跑上）万岁！万岁！六军非但不听，已将杨相国，他……他……

杨贵妃、唐明皇　（同问）他怎样？

高力士　他被六军斩首于马嵬坡前！

杨贵妃　（痛哭）兄长呀……

李隆基　（急扶贵妃！）高力士，传朕旨谕：屈斩杨相国者，抄斩六族……

高力士　万岁勿怒，此地不比京都。这是六军控告相国的御状，呈递万岁！

李隆基　噢！爱妃，你我同阅御状。

〔唐明皇将御状给贵妃……

杨贵妃　（唱）

　　　　　　　痴呆呆泪眼从头阅，
　　　　　　　从头阅字字似戈矛。

李隆基　（念唱）

　　　　　　呈　大唐明皇
　　　　　　将士告曰：
　　　　　　开元盛世，
　　　　　　何故败落？
　　　　　　臣民将士，
　　　　　　怨声载道。
　　　　　　皆因贵妃入宫，
　　　　　　吾皇终日行乐。
　　　　　　杨家一跃揽朝政，
　　　　　　杨家无功却封爵。

（白）其父杨元琰为兵部尚书，其母李氏为凉国夫人，叔父杨珪为光禄卿，哥哥杨颖为侍御史，堂兄杨国忠封为丞相，三位姐妹封为三国夫人。

这真是——

（接唱）

　　　　一人得宠，
　　　　鸡犬升天。
　　　　大兴土木，
　　　　造祠筑阁。
　　　　祸国殃民，
　　　　使我大唐毁于一朝。
　　　　六军替吾皇除奸平叛，
　　　　只恐杨娘娘后宫行奸。
　　　　欲复大唐平安贼，
　　　　必先除却后宫患。

（将士伴唱）

　　　　将士对天盟誓，
　　　　赤胆忠心。
　　　　呈条白绫，
　　　　呈条白绫。
　　　　请贵妃娘娘归天！
　　　　请贵妃娘娘归天！

杨贵妃　（唱）

　　　　天崩地陷五雷击心肝，
　　　　天呀天！天呀天！
　　　　玉环我何罪之有？
　　　　为何我赤心换白绫要我归天。
　　　　地呀地！地呀地！
　　　　你何苦生我入宫围。
　　　　弱女玉环只晓对君情绵绵，
　　　　怎落得凄凄惨惨，惨惨凄凄？

　　　　　　　　　我恨！
　　　　　　　　　我怨！
　　　　　　　　　我哭！
　　　　　　　　　我喊！
　　　　　　　　　谁为我辨忠奸？
　　　　　　　　　谁为我辨忠奸？
　　　　　　　　　谁惜？
　　　　　　　　　谁怜？
　　　　　　　　　谁为我坟前化纸钱？
　　　　　　　　　谁为我坟前化纸钱？
　　　　〔六军怒吼……
　　　　（幕后合唱）
　　　　　　　　　请娘娘归天！
　　　　　　　　　请娘娘归天！
李隆基
杨贵妃　（同唱）爱妃啊，爱妃！
　　　　　　　　　明皇啊，明皇！
李隆基
杨贵妃　（同唱）
　　　　　　　　　朕怎忍舍你？
　　　　　　　　　奴怎忍离你？
众将士　（幕后唱）
　　　　　　　　　要大唐不要贵妃！
　　　　　　　　　要大唐不要贵妃！
李隆基　（唱）
　　　　　　　　　朕要贵妃，
　　　　　　　　　朕要社稷。
　　　　　　　　　难分难舍！
　　　　　　　　　难舍难分！
陈玄礼　（率军士列队进边上）
　　　　　　　　　要社稷不要贵妃！

                        要社稷不要贵妃！

杨贵妃 （唱）

戈矛无情，
六军义愤。
感皇上对奴痴情意，
感皇上携奴祭祖赴陇西，
感皇上赐奴拜阅镇国宝，
尊道贵德铭心扉。
玉环生为杨家女，
死后仍为李家媳。
祈愿明皇复祖业，
遵道归天又何惜。
丽手拭去明皇泪，
清明为奴化纸灰。
捧赴白绫归天去！

李隆基
杨贵妃 （同唱）

难分难舍！
难舍难分！
……

陈玄礼 （领唱） 万岁呀，吾皇！
遥望京都，
将士悲伤。
安禄山造反该杀戮，
平贼先除杨娘娘。
请娘娘归天归天！
六军等待拜吾皇。

李隆基 （唱） 这……
杨贵妃 （唱）

万岁呀！你为何不言？
明皇呀！你为何不语？

　　　　　　　老天不容玉环女,
　　　　　　　玉环难忘明皇恩。
李隆基　（唱）
　　　　　　　难分难舍!
　　　　　　　难舍难分!
陈玄礼　（领唱众伴唱）]
　　　　　　　请娘娘归天!
　　　　　　　请娘娘归天!
　　〔唐明皇握着白绫欲阻贵妃,贵妃忍痛割爱牵着白绫自缢……
　　〔高力士呆望着潸然泪下,怜悲拭泪……
　　〔唐明皇悲痛昏倒地,高力士急扶喊!
高力士　明皇!明皇!贵妃!贵妃……
　　（伴唱）
　　　　　　　贵妃升天!
　　　　　　　贵妃升天!
　　　　　　　天道无极!
　　　　　　　日月混沌!
　　　　　　　混沌!混沌!
　　　　　　　混沌!混沌!
　　（切光,转换场景。
　　〔高力士已近花甲,自言自语遥望北,遥望着南,向日月诉说着……
高力士　天有日月星辰,地有春夏秋冬,人有旦夕祸福!一个为梦而生的绝代佳人,为梦去而没有嗟伤!她选择了一条洁白的绫布,她期望寂灭的生命与美丽同在,那化作蝴蝶的精灵翩跹在夕阳的光耀里飞来飞去。明皇忍痛割爱,以为从此一切都会转机,可谁能料到这天下君君臣臣,父父子子,哥哥弟弟,貌似相亲,可到了权和利的时节,竟翻脸不认人了。自打明皇西逃之后,虽说他的两个儿子,一个在北,一个在南,可对付安禄山真是打虎离不开亲兄弟,老虎被打死了,安史之乱算平了。谁能想到为这个皇位王权,亲兄弟翻脸了,老大把老二永王李璘给打败了,可怜李白为平安史之乱,跟了唐老二,谁知老二败了,李白不明不白地被老大贬到贵州,后赦回江夏。李白虽在异乡却日思夜梦回陇西!话说回来,明皇爷以为儿子平了叛登了基,自己可以当太上皇了,岂不知亲儿怕老子复辟,再坐皇位,儿皇肃宗竟将明皇打入冷宫,不得与外人见面。我想看望看望明皇爷也被挡在冷宫之外。唉!想到此,人生当啥都不如当老百姓,当百姓安然,自在!

(切光。

第十场　梦回陇西堂

〔舞台呈现唐都长安,月夜寒宫,聚光中白发苍苍的唐明皇仰望月色,耳闻那凄凄都城楼的暮鼓……

李隆基　(吟唱)

月影朦胧暮鼓凄,
思绪万千念贵妃。
惦怀太白朕心愧,
忠言逆耳祸临身。
朕只道玉环殒躯拯大唐,
到头来儿皇登基忘父恩。
说什么颐养天年如囚禁,
只盼着叶落归根回陇西。

〔明皇沉吟入梦……
〔舞台另一方呈现唐时湖北江夏被贬的李太白。

杨玉环　(唱)　　梦悠悠玉环飘离蓬莱境,

情切切"陇西堂"前拜祖宗。
忆昔日玉环受宠享荣贵,
难忘却玄皇爱奴倾真情。
喜今朝君臣梦回"陇西堂",
只可叹玉环无颜祭祖宗。
怨只怨杨家失道负皇恩,
祠堂内梦魂忏悔彩云中。
玄皇他常跪祭拜奴钦敬,
杨玉环伴君祭祖梦萦萦。

李太白 (吟唱)

别来几春未还家,
愁如狂飙乱白雪。
月夜沉吟寄天籁,
入梦又见樱桃花。

〔李白沉吟入梦。明皇、李白二人梦游天际……玉环魂游——

〔年已古稀的唐玄宗和被贬湖北异乡的李太白梦回陇西堂。跪拜……

李隆基
李　白 (同念)李氏宗孙,李隆基,李太白,祭拜太祖太宗……

〔二人闻声似认非认。

李隆基
李　白 (同念)你是？你是？

李隆基
李　白 (同念)玄宗　太白

〔两人感慨不已,李白跪拜,玄宗跪扶……

(同唱)　梦魂相聚"陇西堂",
百感交集倾衷肠。
君臣别后十余载,
古稀相逢两鬓苍。
落叶归根思故里,

		人生苦短梦一场。
李太白	（唱）	曾记得开元盛世——
李隆基	（唱）	终难忘！
李　白	（唱）	天宝之祸——
李隆基	（唱）	愧难当。
李　白	（唱）	臣谏忠言——
李隆基	（唱）	遭朕谤。
李　白	（唱）	君臣祭祖——
李隆基	（唱）	"陇西堂"。
李　白	（唱）	遵道贵德——
李隆基	（唱）	朕遗忘。
李　白	（唱）	镇国之宝——
李隆基	（唱）	丢一旁！
李　白	（唱）	安史之乱——
李隆基	（唱）	毁社稷。
李　白	（唱）	马嵬坡前——
李隆基	（唱）	痛断肠。
李　白	（唱）	回首往事——
李隆基	（唱）	心惆怅。
李　白	（唱）	"陇西堂"前——
李隆基	（唱）	痛悲伤。
李　白	（唱）	君不见列祖列宗仰天叹！
李隆基	（唱）	赎罪愧拜"陇西堂"。

　　　　　　　　　陇西堂啊陇西堂，
　　　　　　　　　俯首堂前愧难当。
　　　　　　　　　同是李脉骨血养，
　　　　　　　　　皇孙不如草根郎。
　　　　　　　　　太白赤心堪敬仰，
　　　　　　　　　隆基心混毁大唐。
　　　　　　　　　离经背道负祖训，
　　　　　　　　　悔泪难洗心懊伤。

梦回陇西堂

李　白（唱）

　　　　　仰天感叹泪千丈,
　　　　　俯地扶土恋故乡。
　　　　　游子天涯寻根冀,
　　　　　离雁何曾忘大唐。

李隆基　}（唱）
李　白

　　　　　君臣梦回"陇西堂",
　　　　　魂牵梦绕怀故乡。
　　　　　今世未圆祖宗梦,
　　　　　来世君臣相辅振大唐。
　　　　　贵德经训铭心扉,
　　　　　二人同上一炷香。
　　　　　君臣默默两相望,
　　　　　龙钟儿声声伴祭香。

〔李隆基、李白跪拜列祖列宗……
〔香烟缭绕的陇西堂……君臣祭拜。老子李耳的声
　音回响在天地间……
　"天下乃百姓之天下。
　为一姓而无为,
　为百姓而有为。
　为臣者厚德载物,
　为君者尊道贵德。
　以正治国,
　大道无极!"
〔——一个苍凉、亘古的声音从遥远的天边传来,秦
　声唐韵汇成亘古的交响诗回荡……

李　白（吟唱,哼鸣伴唱）

　　　　　仰天感叹泪千丈,
　　　　　俯地抚土恋故乡。
　　　　　游子天涯寻根冀,

高香梦回陇西堂。

〔百家姓氏的子孙和李姓后裔,背向天幕的老子等塑像在香烟绕绕的陇西堂祭拜……

〔李白独自在台前仰天独吟,浓郁的秦声唐韵在伴着李白吟唱,诗韵秦声汇成亘古而现代的旋律在回荡,回荡……

〔大幕徐徐落下——

剧终

2013 年 3 月 29 日

秦俑魂

编剧 冀福记

大型秦腔古典剧
《秦俑魂》剧情简介

秦王嬴政统一天下后,奸佞赵高唆使秦始皇大兴土木,修筑陵园,并奏请为保秦王朝千秋万代而殉葬活人真马守陵护驾。为此,秦安与其师妹妮妮一家,为拯救众生,雕俑拦驾,求始皇以俑代人殉葬,始皇准奏,并令其试制陶俑。几经周折,终将大俑烧成,秦王发令遂调集全国工匠于骊山烧制。正当夜以继日烧制俑人俑马时,始皇沙丘晏驾。赵高、胡亥令将俑人与工匠同葬俑坑。黔首奋起,秦王朝在熊熊烈火中走向灭亡。历史见证"一张芦席裹窑匠,千军万马伴君王;昔日始皇今何在?留得俑魂天下扬"。

1983年省艺术馆《群众艺术》发表该剧本。同年由商洛剧团排演大型秦腔剧《秦俑魂》,首演于西安东风剧院。随后冀福记改为大型舞剧《秦俑魂》,与西安歌舞剧院合作创演大型舞剧《秦俑魂》,演出千余场,出访二十余个国家,荣获"第一届中国艺术节·西北荟萃"优秀剧目奖、编剧一等奖。

时　　间　　公元前221年，秦始皇纪年二十六年。

人　　物

秦　安　男,30岁,秦军武士。

关　直　男,35岁,秦军军吏。

程　师　男,58岁,窑匠。

阿　婆　女,55岁,程师妻。

妮　妮　女,19岁,程师女。

毛　毛　男,15岁,程师子。

扶　苏　男,20余岁,嬴政长子。

蒙　恬　男,50余岁,秦军将军。

嬴　政　男,40余岁,秦皇帝。

胡　亥　男,19岁,嬴政第十六子。

赵　高　男,50余岁,秦臣。

李　斯　男,40余岁,秦臣。

胡　市　男,40余岁,方士。

侯　谀　男,30余岁,里正。

秦　将　男,40余岁。

齐　将　男,40余岁。

秦臣、武士、士卒、宫女、窑匠、乡民若干。

序幕　秦齐决战

〔幕内：号角长鸣，战鼓擂动，杀声震天。
〔幕启：台前纱幕映出巨型隶体"秦俑魂"三字。纱幕后烽烟滚滚。
〔伴唱：
血光万里映旌旗，
七雄争霸几时息。
将士鏖战急，
尸骨换皇披。
千古帝王今何在？
山河永存秦俑魂。
〔在战火纷飞的纱幕内，一队队威武的秦军驾驶着骡马车在急驰中，战鼓、锋戈、马号齐鸣。
〔画外音：战国时代是我国历史上诸侯割据，民族分裂，人民处于灾难深重的动乱年代。秦国经历五百年奋战，终于建成大秦帝国。
〔暗转，呈现齐国京城，城头帅旗相飘，秦齐两军对阵。

秦　将　尔等听着！吾主秦王已灭诸国，今留齐国弹丸之地，还不速速归降。
齐　将　暴秦休得逞强，看刀！
〔两军呐喊对杀，秦军被齐军围之。秦军吏关直被困，秦军武士秦安搭箭射落齐国城头帅旗，顷刻齐军大乱，秦军乘机拼杀……
〔秦安舍身救出关军吏，却不幸左膀受伤，关军吏

　　　　　急扶。
关　直　秦武士！
　　　　〔一齐将欲刺关……
秦　安　身后有敌！
　　　　〔秦急护关，关、秦共与齐将搏斗……
　　　　〔秦安终将齐军击败，齐将身亡。齐京城上悬降旗，竖秦旗。
　　　　〔秦军欢呼胜利……
秦　将　众将士，今日齐国已灭，六国归秦，此乃秦王之德，众将士之勇也。秦王有谕：凡我秦军壮士，一律按功行赏，负伤将士愿回原郡者，予以盘费；其余将士养精蓄锐三日之后，班师回朝。
众　　　秦王万岁！万岁！万岁！

第一场　陌路相逢

〔幕启：牌楼，古槐。
〔在筝、瑟欢奏声中妮妮喜悦地上。
妮　妮　（唱）春城喧闹庆太平，
　　　　　　　万夫还家把亲迎。
　　　　　　　窑家喜兴隆，
　　　　　　　瓦罐已卖空。
　　　　　　　喜今朝国泰民安好光景，（眺望，激动，拭泪）
　　　　　　　扑簌簌泪珠儿浸笑容。
　　　　〔毛毛跑上。
毛　毛　啊吧，啊吧……
妮　妮　毛毛，爹娘让咱卖完罐子在此等候，你别乱跑。
毛　毛　啊吧，啊吧……（示意看别人迎亲的情景）
妮　妮　噢，你是看人家迎亲？

〔幕内竽、瑟、鞭炮声。

毛　毛　啊！（拉妮欲看）
妮　妮　好兄弟，咱一走，爹娘来找不见，又得着急。来，跟姐姐在此等候。
　　　　〔阿婆内喊："妮妮，毛毛。"
　　　　上
妮　妮　娘，我爹呢？
阿　婆　你爹他……
妮　妮　（焦急地）他怎么啦？
阿　婆　他，他被人拉到县衙去了。
毛　毛　（示意问）
阿　婆　我和你爹去前街卖罐，遇见二位买主将罐买回，谁知不到片刻，他们一手提斗，一手提罐，说咱骗他，不该把一斗的罐子冒充斗半的，半斗当作一斗的。你爹听后，气得跟他们争吵起来，他二人便将你爹拉到县衙去了！
妮　妮　哪有这样蛮不讲理的，到县衙跟他们辩理去。
阿　婆　娘就怕你爹人老口笨，打不赢官司，才来找你，快走。
　　　　〔程师喜悦地上。
妮　妮　爹！
毛　毛　（激动地拉住程师）
阿　婆　看你这般模样，定是官司打赢了。
程　师　没输，也没赢。
众　　　那你为何高兴？
程　师　你们听！

（唱）斗和罐子摆堂前，
　　　县令亲自把斗验。
　　　这个原是赵国斗，
　　　那个斗楚字刻上边。
　　　县令看咱秦国的罐，
　　　越看越为难，

　　　　　　哪个量了算？
　　　　　　苦煞县令难定案。
　　　　　　只听衙外马铃响，
　　　　　　喜得秦王诏谕到衙前。
　　　　　　统一天下度量衡，
　　　　　　这场官司才算完。
　　　　　　若非秦王恩德重，
　　　　　　烧窑人难免受熬煎。
阿　婆
妮　妮　（同声）多亏秦王呀！
程　师　方才我与众家窑匠一块商议，为圣上恩德，修座秦王祠，再塑个金身。
众　　　好，好。
程　师　天色不早，快快回家。
毛　毛　（走到牌楼后，发现秦安倒地）啊……啊吧。（拉父到牌楼后）
妮　妮　爹，看，牌楼后倒着个人。
程　师　快快搭救！（扶秦安，取酒葫芦给秦安饮酒）
妮　妮　呀，腿上的伤都化脓了。（解下头巾包扎）
阿　婆　可怜的孩子！
妮　妮　大哥哥醒了！
秦　安　哎哟……
众　　　醒来了，醒来了。
　　〔毛毛喜得手舞足蹈。
秦　安　（挣扎起身）多谢你一家救命之恩。
程　师　小伙子，为何落到这步田地呀？
秦　安　哎，大伯、大娘！
　　　　（唱）
　　　　　　我本是秦军一兵将，
　　　　　　随军征战卦疆场，
　　　　　　蒙圣恩回乡将伤养，

　　　　　解甲归里奉高堂。
　　　　　实指望跟父学艺当窑匠,
　　　　　没料想故里荒寂,
　　　　　十窑九空,路断人稀,
　　　　　蒿草遮堂双亲亡。
　　　　　凄惨惨家破窑塌泪水淌,
　　　　　无奈何返回军营离故乡。
　　　　　归途中伤痛昏倒牌楼下,
　　　　　遇恩人相救感你一家慈心肠。
程　师　哎,你这么重的伤,不如先到我家调养。
秦　安　劳累你家,我心里实在过意不去。
程　师　人常说,人不亲行亲。
秦　安　秦安我感恩不尽!师傅师娘请受我一拜。(叩头)
　　　　师妹、师弟受我一拜。(作揖)
妮　妮　不敢当,小妹还礼了。
毛　毛　啊……
秦　安　师弟你……
程　师　哎,说起让人伤心。可怜毛毛幼时得了场病,那阵兵荒马乱,无钱医治,害得孩子成了哑人。
秦　安　噢!
阿　婆　别说啦,来,快把秦安扶回。
　　　〔毛毛急扶。
程　师　妮妮和你母亲速回家烧水做饭,等我们回来洗伤敷药。
　　　〔程婆、妮妮下。
程　师　(唱)
　　　　　扶秦安,回窑坊。
秦　安　(唱)
　　　　　陌路相救情难忘。
毛　毛　(见秦安行走艰难,示意背秦)啊吧,啊吧……
秦　安　这是何意?

毛　毛　（唱）

啊吧啊吧啊吧吧，

程　师　（唱）

毛毛见你步艰难，

毛　毛　（唱）

啊吧啊吧啊吧吧，

〔伴唱：

背师兄回家将伤养。

〔毛毛欲背秦。

秦　安　使不得……

程　师　（唱）

背上行，莫谦让。

毛　毛　（唱）

啊吧啊吧啊吧吧。

〔伴唱：

哑人胸怀慈心肠。

毛　毛　啊吧……（兴奋地背秦下）

第二场　金殿献图

〔幕启：皇宫宝殿，金碧辉煌，卫士肃立，宫女相侍。嬴政昂坐金殿，扶苏、胡亥及群臣坐于两旁，鼓乐声中，众歌女载歌载舞。

（唱）

秦筝玉磬颂皇恩，

圣德巍巍千古存。

琼浆美酒山河醉，

普天同庆誉明君。

(舞罢下殿)

群　臣　好一曲"普天同庆誉明君"。

嬴　政　哈哈……

（唱）

三皇五帝朕为君，

龙游四海显神威。

三十六郡颂圣明，

大宴群臣谢天恩。

群　臣　陛下巡视天下，一路龙体安康？

嬴　政　托天之福，巡视各郡，安然无恙。朕以众卿扶佑，方得安定海内。今日宴请众卿，共享太平！

群　臣　谢主龙恩。

李　斯　陛下德并天下，法度圣明，今又书同文，车同辙，去险阻，通水路，国运日昌。

蒙　恬　陛下圣明，修筑长城，抵御外寇，兵镇五岭，方保天下太平。

胡　亥　启禀父皇，皇儿有一言，当众卿之面，不知该不该讲？

嬴　政　且讲无妨。

胡　亥　父皇为操建秦皇大业，四方征战，如今功成业就，为圣德永存千古，万里江山子孙世守，按父皇圣谕，常职既定，后嗣循业。孩儿呈谏：为使圣灵威震千古，原为父皇修筑的皇陵墓冢甚小，远不能相配父皇功德。

嬴　政　以皇儿之见？

胡　亥　扩建皇陵，以尽儿孝敬之心。

嬴　政　（沉思）

赵　高　启禀陛下，胡亥之言，贤明高见。陛下功德盖世，盘古至今，无帝所比，故应高筑山陵，以配圣德。

嬴　政　众卿之意……

众　臣　吾皇功高，理应扩建圣陵。

嬴　政　皇儿之言，普洽众心。

胡　亥　（献图卷）父皇请观。
嬴　政　（展图）"骊山陵园图"何人所绘？
胡　亥　儿请中车府令赵卿所制。
嬴　政　赵卿，与朕细细讲来，细细讲来。
赵　高　这是臣托胡方士绘制。
嬴　政　宣胡方士。
内　侍　宣胡方士进殿。
〔胡市上。
胡　市　叩拜吾皇万岁！
嬴　政　快将陵园图与朕细细讲来。
胡　市　陛下请听。
　　　　（唱）
　　　　　　骊山是藏龙卧虎岭，
　　　　　　清泉水喜得卧苍龙。
　　　　　　头枕那巍巍骊山金石固，
　　　　　　脚踩这滔滔渭水流向东。
　　　　　　建皇陵方圆十里修围城，
　　　　　　外城内城要分清。
　　　　　　墓冢高达十五丈，
　　　　　　其内上有日月星，
　　　　　　下有皇宫和宝殿，
　　　　　　人鱼膏作蜡日夜明，
　　　　　　水银造海波涛涌，
　　　　　　陵园上镇守二万兵，
　　　　　　保得秦皇江山千万代，
　　　　　　陵墓下陪葬兵马八千整。
嬴　政　哈……恰合朕意。
扶　苏　启禀父皇，扩建陵园乃皇儿应尽之责，定当尽力修建，只是这陵园下陪葬兵马八千，只恐有失天下人心，还望父皇三思。
胡　亥　从古至今哪个帝王晏驾陪葬奴婢不是一千便是八

百。如今父皇打下万里江山,别说陪葬八千兵马,八万亦不为多。

扶　苏　你……

〔场上陷入沉默。

嬴　政　众卿之意?

蒙　恬　启禀陛下,以臣之见,扶苏之言甚是,还望陛下三思而行。

赵　高　臣启万岁,陛下能击破六国,精成大业,还不是凭着千军万马。要得秦世荫万相传,陛下在九泉之下缺少兵马保驾,焉能保得子孙继世?

李　斯　(沉思)历代帝王,皆因在阴曹地府陪的兵马太少,故江山不能长存。

胡　亥　那就多陪葬兵马,后世谁要夺秦世江山,有父皇圣灵带着千军万马保驾。

扶　苏　一派胡言!

嬴　政　休得无理,你身为长子,不知对父尽孝,不为秦世江山长存着想,反来责斥胡亥,真乃不忠不孝。听父旨谕:你即日随蒙将军去到北郡抵御胡蛮,无有父谕,不得回朝。

扶　苏　(无奈)皇儿遵命!

嬴　政　李丞相、赵府令听旨。

李　斯
赵　高　臣在。

嬴　政　你二人会同奉常与郎中令,即日按骊山陵园图修筑皇陵勿误。

李　斯
赵　高　遵旨。

李　斯　臣启陛下,此工程浩大,加之正在修阿房宫,两项工程用人之多不下六七十万,又要挑选陪葬人役,还望陛下让太尉派兵相助。

嬴　政　朕已准奏,着太尉派兵抽丁,如若不够……廷尉

	听旨。
廷　尉	臣在。
嬴　政	可将罪犯押去修筑皇陵。
廷　尉	遵旨。
嬴　政	朕不日将要出京巡视，众卿务必尽忠社稷，使我大秦天下国运昌盛。
群　臣	遵旨。
嬴　政	退朝。
群　臣	吾皇万岁，万万岁！

〔场上留扶苏、蒙恬、胡亥、赵高及胡市。

蒙　恬	公子，皇上平日夸你文韬武略，深得众望。今日……唉！随我北郡去吧。
胡　亥	兄长，一路多加保重。
扶　苏	哼！你的好进谏。
胡　亥	正是！
扶　苏	你还得意，岂知连年征战，国困民穷，如今万民刚安居乐业，你却胡言进谏，竟使八千无辜葬于墓中，着实的可恶！
胡　亥	你不要信口雌黄，见父皇宠我，你不服气？
扶　苏	（气急）你……
胡　亥	有本事到父皇面前逞能，何必在此耍威。
扶　苏	你！你！你！（气极，打胡亥一耳光）
胡　亥	啊，你打我！我……我去禀告父皇！
蒙　恬	走吧！（拉扶苏）〔扶苏叹息，拂袖而去。
蒙　恬	（对赵高）这都是你出的好主意。哼！（愤愤而下）
赵　高	（奸笑）
胡　亥	呸！
赵　高	别上气，只要将皇陵早日建成，博得皇上欢心，立你为太子，到时你继承皇位，别说是扶苏，就是王公侯爷也得听你的。
胡　亥	好，到那时叫他看看我的厉害。赵卿，我若当了皇

　　　　　帝，你就是宰相。
赵　高　别声张，还早哩。
胡　市　那小人我……
胡　亥　只要尽忠，必有厚遇。
众　　　（得意忘形）哈……

第三场　抓丁服役

〔幕启：台中一作坊。台右有烧制瓦罐的窑门。台左通向屋内，院中有帽儿花。
〔程师教秦安作坯，妮妮忙碌地捏制泥狗、泥猫。

妮　妮　（唱）
　　　　　帽儿花红映窑坊，
　　　　　汗珠挥洒人倍忙。
　　　　　喜得秦兄伤痊愈。
秦　安　（唱）
　　　　　难得师妹好心肠。
妮　妮　（唱）
　　　　　窑家女怜惜受苦人。
秦　安　（唱）
　　　　　师傅胜似亲爹娘。
程　师　（唱）
　　　　　秦安再别那样讲。
妮　妮　（唱）
　　　　　相扶相帮理应当。
〔毛毛顶盘子上，盘内放鸡、鱼、肉等。
毛　毛　啊吧……
〔阿婆闻声出屋门。

阿　婆　嘿,毛毛,买了这么多好吃的。
毛　毛　啊吧……(示意是给秦安的)
秦　安　你是说?
妮　妮　秦史,毛毛说,这些都是为你买的。
秦　安　噢,师弟,你看,我的伤好了,不必费心,师弟的心意我领了。(作揖)
毛　毛　啊吧……(示意不要谢他,指妮妮)
妮　妮　(阻止)毛毛!
阿　婆　啊?
毛　毛　啊吧……
　　　　〔伴唱:
　　　　　　姐姐手儿巧,
　　　　　　捏制小泥猫。
　　　　　　泥狗张嘴汪汪叫,
　　　　　　泥猴瞪眼笑。
　　　　　　让我街头卖,
　　　　　　买回鱼肉糕。
　　　　　　滋补秦兄身健壮,
　　　　　　再往这儿瞧。
　　　　(毛毛端出一盘捏好的小动物)
　　　　　　这盘烧罢再去卖,
秦　安　(接唱)
　　　　　　谢师妹为我把心操。
妮　妮　师兄为百姓,身负重伤,要说谢,先得谢谢你。
阿　婆　自家人何必谢!快杀鸡去,我还等着炒菜哩!
秦　安　师娘,今天让我做盘赵国的腊汗肉孝敬师傅师娘。
妮　妮　你会做吗?
秦　安　会,那年打到赵国时学了一手。
　　　　〔妮妮、毛毛随秦安下。〔侯谀率二乡勇上。
侯　谀　程窑匠听着,奉圣上旨谕,按户抽丁!
程　师　里正大人,如今不打仗了,为何抽丁?

侯　谝　皇上为咱打天下,要报答皇恩扩建皇陵,故按户抽丁,二男抽一,三男抽二,服役者要身强力壮,你家二男,应当抽丁一人。

〔程师、阿婆惊恐。

侯　谝　快让你儿子跟我们走!

程　师　哎呀,里正大人,我儿年幼,身薄力单,求大人开恩,就让我老汉去吧!

侯　谝　不行!王法如山,岂敢违抗。速去内屋搜查!

〔二乡勇入内。

程　师　求大人开恩!

〔二乡勇抓秦安、毛毛出,妮妮随后求情。

侯　谝　他是何人?

程　师　我的徒弟。

侯　谝　徒弟也是你家之人,三男抽二,走!

妮　妮　你们任意抓人,怎么不讲理呀?

侯　谝　讲理?你也不睁大眼睛看看,理字旁边是啥?王字!皇帝的旨谕就是理。押走!

程　师　他是个受伤兵士,我替他去。

秦　安　师傅、毛毛留下,我去。

毛　毛　(示意自己去)啊吧……

侯　谝　你们一块走,谁也少不了。

阿　婆　里正大人,里正大人,求你开恩!

程　师　里正大人,放了他俩,我替他们修陵去!

侯　谝　滚!(将程师推倒)押走!

〔秦安、毛毛被侯谝等押下。

程　师
阿　婆　秦安!毛毛!
妮　妮

〔程师昏倒,阿婆、妮妮急扶起。

第四场　恩德相报

〔幕启：新修的始皇祠，金字牌书"圣明之君"。祠内一尊秦皇像。

〔关直、胡市站在祠台监收丁役。

〔兵士押众上，亲属哀求，被士兵拦挡。

侯诹　禀大人，本乡修陵人役，已按户抽到，请二位大人查收。

关直　胡大人，请过目。

胡市　事关重大，你我一同过目。

侯诹　押过来！

〔军士押众役过场。

胡市　带走。

关直　(见秦安)啊！这不是秦武士吗？

秦安　噢！原来是关大人！(欲前)

〔兵士阻拦秦安。

胡市　这……

关直　他乃我军武士，虽返原郡，却是有功之人，岂能将他抽来？

侯诹　大人，他投奔我乡程窑匠门下为徒，小人不知他是有功之人。

关直　既已知晓，还不将他放了。

侯诹　这……

胡市　(奉迎地)快快放了。

侯诹　是……(忙为秦安松绑)

毛毛　(见状，急)啊吧……

胡市　走。(下)

〔众乡民哀求，被军士阻拦。军士押众下。

秦安　关大人，我今得救，感恩不尽，还求大人再施恩德，将我师弟放回。

关　　直　秦武士,本应相助,怎乃……

秦　　安　大人不必为难,让我换回师弟。(欲下)

关　　直　慢!

秦　　安　大人,求你开恩。

关　　直　你,你万万去不得!

秦　　安　大人呀,师弟一家是我救命恩人,我怎能将恩不报,自图安逸。

关　　直　你也知以恩报恩,我怎忍将你送去殉……(自觉失口)

秦　　安　(闻言迟疑)大人,殉什么?

关　　直　这……秦武士,并非我不让你去,只因这次征集人役,待皇陵建成之后,随皇灵殡葬陵内。

秦　　安　(大惊)啊!

关　　直　此事千万不可对人言讲,你既得救,速速回家去吧。

秦　　安　大人呀,我岂能眼看师弟遭难。求大人念你我沙场患难之交,让我替师弟前去。(跪)

关　　直　你,你回去吧!(急下)

秦　　安　关大人,关大人!(被持戈军士阻,无奈)。

〔军士逼押另一队丁役过场。

〔众乡民携儿带女,哭求着追下。

秦　　安　(见状,义愤填膺,抬头忽见祠堂秦皇像)秦皇呀,秦皇!你枉披金身,负却众望,你……你害得我师傅一家好苦,害得天下乡亲好惨伤!

(唱)

眼望塑像怒满腔,

秦皇祠前恨秦皇。

多少人为你尸骨抛沙场,

多少人跟你征战身残伤,

多少人盼你早日安天下,

谁料你负却民愿成纣王。

你修宫建陵显荣贵,

　　　　全不顾万民受恓惶。
　　　　你抓丁抽役去陪葬，
　　　　可怜师傅一家遭祸殃。
　　　　我今只身返回去，
　　　　有何面目见师傅与师娘！
〔一头碰向塑像，晕倒。

第五场　绝路逢生

〔幕启：程家院内，台左门窗，台右放有泥坯。

妮　妮（倚门眺望）（唱）
　　　　日落愁云罩，
　　　　倚门泪眼眺。
　　　　见百鸟还林，
　　　　望晚鸦归巢，
　　　　亲人未还奴心焦。
　　　　妮妮恨女不是男，
　　　　怎替兄弟赴笼牢。
　　　　念阿毛，想秦哥，
　　　　愁思缕缕，
　　　　相盼尽宵。
　　　　不见人归里，
　　　　我撕断青丝泪暗抛。
　　　　阿爹含愤卧病床，
　　　　怨恨皇上气难消。
〔秦安上。

秦　安（唱）
　　　　我心如刀绞，
　　　　怎救小阿毛。

　　　　进门若是讲真情，
　　　　难免全家哭号啕。
　　师妹！

妮　妮　毛毛呢？

秦　安　他……快，快回来了。里正把我和毛毛押去，正遇我军营患难之交的关大人，他放我回来，随即设法搭救毛毛。

妮　妮　我兄弟总算有救了！

秦　安　师傅呢？

妮　妮　父亲患病，在里屋歇息。

秦　安　（拉妮妮出门到院内）师妹，我，我，（欲言又止）唉！

妮　妮　这是为何？

秦　安　妮妮，你可千万不能讲给两位老人家！

妮　妮　师兄，（焦急地）你快讲吧。

秦　安　师妹！（耳语）……

妮　妮　啊？毛毛！（秦安急捂妮妮嘴，示意别哭，妮妮强忍抽泣）

秦　安　我曾再三哀求关大人，让我替毛毛前去服役，可他执意不肯。

妮　妮　哎！苦命的毛毛，可怜的兄弟哇！
　　　　（哭）
　　〔阿婆内喊："天哪！天哪！"哭上。

妮　妮　娘呀！

秦　安　师娘！

阿　婆　秦安，妮妮，我在街上听得人讲：皇上要将修陵人日后随他埋葬墓内。我家毛毛不得活，不得活呀！
　　〔程师挣扎出屋。

程　师　毛毛他娘，你说什么？

阿　婆　我，我没说什么。

秦　安　师傅，你安心养病吧。

妮　妮　爹，我娘啥也没说。

程　师		你们不说,我,我全听见了。
阿　婆		啊!(放声痛哭)我苦命的儿呀!
程　师		(义愤填膺)皇上呀皇上,你要我儿的命,我老汉也不活了!
阿　婆		(发疯似的)来!把家毁了,把窑封了,把这些泥坯子砸了,死也不往后看了。(哭喊着毁泥坯,端上泥禽等土坯欲摔)
秦　安		(猛悟,急抓坯盘)师娘,别摔!(皱眉细看小泥兽,由悲转喜)毛毛有救了,毛毛有救了!
众		你说什么?
秦　安		师傅、师娘,师妹既能捏制泥狗泥猫,何不捏成泥人泥马,以俑代人,殉葬陵内,岂不甚好?
阿　婆		好糊涂的安儿,皇上要的是活人活马。
秦　安		师娘啊,我怎能不晓皇上要用活人活马殉葬,与其白白送命,不如连夜动手烧制几个泥人泥马,让我带上去见皇上,求他用泥人泥马代替活人,或许还有一线指望,能救出毛毛和众家弟兄。
妮　妮		师兄言之有理,试试何妨?
程　师		孩子,想那皇上身居皇宫深院,戒备森严,就是制成泥人泥马,如何得见皇上?
秦　安		这……
阿　婆		唉!毛毛,苦命的儿呀!
秦　安		师傅、师娘,不必难过,咱见不了皇上,总有人能见。
众		何人能见?
秦　安		这……我在军营听蒙恬将军曾多次讲道:皇帝长子扶苏公子贤明通达,惜民如子。如今,他同蒙将军镇守北郡,待我背上泥人泥马前去求见,托他转呈皇上。
妮　妮		只是此去北郡,千里迢迢,跋山涉水,师兄只身如何使得,还是你我一同前往。
秦　安		路途遥远,风餐露宿,你乃女孩人家,途中多有不便。

妮　　妮　秦兄……

秦　　安　你还是在家侍候二老。师傅、师娘,事不宜迟,还是速速捏制俑人俑马。

阿　　婆　事到如今,顾了掐诀顾不了念咒。

程　　师　也罢!

妮　　妮　爹,你让我与秦兄前去也好照应。他只身前往,万一途中有个闪失,毛毛和那被拉去的父老兄弟便无救了!

程　　师　妮儿言之有理,待泥人泥马烧成,你俩便动身前往。现今,咱们速速动手,切泥制坯。

妮　　妮　爹爹……〔激动

秦　　安　师傅……〔感激地跪拜。

第六场　弃金送书

〔风狂雪舞,干枯的红柳残枝摇曳。秦安与妮妮艰难地跋涉。

〔伴唱:

　　风萧萧,
　　路迢迢,
　　相依相伴赴北郡,
　　艰辛一路抛。
　　千里跋涉,
　　万般辛劳。
　　搭救众生与阿毛,
　　何惧荆途遥。

〔暗转。北郡府,远眺长城蜿蜒起伏。

〔府内扶苏、蒙恬听罢秦安、妮妮陈述以俑陪葬。秦安将俑人俑马包起。

蒙　　恬	秦武士所言,倒也有理。
扶　　苏	难得武士、姑娘忠谏,一路辛苦,快快看座。
秦安妮妮	谢公子。
扶　　苏	蒙将军,此事关系甚大,待我立即返回京都面谏父皇。
蒙　　恬	卫士!
卫　　士	在。
蒙　　恬	速备车马,护送公子回京。

〔卫士下。

扶　　苏	秦武士、姑娘携带俑人俑马,随我一同回京。
秦安妮妮	多谢公子!

〔卫士上。

卫　　士	禀将军,车马备好。
蒙　　恬	公子,请。
扶　　苏	请!(欲行又止)且慢!我被贬至北郡,今无诏谕私返京都,只恐父皇责怪,违却父命乃不忠不孝。这……
蒙　　恬	公子所言极是,不去面谏陛下,焉能以俑供君挽救生灵?
扶　　苏	将军忠心可嘉,岂知父皇如今宠信愚弟胡亥与赵高之辈,你若前去,只恐凶多吉少。
蒙　　恬	难道眼看数千兵马被活活埋葬?
扶　　苏	唉!父命难违。执意回京,于事无益。
蒙　　恬	这……
秦　　安	公子啊,将军,千里迢迢,来到北郡,指望公子能够转呈始皇,以俑代人陪葬,也好救出众家丁役和我那师弟,如今公子难以忠孝双全……
妮　　妮	唉,苦命的弟弟啊……
扶　　苏	非我不面谏父皇,实为父命如山,违者杀身,即是进

谏也是枉然。

秦　安　这……

蒙　恬　岂不知公子皆因不让殉葬活人活马,才落得如此下场。

扶　苏　秦武士,赐黄金百两,以作归途盘资。

秦　安
妮　妮　这……

（唱）
　　　捧金手颤抖,
　　　夙愿化乌有。
　　　丘陵葬箐谁怜,
　　　枉涉千里路。
　　　纵然赤金千万两,
　　　难将众生兄弟救。
　　　无耐弃金衔恨去,
　　　苦衷何处诉?

〔妮妮哭,将俑人包裹起来。〔秦安背上包袱,欲走。

蒙　恬　秦武士且慢!公子,我想公子父命难违,不便回京,何不修书进谏?

扶　苏　书信呈谏?

蒙　恬　既可尽忠又可尽孝,岂不是忠孝双全。

秦　安　公子若亲书进谏,小民愿携带书信去见秦皇。

扶　苏　修书即可,但皇城戒备森严,你如何得见?

蒙　恬　是呀。

妮　妮　小女子愿在宫门外等候,拦驾献俑!

秦　安　只要公子亲书一封,我们携书背俑冒死送书。

扶　苏　冒死送书?

秦　安
妮　妮　冒死送书!

扶　苏　笔砚侍候。

卫　士　遵命。
　　　　〔扶苏伏案挥笔。

第七场　拦马献宝

　　　　〔幕启:渭河之滨,驰道宽畅,京城咸阳隐约可见。
　　　　〔四卫士策马而上。
卫士甲　众位听着!皇上今日巡视骊山陵园,往来人等速速回避。你我前后仔细搜查,以防藏有荆轲之辈暗地行刺。
众　　　是。(下)
　　　　〔秦安、妮妮背包裹上。
秦　安　师妹,你藏于碑后,待兄前去献宝。
妮　妮　秦兄,我怎能让你一人前去冒死?
秦　安　师妹听兄言,藏于碑后,勿误大事。
　　　　〔二人藏于碑后。
　　　　〔卫士策马开道,侍众簇拥嬴政上。胡亥、李斯、赵高相随。
嬴　政　(唱)

　　　　　　龙马飞腾出京都,
　　　　　　江河让道山低头。
　　　　　　为使大业传万代,
　　　　　　修筑皇陵镇千秋。
　　　　　　遥望陵台骊山去,
　　　　〔秦安与妮妮从碑后出,拦卫士马头。
嬴　政　(接唱)

　　　　　　何人胆敢拦马头?
秦　安　我乃扶苏公子派来献宝人。
卫　士　启禀陛下,他言道受公子扶苏差遣,前来献宝。
嬴　政　可有吾儿书信?

卫　士　可有书信？
秦　安　（取书信）陛下请观。
　　　　〔卫士转呈书信。
嬴　政　（看信沉思）让他前来献宝。
卫　士　遵旨。
胡　亥　慢,搜查身边可曾带有凶器。
卫　士　是。（搜查后,将包裹取下）
　　　　〔秦安、妮妮跪于嬴政面前。
　　　　〔卫士解开包裹,亮出约有一尺高的彩人彩马。
嬴　政　（惊叹）倒也不错。
胡　亥　好玩,好玩。
秦　安　这是专为皇陵奉献,并非玩物。
李　斯　此物如何得来？
妮　妮　我家用泥烧制而成。
胡　亥　泥捏的？
赵　高　臣启陛下,吾皇圣陵,乃用珠玉珍宝,岂能用这泥捏俑人俑马？
秦　安　你别小看这俑人俑马！
　　　　（唱）
　　　　　　圣明吾皇仔细听,
　　　　　　俑人俑马显神通。
　　　　　　墓内若葬兵马俑,
　　　　　　千秋万代护皇陵。
　　　　　　观俑人好比卫士多骁勇,
　　　　　　跨俑马犹是铁蹄骊山行。
赵　高　（唱）
　　　　　　自古帝王墓冢葬活人,
胡　亥　（接唱）
　　　　　　哪见过泥人泥马伴圣明？
秦　安　（接唱）
　　　　　　前朝君家葬生灵,

　　　　　　　三年五载血气腥。
　　　　　　　守陵兵马成白骨，
　　　　　　　反落得万民怨恨留骂名。
　　　　　　　圣陵若能陪葬兵马俑，
　　　　　　　万世英姿镇皇陵。

秦　安　　（合唱）
妮　妮
　　　　　　　圣德赦免殡葬人，
　　　　　　　万众高香祭皇堃。

胡　亥　　原来是不让以人殉葬，真乃胆大包天，来人！
卫　士　　在。
胡　亥　　斩首示众。
　　　　　〔卫士押秦安、妮妮。
嬴　政　　慢。
赵　高　　臣启陛下，他们一派胡言。
胡　亥　　父皇，吾兄差来此男女，胡言进谏，如不斩首，有恐蛊惑人心。
嬴　政　　吾儿不必多虑，此事倒也值得三思。
胡　亥　　父皇……
嬴　政　　朕想为使秦世江山，后祠循业，朕在天之灵扶佑子孙，若能伴殉不朽兵马岂不甚好？再者，多年征战，黔首壮士死伤无数，若用兵马俑伴殉既可使八千活人活马留在阳世为朕效力，也免去怨恨之声。三为先祖献公曾示：人殉之举应止矣！
李　斯　　陛下高见。
胡　亥　　父皇呀，你看这小小泥人泥马，怎比得真人真马高大威武。
赵　高　　还望陛下三思。
嬴　政　　嗯！（观俑人俑马，猛悟）哈……
胡　亥　　（不解地）父皇为何发笑？
嬴　政　　我要他们将这小小俑人俑马烧制成真人真马一般高

　　　　　　大,使我秦国兵马长守陵内,永存地府。

胡　亥　恐怕难以烧制如此高大的兵马俑。

嬴　政　朕且问你,能否烧制?

秦　安　这……

胡　亥　父皇,就是神仙下凡也难以烧成。

赵　高　从古到今,未曾听说过。

李　斯　是呀。

嬴　政　如此说来,那只有殉葬真人真马了?

李　斯

赵　高　正是。

胡　亥

嬴　政　既然如此,策马前行!

秦　安　(急挡)小民既能烧制小兵马俑,也能烧制大的。

嬴　政　如若不成?

　　　　〔秦安为难地看着妮妮。

妮　妮　听从陛下发落。

胡　亥　俑人俑马,

秦　安　该烧多少?

胡　亥　八千余件。

秦　安
妮　妮　八千余件?!

嬴　政　(点头)嗯。

胡　亥　一件也不能少。

李　斯　你一家即使三天烧制一件,一年烧制一百二十件,若烧制八千兵马俑,至少也得七八十年呀!

赵　高　启禀陛下,如此定贻误大事。

胡　亥　父皇,此二人为扶苏兄所遣派,必定心怀不善。卫士们!

胡　亥　押去斩首。

　　　　〔卫士们押秦安、妮妮。

嬴　政　慢,八千兵马俑靠他一家怎能如数按期烧成。

胡　亥	父皇之意……
嬴　政	调集全国窑匠，汇聚骊山，烧制兵马俑。
秦　安 妮　妮	谢陛下！

第八场　群师雕俑

〔幕启：烧制兵马俑作坊，台中一座窑，两侧远方数座窑。台左妮妮等在捏制俑马，台右数人在切泥坯，台中秦安与众窑匠正在踩泥浆。

众窑匠　（唱）

　　赤日炎炎照窑场，
　　汗珠滚滚踩泥浆。
　　承蒙皇上开龙恩，
　　天下窑匠会一堂。
　　为救皇陵殉葬人，
　　哪顾脚痛累断肠。
　　雕得千尊兵马俑，
　　一人升天万人忙。

窑匠甲　妮妮，你们把马捏好了没有？
妮　妮　快了，快好了。
秦　安　师傅，你身体不好，歇一会儿再干。
程　师　为救天下殉葬人，为了毛毛，我怎能歇得下呀。
　　　〔胡市、关直带军士上，击锣聚众。
胡　市　右军坑众窑匠听着：李丞相与赵府令随皇上出外巡视，临行前命我和关大人监制，你等制作军吏将士，战马车辆，皆要仿制齐全，凯甲战袍，不许遗漏半个甲丁，将军吏卒要各有其貌，如若违命，定当严办。
关　直　你等要按胡大人所传之命，细心雕制，不可粗心大意。

众　　　　是。

胡　市　　你我再到左军坑、中军坑传赵府令之命。

关　直　　请。

〔胡市、关直率军士下。

窑匠乙　　哎呀,连半个甲丁都不许遗漏。

窑匠甲　　那只有请一位将军站在这儿,让咱仿制,不然……

程　师　　想那堂堂将军岂肯站在窑坊任咱摆布?

众　　　　(焦急)那该如何捏制?

秦　安　　众位师傅,咱要烧制将军俑,虽没有将军站在面前供仿制,可我等曾跟随秦军南征北战,亲眼见到不少秦国将军,英勇善战。别的不讲,想想如今抵御胡蛮的蒙恬将军,他身材魁梧,膀阔腰圆,头戴鸟冠,两腮胡须,身穿双重长袄,外披彩色鱼鳞甲,脚蹬翘尖履,他神态威武,心胸阔达,率领将士,英勇厮杀!

〔同时暗转,舞台中渐现幻觉中的蒙恬将军率领军士奋战沙场的情景。突然静止,似塑像状。

〔台左侧聚光圈内,出现秦安、妮妮等窑匠手执泥刀,围泥坯仿制将军俑。

〔伴唱:

　　将军鏖战赴沙场,
　　奋臂挥刀斩列强,
　　生为秦皇作将帅,
　　死后为俑伴君王。

〔伴唱完,灯暗,秦安等位于台左。

〔聚光圈内。匠人们围另一泥坯边说边塑。

秦　安　　想那秦军武士,身穿短襦,外披铠甲,腿扎行腾,足蹬短履,头绾圆髻,英姿勃勃,弯弓射箭……

〔暗转,台中隐约出现一铠甲武士,与齐兵英勇厮杀,拉弓欲射,突立台中似雕塑状。

〔伴唱:

    秦军武士多骁勇，
    血洒铠甲战疆域。
    胜利归来何处去，
    化作俑士守皇陵。
  〔伴唱完，"雕像"呈剪形状。

秦　　安　可多少兄弟背井离乡来征战，丢下家中父母与妻儿，整日忧心如焚。
  〔暗转。台中隐约出现数名情绪忧虑、目光呆滞、悲观绝望的士卒形象。
  〔伴唱：
    欲哭无泪度日月，
    抗争无言恨苍天，
    九死一生历沙场，
    风烛残年谁人怜？
  〔灯渐亮，台中可见将军、武士、士卒三组正在制作的雕像。

众　　　　（唱）
    朝伴俑坯暮踩浆，
    日夜雕制人倍忙。
    骊山晚霞夜幕降，
    喜看窑内映火光。

秦　　安　师傅们，抬俑下窑！
众　　　　好！
  〔在号子声中众抬俑人俑马进窑。
程　　师　封窑点火！秦安、妮妮添柴看火。
  （下）
  〔秦安、妮妮抱柴点火。
妮　　妮　（唱）
    窑内炉火映秦兄，
    妮妮感兄恩义情，
    为救小弟出虎口，

　　　　　冒死进谏卦皇陵。
　　　　　辛勤雕俑妹钦敬，
　　　　　以恩相报到来生。
秦　安　师妹，不是你一家相教，我哪有今日？
妮　妮　何言相救，秦兄，妹有句话想……
秦　安　师妹有言，且说无妨！
妮　妮　若是俑人俑马烧成，你是久留我家，还是……
秦　安　师傅师娘待我亲如骨肉，我要孝敬二老一辈子。
妮　妮　此话当真？
秦　安　岂能说谎。
妮　妮　那……那你总不能孤身一人呀？
秦　安　我哪里是孤身一人，上有师傅师娘，下有你和毛毛。
妮　妮　妹是说，说……
秦　安　说啥呢？
妮　妮　说你也该成个家。
秦　安　噢，家？哈……你是说娶个媳妇？
妮　妮　（微笑点头）
秦　安　哎，好师妹。
　　　　（唱）
　　　　　师兄十五去出征，
　　　　　归来三十已挂零。
　　　　　家穷潦倒双亲亡，
　　　　　哪有心思把亲成。
妮　妮　（接唱）
　　　　　我爹疼你如亲生，
　　　　　我娘爱你心儿诚。
　　　　　且待俑人烧成后，
　　　　　就在我家……
秦　安　怎么样？
妮　妮　（接唱）
　　　　　把呀把亲迎。

秦　安　别取笑师兄了,你看我已三十好几的人,谁还愿跟我
　　　　这汉人?

妮　妮　那说不定,我看就有人……

秦　安　哈……要说有人,倒有一人。

妮　妮　谁呀?

秦　安　你来看。(指窑内)

妮　妮　师兄,谁呀,真叫人又气又笑。

　　　〔秦安添柴看火。

妮　妮　(自语)唉,好一个实心肠的人呀,
　　　　(唱)
　　　　　　　妮妮爱兄又怨兄,
　　　　　　　妹妹有情兄无情。
　　　　　　　怎知小妹心一片,
　　　　　　　相爱何分富与穷。
　　　〔秦安打盹。

妮　妮　(唱)
　　　　　　　望秦安入梦境,
　　　　　　　哥劳累妹心疼。
　　　　　　　相扶枕妹双膝上,
　　　　　　　愿兄睡到金鸡鸣。
　　　　(给秦安披衣服)
　　　　　　　添把干柴炉火旺,
　　　　　　　盼得俑人早烧成,
　　　　　　　喜迎毛毛归故里。
　　　　　　　秦兄呀,
　　　　　　　咱兄妹花烛之夜喜相逢。
　　　〔伴唱:
　　　　　　　喜相逢,入梦境,
　　　　　　　鼓乐声中花蕊红。
　　　　　　　兄妹双双迎小弟,
　　　　　　　阖家团聚笑盈盈。

〔伴唱声中,灯暗,呈梦幻景,众匠人击鼓吹竽,挥舞彩带,迎回毛毛。

〔毛毛给众人叩头。

〔众舞。

〔毛毛将彩花给秦安、妮妮戴胸前。

〔秦安、妮妮向程师、阿婆跪拜。

〔金鸡啼鸣。梦幻消失。

秦　安　(醒)我怎么睡着了?(见身上衣服)多谢师妹关照。

〔妮妮添柴以掩饰梦幻带给自己的喜悦与羞涩。

〔程师、阿婆与众匠人上。

程　师　来,看看烧得如何。

阿　婆　老天保佑!

〔秦安开窑门,在熊熊火光中泥人泥马头歪身裂。

〔众惊。

〔关直和胡市率军士上。

众　　　啊,怎么头歪身裂?

胡　市　哼,秦安,这该怎么办?你知罪否?

秦　安　这……

胡　市　来人!

军　士　在。

胡　市　将其镣铐加身,押入狱中,待皇上巡视归来,斩首示众!

军　士　是。

众窑匠　(跪)求大人开恩,让我们再次烧制吧。

胡　市　押走。

关　直　慢!胡大人,这么大的俑人俑马,一次难以烧成,不如让他们寻其缘故,重新烧制。再烧制不成,关押不迟。

胡　市　看在关大人面上,若再不成,休怪无情。

关　直　你我到中军坑窑查看,请!

〔胡下。

众	谢大人。
关 直	免。(下)
众	这人马扭头裂顶是何缘故?(焦急)
秦 安	这……是不是因其高大,一次捏制干湿不匀。
窑匠乙	言之有理。
妮 妮	不如将头、身、腿分部制坯,然后连接烧制,看看如何。
众	有理有理。可这俑马身裂是何故?
程 师	定是俑马腹内热气膨胀,致使身裂。

〔众思索,点头。

窑匠乙	依我看,在马尾下开个口,还愁热气跑不出?
众	好办法。
程 师	不成,不成。即是开口,也被马尾遮住,热气又从何处透出?
秦 安	师傅,这如何是好?
众	是呀。
程 师	不如在马背上开个出气口,口的四周,捏副马鞍。
众	好!此法甚好!
窑匠丙	程老兄,只要俑人俑马烧成,我感恩不尽。
窑匠丁	我也感激你老人家的恩德。

〔二人向程师叩头。

程 师	这是何意?
窑匠丁	我兄弟也被抓去修陵。
窑匠丙	程老兄,我儿……(泣不成声)
程 师	老兄,别伤心,眼泪救不了儿的命,咱只有将俑人俑马制成,不只救出你我的儿子,还要救出千千万万人哩。
秦 安	一个皇帝八千人陪葬,这世世代代要殉葬多少人?多少人家破人亡,多少人妻离子散?
窑匠甲	是呀,咱们大家一条心,将俑人俑马烧制出来,才能解救众生。

程　师　有咱山南海北的窑匠师傅,我不信俑人俑马烧不成。
众　　　师傅说的是。
程　师　咱就动手干。
众　　　好!

第九场　秦皇晏驾

〔幕启:沙丘,胡亥率卫士策马上。

胡　亥　(唱)
　　　　　　随父皇巡视天下来沙丘,
　　　　　　带猎鹰跨马郊外任我游。
　　　　　　终日里山珍海味饮美酒。
〔赵高策马上。
赵　高　(唱)
　　　　　　寻胡亥忙报噩耗心忧忧。
　　　　公子,公子!
胡　亥　何事惊慌?
赵　高　有要事相告。卫士暂避。
胡　亥　尔等前面等候。
〔众卫士下。
赵　高　(环视四方)公子,陛下他、他突然暴病晏驾!
胡　亥　父皇!
赵　高　(急扶)公子千万莫悲伤,这里远离京都,如将陛下晏驾噩耗传扬出去,朝中必然大乱。
胡　亥　那该如何是好呀?
赵　高　岂不知国不可一日无主!
胡　亥　父皇晏驾,我即刻登基。
赵　高　不行……
胡　亥　胡说,我不行谁行?

赵　高	皇上晏驾之时，自知病势严重，将后事已作安排，御笔亲书，让我亲送北郡长公子扶苏那里。（取出遗书）
胡　亥	（急念）"扶苏吾儿，与会丧咸阳而葬……"嘘！这哪里是叫大哥继位，是让他主持丧事罢了。
赵　高	好糊涂的胡亥，岂不知陛下在世未封太子。晏驾之前，给长子写下遗旨，让其主持丧事，长子到了京城，有蒙恬等人保驾，自然立为二世皇帝。
胡　亥	啊！这……
赵　高	公子勿急，这里离京千里，陛下遗旨和符玺都在你我手中，你可先废除扶苏，再行登基。
胡　亥	只是废除兄长，违背父谕，恐众家皇亲不服？
赵　高	有道是不冒大讳，难当君王。丈夫不毒，难成大业。你何不另写一道皇上遗旨，命人日夜赶送北郡，书中严斥扶苏不忠不孝，且送剑于他命其自裁，他知父命如山，必自裁以表忠孝之心。书中再赐蒙恬伴驾九泉。咱君臣借皇上遗旨，除去扶苏、蒙恬！公子呀，那时你荣登皇位，君号"秦二世！"
胡　亥	妙哉！妙哉！到那时朕封你为宰相。
赵　高	且慢！我若为宰相，将李斯如何发落？
胡　亥	李斯若能顺从朕意，留在京都，如若违命，贬其为民。
赵　高	公子真乃圣明之君，皇上沙丘驾崩，公子继位，真乃天意也！
胡　亥	哈哈……
赵　高	（急拦）公子，勿露风声，勿负天意！
胡　亥	言者即是！卫士们！
	［众卫士上。
胡　亥	圣上旨喻：炎热停巡，即日返回京都，不得有误。
众卫士	遵旨！

第十场　皇陵丧父

〔幕启：阴云密布，台左是窑门，远处皇陵墓冢隐约可见。

〔场上程师、秦安等正加紧制作俑人俑马，女工为俑人俑马涂色。

〔几声道锣，卫士随关直和胡市上。此时胡市已官戴加身。

关　　直　众匠人听着，胡大人传旨。
胡　　市　秦皇二世旨谕，秦皇不幸晏驾，定于九月安葬。筑陵工程日夜兼程，如有怠慢贻误工期者，定斩不饶。钦此。
秦　　安　哎呀，胡大人，今至安葬之日不足半月，八千兵马俑只烧成六千，如何能够如期烧成？
众　匠　人　求大人转呈秦皇二世开恩。
胡　　市　旨谕如山，休得啰嗦。
程　　师　胡大人，日期紧迫，老天爷又不睁眼，俑坯迟迟不能晾干下窑，若遇秋雨连绵，更难按期烧成。求大人转呈秦皇二世，能少制一些俑人俑马，我等感恩不尽。
胡　　市　什么？少制一些兵马俑？
木　　匠　胡大人，战车还未做齐。
铁　　匠　兵器也难以如期铸成，求……
胡　　市　满口胡言，人马战车，各种兵器一件也不能少。
程　　师　(跪)求大人开恩，我老汉给你叩头。
阿　　婆　我老婆子也给你跪下了。

〔阵阵闷雷。

众　匠　人　求大人开恩！（跪地哀求）
胡　　市　头磕烂也不行！（踢程师）

〔程师倒地，口吐鲜血。

众　　　　啊！

〔胡市率众卫士下。

〔雷过雨降。

众	程师傅……
程　师	啊,雨来了,速盖俑坯。

〔大雨降临。

秦　安	师傅!
妮　妮	爹爹!
程　师	救俑如同救人,你们不要管我,快去吧。

〔妮妮、秦安含泪离去,急速盖坯。

程　师	毛毛他娘,快快将俑坯搬回棚内。
阿　婆	(阻挡程师搬俑)你……(扶程师)
程　师	眼看殉葬日期迫近,这些俑坯被雨淋坏,到那时如何救得我儿毛毛。
阿　婆	这……

〔雷鸣电闪。

程　师	不要管我,护坯要紧,护坯要紧。

〔阿婆抱一俑人头坯急下。〔程师挣扎起,脱衣掩坯。在雷电暴雨中扑向一半身俑坯为其遮雨。

〔伴唱:

　　雷雨倾泻千古恨,
　　血泪洒遍俑人身。
　　为救皇陵殉葬人,
　　窑匠苦难似海深。

〔秦安、妮妮、阿婆跑上。

秦　安	师傅!
妮　妮	爹爹!
阿　婆	毛毛他爹!

〔众匠人上。

众匠人	程师傅……
程　师	(挣扎)俑坯没有淋坏吧?
众	没有。
程　师	好,好……求你们烧齐兵马俑,也好救出毛毛跟那些受苦的孩子们,我老汉就是在九泉之下,也感恩

秦俑魂

不尽。

众　　　　程师傅！

程　师　　（强挣扎）妮妮,爹不行了,你要好好孝敬你母亲。

妮　妮　　爹！（哭）

程　师　　安儿,师傅实想给你成家立业,也算了却一桩心事,如今……（昏倒）

众　　　　程师傅……

程　师　　（昏迷）毛毛……我寻毛毛去……（挣扎欲起）毛毛,难见的儿呀……（扑地而死）

阿　婆
秦　安　　（同唱）
妮　妮

　　　　　他爹
　　　　　师傅含眼丧窑场,
　　　　　爹爹
　　　　　呼天唤地痛断肠。
　　　　　窑匠苦难对谁讲,
　　　　　眼望皇陵恨满腔。

〔胡市、关直率军士与扛木板的匠人相遇。

胡　市　　这里不造战车,扛木板干啥?

众　　　　你看。（指程尸）

关　直　　啊?程窑匠……

胡　市　　噢,你们要拿皇陵做战车的木板做棺吗?

众　　　　求大人开恩！

胡　市　　好大的胆子,将这个木匠捆绑起来。

众军士　　是。（欲捆）

秦　安　　慢！胡大人,我师傅终年为皇陵辛苦,今丧窑场,难道不能赏一个棺吗?

胡　市　　皇陵之物,贱民休想。

秦　安　　你……你……

关　直　　胡大人,（低语）不要因小失大,依我之见,不如给他芦席一张,速将尸体掩埋,以免延误工期,对你我不利。

胡　市　也好,来人。
军　士　在。
胡　市　将这遮盖俑人的芦席拖下一张,将尸扔进万人坑。

〔兵士取程师盖俑之席,胡市率卫士一旁监视匠人裹尸,在悲愤的哀乐声中众抬尸体。

〔伴唱:
　　一张芦席裹窑匠,
　　千尊兵马伴君王。
　　皇陵宫陵呈荣贵,
　　墓坑掩尸席一张。

第十一场　铮铮镣铐

〔幕启:远望皇陵建成,陵下城郭祠楼,台中用席遮着烧好的兵马俑。
〔在哀乐声中,军士、关直、胡市着丧服上。

胡　市　尔等听着:秦皇即日安葬,二世亲来查看皇陵,守陵兵马俑要早日安置葬坑内。

〔内应:"兵马俑安置就绪。"〔内数声道锣后,高喊:"秦皇二世驾到!"

众　　　吾皇万岁!万万岁!

〔校尉开道,全副围驾戈弩,自练丧带。胡亥皇冠龙袍,骄横傲然,赵高官戴相服,昂首自得。李斯相伴上。

赵　高　胡方士!
胡　市　臣在。

赵　高　兵马俑可曾安置就绪？

胡　市　回禀丞相,军墓坑内将帅军吏俑业已安置,右军坑六千兵马俑;左军坑一千五百俑人俑马刚刚安置就绪,等待封坑;中军坑兵马俑已焙烧齐全,即将下坑安置。

赵　高　待吾皇二世亲视之后,立即下坑勿误。

胡　市　遵命。关军吏传令揭去帏帐,圣上亲视兵马俑。

关　直　是。众窑匠！

〔众窑匠上。

关　直　速将掩帐揭去。

胡　市　请吾皇查看。

〔众揭露,台上一排排威武整齐、神态各异的兵马俑组成气势磅礴的军阵。

胡　亥　(见状)嘿！真乃壮观,犹如真人真马一般。哈……赵丞相,将监制兵马俑的军士好好犒赏犒赏！

胡　市　启禀万岁,那些烧制匠人如何发落？

胡　亥　且等圣灵安葬之后,让他们和修陵人役一起返回原郡去吧。

胡　市　众窑匠听旨,秦皇圣谕:待皇灵安葬之后,让你等和修陵人役一起返回原郡。

〔众窑匠内应:"吾皇万岁！万万岁！"边喊边拥上。

胡　亥　(对赵高、李斯)二卿,随朕前往内城查看。

赵　高　胡方士开道。

胡　市　开道。

〔众卫士鸣锣开道,二世率众下。

众窑匠　(喜悦地)总算熬到头啦。

阿　婆　毛毛他爹,毛毛就要回来了……(拭泪)

秦　安　师娘,别难过。

妮　妮　娘,你别哭。

阿　婆　安儿,你师傅在世,整天念叨给你成个家,如今兵马俑烧成了,也该给你成亲了。

秦　安　师娘,谁能看上徒弟这穷光棍？

阿　婆　放心吧,有人哩。
众　　　谁呀?
窑匠甲　你们看谁脸红就是谁。
窑匠丙　你看妮妮脸红啦。
众　　　哈……
〔妮妮与秦安相视羞涩。
秦　安　师娘,这……
窑匠丁　应当叫娘。
窑匠甲　不管叫啥,都要请我们喝喜酒,坐上席。
众　　　对!对!
阿　婆　好,好。
〔众兴高采烈。〔关直急上。
关　直　秦武士,秦武士!你等且回棚内,我跟秦武士有话要讲。
〔众下。
秦　安　关大人,何事?
关　直　秦安老弟,你是我救命之人,我今告诉于你,万万不能对外人言讲!
秦　安　大人请讲。
关　直　(环视四周)此事关系重大,附耳上来。(耳语)
秦　安　啊!(呆愕)
关　直　秦武士,秦武士!
秦　安　好一个狼心狗肺的秦二世啊。
关　直　万勿泄露,如若声张出去,将是人头落地。事不宜迟,我吩咐军士准备镣铐。你速速逃走。
秦　安　谢大人。
关　直　免。(下)
秦　安　我怎能一人脱身,待我速速告知众家窑匠。(向内喊)众位师傅、师兄,大事不好。
〔众上。
众　　　何事惊慌?

秦　　安　赵高老贼进谏二世,言说我等能为秦皇烧制兵马俑,就不能为别人烧制吗?如若再有兵马俑葬于他人墓内,定与秦皇在阴曹地府相斗,岂能保秦世江山千秋万代子孙世守?

众　　　　一派胡言。

秦　　安　二世听罢,说什么为绝后患,命将我等速速关押,要随兵马俑一起葬于俑坑。

众　　　　(怒火填膺)残暴的昏君。

秦　　安　事不宜迟,快快收拾东西,速速逃走。

窑匠乙　戒备森严,往哪里逃?

窑匠丁　我们赤手空拳,即使逃出,也难免一死!

秦　　安　这……(焦急)

〔众束手无策。

秦　　安　(见俑人手中兵器)你们看,何不将俑人手中兵器拿来护身?

众　　　　好。(下)

秦　　安　师妹……

妮　　妮　秦兄,为何欲言又止?

秦　　安　我,我说出来,你不要难过,更不能告诉师娘。

妮　　妮　你快说!

秦　　安　妮妮,我的好师妹,为了让众家窑工逃走,不致牵连他人,我要留下。

妮　　妮　如此,妹要跟你同生共死!

秦　　安　这……我的好师妹呀!

妮　　妮　(唱)

　　　　　娘为女儿心操碎,

阿　　婆　(唱)

　　　　　女离娘亲娘心酸。

妮　　妮　(唱)

　　　　　有心伴兄离娘去,

阿　　婆　(唱)

孤寡老妇度残年。

妮　妮
阿　婆　（同唱）

　　　　左难右难难煞我，

阿　婆　也罢！

（唱）

　　　　咱一家同赴阴曹报仇冤。

〔众窑匠持兵器上。

秦　安　师娘呀，咱们都被二世埋葬，还能有谁为咱报仇雪恨？

众　　　我们怎忍你一家为大伙儿受难，要活一起活，要死一块死。

秦　安　师娘、妮妮，你们若不走，大伙儿怎肯离去？

阿　婆　你们快走！

众　　　我们不走！

秦　安　众位师傅、师娘，你们再不走，我给你们跪下了。

〔众亦跪。

〔阿婆、妮妮抱头痛哭。

〔内喊："关大人到！"

秦　安　事不宜迟，咱们一同逃走。妮妮，先将娘扶上前行。我辞别关大人即刻就来。

妮　妮　秦兄，你……

秦　安　求众位快扶她们逃走，我随后就来……

〔众扶阿婆、妮妮下。

秦　安　（悲痛万分）师娘呀，师娘，我再也不能孝敬你老人家了。（跪拜）妮妮，我的好妹妹，只望你们替我师徒报仇雪恨。

〔关直率军士持镣铐上。

关　直　秦安，你！

秦　安　关大人……

关　直　你！军士们！

众军士　在。

关　直　速到工棚,将他们一个一个带上镣铐,关押起来。

众军士　遵令。(分头下)

关　直　还不快逃?

秦　安　我若逃走,大人如何交差?

关　直　这是何意?

秦　安　关大人,我和大伙感你救命之恩……

关　直　啊?!你……

〔众军士急上。

众军士　禀大人,众窑匠已逃走。

关　直　唉,秦安呀,你,你,你……追!

众军士　是。(下)

秦　安　大人,你听我说……

关　直　(气急,打秦安一耳光)住口!我只说报你救命之恩,让你一人逃走,谁知你……

秦　安　大人恩德,秦安难忘,我怎能一人求生,忘却众人和师母、师妹?

关　直　你只知救助他人,岂不知害了我?

秦　安　求大人快与我戴上镣铐,也免牵连大人。

关　直　(抓起镣铐欲带,猛悟)我,我怎能将救我之人镣铐加身?

秦　安　大人。(跪倒,伸双臂)

关　直　我,我若恩将仇报,良心何在?

秦　安　为了大人安危,速快与我戴上。不然你我都将难免一死。

关　直　(矛盾重重)这……〔内喊:"二世驾到!"

秦　安　大人不可迟疑,快!

关　直　事到如今,即使他镣铐加身,我也难免一死。也罢,与其二人被斩,不如救他逃生。你,快快逃走。

秦　安　宁可一死,我……

关　直　你,你,你……你看二世来了。

〔秦安转身张望,关直拔剑自刎。

秦　安　啊,关大人!(扑向关直尸)
　　　　〔卫士、胡亥、赵高、李斯、胡市上。
胡　亥　(见状)啊,胆大窑匠敢将军吏刺死,抓起来!
秦　安　我把你这个残暴的昏王……
　　　　〔秦安持镣铐击胡亥。
　　　　〔众卫士戟戈齐戮秦安,将秦架起。
秦　安　哈哈……
胡　亥　扔进俑坑!
　　　　〔众卫士戟挑秦安,扔进俑坑。
胡　亥　封坑!
　　　　〔胡亥率众下。
　　　　〔巨型坑门在隆隆声中关闭,顿时天昏地暗,雷电交加,狂风怒吼。
　　　　〔灯暗。天幕后燃起熊熊大火。
　　　　〔火光中,台中出现戴镣铐的秦安,秦安身旁两尊跪射式武士俑相伴。
　　　　〔伴唱:

　　　　　　熊熊怒火三千丈,
　　　　　　秦俑笑煞秦始皇。
　　　　　　皇天后土埋忠骨,
　　　　　　铮铮俑魂天下扬。

　　　　〔伴唱声中,天幕上出现一排排出土的兵马俑,展现在宏伟宽敞的秦俑馆钢屋之下。俑人在悲壮的音乐声中行进。
　　　　〔画外音:看吧,戴着镣铐的奴隶们用血和泪铸造了人类历史上光辉灿烂的艺术珍品。这是炎黄子孙智慧的结晶,是中华民族的骄傲!

——剧终

双面人生

编剧 藏卫华
冀福记

大型廉政戏剧

《双面人生》
剧情阐述

"反腐倡廉必须常抓不懈,拒腐防变必须警钟长鸣",这是党的十八大报告所提出的。

"世路无如贪欲险,几人到此误平生。"古人的告诫。该剧勾勒了贪官夏金雁的人生轨迹:勤恳上进,干出成绩——提拔重用,身居要职——思想蜕变,腐化堕落——东窗事发,身败名裂;刻画了夏母爱恨交织,撕心裂肺的悲苦心境;塑造了梁海东清正廉洁、不徇私情的人格品德;揭示了腐败犯罪于国不忠、于民不仁、于友不义、于父母不孝的深刻主题;唱响了"人生正道廉为贵"的时代强音;警示人们始终坚守清正廉洁的情操,慎权、慎欲、慎行,远离贪欲"高压线"……

就全剧的主旨而言,是一本反腐倡廉戏,但没有停留在贪腐变质到犯罪的过程中,而是立足于当代视角着眼现实生活,直逼人物的内心世界触及灵魂,从情感深处加以开掘,引发母与子、夫与妻、父与女、兄与弟亲人之间的情感碰撞和心灵挣扎。深刻揭露贪官在法律和亲人面前的惶恐、沮丧和愧悔交织的矛盾心态,并给予严肃的灵魂拷问,以真实传递亲人们所遭受的心灵创伤和痛苦。由此构成善与恶、爱与恨、亲与仇强烈而苦涩的情感冲突,揭示复杂的人性内涵。

人物表

老母亲　女,70余岁,夏金雁之母,梁海东养母。

梁海东　男,48岁,中州市委副书记。

夏金雁　男,50岁,中州市副市长。

沈慧凤　女,48岁,医生,夏金雁之妻。

夏小燕　女,19岁,大学三年级学生,夏金雁、沈慧凤之女。

杨　丽　女,30岁,中州市招标办主任。

杨春芬　女,46岁,中学教师,梁海东之妻。

梁小龙　男,22岁,中州市交通局监理员,梁海东、杨春芬之子。

牛　凯　男,20岁,大学三年级学生。

法　官　男,30岁。

看守所干警　若干名。

男女幽灵　若干名。

第一场

时　间　2010年春。

地　址　新宅客厅，夏金雁为母祝寿。

幕　启　在喜庆的音乐声中，台上由灯光构成三个表演区：
　　　　台中夏金雁在为母摆特制的大寿桃；
　　　　台左沈慧凤和女儿夏小雁在做寿花；
　　　　台右梁东雁和张春芬忙着卷"寿"字条幅装纸盒，梁小龙买回特制的生日蛋糕。

夏金雁
沈慧凤
梁海东
杨春芬　（同唱）人逢盛世精神爽，
　　　　　　　　老树红花满院香。

夏小燕
梁小龙　喜敬寿字献寿星，

夏金雁
沈慧凤
梁海东
杨春芬　双双儿孙拜高堂。

（灯光转换，呈现豪华的夏家客厅）

夏小燕　（自为主持人）各位女士，各位先生，让我们在热烈的掌声中，请老寿星闪亮登场！（跑下扶奶奶）

众　　　（笑）哈哈哈，请老寿星闪亮登场。（在热情洋溢的音乐声中梁小龙、夏小燕扶着夏母上）

老母亲　（唱）和和美美，
　　　　　　　喜气洋洋。
　　　　　　　儿孙祝寿福满堂，

　　　　　　福满堂，
　　　　　　福满堂！
　　　　　　喜的是儿女们事业有成，
　　　　　　乐的是孙女儿健康成长。
夏金雁　　（唱）娘生日，住新房，
　　　　　　儿盼老母福寿长。
梁海东　　（唱）养母的恩情刻在心，
　　　　　　献一幅寿字挂中堂。
沈慧风
杨春芳　　（合唱）生日蛋糕娘品尝，
梁小龙
夏小燕　　（合唱）祝奶奶健健康康，
梁小龙　　（同唱）健健康康快快乐乐——
　　　　　　幸幸福福笑口常开——
众　　　　（合唱）喜呀喜洋洋！
　　　　　　（内牛凯喊：小燕！）
夏小燕　　小牛！
梁小龙　　告诉大家个喜讯，来的牛凯是我小妹的男朋友！
众　　　　噢！
　　　　　　（牛凯上。
牛　凯　　（高兴地上）奶奶好！叔叔阿姨好！小龙哥哥好！
　　　　　　祝奶奶长命百岁！这是我爸让我带给您老的礼物，
　　　　　　一对金牛。
老母亲　　小牛，你跟你爸的心意奶奶领了，可这一对金牛，奶
　　　　　　奶不能收！
牛　凯　　奶奶，咋不能收？
老母亲　　小牛，（唱）人常说无功不受禄，
　　　　　　金牛虽好不我能收。
　　　　　　小牛呀！
　　　　　　奶奶实话告诉你，
　　　　　　子丑寅卯……

　　　　　　奶奶我属羊不属牛。
夏小燕　奶奶你就是属牛的,咋可不是了?
牛　凯　不管属啥,这是我爸让我送给奶奶您的寿礼。您不收,我给我爸没法交代!
夏金雁　妈,这总是人家父子的心么!
老母亲　这份心也太重了,妈收不起。再说,外人知道了,对你有啥益处,人还说你借妈生日收人钱财!
牛　凯　奶奶,你咋能讲得这么严重?
梁海东　小牛!奶奶虽然老了,可说的都是明白话!不收这么重的礼,也是奶奶对晚辈的爱护。你回去如实告诉你爸,他会谅解的。
牛　凯　叔叔,这……
夏小燕　牛凯,咱听奶奶的,等会儿我陪你去给你爸解释。
　　　　(杨丽上。
杨　丽　(内叫)金雁哥、金雁哥……
夏金雁　杨丽,你咋回来了?
杨　丽　怎么,意外吗?哟,大伙都来了!干娘,我给你老人家祝寿,专程从香港坐飞机赶回来。下了飞机,城里堵车,我还是绕到林河大桥过来的呢。我来晚了,干娘,你老谅解!
老母亲　城里啥都好,就是车多路少。金雁啊!
夏金雁　娘!
老母亲　以前你当交通局局长的时候,咋不多修几条路啊?
夏金雁　娘,现在生活条件好了,修的路再多都赶不上私家车增得快啊!
梁海东　娘,我哥当交通局局长那阵子可没少给咱们市上修路、修桥。
杨　丽　还是梁书记说得对。
夏金雁　杨丽,这次你去香港为咱市上引进的项目咋样?
杨　丽　有夏哥的关系,我一去就马到成功。
牛　凯　杨丽姑姑可没少拿……

夏小燕	（狠狠拧了一下牛凯）杨姨真行。
牛　凯	哎哟，姨能行。
夏金雁	
梁海东	哈哈哈……
杨　丽	姨可是有了营利全家共享。这回我从香港不光给老寿星买了祝寿礼品，还给各位都带了点小礼物。
夏小燕	
牛　凯	谢谢杨姨，快让我们看看。
梁小龙	
杨　丽	别急。（唱）

　　　　　　　干女给娘先叩拜，
　　　　　　　随后寿礼送娘怀。
　　　　　　　翡翠玉虎哥佩戴，
　　　　　　　虎威伴你财门开。
　　　　　　　大嫂待妹不见外，
　　　　　　　送一对玉镯表心怀。
　　　　　　　都说礼多人不怪，
　　　　　　　为梁哥梁嫂保健送对玉石刮痧该不该？

| 夏金雁 | |
| 沈慧风 | （同唱）该该该！该该该！ |
| 杨　丽 | （唱）　小字辈，来抽彩，
　　　　　　　带上玉佩好给奶奶把呀把寿拜。 |
夏小燕	
梁小龙	送给奶奶的是啥礼物，让我们看看。
杨　丽	别急，别急，我给老寿星特意献上一幅名画《福寿桃》。
众	福寿桃？在哪儿？
杨　丽	（打开条幅）这是夏副市长的老朋友、金地工程公司的刘老总，专从香港拍卖会上给老人家竞拍下赠送的一幅齐白石大师原作《福寿桃》。（展开）
夏小燕	齐白石的画得值几百万！

众　　　　啊!

梁海东　　这,是真品还是赝品?

杨　丽　　我说梁书记,这是货真价实,有专家鉴定书的真品。来,咱唱着生日歌,给老人家献上《福寿桃》。(三个年轻人刚唱起,夏母急拦)

老母亲　　丽丽,这幅画要是真品,娘可吃不起这么贵重的"寿桃"!看(指挂的寿字条幅),有东雁为我写的这个"寿"字,娘就知足了!

夏金雁　　娘,这是人家孝敬您的一份心!

老母亲　　这份心也太重了!丽丽,这幅画拿回去,代我谢谢那位刘总!

夏金雁　　娘……
杨　丽

老母亲　　儿孙们,跟奶奶唱起生日歌!(梁东海带头和刘春芬、沈慧凤与三个年轻人唱起生日歌……)

　　　　　(一声巨响……

夏金雁　　(手机响)喂!啊!临河大桥倒塌!(惊呆)

老母亲　　临河大桥倒塌!

众　　　　临河大桥倒塌!

梁海东　　(同时接到电话)娘,市委办公厅电话,大桥塌陷。(对金雁)咱们快赶赴现场!(夏金雁、梁东雁同下)
　　　　　"幕内传来桥塌遇难的男女喊声"

众　　　　啊!
　　　　　(合唱)桥塌了……
　　　　　　　　桥塌了……
　　　　　　　　桥塌事故大如天!
　　　　　　　　人命关天啊!
　　　　　　　　人命关天啊!
　　　　　(灯光暗转,伴唱声中,警车鸣,焦急慌乱的人们奔向事故现场)

落幕

第二幕

时　间　接前场。
地　址　杨丽的别墅。
幕　启　杨丽打电话,夏金雁焦急听着。
杨　丽　喂!刘总,你在哪里?什么,从香港又飞到新疆了,我还以为你蒸发了呢?喂,我告诉你,去年你修的临河大桥突然倒塌了,死了不少过桥的人,政府要严查严办。这一查出来坐牢事小,保不住要掉脑袋,你是大桥的工程承包商,只要把你保住一切都好办。不用谢,当年你让我给夏市长送钱的事千万千万不能泄露,有夏市长,就有你我的活路。明白吗?明白就好。喂,刘总,把责任往原材料质量上推了吗?好,有情况随时联系。
夏金雁　就是封住刘总的口,可有个万一……
杨　丽　你说的万一,是不是怕我揭露你?
夏金雁　你太敏感了,丽丽!要知道我熬到这个位置多不容易呀,要理解。
　　　　(唱)我辛辛苦苦几十年,
　　　　　　处心积虑到今天。
　　　　　　一旦事情露了馅,
　　　　　　名誉地位全毁完。
杨　丽　(唱)亲爱的放心放心,
　　　　　　杨丽我知义知恩。
　　　　　　我不会落井下石,
　　　　　　丢弃我所爱的人!
夏金雁　(唱)知我者丽丽,
　　　　　　疼我者丽丽!
杨　丽　(唱)夏哥啊!

　　　　　　　你真爱丽丽?
夏金雁　（唱）真爱真爱!
杨　丽　（唱）夏哥呀!
　　　　　　　你真爱我?
夏金雁　（唱）此时此刻,
　　　　　　　更爱小妹。
杨　丽　（唱）那你为什么,
　　　　　　　为什么多年不离婚?
　　　　　　　不离婚,
　　　　　　　为什么?
夏金雁　（唱）丽丽呀,亲爱的。
　　　　　　　我不止一次告诉你,
　　　　　　　我有女儿,
　　　　　　　我有母亲。
杨　丽　（唱）还有你奋斗的高官厚禄!
　　　　　　　你什么都不能丢弃。
　　　　　　　我看透了你!
　　　　　　　多年来——
　　　　　　　你通过我得到了你要得的利益,
　　　　　　　可我得到了什么?
　　　　　　　你扪心自问!
　　　　　　　每当你面临危难的时刻,
　　　　　　　是谁陪着你?
　　　　　　　是谁为你解围操心?
　　　　　　　是你的妻子,
　　　　　　　还是我杨丽?
　　　　　　　你说呀!
　　　　　　　你讲呀!
　　　　　　　你把我当作什么人?
　　　　　　　什么人?
夏金雁　　　这还用说,是你,是我亲爱的杨丽。

杨　丽　你不用再喊亲爱的,我要做你名正言顺的妻子。
夏金雁　你糊涂了,桥塌大案系着咱们两个,在这个时候你还提这些事干啥?
杨　丽　我没糊涂,我要尊严,我要做一个完整的女人。
夏金雁　丽丽,你的心情我理解,就是要结婚也得等我们熬过这一关再……
杨　丽　我听够了!
　　　　(唱)你曾经马失前蹄露破绽,
　　　　　　是我帮你一次次渡过难关。
　　　　　　说什么一往情深共患难,
　　　　　　结婚事你为何借口拖延拖延?
　　　　　　像这样不是夫妻又不离散,
　　　　　　我和你不明不白要熬到哪一天?
夏金雁　丽丽,我正在为咱们走在一起做准备,这栋别墅不是我给咱买的吗?这花多少钱你清楚,可户主是你不是我呀。
杨　丽　我开始还感激你,可随着时间的拖延我从梦中慢慢醒来了,你需要的是我的灵肉,你更需要我这二传手为你中介谋利,让我像保镖似的保护你。啊!可我呢?我需要一个真正爱我的丈夫而不是情人!
夏金雁　丽丽,我需要你,真的很需要你……
杨　丽　别说啦,我知道,你需要我,你需要我为你开脱桥塌的罪责,你需要我为你掩盖收受贿赂的真相。
夏金雁　你,你怎么变成另外一个人了?让我可怕……
杨　丽　这是你逼我想出来的,不,我不能再让你哄骗我了,我要实现我的理想!理想!
夏金雁　丽丽,你不会乘人之危吧?
杨　丽　夏哥,你这是说的什么话呀!难道你还不相信我吗?
　　　　(唱)这些年我为你守口如瓶,
　　　　　　多少钱经过我送你手中。
　　　　　　这些事也只有——

　　　　　你知我知、
　　　　　天知地知，
　　　　　杨丽我绝不会——
　　　　　乘人之危忘了情。
　　　　　即就是刘总松口咬出你，
　　　　　爱你为你宁愿毁了我——
　　　　　也要保哥免法绳。
夏金雁　丽丽，你说的话是真的吗？在这个时候你可不会撇下我而去吧？
杨　丽　亲爱的，相信我，就是到天涯海角，我也与你同生共死，永不分离。亲爱的，这些天因塌桥的事你太辛苦了，我给你做点好吃的啊！（进屋下）
夏金雁　（唱）杨丽她真假难辨进厨房，
　　　　　难止我阵阵心彷徨。
　　　　　多少次钱权交易她中介，
　　　　　多少次祸福隐情她包藏。
　　　　　猛觉得她是一个阴阳鬼，
　　　　　往前走与她相伴准遭殃。
　　　　　事关重大怎么办？
　　　　　杨丽啊！杨丽！
　　　　　勿怨我是负心郎。
（梁海东上按门铃，夏金雁从屋内房门视屏见状。
（杨闻门铃声急上。）
夏金雁　梁海东怎么知道我在这里？他怎么知道这个地方？你先避一下，我看他来说啥。
杨　丽　他是市委副书记，这个时候来找你能有好事？
夏金雁　你先躲躲。（开门）海东，你怎么知道我在这里？
梁海东　兄弟咋能不知道呀！
夏金雁　连哥也在你监控之中了？
梁海东　哥，话可不能这样说，你在人大会上述职报告时讲过，在反腐倡廉问题上，干部要经得起各方面的监督。

夏金雁　好了好了,开门见山,有话直说吧。
梁海东　那好。(唱)塌桥事故责任大,
　　　　　　　　人命关天要严查。
　　　　　　　　你是第一责任人,
　　　　　　　　争取主动免刑罚。
夏金雁　不错,是我当年任局长时建的那座桥,可它现在塌了,责任就全在我吗?不过事已至此,我已经做好了接受行政处分的准备。至于受贿违法,告诉你,我夏金雁还有党性原则。
梁海东　哥,我今天来是以兄弟的身份提醒你,那个建桥的承包商刘万财承建的哪一个项目少得了行贿送礼,临河大桥这么大的工程他咋能轻易中标?
夏金雁　梁海东,你不要这样看待我,我可是严格把关一尘不染。
梁海东　是的,我记得你刚当上交通局局长时,你给我写了两句话:权是双刃剑,用之不当则伤人害己;色是单锋刀,趋之若鹜则摄魂断魄。哥,今天用你的话对照现实,就这样的豪华别墅,凭哥的工资能买得起吗?
夏金雁　这是人家杨丽买的,跟我没有什么关系。
梁海东　凭杨丽的工资、奖金能买得起这样的豪华别墅?哥!事到如今我要直言相告,能主动交代,总比叫人揭发出来强呀!
夏金雁　好啦,好啦,你不要忘记了,我现在还是副市长,就是有问题,人大、市委找我谈话,可如今组织没找我,你却来……
梁海东　市纪委已立案调查,你应该主动向组织交代才有出路。
夏金雁　你这是在审查犯人吧?你给我走!走!
梁海东　走?你要考虑下一步怎么走!世上的路是可以来回

走,可执迷不悟是没有回头路的。

夏金雁 你太傲慢了,你给我出去!出去!

梁海东 好,我走,我走!哥你可是当年负责修建大桥的交通局局长,作为第一责任人,是要向组织讲清楚。

夏金雁 我会讲清楚的,可我倒是要提醒你,是我当年把你儿子梁小龙调到我手下工作,别忘了他的职责是监理工程质量工程验收。要讲清楚,让你儿子详详细细给你讲去,别在我这里来你那一套。

(杨丽上,在屋内隔门听)

梁海东 夏金雁同志,塌桥的当天我就斥责小龙,作为工程监理和工程验收是要负渎职罪的。他已经向组织交代了:就在大桥施工的关键时候,那杨丽约他三天两头去唱歌,去跳舞,还有在你们庆祝大桥竣工的晚宴上,那杨丽酒后张扬说她和你不是一般关系,还给小龙说那些承包商都是通过她把钱送给了你!

(唱)要让人不知,
　　　除非己莫为。
　　　哥呀哥!
　　　迷途知返,
　　　万勿忘记:
　　　咱都是共产党员,
　　　肩负着组织和人民的信任。
　　　你明知腐败使人心相悖,
　　　你明知堕落将亡党亡国。
　　　一失足竟成千古恨!
　　　哥呀哥!
　　　眼前路哥只有——
　　　伏法认罪争取重新做人。

夏金雁
杨　丽　（同唱）他的话似惊雷！
　　　　　　何以重新做人？
　　　　　　何以重新做人？

梁海东　哥呀，你可千万不能走向反面！小弟我提醒哥，在人生路上，宁肯住条件最差的宾馆，也不能进条件最好的监狱！（出门，下）。

夏金雁　（摇头苦笑着）嘿嘿！宾馆！监狱！嘿……

杨　丽　（在屋内自语）
　　　宾馆！监狱！看来金雁跟我的事，是纸里包不住火了！他真有个三长两短，我，我可是人财两空。万一他要把我咬出来，当成替死鬼！啊！我，我要金蝉脱壳，对！
　　　（假装镇定地出屋）

夏金雁　丽丽，海东的话你在屋内都听见了？

杨　丽　甭管他那一套，为了万无一失，我想今晚飞去新疆，把承建大桥的刘总设法稳住。

夏金雁　啊！你要走？你刚才口口声声要和我结婚，是不是在屋内听了东雁的话想躲开我？你……

杨　丽　你不要想得太多，我还担心你把我甩了。我去封刘总的口，正是为了保住咱俩的命，明白吗？

夏金雁　（苦笑）嘿嘿！走吧，走得好，走得好！我让司机送你去机场。

杨　丽　不，让司机送我太引人注目，我自己开车去。

夏金雁　你自己开车好呀，夜里上路更安全。丽丽，我让司机给你加满油。（拨电话）喂，小张吧，把杨主任的车加满油，明白吗？

杨　丽　夏哥，为了我们今后的美好生活，来，咱喝个交杯酒。

夏金雁　好！咱痛痛快快喝个交杯酒！
　　　（二人痛饮，切光）

第三场　情变

时　　间　前场数日后
地　　址　大学校园
幕　　启　夏小燕给牛凯打手机
夏小燕　（挂着耳机打手机）牛凯，你在哪呀，快来吧，这些天烦死我了，你不知道，自从河道大桥塌陷，电视上、网上跟踪报道，说我爸是当年建桥的第一责任人，责任重大，同学们见了我神情都变了，叽叽咕咕，像是我给弄塌了！烦死了！牛凯，你快来呀！
牛　　凯　（跑上，见状，急上）小燕！小燕！
夏小燕　（委屈地扑到牛凯怀里）牛凯，你怎么才来呀？你说我爸的事跟我有什么关系，他们为啥这样对待我？我真受不了！
牛　　凯　小燕，这，这还不都因为你是你爸的女儿嘛！别说你那些同学们是这样的态度，就是我爸他，他……
夏小燕　他怎么样？
牛　　凯　他也是落井下石看待你爸的事！
夏小燕　噢！
牛　　凯　小燕，我正为这事找你。
夏小燕　什么事？到底是什么事？
牛　　凯　可让我咋开口呀！
夏小燕　快说！快说呀！
牛　　凯　小燕！唉！
　　　　　（唱）你爸出事太严重，
　　　　　　　　我爸要咱断了情。
　　　　　　　　明知爸是势利眼，
　　　　　　　　继家业他的话我不得不听！

　　　　　　忍痛割爱别小燕，
　　　　　　我心比你更伤痛。
　　　　　　我爸说你爸……
夏小燕　我爸怎么样？
牛　凯　（唱）为了灭口害人命！
夏小燕　（唱）造谣中伤我不容。
　　　　（不相信地看着牛凯）你胡说，我爸就不是那样的人。
牛　凯　真的，我爸说，你爸为了封情人杨丽的口，在晚上去机场的路上找人把杨丽给害了。
夏小燕　不，不，不会的！我不信！我爸不是这样的人！
牛　凯　我爸说，你爸垮台事小，怕命难保。你家这棵大树不光靠不住，恐怕还会连累我们家。
夏小燕　啊！
牛　凯　唉！我爸说为我重找了一个高干姑娘，要我和你断绝关系！小燕，我不愿意，可我爸他说，不跟你断绝关系，他的财产就不让我继承。
夏小燕　啊！
　　　　（唱）一言轰顶，
　　　　　　怀内如抱冰。
　　　　　　势利小人！
　　　　牛凯，你……
　　　　　　你亏煞我的一片情，
　　　　　　亏煞我的一片真情。
牛　凯　小燕，别怪我，别怪我，都怪你爸是个杀人犯！（无奈跑下）
夏小燕　（失常地哭叫）
　　　　（唱）啊……
　　　　　　牛凯，牛凯他负心离去，
　　　　　　同学们见了我窃窃私语！
　　　　　　唉……

男女幕后唱　　她爸是腐败分子，
　　　　　　　她爸手辣心狠。
　　　　　　　可叹小燕呀！
　　　　　　　咋成了贪官罪犯的女儿？
　　　　　　　可惜！可叹！
　　　　　　　可叹！可惜！

（闭幕）

第四场　　母爱

时　　间　夏，白天，
地　　址　夏家客厅
幕　　启　老母亲呆坐着
　　　　　（沈慧凤急上。
沈慧凤　娘，金雁的事大了！
老母亲　怎么了？
沈慧凤　不光是塌桥的事，还有几宗大工程，他都从中收钱了，合起来上千万呀！
老母亲　啊？！金雁他真的收了人家的钱了？
沈慧凤　不光是收钱，娘，听说金雁还涉嫌故意杀人哪！
老母亲　他还杀人了？他杀了谁？
沈慧凤　检察官今天都找我问话了，说金雁把杨丽给杀了。
老母亲　不，不会！金雁他再不好，他也不至于杀人啊！从小我就教他要和善待人的，他一直都很听话啊！他不会杀人的，他是个好孩子啊！
沈慧凤　娘，金雁他都瞒着咱哪！他和那个死者叫杨丽的，早就是情人关系了！
　　　　（唱）这些年他无心关照这个家，
　　　　　　我总想他权高位重难顾暇。

　　　　　　谁曾想他道貌岸然心肠变,
　　　　　　他早已同床异枕忘结发。
　　　　　　我一心孝敬老母育儿女,
　　　　　　却落得苦泪难咽心痛煞。(扑到夏母怀里委屈地哭)

老母亲 金雁呀!你这个混账东西,这辈子我没做过伤天害理的事呀,咋叫我摊上这么不争气的儿子啊!

沈慧凤 娘。

老母亲 我和你爹辛辛苦苦抚养他长大成人,他怎么成了罪犯了?我只说前辈子苦后辈子托儿女享享福,谁知福成了祸,儿成了害呀!

沈慧凤 娘,到了这个时候我不能不说了,小燕受不了失恋和她爸犯罪的打击绝望服药自杀。

老母亲 我的小燕!

沈慧凤 娘,已经送到医院抢救,刚醒过来了。

老母亲 我得去医院看看我的小燕。

沈慧凤 娘,你不能去呀,小燕还处在精神失常中,哭着喊着要见他爸爸呀!

老母亲 我可怜的小燕呀!
　　　　　(唱)大祸从天降,
　　　　　　　全家遭了殃。
　　　　　　　可怜媳妇泪洗面,
　　　　　　　害得孙女躺病床。
　　　　　　　儿子成罪犯,
　　　　　　　我的心刺伤。
　　　　　　　顷刻间六神无主,
　　　　　　　眼前路迷迷茫茫!

沈慧凤 娘,为了小燕能有个爸,咱再想点办法,咋样能保住金雁的命。

老母亲 难得我慧凤这样想!我寻思着,这时候只有找海东,他是市上领导,是小燕的二爸,他能忍心看着我孙女没了爸呀？

沈慧凤 娘，再说你老人家从小把他从孤儿抚养大的，他能不顾这恩情呀？

老母亲 对！娘找他去，求他救救金雁。

沈慧凤 娘，现时求人说情，都得花钱，就是海东出面，他也得托人。娘，我攒了些钱，咱让海东带上给金雁赎罪，我去取。

老母亲 噢！（感动地望着儿媳）

（伴唱）媳妇取钱救老公，
　　　　生死关头显真情。

老母亲 金雁，我不争气的儿呀！……

（沈慧凤拿钱上）

沈慧凤 娘，这是我攒的几万元，咱一块给海东拿去。

老母亲 噢！好，好，好儿媳，咱一块去！

沈慧凤 娘，你……

老母亲 （唱）媳妇呀！

咱娘俩静心想一想，
总觉得让海东为咱去求情不应当。
手心手背都是肉，
为金雁不能再把海东伤。
他身为书记担重任，
决不能徇情枉法违党章。
怨只怨教子不严娘之过，
他自作自受自遭殃。
好媳妇你对金雁心无愧，
只恨他对不起贤孝媳妇娘心伤。

沈慧凤 （唱）婆婆把心里话儿对我讲，
她怎知结发情分扰心房。
即便是不去求海东，
我还得托人再商量。

娘，你该说地说到了、该做的做到了，从今后，我不做

　　　　　　媳妇,做您老人家的女儿。娘,金雁走了,有我伺候
　　　　　　娘一辈子。娘!(跪)
老母亲　慧凤!娘心疼的女儿呀!
沈慧凤　娘!(跪拜)
老母亲　(抱着)女儿呀!
沈慧凤　娘!

　　　　　　　　　　　　　　　　　　　　　　落幕

第五场

时　　间　傍晚
地　　址　海东屋内
幕　　启　梁海东独望窗外……
梁海东　(唱)心绪潮涌,
　　　　　　　　是恨是痛。
　　　　　　　　桥塌陷事故比天大,
　　　　　　　　金雁他违纪法不容。
　　　　　　　　我儿监工渎职罪,
　　　　　　　　难免判刑入牢笼。
　　　　　　　　这一案牵着两家人,
　　　　　　　　儿受罪做父母的怎能不心疼?
　　　　　　(张春芬提着礼品急上。
杨春芬　海东,我把礼物备齐当了,眼看着天黑了,咱先到检察长家,他和你是党校的同学,为咱儿子免刑的事,又不是为别人求情,他还能把咱推出门去?走!走!走嘛!
梁海东　春芬,咱不能走这歪门邪道,小龙自己做的事他自己承担。
杨春芬　我知道这样做是不太好,可仔细想想,咱小龙也不是

不负责任的孩子,要不是杨丽拉小龙去歌舞厅,离开施工现场,咱小龙就牵连不进去。咱只求检察长高抬贵手,照顾咱孩子,这也是顺水人情嘛,快走!
(梁海东欲从沙发起,却又坐下了)

杨春芬 好我的梁书记,你是人不是神,那是咱的亲骨肉,又不是旁人,关键时节,你咋连一点骨肉情都没有了?走!

梁海东 (仍在抽烟,未动,张春芬将烟从其手上夺过,耐着性子蹲在他面前)你……

杨春芬 咱就这一个独生子,你咋忍心让孩子坐牢受罪?你不心疼,我还心疼我儿呢!(哭)

梁海东 龙他妈,别哭!让隔壁邻居听了影响不好。

杨春芬 都啥时候了,你还顾影响,难道你真是当书记当成了铁石心肠了?

梁海东 龙他妈,毕竟孩子是咱的骨血,我能不心疼吗?

杨春芬 心疼,那就快走,找检察长去!(拉海东)

〔沈慧凤提礼品上,欲按门铃,听屋内说话声,又停

梁海东 (拉张春芬坐下)龙龙他妈,行,咱走,可你想想我平时无论会上会下,作为书记要求干部要廉政要守法,要拒腐蚀而不贪!今天事到自己身上了,咱去求人说情,凭咱多年为人,检察长不会把咱拒之门外,可到了人家屋里,叫我咋开口呀?人家口里不说心里咋看待咱呢?

杨春芬 你说你到底去不去?你到底去不去?

梁海东 咋去呀?

(唱)平时我在台上讲,
　　　当干部行贿受贿须严防。
　　　今晚咱言行不一去求情,
　　　当书记却把党性丢一旁。
　　　严于律己当自醒,
　　　群众才把希望寄托咱身上。

龙他妈将心比心想一想,
咱身为市委领导应掂量。
入党誓言应牢记,
崇高信仰非寻常。
当书记严于律己常自醒,
党规法纪记心上。
绝不为亲情小儿失党性,
掂一掂求人应当不应当?
即便是人家违心成全咱,
从今后这个书记咋样当?
亲情党性摆称上,
称一称,想一想。
人生在世何为贵?
唯有信赖无法量。
谁人不爱亲生子?
谁愿把儿送牢房?
为儿求情法纪毁,
为儿求情道德丧。
救儿应从何处救?
千锤百炼出好钢。
常言经历是财富,
磨难有利儿成长。
以权护儿儿丧志,
以德救儿儿硬朗。
咱耐心待儿劳教出狱后,
相信他做人做事更坚强。

杨春芬
沈慧凤 (同唱)海东说的我无话讲,

救<small>小儿
金雁</small>我怎能把口张?

欲{进不能/走不得}心惆怅,

眼望房门再思量。

杨春芬 龙他爸,我想通了,送礼求人,你去是不合适,还是我去找检察长。(欲走)

梁海东 回来!你去跟我去一样。

杨春芬 不一样,我见检察长实话实说,你是不让我求人,可这是我当妈的本分,我给人家说与你没关系。(欲走)

梁海东 (急拦)咋能没关系?不行!不能去。

杨春芬 妈为儿求人,咋不行?你让开!

梁海东 (气拦)你咋说不醒呢?(从张春芬手中夺过礼品)

杨春芬 儿是娘身一块肉,你不心疼我心疼!(欲夺礼品)

梁海东 我正因为心疼儿才不让你去。

杨春芬 啥逻辑?我非去不可!(挣扎欲走)

梁海东 不能去!(气急将礼品摔地上)

杨春芬 (哭)我可怜的龙龙呀……

沈慧凤 (在门外听到后,心疚异常,急敲门)快开门!

梁海东 (急开,见沈慧凤推门而入,手提礼品)嫂子!

沈慧凤 兄弟,春妹子别哭了,我在门外都听到了。要不是金雁咋能害得小龙入狱,咋能叫你俩伤和气,嫂子向你夫妻赔不是!

梁海东 嫂子!

沈慧凤 兄弟,你刚才的话讲得对,可春芬也想得对。能求人为咱小龙减减刑,有啥不好吗?可如今求人不能空手呀,这是我背着咱娘积攒下的九万元,本想求海东托人说情为金雁留条命。唉!这都是金雁自作自受,眼下救龙龙要紧,弟妹,你把这钱拿上,求检察长为龙龙减减刑吧。

梁海东
杨春芬 (同)嫂子,不能这样呀!

沈慧凤　兄弟,你拿着吧。(硬塞在海东手上)
梁海东　(手捧钱凝视自语)金雁兄呀!此时此刻你可知道,在你关押判决前,被你冷漠、被你欺骗、被你负心的妻子,却在痛苦的抉择中,忍恨负痛毅然决然不计前嫌,不记伤害与屈辱而来求兄弟为你托人减刑。你知道吗?你这些年受贿贪污上千万,可在你被判为死刑的今天,她把自己省吃俭用的九万多元拿出来,想求弟托人为你留条活命。也就在此时此刻你昔日给予上百万元的那些情人、小秘,她们哪里去了?你想过吗?你知道吗?我的金雁兄啊!

(唱)手捧嫂子血汗钱,
　　　百感交集对兄言。
　　　生死关头抛怨恨,
　　　为孝老母把你怜。
　　　我的大嫂呀!大嫂呀!
　　　这笔钱难买兄的命,
　　　这笔钱难让小龙出牢监。
　　　这笔钱饱含大嫂心一片,
　　　这笔钱孝敬老母度晚年。

沈慧凤　(不知所措感慨他)兄弟,这……
杨春芬　贤德的大嫂呀!大嫂……(张春芬搂着沈慧凤哭)

落幕

第六场　狱　探

时　间　秋
地　址　监狱
幕　启　夏金雁手铐脚镣,斜卧在狱中
夏金雁　(唱)黑漆漆铁窗内无人怜悯,

　　　　　痛煞煞心内疚愧恨自责。
　　　　　朦胧胧想过去更觉后悔,
　　　　　一声声警示语萦绕我心。
　　　　　镣铐锁骨自遭罪,
　　　　　利欲熏心终葬身。
　　　　　人间法网我难逃毙,
　　　　　死后孤魂我更惨凄。
　　　　　惶惶幽幽,
　　　　　噩梦惊心!
　　　　　愧对无辜躲阴霾,
　　　　　猛听凄凄冤魂泣!
　　　（夏金雁神情恍惚,陷入意识流的思维漩涡中……）
　　　（夏金雁似乎看到朦胧的被害者杨丽幽魂,渐渐飘到他的面前……）
杨　丽　（唱）夏金雁呀!
　　　　　夏副市长!
　　　　　杨丽我是那样的——
　　　　　爱你,帮你,护你!
　　　　　可我做梦也没想到——
　　　　　你是那样的狠心。
杨　丽
夏金雁　（二重唱）你你你／我我我 为保官,

杨　丽
夏金雁　（二重唱）为贪婪。

杨　丽
夏金雁　（二重唱）竟不择手段害死我／她!

杨　丽　嘿嘿!　你
　　　　（二重唱）　以为杀人灭口,
夏金雁　哎哎!　我

杨　丽　　　　　　你
　　　　（二重唱）　以为高枕无忧。
夏金雁　　　　　　我

杨　丽　你你

（二重唱）你／我 忘了！你／我 忘了！

夏金雁　我我

杨　丽

（二重唱）人做事，天在看。

夏金雁

杨　丽
夏金雁　（二重唱）天道岂容你／我夏金雁！

杨　丽
夏金雁　（二重唱）你／我是披着人皮的鬼，

杨　丽
夏金雁　（二重唱）你／我死到阴间也难安然！

（随即传来不同方向，因桥塌被害冤魂对夏金雁的斥责声）

众冤魂　（斥责吟唱）

　　　　夏金雁呀，
　　　　夏金雁。
　　　　你哪里逃？
　　　　你黑了心，
　　　　你只顾权钱交易，
　　　　你害了我们。
　　　　娘要儿，
　　　　夫要妻。
　　　　冤魂不容你这贪婪鬼，
　　　　黄泉路等你下地狱。

夏金雁　（恐惧地缩成一团）唉！！！

（灯光转换，传来狱警的声音）

预　警　104号！

夏金雁　（下意识地）到！

预　警　　有人来探视你。

夏金雁　　（摇头）谁还能来探视我？

梁海东　　（随狱警上）金雁兄,兄弟我来看你了。

夏金雁　　（激动地）我的好兄弟！

梁海东　　这些天,我一直牵挂着哥哥。

夏金雁　　我死有余辜,不值得兄弟挂念。

梁海东　　生离死别孰能无情,我的金雁哥呀！

（唱）咱兄弟情同手足几十年,
　　　弟难忘老母抚养恩如山。
　　　弟难忘少儿之时哥为伴,
　　　受人欺总是哥哥你上前。
　　　难忘记求学路上冰雪冷,
　　　你脱衣为我御风寒。
　　　难忘记家境贫寒,父早逝,
　　　你孝奉老母日夜守床前。
　　　一口水一口饭,
　　　一口药你先咽。
　　　应得老母千声唤,
　　　娘才有病愈心宽好晚年。
　　　我的大哥呀！
　　　你本是勤恳上进的男子汉,
　　　可眼下你你你成了这——
　　　罪不当赦的囚犯贪官。
　　　哥是弟的一面镜,
　　　青云路上——
　　　时时刻刻要自鉴。

夏金雁　　（唱）兄辜负弟对我感恩敬重,
　　　兄负了弟待兄一片深情。
　　　都怪我把党的教导全淡忘,
　　　私欲膨胀,

　　　　　自毁前程。
　　　　　不纳忠言，
　　　　　独断专行。
　　　　　初收礼还半推半让，
　　　　　到后来竟习以为常。
　　　　　人心不足蛇吞象.
　　　　　权钱交易肥私囊。
　　　　　贪色更如吸鸦片，
　　　　　毒瘾缠身欲断肠。
　　　　　事到如今才明白，
　　　　　仕途贪婪自遭殃。
　　　　　人到此处毙命时，
　　　　　悲痛绝望意惶惶，
　　　　　悔已晚,恨已晚！
　　　　　落得这身败名裂臭名扬。
　　　　　人生犹如一场梦，
　　　　　忽醒忽睡迷茫茫。
　　　　　忽听到监外妻女声，
　　　　　怨声恨声，
　　　　　恨声怨声……
　　　　　声声如刀撕断肠。
　　　　〔灯光聚焦现出"沈慧凤"
沈慧凤　你你你
　　　　　（二重唱）当初对海誓山盟，
夏金雁　我我我
沈慧凤　你你你　我
　　　　　（二重唱）指望与你相伴终生。
夏金雁　我我我　你
沈慧凤　你
　　　　　（二重唱）中途变心把我/她冷，

夏金雁　我

梁海东　你

沈慧凤　（三重唱）你负了慧凤的一片真情。

夏金雁　我

沈慧凤　（唱）可怜娘卧床不起泪洗面，

梁海东　你

沈慧凤　（三重唱）你害得小燕女绝望轻生。

夏金雁　我

梁海东　你

沈慧凤　（三重唱）这往后的日子怎么过？

夏金雁

沈慧凤　（唱）你害得我呀痛不欲生。

　　　　［慧凤隐去，传来女儿声

夏小燕　（唱）小燕儿飞呀！

　　　　　　　小燕儿叫呀！

　　　　　　　飞呀叫呀寻爸爸！

　　　　　　　爸爸！爸爸！

　　　　　　　你在哪里？

　　　　　　　你在哪里？

　　　　　　　女儿想呀想爸爸！

　　　　（张春芬拉小燕上，夏小燕呼喊：爸爸……

夏金雁　小燕！小燕！

梁海东　你看，谁来看你！

杨春芬　为了不让小燕留下遗憾，我就带她看望你来了。

夏小燕　（见夏金雁状，愣）你！你！你不是我爸！

夏金雁　我就是你爸！

夏小燕　我爸不是这样子，我爸是个堂堂正正的副市长！

夏金雁　我就是你爸！爸对不起你呀，女儿！

夏小燕　（见夏金雁状，愣）我不是你女儿！我是夏副市长的女儿夏小燕。

夏金雁　小(见夏小燕状,愣)……
夏小燕　你不要叫我,只有我爸才有资格叫。我爸从小教育我要做个三好学生,做个正正派派的人,他哪里像你这囚犯?你还冒充我爸,我爸可不是你这铃铛入狱的罪犯,他是优秀党员、副市长,是我的骄傲,骄傲!
夏金雁　小燕你真不认我了?海东兄弟,这,这是咋回事?
梁海东　你的事查实后,媒体曝光了,小燕的男朋友牛凯他爸,硬让牛凯跟小燕断绝关系。咱女儿受不了这突如其来的刺激,精神受影响,整天在医院喊着要见爸爸。为了安慰小燕,也为不让她留下遗憾,我跟春芬商量,就带她来了。
夏金雁　谢谢兄弟!女儿!小燕!爸对不起我女儿呀!(哭泣)
夏小燕　(仍不理)……
梁海东　小燕,这真是你爸!
夏金雁　小燕!女儿呀!
夏小燕　别叫我,我爸不是罪犯。二叔,走,找我爸去!找我爸去……(拉梁海东下,张春芬追下)爸爸你在哪里?爸爸……
夏金雁　小燕!小燕!
　　　　(伴唱)啊……
　　　　　　噩梦醒,
　　　　　　魂惊颤。
　　　　　　隔墙呼唤小燕女,
　　　　　　众叛亲离,
　　　　　　女儿声声撕心肝!
(传来小燕凄惨的呼喊爸爸的回响声……)
(传来小燕凄厉的呼叫爸爸声,回响太空……)

　　　　　　　　　　　　　　　　　　落幕

第七场 情 缘

时　间　深秋
地　址　中州市监狱探视室,台中一玻璃隔墙
幕　启　梁海东夫妻携小燕探望
夏小燕　(望着这一切惊异、喊叫)我要见我小龙哥!小龙哥……
梁海东　静一静,你小龙哥就来了。
杨春芬　(扶夏小燕坐在玻璃墙外的椅上)坐下,小燕。
干　警　梁小龙。
梁小龙　(内应)到。
干　警　有人探视你,要遵守探视时间。
梁小龙　是,谢谢。
　　　　(唱)听说有人看小龙,
　　　　　　有喜有愧心难平。
　　　　　　玻璃隔墙望亲人。
夏小燕　(唱)小龙哥哥!
梁小龙　(唱)小燕妹妹!
梁海东
杨春芬　(同唱)小龙儿呀!
梁小龙　(唱)爸爸!妈妈!
四　人　(唱)隔墙相见更伤情。
夏小燕　小龙哥哥,都怨我爸,他不光害了你,我被他害得住医院,要不是二叔和姨妈精心呵护我、开导我,我怕连哥也见不上了!
梁海东　　　　　　叔
　　　　小燕,这是　　　应该做的。
杨春芬　　　　　　姨
梁海东　叔没有你奶奶抚养,能有今天吗?

夏小燕　今天,今天要不是我爸,小龙哥能受这罪吗?

梁小龙　小燕,谁都不怨,只怨我认不清人,贪玩渎职,给他们留下造假的机会,我有推不掉的责任。

夏小燕　不!不怨你,只怨那个姓杨的妖精,是她心里有鬼……

梁海东　小燕,小龙!要怨的是爸爸,爸我只知道整天忙工作,忘了指教自己的儿子,爸有责任。

梁小龙　爸!

杨春芬　唉……

夏小燕　不!不怨二叔,只怨我爸和那个姓杨的女人,是他们害了我的小龙哥。

梁海东　小燕,这时候谁都不怨,只有小龙吸取教训。小龙!
　　　　(唱)爸相信我小龙诚实善良,
　　　　　　却缺少辨别人是非眼光。
　　　　　　她利用善良诱惑儿上当,
　　　　　　这就是好人犯法——
　　　　　　坏人犯罪的现实状况。
　　　　　　小牛呀,小燕呀!
　　　　　　青年人一定要懂法知法,
　　　　　　要认清伪君子双面伎俩。

梁海东
杨春芬　(合唱)小牛呀就是这样——
　　　　　　稀里糊涂犯了渎职罪,
　　　　　　不学法不律已进了牢房!

梁小龙　爸爸
　　　　(二重唱)语重心长,

夏小燕　叔叔
　　　　　　吃一堑长一智,
　　　　　　经历伴我成长。

梁小龙　小燕妹妹
　　　　(二重唱)实话实讲,

夏小燕　小龙哥哥
梁小龙　哥哥哥
　　　　（二重唱）是个不称职的人！
夏小燕　妹妹妹
梁小龙　　　　　　　你是个好妹妹，
　　　　（二重唱）不！不！不！
夏小燕　　　　　　　你是个好哥哥，
　　　　　　　　　　经历了这场灾难与创伤，
梁小龙　小龙我
　　　　（二重唱）如梦初醒！
夏小燕　小燕我
　　　　　　　　　才真正懂得了现实与理想，
　　　　　　　　　认准了自己要走的路。
　　　　　　　　　磨砺让我明白了——
　　　　　　　　　生活不是虚荣与幻想。
　　　　　　　　　明白了金钱买不来真诚，
　　　　　　　　　明白了只有勤奋与追求，
　　　　　　　　　将换来事业成功的希望。
　　　　　　　　　坚信哥通过这特殊的学校，
　　　　　　　　　毕业后咱们共同携手——
　　　　　　　　　实现人生的美梦与理想。
梁海东　　　　　儿子
杨春芬　（四重唱）坚信小龙通过这特殊的学校，
梁小龙　　　　　　哥哥
夏小燕
　　　　　　　　　毕业后你们共同携手——
　　　　　　　　　我们
　　　　　　　　　实现人生的美梦与理想！
梁海东　（感慨的）小龙！小燕……
杨春芬
梁小龙　爸妈,我对不起你们,我不能孝敬爸妈,还让你们操

	我的心,恳求爸妈代儿子多关照小燕!
夏小燕	小龙哥,放心,我长大了,我永远忘不了你爸你妈厚爱我的恩情!今后,我不光会照料自己,我还要替你关照二位老人。
梁海东	小燕!好闺女!
杨春芬	小燕!好闺女!
干　警	探视时间到了!
夏小燕	小龙哥!
梁海东	(恋恋不舍)……
杨春芬	儿呀!
梁小龙	你们放心,我会改造好的,会早日出来孝敬爸爸妈妈!我和小燕将用我们的双手共创美好的未来! (伴唱)小龙入水遇风浪, 　　　　失足旋涡过大江。 　　　　几经磨砺跃龙门, 　　　　来日畅游入海洋。

落幕

第八场　活　祭

时　间	冬
地　址	市法院审判大厅台上,上挂醒目的国徽。
幕　启	法警威武上巡,守卫着法庭,一位法官在宣读审判书。
法　官	被告人夏金雁故意杀人受贿一案,本院经公开开庭审理,现已审理终结,判决如下:被告人夏金雁犯故意杀人罪判处死刑,剥夺政治权利终身;犯受贿罪,判有期徒刑十五年。决定合并执行死刑,剥夺政治权利终身。

［灯光转换场景，监狱，铁窗外大雪纷飞。
［传来老母亲的喊儿声……
［梁海东扶母上

老母亲　儿呀！

夏金雁　娘！

老母亲　（唱）闻儿伏法将处决，
　　　　　　百感交集心滴血。
　　　　　　临行狱中母祭儿，
　　　　　　含泪恨别送冤孽。

梁海东　娘！

老母亲　海东，让我最后看一眼这个孽子吧。

梁海东　好，娘，咱走。（走向监狱，灯光转换）

监狱长　（上）夏金雁。

夏金雁　（金雁上）到。

监狱长　你母亲来看你了。

夏金雁　我母亲不会来看我！不会来看我！

老母亲　金雁，娘看你来了。

夏金雁　娘……

老母亲　金雁……

夏金雁　娘，你不该来看我，不该来看我呀！

老母亲　金雁，你是娘身上掉下来的肉，你是娘一口奶一口饭喂养大的儿子，娘怎么能不来看你呀！金雁来，让娘再看你一眼吧！
　　　　　（唱）临刑前娘来把你看，
　　　　　　你害得咱家破人亡好凄惨。
　　　　　　要不是牵挂儿媳和小燕，
　　　　　　娘也想一死免心寒。
　　　　　　今日为娘备下饭，
　　　　　　今日为你送冥钱。
　　　　　　一张张，一串串，
　　　　　　张张串串串串张张都给你呀，

　　　　　　娘看你贪心有多贪！
　　　[母将钱砸到金雁脸上。
夏金雁　（唱）娘啊……
　　　　　　悔恨跪地，
　　　　　　叩拜娘亲。
　　　　　　这是我自作自受，
　　　　　　罪有应得。
　　　　　　是我连累了你，
　　　　　　年迈苍苍的老母亲。
　　　　　　让娘白发满头，
　　　　　　让娘泣血痛心。
　　　　　　娘啊娘！
　　　　　　我对不起你，
　　　　　　娘阿娘！
　　　　　　在这生离死别的时辰，
　　　　　　你就狠狠地打，
　　　　　　狠狠地骂！
　　　　　　打你这不忠不孝——
　　　　　　天良丧尽的孽子吧！
老母亲　（唱）娘无心骂，
　　　　　　娘无力打。
　　　　　　娘带来你儿时满月照，
　　　　　　你可知娘怀我儿苦受扎。
　　　　　　你可知为供我儿把书念，
　　　　　　你爹他泥一把汗一把。
　　　　　　头顶烈日把活干，
　　　　　　夜晚工地又加班。
　　　　　　父为我儿挣学费，
　　　　　　娘也曾大街小巷捡破烂。
　　　　　　遭人歧视娘不嫌，
　　　　　　为得是叫儿学习把心安。

儿呀儿!
　　你学业有成争了气,
　　捧回这毕业照片娘喜欢。
　　你爹他热泪盈眶对儿讲,
　　他要你认认真真清清白白,
　　踏踏实实兢兢业业去上班。
　　你爹他积劳成疾把病患,
　　可怜他未享儿福离人间。
　　儿呀你哭着跪地对娘讲,
　　立誓不忘你爹临终言。
儿呀儿!
　　曾记你工作踏实又能干,
　　年年先进当模范。
　　曾记得有人夜晚来送礼,
　　你婉言拒绝在门外边。
　　曾记得廉政奖状墙上挂,
　　曾记得报上夸儿娘体面。
儿呀儿!
　　娘不图我儿做高官,
　　娘不图我儿挣大钱。
　　娘图的儿女走正道,
　　娘图的一家大小都平安。
　　谁知你当上局长晕了头,
　　谁知你滥用职权成贪官。
　　人前你口口声声反腐败,
　　人后你自食其言心更贪。
　　在外挥霍骗你妻,
　　回家你又把娘瞒。
　　你越来越嫌娘唠叨,
　　你借故不来把娘看。
　　越是不见我儿面,

　　　　　娘心总在空中悬。
　　娘不解！
　　　　　你为啥活到英年心肠变？
　　娘不解！
　　　　　你为啥竟要那些昧心钱？
　　　　　你呀你，只顾谋钱桥塌陷，
　　　　　怎忍心多少乡亲死得冤？
　　　　　你呀你，阳世作孽把债欠，
　　　　　到阴间儿也难安然。
　　　　　人算不如天算，
　　　　　伤天害理天谴。
　　（伴唱）恶人有恶报，
　　　　　　法网不容宽。

老母亲　（唱）教子不成娘自愧，
　　　　　娘悔恨不该生儿来世间。
　　　　　眼前张张儿时的相，
　　　　　火纸送儿化云烟。
　　　　　儿魂阴间细细看，
　　　　　做人更比做鬼难。
　　　　　愿我儿来世做个——
　　　　　堂堂正正男子汉，
　　　　　再不能以权谋私欺苍天，
　　　　　再不能祸害一方众声怨，
　　　　　再不能图财害命黑心肝。
　　　　　今日娘送儿上路把你看，
　　　　　到日后谁人送娘到百年？
　　　　　不争气的夏金雁，
　　　　　你！你！你……
　　　　　你叫娘生不如死，
　　　　　娘伤心眼泪流呀流不完。（哭）

夏金雁　娘呀娘，逆子愧对老娘抚养之恩，今日服刑，与娘一别,悔恨老天何苦生我在世作恶!我,我悔恨无颜去见老父亲!娘呀!儿不能为娘尽孝,儿愧对妻女,儿只有来世重新做人,报答老娘了……(跪地哭,夏母见状,含悲忍泪,取出她为儿子做的一碗饺子)

老母亲 儿呀!这是你小时最爱吃的娘包的饺子,娘给你送来了。

夏金雁 娘,我吃不下去!

老母亲 孩子,你一定要吃,这是娘为你亲手包的饺子!

夏金雁 娘呀!我吃!我吃!(夏金雁镣铐加身,夏母夹起饺子喂到夏金雁口中。夏金雁泪面吃着,喊着)

夏金雁 娘呀!(跪地)

(一队警察持枪上)

(两名狱警押起夏金雁)

夏金雁 娘呀,我对不起你老人家!

老母亲 金雁!(晕倒,梁海东急上扶)

(警察押夏金雁到后台)

(灯光暗,两声枪声响)

(台上极静,灯光转换,台上仅有母和梁海东)

梁海东 (扶起母,背到身上)娘,儿背你回家。

老母亲 回!

梁海东 娘,咱走!走!走!

(在脚步声中,沈慧凤、杨春芬、夏小燕、梁小龙、牛凯等人物从后台两侧,随着梁海东的步子,在默默向台口走来,全剧所有演员随步子沉默上场)

(无音乐的男女哼唱声,由远到近)

(当梁海东背着老母走到台前时,仍未停步,继续向前,突然一声男高音)

(唱)背上老母回家去,
　　　大路朝天彩云飞。
　　　人生正道廉为贵,
　　　堂堂正正步青云。

为民甘当孺子牛，
奔向那——
廉洁奉公的新天地。
（在浑厚嗡嗡的钟声中落幕）

剧终

2013年6月1日于西安

秦嘉·徐淑

编剧 冀福记

编者感言

该剧是在习近平总书记北京文艺座谈会讲话精神的鼓舞和指引下,在通渭县委、县政府、人大和政协及各级主管部门的支持关怀下,尤其县委宣传部文广新局与文化馆负责同志亲领作者深入秦嘉、徐淑的故居,调研感悟。这对夫妻在他们通信中,将中国文学史诗词从四言体发展为五言体当中,所经历的史实,生活的地域,流传的故事。尤其在五言体诗中夫妻的情操和对当时社会的感言,感动了作者,深悟秦嘉、徐淑的经历与精神境界,正是历史给我们留下珍贵的文化遗产。通过雅俗共赏的戏曲载体将其展现在舞台上,是当代文艺工作一分责任一项担当,几经数稿力争使该剧日臻完善!

人物表

秦　嘉　　男，23岁至32岁，徐淑夫
徐　淑　　女，17岁至30岁，秦嘉妻
秦　母　　女，60岁至70岁，秦嘉母
秦　燕　　女，5岁至15岁，秦嘉女
秦　浪　　男，6岁至16岁，秦嘉儿
秦老大　　男，30岁至40岁，秦嘉兄
秦大嫂　　女，23岁至33岁，秦老大妻
秦老三　　男，18岁至28岁，秦嘉弟
秦三妻　　女，17岁至27岁，秦老三妻
秦大蛋　　男，5岁至15岁，秦老大儿
秦三蛋　　男，4岁至14岁，秦老三儿
秦管家　　男，30岁至40岁，秦嘉居官后管家
徐　父　　男，60余岁，徐淑父
三　老　　男，60余岁、70余岁、80余岁。德高望重的老者。
令郡守　　男，43岁，郡守。
郡守妻　　女，23岁至39岁
令太监　　男，40岁至50余岁
山寨主　　男，30余岁
蒙面匪徒、朝廷使吏、轿夫、乡民、桃花仙子等

主题歌

耕似地兮读似天，
做一个顶天立地男子汉。
勤耕耘兮善墨砚，
做一位耕读传家女中贤。
陇上汉子通渭女，
祖祖辈辈敬圣贤。
秦嘉徐淑英魂在，
田园书香醉人间

序　幕

桃园情缘

时　间　东汉顺帝年间，春。
地　址　汉阳郡平襄县（今甘肃通渭县榜罗镇桃园村）
幕　启　〔一群翩翩起舞的桃花仙子，伴着桃花园中吟诗寄情的秦嘉、徐淑。
（伴唱）
汉风拂面春意浓，
桃花园内吟诗经。
花仙曼舞伴窗友，
师兄师妹情相凝。
"关关雎鸠，
在河之洲。
窈窕淑女，
君子好逑。"
〔古韵舞姿中，呈现秦嘉与徐淑在习文诗画中的情爱……

第一场

三老举贤

时　　间　东汉桓帝时。春。
地　　址　汉阳郡平襄县（今通渭县榜罗镇桃园村徐淑屋）
幕　　启　〔徐淑父在其开办的学堂内，教习一群来自周围的山民子弟。
　　　　　〔学子们盘坐麦积包编织的垫子上，捧着竹简书文在吟读着……
　　　　　〔徐淑给父亲捧茶后，拿起竹简书文，坐在秦嘉旁，随众吟读其父编的"二十四节气"。

众学子　〔吟读〕
　　　　　"立春"日朗朗，"雨水"送肥忙。
　　　　　"惊蛰"耕犁土，"春分"育苗秧。
　　　　　"清明"祭祖宗，"谷雨"勤保墒。
　　　　　"立夏"阳气盛，"小满"万物壮。
　　　　　"小暑"未酷热，"大暑"防旱蝗。
　　　　　"立秋"忙打靛，"处暑"粮入仓。
　　　　　"白露"水珠凉，"秋分"夜色长。
　　　　　"寒露"护蜂窝，"霜降"盘热炕。
　　　　　"立冬"耕耘至，"小雪"回书房。
　　　　　"大雪"读书天，"冬至"燃祭香。
　　　　　"小寒"习书画，"大寒"牢猪羊。
　　　　　二十四节气，年炮鸣山庄。
　　　　　〔三老上。

众学子　拜见三老！

三　老　徐先生,我等受乡亲嘱托,一来感谢你多年为咱山里娃教习书画!这二来么……

徐　父　这是我应尽之责,也是秉承先父耕读传家的遗愿。

三　老　难得徐先生以诚施教的人品。

徐先生　受之有愧!

三　老　受之无愧。徐先生,再说这二来嘛,我等为你报喜来了。

徐　父　山庄陋儒,有何喜讯?

三　老　你育才有方,多年施教,秦家老二品学兼优,才华出众。我等把你这位得意门生秦嘉举荐给了朝廷,今日榜罗驿站来人告知,朝廷派人传旨即刻就到。

〔内喊　圣旨到!

三　老　鼓乐相迎!

〔两位差官伴令太监捧旨上。

令太监　秦嘉听旨。

秦　嘉　万岁!〔跪〕

令太监　奉天承运　汉阳郡平襄县榜罗亭三位贤达举荐才子秦嘉,朕钦赐其为汉阳郡上计掾之职,即日携家眷赴任。钦旨　谢恩!

秦　嘉　(拜谢)吾皇万岁万岁万万岁!

三　老　多谢大人千里迢迢颁旨之劳!

秦　嘉　秦嘉跪拜大人辛劳!

〔跪拜。

令太监　这是皇上对咱家的重托,何言辛劳!

三　老　谢大人!

令太监　要说谢,咱家也要谢谢你们三老荐才!

三　老　要谢的该是教习秦嘉的恩师徐先生。

令太监　徐先生,咱家一路听说你还教养个才华出众的女儿。只可惜仕途之道,不纳巾帼。可咱家想看看你真有如此出众的女儿?

徐　父　女儿快快拜见公公大人。

徐　淑	大人千里跋涉,为国纳贤。小女徐淑拜谢!
令太监	(见喜)哈哈哈……真乃是深山出凤凰!咱家看你跟秦嘉真是郎才女貌,天赐一双。徐老先生是你的父亲,又是你的师傅。今日咱家作合,你(指秦嘉)是他(指徐父)的女婿,他(指徐父)是你的岳父。三老为媒,咱家主婚,禀成大礼!你们大家说好也不好?
众	多谢令大人赐福!
令太监	咱家是个急性子热闹人。喜事还需快办,就让迎我的乐手们为秦嘉、徐淑婚礼吹打起来,先拜个样场,让咱家高兴高兴!
内　应	鼓乐遵命。
令太监	(高兴地喊)哈哈哈!一拜天地,二拜高堂,夫妻对拜!哈哈哈……各位,咱家走后,三老要正正本本让秦嘉骑上骏马,抬上花轿,行大礼,拜丈人,迎娶新娘。哈哈哈……
三　老	遵命,大人放心!
令太监	秦嘉,待老夫走后,你可要正儿八经办完婚礼,再携同新娘一起赴任。
秦　嘉	遵命!
令太监	到了任上,须得上不负皇帝龙恩,下不负三老厚望。
秦　嘉	秦嘉铭记大人指教,请放心。
令太监	放心放心,哈哈哈!
三　老	请大人驿站憩息!
令太监	不用了,你家县太爷还等咱家回城赴宴。告辞!
众	送大人!
令太监	免了免了!(下)
众	拜谢三老举荐。(乡邻叩拜)
三　老	哈哈哈,要谢得谢圣上明君,钦点秦嘉为上计掾之职!
秦老三	三老爷爷,这上计掾是不是管木椽的官?

三　老　蠢才！

　　　　（唱）　秦老三真是糊涂蛋，
　　　　　　　　不好好读书净胡燃。
　　　　　　　　你把这上计掾官儿莫小看，
　　　　　　　　它可是皇上亲封管官的官。

大　老　（唱）　汉阳郡大小衙门是贪还是廉，
　　　　　　　　到年终均由秦嘉审计来把关。
　　　　　　　　先核实朝廷拨银修桥铺路——
　　　　　　　　拦洪筑堤周济贫民的官银可兑现。
　　　　　　　　再查他可否偷梁换柱违法挪用——
　　　　　　　　官商勾结日鬼掏炭把皇上瞒。

二　老　（唱）　娃娃呀！莫小看，
　　　　　　　　上计掾官儿虽微权无限。
　　　　　　　　他把那违却王法征税加赋的官吏来查办。
　　　　　　　　郡县的年底报表是实是虚是假是真——
　　　　　　　　由谁详查来审验，
　　　　　　　　都得要上计掾的官儿拍板说了算。

三老合（唱）　咱秦嘉肩负着朝廷千斤担，
　　　　　　　　感皇恩秉公执法为咱乡亲争脸面！

秦　嘉　（唱）　秦嘉铭记嘱咐语，
　　　　　　　　拜谢老者恩如山。
　　　　　　　　堂上敬母祭宗祠，
　　　　　　　　婚后携妻登阳关。

秦老三　呀呀呀，莫看出我二哥成了皇上的亲蛋蛋了！

秦　母　老身举杯，敬谢三老举荐小儿之情，再谢徐公栽培小儿之恩。

三　老　秦大娘、徐老兄，你两家真是喜上加喜。子丑寅卯，今日正好！我三老主婚，先给两个娃办喜事，再送他们登程赴任。

秦　母　就按三老安排。

众　　　恭喜恭喜，请！

三　老　哈哈哈……
　　　　〔在鼓乐声中，众喜
　　　　……

第 二 场

赴任途中

时　　间　距前场数日后。
地　　址　从秦家坪至汉阳郡途中，渭河岸边。
幕　　启　〔秦嘉骑马，徐淑乘车，秦管家相随。
秦　　嘉　（唱）　秦嘉赴任汉阳郡，
　　　　　　　　　回首拜别众乡亲。
　　　　　　　　　难忘三老嘱咐语，
　　　　　　　　　更感汉皇知遇恩。
徐　　淑　（唱）　夫贵妻荣喜不尽，
　　　　　　　　　山水如画伴新婚，
　　　　　　　　　一路风光吟诗韵。
　　　　〔内传来渭河岸边筑堤打夯的号子声　嗨哟嗨哟……
秦、徐　（同唱）　忽闻夯歌绕堤声，
　　　　　　　　　眺望百里渭河岸，
　　　　　　　　　筑堤防洪保黎民。
　　　　〔夯歌声起，天幕区赤臂打河桩的乡民在辛劳中吼着号子声……
众乡民　（唱）　汉皇赐御金，
　　　　　　　　修筑渭河堤。
　　　　　　　　可叹山高皇帝远，
　　　　　　　　大堤变小堤。

　　　　　　　嗨哟嗨哟嗨嗨哟!
　　　　　　　沙石贵如金。
　　　　　　　可叹山高皇帝远,
　　　　　　　大堤变小堤。
　　　　　　　嗨哟嗨哟!
　　　　　　　嗨哟嗨!哟嗨嗨!
秦　嘉（唱）耳闻夯歌费思忖,
　　　　　　　却怎么弦外另有音。
　　　　　　　何言山高皇帝远?
　　　　　　　何言沙石贵如金?
徐　淑（唱）何言大堤变小堤?
　　　　　　　其中必定有原因。
秦　嘉（唱）此事还需细查问,
　　　　　　　不负圣上知遇恩。
徐　淑　夫君所言极是。
秦　嘉　你乘车前边等候,我便去了!（下）
徐　淑　秦嘉君,保重啊!（感慨不已,眺望秦嘉去影）
秦管家　夫人坐稳!得儿呆……（吆马车下）
　　　　〔夯声渐远。

第 三 场

风雨婴儿

时　间　距前场后不久,夏。
地　址　汉阳郡,秦嘉官邸内室。
幕　启　〔室外雷电由强渐弱。
　　　　〔徐淑亲生女婴在啼哭,哄女儿于摇篮。
　　　　〔她焦虑地望着窗外!

徐　淑　（唱）　扶婴儿、拽摇篮，
　　　　　　　　眺望窗外风雷电。
　　　　　　　　天不作美，
　　　　　　　　渭水泛滥。
　　　　　　　　御金筑堤被冲毁，
　　　　　　　　两岸黎民遭水淹。
　　　　　　　　秦嘉奉命察灾情，
　　　　　　　　淑女官邸心怎安？
　　　　　　　　雷声惊醒婴儿梦，
　　　　　　　　母女相依祈老天！
　　　　　　　　保佑夫君避风险，
　　　　　　　　平安归来奴心安。
　　　　　　　　常言赤心感天地，
　　　　　　　　霎时雨住放晴天。
　　　　　　　　怀抱爱女翘首望，
　　　　　　　　何家官轿到门前？
　　　　　〔内声　住轿。
　　　　　〔内声　郡守夫人驾到。
郡守妻　（上，进秦邸）秦夫人在上，大嫂施礼了。
徐　淑　岂敢受礼，还礼了！（施礼）令夫人请坐。
郡守妻　（环视）哟！秦大人的官邸竟如此简陋，夫人侄女受委屈了！
徐　淑　比之乡舍，已是天堂。夫人呀！风雨刚住，亲来小舍，不知为了何事？
郡守妻　听闻秦大人喜得千金，令郡守忙于赈灾护堤，特让我代他前来恭贺，侄女乃千金小姐，少不了千两纹银相赠。来，将银送进内室。
徐　淑　且慢！夫人呀，徐淑心领夫人与郡守大人关爱小女之心。可这千两纹银，是万万不能承接，还望夫人见谅！
郡守妻　不是我见谅你，却是要你和秦大人见谅我跟夫君呀！

徐　淑　这……这话从何说起？
郡守妻　小妹，大嫂明言了！
　　　　（唱）　奴的夫奉旨筑河堤，
　　　　　　　　多少年来多苦辛。
　　　　　　　　老天降下暴风雨，
　　　　　　　　百里河堤难保存。
　　　　　　　　两岸百姓遇水患，
　　　　　　　　不怨老天却怨人，
　　　　　　　　说什么筑堤未用上方料，
　　　　　　　　讲什么奴夫监理曾受贿。
　　　　　　　　好人竟遭恶语谤，
　　　　　　　　你说屈心不屈心。
　　　　　　　　汉皇爷御旨传到汉阳郡，
　　　　　　　　圣上命秦大人查访明晰要追根。
　　　　　　　　奴替夫登门表心意，
　　　　　　　　恳求你夫妻开天恩。
　　　　　　　　这一对鸳鸯珠宝敬献你，
　　　　　　　　求大人勿将天祸嫁夫身。
　　　　　　　　夫君有责却无罪。
　　　　　　　　好妹妹呀！
　　　　　　　　事罢重谢再登门。
徐　淑　（唱）　人常言有手不打上门客，
　　　　　　　　听妹妹忠言逆耳倾心扉。
　　　　　　　　常言道身正何惧影子斜，
　　　　　　　　你送礼必是郡守理有亏。
　　　　　　　　你夫若是清白汉，
　　　　　　　　何需求情来登门。
　　　　　　　　非是徐淑拒君意，
　　　　　　　　奴夫秦嘉正气身。
　　　　　　　　礼品带回勿久驻，
　　　　　　　　休怨徐淑得罪君。

郡守妻　（唱）　好妹妹勿推诿，
　　　　　　　　将心比心一样心。
　　　　　　　　你若不收我心意，
　　　　　　　　长跪堂屋不起身！
徐　淑　（唱）　郡守夫人勿相逼，
　　　　　　　　愈是长跪理愈亏。
　　　　　　　　以礼送客留情面，
　　　　　　　　勿让家人请君归。
郡守妻　（唱）　不允姐不起，
　　　　　　　　求妹开开恩。
徐　淑　（唱）　无奈传家院，
　　　　　　　　送君离府门。
　　　　　　人来！将礼品与夫人送出府门。
二家丁　　请夫人回府！〔将其扶起。
　　　　〔内传喊声　秦大人回府来了！
郡守妻　　高抬贵手，来日相报。（下）
徐　淑　　恕我无情，送客！
　　　　〔二家丁扶其出门……
　　　　〔内传　秦大人回府来了！
　　　　〔传来婴儿哭泣声……徐淑以为是女儿，急向摇篮，女儿入睡！当她不解时却见秦嘉抱一哭泣的婴儿进屋。
秦　嘉　　徐淑贤妻，快快给婴儿哺乳要紧！
徐　淑　　这……（见泣哭婴儿，急将婴儿抱在怀内喂奶……）
　　　　你瞧，婴儿面黄肌瘦，真是饿坏了。夫君，这婴儿从何而来？
秦　嘉　（唱）　贤妻你敞怀哺乳令人敬，
　　　　　　　　你怎知木盆托孤洪水中。
　　　　　　　　婴儿失亲人，
　　　　　　　　率众救残生。
　　　　　　　　抱回孤儿咱抚养，

　　　　　　　　弃婴尤似咱亲生。
徐　淑（唱）夫君浪中救儿命，
　　　　　　　抱婴哺乳贴奴胸。
　　　　　　　饥婴颤惊惊，
　　　　　　　难耐泪盈盈。
　　　　　　　可怜孤婴失父母！
　　　　　　　秦嘉呀，奴的夫，
　　　　　　　抚养婴儿我担承。
　　　　　　　从此秦家双儿女，
　　　　　　　不是亲生胜亲生。
秦　嘉（唱）妻言触我心潮涌，
　　　　　　　只恨人祸害百姓。
　　　　　　　同是御银筑堤坝，
　　　　　　　同是风雨恶浪中。
　　　　　　　清官惜民堤坚固，
　　　　　　　贪官敛财河堤崩。
　　　　　　　皇银万两饱私囊，
　　　　　　　人祸更比天祸凶。
　　　　　　　身为上计掾，
　　　　　　　严查溃堤虫。
　　　　　　　秦嘉岂肯负皇恩，
　　　　　　　连夜清查报朝廷。
　　　　　　　严惩贪官救黎民，
　　　　　　　再不能让弃婴木盆托孤漂浪中。
徐　淑　秦嘉君，你给婴儿起个让娃终生难忘的名字。
秦　嘉　木盆托孤风浪之中，以我看就、就叫浪儿。
徐　淑　好个秦浪！儿呀儿呀，从今往后，娘盼儿博浪成才！
　　　　〔内传话　圣旨下！
秦　嘉　接旨！（鼓乐相迎）
令太监　（捧旨上）秦嘉接旨！
秦　嘉　臣！（跪）

令太监　皇帝诏谕　秦嘉卿自任汉阳郡上计椽之职,严审郡府各项计表,秉公呈奏,忠君职守。今调御前协审计理各郡年表,赐卿黄门郎之职,即日进京。钦旨!谢恩!

秦　嘉　谢主隆恩!

令太监　秦大人呀,咱家恭贺你,到了皇上爷身边,可比不得在这汉阳郡上。京都有需咱家通融之处,只管找我。

秦　嘉　谢令公公关照之情。

令太监　速备行囊携夫人即日进京!

秦　嘉　启禀令公,秦嘉即按圣上旨意,即日进京。只是这汉阳郡守在御银筑堤中,渎职敛财,偷工减料,致使百里河堤稍遇洪水毁于一旦,百姓怨声载道。下官对其灾因,正在查核之中,我若匆匆离去,岂不让他逃却罪责,逍遥法外?

令太监　好我的秦大人!你难倒不知什么叫"铁打的衙门流水的官,能坐几年是几年",咱家劝你在这青云道上该管的管,不该管的别管,少管的不能多管。你以为孝忠皇上,人还说你是蝗虫吃过界了。

秦　嘉　难道让此贪食御银、害民之臣逃之夭夭?

令太监　秦大人实言告诉你,正因你秉公审计这不争气的令郡守,皇上才下旨让他离任,将他贬到南方任职去了!

秦　嘉　公公此话当真?

令太监　咱家奉了两道圣旨,一是下给你的,另一道是下给令郡守的。你在,咱家去汉阳郡府下旨去了。

秦　嘉　送令太公!

令太监　不送咱家,你速和夫人动身进京勿误!

秦　嘉　遵命!

〔望令太监走去…

第四场

京中泪别

时　　间　距前场数年后,春。
地　　址　东汉京都洛阳,秦嘉府内。
幕　　启　〔秦嘉、徐淑的女儿与养子已六岁。两个孩子在玩拍手谣。
秦　浪　（吟唱）一拍一,
秦　燕　（吟唱）敬双亲。
秦　浪　（吟唱）二拍二,
秦　燕　（吟唱）爱姊妹。
秦　浪　（吟唱）三拍三,
秦　燕　（吟唱）读圣贤。
秦　浪　（吟唱）四拍四,
秦　燕　（吟唱）勤习字。
秦　浪　（吟唱）五拍五,
秦　燕　（吟唱）能下苦。
秦　浪　（吟唱）六拍六,
秦　燕　（吟唱）吃肉肉。
秦　燕　错了错了!母亲教的是,
　　　　（吟唱）　六拍六,
　　　　　　　　忙夏收。
　　　　〔此时徐淑已在旁观之。
秦　浪　咋可叫忙夏收,夏收是干啥?
徐　燕　这……
徐　淑　你姐弟长在城里,哪知六月麦子成熟,城外百姓人家龙口夺食,才有你每日吃的馍馍。

秦　浪　娘,那麦子是啥样子?(此时秦嘉已进屋见状。)

徐　淑　(感慨地)唉!儿呀,娘带你姐弟回到老家,白日耕地下种,夜来勤习书画,待到来年八月燕麦成熟。

秦　浪　娘,你教我们拍手谣念的是"六拍六,忙夏收",咋到咱老家却成了来年八月才收麦子?

秦　嘉　你姐弟听爹讲。

秦　浪　爹!

秦　嘉　京都地处中原,故里远在陇西,东暖西凉,年年割麦,由东向西……

〔此时天上传来嗡嗡风筝声。

秦　浪　娘,你听窗外嗡嗡嗡的声音多好听呀!

徐　淑　那是皇城官家子弟,日不习文,贪玩嬉戏,虚度光阴……

秦　浪　娘,你说官家子弟放风筝玩,我爹也是皇上封的官,为啥不让我跟姐姐也玩玩风筝?

秦　嘉　浪儿,你要玩风筝?

秦　浪　爹,你带我跟姐姐去皇城放风筝吧!

徐　淑　你爹公务在身,回家让他歇息歇息。你姐弟去到后院玩耍。

秦　浪　爹,你可要带我跟姐姐登皇城,放风筝。

秦　嘉　好!待爹忙罢,定带你们去玩。

秦　浪　好哇,爹可要说话算话呢!(下)

徐　淑　官人,再不能惯着他们。看着孩子一天天长大,不由我不操心呀。

秦　嘉　你不要想得太多了。

徐　淑　夫君呀!

　　　　(唱)　妻有心事君请鉴:
　　　　　　　随夫到京已数年,
　　　　　　　夫荣妻贵人钦羡,
　　　　　　　阖家团聚乐安然。

秦嘉·徐淑

朝朝相依伴,
夜夜梦故园。
同是亲骨肉,
兄弟各一边。
你我居京育儿女,
故里小侄谁教管?
可叹三弟不务正,
何以教养小儿男?
兄嫂勤耕欠习文,
怎教侄儿读圣贤?
试想三年五载后,
目不识丁有谁怜?
耕读传家香火断,
那时你我后悔难!
再瞧一双亲儿女,
在京终日乐悠闲。
不知耕耘苦,
只知盘中餐。
妻思忖为使儿女长成人
妻思忖秦家耕读需相传。
妻思忖奴虽怀才难效君,
妻思忖何不归里育英贤。
回乡育才继父志,
堂前替夫敬椿萱。
秦嘉呀!听妻言,
自古忠孝难双全。
妻携儿女回故里,
夫伴明主在朝班。
待夫花甲归里时,
夫妻耄耋享百年。
秦嘉呀!夫君呀!

你为何默默沉思不开言？

秦　嘉　我的徐君妻呀！非是我默默无语，而是我为贤妻满腹经纶，女中英才，却无效君报国之门，这叫我百思不解。为何泱泱汉室，只许男儿效忠，却不容巾帼立志？秦嘉常思于此，不知该怨该恨该找何人来解我心中之愤。贤妻呀！我汉字师祖仓颉昔日造字，也曾以男为乾，以女为坤，天地之大，皆以"乾坤"二字称道皇室万里江山。却为何周秦至汉，竟违师祖遗志，重男薄女，时至今朝，天下才女却不能入仕效忠。竟然危言惑众，说什么"女儿无才便是德"，如此邪道，混沌至极！让我秦嘉忧思自困，愧对贤妻怀才不遇，而堂堂男儿，愧无扭转乾坤之力。羞也！气也！怨也！闷也！

徐　淑　知我者秦嘉夫君也！徐淑不盼乾坤倒转，只盼……

秦　嘉　只盼将恩师所授之才，替我教儿育女，替我孝敬老母。你为我秦家兄弟侄儿，宁可舍弃京都荣华而归里施教，秉承父志，为我秦家耕读传家，助夫立志，大恩大义。你说是也不是？徐淑，贤妻呀！你你你，受秦嘉一拜了！

（唱）　大恩大义徐淑女，
　　　　大爱至诚贤德妻。
　　　　含泪送你回故里，
　　　　忠心效君感你德。
　　　　待到儿女长成人，
　　　　夫妻相聚会京畿。

徐　淑　（唱）　心心相敬系天地，
　　　　　　　恩爱何惜山水隔。

秦　徐　（同唱）书信相倾寄情意，
　　　　　　　诗韵安抚情相宜。
　　　　　　　相依如濡情似海，
　　　　　　　天地相伴好夫妻。

〔两个儿女于屋后听罢感动地扑向徐淑跪拜……

秦燕
秦浪}娘！

第 五 场

田畔赐教

时　间　距上场半年后,八月天。
地　址　秦嘉故里,燕麦田。
　　　　〔徐淑和妯娌们在收割燕麦……
　　　　〔徐淑将一捆捆麦子分成人字形堆在田间。
　　　　〔秦嘉的老大、老三和乡邻男人在担麦。
　　　　〔伴唱
　　　　　布谷啼血鸣乡里,
　　　　　算黄算割催人急!
　　　　　从南声声叫到北,
　　　　　从东声声叫到西。
　　　　　鸟望陇上喜开镰,
　　　　　兴得累倒麦浪里。
　　　　　陇上儿女酿麦酒,
　　　　　举杯祭鸟报时恩。
　　　　〔秦嘉母领着孙儿,抬着茶饭麦酒送到地畔。
　　　　〔徐淑带着乡亲们在她捆放一排排人形的麦捆旁。
　　　　　率众奠酒……

秦燕
秦浪}(见麦田堆成一排排人字形的麦捆时,不解地问)
　　　　娘,为啥把麦捆摆成人字形呢?

徐　淑　问得好,问得好！这是收麦季节,陇西乡亲为了感激从东飞来,催促咱"算黄算割"的鸟儿,才把割下的麦子捆好摆成人字形。一来感激鸟儿的恩德,二来好让千里啼血的"算黄算割"有个安详的归宿,让鸟儿静静地卧在咱陇西的"麦人怀里",睡到明年再来吧！

秦　浪　娘,孩儿明白了。

众孩子　我们明白了！（秦老大的儿子、秦老三的儿子和秦嘉两个儿女同吟唱）

　　　（吟唱）布谷鸟,我爱你,
　　　　　　算黄算割争第一。
　　　　　　从小拿镰又拿笔,
　　　　　　耕读传家记心里。

秦老大　（来到田间）徐淑！弟妹！打你返回故里,在家赐教孩子们耕读,四乡八镇的乡亲们都来找我,请求来咱李家坪请你教他们儿女读书。

秦老三　大哥,咱家又不是开学堂,这娃们多了,麻烦就多了。这事,我看不行。

秦老大　将心比心,难得人家来求教。

秦　母　山潮水潮不如人潮,人家来李家求教,这是咱坪里人气兴旺。老三,咋能不行？

徐　淑　三弟担心不无道理。可我教一个娃跟教十个娃一样,到时我严加教管也就是了。

秦老三　你倒不怕泼烦,可这娃来多了,地方在哪里？总不能让咱家人睡在撩天地！

众　　　这……

秦　母　老三别操心,我已和三位老者商量好了,将咱李家祠堂前厅作为教书房。

众　　　好！这下可好了。你看三位老者来了。

〔三位老者上。

三　老　徐淑呀！难得咱乡里出了你这个女才子,让娃们都像你这样知书达礼,祖祖辈辈乡风也纯了,民风也正了。

徐　淑　多谢三位老者夸奖,徐淑尽心赐教,不负三位老者重托!

三　老　还不给你徐恩师叩头拜谢?

众儿女　叩拜恩师!拜上拜上!

〔三老和秦老太婆高兴地笑起来……

哈哈哈……

〔远外传马蹄声……

秦老大　大伙看,一队人马,还有轿子,朝这里来了。

秦管家　(乘马上场,向内喊)住轿!

众　　　这不是秦嘉的管家到了。

徐　淑　有失远迎。

秦管家　徐夫人,自你走后,朝廷不少秦大人同僚得知夫人为了耕读传家离京归里,甚为钦敬,再三让秦大人将夫人和孩子接回京来,秦大人便差小人备好车马携带秦大人给夫人的四样物品:明镜、宝钗、芳香、素琴。

徐　淑　噢,(喜悦地)素琴!

秦三妻　请徐嫂嫂好弹给咱们听。

众　　　好!

秦管家　徐夫人,还有秦大人的书信,大人再三叮咛小人,一路精心携护。(从怀里取)这是大人亲笔书信诗篇,请夫人观看!

徐　淑　(急切地)秦管家一路操劳,请到家中歇息,回京之事,待我看罢书信,再做定夺。

三　老　徐淑所言极是,我等陪同秦管家庄上歇息,让徐淑一人在此静心阅罢书信,是回京,是赐教?再作抉择。

众　　　好!请!(下)

秦　浪　娘,爹爹派车来接咱们进京,孩儿一定要去,一定要去,我想爹爹……

徐　　淑　小燕小浪，娘何尝不想进京，何尝不想你家爹爹？
　　　　　待娘看罢你爹书信，再定去还是不去。

秦　燕 ⎫
秦　浪 ⎭　娘！

秦　　母　（拉燕、浪）让你娘先静心看信。（拉下）

徐　　淑　〔阅诗信，百感交集。
　　　（唱）　日思夜盼，
　　　　　　梦绕魂牵。
　　　　　　拆书手颤颤，
　　　　　　情露润心田。
　　　　　　信似夫君至，
　　　　　　字似君容颜。
　　　　　　终得鸿雁传佳讯，
　　　　　　拭泪悦目读诗篇。

　　　　　〔拆书阅……
　　　　　〔语外音传来秦嘉的《述婚诗》
　　　　　　　群祥既集，二弦交欢。
　　　　　　　敬兹新婚，六礼不愆。
　　　　　　　羔雁总备，玉帛戋戋。
　　　　　　　君子将事，威仪孔闲。
　　　　　　　猗兮容兮，穆矣其言。
　　　　　　　纷彼婚姻，祸福之由。
　　　　　　　卫女兴齐，褒妃灭周。
　　　　　　　战战兢兢，惧德不仇。
　　　　　　　神启其言，采获令攸。
　　　　　　　我之爱矣，荷天之休。

　　　　　〔徐淑情以幻觉境，秦嘉显形，徐淑、秦嘉声情相融
　　　　　于幻觉中……

徐　　淑　（唱）　阅罢情溢念夫君，
秦　　嘉　（唱）　珍重昔日承奉心。
徐　　淑　（唱）　人言何为贵？

秦　嘉	（唱）	夫敬兹新婚。
徐　淑	（唱）	拜天拜地拜高堂，
秦　嘉 徐　淑	（合唱）	秦嘉徐淑恩爱深。

　　　　　　　　　　夫妻相隔路千里，
　　　　　　　　　　常念新婚心连心。

徐　淑	（唱）	妻不为京华浮云动，
秦　嘉	（唱）	夫不忘糟糠情意真。
徐　淑	（唱）	徐淑生逢钟情汉，
秦　嘉	（唱）	山水相隔不变心。
徐　淑	（唱）	妻在故里育儿女，
秦　嘉	（唱）	夫在京都伴明君。
徐　淑	（唱）	奴替夫君敬老母，

　　　　　　　　　　秦嘉呀！夫君呀！
　　　　　　　　　　休怨空车未见人，
　　　　　　　　　　回屋提笔"答夫信"。
　　　　　　　　　　弹一曲心声敬夫君，
　　　　　　　　　　相爱相谅心相印。
　　　　　　　　　　奴不负君送素琴伴知音。

〔聚光呈现徐淑弹素琴……
〔聚光呈现秦嘉赏终曲……

第 六 场

回书伴驾

时　间　距上场月佘。
地　址　东汉京都秦嘉府。
幕　启　秦嘉在府门眺望徐淑和儿女回京。

秦管家　　秦大人,小人回京来了……

秦　嘉　　夫人儿女何时到府?

秦管家　　老爷,非怪小人无能,老爷请听!(戏曲"三眼腔"唢呐述事)

秦　嘉　　噢!原来如此!

秦管家　　大人,这是夫人亲笔书信诗稿,夫人让我亲手送与大人。

秦　嘉　　待我看过,待我看过……

(话外音　舞台另一侧聚光内出现徐淑书写诗文"答夫诗")

徐　淑　　(吟)　知屈珪璋,应奉岁使。
　　　　　　　　策各王府,观园之光。
　　　　　　　　虽失高素皓然之业,
　　　　　　　　亦是种尼执鞭之操心。
　　　　　　　　自初承问,心愿东还,
　　　　　　　　迫疾唯宜叹而已。
　　　　　　　　日月已尽,行有体例。
　　　　　　　　想严庄办,发迈在近。
　　　　　　　　谁谓宋远?企子望之。
　　　　　　　　室尔人遐,我劳如何?

　　　　　　(伴唱)
　　　　　　　　心相印,志相同,
　　　　　　　　妻相敬,夫相容。
　　　　　　　　秦嘉挥毫"赠妇诗",
　　　　　　　　恩爱相惦表衷情。
　　　　　　　　徐淑墨宝"答夫诗",
　　　　　　　　五言真情"留美名"。

〔写罢穿入信封。

秦　嘉　　秦管家!

秦管家　　(上)在!

秦　嘉　　这是我与夫人的书信诗稿,待你歇息数日之后,乘马亲送夫人。
秦管家 大人，夫人待小人如亲人一般，小人愿尽犬马之劳，以敬大人和夫人的恩德。
（内喊　圣旨到！）
令太监 （上）黄门侍郎秦嘉接旨。
秦　嘉 臣！（跪）
令太监 黄门侍郎秦嘉于壬寅年十月随朕赴南国巡察，秦卿将今年各郡之垦田、税金、狱讼等项计簿携之。朕将明察秋毫，凡怠政者罚之，虚假者贬之，违规者处之，以平民怨，安抚社稷，钦此。
秦　嘉 万岁！万岁！万万岁！
令太监 皇上明晨起驾，秦大人早作准备。
秦　嘉 谢公公！
令太监 大人为保社稷，不惜劳苦，严查郡州上呈年终计簿之真伪，其行真乃可嘉。
秦　嘉 公公过奖，这是为臣者应尽之责。
令太监 话虽如此，你看朝中文武官员哪个不是大腹便便，唯秦大人操劳朝政，秉公审计，竟劳得如此消瘦，可见大人鞠躬尽瘁之忠心也！
秦　嘉 谢公公褒奖，秦嘉受之有愧。
令太监 老夫在朝侍候皇上多年，从未有过越律之事。我也憎恨那些皇帝身边狐假虎威的宦官们瞒君欺下，作恶多端。皇帝其所以要亲巡各郡，也是无奈之行。可偏偏我这善良老者却遇不善良的亲戚，这骨肉之情倒让老夫为难了。
秦　嘉 何以亲情竟让老大人为难？
令太监 实不相瞒，我有一侄儿实在不争气，多年前也曾在汉阳郡为官，却因这崽娃子贪扣皇上拨修河堤的御银，竟在一场洪水中，把他那豆渣河堤冲个净光，百姓遭难。官民一道把他告到朝廷，老夫无奈，多方通融，不然险些儿把他小命丢了。

秦　　嘉　噢！汉阳令郡守原是公公大人的侄儿。

令太监　你如何得知？

秦　　嘉　当时，我刚任汉阳郡上计掾之职。公公你有所不知，他贪污御银，劣质筑堤，造成多少百姓流离失所，无家可归。不瞒公公大人，当年我曾起文呈报万岁。

令太监　噢！真是冤家路窄。唉！当年为保住吾家香烟，才通融将他调离汉阳，前往湖南津乡做官。谁知他到任没几年，旧病复发。当地乡民联名告他私抬税金，中包私囊。皇上此番南巡，若知真情，吾恐他性命难保！思虑再三，老夫进宫无后，兄弟只有这个孽种，为了祖宗香烟不绝，老夫厚着脸恳求秦大人从中周旋。

秦　　嘉　这……

令太监　这叫秦大人为难了！大人，我也知王法难容，可事到如今，老夫为了上对祖宗，下对叔伯兄弟，我只有哀求秦大人你了。老夫给、给、给你叩头谢罪！

（泣声哀求，边说边跪倒地）

秦　　嘉　公公大人，这、这、这！

令太监　还请秦大人包容！老夫也是不得已而求你，你若不允，老夫长跪不起。大人呀，你开开恩吧！（泣声凄厉）

秦　　嘉　怎敢让你老人家长跪不起，请公公大人回宫，让秦嘉三思。

令太监　咱家拜谢秦大人了！（拭泪下场）

秦　　嘉　唉！（唱）　公公他泣声哀求老泪洒，
　　　　　　　　　　　青云路左右难煞我秦嘉。
　　　　　　　　　　　他侄儿贪赃枉法难容忍，
　　　　　　　　　　　可叹他阉人无后亦无家。
　　　　　　　　　　　人非草木孰无情！
　　　　　　　　　　　怜他怨他又恨他。
　　　　　　　　　　　明知晓乾坤需法来护驾，

明知晓以情卖法必刀剐。
他却来登门求情难为我,
要秦嘉让他侄儿免遭杀。
想公公千里为我传御旨,
常言道滴水之恩应报答。
王法与情情与法,
法情难容两冤家。
思绪徘徊心纠结,
做一位清官真难煞。
难煞啊难煞!
左右难煞我秦嘉。
难时想妻徐淑女,
遥挥翰墨诉与她。

(白)徐淑,贤德的妻呀!你怎知为官难兮,仕途险兮!秦嘉何惧公务累累,只叹仕途人际危危。忧郁难耐,唯有提笔"赠妇诗",寄情倾心悸也。(挥毫书诗)

(赠妇诗)……

皇灵无私亲,为善荷无禄。
仿我与尔身,少小罹茕独。
既得结大义,欢乐苦不足。
念当远离别,思面叙款曲。
河广无舟梁,道近隔丘陆。
临路怀惆怅,中驾正踯躅。
浮云起高山,悲风激深谷。
良马不回鞍,轻车不转毂。
针药可屡进,愁思难为数。
贞士笃终始,恩义可不属。

〔吟唱中 隐去……

第 七 场

仰天长笑

时　　间　东汉桓帝时,初秋。
地　　址　桓帝南巡津乡亭驿馆内。
幕　　启　(秦管家来驿馆求见令太监。)
秦管家　令公大人,我求求你!
令太监　你是?噢,你像是黄门郎秦嘉的管家。
秦管家　正是小人。我家大人随皇上巡查各郡,日夜审计,劳累成疾,请令公大人派位太医为我家大人看病。
令太监　噢!是求我为你家秦大人派位太医?
秦管家　正是!求公公发发慈悲。
令太监　你让咱家发发慈悲,怎么不让你家大人发发慈悲呢?今天他把别人查倒了,他可也累倒了。咱家曾亲自登门求他高抬贵手,谁知他不但不给咱家情面,硬查细究,眼看我侄儿性命难保,我令家就要绝后。
秦管家　公公大人,那是你那侄儿不争气,并非我家大人之过。
令太监　人常说留得青山在,不怕没柴烧。他把我家的根挖断了,他如今累倒了,求我给他派太医,实话告诉你,皇上南巡龙体欠佳,几位太医左右侍候你知道吗?
秦管家　这……
令太监　难道让太医不给皇上治病而给你家黄门郎治病不成?
秦管家　这……我家大人病重,若无太医医治,这、这、这该咋办?
令太监　这还不好办吗,你到津乡亭街上为你家大人请个郎中不就成了吗?
秦管家　公公大人,你明知我家大人清廉清贫,哪有银钱去请郎中医治?

令太监 嗨嗨,没钱,就让你家大人在病榻上耐心等待皇上南巡回京,再派太医给他治病吧。(拂手而去)

秦管家 令公大人,令公大人!(无奈仰天)天哪,老天爷呀,小人只有恳求您老人家保佑秦大人除去病魔,早日康复。老天爷呀,我求求你,求求你呀!(下)

(场景转换)

〔秦嘉病态于桌前,仍在审阅查对郡守各项账表……

秦　嘉 (唱)　为人臣效吾皇积劳成疾,
　　　　　　　病榻内思贤妻梦回陇西。
　　　　　　　徐淑呀!
　　　　　　　你辛勤养育儿女我钦佩,
　　　　　　　你孝敬老母亲我感激。
　　　　　　　我未负贤妻书信嘱咐语,
　　　　　　　我未负忠心耿耿为社稷。
　　　　　　　徐淑呀!
　　　　　　　你怎知为官有多累,
　　　　　　　你怎知为官费心机。
　　　　　　　夫随吾皇巡南郡,
　　　　　　　夜以继日审清册。
　　　　　　　明察暗访辨真伪,
　　　　　　　勿让清官受委屈。
　　　　　　　贪官奸诈心歹毒,
　　　　　　　加赋增税坑庶黎。
　　　　　　　殊不知官官皆读圣贤书,
　　　　　　　一个个道貌岸然披人皮。
　　　　　　　却为何同是天地父母养,
　　　　　　　却为何清者廉洁贪者黑?
　　　　　　　贤妻呀!
　　　　　　　百思不解难消恨,
　　　　　　　唯有惩腐抚心扉。
　　　　　　　疾恶如仇法为本,

秦嘉严查报君恩。
徐淑呀!
不负师教诲!
不负妻恩德!
只盼明君惩歹臣。
只盼汉皇惜万民。
〔内响起刑场鼓声、炮声、呐喊声……

秦　嘉　（唱）　耳听得亭外刑场击鼓呐喊解民恨,
　　　　　　　　一声声炮响奉天圣谕惩治贪官除祸根。
〔传来庶民欢呼声与贪官妻儿父母的哭泣声。

秦　嘉　（豪笑）哈哈哈……〔笑声中倒于病榻。
　　　　（伴唱）　仰天长笑!
　　　　　　　　无愧问心!
　　　　　　　　秦嘉诗魂传千古,
　　　　　　　　大爱无极伴乾坤。

第八场

噩耗传家

时　间　距上场一年后。
地　址　秦嘉故里,秦家祠堂。
幕　启　〔祠堂前厅,数十个青少年在认真阅读《诗经·怨诗》
　　　　〔徐淑在指教着……

众少年　（吟念）
　　　　秋木萋萋,其叶萎黄。
　　　　有鸟处山,集于苞桑。
　　　　养育毛羽,形容生光。

徐　淑　此首《怨诗》是汉文帝时王昭君为和睦邻邦,出塞成亲,行前写的一首诗……
〔三老携同秦家兄弟和秦管家,匆匆而进。
〔徐见状惊!
秦管家　徐夫人呀!我家秦大人,他、他、他……
徐　淑　秦嘉他怎么样?
秦管家　他、他、他随桓帝南巡途中,积劳成疾,御医医治无效……
徐　淑　啊!
秦管家　他,他病故于江南津乡亭了!
徐　淑　你说什么?
秦管家　他病故江南津乡亭!
徐　淑　秦嘉呀!(昏倒)
浪　燕　娘!(抱母)爹爹呀!……
众学子　(众学子哭)师娘醒得……
　　　　(伴唱)　噩耗惊天地,
　　　　　　　　击碎亲人心。
徐　淑　(醒哭泣)秦嘉呀!秦嘉呀!
　　　　(唱)　你英年早逝我心碎,
　　　　　　　天道不公我怨谁?
　　　　　　　恨天怨地双膝跪,
　　　　　　　天呀天!
　　　　　　　你为何狠心折煞我夫妻?
　　　　　　　地呀地!
　　　　　　　你忍心老母丧子裂心肺?
　　　　　　　天地呀!
　　　　　　　你不怜孤儿寡女将何依?
　　　　　　　泪望南天把夫祭,
　　　　　　　秦嘉呀!秦嘉!
　　　　　　　秦嘉呀!秦嘉!
　　　　　　　徐淑女千里扶灵伴君归。

〔拭泪对众。

众　　　（惊）　千里扶灵！！！

秦大妻｝徐淑呀！千里扶灵,何其艰难,我等怎忍你一路
秦三妻　　受苦。

徐　淑　三位老者,徐淑主意已定,只是婆婆年迈卧床,徐淑放心不下,大嫂、三妹多替我尽孝,徐淑感恩不尽！

秦大妻｝放心,婆婆有我二人照应,你安心前往。
秦三妻

徐　淑　只是这老来丧子,婆婆若知真情,如何是好？
三　老　此事么,由我三位慢慢告知秦老夫人。
徐　淑　多谢三老！徐淑跪拜。（拜谢）
三　老　起来,起来。
秦　燕｝娘呀,我姐弟随娘同去搬回爹爹灵柩。
秦　浪

徐　淑　秦燕呀！浪儿呀！你们年少,在家侍奉奶奶。大嫂呀！三妹妹！徐淑还劳你们照料我这一双儿女。秦嘉在天之灵也感恩不尽,我母女母子给大嫂三妹跪拜了！（拜）

秦大妻｝自家侄儿侄女,你就放心去吧。只是路途遥远,还望
秦三妻　　保重！

众　　　一路保重！
徐　淑　徐淑拜谢兄嫂、弟妹,拜过三老大伯。（拜罢）
三　老　一路保重！祈福你平安归里。
徐　淑　秦管家,拜托途中相扶。速速上路！
浪　燕　娘呀！
秦老三｝嫂嫂呀！
秦三妻
三　老　秦夫人呀！
众学子　师娘呀！

（伴唱）　　千里扶灵感天地，
　　　　　　徐淑拜别众乡亲。
　　　　　　贤孝徐淑女，
　　　　　　祈盼平安归。
　　　　　　天地山水相伴，
　　　　　　日月星辰相依。
　　　　　　秦嘉英魂呵护您，
　　　　　　呵护您，呵护您！
〔伴唱中，时空转换为徐淑、秦管家奔赴江南……
〔又呈现徐淑、秦管家与灵车，车夫吆喝马车起程，呈现途中的情景……

第九场

扶柩离亭

时　间　东汉末，深秋。
地　址　湘郡津乡亭到京城的道上。
幕　启　〔徐淑扶棺，秦管家及车夫等人行进途中。
徐　淑　（唱）泪眼扶柩心悲痛，
　　　　　　凄凄苦雨伴亡灵。
　　　　　　一步一滴泪，
　　　　　　咽咽别津亭。
　　　　　　奴夫效君精诚至。
　　　　　　秦嘉呀！
　　　　　　可怜你三十二岁尽了忠，
　　　　　　可怜你人生苦短辞世去，
　　　　　　可怜你鞠躬尽瘁殒贤星。
　　　　　　只怨老天堪无情，

弃奴寡女孤伶仃。
老母丧子泪纵横，
白发哭送黑发灵。
怨天怨地无人应！
秦嘉呀！
你你你，你长眠不与妻应声。
秦嘉呀！
曾不记相携作画桃花岭，
曾不记相对诗文情韵浓，
曾不记相亲结伴盟誓愿，
曾不记相聚儿女阖家情。
往事历历如幻影，
扶灵归里悲凄声。
君不见妻伴夫柩涉千里，
只闻辕觳马蹄鸣。
秦嘉呀！
夫君赠诗情思绕，
诗意揪心景相同。
〔吟唱秦嘉赠妻诗原文……
（秦嘉幽灵吟唱）
　　　　"一别怀万艮，
　　　　起坐心不宁。
　　　　何用叙我心，
　　　　遗思致款诚。"

徐　淑　（唱）　秦嘉呀！夫君呀！
只盼夫归享百年，
遗思别恨离京城。
徐淑怨天不酬勤，
徐淑怨地不辨忠。
含悲忍痛陪夫君！
秦嘉呀！

　　　　千里扶灵生死相依——
　　　　妻伴孤魂回陇东。
　　〔贪官令郡守妇,愤然挡道。

秦管家　禀夫人,有一妇人拦车挡道。
郡守妻　秦夫人,还认得我吗?
徐　淑　你……
郡守妻　贵人多忘事!我就是当年你丈夫任汉阳郡上计掾时,为了河堤一事,我登门求你的郡守妻子。
徐　淑　噢!今日夫人拦道却是为何?
郡守妻　为何?问问棺内你那丈夫吧。
徐　淑　你!你何出此言,真乃无礼!
郡守妻　什么是理?你丈夫秦嘉依仗王势,给我丈夫栽赃,让皇上将我丈夫处死。可你没想到你丈夫他却把自己也劳死了!劳死了!劳死了!
徐　淑　住嘴,我丈夫秦嘉劳得其所,死得磊落!而你丈夫贪婪无极,坑害百姓,他死有余辜!死有余辜!
郡守妻　哈哈!秦夫人呀,就算我丈夫死有余辜,你丈夫死得光明磊落,可今天,夫人你得到什么?得到什么?还不是跟我一样成了寡妇,寡妇呀寡妇……
　　　　(哭笑疯颠倒地泣啼……
徐　淑　你!你!你……
　　　　(唱)　你嘲讽,你哭泣!
　　　　　　　怨你恨你又怜你。
　　　　　　　谁不为失亲人伤心落泪?
　　　　　　　现如今同是这孤寡之人。
　　　　　　　谁不想夫妻们百年相聚?
　　　　　　　谁不想儿女同堂阖家亲?
　　　　　　　却为何成寡妇静心自问?
　　　　　　　曾不记你为夫行贿登门,
　　　　　　　我也曾相劝你助夫清正,
　　　　　　　我也曾相劝你助夫惜民。

　　　　　　仕途上为人妻莫可贪婪,
　　　　　　仕途上为人妻万莫起歹心。
　　　　　　假若你听妹劝夫荣妻贵,
　　　　　　岂能够让夫君违法毁身?
　　　　　　若不是你丈夫欺君征税,
　　　　　　又何苦我的夫审劳成疾命归阴?
　　　　　　你手搭心头自思忖,
　　　　　　拦棺挡道是何因?
　　　　　　勿怨天地勿怨人,
　　　　　　扪心自问怨自身。
　　　　　　劝你回家育儿女,
　　　　　　以父为鉴做好人。

郡守妻　这……
秦管家　郡守夫人,你再不要埋怨我家老爷,方才秦夫人肺腑之言,实在难得。说到此,我就实话说给你听,我家老爷微服暗访你家丈夫当官为非时,曾有不少良家父母告他淫乱民女。
郡守妻　啊!
秦管家　而我家老爷为官多年,虽和夫人千里相隔,却洁身自重,书信相慰,真是恩爱有加。秦大人从无绯闻,而你家丈夫贪腐淫乱。夫人呀,你不以他为耻,却责怪我家老爷和夫人来了!
郡守妻　这……
家　人　(急上)夫人,夫人,不好了,出事了!
郡守妻　何事?
家　人　[拉夫人旁语]来了两家民妇,一个怀里抱着一个娃,一个拉着不到四岁的男孩,拿着老爷生前给人家写的"认子贴",上边还有大人的手印呢!
郡守妻　噢!
家　人　这两家妇人吵着要分家产呢!
郡守妻　啊!分她娘的脚,我可莫说你这挨刀的当家,你在家娶了三房五妾我都忍了，设想到你把祸还种到外人的窝里！回！回！回！
众　　　（唾弃）哎！真是恶有恶报……

第 十 场

密谋劫棺

时　间　距前场半月后，初冬。
地　址　秦家坪，秦老三家。
幕　启　[秦老三急匆匆上]
秦老三　屋里的，屋里的！
秦三妻　你打听二嫂扶丧啥时回来呢？
秦老三　你听……
　　　　（唱）我出门路上喜鹊叫喳喳，
　　　　　　　我回来碰见一群黑老鸦。
　　　　　　　喜鹊喳喳叫，
　　　　　　　老鸦叫哇哇。
　　　　　　　叫得我不知是福还是祸？
　　　　　　　叫得我心如猫娃抓。
秦三妻　（唱）你粘麻古董说些啥？
　　　　　　　我问你二嫂扶丧啥时能到家？
秦老三　（唱）关上门，插上栓，
　　　　　　　听我说说心里话。
　　　　　　　到驿站邮差对我讲，
　　　　　　　二嫂子她再有半月就到家。
　　　　　　　我问他车马有几辆，
　　　　　　　他说是一匹白马把灵车拉。
　　　　　　　邮差他说着说着上了气，

竟说道有些世人把眼瞎，
不看咱二嫂千里扶丧女中贤，
说什么二哥当官把财发。
讲什么二嫂扶棺心有鬼，
道什么二嫂扶棺怕人查。
因此才哭哭啼啼掩人耳，
因此才一路之上披白纱。
若棺内藏有金银和珠宝，
说不定哪天劫棺被人拿。
说不定灵车路过桃花村，
娘家人开棺见财齐分瓜。
娃他妈，
与其让外姓之人得财宝，
咱不如明为护棺暗护财宝——
亲把灵车护回家。

秦三妻　（唱）　呀呀呀，别说啦！
说得我心里如猫抓。
若二哥棺内藏有金银宝，
二嫂子万万不会分给咱。
说不定灵车未到财已转，
说不定被人劫棺把财发。
与其让他人得财宝，
不如你亲护灵车保住财宝运回家。

秦老三　好！"人不为己天诛地灭。"

秦三妻　嘘。〔急捂夫嘴，听门外有人偷听否。〕

秦老三　事不宜迟，迟则生变。给我收拾行装，你告诉老母大哥大嫂，就说我去接应二嫂去了。

秦三妻　呀呀！人说"女人是个匣匣，男人是个耙耙"，当家的你真是个神耙耙。

〔欲走时，秦母和秦老大携四个孩子上。

秦老大　老三、老三，你到亭上驿站打听你二嫂扶灵何时

　　　　　归来？
秦　　母　儿呀,为娘盼她早日平安到家!
秦老三　　妈,大哥,驿站邮差讲我二嫂扶柩已到汉阳郡,再有几天就回来了。
秦母等　　总算快到家了,谢天谢地!
秦老三　　妈,大哥,我二嫂越是快回来,越让人操心!
秦　　母　这是何意?
秦老三　　咱这一带山大沟深,时有土匪出没。我担心二嫂扶灵过了汉阳郡,走进这荒山野沟会遇到土匪。
秦　　母　这该咋办呀?这……
四孩子　　奶奶,奶奶……(急哭)
秦老三　　妈呀,大哥,不必担心,侄儿侄女别哭。我立即赶往汉阳郡,保我二嫂平安归里。
秦　　母　老三呀,你冒风险,护徐淑扶灵归来,秦燕、秦浪,还不快快给你三大跪拜。
浪　　燕　(跪拜)多谢三大!
秦　　母　这是为娘积攒的银两我儿带上。
秦老大　　兄弟呀,为兄本应随你一同前往,只是老妈年岁已高,我在家伺候,你安心去接你家二嫂,保她平安归里。
秦老三　　大哥放心,路中不管遇到啥,小弟不惜这一吊子,非保二嫂把二哥接回来不可!
秦大嫂　　三弟我为你兄攒了点银钱,虽说不多也是当家的一点心意。
秦老三　　这……小弟定将大哥心意讲给二嫂。小弟拜别老妈、兄嫂、侄儿们,秦老三为保灵柩平安回家告辞了!
秦老大　　娃们家还不快快给你三叔叩头!
四个孩子　(跪地)三叔保重,谢三叔。
秦嘉女儿　我姐弟要跟三叔前去接母亲。
秦老三　　你俩年幼,不可惹事。三叔去了。(下)
众　　　　儿呀,二弟,三叔……

第十一场

拦道劫棺

时　间　数日后,风雪天。
地　址　汉阳郡至平襄界。
幕　启　〔扶灵车在崎岖沟道上艰难行驰……
徐　淑　（唱）冒风雪扶灵已过汉阳郡,
　　　　　　　顶严寒再熬数日临家门。
　　　　　　　冰风寒冬苦受尽,
　　　　　　　虽苦犹甜伴夫君。
　　　　　　　虽苦犹甜伴夫君。
　　　　　　　秦嘉呀!
　　　　　　　秦嘉呀!
　　　　　　　遥望故里愈将近,
　　　　　　　老母盼儿回家门。
　　　　　　　兄弟妯娌牵挂你,
　　　　　　　儿女见父泪沾襟。
　　　　　　　秦嘉呀!
　　　　　　　秦嘉呀!
　　　　　　　妻伴你落叶归根回故里,
　　　　　　　妻伴你入土为安慰亲人。
　　　　　　　妻为你朝朝暮暮化纸钱,
　　　　　　　妻为你遗愿孝敬老母亲。
　　　　　　　育儿女耕读传家妻担待,
　　　　　　　百年后徐淑九天伴夫君。
　　　　　　　奴扶君车望平襄,

　　　　　归心似箭穿山林。
　　〔传来呐喊声……
　　　　　忽听林中人呐喊，
　　　　　匪贼下山祸临身。
　　〔内蒙面土匪呐喊，从岭上持刀拦道……

秦管家　夫人不好了，土匪下山拦道！
徐　淑　啊！
匪　首　（带人将灵车围住）这一美娘儿，速将所带金银财宝留下，某将放你归里。不然，让你人财两空！
徐　淑　你看这灵车凄凄，哪来金银财宝？还不快快让道！
匪　首　哈哈哈！这一女娘说得轻松，你哪里知晓，京中早有人暗中告知咱们，你夫秦嘉居官京都，谁人不知他是皇上跟前的红人，昔日那些吃黑食的官吏能不行贿于他？今日棺柩归来，岂能空空而回？
秦官家　我家老爷清廉为官，洁身归里，若是不信，你来看！这灵车之上除了棺木只有夫人和我等过夜的铺盖、马料。
匪　首　不用看这些，某家要看的是这棺材板内。
徐　淑　你说什么？
匪　首　要看棺内放着什么。
徐　淑　满口胡言，明知棺内是我夫君秦嘉遗体，你，你……
匪　首　我知道棺内是你夫遗尸，可我要看的不是他，而是棺内所藏金银财宝。
徐　淑　住口，我家夫君为官清正，哪来钱财？
匪　首　我就不信，开棺取银，放你归里，不然，咱这把钢刀可不认人。
徐　淑　盗贼呀，我宁肯一死，尔等休想开棺！（护棺）
匪　首　真是爱财不要命，来，动手开棺。
秦管家　贼子无礼！（欲拦被押）
匪　首　娘儿，让开！
徐　淑　（以身护棺）贼子休想开棺！
匪　首　嘿嘿，某家不念你长得美貌，早将你一刀两断，速速

　　　　　让开!
徐　淑　宁肯一死,休想开棺!
匪　首　押过一旁(匪卒押徐和秦管家)。打开棺盖,取出金银。
　　　　〔二匪打开棺盖,众匪欲得金银,顾不得押秦管家和徐淑。
众　匪　啊!大王,你来看!
徐　淑　狠心贼子呀!(晕倒)
秦管家　(急扶)夫人!夫人醒醒!
匪　首　[见棺内无财宝,仅放几卷竹简诗与一幅秦嘉画的徐淑工笔画]啊!棺内确无财宝,只有他娘的几卷竹简和一张女人画像,这女人画得倒像这个娘们。
　　　　(对秦管家)这上边写的是啥,莫不是藏银钱的地方?如实讲来,不然,叫你命归阴曹!
秦管家　我讲,我讲。〔持竹简百感交集。
　　　　(唱)　见夫人直气得昏迷不醒,
　　　　　　　见竹简哭老爷贼子你听。
　　　　　　　你以为做官皆是贪婪辈,
　　　　　　　你开棺空无财宝看得清。
　　　　　　　你怎知我老爷为官清正,
　　　　　　　你怎知我老爷廉洁奉公。
　　　　　　　他不凭昧天良行贿受宠,
　　　　　　　他凭的怀忠义居官朝廷。
　　　　　　　他不凭贪赃枉法肥私囊,
　　　　　　　他凭的一身正气执法刑。
　　　　　　　他明知为官清廉皆清贫。
　　　　　　　他却是心境如水一身轻。
　　　　　　　今日开棺已验证,
　　　　　　　我家老爷留清名。
　　　　　　　半生才华效君王,
　　　　　　　居官珍重夫妻情。

　　　　　二人相距千里遥，
　　　　　亲绘妻像伴内庭。
　　　　　一根根竹简诗稿抒情怀，
　　　　　一句句励志贵德作人雄。
　　　　　夫尽忠妻尽孝乡里钦敬，
　　　　　只可叹老天爷待人不公。
　　　　　我老爷鞠躬尽瘁未长寿，
　　　　　却让那贪官益寿逃法绳。
　　　　　可怜贤孝秦夫人，
　　　　　英年丧夫苦伶仃。
　　　　　千里扶棺人敬重，
　　　　　竟遇你强盗开棺伤天害理——
　　　　　真是一群害人虫。
　　　　　老奴今日不惜命，
　　　　　强盗呀，
　　　　　我与贼拼一死魂伴老爷了残生。
　　　〔欲与匪首拼搏，被匪首拦架。
匪　首　噢！（唱）　老者莫发凶，
　　　　　　　　　听我讲分明。
　　　　　　　　　我只道天下老鸦一般黑，
　　　　　　　　　莫想到开棺让某吃大惊！
　　　　　　　　　某也是饥寒为盗上山寨，
　　　　　　　　　并非是生来就成害人精。
　　　　　　　　　今日事京中污吏设陷阱，
　　　　　　　　　某竟被借刀开棺损亡灵。
　　　　　　　　　只怨某财迷心窍伤天理，
　　　　　　　　　求大人在天之灵将某容。
　　　　　　　　　忙搀夫人快苏醒，
　　　　　　　　　跪拜老者来赔情。
　　　　（跪拜……）
　　　　　　　　叫一声儿郎们听某号令，

盖棺牵马,抬上夫人,背上老者送一程!

众　匪　遵命![众盖棺,抬夫人坐木椅轿,一大汉背秦管家。出山林下场]。

〔此时脱掉面纱的秦老三自白。

秦老三　真是莫想到!我可莫说二哥呀二哥,你是让书读瓜了。人说,坐官不贪赃,光喝清菜豆腐汤。你在世只顾什么尽忠尽孝,可到头你把命都尽了,倒落了个啥?全家人跟你啥光都没沾上。二哥呀,不是兄弟无情,这世道行规,就兴的认钱不认人。你当了官给兄弟连个屁都没留,好在留了个寡妇嫂子。我要把她换成这(示意钱),你休怪小弟无情了!正是　要成自家事,无毒不丈夫,哈……(下)

第十二场

毁容继志

时　　间　距前场日后。
地　　址　秦嘉故里,秦家坪。
幕　　启　〔天幕区似秦家坪街,中场所有迎灵车的秦嘉亲人、三老及乡邻们,面向天幕。整个舞台呈现街头恭迎徐淑扶灵而归的情景。

(伴唱)　天降润雪迎亲人,
　　　　地披银纱祀忠魂。
　　　　纸钱似蝶,
　　　　白练如林。
　　　　鸣锣开道,
　　　　雄鸡伴魂。
　　　　香云缭绕秦家坪,

　　　　　　恭迎徐淑扶夫灵落叶归根。
　　　　〔雪花仙子、纸钱、仙蝶起祭礼舞……
　　　　〔在伴唱中,天幕区呈现行进祭祀的白龙幡、纸线、白练等。
　　　　〔场景切换　秦家坪秦嘉屋内。
　　　　〔继前场半月后,秦嘉已安葬。徐淑在屋内书案前绘夫像,儿女陪伴着母亲。
女　儿　（唱）　女儿为娘捶捶背。
儿　子　（唱）　儿子为娘磨磨墨。
儿　女　（合唱）　娘为爹扶灵千里苦受尽,
　　　　　　　　姐弟俩孝敬娘亲报娘恩。
徐　淑　秦嘉呀,你看儿女们懂事多了!从今往后,为妻尊你遗愿,教养他姐弟耕读传家。你放心安息吧。
儿　女　（合白）爹!你在天上放心,我俩定会听娘的话,好好习文,孝敬奶奶!娘,你说对吗?
徐　淑　对!对!对!天已黑了,快去后屋安睡。
女　儿　娘,你也不能再熬夜了,早点入睡。（下进屋）
　　　　〔女儿回内屋入睡,初更响过。
　　　　〔传来几声猫头鹰的叫声……
徐　淑　（唱）　屋后夜鹰凄声声,
　　　　　　　一盆炭火伴孤灯。
　　　　　　　眼前尤见秦郎影,
　　　　　　　含泪绘君寄深情。
　　　　　　　一副君容敬堂屋,
　　　　　　　一根清香伴夫容。
　　　　　　　千思万念抒琴音,
　　　　　　　愿君九天得安宁。
　　　　（伴唱）　抚琴思君入梦境,
　　　　　　　桃花丛中喜相逢。
　　　　〔在古乐中幻化秦嘉、徐淑在桃花岭花丛中吟诗相爱的情景……

〔一群桃花仙子伴舞着两人于情爱之中……
〔二人各持笔绘画对方的笑容……

秦　嘉
徐　淑 〕（同唱）吟诗倾心挥笔画，

　　　　　　相绘君容情相浓。

秦　嘉　（吟唱原诗）

　　　　　　群祥既集，二族交欢。
　　　　　　敬兹新姻，六礼不愆。
　　　　　　猗兮容兮，穆矣其言，
　　　　　　我之爱矣，荷天之休。

徐　淑　（吟唱原诗）

　　　　　　妾身兮不令，婴疾兮来归。
　　　　　　思君兮感结，梦想兮容辉。
　　　　　　旷废兮侍觐，情敬兮有违。
　　　　　　长吟兮永叹，惊醒兮沾衣。

〔突然传来敲门声，惊醒徐淑梦。

徐　淑　何人夜晚敲门？
秦老三　二嫂，是大哥和小弟看望你来了。
徐　淑　噢！（开门）兄长、三弟请坐，待我续茶。
秦老大　自家人不用多礼。忙了多日今夜我和三弟特来看望你。
徐　淑　终日相聚，何劳大哥、三弟夜来探望，多谢牵挂！
秦老大　这不牵挂不成嘛，你看秦嘉已入土为安，可你孤身一人，这样长此以往，让我兄弟不能不操心呀！
徐　淑　兄长此话何意？
秦老大　这……
秦老三　这个什么，大哥再别磨蹭了，开门见山。二嫂听兄弟直言，人常说寡妇门前是非多，嫂子你有才有貌，人又年轻，常在秦家，让我弟兄都不便人前说话。为了你活得自在，为了我弟兄的清白，我弟兄商量，劝二嫂乘着年轻尽早改嫁！

徐　淑	你说什么？
秦老三	劝二嫂尽早改嫁！
秦老大	望二妹三思！
徐　淑	（唱）　言如雷击，
	撕心裂肺。
	徐淑奋笔书志，
	誓与兄弟书。

〔愤然伏案挥笔，痛斥二人。

（滚白）

盖闻君子，导人以德，娇俗以礼，是以烈士有不移之志，贞女无回二之行。淑虽妇人，窃慕杀身成义，死而后已！覸于黄泉，永无愧色！仁兄德弟，既不能励高节于弱志，发明德于黯昧，许我他人，逼我于上，乃命官人，讼云简书。夫智者不可惑于事，仁者不可胁以死，晏婴不以白刃临颈，改正直之词；梁寡不以毁形之痛，忘执节之义。高山景形，岂不思齐？计兄弟备托学门，不能匡我以道，博我以文，虽曰既学，我谓之未也。

（唱）　含恨倾心志，
　　　　"誓与兄弟书"，
　　　　睁睛仔细酌，
　　　　誓死不离夫。
　　　　竹简誓书留尘世，
　　　　育儿孝母媳徐淑。

秦老三	好一个"育儿孝母媳徐淑"。实话告诉你，二哥已故，育女孝母有我跟大哥呢，不用你操心。二哥在世，你是秦家媳，二哥已故，秦家便没你这媳妇了，只有改嫁。
徐　淑	嘿嘿！我生是秦家人，死是秦家鬼！我与秦嘉海誓山盟，岂是尔辈信口雌黄，逼我改嫁所能及之。
秦老三	你！你！你！大哥，你咋不吭声？

秦老大　弟妹,不是我兄弟相逼,人言皮袄隔风,结实话中听。就是你留在秦家,哥信你会守节孝母,可你这般容貌,能不招蜂引蝶吗?

秦老三　是呀!

秦老大　改嫁也是为你着想呀!

秦老三　你离家不光自个安宁,全家也安宁。二嫂这谁也不怪,只怪你长得太俊样了。

徐　淑　满口胡言!

秦老三　咋胡言?打你扶灵回来,这十里八乡多少说亲托媒的,把大哥的门槛都踢断了。

秦老大　三弟为你选了一家,为了安宁,不打动二个孩子,今晚鸡叫头遍,人家就来迎亲。

徐　淑　你说什么?

秦老三　为了不打动孩子,鸡叫头遍,就来迎亲!

徐　淑　你!你们好狠的心呀!

〔内传来两个孩子的哭喊声……

秦燕
秦浪　｝（哭上）伯伯,叔叔,不能让我娘离家!我要我娘……

徐　淑　女儿呀!〔母女、儿子哭抱……

（唱）　怀抱儿女哭断肠。

浪、燕　（同唱）　大伯二叔似豺狼。

徐　淑　（唱）　要赶徐淑休妄想。

浪、燕　（同唱）　拼死也要护我娘。

〔姐弟狠将秦老大、秦老三推出门外。关门护娘。

徐　淑　女儿、儿呀……（抱孩子泣哭）

秦老大　（于门外）两个娃不要命地护她妈,这可咋办?

秦老三　咋办?等会抬亲的人多势众,还怕两个碎家伙?走,到村头迎客!

（二人下）

浪、燕　娘,伯伯叔叔再来逼娘,我姐弟跟他们拼了!

徐　淑　燕女,浪儿呀！娘怎忍你姐弟为护娘亲伤了你伯你叔！

浪、燕　娘你太慈心了,谁想赶娘,我姐弟就跟他拼个死活！

徐　淑　这……

（唱）　娘怎忍儿女为娘遭不幸？
　　　　你姐弟舍身疼娘娘心疼。
　　　　你叔伯逼娘改嫁主意定,
　　　　眼看着叔侄难免要伤情。
　　　　我有心求老母解此危境,
　　　　只可叹母失子痛不欲生。
　　　　秦嘉呀！秦嘉！
　　　　危难中妻盼你九天相助,
　　　　保儿女妻守节尽孝尽忠。

〔雄鸡叫,忽闻凄厉雄鸡叫,霎时恶祸降门庭。徐淑女求天天不应求地地无声。

〔秦家兄弟和山寨主等人上场。

秦老大 }
秦老三 }　侄儿,侄女,快快开门！（敲门声）

秦　燕 }
秦　浪 }　死也不开……

秦老三　不开,叔就破门而进！

徐　淑　（唱）　破门声声撕心肺,
　　　　　　　 眼看儿女离娘亲。
　　　　　　　 急煞痛煞徐淑女,
　　　　　　　 何去何从？
　　　　　　　 求助无门,
　　　　　　　 欲生不能,
　　　　　　　 欲死不得。
　　　　　　　 秦嘉呀！
　　　　　　　 夫君呀！
　　　　　　　 猛想起梁寡不从毁形人。

秦老三　开门来,开门来。

徐　淑　(焦急)女儿呀!看,你爹爹救咱娘们来了!

浪、燕　在哪儿?在哪儿?(两孩子望窗外时)

徐　淑　(抱着女儿)你们看,(指屋上悬的"秦嘉画像")在那里!在那里!

　　　　(接唱)　薪火伴我女儿身!

〔姐弟望画像,跪喊"爹爹呀……"

〔徐淑此时,望着取暖火盆,猛然端起木炭火盆将面扑向火中……

〔姐弟见状哭喊……

〔秦老三等破门见状惊呆……

(凄凄泣声在夜幕中回荡……)

(伴唱)
　　　　　　徐淑才女,
　　　　　　毁容守节!
　　　　　　徐淑才女,
　　　　　　毁容守节!
　　　　　　孝母育儿女,
　　　　　　三老呈奏折。
　　　　　　汉皇御旨秦家坪,
　　　　　　钦赞平襄二贤才。
　　　　　　秦嘉魂伴徐淑女,
　　　　　　纱面施教育英才。

〔天幕区令太监捧旨宣读皇上御旨。

令太监　汉皇御旨　嘉奖才女徐淑千里扶灵、耕读传家、育子敬婆,贤孝可嘉,名垂千古……

〔宣旨声渐渐远去……

尾 声

七彩八墨赞英贤

时　间　时隔前场半年后。
地　点　秦家坪秦家祠堂内书斋。
幕　启　徐淑面纱,手持竹简施教。
〔一群山娃山女背朝外,面朝徐淑吟读韵词"二十四节气"
〔内起主题歌……
耕似地兮读似天,
做一个顶天立地男子汉!
勤耕耘兮善墨砚,
做一位耕读传家女中贤!
陇上汉子通渭女,
祖祖辈辈敬圣贤。
秦嘉徐淑英魂在,
田园书香醉人间。
〔在主题歌声,一群形似七彩仙子与墨仙子,舞动七彩长绸与墨长绸,在舞蹈中,徐淑幻影与秦嘉相聚于七彩仙子与墨仙舞的情景中……

——剧终

2017年6月24日定稿

杨贵妃

编剧 冀福记

《杨贵妃》
剧目简况

　　该剧通过大唐明皇李隆基与杨贵妃的凄美爱情故事,表现了唐代中日文化交流的情景。剧中在叛臣安禄山造反攻占京都长安之后,唐明皇携贵妃西逃至马嵬坡时,御林军因愤恨丞相杨国忠借其妹杨玉环受宠而揽权贪腐,祸国殃民,故威逼明皇赐贵妃自缢。幸遇求艺于贵妃的日本留学生以李代桃,助昏迷中的杨贵妃东渡日本,传承我大唐文化。杨玉环虽在东瀛,仍日夜怀念明皇,当听闻明皇贺鹤西去后,玉环涉浪西返故国,誓与明皇"在天愿作比翼鸟,在地愿为连理枝"的爱情誓言。

　　该剧由中国歌剧舞剧院和日本东京乐团联合演于东京新宿剧院。2008年该剧选为北京奥运会献演剧目,由天津歌剧舞剧院和中国歌剧舞剧院联合演出于北京世纪剧场,受到奥运会各国运动员的赞誉。

人物表

唐玄宗　五十余岁,称明皇。
杨玉环　二十余岁,称贵妃。
高力士　四十余岁,大太监。
杨国忠　三十余岁,丞相。
陈玄礼　三十余岁,将军。
李　白　四十余岁,大学士。
安禄山　四十余岁,叛臣。
渔翁夫妇。
唐梨园歌伎若干。
唐梨园乐工若干。
唐宫娥侍女若干。
唐将士若干。
天　皇　女,四十余岁。
贞　子　二十余岁。
赤　雄　二十余岁。
日丞相　四十余岁。
遣唐使　三十余岁。
日本大臣若干。
日本"歌舞伎"若干。
日本"能乐"若干。
日本宫女、卫士若干。

一幕　开元盛世

〔幕启:唐宫大殿,辉煌庄严。
〔君臣就座,卫士肃立,宫娥侍女斟酒。
〔伴唱:鸣唐钟!
　　　　鼓乐声声!
　　　　迎万方来朝,
　　　　呈开元盛世,
　　　　大唐国运恢宏!
〔鼓乐声中,诸国使臣,朝拜明皇……〕
〔高力士向明皇献上日本国遣唐使奏章,明皇恩准!〕

高力士　（白）日本国遣唐使朝见!
　　　　〔由近至远……〕
　　　　　　日本国遣唐使朝见!
〔遣唐使率贞子、赤雄六位留学仕朝见明皇。〕

遣唐使　（白）东瀛使臣,
　　　　　　朝见明皇。

众日生　（白）愿明皇万寿无疆!

唐明皇　哈……
　　　　（唱）　大唐东瀛如齿唇,
　　　　　　　无须多礼!
　　　　　　　朕感诸国使臣,
　　　　　　　祈愿天下同心!
　　　　　　　传朕旨意:
　　　　　　　李太白赋诗琼林宴,
　　　　　　　杨贵妃弹奏琵琶曲。

　　　　　　霓裳羽衣舞翩翩，
　　　　　　唐乐唐宴伴侍宾。
　　　［梨园乐工、舞女献艺……］［李白拉着高力士，手持酒壶。］
李　白　（唱）酒喝便吞海，
　　　　　　诗狂欲上天。
　　　　　　赋诗琼林宴，
　　　　　　万方皆平安。
　　　　　　高力士研墨脱靴取笔绢。
　　　［高力士无奈地］
高力士　（唱）敢怒不敢言。
　　　［高力士无奈研墨、脱靴。］
　　　［李白饮酒挥毫赋诗。］
　　　［歌伎跳"霓裳羽衣舞"。］
　　　［在似"群星捧月"的乐舞声中，贵妃杨玉环欣然上唱。
杨贵妃　（唱）啊……
　　　　　　彩虹霓裳啊！
　　　　　　——伴花容。
　　　　　　玉环莲步啊！
　　　　　　——舞宫廷。
　　　　　　一曲琵琶赞盛世！
　　　　　　大唐啊！明君啊！
　　　　　　知音胜似天地情。
　　　　　　回首丽宫花万朵，
　　　　　　唯有玉兰哪！
　　　　　　受宠春雨润花浓。
　　　　　　皇都荣贵世人享，
　　　　　　玉环我啊！
　　　　　　只图与君月下逢。
　　　　　　明皇似月！
　　　　　　臣妃似星！

愿日月辉润九州,
愿大唐四海升平。
明皇恩重!
大唐升平!
升平,恩重!
恩重,升平!

〔杨贵妃载歌载舞,敬拜各国使臣。

众使臣 (唱)啊……
贵妃娘娘,
绝代佳人,
能歌善舞,
天下数一。

〔杨国忠见明皇与众欣喜,便向明皇谄媚。〕

杨国忠 (唱) 诸位使臣留学仕,
贵妃娘娘是我小妹。
她自幼灵气超人,
琴棋书画无所不能!
承蒙吾皇慧眼,
才使我杨家玉女成贵妃。

贞 子 (唱) 钦羡杨娘娘,
多才多艺。
投师琼林宴,
东瀛女拜跪,
恳请娘娘开恩,
收下小徒弟,
求学方东归。
不负天皇遣唐意,
望明皇做主,
请娘娘恩允。

杨贵妃 (唱) 东瀛女,

　　　　　　　　赤诚心。
　　　　　　　　万里迢迢，
　　　　　　　　投师习艺。
　　　　　　　　堪敬堪钦，
　　　　　　　　望明皇恩准。
唐明皇　（唱）　贵妃惠眼，
　　　　　　　　朕焉能不允。
　　　　　　　　当殿拜师收徒，
　　　　　　　　真乃喜上加喜。
高力士　（唱）　奏唐乐，
　　　　　　　　谢皇恩，
　　　　　　　　明师收高徒，
　　　　　　　　来日喜荣归。
众使臣　（唱）　来日喜荣归！
众朝臣　（唱）　明皇圣君！
众使臣　（唱）　娘娘贵妃！
众朝臣　（唱）　视异国才女，
众使臣　（唱）　情如至亲，
众朝臣　（唱）　教文习艺。
众　　　（合唱）愿大唐风化吹遍天南地北。
　　　　　　　　祈愿明皇、贵妃，
　　　　　　　　万岁万岁万万岁！
　　　　〔陈玄礼急上。〕
陈玄礼　（白）启奏万岁！我大唐宰相李林甫他，他……
唐明皇　（白）他怎么样？
陈玄礼　（白）他巡视南国，积劳成疾，不幸途中病逝！
唐明皇
众　臣　啊！（同唱）
　　　　　　　　大唐折栋梁，
　　　　　　　　君臣哀奠良相。
　　　　　　　　祈祷李相国驾仙鹤西去，

　　　　　　举杯祭酒慰忠魂。
　　　　　〔君臣祭酒……

杨国忠　臣启万岁！
　　　（唱）　常言国不能一日无主，
　　　　　　朝不能一晨无相。
　　　　　　臣请吾皇速择良相，
　　　　　　使我大唐盛世更加辉煌！

唐明皇　噢！
　　　（唱）　难得你为国着想，
　　　　　　朝岂能一晨无相？
　　　　　　朕观群臣之中，
　　　　　　杨卿为相治国安邦。
　　　　　〔杨国忠急跪。〕

杨国忠　谢主隆恩！
　　　　　〔众臣惊，不满怨气外化成沉吟声。〕

众　臣　（合唱）哏……
　　　　　〔安禄山见状，摔酒杯，愤然进谏。〕

安禄山　（唱）　吾皇万岁，
　　　　　　容臣冒昧。
　　　　　　李相国归天，
　　　　　　谁接此重任，
　　　　　　满朝贤臣，
　　　　　　要武能武，
　　　　　　要文有文。
　　　　　　唯杨国忠凭什么？
　　　　　　凭什么？

唐明皇　（唱）　凭他兄妹一家，
　　　　　　对朕赤胆忠心。
　　　　　　安爱卿无须多虑，
　　　　　　朕龙眼岂能不辨真伪？
　　　　　　朕意已定，

　　　　　　安卿归位。
　　　　　　众卿从此辅助杨丞相，
　　　　　　君臣同心，
　　　　　　方使我大唐江山万古春。
　　　　　　喜今日万方来朝，
　　　　　　众卿宴前伴嘉宾。
杨国忠　各国使臣，请入宴席！
众使臣　谢明皇，谢相国！
安禄山　哏！［愤然而去。］

（幕　落）

二幕　梨园沐浴

　　［幕启华清宫梨园乐坛内。
　　［唐明皇吹奏玉笛。
　　［杨贵妃教习贞子弹奏琵琶。
　　［贵妃在乐声中轻歌曼舞……
　　［赤雄击板，众梨园乐工奏唐乐……］

杨贵妃　（唱）　阅太白诗，
　　　　　　　　织紫云舞。
唐明皇　（唱）　玉笛吹奏，
　　　　　　　　贵妃国色。
杨贵妃　（唱）　舒袖击磬，
　　　　　　　　祈明皇龙体，
　　　　　　　　永保春色。
唐明皇　（唱）　见贵妃击磬织舞，
　　　　　　　　汗珠似晶飞。
　　　　　　　　朕心惜佳人，
　　　　　　　　住乐且歇息。

杨贵妃　（唱）　感皇恩，
　　　　　　　　抚妾妃，
　　　　　　　　士为知己者何言累？
唐明皇　（唱）　好一个士为知己，
　　　　　　　　朕怎忍累煞爱妃。
　　　　　　　　侍儿搀扶沐浴，
　　　　　　　　朕在贵妃池外，
　　　　　　　　相伴相依！
　　　　　　　　人生知音能几人？
　　　　［宫女扶贵妃入华清宫"贵妃池"。
　　　　［高力士挥手，梨园子弟携乐离去。
　　　　［贞子、赤雄拜谢明皇而退。
　　　　［高力士伴明皇信步华清宫……
　　　　［景转换，显贵妃池内景。
　　　　［轻纱帐外，温泉沸绕，朦胧中，明皇见贵妃玉体沐浴……
　　　　［伴唱：春寒赐浴华清池，
　　　　　　　　温泉水滑洗凝脂。
　　　　　　　　侍儿扶起娇无力，
　　　　　　　　始是新承恩泽时。
　　　　［唐明皇如痴如醉，不由自主地发出响彻心扉的赞叹声。
唐明皇　（唱）　啊！……
　　　　　　　　啊！……
　　　　［伴唱与唐明皇的赞叹声相融……
　　　　　　　　似芙蓉出水，
　　　　　　　　让朕心儿醉。
　　　　　　　　天赐爱妃杨家女，
　　　　　　　　丽质才气趋倾国。
　　　　　　　　人生百寿何为贵？
　　　　　　　　爱魂情似蜜！

爱魂情似蜜！
回首半百情缘爱，
朕虽是大唐皇帝，
威震四海诸国，
可朕所思所恋的心上人啊，
却难由朕寻觅！
却难由朕寻觅！
望唐苑后宫，
聚倾国三千粉黛，
官吏选妃，
为邀功晋爵，
妃嫔入宫，
为享皇家荣贵！
思兮想兮究兮，
哪一位皆因爱朕而入宫闱？
唯有杨家之女，
疼朕惜朕怜朕，
情系千千倾心扉。
朕之所爱贵妃爱也。
朕之所思贵妃思也。
朕心底苦乐酸甜，
唯贵妃知其味，
唯玉环抚朕心。
贵妃爱河摆情舟，
荡漾涟漪……
朕卧舟头奏玉笛，
唯贵妃知音，
轻歌旋舞朕欲醉。
情舟悠悠，
爱河飘逸，
似风儿送朕与卿赴巫山！

五彩云雨！
甘泉滋润！
爱心相馨旋天际，
情不尽啊！
爱不尽啊！
真情浩荡似苍穹，
爱心包容天地恩。
朕不恋虚呼万岁，
朕不恋百官朝礼，
朕不恋君君臣臣，
臣臣君君。
只恋啊……
与卿相爱伴终身。
苦求百半遇佳丽，
贵妃倾心爱朕，
朕心融入贵妃心。
心心结连理，
双双比翼飞。
悠悠哉哉，
誓与爱妃偕老百年永不离！

[唐明皇身不由己入池内……]
[贵妃欣喜，赤身搀扶……]

杨贵妃　（唱）　啊！
真龙戏水，
玉环心醉！

唐明皇
杨贵妃　（同唱）龙凤清泉倾心扉。

情海爱河，
心心相容！

唐明皇　（唱）　在天愿作比翼鸟，
杨贵妃　（唱）　在地愿为连理枝。

〔唐明皇与贵妃于池内沉浸在相吻相爱中……〕
〔伴唱:华清池内龙戏凤,〕
　　　贵妃池内凤戏龙。
　　　忽闻鼙鼓动地来!
〔陈玄礼率军士将杨国忠的头扔进池内。〕
〔明皇、贵妃见状惊呆……
〔伴唱:啊……
　　　清池内血染红,
　　　血染红啊!
　　　血染红!
　　　惊煞明皇贵妃梦。
〔灯光暗转,天幕区呈现唐长安城阙。
〔安禄山率叛军于城上,持戟挥戈将唐军击败……〕

安禄山　（狂笑）哈哈……
　　　擂鼙鼓,
　　　天地动,
　　　安禄山愤恨不平,
　　　怨明皇昏庸,
　　　恨杨家兄妹淫乱朝廷。
　　　发兵攻占国都,
　　　逼明皇逃离皇城。
　　　嘿嘿嘿……
　　　逃离皇城……

　　　　　　　　　　　　（幕　落）

三幕　马嵬坡前

〔尘烟滚滚,车马颠颠西行,唐旗曳斜,夕阳残风……
〔伴唱:啊……

　　　　　　　九重城阙烟尘生，
　　　　　　　千乘万骑西南行。
　　　　　　　西出都门百余里，
　　　　　　　六军不发无奈何？
　　　　　　［唐将陈玄礼愤然驻军。
唐明皇　（唱）　祸从天降。
　　　　　　　陈玄礼呀！
　　　　　　　你……
　　　　　　　竟敢将相国杀戮！
　　　　　　　还有脸跪拜明皇？
陈玄礼　（唱）　奏吾主，
　　　　　　　容臣讲！
　　　　　　　何人毁大唐？
　　　　　　　昔日盛世今何在？
　　　　　　　祸根杨丞相。
　　　　　　　吾主信谗言，
　　　　　　　朝政杨家掌。
　　　　　　　骄奢淫威剐民膏，
　　　　　　　罄竹难书诉罪状。
　　　　　　　吾主重色思倾国，
　　　　　　　杨家兄妹乱朝纲。
　　　　　　　遥望京都，
　　　　　　　将士悲伤。
　　　　　　　是谁将大唐四分五裂？
　　　　　　　是谁让国破家亡？
　　　　　　　臣义胆包天！
　　　　　　　臣忠肝盖地！
　　　　　　　六军将士告御状，
　　　　　　　杨家罪责一桩桩。
　　　　　　　安禄山造反该杀戮，
　　　　　　　平贼先除杨娘娘！

［递条绫。］
　　　一条白绫，
［递御状。］
　　　一张御状，
　　　捧献明主，
　　　六军等待拜吾皇。
［唐明皇见白绫愕然。］［杨贵妃见状晕倒。］

唐明皇　（唱）　这……
　　　　　　　　难煞朕啊！
　　　　　　　　难煞朕！

众将士　（唱）　吾皇勿徘徊！
　　　　　　　　勿徘徊……

唐明皇　（唱）　尔等驿宫桥外去！
　　　　　　　　白绫撕心扉！
　　　　　　　　难煞朕！
［陈玄礼退状。

陈玄礼　（唱）　吾皇啊！吾皇！
　　　　　　　　以社稷为重，
　　　　　　　　割爱除奸妃。
［陈玄礼退至驿宫外。
［贞子再也忍不住抱着贵妃。］

贞　子　（唱）　娘娘呀，
　　　　　　　　你有何罪？
　　　　　　　　醒醒呀醒醒！

杨贵妃　（唱）　天旋地转！
　　　　　　　　难置信兄长遭戮，
　　　　　　　　痛煞玉环心。
　　　　　　　　跪求明皇评天理，
　　　　　　　　六军何故动杀机？
　　　　　　　　兄与他无仇无怨，
　　　　　　　　毁社稷安禄山罪责。

明皇啊！
我兄妹忠心耿耿，
朝朝暮暮，
暮暮朝朝，
奴为吾皇操碎心。
我兄妹无功亦无过！
忠心换得血淋淋！
明皇啊！
你你你！
你为何不言？
你为何不语？
你怎忍六军杀戮？
你为何低头沉吟？
低头沉吟？

唐明皇 （唱）非朕低头！
非朕沉吟！
朕犹如万箭穿心，
万箭穿心！
爱妃呀！
你纯真无暇，
你深爱寡人。
你无错，
你无罪。
贵妃呀！
多年你我相敬爱，
情海爱河度春色！
朕疼你爱你亦无过，
朕将你一家视亲人。
朝纲大权你兄掌，
姊妹封诰，
父兄入朝，

朕以为杨家辅佐!
直至今日马嵬坡。
六军不发,
卫士持戈。
逼朕阅御状,
叫朕无所措。
[颤抖将御状递贵妃。][杨贵妃颤抖接状。]

杨贵妃 （唱）　痴呆呆泪眼从头阅,
从头阅字字似戈矛。
呈大唐明皇,
将士告曰:
开元盛世,
何故败落?
臣民将士,
怨声载道。
皆因贵妃入宫,
吾皇终日行乐。
杨家一跃揽朝政,
无功却封爵。
真是一人得宠,
鸡犬升天。
大兴土木,
造祠筑阁。
祸国殃民!
使我大唐毁于一朝。
六军替吾皇除奸平叛,
恐杨贵妃后宫行奸。
欲振大唐业绩,
必先除却后患。
将士对天盟誓;
赤胆忠心,

　　　　　　　　呈条白绫。
　　　　　　　　请贵妃娘娘归天！
　　　　　　　　请贵妃娘娘归天！
　　　　　　　［唐明皇急搀扶贵妃。
唐明皇　（唱）　贵妃啊……
　　　　　　　［贞子急扑扶贵妃］
贞　子　（唱）　恩师啊……
　　　　　　　［赤雄欲扶贵妃］
赤　雄　（唱）　娘娘啊……
　　　　　　　［高力士跪搀贵妃］
高力士　（唱）　娘娘啊……
众　　　（同唱）啊……
　　　　　　　［杨贵妃在众啼声中仰天哭唤。］
唐明皇　（唱）　朕要贵妃，
　　　　　　　朕要社稷。
　　　　　　　贵妃似朕头上天，
　　　　　　　社稷似朕脚下地。
　　　　　　　难分难舍！
　　　　　　　难舍难分！
贞、赤　（同唱）求明皇开恩！
高力士　（唱）　娘娘无罪！
陈玄礼　（唱）　六军难耐杀声起。
六　军　　　　　要社稷！
唐明皇　（同唱）要贵妃！
杨贵妃　　　　　要明皇！
六　军　（合唱）要社稷，
　　　　　　　不要贵妃。
　　　　　　　戈矛无情，
　　　　　　　六军义愤。
　　　　　　　请娘娘归天！
　　　　　　　归天……

杨贵妃　（唱）　明皇呀夫君！
　　　　　　　你你你……
唐明皇　（唱）　朕朕朕……
　　　　　　　朕不能没有你！
　　　　　　　爱妃勿惊！
　　　　　　　朕去驿外劝六军。
杨贵妃　（唱）　天崩地陷，
　　　　　　　五雷击心肝。
　　　　　　　玉环我何罪之有？
　　　　　　　天啊天！
　　　　　　　为什么？
　　　　　　　为什么？
　　　　　　　赤心换白绫，
　　　　　　　要我归天。
　　　　　　　地啊地！
　　　　　　　何苦生我入宫？
　　　　　　　恨杨家造孽人间。
　　　　　　　弱女玉环，
　　　　　　　只晓对君情绵绵，
　　　　　　　怎落得如此惨惨？
　　　　　　　我恨！
　　　　　　　我怨！
　　　　　　　我哭！
　　　　　　　我喊！
　　　　　　　谁为我辨忠奸？
　　　　　　　谁为我辨忠奸？
　　　　　　　谁惜？
　　　　　　　谁怜？
　　　　　　　谁为我坟前化纸钱？
　　　　　　　谁为我坟前化纸钱？
　　　　〔六军怒吼。〕

［合唱：六军怒吼！
　　　　要娘娘归天！
　　　　要娘娘归天！

［贞子等跪求明皇。］

贞子等　（唱）　求皇上开恩！
　　　　　　　　　岂容六军欺天？
杨贵妃　（唱）　事已至此玉环我……
　　　　　　　　　为报皇恩，
　　　　　　　　　忍痛割爱持白绫！

［唐明皇跪抱杨贵妃。］

唐明皇　（同唱）爱妃啊爱妃！
杨贵妃　　　　明皇啊明皇！
唐明皇　（同唱）朕怎忍舍你？
杨贵妃　　　　我怎忍舍您？

［驿站外。］

众将士　（同唱）要大唐，
　　　　　　　　　不要奸妃。
唐明皇　（唱）　朕要贵妃！

［高力士扶唐明皇向驿宫外……］

六　军　（合唱）六军拒旨！
　　　　　　　　　誓除奸妃！

［杨贵妃见状，瘫倒在地，贞子、赤雄急扶。］

杨贵妃　（唱）　老天不容玉环女，
　　　　　　　　　我不忍明皇抛社稷。
　　　　　　　　　感皇上出宫赤诚意，
　　　　　　　　　临终嘱咐肺腑语：
　　　　　　　　　你二人若回东瀛去，
　　　　　　　　　清明与我化纸灰。
　　　　　　　　　感你俩患难相伴，
　　　　　　　　　感你俩颗颗赤心。
　　　　　　　　　你你你俩去禀明皇，

再勿要为我劝六军。

〔贞子、赤雄点头欲出驿官门,见贵妃持白绫入内,急追下。〕

六　军　（合唱）六军拒旨！
　　　　　　　誓除奸妃！

〔高力士扶唐明皇,被持戈拿戟的六军将士相逼。

〔伴唱:一步一声吼,
　　　　逼君除奸妃。

唐明皇　（唱）　六军将士啊！
　　　　　　　怎违朕意？

六　军　（唱）　为国除患,
　　　　　　　请娘娘归天！
　　　　　　　请娘娘归天！

〔一声巨响……

高力士　（唱）　将士们看啊！
　　　　　　　白绫梁上悬！

〔景转换,贵妃自缢驿官梁。〕

〔唐明皇扑向白绫处。〕

唐明皇　（唱）　贵妃！玉环啊……

〔六军见状,欢叫！〕

六　军　（唱）　贵妃升天！
　　　　　　　贵妃升天！

〔六军欢叫声与明皇哭唤声回荡在马嵬坡前。〕

（幕　落）

四幕　贵妃东渡

〔东海洋面,风和日丽,一条渔船扬帆东驰。
〔两位唐人夫妇在摇橹。

［船上，赤雄抱着晕迷未醒的贵妃。
［老翁老妇唱着悠扬的汉唐渔歌……］

老夫妇（唱）哟哟……
大唐山水青哟！
东瀛水山绿哟！
碧海连着两家人。
水下鱼儿串亲戚，
水上海燕飞来回，
四季传佳音！

赤　雄（唱）望碧海，
思亲人。
贞子魂留异国，
赤雄暗泪悲啼。
恩师晕迷，
伤势未愈。
乘渔船东去，
海鸥哀鸣紧相随！

［杨玉环苏醒。］

杨玉环（唱）蒙蒙泪！
瘫瘫身！
恍恍惚惚，
我在哪里？
我在哪里？

赤　雄（唱）恩师苏醒！
恩师啊！

杨玉环（唱）海鸥声声唤奴醒，
噢！原是赤雄。
为什么我躺在船上？
为什么你我海上行？

赤　雄（唱）为什么？
为什么？

		恩师啊！娘娘！
		马嵬坡前，
		你含恨挽白绫昏去。
		贞子她！她！她！
杨玉环	（唱）	她怎么样？
赤　雄	（唱）	她不顾生死，
		舍身救你。
		以李代桃，
		她……
		她替娘娘驿宫自缢。
杨玉环	（唱）	啊……
		贞子啊！贞子啊！
		玉环我愧对英灵！
		怎能让你死我生？
		生有何用？
		姐姐随你冥国行。

〔欲跳海，被赤雄和渔翁拦扶。
〔赤雄、渔翁夫妻同唱：
　　万不可跳海！

赤　雄
渔　妇　（同唱）何苦轻生？
赤　翁

赤　雄　（唱）　事已至此，
　　　　　　　天命注定。
　　　　　　　以李代桃贞子愿，
　　　　　　　恩师东渡传艺经。
　　　　　　　一不负天皇遣唐意，
　　　　　　　二成全贞子慰英灵。
　　　　　　　大唐桃梨满天下，
　　　　　　　赤雄伴你返东瀛。
　　　　　　　从此恩师是贞子，

　　　　　　　贞子恩师心相融。
　　　　　　　英魂在天含笑望。
　　　　　　　聆听唐韵望唐风。
　　　　　[内起船工号子声,一艘东瀛大客船扬帆而来。]
　　　　　[内唱:嗨哟咦……
　　　　　　　海上的客人哟!
　　　　　　　渡你赴东瀛哟!
　　　　　[赤雄挥衣呼叫]
赤　雄　(唱)　啊……
　　　　　　　我们是啊!
　　　　　　　遣唐留学仕!
　　　　　[老渔翁挥船橹]
　　　　　[伴唱:喜迎遣唐留学仕,
　　　　　　　登大船一路顺风。
　　　　　[杨玉环握着渔翁夫妇的双手。]
杨玉环　(唱)　大娘呀大伯,
　　　　　　　来日重相逢!
　　　　　[伴唱:能乐喜迎留学仕。
　　　　　[赤雄扶杨玉环与渔翁夫妻依依相别……
　　　　　[众深情地……
众　　　(唱)　来日重相逢!
　　　　　　　来日重相逢!

　　　　　　　　　　　　　　　(幕　落)

五幕　天皇召见

　　　　　[女天皇于皇宫大殿,群臣盘坐,武士林立。
　　　　　[日能乐工、歌舞伎在殿前表演。
女　皇　(唱)　海风送佳音,

　　　　　　皇宫摆宴席。
　　　　　　喜我遣唐留学仕，
　　　　　　平安返回！
　　　　　　满载而归！
　　　　　　请诸位大臣，
　　　　　　赏唐乐唐韵。
　　　　　　四海文明为我所用，
　　　　　　使大和国运昌盛日丽。

众　臣　（白）天皇万岁万万岁！
日丞相　（白）天皇诏谕：
　　　　　　遣唐留学仕，
　　　　　　贞子、赤雄，
　　　　　　献艺皇宫。

〔杨玉环持发梳上。〕

杨玉环
赤　雄　（同唱）欲拜天皇，

　　　　　　百感交融。
　　　　　　玉环怎能负却贞子情？
　　　　　　愿贞子魂灵儿一块入宫。

　　　　（白）遣唐留学仕 贞子/赤雄，拜谢皇恩。

日丞相　（白）献艺皇宫，
　　　　　　君臣共赏！

杨玉环
赤　雄　遵命！

〔一群梳着发型各异的侍女、公主等上殿，一展凤彩。〕

〔伴唱：贞子巧手梳妆，
　　　　习得唐宫美容。
　　　　啊……
　　　　侍女发雅，

　　　　　　　　公主发荣。

　　　　　　　　看啊……

　　　　　　［宫妃簇拥公主上殿。］

　　　　　　［伴唱：公主美发髻，

　　　　　　　　　似盘龙卧凤！

女　　皇（唱）啊……

　　　　　　　　雍容华贵金灿灿，

　　　　　　　　更显唐发耀凤容。

　　　　　　　　香飞皇宫！

　　　　　　　　香飞皇宫！

　　　　　　　　贞子不负皇恩，

　　　　　　　　遣唐习百技，

　　　　　　　　可赞可敬！

赤　　雄（白）请天皇欣赏贞子习得唐墨凤彩！

　　　　　　［伴唱：展白绫，

　　　　　　　　　呈墨砚。

　　　　　　［侍女展两米长白绫。

　　　　　　［玉环双手拿两支笔,蘸墨书写……］

女　皇
众　臣（同唱）啊！

　　　　　　　　双毫挥唐书，

　　　　　　　　似龙飞凤舞！

　　　　　　　　香墨飘皇宫，

　　　　　　　　真让人似醉似痴！

　　　　　　［玉环写成"开元惊世鉴"。］

女　皇
众　臣（同白）贞子呀贞子！

　　　　　　　　白绫书写是什么意思？

杨玉环（白）请听！

　　　　（唱）　贞子弹唱唐乐曲，

　　　　　　　　赤雄演绎词中情。

女　皇　（白）哈……
　　　　　　　君臣洗耳。
众　臣　（白）聆听！聆听！
　　　　　［贞子持琵琶弹唱。
　　　　　［赤雄以"变脸"技，呈现曲中人物面容。］
杨玉环　（唱）　纤手抚香弦，
　　　　　　　声绪绵绵。
　　　　　　　大唐盛世几百载，
　　　　　　　万方来朝庆开元，
　　　　　　　庆呀庆开元。
　　　　　　　勿闻鼙鼓动地！
　　　　　　　叛臣反，
　　　　　　　京都陷！
　　　　　　　君臣西行马嵬坡，
　　　　　　　六军不发动刀剑。
　　　　　　　杨相国被戮，
　　　　　　　赐贵妃白绫！
　　　　　　　明皇不解其中故，
　　　　　　　一张御状呈君前。
　　　　　　　阅罢惊叹！
　　　　　　　遗恨万千！
　　　　　　　唐明皇持状忆昔日：
　　　　　　　华清宫贵妃伴君颜。
　　　　　　　云雨巫山春无限，
　　　　　　　名花倾国两相观。
　　　　　　　山盟海誓，
　　　　　　　相敬百年。
　　　　　　　只缘有皇族辅政，
　　　　　　　明皇悠悠梦开元。
　　　　　　　鼙鼓惊天！
　　　　　　　方晓相国淫威，

　　　　　　　　骄奢揽权。
　　　　　　　　祸国殃民毁盛世，
　　　　　　　　唐皇醒时方恨晚。
　　　　　　　　杜鹃啼血，
　　　　　　　　马嵬坡前。
　　　　　　　　凄凉古驿，
　　　　　　　　悲风惨惨！
　　　　　　　　落花迎面，
　　　　　　　　孽海难填！
　　　　　　　　一曲"开元惊世鉴"，
　　　　　　　　鼙鼓余音宴席前。
女　　皇（领唱）好一曲啊！
众朝臣（伴唱）"开元惊世鉴"。
　　　　　　　　前车之覆，
　　　　　　　　后车之鉴。
　　　　　　　　声情俱佳，
　　　　　　　　萦绕心田。
女　　皇（唱）声情俱佳，
　　　　　　　　萦回心田！
　　　　　　　　嘉奖遣唐留学仕，
　　　　　　　　贞子、赤雄，
　　　　　　　　危难中求学志坚。
　　　　　　　　不愧东瀛才女，
　　　　　　　　不失大和风范，
　　　　　　　　你二人载誉而归。
　　　　　　　　吾皇主婚，
　　　　　　　　为你们把婚完。
杨玉环
赤　雄（同唱）惊闻天皇赐婚配，
　　　　　　　　玉环
　　　　　　　　赤雄　百感交集！

深知他情系贞子明皇！
她

怎能与恩师人成婚？

我于心不忍，

我于心不忍！

怎奈天皇金口玉言。

玉环怎负皇恩？
赤雄

若向天皇诉真情，

违圣命大祸临身。

欲应不能，

欲诉不得。

日丞相	（唱）	他二人为何默默无语？
女　皇	（唱）	他二人为何默默无语？
日丞相	（唱）	赤雄、贞子，
		快快拜谢天皇赐婚。
杨玉环 赤　雄	（同唱）	这……

应婚心不忍，

拒婚祸临身。

应婚？拒婚？

拒婚？应婚？

难煞啊难煞人。

杨玉环	（唱）	事到此再不能连累恩人。
		赤雄君啊！
		拒婚之罪我担待。
赤　雄	（白）	你……
杨玉环	（唱）	求天皇恕罪！
		求丞相开恩！
		非是我拒婚违圣命，

杨贵妃

　　　　　　　　皆因我并非贞子女。
众　　　　[惊]（白）啊？你是何人？
杨玉环　（唱）　我,我原是大唐皇帝宫妃！
　　　　　　　　姓杨名玉环,
　　　　　　　　明皇赐贵妃。
女　皇　（白）啊！原是杨贵妃！
赤　雄　（白）天皇呀！她！她！她！
女　皇　（白）她怎么样？
赤　雄　（唱）　她是贞子,
　　　　　　　　并非贵妃。
众　　　（惊）　啊……并非贵妃。
日丞相　（唱）　冒充贵妃,
　　　　　　　　胆大妄为！
　　　　　　　　竟敢戏弄我君臣,
　　　　　　　　卫士们……
众卫士　（白）到！
日丞相　（唱）　将这欺君女人捆起来治罪。
卫　士　（白）是！[欲捆扬。]
赤　雄　（唱）　丞相啊,
　　　　　　　　恕罪恕罪！
　　　　　　　　是我失言,
　　　　　　　　她,她,她并非冒充！
日丞相　（唱）　那你方才为什么？
　　　　　　　　为什么说她不是杨贵妃？
赤　雄　（白）这……
日丞相　（白）这个什么？
　　　　（唱）　出尔反尔,
　　　　　　　　期君之罪！
　　　　　　　　卫士们……
　　　　　　　　将他也捆绑起来,
　　　　　　　　押刑部一起审讯。

众卫士　（白）遵命！［欲押杨、赤。］
女　皇　（白）且慢！我要亲自审问。
　　　　（唱）　贞子呀贞子！
　　　　　　　难得你留学认真，
　　　　　　　我不想治罪于你。
　　　　　　　可是你为何拒婚？
　　　　　　　你为何冒充贵妃？
　　　　　　　我早闻贵妃自缢马嵬坡，
　　　　　　　你也在曲中为她洒热泪。
　　　　　　　杨贵妃非凡女辈，
　　　　　　　我钦她为爱而生，
　　　　　　　我敬她为爱而死，
　　　　　　　我羡她才华横溢。
　　　　　　　她是女人的骄傲，
　　　　　　　她是女人的尊贵。
　　　　　　　做女人仰慕杨贵妃，
　　　　　　　做女人谁不想成为杨贵妃。
　　　　　　　可是你不该冒名，
　　　　　　　更不该拒婚礼。
　　　　　　　我身为一国之主，
　　　　　　　即赐婚于你二人，
　　　　　　　你不该抛却赤雄而妄为。
杨玉环　（唱）　跪奏天皇，
　　　　　　　我心欲碎！
　　　　　　　自愧自恨，
　　　　　　　我实非贞子，
　　　　　　　贞子才配得天皇敬钦。
　　　　　　　推心置腹禀天皇：
　　　　　　　贞子女和我如同孪生姐妹。
　　　　　　　马嵬坡我痛不欲生，
　　　　　　　绫缢昏去，

　　　　　贞子她……贞子她……
　　　　她……
　〔伴唱:痛不欲生!
　　　　热泪诉真情。
　〔转换环境,呈马嵬坡驿宫。
　〔伴唱:啊!
　　　　风萧萧!
　　　　雾蒙蒙!
　　　　马嵬坡前……
　　　　戈矛铮铮!
　　　　杀气腾腾!
　　　　唐军吼声震天地!
　　　　兵谏明皇除贵妃!
　〔唐军以歌吼喊:请杨娘娘归天!
　　　　请杨娘娘归天!
　〔贞子、赤雄慌惊地相偎。〕

贞　子
赤　雄　（同唱）赤雄啊!

　　　　贞子啊!
　　　　阵阵吼声,
　　　　犹似那滚滚惊雷,
　　　　声声击碎贞子赤雄——
　　　　两颗颤颤的心!
　　　　杨娘娘待咱恩深似海!
　　　　危难中该如何——
　　　　搭救恩人?
　　　　搭救恩人?
　〔唐军吼声:
　　　　兵谏杀声起,
　　　　请君除奸妃!
贞　子（唱）赤雄啊!

　　　　　　　　生死关头，
　　　　　　　　快背上恩师，
　　　　　　　　从驿宫后院逃离！
赤　雄　（唱）　贞子啊！
　　　　　　　　好傻气。
　　　　　　　　马嵬坡驿宫被围，
　　　　　　　　唐军守桥头，
　　　　　　　　插翅难飞！
　　　　　　　　插翅难飞！
　　　　　　〔贞子焦急中望着贵妃，看看自己，惊喜若狂……
贞　子　（唱）　赤雄呀！
　　　　　　　　你瞧瞧我像谁？
赤　雄　（唱）　噢……
贞　子　（唱）　你不是讲过，
　　　　　　　　贞子像贵妃。
　　　　　　　　酷似姐妹！
　　　　　　〔赤雄心已明，故对贞。
赤　雄　（唱）　不！不！不！
　　　　　　　　不像恩师。
　　　　　　　　你就是你，
　　　　　　　　你就是你……
贞　子　（唱）　贞子知你心……
　　　　　　　　你知贞子心！
　　　　　　　　你我奉诏，
　　　　　　　　遣唐习艺，
　　　　　　　　数年中情如兄妹！
　　　　　　　　曾记得——
　　　　　　　　同登那长安雁塔望东瀛，
　　　　　　　　曾记得——
　　　　　　　　同在那梨园之中学百戏。
　　　　　　　　曾记得——

同吟唐诗互表情谊,
曾记得——
同望明月遥想亲人。
盼只盼——
遣唐载誉荣归故里,
樱花丛中喜结恋姻。
效唐人——
在天愿做比翼鸟,
双飞双吟。
把那唐风唐韵啊!
唱遍我大和千岛山村。
可偏遇唐室风云突起!
害得你我学业未就,
恩师娘娘又大祸临身。
眼看着恩人遭杀戮,
为徒者怎忍离去!
怎忍离去啊!
难忘怀——
恩师玉容心良善,
难忘怀——
娘娘施教授艺胜亲人。
咱目睹娘娘倾心伴明皇,
为什么啊,
六军却诬陷娘娘为奸妃?
赤雄啊!赤雄!
咱不能人云亦云,
咱不能坐视不理。
六军逼娘娘自缢,
咱不能见死不救。
危难中方显师生情更真。
我替恩师心无愧,

　　　　　　　　恩师替我操碎心。
　　　　　　　　大唐名言，
　　　　　　　　"士为知己者死"，
　　　　　　　　"士为知己者死"。
　　　　　　　　贞子誓愿：
　　　　　　　　以李代桃！
　　　　　［赤雄悲痛地。］
赤　雄　（唱）　贞子呀！
　　　　　　　　你叫我欲哭不能，
　　　　　　　　欲喊不得。
　　　　　　　　你！你！你不能……
贞　子　（唱）　我！我！我要替……
赤　雄　（唱）　不不不，你你你！
　　　　　　　　你叫我心欲碎！

贞　子
赤　雄　（同唱）听啊！驿宫外吼声震天。

　　　　　　　　瞧啊！六军戈矛步步逼。
　　　　　　　　刻不容缓！
　　　　　　　　刻不容缓！
　　　　　　　　救恩师死里逃生。
贞　子　（唱）　贞子跪求赤雄君，
　　　　　　　　忍痛割爱！
　　　　　　　　忍痛割爱！
　　　　　［赤雄百感交集，望着贞子，依依不舍地……
赤　雄　（唱）　贞子啊！
贞　子　（唱）　赤雄啊！
　　　　　［二人紧紧抱在一起拭泪……

赤　雄
贞　子　（同唱）撕心裂肺！

　　　　　　　　难舍难离！
　　　　　［赤雄背起晕迷的杨贵妃。

赤　雄
贞　子　（同唱）为搭救恩师，

　　　　　　　　避难东瀛。

　　　　　　　　　　　　贞子啊！
　　　　　　　　含泪拜别
　　　　　　　　　　　　赤雄啊！

　　　　　　　……

　　　　　［贞子持白绫抛向驿宫梁……
　　　　　［赤雄背贵妃欲走，回身见到面向天幕的贞子身影，在无数的白绫中像仙子似的冉冉升起……
　　　　　［悲壮的无字歌，哼鸣声回荡天地间……
　　　　　［转场景。

天　皇　（唱）　贞子啊！
群　臣　（伴唱）贞子啊！
天　皇　（唱）　大和民族的好儿女啊！
群　臣　（伴唱）　大和民族的好儿女啊！
天　皇　（唱）　你用年轻珍贵的生命，

　　　　　　　　铸就了震撼天地的英魂。

　　　　　　　　传我旨意！

　　　　　　　　撤婚宴，

　　　　　　　　摆祭酒！

群　臣　（唱）　贞子啊贞子！

　　　　　　　　天皇为你举爵悼念。

天　皇　（唱）　举国为你英灵祈奠。

　　　　　　　　祭酒望西天，

　　　　　　　　我大和民族的好女儿啊！

　　　　　　　　你永远是东瀛大唐的贞子，

　　　　　　　　你永远是大唐东瀛的杨贵妃。

　　　　　　　　祝愿你在大唐黄土地……

　　　　　　　　安息吧！

　　　　　　　　安息吧！

　　　　　［天皇与群臣祭酒。

杨玉环　（唱）　滴滴祭酒，
　　　　　　　难倾我心中泪。
　　　　　　　贞子妹妹啊！
　　　　　　　千言万语，
　　　　　　　尽都在祭酒内。
　　　　　　　玉环跪酒敬赤雄，
　　　　　　　贞子赤雄的恩情，
　　　　　　　玉环永世铭刻心里。
　　　　　　　天皇啊天皇！
　　　　　　　我替贞子尽忠尽孝，
　　　　　　　我替贞子感你遣唐恩。
女　皇　（唱）　天地作合，
　　　　　　　日月轮回。
　　　　　　　贵妃！贞子！
　　　　　　　贞子！贵妃！
　　　　　　　女皇我悲喜交集，
　　　　　　　离皇位——
　　　　　　　扶起我的贞子，
　　　　　　　掺起我心目中的贵妃。
　　　　　　　东瀛是你第二故乡，
　　　　　　　这儿都是你的亲人。
杨玉环　（唱）　倍感天皇，
　　　　　　　拜跪恩人。
　　　　　　　天皇啊天皇！
　　　　　　　玉环东渡无所求，
　　　　　　　只求待明皇百年后，
　　　　　　　唯愿天皇，
　　　　　　　容我西渡化纸灰。
　　　　　　　玉环难忘——
　　　　　　　明皇对我的一片柔情爱心。
女　皇　（唱）　好一个柔情爱心！

　　　　好一个容我西渡化纸灰。
　　　　我虽然身为天皇，
　　　　可也是女人。
　　　　将心比心，
　　　　堪赞她忠贞可贵！
　　　　只怨那堂堂皇帝，
　　　　为保皇位而抛却爱妃。
　　　　才女痴情，
　　　　金石难比。
　　　　传旨意！
　　　　派赤雄西渡赴大唐，
　　　　我成全你的夙愿赤心。
杨玉环
赤　雄　（同唱）谢天皇！万岁！万万岁！
群　臣　（唱）　天皇万岁！万万岁！

　　　　　　　　　　　　　（幕　落）

尾　声

　　［幕启：东海洋面，碧波万里……
　　［船上竖面"遣唐使"标旗。
　　［赤雄率日本留学仕向大唐航行……
　　［船工们奋力摇桨……
　　［领唱：众船工伴唱声，
　　　　　嗨呦嗨呦……
　　　　　祈海神，
　　　　　破浪行。
　　　　　遣唐船儿哟！
　　［赤雄领唱……

　　　　满载着——
［船工们伴唱……
　　　　天皇重托！
　　　　满载着——
　　　　贵妃深情！
　　　　离东瀛，
　　　　赴大唐。
　　　　大唐啊！
　　　　东瀛啊！
　　　　依水情深，
　　　　千古相融！
［赤雄领唱……
　　　　船工兄弟们啊！
［众船工伴唱……
　　　　任它风云变幻，
　　　　任它巨浪似蛟龙。
　　　　难阻挡啊——
　　　　茧手摇桨橹，
　　　　搏击浪涛迎海风。
　　　　西行哟，西行！
　　　　嗨哟嗨哟……
［众顶风破浪，歌舞下……
［转场景。
［海边。杨玉环已是年过半百的老人。她眺望远方，海风吹着她那破旧不堪的唐服……］
［凄凉的伴唱声：
　　　　望眼欲穿！
　　　　望眼欲穿！
　　　　多少个春秋，
　　　　多少个年复年。
　　　　怎不见赤雄君？

　　　　　　　怎不见大唐的船？
　　　　　　　遥望海面，
　　　　　　　泪眼洒衣衫！
　　老船翁　（唱）　啊！依哟嗨……
　　　　　　　大风起兮，
　　　　　　　云飞扬！
　　　　　　　威加海内兮，
　　　　　　　归故乡……
　　　［杨玉环听到唐人的渔歌，欣喜。］
　　杨玉环　（唱）　多少年未听汉唐的歌，
　　　　　　　多少年未见大唐人的面。
　　　　　　　喜今日西来唐人摆渡，
　　　　　　　定是接玉环回长安。
　　　［老船翁摇船上岸。］
　　老船翁　（唱）　你就是贵妃娘娘！
　　　　　　　未想到昔日芙蓉今憔悴，
　　　　　　　银发满头破唐衣。
　　杨玉环　（唱）　问老翁，
　　　　　　　赤雄君何在？
　　老船翁　（唱）　娘娘啊！
　　　　　　　赤雄西渡遇海啸，
　　　　　　　可怜他船毁人亡，
　　　　　　　船毁人亡！
　　杨玉环　（唱）　啊……
　　　　　　　赤雄君啊！
　　　　　　　贞子妹啊！
　　　　　　　我愧对你们！
　　　　　　　我愧对你们！
　　　［跪祭……
　　　　　　　泪水祭拜西海岸，
　　　　　　　望茫茫苦海无边。

　　　　　　　　孤身呼唤，
　　　　　　　　天地无言。
　　　　　　　　这是为什么？
　　　　　　　　为什么啊？
　　　　　　　　多少亲人因我遭难，
　　　　　　　　多少恩人为我魂归西天？
　　　　　　　　这是为什么？
　　　　　　　　为什么……
老船翁　（唱）　娘娘呀！
　　　　　　　　仰天问地，
　　　　　　　　难问个明明白白。
　　　　　　　　要问大海，
　　　　　　　　也难说个东西南北。
　　　　　　　　娘娘啊，
　　　　　　　　人生一世自问心，
　　　　　　　　你无怨无悔。
　　　　　　　　你酷爱明皇，
　　　　　　　　情似海深。
　　　　　　　　你日盼夜想，
　　　　　　　　盼明皇接你回故里。
　　　　　　　　娘娘呀！
　　　　　　　　你哪里知道，
　　　　　　　　明皇爷早已去了天国。
　　　　　　　　你还不死了这颗心！
　　　　　　　　你还不死了这颗心！

杨玉环　啊！
老船翁　娘娘保重！老汉我打鱼去了……
　　　　［杨玉环痴呆的哼鸣声与伴唱声徊荡海面……］
　　　　［伴唱：啊……
　　　　　　　欲哭无泪！
　　　　　　　欲喊无声！

杨玉环　（唱）　凝望西天，
　　　　　　　　再也见不到明皇君容！
　　　　　　　　再也听不到誓言伴心声！
　　　　　　　　昔日月下蜜语，
　　　　　　　　萦绕在朦胧泪眼中。
　　　　　　　　叹人生如梦，
　　　　　　　　难悟醒！
　　　　　　　　难悟醒！
　　　　　　　　醒时方知仍在睡梦中。
　　　　　　　　仍在睡梦中！
　　　　　　　　怨日月啊，
　　　　　　　　为何不把我从梦中唤醒？
　　　　　　　　怨天地啊，
　　　　　　　　何苦让玉环降生？
　　　　　　　　虽然天赐丽质体，
　　　　　　　　却落得白发黄叶难归根。
　　　　　　　　凄凄飘零，
　　　　　　　　漫漫苍生。
　　　　　　　　似梦非梦，
　　　　　　　　似醒非醒。
　　　　　　　　明皇啊！
　　　　　　　　圣君啊！
　　　　　　　　在地难结连理枝，
　　　　　　　　愿赴天国比翼飞。
　　　　　　　　步入西海望苍穹，
　　　　　　　　明皇啊！
　　　　　　　　你在哪里？
　　　　　　　　你在哪里？
　　　　　　〔海面突现海市蜃楼景状……
　　　　　　　　啊……
　　　　　　　　那不是——

唐都大明宫,
似听唐乐声声!
是梦?
非梦?
眼前呈现大唐盛景,
仍是那样富贵华容。
谁言明皇去了天国?
你听啊!
明明是他在宫门唤我:
"玉环!"
"爱妃!"
瞧啊,
他来了,
来了,
终于接我来了!
接我来了!
明皇啊……
玉环温馨圣君怀,
热泪难倾那……
别后的怨,
别后的爱。
圣君呀!
今日你我能相聚,
怎能忘——
舍身替我罹难的贞子妹。
怎能忘——
救我东渡异国的赤雄君。
感天皇君臣的深情仁爱,
谢天地作合,
使有情人久别重逢!
相爱相依,

　　　　　　　永不别离……
　　［突起雷电声……
　　［大明宫的海市蜃楼顿时消失……
　　　　　　　啊!
　　　　　　　明皇呀!
　　　　　　　你不能离去……
　　［伴唱:啊……啊……
　　　　　　　雷鸣电闪!
　　　　　　　风云突变!
杨玉环　（唱）　天啊天!
　　　　　　　你为何顷刻间凶相毕露,
　　　　　　　夺走明皇,
　　　　　　　毁掉宫苑。
　　　　　　　天呀!
　　　　　　　你忌妒人间真情,
　　　　　　　妄为天!
　　　　　　　地呀!
　　　　　　　你为何躲藏海底隔断人间?
　　　　　　　天你无情!
　　　　　　　地你无义!
　　　　　　　唯有那——
　　　　　　　爱神体恤玉环的心,
　　　　　　　唯有那——
　　　　　　　爱神体恤玉环的心!
　　［玉环凝视海面,在伴唱声中向大海走去。］
　　［伴唱:啊……
　　　　　　　潸潸眸珠洒碧海,
　　　　　　　缓缓踩着哽咽地泪。
　　　　　　　晶莹碧波伴玉环,
　　　　　　　赴天国寻觅玄宗君。
　　　　　　　"在天愿作比翼鸟,"

"在地愿为连理枝。"……
杨玉环啊!
——东方的才女!
杨贵妃啊!
——爱神的化身!
静静的海面,
悠悠能乐曲,
伴随着贵妃返故里!
西归啊西归……
〔伴唱声中,杨玉环默默地走向大海。
〔海浪声,风声雨声,伴唱声,随着玉环远去身影而渐渐消失。
〔静静的海边,只听海浪拍岸声……〕

(幕　落)

——剧　终——

2003年9月5日4稿

苏芸芝简介

苏芸芝，女，河北省丰润县人，生于1947年，西安易俗社编剧。进修于中国戏曲研究所编剧班，1959年考入西安易俗社，主攻小旦、武旦。

1987年进易俗社艺研室，同年移植梨园戏《节妇吟》并由易俗社排导演出；新编大型古代剧《情殇》由易俗社排演并作为易俗社九十周年庆典献礼剧目；新编《野人》《方芸娘》均荣获省文化厅、司法厅剧本二等奖；《方芸娘》参演第一届中国秦腔节并被西安市文化局选派赴湖南参加全国精品折子戏调演。

新编演出的剧作有《暮霭明灯》《新昭君出塞》《引水》、小品《谁之罪》，改编上演的大型剧作有：《张载县令》《丹青泪》《狸猫换太子》前后本；新编发表的大型剧作有：《三个女人》、小品《卖梨》；新编未排演大型剧作有：《中条山战歌》《一夜沉浮》《天使的抉择》；改编未排演剧作有：《情仇夫妻》《新春闱考试》。

一夜浮沉

编剧 苏芸芝

人物表

杨玉环	寿王妃
张九龄	丞　相
李　瑛	太　子
唐玄宗	皇　上
武惠妃	玄宗妃
李　瑶	鄂　王
李　琚	光　王
李　瑁	寿　王
吉　温	御　史
高力士	玄宗侍
杨玉瑶	玉环三姐
陈玄礼	禁卫军头领
牛　贵	惠妃侍
念　奴	玉环侍女
守斜妾	老宫女

道观主　道姑甲　道姑乙　方内侍

内侍甲　乙　丙　众刀斧手　众禁卫

众朝臣

序　幕

〔大唐宫闱,张灯结彩,喜气盈盈〕

伴　　唱　盛世百事兴
　　　　　　举国舞升平
　　　　　　张灯结彩庆
　　　　　　宫闱杀气腾

幕后声　高力士　大将军出使益州,迎侍寿王妃回宫了!

〔鼓乐齐鸣,寿王妃仪仗威风八面,浩浩荡荡逶逶迤迤绕场而下〕

〔切转〕

武惠妃　哈哈哈哈哈哈哈!

〔光束中,武惠妃得意扬扬〕

（唱）迎来了寿王妃举国欢庆
　　　那庆典规格高于太子大婚
　　　只说是废东宫大功告成
　　　却不料张九龄当殿力争
　　　气得我咬牙切齿殚思尽
　　　想不出万全策挟制施行
　　　没奈何我只得以软克硬
　　　着牛贵用重金收买狂臣

内　　侍　禀娘娘,御史吉温求见!

武惠妃　命他觐见。

吉　　温　吉温参见娘娘!

武惠妃　吉御史进宫有得何事?

吉　　温　娘娘,大事不好了!

武惠妃　何事惊慌?

吉　温　娘娘！（念）奉懿旨牛贵把礼送
　　　　　　　　谁料张相不领情
　　　　　　　　拉扯牛贵去面圣
　　　　　　　　只怕大祸要降临

武贵妃　哎呀！（捂胸欲倒）

吉　温　娘娘、娘娘！哎呀，娘娘心疾又犯了。御医、御医！

武惠妃　（以手制止）只说这却怎处、这却怎处？！

吉　温　娘娘莫可乱了方寸，此时需当上殿呼冤。就说娘娘听得张相为保太子屡屡冒犯圣上。娘娘诚恐气伤龙体，又怕君臣失和社稷不安故命牛贵送去厚礼化解规劝，并非图谋东宫，结党篡权。

武惠妃　如此速快随我上殿！

牛　贵　（边喊边上）娘娘、娘娘，娘娘！

武惠妃　牛贵，你、你？你被张九龄拉扯上殿去了，却是怎么逃回来的？

牛　贵　张九龄已被万岁罢相！奴才自然也就给放回来了。

武惠妃　你说什么？

牛　贵　张九龄被罢相了！

武惠妃　此话当真？

牛　贵　岂敢戏言！张九龄桀骜不驯拉扯奴才上殿参奏娘娘干预朝政，送金结党谋篡东宫。吓得奴才是屁滚尿流百般抵赖，一口咬定娘娘是为龙体、社稷，才着奴才去送金规劝——

武惠妃　万岁岂能听信你个奴才之言！

牛　贵　万岁非但信了奴才还连连夸赞娘娘贤淑呀、仁慈呀、知书呀、达理呀，什么国之典范、母仪天下——哎呀呀，真是遍用了溢美之词。气得张九龄是吹胡子瞪眼抖须挥拳，全然忘了君臣礼仪竟指着万岁一口一个黑白不分忠奸不辨，昏君、昏君！万岁勃然大怒，龙案都险些推翻。当下颁旨就将他给罢免了。

武惠妃　天助我也！障碍摈除，我儿入主东宫指日可待了。

吉　温　娘娘莫可掉以轻心,张九龄虽被罢免,可太子温良恭俭处事谨慎。咱再三想方设法遍布眼线,也拿不到他些许把柄。这样的东宫要想更易,莫说朝臣不依只怕万岁嗯、嗯——更、更——

武惠妃　照这样说,我岂非徒劳伤神枉费心机了!

吉　温　娘娘!寿王高于太子的大婚庆典,张九龄今日的相位罢免,已昭示咱首战、二战告捷。这下来嘛,就需从太子逝去的母亲着手了。

武惠妃　逝去之人何足挂齿?

吉　温　人虽逝去,可她进宫前那青楼女子的身份嘛——

武惠妃　众人皆知之事,提他何用?

吉　温　正因众人皆知,才大有文章可做!

武惠妃　什么文章可做?

吉　温　娘娘何不买一狂徒,冒充是太子亡母在青楼所生之子前来与太子攀亲,既是一母所生必是太子哥哥,既是太子兄长就与万岁难脱关系。如此大失体统辱没圣祖,万岁岂能容得?不能容得必对太子厌弃,万岁厌弃太子那东宫之位李瑛他还能稳坐吗?

武惠妃　如此速快收买狂徒!

吉　温　尽在为臣,娘娘!此时还需抓住每年惊蛰众皇子竞试之机,咱将自选诗题改作宫廷命题,而这命题必当严密封存暗箱操作。竞试前除却寿王不得泄于他人,寿王才华虽不居一二,但经深思熟虑定可夺魁,夺得魁首万岁必然喜爱,万岁喜爱,李瑛那太子储位不就更晃荡了吗?

武惠妃　甚好,甚好!

吉　温　待此两步走定,咱再给他来个——
　　　　〔趋前,窃语〕

武惠妃　妙计,妙计!只是这时间?

吉　温　寒食之日!

武惠妃　那地点?

吉　温　凌烟阁！
武惠妃　凌烟阁,好,好！哼哼哼哼哼哼——
〔切转〕
〔寿王府花园〕
杨玉环　(唱)春风唤来春花请
〔李瑁、杨玉瑶,丫鬟念奴簇拥着玉环上〕
玉　环　　　春柳婆娑舞姿迎
　　　　　　傍绿依翠绕曲径
〔李瑁紧随玉环左右,百般呵护〕
念　奴　哎呀呀,王爷你看,这只彩蝶怎么总在王妃身边飞来绕去,挥之不去呀！
李　瑁　彩蝶亦知我寿王爱妃比花更娇更美啊！
念　奴　〔仿瑁〕彩蝶亦知我寿王爱妃比花更娇更美啊！哈哈哈哈哈哈！
李　瑁　你?！还不快与王妃系秋千去！
念　奴　是是是！哈哈哈哈哈哈——〔下〕
玉　环　(接唱)笑语欢声洒园林
〔玉环滑闪,李瑁一把抱住〕
玉　环　(接唱)与瑁郎大婚圣命定
　　　　　　幸喜他恰是意中人
　　　　　　朝朝梳妆他掌镜
　　　　　　夜夜更衣他提襟
　　　　　　咏诗自有他偕韵
　　　　　　抚琴更兼他合音
　　　　　　相伴愈觉心贴近
　　　　　　情趣相投爱倍增
　　　　　　重笔浓彩绘春景
　　　　　　愿得春色不凋零
玉　瑶　哎呀王爷！你看那绽芳吐蕊的桃花竟似王妃一般娇媚可人哪！
李　瑁　三姐言之差也！

(唱)桃花怎与爱妃竞
　　　牡丹也难敌半分
　　　风姿绰约且温顺
　　　阖府上下敬亦尊
　　　李瑁此生爱不尽
　　　相谐甘做守护神

玉　瑶　是啊、是啊！
　　　　桃花怎与小妹竞
　　　　花魁也难敌半分
　　　　王爷守护三生幸
　　　　杨门蒙荫享荣尊

〔玉环陶醉于春景中〕

玉　环　花气袭人人欲醉
　　　　悦目赏心心花飞
　　　　桃红梨白叶滴翠
　　　　抚春犹恐惊春归

〔玉环情不自禁地翩翩起舞〕

李　瑁　翩翩舞姿夺明媚
　　　　疑是仙子下翠微
　　　　裙裾撩得蜂蝶坠
　　　　未吃酒已醉几回

〔忘情拥玉环于怀〕

二人同　(唱)相伴不羡天堂美
　　　　　　地老天荒永相随

幕后声　娘娘驾到！

李　瑁　爱妃快来迎驾！

〔武惠妃、牛贵及众侍上〕

玉　环

李　瑁　〔同〕参见母亲！

玉　瑶　参见娘娘！

武惠妃　罢了！

玉　环　谢母亲！
李　瑁
玉　瑶　〔同〕谢娘娘！
武惠妃　〔对玉瑶及众侍〕你们下去吧！
玉瑶及众侍〔同〕遵命！〔下〕
武惠妃　啊皇儿，前日为娘命牛贵送来竞试命题，不知我儿诗赋可就？
玉　环　啊母亲！儿妃听得牛贵言说，竞试命题除却寿王，其他王储均需在惊蛰之日竞试之时方可观题即兴赋诗。故而儿妃就将命题藏过让寿王也到竞试之时去观题即兴赋之。一来可检测寿王真才实学，这二来嘛，也免落舞弊之嫌。
武惠妃　你！你好大的脸面？！
李　瑁　母亲！此事怨儿疏懒，于儿妃无干。
武惠妃　皇儿啊皇儿！〔视左右拉李瑁一旁窃语，玉环诧异，聆听〕为娘费尽心机买来狂徒冒充太子亡母为娼时所生皇子。这才将万岁羞恼，动了废东宫立新储之意。万岁皇子众多储位只此一个，纵有为娘力保，怎奈朝臣争议。当此紧要关口，娘将自选试题改作宫廷命题，命题严密封存，唯独泄于我儿一人，以便我儿深思熟虑夺得魁首，为我儿入主东宫推波助澜。谁知你竟愚钝无知，既成大功不顾，负娘一片苦心哪！
玉　环　啊母亲！瑁郎君封寿王，诸事遂心，荣华尽享。不主东宫乐比东宫。如此心悦意惬何需费思劳心——
武惠妃　住口！愚顽蒙昧、雌黄颠疯！！
李　瑁　母亲！此言虽出王妃之口，却发自儿之肺腑啊！
武惠妃　你？！皇儿啊皇儿！难道你真甘居人之下、称人之臣，让为娘不主正宫恨悔终生吗？！
玉　环　哎呀母亲！太子宽厚贤明，寿王做此君之臣居此主之下是何等荣幸。母亲虽未主正宫却集圣宠一身又

武惠妃　你、你、你与我住口！！我千里迢迢大张旗鼓选你进宫，一来向群臣昭示东宫易主在即，二来想你能助东宫更易一臂之力。谁知你竟如此狂悖屡屡作梗！！来呀！将贱妃与我——

李　瑁　哎呀母亲！玉环善良耿直吐儿未尽之言。不想竟得罪了母亲，要打要罚当儿担承！

武惠妃　哎呀呀哎呀呀！皇儿志短气衰爱心却见长见长啊！只是如此情深意厚，贱人岂能消受得起。人来！将寿王贱妃分宅别府，诗赋未就不得相见！！

〔切转〕

〔寒食节夜东宫府风凄月暗

太子李瑛、鄂王李瑶、光王李琚愁闷对饮〕

李　瑛　瑶琚二弟！今乃寒食忌节，父王遵循祖制咸阳望贤宫致斋。你我弟兄留守宫阙，诸事定当谨慎，万莫多饮误事啊！

李　瑶　太子训谕极是，琚弟宁要少饮才是！

李　琚　二位兄长放心就是。

李　瑛　瑶琚二弟！你们可知这寒食忌节因谁而定啊？

李　琚　谁人不知是因介子推而定啊。

李　瑛　介子推临终遗留血诗前两句乃：割肉奉君尽丹心，但愿主公常清明。二位王弟可否对出那末两句来？

李　瑶　臣在九泉心无愧，愿政清明复清明。

李　琚　清明清明！父王年年清明祭贤，非但未见清明，反倒愈发昏聩了！

李　瑛　住口！〔慌顾左右〕

李　瑶　琚弟你喝多了！

李　琚　为弟心明如镜！

李　瑶　饮酒之前，太子哥哥已下口谕：只言寒食不道其余，可你……

李　琚　难道为弟说得不是寒食吗?!
　　　　（唱）晋献公宠妖姬传位奚齐
　　　　　　可怜把太子申刀下命毕
　　　　　　怕只怕前有辙后有车续
　　　　　　欲加罪从天降避躲不及
李　瑛　琚弟你万莫可胡言乱语
　　　　失圣宠当谨慎善保自己
　　　　不求功但求个安然无虞
　　　　尊圣贤孝父王忍辱含屈
李　琚　瑛哥你太窝囊令人丧气
　　　　你不该任宰割只退不趋
　　　　输赢成败可竞比
　　　　何惧那奸妃佞臣误国敌
李　瑛　住口!
李　琚　太子如此怯惧,纵保东宫稳坐也难保不效父王,听、凭、摆、布!
李　瑛　给我住口!!
李　琚　瑛哥啊,太子!父王愈日亲奸远忠,乃至今日祭贤更由奸相陪驾。瑛哥非但不阻不谏反倒甘为铺垫,纵然东宫储位兄愿拱手相让,难道大唐江山兄也愿毁于一旦吗?!
李　瑛　〔狠抽琚一耳掴,命李瑶〕给我打!
李　瑶　这——〔不忍〕
李　瑛　给我打!!
李　琚　太子一掌惊醒小弟。瑶哥快快奉诏管管这惹祸的嘴吧!
李　瑶　我、我——〔几举手又落〕
李　琚　瑶哥!难道你不知祸起萧墙、祸起萧墙吗?!为弟求你了,求你为保东宫无恙、朝阁安泰。狠狠地打、狠狠地打吧!
李　瑛　琚弟——〔一把搂过李琚,抱头痛哭〕

(唱)我叫叫一声琚弟呀琚弟,不晓事的
　　　　光王、糊涂的琚弟呀!你我的娘亲都已逝去,
　　　　父王对咱渐失情义,你看这四面楚歌已起、多
　　　　少忠臣皆遭累及,弟犹如此不羁,难道光王府
　　　　妻儿老小你也全不顾及了?
　　　　为兄多次提醒你
　　　　朝中诸事莫轻提
　　　　抬足动手需留意
　　　　万莫惹祸满门戟
　　　　谁知兄言你当儿戏
　　　　两口酒喝得不知高低
　　　　信口开河将父王议
　　　　不打你光王府定遭累及

幕后声　　杀——杀——杀——
〔三人惊愕,循声望去〕
李　瑶　　太子殿下,这喊杀声焉何起自西内?
李　瑛　　人来!〔内侍上〕速去西内打探!
内　侍　　遵命!〔下,另一内侍跑上〕
另　侍　　太子殿下不好了,太子殿下不好了!
李　瑛　　何事惊慌?
另　侍　　凌烟阁内逆贼谋反!
李　瑛　　竟有此事?二王弟,速随本宫前去剪除。禁卫们!
　　　　执枪着箭随孤剿贼!!
众禁卫　　遵命!
李　瑶　　禁卫们!随本王杀!
　　　　众杀——〔同冲下。陈玄礼　带兵上〕
陈玄礼　　(唱)寒食节武娘娘缅怀先贤
　　　　　　奉懿旨凌烟阁巡防再三
台后声杀——杀——
陈玄礼　　为什么身后杀声喊
　　　众禁卫　折转冲向前

　　　　　禁卫们！速返凌烟阁！
　　　　　〔众折转，武惠妃带人众迎面上〕
武惠妃　陈将军，快快截杀逆贼！〔下〕
陈玄礼　遵命。禁卫们！张弓搭箭两旁埋伏！
李　瑶　杀！〔首当其冲上，中箭倒地翻起。〕
　　　　有埋伏、有埋伏！
　〔陈玄礼　禁卫将李琚拖下。东宫禁卫屡上屡倒〕
陈玄礼　死尸挡箭，禁卫们，执刀枪杀！
　　　　〔两军激烈打斗，死伤无数。太子也被射倒在地〕
李　瑶　〔被射倒突跃起〕陈玄礼住手！
陈玄礼　啊！鄂王殿下？殿下怎会在此？
李　瑶　非但本王在此，太子也被尔等射伤在此了！
陈玄礼　啊？太子殿下？！〔武惠妃等上〕
武惠妃　陈将军！贼首在你身旁，为何不拿？！
陈玄礼　禀娘娘！他非——
武惠妃　与我拿下！！
陈玄礼　娘娘！他是太子殿下啊！
武惠妃　太子怎么了？太子带兵闯阁追杀我母子，这谋叛贼心昭然。难道不该拿下吗？！
陈玄礼　这——
武惠妃　与我拿下！！
李　琚　住手！！〔边喊边跛着上〕
武惠妃　先将此贼拿下！
李　琚　哪个敢拿我光王！〔众拥上又退〕
牛　贵　娘娘有旨将此贼拿下！〔众复拥上〕
李　瑶　瞎了尔等狗眼！
　　　　〔李瑶、李琚打得禁卫不得近身〕
武惠妃　反了反了！统统给我拿下拿下！！
　　　　〔寡不敌众，李瑛、李瑶、李琚全被捆绑〕
李　瑶
李　琚　〔同〕奸妃、奸妃！妖姬、妖姬！

武惠妃　李瑶置此,其余分头押下!

李　瑶　陈玄礼、大将军!今日之事将军不觉可疑、大有跷蹊吗?!

武惠妃　哈哈哈哈哈哈——陈将军!本宫凌烟阁祭贤,昨日即传你防范。可有此事?

陈玄礼　倒有此事。

武惠妃　太子带兵闯进凌烟阁追杀本宫你可曾目睹?

李　瑶　慢!分明凌烟阁内喊杀声起又有宫使传报逆贼谋反,太子方率兵闯阁剿杀逆贼。何时又追杀于你?!

武惠妃　好!尔既言宫使传报,且问传报者何名,又是哪宫宫使?!

李　瑶　欸——时因宫阙危急未曾问及。

武惠妃　量尔难以狡辩!陈将军,李瑶既言剿杀逆贼你去看来,被剿者是何方贼也!

陈玄礼　遵命。禁卫们,逐个看来![众禁卫查看]

众禁卫　啊?禁卫张!周将军!禁卫刘!禁卫康!禁卫!禁卫!禁卫!禁卫!

陈玄礼　哇呀呀——!五百死者尽皆我禁卫将士啊!

武惠妃　李瑶啊、逆贼!尔与太子勾结欲杀本宫误杀禁卫。面对五百被剿将士尔还有何话可说、何言可辩!!

李　瑶　哈哈哈哈哈哈哈哈,我全明白了!
　　　　(唱)狗奸妃设下歹毒计
　　　　　　谋篡东宫费心机
　　　　　　李瑶一死何所惧
　　　　　　可叹太子蒙冤屈
　　　　　　李唐江山大势去
　　　　　　九泉下与尔竞高低

武惠妃　哼哼哼哼——,只怕尔竞我不过!陈将军,本宫命你将这一干人犯严加看管,无本宫之命谁也不得相见。若有失误定斩不赦!牛贵,

牛　贵　侍候娘娘!

武惠妃　速去咸阳望贤宫,禀奏万岁!
牛　贵　奴才遵旨!〔下〕
内　侍　〔上〕娘娘、娘娘、娘娘!
武惠妃　宫闱之中焉何喧哗?!
内　侍　回禀娘娘,那光王李琚——
武惠妃　住口!李琚就是李琚,何来光王?!
内　侍　欸——,那李琚虽被捆绑却叫骂不绝。
武惠妃　我养着你们为了什么!
内　侍　娘娘哪知,光王——欸,打嘴打嘴!那李琚任凭鞭打棍杖只是叫骂不绝。并且声言——
武惠妃　声言什么快说!
内　侍　声言定将这深宫奇冤揭晓于世,叫娘娘不得好死、遗臭万年!
武惠妃　给我狠狠地打,打得他张不得口!
内　侍　遵命!〔欲下〕
武惠妃　回来!给我将他的舌头,割、下!!
内　侍　啊?!欸,遵命、遵命!〔下〕
武惠妃　哼哼哼哼哼哼、哈哈哈哈哈哈、哈哈哈哈哈哈,欸、欸!欸——
　　　　〔捂胸、眩晕、踉跄。突然向前栽倒〕
众　　　娘娘、娘娘、娘娘!娘——娘——
幕后声　惠妃娘娘驾崩了!!
　　　　〔切转〕
　　　　〔寿王府杨玉环、李瑁着孝服戴孝条〕
李　瑁　(唱)凌烟阁母亲突逝去
　　　　　　　男儿难禁泪湿衣
　　　　　　　音容犹在永难聚
　　　　　　　娘去儿该将谁依
杨玉环　瑁郎!你也知母亲早已患心疾
　　　　　　　犯病时疼痛药难医
　　　　　　　今日驾鹤西天去

　　　　　永无痛苦享安逸
　　　　　况且生死是天意
　　　　　纵在伤悲也无益
　　　　　劝夫节哀换思绪
　　　　　瑁郎啊，你不觉太子事件有蹊跷

李　瑁　我不信太子会叛逆
　　　　　我也觉此案有嫌疑
　　　　　宫中焉何杀声起
　　　　　两宫相残更离奇

杨玉环　听说父王恨无比
　　　　　太子处斩已定期
　　　　　再不面君重审议
　　　　　救太子只怕来不及
　　　　　求万岁顺藤摸瓜究根底
　　　　　莫让太子蒙冤屈

李　瑁　君言九鼎非儿戏
　　　　　纵是错案谁敢提
　　　　　况且重审无证据
　　　　　引火烧身定命毕

杨玉环　欸？这——

李　瑁　况且太子叛逆之罪又是母妃临终亲口所定。如今母妃尸骨未寒我即违背她意为太子翻案，岂不落个不忠不孝大逆不道的罪名吗？

杨玉环　纵然如此，咱也不能不救太子哥哥啊！

李　瑁　爱妃呀爱妃！你整日待在王府，怎知宫中硝烟四起争斗不息、刀光剑影暗伏杀机！太子哥哥那般谨慎小心尚落如此下场。你我今日失去护依，若再轻举妄动冒犯龙颜，那今日杀的是太子哥哥和二位王兄而明日杀的嘛——

杨玉环　噢——宫闱之中这凶险
　　　　　毛骨悚然心倒悬

　　　　　　黑白颠倒设冤案
　　　　　　救太子竟比登天难
　　　　太子哥哥,看来你、你,你只能沉冤九泉了!!
　　　　〔切转〕
　　　　〔乌云翻滚天昏地暗城东驿刀斧手四下立站〕
吉　温　李瑛李瑶李琚听旨!三犯辜负圣眷图谋反叛,罪孽深重不可宥宽。尚方宝剑引颈自残!
李　瑛　天哪、天哪!我皇子弟兄清清白白一夜之间竟沉堕地狱。这王法安在、天理何存哪?!
李　瑶　父王、父王!你昏聩凶残,枉为人君哪!
吉　温　尔等死到临头还叫骂人君。来呀! 啪!
　　　　〔李琚一脚踢在吉温脸上〕
吉　温　你?!舌已割掉还如此嚣张。刀斧手!将尔双足给我剁下!
　　　　〔刀斧手拥上,李瑛李瑶拼命护挡〕
张九龄　住手!〔气喘吁吁跑上〕
李　瑛　九龄公、老丞相!
张九龄　三殿下、太子啊!
　　　　〔扑抱,吉温欲阻被张九龄推开〕
张九龄　(唱)三殿下一个个浑身血染
　　　　　　　气得我周身颤疼烂心肝
　　　　　　　狗奸妃结佞臣设计毒险
　　　　　　　皇太子竟遭陷难辨屈冤
　　　　　　　闻凶讯紧催车赶至驿馆
　　　　　　　险些儿殿下们尸骨不全
　　　　　　　九龄虽被贬朝班免
　　　　　　　岂容妖魔覆地天
　　　　　　　拼着一死闯金殿
　　　　　　　鸣冤辨屈谒君前
李　瑛　　老丞相不顾安危杀场见
　　　　　明知这冤沉海亦觉慰安

　　　　　欲加罪防不胜防难幸免
　　　　　老大人不必惹君嫌
张九龄　奸佞逞凶蔽日遮天
　　　　　九龄岂怕惹君嫌
　　　　　纵然是君臣反目满门斩
　　　　　也要将正气留人间
　　　　三殿下稍等，老臣即刻闯宫面君。会同三司，重勘此案。
吉　温　啊?！重、重，重勘此案？张、张，张九龄！尔为死囚鸣冤，怕是活得颇烦。若非念尔老朽，重杖不得容宽。倘不放亮双眼，叫尔同丧黄泉！
张九龄　吉温！尔休悖天逆道助凶帮奸！老夫命你好生侍候殿下，以待九龄面君重勘此案！
吉　温　哈哈哈哈哈哈！张九龄、老匹夫！尔一罢免之人竟命起我堂堂御史来了。只怕非但此命难从反要治尔个无旨无谕私闯杀场之罪乎！
张九龄　狗奴才！！
吉　温　来呀！将这老朽与我赶出驿去！！
张九龄　太子、太子、殿下啊！
〔众拥上将张九龄连推带打赶下。李琚"啊、啊"地喊着〕
李　瑛
李瑶同　九龄公、老大人，大人哪！！
李　瑛　（唱）老大人一身正气大义凛
　　　　　　　恨父王不容这赤胆忠臣
　　　　　　　李瑛祈愿公保重
　　　　　　　退隐故里享天伦
　　　　张相保重，保、重、了！
吉　温　时辰已到，李瑛率先试剑！
李　瑛　　　一声试剑周身冷
　　　　　　手捧莹锋血泪涌

　　　　　　你几度除奸多刚正
　　　　　　开元盛世你扶迎
　　　　　　只说有日李瑛用
　　　　　　励精图治继中兴
　　　　　　除逆党、惩奸佞
　　　　　　保我大唐盛世存
　　　　　　谁知今日冤海沉
　　　　　　喋血试剑在莹锋
　　　　　　罢了瑶弟、琚弟！〔挥剑〕
李　瑶　瑛哥且慢！〔夺剑〕
　　　　　　夺莹锋哭了声大唐储君
　　　　　　恨只恨咱弟兄生在皇门
　　　　　　太子位血淋淋无情无性
　　　　　　害得咱清白白蒙冤丧生
　　　　　　弟不忍眼睁睁看兄殒命
　　　　　　弟不愿睹哥哥血染剑锋
　　　　　　望兄容弟先登程
　　　　　　九泉下弟兄再相逢
李　瑛　瑶弟——
李　瑶　同瑛哥——
李　琚　啊、啊——〔扑上，三人相抱〕
吉　温　李瑛试剑！
李　瑶　瑛哥、琚弟，李瑶去—了！！〔执剑刎颈〕
李　瑛　瑶弟、瑶弟啊——〔抱住李瑶哭着放地上〕
李　琚　啊、啊、啊——〔跺着脚，抓剑刎颈〕
李　瑛　琚弟！琚弟啊——〔又扑跪至李琚身上痛哭〕
吉　温　李瑛试剑、试剑！！
李　瑛　〔李瑛痴痴站起〕苍—天—哪！！
　　　　　〔挥剑狂舞突刎颈。张九龄冲上〕
张九龄　太——子——啊！！〔抱李瑛造型〕
　　　　　切光

〔骊山华清池,亭台楼榭、月光明媚

杨玉环　浴罢,披晾湿发〕

杨玉环　(唱)三皇子被斩城东驿

　　　　　父王全然无痛惜

　　　　　一心只将母妃忆

　　　　　终日哀伤痛难抑

　　　　　听说他萎靡不振朝懒理

　　　　　听说他不思茶膳不宽衣

　　　　　听说是龙体大伤少精气

　　　　　听说是朝廷上下着了急

　　　　　高公公、苦思虑

　　　　　劝得父王离宫里

　　　　　各府女眷随驾起

　　　　　骊山遣愁沐新浴

　　　　　我也知龙体康复在此举

　　　　　却与瑁郎难别离

　　　　　观景赏月缺情趣

　　　　　赋诗作画懒动笔

　　　　　嬉闹玩耍无心绪

　　　　　群眷欢畅我孤寂

　　　　　唯愿急速回府去

　　　　　扳指数日盼归期

　　　　〔玄宗郁闷踱步上〕

玉　环　(接唱)温泉浴罢晾发髻

　　　　　　月下为夫舞一曲

　　　　〔玉环翩翩起舞〕

玄　宗　呀!月光下　九天女

　　　　　翩翩舞姿好飘逸

　　　　　不曾相识巧相遇

　　　　　明是陌路却熟悉

一夜浮沉

　　　　　不知哪宫这佳丽
　　　　　顿使寡人心神怡
　　　　　高力士你快、快,快快去
　　　　　为朕打探美姣妮
高力士　启禀万岁!此乃寿王妃、杨氏玉环。
玄　宗　什么什么寿王妃?
高力士　正是的。
玄　宗　〔想往地〕寿王妃、寿王妃、寿王——
高力士　万岁莫非——
玄　宗　杨玉环、杨玉环,杨—玉—环哪!
　　　　〔切光—光束下〕
高力士　圣旨下!寿王妃杨玉环即赴太真观待度!
　　　　〔另光束下〕
杨玉环　〔幽怨地〕接——旨——
　　　　〔光切〕
　　　　〔闯宫〕
张九龄　(内唱)怀悲愤泣血泪怒闯金殿,
　　　　　　　恨昏君耳目障宠妖姬拒忠谏黑白不分善恶不辨屈斩忠贤。
　　　　　　　狗奸妃偕佞臣设计毒险,
　　　　　　　在深宫凌烟阁制造祸端。
　　　　　　　命内侍报谎情将太子欺骗,
　　　　　　　除叛逆三皇子奋勇上前。
　　　　　　　黑漆漆辨不清是官是叛,
　　　　　　　你杀来我砍去自相伤残。
　　　　　　　霎时间只杀得天昏地暗,
　　　　　　　血成河尸堆山阴霾弊天。
　　　　　　　三皇子受重伤个个血染,
　　　　　　　五百多禁卫军命丧黄泉。
　　　　　　　此时间妖妃露出狰狞面,

贼喊捉贼耍手段。
用酷刑　定逆叛,
赤裸裸张牙舞爪要夺权。
谁知她癫狂忘形旧病犯,
一命呜呼归阴间。
只说是苍天睁眼因果现
万岁却昏聩不辨忠与奸。
一道旨竟将三王斩,
在深宫铸下这旷世奇冤。
张九龄被罢免万岁拒见
欲鸣冤只得闯金銮。
明知戴豸冠面君生难返,
匡正气复朝纲死也心甘。

〔直闯金殿,镇殿将左拦右挡不住〕

镇殿将　禀万岁！张九龄头戴豸冠闯上金殿！

张九龄　张九龄参见万岁！

玄　宗　胆大的张九龄！尔乃罢免之臣,竟敢头戴豸冠闯殿劾上。难道你不怕死吗?！

张九龄　国难当头,生死何惜！

玄　宗　走！！开元盛世国泰民安,尔竟敢污朕国难当头?！

张九龄　万岁！奸佞当道忠良蒙冤、朝政腐败法枉官贪。如此国危累卵岂言泰安?！敢问万岁,太子何罪焉得问斩?！

玄　宗　走！！危言耸听乱朝污君。太子谋叛,剿杀朕五百卫士,骇崩寡人爱妃。此罪难道不足杀不当斩吗?！

张九龄　分明奸佞结党设下套圈,陷害太子图谋篡权！万岁耳塞目障皂白不辨。一道旨降,三王丧生——虎狼尚不食子,万岁你、你！你竟杀了三个亲生儿子啊！臣今冒死儆君,万岁非但沉迷不悟拒纳忠谏且依然我行！如此昏庸,国泰安在、盛世何存?！

玄　宗　你?!
张九龄　我大唐危也危也!!
玄　宗　反了反了反了!!
张九龄　（唱）黑云滚天昏暗灾祸难躲
　　　　　　恨昏君耳目障将毁山河
　　　　　　听任那奸妃佞臣狼狈苟合
　　　　　　设毒计害忠良太得险恶
　　　　　　宫庭里造冤案血雨喷泼
　　　　　　自相残杀死尸堆山她、她、她只为将东宫位夺
　　　　　　万岁龙位摇欲坠
　　　　　　大唐江山必败殁
玄　宗　大胆大胆!!狂臣竟敢将朕辱没
　　　　　　狂犬吠日你奈我何
　　　　　　大唐江山朕稳坐
　　　　　　杀尔儆众整肃朝阁
　　　　来呀!〔众殿将拥上〕
张九龄　且慢!!太子啊,三皇子啊!九龄生难为你们鸣冤、死亦辨屈九泉!殿下等着,老臣来也!!
　　　　〔急步撞向龙案满朝俱惊〕
　　　　切光
　　　　〔太真观紫竹、金菊、斜阳,玉环着道姑服,哀伤抚琴。〕
杨玉环　（唱）春寒入骨清
　　　　　　遥夜阴沉沉
　　　　　　一襟离愁恨
　　　　　　诉于谁人听
　　　　〔哭伏琴上,玉瑶、观主暗上〕
玉　瑶　太真!怎么又弹这忧怨哀曲,惹情伤怀啊!
观　主　〔谄卑地〕哎,这曲虽哀伤可经太真弹唱,竟是如此悦耳动听撩人心弦。致使老衲我痴醉入迷忘步留

恋。只是这般伤情诚恐有损贵体,故老衲特意煲得大补羹汤。少时太真喝上一碗不知如何?
〔玉环自顾抚琴,观主讪讪地〕
噢、噢,太真稍、稍候,老衲去看看煲好无有。〔下〕

杨玉环	(唱)思君千百度
	只在梦中寻梦中寻
玉　瑶	好梦难圆终要醒
	殓残补绿光彩盈
	圣君眷顾杨门幸
	莫在执拗惹祸生
杨玉环	与瑁郎情深恩义重
	一道圣旨鸳鸯分
	身囚贞观心驰骋
	朝朝暮暮思伊人
玉　瑶	圣命天降皇恩浩荡
	你一步蹬上天满门荣光
	阖府上下俱封赏
	太真你有望做正宫娘娘
杨玉环	寿王妃称心愿别无他想
	谁稀罕做他的正宫娘娘
	一颗心萦系在瑁郎身上
	千般情万般恋揪扯柔肠
玉　瑶	非是你稀不稀罕想不想
	万岁他要星星敢给月亮
	劝你将旧情脑后放
	掂掂哪头有分量
杨玉环	一国之君如此不齿,倒有什么分量?!
玉　瑶	太真!你、你不要命了!!
杨玉环	生不如死死何妨
	这样活着太窝囊

一夜浮沉

　　　　　　与其落得身心伤
　　　　　　何若清白留世上
玉　瑶　　你留清白举家命丧
　　　　　　你身心无伤满门遭殃
　　　　　　况且是富贵荣华待你享
　　　　　　妹万莫悖逆撞南墙
杨玉环　难道姐姐忍让玉环从此以泪洗面吗？！
玉　瑶　太真纵然泪流成河又于事何补？莫若审时度势，涤除烦思敛收愁容等待迎驾才是！
杨玉环　你？瑁郎啊！〔扑伏琴上〕
玉　瑶　太真！〔慌禁〕
杨玉环　〔抚琴泣诉〕
　　　　　　皑如山上雪兮皎若云间月
　　　　　　蹀躞御沟上兮溪水东西流
　　　　　　凄凄复凄凄兮嫁娶不须啼
　　　　　　愿得一心人兮白头不相离
玄　宗　哈哈哈哈哈哈！
　　　　〔玄宗在高力士众宫使簇拥下出现〕
　　　　妙、妙！愿得一心人兮白头不相离。
高力士　杨太贞接旨！
玄　宗　内观之中何须多礼。朕在观外听得太真吟（唱）真乃心旌摇动荡气回肠。当此斜阳晚照菊苑幽香，何不更抚一曲以慰朕躬哪！！
　　　　〔玉环似不觉，玉瑶万端惊恐又拉又捏〕
玉　瑶　太贞！圣上赐你抚琴，还不快快奏来！
高力士　禀万岁！太贞乍见天颜难免惶恐，待奴才宽慰宽慰，着她心绪平定再尽兴弹（唱）不知万岁意下如何？
玄　宗　定当细语宽慰。
高力士　奴才遵旨！杨太贞！〔环不睬〕
　　　　太贞观人！〔环依然不睬，力士压低声音加重语气〕

　　　　　杨太贞啊杨太贞！你可要仔细听着,这胳膊可是拗不过大腿的。况,你面对的又是万民至尊的一国之君。这国君的旨意可是万万违抗不得的!

杨玉环　〔忽地站起〕国君国君,国君是人,我杨玉环就不是人吗?!

高力士　太贞你!

玉　瑶　太贞你、你怎得如此放肆啊?!

杨玉环　国君失德不言伤风,小女求真反责放肆,这岂非咄咄怪事!

　　　　〔哗啦,瑶琴被她掀翻在地,众俱惊〕

玄　宗　你?!

杨玉环　哼!!〔怒目迎视,狠摔衣袖〕

玄　宗　好狂妄的妇人,来呀!

众　　　万岁息怒! 万岁息怒!

高力士　伺候万岁!

玄　宗　将狂妇推下砍——〔看玉环〕
　　　　将她给我置于宫人斜去!
　　　　〔咔嚓,雷鸣电闪,玄宗、力士等隐去〕

观　主　〔一反诣卑〕哼哼——! 杨玉环,守斜妾!
　　　　这下你可算找到好去处了。宫人们! 将贱妇给我押出去!
　　　　〔随话音她狠推玉环出门,玉环险跌,念奴、玉瑶忙扶〕

宫　甲　给我快走!

观　主　慢! 道服簪饰留下再走!

玉　瑶　妈妈! 簪饰尽皆留下。这道服还望妈妈看在往日情分上,权且容小妹穿着御御夜寒吧!

观　主　行了吧! 你们在我观里张口饭伸手衣、日承欢夜伺寝,我早伺候得不耐烦了。还有什么情分? 姑子们,给我统统扒下!

〔俩道姑又卸又扒给玉环仅留一单衫,玉环哆嗦〕

观　　主　　怎么,尝着冷的滋味了?嗨!这倒算啥呀,宫人斜哪,那才是酸辣苦涩五味俱全。快去好好受用受用吧!善哉、善哉!

〔观主幸灾乐祸地下,两道姑随下〕

玉　　瑶　　道观之中竟也有这等势利之人!

〔念奴脱衣为玉环披上〕

侍　　甲　　还磨蹭啥呢?赶紧给我走!

〔突生之变,令玉环茫然,呆痴〕

侍　　乙　　你他妈的还端栽着是皮松了!

〔说着就将玉环推倒又揪着头发拽起〕

玉　　环　　姐姐救我,姐姐救我!

玉　　瑶　　公公开恩,饶了玉环,饶了玉环吧!

念　　奴　　求求你们,饶了我家小姐吧!〔与玉瑶同跪〕

方内侍　　二位哥哥!她们落此地步也够可怜了,咱们就别再难为她们了吧!

侍　　甲　　欸,你咋说这话呢?你要是可怜她们,你就独个儿伺候着她们去吧!

侍　　乙　　这主意不错。反正你都得跑一趟就劳你将她们送去了。我俩在那边等你就是。拜拜!

〔不待方内侍回答,他俩就执灯跑下。台上仅剩方内侍一盏灯,顿显黑暗〕

方内侍　　姐姐们!眼看就要下雨了,咱们还是赶快走吧!

玉　　瑶　　多谢哥哥!玉环,咱们赶快走吧!

〔玉瑶、念奴挽着玉环深一脚浅一脚地走着,忽地兽嚎、犬吠夹着哗哗啦啦的声音混响〕

三　　女　　〔惊惧〕啊!!

方内侍　　莫要胆怕!那哗哗声乃是渭水的回响,那嚎鸣嘛,不过是野狐在觅食啊。

玉　　瑶　　那一个一个摇头晃脑的黑影——

方内侍　哪有什么摇头晃脑的黑影？不过就是土堆上面长的树在摆动嘛。

念　奴　不对不对！小哥哥你看这儿,这儿,还有那儿,不但黑影晃晃,更兼火光闪闪,好怕人哪！

方内侍　唉！就怕吓着你们可你们偏就要问,那闪闪的火光本是冤魂磷火,那晃来晃去的黑影嘛,就是座座坟冢上长出的树啊！

念　奴　啊！！〔她一声大叫,玉环吓倒在地〕

玉　瑶　念奴！玉环本就胆小,你还添什么乱?！妹妹！风催雨降,咱走也得走,不走还得走。你就打起精神快走吧！

玉　环　走！战战兢兢穿墓冢
　　　　　不敢西来不敢东
　　　　　牙关紧咬心强横
　　　　　忽觉野狐啃脚跟
　　　啊——

方内侍　姑娘！怎么了？怎么了?！

玉　环　野、野,野狐！

方内侍　〔顺环指看〕唉！这哪是野狐,不过是衰草拽住了你的裙裾。〔分草〕好了好了咱们走！

玉　环　走！涛声吼墓冢现野狐嚎叫
　　　　　心儿惊胆儿颤魂儿也飘
　　　　　电闪中似看到恶煞凶貌
　　　　　意乱乱心惶惶思绪难调
　　　　　深一脚浅一脚墓丛无道
　　　　　走不前退不能步儿难跷
　　　　　杨玉环掌上珠至珍至宝
　　　　　何时儿经过这噩梦一遭
　　　　　看起来阳寿尽大限已到
　　　　　只怕是今夜晚活命难逃

啊？白骨！白、白、白骨！！

方内侍　〔忙照看〕唉！哪有什么白骨，是根枯树枝将你挂住了！姑娘站好，待我给你摘下来。

〔玉环来回晃悠〕

方内侍　姑娘站稳了！哎呀不好！姑娘被吓昏过去了。

〔玉瑶、念奴与方公公一起将玉环放下〕

玉　瑶　妹妹、妹妹！
念　奴　小姐、小姐！
方内侍　不要叫了，就让我背上她走吧！

〔方内侍背玉环〕

切光

〔伴驾众人，抬坐轿玄宗行进中〕

玄　宗　怒满腔、恨无比
　　　　小女子敢对天子嗤一鼻
　　　　三宫六院众佳丽
　　　　谁不奉迎弄姿迷
　　　　杨玉环竟抗朕意
　　　　全然不知天高低
　　　　贬作斜妇怒难去
　　　　叫你满门身首离
　　　　传旨！
力　士　侍候万岁！
玄　宗　忽然间眼前又现霓裳衣
　　　　新浴方罢风姿逸
　　　　月华映照歌舞起
　　　　娉婷婀娜朕爱难抑
　　　　武惠妃，不可比
　　　　后宫佳丽更无敌
　　　　怪不得恨不起来拂不去
　　　　反倒越拂越紧吸

　　　　　怒目摔袖别情趣
　　　　　掀琴反觉更刺激
　　　　　思着想着朕消了气
　　　　　但求玉环多体恤
　　　　　朕为你不怕乱了人伦礼
　　　　　朕为你与瑁儿有了间隙
　　　　　朕为你懈怠了朝廷政理
　　　　　朕为你哪管群臣指背脊
　　　　　朕为你苦心设下待度地
　　　　　朕为你无惧身后骂名遗
　　　　　只要你与朕成大礼
　　　　　朕这江山也是你的
　　　　　力士！
高力士　侍候万岁！
玄　宗　急速伴驾宫人斜！
高力士　啊？！噢，伴驾宫人斜！
　　　　　切转
　　　　〔宫人斜风啸雨打悲凉寂凄
　　　　　玉瑶、念奴，守斜妾围着昏迷的玉环
守斜妾　醒来了，醒来了，可算醒来了！
玉　环　姐姐！
守斜妾　也真有你的！老妾活过八十岁了，还从没听说有敢
　　　　　冲撞天子的。
玉　瑶　敢问妈妈，这宫人斜是何所地呀？
守斜妾　宫人斜么——唉！就是草葬废后废妃，罪嫔罪婢之
　　　　　墓地啊！
念　奴　哎呀我的妈呀！咱们原是被贬来守墓的！
玉　瑶　妹妹，你可把咱们害苦了！
玉　环　天哪！你为何这样待我杨玉环啊？！
守斜妾　还要怎样待你？开天辟地、历朝历代，哪个王后贵妃

嫔才婕妤不是诚惶诚恐竭尽全力讨欢邀宠尚有至死不得见万岁者。为争万岁一宠,不知屈死了多少无辜,平添了多少墓冢。哪还有像你这样拒宠不顾大逆不道的。而万岁非但未打未杀且未株连九族。如此浩荡皇恩古今上下唯你沐浴,还要怎样待你呢?

玉　环　浩荡皇恩、浩荡皇恩啊!

守斜妾　想那先帝高宗的王皇后、肖淑妃不是因失圣宠怎会遭那武后陷害打入冷宫?不是因失圣宠武后岂敢砍其四肢塞入酒坛任意摧残?可怜哪可怜!可怜一朝皇后、淑妃,竟落得个肢缺体残疼得是躺不得立不起死不成活不能。硬是死去活来活来死去一点一点活活地疼死了啊!两位后妃被扔进这宫人斜时就如同两截血桩子咕噜噜地只是滚啊滚啊滚个不住。竟无人辨得是怪是兽,直到看清那喷射怒火、至死不瞑的双目,紧咬仇恨嚼烂的唇齿。才依稀测出又是两个惨死的冤魂哪!

玉　环　　　心惊胆战毛骨悚
　　　　　　沉坠地狱望星空
　　　　　　一夜间彻悟了圣命九鼎
　　　　　　一夜间领略了天子至尊
　　　　　　一夜间体味了世态炎凉
　　　　　　一夜间历经了人生浮沉
　　　　　　何为理何为法何为人伦
　　　　　　金口一言定乾坤
　　　　　　忽然间似听见旨下令行
　　　　　　哗啦啦刀斧起身首离分
　　　　　　户灭九族尸横陈
　　　　　　冤魂呼我步后尘
　　　　　　天哪、天——哪!
　　　　　　你开开恩宽宥我无知任性
　　　　　　抬抬手谅惜我不测浅深

　　　　　　求求你保佑我身家性命
　　　　　　指指路救玉环苦海逃生
高力士　杨太贞接旨！
　　　　〔高力士、众御史突现,杨玉环等大惊〕
老　妾　索命的来了,索命的来了！
　　　　〔玉瑶慌拉玉环跪〕
高力士　圣上赦旨：杨太贞即返贞观待度。杨玉瑶等依然随
　　　　伴,钦此！
玉　瑶　〔忙不迭地〕妹妹、不,玉环！噢,太真,快、快来谢主
　　　　隆恩！
玉　环　〔缓缓站起〕一声赦令魂魄震
　　　　　　恍惚不测梦与真
　　　　　　掐掐臂膀顿觉疼
　　　　　　拽拽青丝痛亦生
高力士　请太贞接旨！
玉　环　接（唱）分明是高公公在把我请
玉　瑶　太贞快快接旨返归啊！
玉　环　（接唱）分明是玉瑶姐催我登程
　　　　　　阴森森宫人斜突放光明
　　　　　　一排排太监们恭跪伏迎
　　　　　　何用疑定是真
　　　　　　玉环即可跃天庭
　　　　　　绝处逢生机焉纵
　　　　　　哪顾得人伦不人伦
　　　　　　为生存必须将真情隐忍
　　　　　　为生存必须以笑脸迎君
　　　　　　为生存必须要腑体屈行
　　　　　　为生存必须把假戏做真
　　　　　　擦泪效作傀儡影
　　　　　　整鬓易妆更面容
　　　　　　杨玉环从此不复存
　　　　　　世上多了个违心人

诚惶诚恐接圣命
毕恭毕敬谢主恩
〔悲哀地整妆、恭敬地跪下〕
杨玉环　谢主隆恩,谢——主——隆——恩——
〔深深匍伏地上,
凄切哀伤的哼鸣中啊——啊——

全剧终

中条山战歌

编剧 苏芸芝

人物表

赵寿山——国民党三十八军军长

方月——女,三十八军机要员

孙蔚如——国民党第四集团军总司令

孔从洲——国民党独立四十六旅旅长

张希文——国民党独立四十六旅三营营长

李振西——国民党三十八军教导团团长

虎娃——国民党独立四十六旅三营战士

飞镖排长——国民党三十八军飞镖营排长

机要员——男,国民党三十八军机要员

祭奠人母亲、妹妹——中年妇女、姑娘

祭奠人妻子——年轻妇女

祭奠人爷爷——白发老人

执军旗战士——三十八军战士

战士甲——三十八军战士

战士乙——三十八军战士

战士丙——三十八军战士

众战士、 众日本兵、 众群众

序　幕

〔天幕上亮出

赵寿山将军是国民党军队里第一个和红军签订互不侵犯协议的将军。

赵寿山将军是西安事变打响第一枪的总指挥。

赵寿山将军是毛泽东提名介绍入党的唯一一个国民党将领。

赵寿山将军率领的三十八军是共产党直接领导下的国民党抗日军队。

〔在雄浑豪迈、慷慨激昂的秦声领唱兼伴唱中，硝烟弥漫、战火冲天。全副武装的国军、八路军将士在赵寿山将军、彭德怀将军率领下与日寇官兵枪击、刀刺、肉搏，舞台上呈现出激烈的战争场面。

领唱兼伴唱　　三秦大地山连川

　　　　　　　孕育着钢骨英雄男

　　　　　　　血肉铸成铁壁垒

　　　　　　　不许日寇进潼关

〔定格　亮相　切光〕

第一场

〔三十八军军部

赵寿山、孔从洲、李振西观看地图交谈着。机要秘书方月坐在报话机前。

方　月　报告军长！孙司令来电,委员长命我三十八军向中条山挺进。

赵寿山　什么？

方　月　委员长命我三十八军向中条山挺进！

赵寿山　中——条——山！（疾步走向地图）
　　　　前有日寇,背对黄河,此乃兵家之大忌呀！

〔来回踱步,焦急思索

孔从洲　委员长怎么会置我军于死——

方　月　委员长莫非是在报赵军长西安事变打响第一枪那一箭之仇啊！

李振西　对,他可能是在借机报仇！

孔从洲　军长,上次你要求和八路军一同去抗日……

李振西　委员长不愠不火,当面答应却就是不给咱添炮加枪。

孔从洲　就连军衣被服,要不是八路军彭大将军和他的将士们硬从身上脱下来送给我们。我们还不知道咋样过冬呢！

李振西　委员长明知赵军长在娘子关战役中负了重伤,却让咱三十八军去太原解围。战士们硬是抬着军长冲进敌阵,炸开了城门,救出了傅作义将军。

孔从洲　可委员长不但不加褒赏反对丢失太原严加查问,不就是想给赵军长寻找罪名嘛！

方　月　这次让我军去中条山,会不会就是想借刀杀人！

赵寿山　不要说了。古战场上项羽在巨鹿、韩信在井陉也都是背水之战,可全取得了胜利,才被后世称之为罝于死地而后生嘛。

孔、李、方（同）军长！

赵寿山　服从命令。尽速准备向中条山挺进！
三人同　是！
〔孔从洲、李振西急速跑下、方月进指挥部
赵寿山　（唱）山雨欲来风满楼
　　　　　　　我心中乱如麻装满焦愁
　　　　　　　对下属不能将苦楚诉
　　　　　　　大战前乱军心后果堪忧
　　　　　　　中条山此一去退路无有
　　　　　　　我陕西冷娃兵恐难回头
　　　　　　　多少家庭要绝后
　　　　　　　多少英魂丧荒丘
　　　　　　　多少妻儿空翘首
　　　　　　　多少父母悲泪流
　　　　　　　这样的惨局我难、难接受
　　　　　　　军命、军命啊！这军命压得我满腹皆愁
台后声　孙司令到！
　　　　〔赵寿山急忙迎出
赵寿山　孙司令，我正想找你，你就到了。
孙蔚如　寿山兄，遇到什么麻烦了？
赵寿山　委员长电令我三十八军挺进中条山。
孙蔚如　不，是电令我第四集团军挺进中条山。
赵寿山　中条山沟壑纵横地势凶险，非常不利——
孙蔚如　屯、兵、驻、军！
赵寿山　况且前有日寇后对黄河——
孙蔚如　此乃兵家之大忌啊！
赵寿山　既然你知道，就说说怎么办吧。
孙蔚如　军令如山。再险再难也得上啊！
赵寿山　你就不怕把整个集团军的将士送去当炮灰，进坟墓？
孙蔚如　寿山兄！
　　　　（唱）寿山兄莫要悲观太急躁
　　　　　　　你的心思我知道

　　　　　军人的天职你莫忘掉
　　　　　服从命令是第一条
　　　　　如果他置咱死地咱就了
　　　　　长坂坡赵子龙怎称英豪
　　　　　陕西兵个个骁勇把国效
　　　　　钳制他日本兵青史彪炳

赵寿山　你说了个轻巧！这可是一个集团军,十几万条鲜活的生命啊！

孙蔚如　战争是残酷的,胜利就是用鲜血和牺牲换得的。作为一军之长,你应该清楚地认识到中条山布防是事关抗战全局的重大决策！最高统帅部这样做为的就是要用空间换取时间,用时间争取胜利！虽然说这其中也不乏猫腻,但我们应以民族大义抗战大局为重啊！有人说委员长是想借刀杀人消除异己。但他打的可是抗日的旗号啊。蒋夫人不是也在不辞辛苦地四处募捐筹款慰劳抗日将士嘛。为了抗日,委员长就是挖个坑让咱跳——

赵寿山　咱也得跳下去和日寇拼和鬼子战哪！

孙蔚如　对啊,否则,咱不就成了百姓唾骂的国之耻辱、民族之罪人了吗？再说委员长对国军各部,不也全都下了死命令——

赵寿山　坚守防地不许撤退！

孙蔚如　这,也表明了中央政府拼死抗战的决心哪！杨虎城将军把军队交给了你我,我们就要恪守誓言抗战到底。以秦人的宽广胸怀去面对他难见阳光的鸡肠小肚！

赵寿山　不要说了,司令的胸怀高见,令寿山愧疚汗颜。我,没有壮语豪言,只有为国效命、浴血奋战、赶走日寇,坚守中条的信念和决心！

孙蔚如　寿山兄！〔两双手紧紧握在一起
　　　　切光

第二场

〔黄河咆哮山石嶙峋
〔马沙洞村,三十八军指挥部内外,赵寿山坐在桌前看着文件渐渐睡去。方月端着饭上,看赵睡着,放下碗,小心翼翼地为赵盖了件衣服。轻轻地坐在赵身旁,深情地凝视着

方　月　（唱）心儿跳、脸儿烧
　　　　　　从未将军长仔细瞧
　　　　　　多么坚毅多么光耀
　　　　　　男儿的帅气凝眉梢
　　　　　　我在你身边做机要
　　　　　　日日相伴把话机摇
　　　　　　你雄才大略令人傲
　　　　　　你宽广襟怀透英豪
　　　　　　我胸中装着你相貌
　　　　　　一遍一遍用心描
　　　　　　只觉爱火藏不了
　　　　　　不敢唐突露分毫
　　　　　　风儿你别吹鸟儿你别叫
　　　　　　让他好好歇歇脚
　　　　　　但愿有日缘分到
　　　　　　敞开心扉聊一聊

幕后声　孙司令到!
　　　　〔赵寿山忽地醒来迎出。孙蔚如上。
方　月　孙司令!〔敬礼,孙还礼方端饭欲下
孙蔚如　欸,饭没吃怎么就端走了?
方　月　凉了,我去热热。
孙蔚如　那就给我也下上一碗。

方　月　是！（下）

赵寿山　司令，坐。

孙蔚如　寿山兄，集团军司令部我已设在六官村了。

赵寿山　什么，六官村？

孙蔚如　对，六官村。

赵寿山　为什么要设在那里？

孙蔚如　这是蒋鼎文提出并决定的。

赵寿山　那你就同意了？

孙蔚如　与西安联系方便，还能鼓舞士气，同时也把蒋鼎文的面子搁住了。

赵寿山　这都是些啥理由嘛！

　　　　（唱）六官村位于中条最前沿

　　　　　　　司令部怎能设在那牛角尖

孙蔚如　　　为鼓士气求方便

　　　　　　司令部为何不能设前沿

赵寿山　　　司令部安危全不管

　　　　　　空将士气方便谈

　　　　　　这等于我军心脏向敌袒

　　　　　　一个闪失全军完

孙蔚如　　　不信敌有透视眼

　　　　　　怎知我主心在六官

赵寿山　　　莫说日伪布密探

　　　　　　鬼子武器更精端

　　　　　　轻敌麻痹藏凶险

　　　　　　牛刀未试已折弯

孙蔚如　　　司令部人员齐查检

　　　　　　全是可信的关中男

　　　　　　咱守中条为持久战

　　　　　　战略战术我考虑全

赵寿山　什么考虑全，司令部设在六官村就已经欠思欠虑，铸下大错了！〔方月端饭上

孙蔚如　铸错不铸错是我的事。还轮不上你指责！

赵寿山　这关系着抗日的胜败、国家的存亡、十几万将士的生命安危。能说是你的事吗？！

孙蔚如　好好好，不是我的事是你的事。以后我怎么部署怎么安排，就先来请示你，听你指挥！

赵寿山　就凭你这态度，想听我还不说呢！

孙蔚如　你说了也不顶啥！

赵寿山　那当然嘛，你司令说了算嘛。谁让官大一级压死人呢！

〔方月急进

方　月　孙司令、赵军长，吃饭吧。

〔孙接碗就吃

孙蔚如　哎呀，好久没吃过这热乎这香的户县软面片片了。寿山兄，你有口福啊！

赵寿山　快吃你的饭！

孙蔚如　哎呀，方月！

方　月　到！

孙蔚如　你得是在这面片片里把碱面子放得多了？

方　月　没有呀。

孙蔚如　没放咋这燥的呢？

赵寿山　少飘凉带刺的，嫌燥了搁下！我这儿没有多余的。

孙蔚如　哎呀，这倒是啥义结金兰嘛？一碗饭都不给吃，还给人当哥呢。

赵寿山　义结金兰咋，义结金兰就可以不要原则、不掂轻重、不分错对了吗？！

孙蔚如　寿山兄，我知道你是为司令部着想、为我担忧。可是我们带兵打仗的总不能为了个人安危，就不身先士卒冲锋在前了吧？

赵寿山　大道理我不比你懂得少。你实在不听，我就给你撂下两句话。

孙蔚如　两句啥话？

赵寿山	一、一意孤行，你肯定招活！
孙蔚如	骑驴看唱本，咱走着看么。
赵寿山	看就看。我郑重地告诉你，我的第二句话
孙蔚如	说！
赵寿山	招了活不许你找——
孙蔚如	不许找谁？
赵寿山	招了活你，
孙蔚如	我咋？
赵寿山	你就找我赵寿山！
孙蔚如	哈哈哈哈哈哈！

〔切光〕

第三场

〔古柏参天、灌木丛生，荒坟野冢、雨雾濛濛
风声裹着瘆人的猫头鹰叫声
孔从洲率领四十六旅官兵，穿越逶迤山道，急速追敌上

孔从洲	（唱）四十六旅退敌多次进攻
	守卫着风陵渡担子不轻
	况肩负司令部警戒重任
	我必须大胆谨慎巧用兵
张希文	报告旅长，我军已追过杨侍郎坟和解家坟。估计鬼子逃进西姚温村了。
孔从洲	你肯定鬼子逃进西姚温村了吗？
张希文	我们一路紧追不舍，沿途没有任何可落脚之地。他不进西姚温，还能逃到哪里去？
孔从洲	不可轻敌麻痹。再去侦查。
张希文	我已派兵侦查三回了，村里除了鬼子就是日寇。

孔从洲　为防不测,快用电话向总部询问!
　　　　〔他话刚落音电话突响,孔从洲急速去接。
电话声　从洲嘛?我是孙蔚如。
孔从洲　孙司令,西姚温村?
电话声　西姚温驻扎着我们军队。
孔从洲　什么?
电话声　但还不清楚是哪个部队的。现命你和西姚温部尽速联系,会合后从解家坟穿出。天亮前夺回尧王台!
孔从洲　是!(放电话)奇怪,西姚温到底是鬼子还是我军?
张希文　旅长,是敌是我,进去看看不就知道了。
孔从洲　让我,再想想。
张希文　旅长,军部命我们天亮前夺回尧王台。现在已经是凌晨一点多了,时间如此紧迫,就让我带着三营去看看,半小时后若没有枪声,咱们就可合兵一道攻打尧王台了。
　　　　〔在孔从洲以手势阻止的同时
张希文　三营战士跟我走!
　　　　〔说完带着战士急速跑下。孔从洲欲阻不及,焦虑不安,来来回回地踱着步。
孔从洲　(唱)夜沉沉,雨雾罩
　　　　　　　我心中阵阵似火烧
　　　　　　　一分一分看着表
　　　　　　　表儿怎解征人焦
　　　　〔突然,从西姚温村里升起了一束绿色信号弹。顿时枪声大作。
孔从洲　不好,三营中埋伏了!
　　　　〔嗖、嗖,只听"啊!"的一声惨叫,一个鬼子兵就从树上掉了下来。
战士甲　旅长,这个狗日的藏在那树杈上抱了挺机枪正瞄着咱呢。多亏他的信号弹,才被我发现,用飞镖把他打下来了。

孔从洲　隐蔽！〔他机警地四下查看
　　　　（唱）飞镖队弟兄们速快查找
　　　　　　　这周围均可能暗伏枪刀
　　　　　　　敌兵多武器精要认识到
　　　　　　　虽不怕也不能将命轻抛
　　　　　　　西姚温咱大意中了圈套
　　　　　　　再不能失冷静增加损耗

众战士　是！〔分头四处搜索。
　　　　〔电话响,孔从洲忙接

电话声　从洲,据最新情报,西姚温驻的是敌精锐部队。你旅万万不可轻举妄动。尽快摆脱此处敌人,向尧王台进军！

孔从洲　司令,张希文的第三营被困在西姚温了！
　　　　〔电话里顿时沉寂,显然孙蔚如在思虑。

孔从洲　司令,怎么办啊？

电话声　你们若去救援只会是以卵击石。孔从洲！

孔从洲　到！

电话声　保存实力,向尧王台进军！

孔从洲　遵、遵命,弟兄们,向尧王台进军！
　　　　〔他放下电话,面向西姚温
　　　　希文兄弟,愿天公保佑,杀出重围吧！
　　　　〔暗转,西姚温村中。
　　　　张希文和战士们在鬼子埋伏圈里左打右搏,激烈奋战。从清晨直打到中午,个个浑身血染遍体鳞伤。全营上下只剩不足百人,但战士们毫不气馁仍像虎豹般勇猛顽强,并机警地利用草丛、坟冢、大树作掩护。怀揣绝技的飞镖排战士们用飞镖和砖头大的石头,狠命地向鬼子投着砸着。

飞镖排长　哈哈！近距离搏杀,鬼子怕伤着他们自己人不敢开炮。咱藏在这草丛里、树背后,飞镖、石头可就派上大用场了。还给咱节约了不少子弹！

战士甲　　排长,我用飞镖又扎死了一个!

飞镖排长　　扎死一个够本,扎死一双赚一个。

战士乙　　排长,我这石头也美着呢,照准敌人一下砸死一个,一下砸死一个,就这一会儿已经砸死五六个了。

刘排长　　张营长你看!敌人的援兵又上来了。

战士甲　　哎呀,好大的一群蝗虫啊。

战士乙　　看来,又有一场恶仗打了!

张希文　　刘排长,敌强我弱不可恋战。我掩护,你带弟兄们撤!

刘排长　　要撤你先撤。

张希文　　我腿断了撤不了了。现在我可以告诉大家了,我是共产党员。就由我来掩护大家撤!

刘排长　　不!我是国民党员我掩护!

战士甲　　我是共产党员我掩护!

众战士　　我也是共产党员,我也是共产党员——
　　　　　我是国民党员,我是国民党员——
　　　　　我掩护、我掩护、我掩护!

〔战士们分头站成国、共两支队伍。

部分战士　我们什么党也不是,但是我们要打鬼子。我们掩护、我们掩护!

张希文　　弟兄们、弟兄们!赵军长教导我们要灵活机动地和敌人战。现在鬼子多于我们数倍,武器又相当精良。我们要以最小的牺牲赢得最大的胜利。你们赶快撤出去,活一个是一个。保存实力以利再战。

虎　娃　　张营长!我的伤重再撤就是大家的累赘。就让我留下和你一起打掩护吧!刘排长,我杀一个鬼子就往这口袋里放一个石子,现在已经放了整十个了。(他边说边解纽扣脱下血衣,露出裤腰上别着的六七个手榴弹)我家在灞桥狄寨,你把这血衣交给我大,就说虎娃我没给先人丢人!

众战士　　虎娃!我们抬着你走。

张希文　不要说了,虎娃留下,其余人撤!
众战士　要撤,大家一起撤!
〔说着,背张希文的,抬虎娃的
张希文　放下放下!再这样咱们就谁都撤不出去了!
虎　娃　兄弟们兄弟们,虎娃伤成这样,别再为我浪费时间了。就让我壮烈一回吧!
张希文　刘排长,带弟兄们撤!
众战士　不,我们和阵地同在!
张希文　这是命令,不撤也得撤、撤!!
刘排长　弟兄们,撤!
〔刘排长带着战士们无奈不舍地撤下
鬼子蜂拥而上
张希文　虎娃,节约子弹,瞄准了再打。
虎　娃　是!
张希文　虎娃,咱俩换着地方打,给敌人制造错觉,为弟兄们撤退拖延时间。
虎　娃　知道了。〔张希文和虎娃趴在地上瞄准敌人这边打打再滚到那边打打。敌人全被牵引,包围圈越缩越小越缩越小。
虎　娃　营长!我的子弹打完了。
〔张希文一个鲤鱼打挺,坐在地上端着机枪向敌人转着圈狂扫,并引吭高唱秦腔
(唱)单童一死英魂在
　　　二十年报仇某再来
〔虎娃在张希文唱时边投弹边向敌冲去
虎　娃　小日本,你虎娃爷爷来了!
〔他拉断手榴弹引擎。"轰"的一声巨响,敌人炮哑了、枪停了。场上血肉横飞,大地一片呜咽。
〔两束高强红光分别聚焦在张希文和虎娃身上。
切光

第四场

〔三十八军指挥部内外
赵寿山站在指挥部外高坡上,举着望远镜四下瞭望。

赵寿山 （唱）连日来不见敌动静
        但不知所为何事情
        莫非被西姚温英雄震惊
        我必须缜密观察谨慎行

方月端着药盘出指挥部,走向赵寿山

方　月 军长,来换药吧。
赵寿山 不是给你说过了,我包扎上就行了。把这些药物留给重伤员嘛。
方　月 难道你的伤不重吗?
赵寿山 擦破点皮算什么啊。
方　月 流了那么多的血,骨头都露出来了,还说算什么。你若倒下了。群龙无首,谁来指挥我们上阵杀敌呀。
赵寿山 放心吧,我这身子骨硬棒着呢。
方　月 硬棒着呢,你应该知道,你的身体关系着中条山的安危,牵动着全军战士的心啊!
        （唱）你是全军的精神和骄傲
            战士们因你昂首挺着腰
            你带着国军把真理找
            你认准联共抗日路一条
赵寿山 欸？你咋给我唱起赞歌来了?
方　月 你不顾生死把国效
        却不为自己把心操
        对下属虽说常教导
        我的心思你不明了

赵寿山　你有什么心思不妨说出来嘛。
方　月　这心思憋在我心里很久很久了,就是……就是不敢说出来。
赵寿山　我就那么可怕吗?
方　月　有点。
赵寿山　哎呀,看起来我得反省反省了。欸,我好像没对你发过脾气啊。
方　月　没发过,我也……也怕。(羞涩地)
赵寿山　你今天是怎么了,平常可是敢想敢说的嘛。
方　月　那我就说了!
　　　　(唱)我说出不准你嘲笑
赵寿山　不笑不笑。
方　月　(唱)更不许发脾气声调提高。
赵寿山　好的,你说什么我都不发脾气。
方　月　君子一言,
赵寿山　驷马难追。
方　月　好!(唱)第一眼看到你我就心跳
　　　　　　　　从此后不见你就觉心焦
　　　　　　　　你音容总在胸中绕
　　　　　　　　越想挥就越贴得牢
　　　　　　　　今在这烽火战场把情表
　　　　　　　　也不枉生死界上爱一遭
　　　　军长![扑上去从身后将赵寿山紧紧抱住
赵寿山　方月,你松开手。听我给你说嘛。
方　月　不!要说就这样说。[她将脸贴在赵背上
赵寿山　(唱)　方月呀方月你松开手
　　　　　　　听我与你说从头
　　　　　　　我早有妻室在等候
　　　　　　　她是我心中一绿洲
　　　　　　　我和她出生入死同战斗
　　　　　　　我和她永结同心共白头

　　　　　　我和她一个心愿打日寇
　　　　　　我和她发誓救国解民忧
　　　　　　我俩商议胜利后
　　　　　　一同把祖国疮痍修
　　　　　　方月你风华正茂多优秀
　　　　　　战友们谁不盼与你同舟
　　　　　　我年已不惑怎能携你手
　　　　　　还望你理解我拒情不收
　　　　〔方月流着泪松开手
方　月　（唱）　方月我非是那杨花絮柳
　　　　　　二十年从没有这样心揪
　　　　　　朝朝暮暮爱已久
　　　　　　时时刻刻系心头
　　　　　　你有妻室我接受
　　　　　　忘年恋更觉情意投
　　　　　　今日我将爱说出口
　　　　　　你忍心让我空抛这绣球
赵寿山　方月！战争残酷你尚未经历透
　　　　　　不知那泪水和着鲜血流
　　　　　　倘若我驾鹤西天走
　　　　　　霎时阴阳就分两头
　　　　　　那时悲伤你怎承受
　　　　　　我焉能轻意接绣球
方　月　军长！正因牺牲随时有
　　　　　　不知我何日赴幽州
　　　　　　日日夜夜盼相守
　　　　　　只在那南柯梦中游
　　　　　　今日交心话说透
　　　　　　祈愿与你结鸾俦
　　　　　　亲亲热热爱个够
　　　　　　哪怕是明日孤灯伴春秋

赵寿山　方月！〔他动情地欲抱方月又突止步

方　月　军长、军长！（她期待地望着赵寿山）
　　　　军长,不管你以后如何,只要我活着就是你的女人！

赵寿山　方月！
　　　　〔两人忘情相抱,难禁缠绵柔情

赵寿山　（唱）我也是男儿汉灵肉铸就
　　　　　　　人世间真情爱是我追求
　　　　　　　方月你诚挚坦荡世少有
　　　　　　　你身影早已在我心底留
　　　　〔方月羞涩地为赵寿山解着衣扣

赵寿山　　　　今日若顺心遂意合欢就
　　　　　　　无疑是枷锁禁锢将你囚
　　　　　　　方月呀我的同僚好战友
　　　　　　　这一步跨出去就难回头
　　　　　　　人生五味你还没品尝够
　　　　　　　不知那酸辣苦涩悲与愁
　　　　　　　方月呀方月呀！
　　　　　　　咱将这战火挚爱火样深情
　　　　　　　一针一线一线一针针针
　　　　　　　线线线线针针心底绣
　　　　　　　将爱情换作亲情留亲情留

方　月　不、不！！

赵寿山　听话,你就做我的妹妹吧。
　　　　〔电话骤响,方月急接

方　月　孙司令,啊?！——啊,是！（放电话）军长,鬼子将我集团军司令部包围了,孙司令告急！

赵寿山　什么？

方　月　鬼子将我集团军司令部包围了！

赵寿山　再三给他说司令部不能设在六官村,不能设在六官村。可他就是不听！这下好——方月！即速电令四十六旅、四十九旅、李振西教导团,火速救援！
　　　　切光

第五场

〔暮霭雾沉,乌云翻滚,
三十八军临时指挥部,地图前,指战员们紧张地忙碌着。方月和另一个机要员坐在放发报机、电话机的桌前。

赵寿山　司令部已安全向东转移,不知具体设在什么地方,那里情况如何,是否安全——
方月,给李振西发报。询问总部安排情况。

方　月　是!〔方月坐桌旁发报
〔突然敌机低空掠过,轰炸声、枪炮声骤起,赵寿山举望远镜观看。

方　月　军长,李振西回电。司令部设在东延村,那里一切安排妥当。请军长放心。
〔电话声此起彼伏。方月坐回桌旁

机要员　军长,十七师来电,鬼子向我十七师驻地太臣村狂轰滥炸,大量施放毒气!

方　月　军长!司令部来电,鬼子集结两个军的兵力五十门山野炮五架飞机低空俯冲向我三十八军扑来。已逼近我扇形防线了!
〔她刚说完,另机要员又急报。

机要员　军长!茅津渡告急。鬼子三面夹击,向茅津渡围攻。

赵寿山　什么?

机要员　鬼子三面夹击向茅津渡围攻!
〔说完跑回话机前

赵寿山　鬼子以两倍兵力精良武器,山炮飞机强攻猛轰。无疑要置我军于死地,好乘势去攻占我茅津渡。茅津渡北面山西、东面河南,这西面嘛——可就是我关中大地哪!这一锁扣三省之军事要地我岂能拱手相让!可我被重兵围攻自身难保,又怎能去救援哪?!

（唱）一份份危急电醍醐灌顶
　　　我心中犹似那万马奔腾
　　　事变后委员长屡屡作梗
　　　他把我杂牌军不放眼中
　　　不添炮不加枪军需缺损
　　　却要我守中条与敌抗争
　　　如今这茅津渡被敌围定
　　　眼睁睁无力救心急如焚
　　　晋豫陕若丢失千古遗恨
　　　我何颜面对那死难弟兄
　　　怎么办、怎么办哪?!
　　〔他焦急万分,紧张思虑

方　月　赵军长,八路军彭大将军来电!

赵寿山　念!

方　月　寿山兄,晋南之敌倾巢南犯。敌强我弱敌又居高临下,贵军处于背水之势。望兄以不变应万变,采取咱们高平会谈时,对日作战方针而行之!盼佳音。我现已率军奔赴中条山,可望助兄一臂之力。弟彭德怀

赵寿山　疾风知劲草,危难见真情哪!高平会谈,作战方针作战方针(他思索着念叨着突然眼前一亮)对,游击战。彭大将军,及时雨啊!
　　（唱）一语点醒梦中人
　　　茅塞顿开思绪清
　　　八路军共产党对我信任
　　　危难时为我指路举明灯
　　　我立即部署排兵阵
　　　用游击战术破强兵
　　机要员!

机要员　到!

赵寿山　速命教导团返回军部!十七师撤出太臣村,增援茅津渡!

机要员　是!〔急去发报

赵寿山　孔从洲！
孔从洲　到！
赵寿山　你率四十六旅从敌左侧潜进,至敌腹部横向猛攻,将敌拦腰斩断,使敌首尾难顾军力分散。以缓解其对我军之压力！
孔从洲　是！〔跑下
赵寿山　机要员方月！
方　月　到！
赵寿山　敌军倾巢而出后方必定空虚,电令十四师出其不意攻其不备,火速插入敌后。扰乱敌作战部署,牵引敌对我茅津渡之围攻！
方　月　是！
赵寿山　机要员！
机要员　到！
赵寿山　急电四十九旅、五十一旅,分头猛攻敌之首、尾,设下埋伏诱敌深入,待敌钻入口袋一举歼之！切记:声东击西神出鬼没！
机要员　是！
赵寿山　方月！
方　月　到！
赵寿山　速命三十五师化整为零,打一枪换一地,机动灵活,迂回阻击,使敌晕头转向,无法接应,援助！
方　月　是！
幕后声　李振西团长到！〔李振西跑上
李振西　军长,我团赶回来了。
赵寿山　李振西！
李振西　到！
赵寿山　你速率教导团攀岩越岭,绕过敌人,飞速向茅津渡救援！
李振西　是！〔急速跑下
赵寿山　指挥部全员听令！
全体人员　到！
赵寿山　收拾器械,向茅津渡挺进！

〔暗转,警卫连护卫着军部向茅津渡挺进

方　月　军长,军部就剩这两千多人了。若遇鬼子重兵来犯,那——

赵寿山　诸葛亮以空城计能赫退曹兵。我有这两千多关中勇士,还怕他小日本不成!

战士甲　军长!鬼子大部队向我军包抄过来了。

赵寿山　弟兄们!为了司令部的安全、为了吸引并分散围攻茅津渡的敌人兵力。我们必须以一当十,牵着敌人向茅津渡反方向转移。

方　月　军长,这不是以卵击石吗?

赵寿山　这是这场恶战的需要!

方　月　哪场战争需要军长去冲锋陷阵啊!

赵寿山　可我更是一名战士啊!

〔突然,敌军炮火齐发,敌机低空轰炸

赵寿山　机枪手!给我把低空飞机打下来!

〔我机枪手对空狂扫,一架敌机冒着黑烟坠下。

赵寿山　打得好!炮兵弟兄们!集中火力把敌炮压下去!

〔我炮兵一阵狂轰猛炸,敌军中顿时一片火海

赵寿山　弟兄们!蹚过火海穿过敌阵,打打隐隐、进进出出,千万莫可让敌窥出我军用意。将敌牢牢牵住诱离茅津渡。跟我冲啊!

众战士　冲啊、冲啊!

〔战士们呼喊着紧随赵寿山冲进敌阵。两军激烈炮轰枪战。打得天昏地暗,硝烟弥漫。死尸遍野,血流成河。我军打打移移,移移打打,牢牢地牵住了鬼子,鬼子不知是计紧追不舍。双方均伤亡惨重。敌人终于被引进远离司令部和茅津渡的黄河边一山崖上。方月和警卫战士虽时时护卫着赵寿山,但赵依然是伤痕累累遍体血迹。

赵寿山　弟兄们,我们引开了围攻茅津渡的敌人,牵着鼻子把他们拽上这悬崖了!

战士甲　军长,我们的炮弹打完了!

战士乙　军长,我们的子弹也打光了。

战士丙　军长,敌人又围上来了!
赵寿山　报效祖国的时候到了。弟兄们上好刺刀和鬼子拼哪!
众战士　和鬼子拼哪!
〔战士们像猛虎般扑向敌人,和敌展开了残酷的格斗拼杀激烈的肉搏。舞台上这里刺刀拼刺,那里扭打成团。人人都在舍生奋战、忘死搏杀。战士们身处绝境却毫不畏惧且愈战愈勇,但终因寡不敌众个个伤痕累累筋疲力尽无力再战。方月机灵地在敌群中这儿刺一下那儿捅一刀。赵寿山身旁围着总也打不完的三四个敌人,打倒一拨涌上一拨打倒一拨涌上一拨,他凭着练就的硬功夫左打右搏使敌人一直不能近身。

敌幕后声　抓活的、抓活的、抓活的!
战士甲　弟兄们!宁跳黄河死,不当亡国奴。抱着鬼子跳黄河啊!
〔说着他抱着一个鬼子就跳进了黄河。
众战士　宁死不当俘虏,抱着鬼子跳黄河啊!
宁死不当亡国奴!
小日本滚出去!
〔立时,有抱着鬼子跳进黄河的,有与鬼子扭打成团滚进黄河的,有用一杆枪横拥着两个鬼子一起跳进黄河的。忽地,一个举着军旗的小战士高唱着秦腔
小战士　　陕西冷娃威名在
　　　　　杀得鬼子无处埋
　　　　　我军威名传万代。
　　　　　立马中条谁敢来
〔他举起旗杆狠命从一鬼子背部刺入穿胸而出,在鬼子嚎叫中推着鬼子跳下了黄河。
赵寿山抓起一鬼子扔进黄河。当他再举起一鬼子欲扔时,另一鬼子举起刺刀向他捅来。方月一个箭步冲了上去。

方　月　军长!

〔她用胸膛挡住了捅向赵寿山的刺刀。赵寿山抓起这个鬼子,狂怒地抡了一圈狠狠地扔下了黄河。方月忍着剧痛从敌尸体上抓过挺机枪。

赵寿山 方月!

〔赵寿山抱住方月,方月递枪给赵

方　月 军长,全军将士需要你,三秦父老等着你!我掩护,你冲出去!

〔她抓起身旁炸药包,就向敌群冲去"轰"的一声巨响,熠熠火光中映出手举炸药包的方月。赵寿山怒吼着举枪向敌群狂扫。

突然,冲锋号骤响。

幕后声 彭大将军的援军来了!

切光

第六场

〔阴云密布、细雨纷纷。

一张张冥国纸钱漫天飘洒。

凄哀的音乐和着悲伤的哼鸣贯穿六场始终

在八百壮士跳黄河的山崖上下,站满了吊唁的战士和百姓。

赵寿山、孙蔚如、孔从洲、李振西等均跪在崖上

赵寿山 弟兄们,我英勇的炎黄子孙们!你们是人民的英雄、祖国的骄傲!你们捍卫了民族之气节、中华之尊严、中国军人之忠勇!天地为你们动容、五洲为你们悲伤。壮士们、我的弟兄们!全军战士向你们致敬、祖国人民送你们登程!!

〔跪着的人同时站起,举枪齐放。

天幕前滚滚黄河波涛上涌现出一组组扭打着鬼子跳黄河的英烈雕塑。

众人齐喊 弟兄们安息吧,英雄们走好啊!
〔悲伤的人群从台前(观众席)台后台左台右涌上,向黄河撒着鲜花,扔着祭品。
凄楚悲哀的领唱如泣如诉伴着哭泣的合唱

　　　　山鸣咽、黄河号
　　　　山河哀哀祭英豪
　　　　天也哭、地也悼
　　　　泪水涌进黄河涛
〔舞台一侧缓缓走上痛哭着的母女俩

母　亲 儿啊,儿——啊——!娘看你来了,娘看你来了啊。你睁睁眼看看娘吧,看看娘吧!娘想你,娘舍不得你啊!啊——

妹　妹 哥,哥!我想你,我想你啊!
〔母女俩哭倒在台前一端
舞台另侧走出一抱着婴儿的年轻妇女

妇　女 牛犊、牛犊!我把儿子给你抱来了,我把娃给你抱来了。你好好看看,看看这没见过爹就再也见不着爹的孩子啊!——成亲三日你就去了,你就一去不回了啊,我咋离得了你,我咋舍得你啊!
〔她抱着孩子哭倒在台前另一端
一白发老头哭喊着上

老　头 虎娃、虎娃!爷看我娃来了,爷看我娃来了!你咋忍心把爷撂下,让爷来送你让爷来送你啊我的孙孙我的孙孙啊!——(他老泪纵横望向苍穹)天哪、天哪!你把我老头子带走叫我娃回来吧,叫我娃回来吧!

满台混响 回来吧、回来吧、壮士回来吧!壮士回——来——吧!
〔凄哀地呼唤声中,一束光打向赵寿山
〔大幕在悲伤的呼唤声中徐徐合上

　　　　　　　　　剧　终